HEYNE BÜCHER
SACHBUCH

SUN YAOTING
LING HAICHENG

DER LETZTE EUNUCH DES KAISERS PUYI

*Das Leben Sun Yaotings,
letzter Eunuch des Kaisers Puyi,
erzählt von ihm selbst*

Aus dem Chinesischen
von Uwe Frankenhauser

WILHELM HEYNE VERLAG
MÜNCHEN

HEYNE SACHBUCH
19/530

Übersetzung aus dem chinesischen Originalmanuskript
von Uwe Frankenhauser

Umwelthinweis:
Dieses Buch wurde auf
chlor- und säurefreiem Papier gedruckt.

Ungekürzte Taschenbuchausgabe
im Wilhelm Heyne Verlag GmbH & Co. KG, München

Printed in Germany
Lektor: Heide Riedel
Erläuterungen: Friedemann Berger
Umschlagillustration: Bilderberg/Grames, Hamburg
Umschlaggestaltung: Atelier Adolf Bachmann, Reischach
Gesamtherstellung: Ebner Ulm

ISBN 3-453-12306-9

1. KAPITEL

Kindheit

Die Schilflandschaft von Jinghai

Einige zehn Meilen südwestlich von Tianjin liegt Jinghai (Stille See). Alte Leute sagen, in grauer Vorzeit hätte das alles hier zur Bohai-See gehört, aber irgendwann sei das Wasser nach Osten zurückgewichen und die Gegend habe sich in ein totes Meer verwandelt, ohne Gezeiten und ohne Wellen. Wegen der Totenstille hätte sie den Namen Stille See bekommen. Nach einer langen Zeit war das Salzwasser verdunstet. Auf den hohen Böschungen zeigten sich große Salzkristalle und in den Senken, in denen sich das abgestandene Wasser sammelte, wuchs Schilf. Es schien sich endlos auszudehnen und wuchs so dicht, daß es einem die Sicht nahm. In alter Zeit hieß die Gegend deshalb auch Lang-Ried.

Die Flüsse in und um Jinghai bilden ein ganzes Netz von Wasserstraßen. Abgesehen vom bekanntesten, dem Gelben Fluß, gibt es noch den Hai, den Daqing und den Liaoya. Früher traten sie jedes Jahr zur Regenzeit über die Ufer, vereinigten sich, und der Wind rührte sie auf, daß die Wogen peitschten. In dieser Zeit verwandelte Jinghai sich in eine endlose Wasserfläche, auf der aufgeblähte Leichen trieben. Eine unübersehbare Menge in Not geratener Menschen, die in der Katastrophe ihre Angehörigen verloren hatten und nun völlig mittellos waren, sammelte sich auf den Anhöhen. Jedesmal, wenn die blutrote Abendsonne unterging, kehrten aasfressende Raben in ihre

Nester zurück, und es waren nur noch klägliche Laute des Jammers zu hören, als ob Geister winselten. Hatten sich die Flußdämonen dann zurückgezogen, war Jinghai wieder eine Schilfwelt. Im Herbstwind wiegten sich die hübschen Schilfblüten. Wasservögel, Wasserschlangen, Fische, Garnelen, Krebse, Krabben, Frösche und Moskitos ernährten sich im Schilfdickicht voneinander und pflanzten sich von Generation zu Generation fort. Der Schöpfer hatte ihnen von Anfang an eine Vielzahl von Wegen gewiesen, ihr Leben zu fristen, sie brauchten sich nur zu bedienen. Für den Menschen aber war das Leben inmitten des Schilfes, auf der mit Salz wie mit Schorf verkrusteten Erde nicht so einfach.

Arme Leute haben keinen Ehrgeiz. Arme Leute haben auch nur geringe Fähigkeiten. Und so waren aus Jinghai nie berühmte Krieger hervorgegangen, die nördlich der Großen Mauer durch Geschick und Tollkühnheit geglänzt hätten, oder berühmte und talentierte Gelehrte, die über den Yangzi hinaus bekannt gewesen wären. Die Leute hier verstanden sich nur darauf, überall in der Gegend nach etwas Eßbarem zu suchen, das sie in sich hineinstopfen konnten. Um das Jahr 1900 aber, als die Not immer drückender wurde und die Leute von Jinghai kaum noch wußten, womit sie sich den Magen füllen sollten, trat aus dem endlosen Schilf ein Mann hervor, von dem die Welt noch reden sollte: Cao Futian, der Anführer der Boxer.

Cao Futian galt als Zauberer, die armen Leute sagten allesamt, er beherrsche die übernatürliche Boxkunst und Zauberformeln, Schwerter und Kugeln würden ihn nicht verletzen. Als er in die Heimat zurückkehrte, strömten ihm die Leute in Scharen zu. Jung und alt verehrte ihn, überall in den Dörfern bildeten sich konspirative Zirkel, überall entstanden Boxschulen. Die jungen Herren, die den Gürtel enger schnallen mußten, übten den lieben langen Tag die übernatürliche Boxkunst, murmelten unaufhörlich Zauberformeln. Als Cao Futian sah, daß die Zeit reif war, verschaffte er sich an der Spitze einer Schar von Boxern Einlaß in Tianjin. Tag und Nacht schmiedeten die Boxer in den Gassen Tianjins Eisen zu Schwertern. Die Blasebälge ächzten, dichter Rauch quoll aus den Schmieden. Das Schlagen der Schmiedehämmer riß Tag und Nacht nicht ab.

Als sie ihre Schwerter und Gewehre endlich in der Hand hatten, steckten sie Kirchen in Brand, töteten die Teufel aus Übersee und schlachteten Beamte ab. Kaum hatten die Boxer aus den Provinzen Shandong und Hebei davon gehört, strömten auch sie nach Tianjin und beteiligten sich am Morden und Brennen. Aber die günstigen Umstände währten nicht lange. Die Teufel aus Rußland, Großbritannien, Japan, den USA, aus Deutschland, Frankreich, Italien und Österreich-Ungarn schlossen sich zu den Verbündeten Streitkräften der acht Mächte zusammen und verschafften sich Zutritt in Tianjin, um gezielt gegen die Boxer vorzugehen. Und obwohl die Boxer ihre übernatürliche Boxtechnik anwandten, Zaubersprüche murmelten und ihre Schwerter schwangen, erschienen keine Geister zur Unterstützung, sondern die Kugeln der ausländischen Teufel drangen ungehindert in ihre Körper ein und brachen wider alles Erwarten die Magie der Boxer. Sie bekamen von den ausländischen Teufeln eine Lektion erteilt. In ganz Tianjin wurde das Oberste zuunterst gekehrt. ‚Leichen bedeckten die Erde, es lebte kein Einwohner mehr'. ‚Vom Trommelturm in der Stadt bis hinaus vors Nordtor lagen einige Meilen lang Leichenberge, einige Ellen hoch.' Die Leute aus Jinghai flüchteten entsetzt in ihre Heimat zurück, dicht verfolgt von den Japanern, die ganz nebenbei im Salzamt über zwei Millionen Tael Silber plünderten – den Ertrag aus Blut und Schweiß der Bewohner Jinghais!

Kurz darauf betraten die Verbündeten Streitkräfte der acht Mächte Beijing und massakrierten die Bevölkerung. Die Reichtümer der achthundert Jahre alten Hauptstadt, Kulturgüter und Schätze, die seit den Dynastien der Mongolen und der Ming angehäuft worden waren – alles dahin, die Verluste waren unermeßlich. ‚Die Verbündeten Streitkräfte der acht Mächte töten Menschen, wie man Hanf schneidet', ‚Leichen türmen sich zu Bergen', ‚In unzähligen Familien blieb nicht einer am Leben.' Zu dieser Zeit regierte die Kaiserinmutter Cixi, Kaiser Guangxu war schon lange aus Beijing geflüchtet. Im Jahr darauf, 1901, schloß man den Xinchou-Vertrag, in dem von China eine Wiedergutmachung von über einer Milliarde Liang Silber verlangt wurde. Das ganze Land war in die Klauen der Aggressoren geraten, überall verbrannte, qualmende Erde. Überall wurde gemordet, gesengt, vergewaltigt und geraubt. Überschwemmung, Dürre, Brände, Aufruhr, Ungezieferplagen, Seuchen trieben die in Not geratenen Leute hin und her, machten sie zu Vagabunden.

Jinghai, die verfluchte Gegend, war arm wie nie zuvor. Aber die Leute von Jinghai verließen sich nicht länger auf die Geister in Himmel und Erde, sie suchten und fanden andere Wege, um das Lebensnotwendige zu erwerben. Die einen hatten es auf andere abgesehen, das heißt, sie verlegten sich auf Entführungen.

Jinghai liegt sozusagen unterhalb des Nasenlochs von Tianjin und ist auch nicht weit von Beijing entfernt. Reiche Haushalte gab es hier wie dort genug. Geldschwere Wirte und Ladenbesitzer, Geschäftsführer von Firmen konnten geschröpft werden. Man wartete, bis die Geldsäcke oder ihre Herrchen, ihre Fräuleins oder Nebenfrauen auf die Straße gingen, zog ihnen von hinten eins über den Kopf, steckte sie in einen Sack und trug sie fort. Noch in der gleichen Nacht brachte man sie auf einem kleinen Kahn oder auf einem Maultier in das Schilf von Jinghai. Am darauffolgenden Tag ließ man den Entführten einen Brief schreiben und den Familienangehörigen mitteilen, daß man nicht mehr lange zu leben hätte, wenn nicht schleunigst ein bestimmtes Lösegeld herbeigeschafft würde. Kindern, die nicht schreiben konnten, zog man einfach einen Schuh aus und steckte einen Drohbrief hinein. In acht oder neun von zehn Fällen wurde gezahlt. Manche der betroffenen Familien waren nur dem Schein nach wohlhabend, hatten in Wirklichkeit aber kaum Geld. Übergaben sie das Lösegeld nicht sofort und die Frist war verstrichen, rissen die Entführer dem Opfer zunächst ein Ohr ab, eine ‚Note aus Fleisch‘, die sie von einem Bettler übergeben ließen. Kam innerhalb der nächsten Tage immer noch nichts, schickten sie das andere Ohr. Mit dieser zweiten Mahnung hatte die Großmut dann ein Ende … So machten es Entführer überall. Das Besondere an denen aus Jinghai war nur, daß sie keine Angst vor Entdeckung zu haben brauchten. Schnell ausweichen und in beträchtlicher Entfernung eine offene und ungezwungene Haltung an den Tag legen. Wie verließen sie sich doch aufs Schilf als Schutz! Manche der Betroffenen hatten ausgezeichnete Beziehungen zu Behörden und rückten mit der Miliz an, aber das verdarb die Sache für den Entführten nur. Wer in dem riesigen Schilfmeer saß, war gefangen wie in einem Labyrinth. Selbst wenn eine ganze Armee auf die Suche ging, bestand keine Aussicht auf Rettung, von einem Trupp Miliz ganz zu schweigen. Letzten Endes gelang es vielleicht, den Leichnam eines Entführten zurückzubringen. Daher fürchteten sich die Reichen in Tianjin und Beijing vor den Menschenräubern. Gingen Mütter mit ihren kleinen Gebietern auf die Straße, mahnten sie stets: „Halte dich gut an meiner Hand fest, laß ja nicht los und hüte dich vor Klopfbettlern!" Mit einer Art Betäubungsmittel klopften diese Bettler den Kindern auf den Kopf, die ihnen ganz benebelt willenlos folgten. Das war noch sicherer und erfolgversprechender als die Methode mit dem Schlag über den Kopf. Jene, die den Mut zu einem solchen Raub aufbrachten, die es wagten, eine Geisel beim Mißlingen zu töten, wurden zu den ganzen Kerlen gerechnet. Es in dieser Weise auf andere abgesehen zu haben, war eigentlich am bequemsten. Ein Ohr, eine halbe Nase, drei Finger abgeschnitten, und der Erlös reichte aus, daß die Alte und die Kinder ein viertel- bis ein halbes Jahr lang zu essen hatten. Deshalb herrschte im Schilfmeer zu allen vier Jahreszeiten rege Geschäftigkeit, und im Nachtwind unter dem kalten Mond hörte man von Zeit zu Zeit Jammerlaute wie von winselnden Geistern, bei denen sich den Leuten die Haare sträubten.

Entführer mußten in der Regel den Mut eines Panthers mitbringen. Leute, die von Natur aus feige waren, kamen nicht in den Genuß dieser Schüssel Reis. Sie konnten nur sich selbst verkaufen. Für Frauen war das überhaupt nicht schwer, in den Bordellen Beijings und Tianjins gab es eine Menge Mädchen aus Jinghai. Für Männer dagegen war das nicht so leicht.

Es heißt, die chinesischen Kaiser stammten von Drachen ab, weshalb sie sich auch als Drachenabkömmlinge und Drachen-Himmelsöhne bezeichneten, die selbstverständlich mit den einfachen Leute nichts gemein hatten. Um ihre Reinheit zu bewahren, beschäftigten sie seit alters Eunuchen, Männer, die jenes überflüssige Ding, das Ärger bereitete, nicht mehr hatten.

Viele Männer aus Jinghai mußten diesen Weg gehen, um ihren Lebensunterhalt zu bestreiten. Die Geschichte der Eunuchen aus Jinghai ist sehr alt, wer der erste war, läßt sich heute nicht mehr feststellen. Erst neulich haben wir den Familiennamen des letzten Eunuchen herausgefunden, der in Jinghai geboren wurde.

Eine chinesische Familie

Am dreizehnten Tag des elften Monats im Mondkalender, im achtundzwanzigsten Jahr der Regierung des Kaisers Guangxu, nach der westlichen Kalenderrechnung am 29. Dezember 1902, wurde Sun Huaibao in Ostweidendorf der zweite Sohn geboren. Die Hebamme preßte das rotglühende Eisen auf die Nabelschnur des Säuglings, und mit einem zischenden Geräusch war die Trennung von Mutter und Kind vollzogen. Sofort breitete sich in dem kleinen schilfgedeckten Haus der unangenehme Geruch von Verbranntem aus. Die Hebamme riß mit schwarzen, derben Händen ein Bündel dreckiger Baumwolle auseinander und wickelte sie um den kleinen klebrigen Körper. Hände und Füße des Säuglings bewegten sich wild in dem Baumwollbündel. Er strengte sich an, als wollte er sich von diesen unzähligen Fesseln befreien und weinte. Eine kleine Schüssel dünner Reissuppe, so dünn, daß man bis auf den Boden der Schüssel sehen konnte, wurde an die Lippen der Wöchnerin gesetzt. Sie nickte nur ein wenig mit dem Kopf, so kraftlos war sie. Neben ihr stand Sun Huaibao. Er betrachtete die eingefallenen Wangen seiner jungen Frau, die tiefen Augenhöhlen und das wirre Haupthaar, das einen Stich ins Gelbliche aufwies. Ihm war traurig zumute. Sie hatte Hunger. Nicht ein einziges Mal hatte sie sich während der Schwangerschaft richtig satt essen können. Sun Huaibao arbeitete als Kuli. Wie viele Schweißtropfen ihm wohl am Tag herunterrannen, da mußte er etwas im Magen haben. Der erstgeborene Sohn, mit dünnem Hals und großem Kopf, war bald drei Jahre alt. Eben erst hatte er laufen gelernt. Den ganzen Tag kratzte er am Boden des Topfes und wollte essen, ein Anblick, der einem die Tränen in die Augen trieb. Das Kind war zu klein für sein Alter, man mußte es sich wenigstens halb satt essen lassen. Da blieb für seine Mutter natürlich noch weniger.

Obwohl Sun Huaibao bereits dreißig Jahre zählte, war ihm bisher kein Erfolg beschieden gewesen. Sein Großvater, ein armer, notleidender Bauer, hatte ihm, abgesehen von einem glückverheißenden Namen, nichts hinterlassen. Sun Huaibao mochte seinen Namen, er bedeutet ‚mit Juwelen versehen', sehr. Er hoffte auf den Tag, an dem er über Schätze und Juwelen verfügen, an dem er sehr reich sein würde. Wer hätte gedacht, daß die acht Zeichen seiner Geburt kein Glück brachten und es, so sehr er sich auch anstrengte, nach wie vor bei einem kleinem Schilfhaus und zwei Mu schlechtem Ackerland blieb. In einem Hungerjahr noch etwas Kleines zu bekommen –, die Sorge war größer als die Freude.

Im Tempel der Schutzgottheit von Ostweidendorf lebte ein Blinder namens Chen, der die Zukunft voraussagte. Er stammte aus dieser Gegend. In seiner Jugend hatte er das Dorf verlassen, um etwas Straßenhandel zu betreiben, war dann aber, eine Folge der Syphilis, auf beiden Augen erblindet und konnte sich draußen nicht mehr durchschlagen. Da hatte er ein wenig Wahrsagekunst erlernt und war in sein Heimatdorf zurückgekehrt, um dort sein Leben zu fristen.

Sun Huaibao stieß die Tür zum Tempel auf. Der Raum war nicht größer als ein Schweinekoben und ebenso schmutzig. Auf dem Altar lag ein großer Haufen Stroh, darin steckte, gewissermaßen in Vertretung des Schutzgottes, der Blinde. Nur sein Kopf ragte heraus. „Sag' für mich wahr. Mit den acht Zeichen." Huaibao lehnte an der Tür, ging aber nicht hinein. Es stank so bestialisch nach Exkrementen, daß es nicht auszuhalten war. „Für wen? Geburtstag?" Der Blinde drehte sich nicht einmal um, sondern blieb mit dem Rücken zur Tür sitzen. „Mein Sohn, soeben geboren." Der Blinde wandte ihm halb sein kohlrabenschwarzes Gesicht zu. Es hieß, er erinnere sich nicht mehr daran, in welchem Jahr er sich das letzte Mal gewaschen hatte, aber daß er den Tempel des Schutzgottes mit Beschlag belegt hatte, dafür brauchte er sich nicht zu schämen. Die Augen des Blinden begannen sich zu bewegen. Das Weiß der Augäpfel war von Zeit zu Zeit zu sehen, und ein Paar Hände, schwarz wie

Hühnerkrallen, kamen aus dem Stroh heraus, krümmten und streckten sich, während er nach den acht Zeichen wahrsagte.

Plötzlich bewegten sich Augen und Finger eine halbe Ewigkeit nicht mehr. Sun Huaibao hielt es nicht mehr aus: „Was ist los?“ – „Ach, das Leben des Kindes wird sehr bitter sein!“ Sun Huaibao zitterte am ganzen Körper. „Aber was für eine Art von Bitternis?“ – „Der Kleine wird keine Nachkommen haben, er wird nichts leisten und ohne Einkommen bleiben, Vermögen und Ruf richtet er zugrunde.“ – „Gibt es Rettung?“ – „Hervorbringen von fließendem Wasser ist das Schicksal deines Sohnes. Der Ursprung des Geburtstages ist Wasser, in deinen acht Zeichen fehlt das Element Metall, das Wasser hat keine Grundlage. Wenn du Reichtum und langes Leben möchtest, braucht das Kind einen Namen, in dem das Zeichen Jin (Gold/Metall) enthalten ist. Das Element Metall kann Wasser hervorbringen. Erst wenn Metall bleibt und Wasser wächst, gibt es Rettung für die Zukunft.“ Der Blinde hob die Hände, die Handteller nach oben gekehrt. Sun Huaibao beugte sich nach vorn und legte ihm zwei Kupfermünzen hinein. „Wie soll ich ihn nennen?“ – „Nenn ihn einfach Liujin, bleibendes Gold.“ Der Blinde drehte ihm wieder den Rücken zu. Jetzt verschwand sogar der Kopf im Strohhaufen.

Der Himmel war voller Sterne, ganz schwach leuchtete eine schmale Mondsichel. Das Ried neben dem Dorf rauschte im kalten Wind. Sun Huaibao zog den Kopf ein, steckte beide Hände in die Ärmel und lief, sich dem Wind entgegenstemmend, nach Hause.

An Stelle einer Hofmauer hatte Sun Huaibao aus Schilfrohr einen kleinen Zaun geflochten. Leise trat er durch die Tür aus Holzlatten, die nur angelehnt war. Auf dem Papierfenster zeichneten sich die Schatten von zwei Köpfen ab, der seines Sohnes auf seinem langen dünnen Hals und der seiner Frau, die nach der Geburt des zweiten Kindes schlief. Huaibao verhielt seine Schritte, blieb wie versteinert mitten im Hof stehen, unfähig, in die ausgezehrten Gesichter von Mutter und Kind zu sehen. Wie sollten sie weiterleben, wo jetzt noch ein Kleiner hinzugekommen war?

Das kleine Stück salzgetränkter Erde, das Sun Huaibao bestellte, brachte nicht viel Getreide hervor, die Familie konnte sich davon unmöglich den Magen füllen. Aber am Himmel flogen Vögel, auf der Erde bewegten sich Tiere, im Wasser schwammen Fische und auf den Böschungen, zwischen dem Schilf, wuchs auch noch so manches Gras oder Kraut. Alles, was in die Mägen der Menschen wandern konnte, fand auch dorthin. Obwohl Liujin wie sein Bruder einen dünnen Hals, einen großen Kopf, einen Trommelbauch und dünne Beine hatte, obwohl auch sein Gesicht ausgezehrt und gelbgrün aussah wie eine kleine unreife Melone, überlebte er mit Mühe und Not. Nur wuchs er unter allzu schweren Umständen auf. Wenige Jahre nach Liujin wurden Sun Huaibao noch zwei Kinder geboren. Dem Ältesten fehlte es ein wenig an Verstand, die beiden Jüngsten waren noch zu klein. Liujin, inzwischen fünf, sechs Jahre alt, hatte irgendwie abbekommen, was seinem älteren Bruder an Klugheit fehlte, er war verständig für zwei, und so mußte er auch die Pflichten von Zweien übernehmen. Jeden Morgen ging er beizeiten mit einem Korb hinaus. Die wilden Gräser in der Nähe des Dorfes waren nicht so einfach zu finden. Aber er konnte tiefer als die Erwachsenen in das sumpfige Schilf hineingehen. Dort wuchsen nicht nur eßbare Pflanzen, man konnte auch noch Eier von Wildenten und Wasservögeln einsammeln.

Der Fühling kam. Der gefrorene Boden fing an zu tauen und roch nach feuchter Erde. Wie die Kröten nach dem Winterschlaf krochen die Bauern aus der Erde und begannen allerorts mit geschäftiger Tätigkeit. Jeden Morgen beim zweiten Hahnenschrei bewegten sich auf den zwei Mu Ackerland von Huaibao zwei Gestalten, die eine groß, die andere klein, die vordere hackte, der hintere säte, ganz langsam schlängelnd bewegten sie sich, wie Feldmäuse auf der Suche nach Nahrung. Es waren Huaibao und Liujin, beide trugen nur ihre baumwollwattierten Hosen, ihre Oberkörper waren nackt. Die Schweißperlen auf den Rücken glänzten wie Morgentau. Das Getreide, das auf den Feldern von Ostweidendorf heranwuchs, glich eher trockenem

Gras. In einem Jahr mit normaler Ernte brachte jeder Mu Ackerland im Spätherbst über fünfzig Kilogramm Getreide. Kamen Dürre oder Insektenplagen, konnte man natürlich schlecht sagen, wieviel übrigblieb. Liujin gefiel die Feldarbeit. Wenn er erschöpft war, legte er sich am Ackerrain auf den Rücken und sah den Vögeln zu, den Libellen und Schmetterlingen. Manchmal drehte er sich auch auf die Seite und betrachtete die kleinen Käfer und Insekten. Er glaubte zu verstehen, woran die Insekten dachten, glaubte, daß auch sie Kummer und Freude fühlten. Daher beteiligte er sich gewöhnlich nicht, wenn die anderen Jungen Frösche und Fische fingen, auf Vögel Jagd machten, nach Insekten und Ratten gruben, Lampen anzündeten, um Krebse zu braten und dergleichen. Die Dorfjungen verachteten ihn, schimpften ihn ‚kleines Mädchen' und spielten nicht mit ihm. Auch Sun Huaibao hatte dafür kein Verständnis. Wenn die armen Familien im Dorf Fleisch essen wollten, mußten sie sich an die kleinen Tiere halten. Wenn man die nicht aß, was dann? Wo es so bemitleidenswert wenig Getreide gab. In einem sehr trockenen Jahr, der Boden drohte ganz und gar auszutrocknen, hatte einmal ein riesiger Heuschreckenschwarm den Himmel verdunkelt und sich auf den Feldern niedergelassen. Aber obwohl die Heuschrecken alles kahlfraßen, wußten die Leute aus Jinghai auch damit etwas anzufangen. Aus jedem Dorf machte sich alt und jung mit großen und kleinen Hanfsäcken auf den Weg und sammelte die Heuschrecken ein. Zu Hause steckte man sie in die Heizstelle unter dem Kang und fügte ein paar Zweige Brennholz hinzu. Getrocknet und gebacken waren die Heuschrecken Ersatz für das Getreide, genug für ein paar Monate. Die triumphierende Miene der Leute sagte jedenfalls viel aus.

Die beiden Söhne von Nachbar Yao Shun fingen Frösche und kochten sie. Einen großen Topf nach dem anderen aßen sie leer. Als Huaibao das sah, trug er Liujin auf: „Fang' du auch ein paar für deine Mutter." Liujin sah seine Mutter an, ihre tief eingefallenen Wangen, ihr Gesicht, schmal wie ein Streifen Klebpapier. Sie betrachtete das Kind in ihrem Schoß. Er sagte nichts und ging mit einem Sack hinaus. Erst bei Sonnenuntergang kehrte er zurück, hatte aber nur ein paar Vogeleier und ein Bündel

Spargel mitgebracht. Als Sun Huaibao diese kärgliche Ausbeute auf dem Tisch liegen sah, zog er Liujin am Ohr bis ins Haus des Nachbarn. Yao Shun häutete gerade Frösche, seine beiden Söhne standen stolz neben ihm und sahen zu. Die gehäuteten Tiere krochen noch blutend in der tönernen Schüssel herum. Sun Huaibao zeigte auf das blutige Zeug und brüllte Liujin an: „Faß das an!" Liujin zitterte am ganzen Körper, er beeilte sich, die Augen zu schließen. „Faß an!" Liujins Ohr wurde brutal nach oben gezogen, es brannte wie Feuer. Schon oft hatte Sun Huaibao gehört, wie sich die Leute das Maul darüber zerrissen, wie weich sein Sohn doch war. Einmal hatte ein Mann einen Igel gefangen, ihn mit gelblichem Lehm umhüllt und war dabei, Brennholz aufzuschichten, um ihn zu braten. Liujin, der sah, daß sich das Tier noch bewegte, löste den Igel mit zehn Tagen kostenlosem Grasschneiden aus und ließ ihn frei. Die Verwandten im Dorf meinten zu Sun Huaibao: „Du ernährst so einen mitleidigen Sohn, am besten läßt du ihn später einen buddhistischen Mönch werden!" Einige sagten auch: „In diesem Jahr wimmelt es von Panthern und Wölfen. Üble Hungergeister sind an der Macht, gutes Karma ist schwer zu erhalten, ein so weiches Herz, steht zu befürchten, kann noch nicht einmal der Nordwestwind ausreichend bejubeln!"

Sun Huaibao hatte sich heute vorgenommen, seinem Sohn das Mitleid auszutreiben. Er drückte Liujins Hand in die Schüssel. Liujin fühlte, wie die klebrigen, weichen Frösche sich in seinem Handteller bewegten und ihm den Handrücken hinaufkrochen. Er brüllte wie am Spieß, wollte sich übergeben, aber die großen, eisernen Hände seines Vaters preßten seine kleine Hand in die Schüssel und rührten darin herum. Wie er später vom Vater zur Mauerecke gezogen worden war, wußte Liujin nicht. In seiner Benommenheit verstand er nur einen Satz: „Wenn du morgen nicht eine Schüssel Frösche fängst, dann komm mir ja nicht nach Hause!" Die ganze Nacht über sah Liujin sich im Traum von Fröschen umgeben. Sie krochen über seine Hände, kletterten die Arme hinauf und sprangen ihm an den Hals. Kalter Angstschweiß bedeckte seinen Körper und er wachte auf. Aber so sehr Liujin sich auch davor fürchtete, der Morgen rückte unaufhörlich näher, es wurde schon hell. Nach dem nächtlichen Regen ertönte überall im Schilf Fröschequaken. Mit einer geliehenen Angel folgte Liujin einem schmalen, verborgenen Pfad bis zu einem kleinen Festland im Schilfteich. Das war eine geheimnisvolle Gegend. Manchmal konnte man dort Patronenhülsen, kaputte Mützen und ähnliches finden. Über dem Teich lag milchig-weißer Morgennebel, der wie Dampf aufstieg. Manchmal flog dort, wo der weiße Dunst am dichtesten war, plötzlich ein Wasservogel auf, drehte einen Kreis über den Spitzen der Schilfrohre und verschwand wieder im Schilf. Unaufhörlich platschte das Wasser unter Liujins Füßen. Frösche sprangen hinein, um sofort wieder den Kopf herauszustrecken und mit den großen Augen zu rollen. Liujin suchte einen Stein und setzte sich, wühlte aus der Erde einen Regenwurm und spießte ein Stück davon auf den Angelhaken. Langsam steckte er die Angel ins Schilf. Plötzlich stieß pfeilschnell etwas an seine Angel. Liujin erschrak und sah nach. Es war ein kleiner Frosch von saftig grüner Farbe mit drei blitzenden goldenen Streifen auf dem Rücken. Liujin beeilte sich, ihn vom Haken zu befreien. Aber als er den zappelnden, kalten und schleimigen Körper berührte, zuckte er unwillkürlich zurück und das Erlebnis vom Tag zuvor fiel ihm wieder ein. Irgendwie kam dieses Fröschlein Liujin bekannt vor. Plötzlich erinnerte er sich. Im Frühling hatte er beim Spielen im Schilfteich einen Haufen durchsichtiger Bläschen entdeckt, in jedem war ein kleiner schwarzer Punkt. Von seinem Vater, dem er die Kostbarkeit gezeigt hatte, erfuhr er, daß dies die Kinder der Kröten seien. Und tatsächlich waren daraus nach kurzer Zeit erst Kaulquappen mit großem Kopf und langem Schwanz, dann kleine Frösche entstanden. Die Frösche, die Liujin in einer Wasserschüssel hielt, wurden jeden Tag weniger. Zuletzt war nur noch einer da, saftig grün mit drei goldenen Streifen auf dem Rücken und runden vorgewölbten Augen, die Liujin unentwegt angestarrt hatten, als ob das Tier unbegrenzte Liebe für ihn empfände. Liujin, der befürchtete, daß der Kleine ein Opfer der Enten oder Hühner würde, hatte ihn im Teich ausgesetzt. Der kleine Frosch vor Liujins Augen – war es nicht der, den er selbst großgezogen hatte? Er löste ihn vorsichtig von der Angel und ließ ihn frei. Als er mit zwei drei Sprüngen verschwunden war, fiel Liujin ein Stein vom Herzen. „Wenn du mir morgen nicht eine Schüssel Frösche fängst, komm bloß nicht nach Hause!" Das Brüllen des Vaters klang wieder in seinen Ohren. Liujin schaute auf die Schilfrohre, über die eine leichte Brise strich, und versank in Gedanken.

Auf einmal hörte er hinter seinem Rücken ein Rascheln. Die Spitzen der Schilfrohre bewegten sich. Liujin verspürte ein wenig Angst, war aber zugleich neugierig und wollte wissen, was los war. Also hockte er sich nieder und spähte in das Dickicht. Das Geräusch kam immer näher. Plötzlich schob sich der mit Schlamm und Blut verschmierte Kopf eines Mannes aus dem Schilf. Liujin wollte vor Schreck weglaufen. Der Mann aber sprang ihn mit einem Fuß an und packte Liujin von hinten am Hals. Die beiden fielen ins seichte Wasser. Der Mann preßte Liujin auf den Boden. Seine blutunterlaufenen Augen blickten wild und böse, aber zugleich wirkte der Blick furchtbar müde. Der Kerl keuchte, schnaufte und brachte kein Wort heraus. Liujin zitterte vor Angst, als er sah, daß der Kerl einen Fuß aus dem Schlamm zog, der über und über mit Wunden bedeckt war, an einer Stelle war der blanke Knochen zu sehen.

Nach einer ganzen Weile, als er sich wieder einigermaßen erholt hatte, fragte der Fremde mit rauher, heiserer Stimme: „Aus welchem Dorf?" – „Ostweidendorf", antwortete Liujin mit veränderter Stimme. „Wie heißt du?" – „Liujin." – „Laß es dir gesagt sein! Du darfst keinem verraten, daß du mich gesehen hast, sonst lege ich deine ganze Familie um, keiner bleibt übrig. Hast du verstanden?" Liujin nickte. Der Kerl lockerte seinen Griff und lehnte sich schief zurück in das Schlammwasser. Liujin fürchtete sich jetzt nicht mehr. Er hatte oft gehört, daß in dieser Gegend häufig Entführungen stattfanden. „Onkel, was ist mit dir?" Der Kerl öffnete die Augen und sagte: „Hau ab, kleiner Naseweis!" – „Möchtest du zum Arzt?" Der Kerl erschrak, aber als er Liujins ehrlichem Blick begegnete, wagte er einen Versuch: „Kannst du für mich einen Brief zum Dorf Wujia am südlichen Ende des Flußdammes bringen? Ich werde mich später bestimmt bedanken, aber wenn du mich reinlegst, geht es deiner ganzen Familie an den Kragen!"

Liujin sah die Wunden und den gequälten Gesichtsausdruck des Mannes und nickte. Der Kerl beschrieb ihm den Weg und nannte ihm die Geheimparolen, dann versteckte er sich wieder im Schilf. Liujin fand die Kumpane des Mannes. Als Salzhändler verkleidet holten sie den Verletzten mit einem Schubkarren ab. Der Kerl schlug Liujin vor: „Komm mit mir, mein Schicksal ist groß, mein Glück auch, es soll zu deinem Besten sein!" Liujin schüttelte den Kopf. Ohne eine Spur von Anstrengung erwiderte der Kerl: „Kleiner, ich zeige mich bestimmt erkenntlich." Zu Hause bekam Liujin anstatt etwas zu essen eine ordentliche Tracht Prügel. Zwei Tage danach kam eine ganze Schar von Miliz und Beamten des Kreises und durchsuchte den Schilfsee. Es hieß, aus dem Gefängnis sei der Anführer der Langhaarigen Rebellen entlaufen, der auf seine Hinrichtung gewartet hatte. Die Suche blieb ergebnislos, nicht einmal der Schatten eines Menschen konnte ausgemacht werden.

Der Besuch des Obereunuchen

Im Jahre 1909 ereignete sich in Jinghai etwas, das den Himmel erschreckte und die Erde erzittern ließ. Der Obereunuch Xiaode Zhang, dessen Erhabenheit den Herrscherhof und das gemeine Volk gleichermaßen aufrührte, kehrte in Samt und Seide in seine Heimat zurück! Eigentlich hieß er Zhang Xiangzhai und stammte aus dem Dorf Süd-Lüguan-Weiler im Kreis Jinghai. Sein Vater war gestorben, als Zhang noch klein war, und seine Familie hatte es sehr schwer. Obwohl er nie eine Schule besucht hatte, stand ihm dennoch ein außergewöhnliches Schicksal bevor. Mit fünfzehn Jahren hatte er reihum bei reichen Verwandten angeklopft, aber nur Verachtung erfahren. Da ging sein überaus hitziges Temperament mit ihm durch, und schließlich ließ er seine Wut am eigenen Körper aus. Er wetzte eine Sichel, rannte in den Tempel, verehrte zunächst die Bodhisattva Guanyin mit Stirnaufschlag und legte dann folgendes Gelübde ab: „Wenn ich in der großen Not nicht umkomme und in Zukunft reich werde, will ich ihr bestimmt ein Standbild aus Gold anfertigen lassen." Dann zog er die Hosen aus und hieb mit dem Messer nach diesem Ding. Die Wucht des Hiebes reichte nicht aus, sondern riß nur etwas mehr als die Hälfte ab, und ein zweites Mal brachte er es irgendwie nicht fertig, die Hand nach unten zu kriegen. Er sah, wie das Blut herausschoß und war fast am Ende. Glücklicherweise kam einer, der sich von einer Reise ausruhen wollte. Der krempelte die Ärmel hoch und brüllte: „Daran hängt jetzt Leben oder Tod!" und mit einem kräftigen Schnitt trennte er das blutende Ding vollständig ab. Xiaode Zhang hatte keine Ahnung, wer der Wohltäter war. Später ließ er dann Nachforschungen anstellen und erfuhr, daß jener Wanderer mit eigentlichem Namen Tian Fu hieß und ein armer Bauer aus Ostweidendorf war. Seit er bei Xiaode Zhang einen Messerstreich geführt hatte, gaben die Dorfbewohner ihm den Spitznamen ‚Der mit einem Messerhieb aushalf'. Und weil das Wort für aushelfen, Bu, und sein eigentlicher Nachname Fu (Glück) sich sehr ähnelten, nannten ihn die Leute schlichtweg Zhang Bu, Zhangs Hilfe. Im siebzehnten Jahr des Guangxu-Kaisers, im Jahr 1891, beauftragte Xiaode Zhang Leute damit, sich für ihn bei Hofe einzusetzen und ihm eine Anstellung als Untereunuch zu beschaffen.

Xiaode Zhang war hochgewachsen und hatte ein weißes Gesicht. Er war geistesgegenwärtig, hatte ein gutes Gespür für die Herzensangelegenheiten seiner Herrin und konnte sie fröhlich stimmen. Daher stieg er bald auf und wurde Oberaufseher über die acht Kostbarkeiten der Kaiserinmutter Cixi: Pinsel, Tusche, Papier, Tuschkasten, Jadesiegel, Stempelpaste, Rosenkranz und Weihrauch aus Tibet.

Die Kaiserinmutter Cixi schrieb gern das Zeichen für Glück und verschenkte es dann an Minister. Eigentlich war das eine Zeremonie, die vom Kangxi-Kaiser Shengzu eingeführt worden war. Jener Kaiser hatte den Befehl gegeben, einen ‚Pinsel zum Verschenken der von kaiserlicher Hand geschriebenen Zeichen für Glück an das gemeine Volk' herzustellen. Alljährlich fand am ersten Tag des zwölften Monats nach dem Mondkalender die Zeremonie des Schreibens von Glückszeichen statt. Sie begann mit dem Öffnen des eigens dafür verwendeten, schwarz lackierten Pinselkastens, auf dem, in Gold ausgeführt, die Bezeichnung des Gerätes vermerkt war. Normalerweise lag der Pinsel in einem dunkelroten Pinselkasten aus Sandelholz. Das erste Glückszeichen, das Seine Majestät geschrieben hatte, wurde in der Haupthalle des Palasts der Reinheit aufgehängt, die übrigen Glückszeichen an Gefolgsleute und Minister verteilt, die ein solches Geschenk als große Ehre empfanden. Die Kaiser nach Kangxi übernahmen diese Einrichtung, und natürlich wollte auch Cixi nicht davon lassen. Aber sie hielt sich nicht an den ersten Tag des zwölften Monats, sondern schrieb Glückszeichen und verschenkte sie, wann immer ihr der Sinn danach stand, um das Herz der Leute für sich zu gewinnen, und weil es nicht genug davon geben konnte, damit der Glücksstern hoch am Himmel strahle. Für Cixi wurde das Schreiben von Glückszeichen zum Zeitvertreib. Xiaode Zhang verstand ein wenig, die Gedanken anderer zu lesen, und war daher in der Lage, im Voraus zu wissen, wann Cixi zum Pinsel greifen wollte. Er bereitete die acht Kostbarkeiten vor und wartete nur noch auf den Ruf. Darüber freute sich die alte Kaiserinmutter sehr und meinte, der Affenbastard hätte eine Geisternatur. Zur Belohnung schenkte sie ihm die vier Schriftzeichen ‚Volle Zufriedenheit mit den Dienstleistungen' und ernannte ihn später noch zum Oberaufseher über die Kleidung.

Nach dem Tode der Kaiserinmutter wurde Xiaode Zhang Oberverwalter bei der Kaiserinmutter Longyu, ein Mandarin im zweiten Rang. Er verließ sich auf ihre Macht und schloß im Lauf der Jahre Freundschaft mit vielen Verwandten des kaiserlichen Hauses sowie mit zivilen und militärischen Beamten. Er bestimmte eigenmächtig über Hofstaat und gemeines Volk, beschwindelte die Oberen, drangsalierte die Unteren und hielt sich für einmalig auf der Welt. Aber auch ihn plagten Ängste. Er fürchtete seine Herrin, die Kaiserinmutter, fürchtete Buddha und die Geister, fürchtete die kleinen Heiligen und Teufel. Alle, die über ein wenig übernatürliche Kraft oder etwas Magie verfügten, wagte er in der Regel nicht vor den Kopf zu stoßen. Den Tag über bezeugte er seiner Herrin mit Stirnaufschlag Verehrung, abends den Geistern und Buddhas, dem Allerhöchsten Alten Fürsten und vielen anderen Wesen. Abgesehen von dem Umgang, den er mit Beamten und Adligen pflegte, verkehrte er oft mit buddhistischen Mönchen und daoistischen Meistern, lernte Weihrauch zu opfern und Sutren zu lesen, die Beine unterzuschlagen und zu meditieren.

Eines Tages hatte er plötzlich einen Traum. Ihm träumte, das alte Standbild der Bodhisattva Guanyin aus seinem Heimattempel in Jinghai sei stark beschädigt und drohe umzufallen. Voller Zorn schaute Vajrapâni, der Wächter unterhalb der Statue, ihn an. Als er aufwachte, war er in kalten Angstschweiß gebadet. Er erinnerte sich an das Gelübde, das er im Jahr seiner Kastration im Tempel abgelegt hatte. Bis jetzt war es noch nicht eingelöst, und die Guanyin hatte sich des Traumes bedient, ihn daran zu erinnern. Noch nicht ganz wach, saß er schon beunruhigt da. Gleich am nächsten Tag schickte er Leute mit Silbertaels los, um den Tempel im Süd-Lüguan-Weiler in Jinghai ausbessern zu lassen. Nach einem halben Jahr war es soweit. Xiaode Zhang bat seine Herrin um Urlaub und bestieg mit einigen Eunuchen aus Jinghai zunächst einmal den Zug nach Tianjin. Dort blieb er zwei Tage und engagierte eine Schauspielertruppe. Dann stieg er um aufs Schiff und fuhr direkt nach Jinghai.

Es war Herbst, der Sorghum zu beiden Seiten des alten Wasserweges war reif, am Flußufer lagen kleine Fischerboote. Aus den verrotteten Kajüten streckte ab und zu jemand den Kopf heraus und schaute auf das große Schiff. Auch in den Sorghumfeldern standen Leute, die dem Schiff verblüfft und nachdenklich mit den Blicken folgten, wie damals ihre Ahnen, als sie den Qianlong-Kaiser nach Süden fahren sahen. Xiaode Zhang gab seinen Leuten den Befehl, Kupfermünzen an die Ufer zu werfen, und die Dorfbewohner fingen an, sich wild darum zu balgen. Manche folgten dem Schiff kilometerweit, weil sie noch nichts ergattert hatten. Die Armen aus der ganzen Umgebung wurden angelockt, Greise an Krücken, Frauen mit kleinen Kindern auf dem Rücken, sogar die Hunde folgten mit wedelndem Schwanz dem unbegreiflichen Treiben. In einem fort wurde geheult, gebrüllt, geschlagen und einander weggenommen. Xiaode Zhang begann an der ganzen Sache Gefallen zu finden, aber nach einiger Zeit wurde es doch so lästig, daß nichts anderes übrigblieb, als ein paar kräftige Eunuchen ans Ufer zu schicken und die Menge brutal auseinanderzutreiben.

Kleingeld zu verteilen, war eigentlich ein Vergnügen der Herrinnen am Hof. Aus Langeweile warfen sie oft Geld und kleine Naschereien auf den Boden und ergötzten sich daran, wie Hofdamen und Eunuchen darin wetteiferten, die ‚Gaben' zu ergattern. Auch ihnen waren natürlich ein paar zusätzliche Münzen willkommen, aber im Unterschied zu den Bauern, ging es für die Eunuchen und Hoffräulein dabei vor allem darum, sich zur Schau zu stellen, um der Herrin ein Lächeln abzuringen. Xiaode Zhang war bei solchen Balgereien hervorragend gewesen und hatte es überzeugend verstanden, den unbeholfenen Witzbold zu spielen. Zum ersten Mal bot sich ihm nun die Gelegenheit, sich als bedeutende Persönlichkeit darzustellen. Er streckte den Bauch heraus, verschränkte die Hände hinter dem Rücken und schaute, von zwei kleinen Eunuchen gestützt, vom Heck aus den Bauern zu. Sein Gesichtsausdruck war ausgeglichen, er war sehr stolz.

In weiter Ferne bewegte sich auf dem Uferdamm ein kleiner schwarzer Punkt in gleichbleibender Entfernung vom Schiff. Fuhr das Schiff, bewegte er sich, hielt das Schiff an, verharrte auch er. Es war Liujin, der von dort oben zusah, wie die Leute sich gegenseitig das Geld wegnahmen. Er war nur deshalb so weit gelaufen, weil er wissen wollte, wie der Xiaode Zhang eigentlich aussah. Die Alten im Dorf erzählten, daß aus Jinghai nur zwei Leute mit großer Vergangenheit hervorgegangen seien, Cao Futian, der Anführer der Boxer, und Xiaode Zhang, der Hofadel und gemeines Volk erzittern lasse. Von Cao Futian sagten sie, daß er sich durch tausendjährige Übung aus einem Skorpion in einen Geist mit menschlicher Gestalt verwandelt hätte, um Unheil anzurichten. Xiaode Zhang aber war nach den Worten der Greise ursprünglich ein kleiner, namenloser Stern, der wegen eines Vergehens gegen die himmlische Ordnung als Mensch auf der Erde geboren worden war.

Heute nun sollte der alte Herr Zhang auf einem Schiff in Süd-Lüguan-Weiler ankommen. Da hatte Liujin etwas zu essen mitgenommen und war den Leuten gefolgt. Aber aus der Entfernung sah er Xiaode Zhang nur kurz von der Seite in die Schiffskabine gehen. Nachdem die Dörfler vertrieben waren, starrte Liujin weiter auf das große Schiff. Es war äußerst prachtvoll. Abgesehen von den mit Schnitzereien verzierten und bemalten Balken, war es mit Lampions und farbigen Seidenbändern geschmückt, deren rote und grüne Farbe die

Augen blendete. An Bug, Heck und Reling standen Eunuchen in vollem Ornat, sie wirkten sehr majestätisch. Dem großen Schiff folgte ein kleineres mit der Schauspielertruppe. Pomadisiert und gepudert drängten sie sich vor den Kojen, wedelten mit Fächern aus dünner Seide oder lernten, vor sich hinbrummend, Texte auswendig. Andere machten Kunststücke, Kopfstand und dergleichen. Das alles wirkte nicht sehr einladend. Das letzte Schiff war noch kleiner und stellte vermutlich im Bedarfsfall Tee und Eßwaren zur Verfügung. Schwarzer Rauch stieg nach oben, die Kajüten waren kohlrabenschwarz. Die Fahrt ging weiter bis zum Yunliang-Fluß, auf dem Getreide verschifft wurde. Aber der Fluß führte nur wenig Wasser, so daß die Eunuchen gezwungen waren, an Land zu gehen, noch bevor der Hafen erreicht war. Song Gongdi, der angesehenste Mann im Kreise Jinghai, hatte mehrere große Sänften vorbereiten lassen und wartete mit anderen Reichen des Dorfes schon seit dem Morgen an der Anlegestelle. Kundschafter erstatteten das eine um das andere Mal Bericht: noch zwanzig Meilen, noch fünfzehn Meilen, noch zehn Meilen ... Song Gongdi befahl den Hornisten und Trommlern: „Schnell, fangt an zu spielen!" Die Hornisten wandten ein: „Wer soll das denn überhaupt hören in zehn, acht Meilen Entfernung?" – „Idiot! Hast du nicht gehört, daß ‚der Wind es zehn Meilen weit trägt'? Heute haben wir Südwind. Unmöglich, daß der alte Gebieter Zhang es nicht hört." Da war für die Musiker nichts zu machen, sie mußten die Wangen aufblasen und laut aufspielen. Als sich nach einiger Zeit von Xiaode Zhang und seiner Begleitung noch immer keiner zeigte, waren die mit den großen Instrumenten bereits einer Ohnmacht nahe. Ihre Münder waren ausgetrocknet, die Luft wurde ihnen knapp, nur noch die großen Trommeln und die Becken wurden kraft- und saftlos geschlagen.

Majestätisch näherte sich schließlich Xiaode Zhangs Zug. Song Gongdi und die paar Reichen aus dem Dorf verbeugten sich in tiefer Ehrerbietung. Xiaode Zhang stieg vom Pferd und nickte nur. Er sprach kein Wort, sondern nahm sofort in der Sänfte Platz. Die Untereunuchen eilten herbei und ließen den Vorhang herab, die Sänftenträger hoben die Sänfte an, und mit schweren Schritten setzten sie sich in Richtung Süd-Lüguan-

Weiler in Bewegung. Song Gongdi und die anderen wagten nicht, sich auf ihre Pferde zu setzen, sondern folgten der Sänfte, von den Yamendienern gestützt, in holprigem Dauerlauf. In der Nähe von Ostweidendorf hielten die Eunuchen, die den Weg frei machten, auf einmal an. Im dichten Blätterwerk einer morschen Ulme hatten sie die Umrisse eines Menschen entdeckt, fürchteten einen Attentäter und befahlen, die Sänfte sofort abzusetzen. Einige Soldaten rannten unter die Ulme und riefen laut. Sie hörten ein Ästeknacken und von oben stürzte ein sieben, acht Jahre alter Junge herab.

„Aus welchem Dorf kommst du, und was hast du da oben gemacht?“ brüllten die Soldaten. Das Kind krümmte sich vor Schreck am Boden und brachte vor Furcht kein Wort heraus. Ein alter ehrwürdiger Herr aus dem Dorf trat vor: „Das ist der Sohn von Sun Huaibao aus meinem Dorf. Er heißt mit Nennamen Liujin.“ Die Soldaten fragten den ehrwürdigen Herrn, wer den Jungen auf den Baum steigen und Ausschau halten geheißen habe. Der Herr hob Liujin auf und sprach: „Du brauchst keine Angst zu haben, erzähl nur alles der Reihe nach.“ Liujin berichtete nun von dem Gerücht, das im Dorf die Runde machte, Xiaode Zhang sei die Wiedergeburt eines Sternes in der Welt der Sterblichen. Die Soldaten erstatteten Meldung und fragten, wie mit dem Kind zu verfahren sei. Xiaode Zhang zog den Vorhang seiner Sänfte beiseite und schaute sich Liujin gründlich an. Vor ihm stand ein zitterndes Kind in ärmlichen, zerfetzten Hosen. Ein Hosenbein war durchnäßt und klebte am Bein, auf dem Boden hatte sich eine Lache gebildet. Der Gesichtsausdruck des Jungen war zwar nicht eben fein, aber er sah bieder und rechtschaffen aus. Xiaode Zhang gab den Befehl: „Nehmt ihn mit nach Süd-Lüguan-Weiler und macht ihm keine Angst!“ Von den Dorfbewohnern, die der aufregenden Szene aus einiger Entfernung zuschauten, rannte schleunigst einer zu Sun Huaibao. Huaibao war beim Hacken, es blieb keine Zeit mehr, nach Hause zu gehen. Daher bat er jemanden, der Mutter von Liujin Bescheid zu sagen, das Kind habe ein großes Unglück angerichtet und er müsse jetzt zu dessen Rettung eilen. Aber weil er völlig aus der Fassung geraten war, lief er los, noch bevor er genau erklärt hatte, was eigentlich geschehen war.

Süd-Lüguan-Weiler hatte einhundertzwanzig Haushalte und galt deshalb nah und fern als großes Dorf. Die Familie Zhang war hier sehr stark und mit Xiaode Zhang durch Verwandtschaft und Freundschaft verbunden. Zu dieser Zeit lebten sogar noch viele aus der Generation seines Großvaters, und die Leute aus der Generation seines Vaters konnte man erst recht nicht zählen. Daß Xiaode Zhang seiner Heimat die ganze Zeit über keinen Besuch abgestattet hatte, lag auch daran, daß er Statusprobleme fürchtete. Wie sollte er mit Familienangehörigen verkehren, die in der Generationenfolge über ihm standen? Mußte dann nicht er mit Qing'an grüßen? Aber er war neulich zum Beamten zweiten Ranges ernannt worden, wie hätte er da bereit sein können, als erster einen ehrerbietigen Gruß zu entbieten? Das hieße, sich herablassen. Und wer wiederum hätte gewagt, eine solche Ehrbezeugung von ihm entgegenzunehmen? Andererseits aber, unter den weißhaarigen Dorfvorstehern und Ältesten gab es auch welche, die nicht willens waren, ihm ihre Ehrbezeugung darzubringen. Daher wohnte er unter einem Vorwand im Tempel und empfing nur die nächsten Verwandten.

Der Tempel der Bodhisattva Guanyin, in dem Xiaode Zhang in jenem Jahr die Kastration vorgenommen hatte, war, nachdem die Spuren des Verfalls beseitigt worden waren, als ein wunderschönes buddhistisches Kleinod wiedererstanden. Im Hof bedeckten grüne, glasierte Ziegel den Boden, Tische und kleine Tischchen mit Blumentöpfen voller seltsamer Blumen wurden aufgestellt. Die mit Inschriften versehenen Banner und die Wimpel in der Halle waren feinste Suzhou-Stickerei. Überaus erhaben wirkte eine Guanyin aus Nanmuholz, im Stil der Tang-Dynastie, die aus leicht geschlossenen Augen mitleidsvoll blickte.

Xiaode Zhang bewohnte eine fein ausgestattete Mönchszelle. Die Strapazen der Reise hatten ihn ermüdet, daher lag er jetzt auf dem Bett und hörte mit geschlossenen Augen den Mönchen beim Sutrenlesen zu. Man las für ihn vor der Buddhastatue die große Beichte. Wie Wellen folgte eine Silbe auf die andere. Xiaode Zhang hatte sagen hören, wenn man oft die Beichte lese, könne man Unglück vermeiden und ein langes Leben erlangen.

Während er lauschte, wurde ihm wohler. Er atmete tief aus und öffnete die Augen. Durch das Glasfenster sah er in einer Mauerecke ein Kind hocken. Ihm fiel der Junge ein, der unterwegs von einem Baum gefallen war, und er gab sofort Anweisung, ihn zu bringen.

Liujin hockte wie ein erschreckter kleiner Vogel bewegungslos am Boden und spähte in alle Richtungen nach einer Gelegenheit zum Davonrennen. Was hatte der Xiaode Zhang schon Schönes an sich? Er sah ungefähr so aus wie die Grundherren in Jinghai, nur etwas weißgesichtiger und fetter. Unmöglich, daß er ein Stern am Himmel war. Liujin war enttäuscht, aber das große Schiff hatte ihn sehr beeindruckt. Sogar der alte Herr Song Gongdi, der so gewaltig und einmalig war, hatte eine kümmerliche Figur abgegeben. Mit einem, den sogar die Vornehmen im Kreis fürchteten, war nicht gut Kirschen essen. Liujin fürchtete sich und bereute. Er wußte nicht, daß seine Eltern noch gar keine Ahnung hatten, was ihm widerfahren war, und sich vor allem seine Mutter fast zu Tode sorgte. An allen Türen standen Wachen und Eunuchen, die aufpaßten. Die einzige Möglichkeit, doch noch zu entkommen, bestand darin, tief in der Nacht, wenn alles ruhig war, von der Mauer herabzuspringen. Einen schräg gewachsenen Baum vor der Mauer hatte er schon erspäht. Liujin gab sich brav und warf den Leuten um Erbarmen flehende Blicke zu. Als er hörte, daß Xiaode Zhang ihn sehen wolle, wurde er fast ohnmächtig vor Angst. Wie ein störrischer Esel, der zur Mühle soll, tat er keinen Schritt, sondern ließ sich von einem Eunuchen ins Zimmer schieben und ziehen. Der Eunuch drückte den Hals des Jungen nach unten und brüllte: „Willst du wohl sofort hinknien und den alten Gebieter um Verzeihung bitten!“ Liujin wagte kaum zu atmen, wagte auch nicht, den Kopf zu heben, sondern brachte nur gedrückt hervor: „Ich bitte den alten Gebieter Zhang um Verzeihung.“

Xiaode Zhang fragte Liujin nach Alter, Familienverhältnissen und wollte eben wieder etwas sagen, als ein kleiner Aufseher hereinkam, den Qing'an-Gruß darbrachte und meldete, der Vater des Jungen warte bereits einige Stunden vor dem Tor und flehe den alten Gebieter um Gnade an, seinen mißratenen Sohn freizulassen. Er wolle dem alten Gebieter in der kommenden Existenz als Ochse oder Pferd dienen. Xiaode Zhang sah auf seine goldene Taschenuhr, rieb sich dann etwas Schnupftabak in die Nasenlöcher und forderte: „Bring ihn herein!“ Huaibao stürzte herein, streckte sich vor ihm auf dem Boden aus und bezeugte ihm mit Stirnaufschlag Verehrung, daß es laut schallte. Dann klagte er: „Ich niedriger Mann habe den Tod verdient, ich niedriger Mann sei verdammt, ich war meinem Hund von Sohn gegenüber zu nachsichtig, so daß er Euer Hochwohlgeboren, den alten Gebieter erschreckt hat ...“

Xiaode Zhang, der Liujin aber überhaupt keine Vorwürfe machte, achtete nicht auf diese Worte, sondern dachte an etwas ganz anderes. Vor ein paar Jahren hatte er sich mit einem Daoisten angefreundet, der von sich selbst behauptete, Himmelserscheinungen beobachten und deuten zu können, und der sich bestens darauf verstand, Leuten Honig ums Maul zu schmieren. Eines Tages war er herbeigeeilt und hatte gesagt, er hätte in der Nacht die Sterne beobachtet, und die himmlischen Zeichen hätten angedeutet, Xiaode Zhang sei irgendein Stern am Himmel, der in der Welt der Sterblichen geboren worden sei. In Zukunft werde er unendlich reich sein. Xiaode Zhang hatte stolz dreingeschaut und den Daoisten belohnt. Wer hätte gedacht, daß er eines Tages aus dem Munde eines Dorfjungen die gleichen Worte hören würde! Er fing an, die Geschichte zu glauben. Lachend wandte er sich Sun Huaibao zu: „Du sagst, du wirst im nächsten Leben als etwas wiedergeboren werden, das mir dient. Das ist nun nicht gerade notwendig. Ich will Vergeltung in dieser Welt. Das Kind da, laß es einfach mit mir in den Palast gehen.“

Sun Huaibao war wie vom Blitz getroffen. Er sperrte den Mund auf, atmete ein paarmal ein und aus, schluckte und rang eine halbe Ewigkeit vergeblich nach Worten. Schließlich erwiderte er: „Bitte erbarmt Euch, alter Gebieter, das Kind ist noch klein, in drei oder fünf Jahren werde ich es Euch bestimmt bringen!“ Xiaode Zhang bestand auch nicht darauf und gab den Obereunuchen an seiner Seite den Befehl: „Laß die beiden bei uns hier drei Tage lang Fleisch essen und Theatervorführungen sehen. Wenn sie gehen, gebt ihnen zwanzig Tael Silber!“

Vater und Sohn beeilten sich, Kotau zu machen und zogen sich unter vielfachem Danken zurück. Draußen gab Sun Huaibao Liujin einen kräftigen Schlag auf den Hinterkopf: „Du wagst es, Unheil anzurichten, das uns den Kopf kosten kann!“ Liujin rieb sich die schmerzende Stelle: „Läßt man uns nicht Fleisch essen und bekommen wir nicht auch noch eine Belohnung? Was für ein Unheil soll ich angerichtet haben!“ Huaibao hatte nichts darauf zu erwidern. Die Sache war auch zu merkwürdig. Nicht einmal den Gefolgsleuten, die hinter den beiden gingen, war die Angelegenheit begreiflich.

Es war bereits spät abends, ein paar fette Schweine quiekten heiser und versuchten sich gegen die großen Gongs und Trommeln auf der Theaterbühne durchzusetzen. Bei jedem Tempelmarkt oder an Festtagen auf dem Dorf wurde stets eine Schauspielertruppe verpflichtet, die Opernarien sang. Daß zwei Truppen zur gleichen Zeit auftraten, kam ebenfalls oft vor. Man nannte das ‚auf gegenüberliegenden Bühnen gleichzeitig singen‘. Heute waren die Schweine die gegenüberliegende Seite. Die hohen Töne aus ihren Kehlen, die Lautstärke, die Heftigkeit ihrer Gefühle, die Vielfalt ihrer Bewegungen, damit konnten sich die Schauspieler der Tianjiner Schauspieltruppe heute nicht messen. Unter gewöhnlichen Umständen kamen die Dorfbewohner, um den Sängern zuzuhören, aber heute waren sie herbeigeeilt, um beim Schlachten der Schweine zuzusehen. Die Metzger machten ihre Oberkörper frei und wetzten scharfe Messer. Dann steckten sie das Messer in den Mund und drehten die Schweine auf den zur Schlachtung aufgestellten Holztischen auf den Rücken. Ein Gehilfe hielt fest, dann wurde mit aller Entschlossenheit das Messer gesenkt und durch die Kehle gezogen. Das rote, heiße Schweineblut schoß in eine Schüssel. Waren die Schüsseln voll, bewegten sich auch die Schweine nicht mehr und wurden vom Holztisch heruntergezogen. An den Hinterbeinen durchbohrte man die Haut und steckte eine Eisenstange hinein, um Fleisch und Haut zu trennen. An der durchbohrten Stelle blies man die Haut auf und wenig später waren die Schweine zu seltsamen Ungeheuern aufgebläht, die man in riesigen Eisentöpfen brühte und ihnen die Borsten abschabte, bis die Haut schneeweiß war.

Der Schlachthof im Freien beherrschte die ganze Szenerie. Öllampen, Kerzen und Fackeln erleuchteten ihn, auf den Gesichtern der Metzger lag ein dunkelroter Schein, aus ihren Augen schossen wilde, böse Blicke. Die Zuschauer standen innen und außen in drei Kreisen um sie herum, vor der Theaterbühne gegenüber befanden sich nur wenige Menschen. Angeregt schrien und schimpften die Metzger: „Du Mutterficker, da hast du es!“ Und mit einem dumpfen Geräusch zerschnitt ein blitzendes Messer die Stelle oberhalb der Brust in der Nähe der Kehle. „Bringt mir noch eins!“ Die Männer, die Schweine banden, Messer führten, Blut herausließen, die Haut aufbliesen, Borsten abschabten, die Tiere zerlegten, sie alle bildeten eine verworrene, lärmende, schimpfende Gruppe. Die Umstehenden aber lärmten und lachten noch angeregter: „Schneller, meine Herren. Ich habe einen Mordshunger!“ – „Deine Familie hat doch Getreide, oder? Dann iß erst mal etwas davon und komm später wieder!“ – „Das hat deine Mutter gefurzt, was ich übriglasse, reicht für dich altes Dreckstück noch lange aus!“

Sun Huaibao und Liujin standen eingekeilt in die Menge und schauten zum Schlachtplatz hin. Es duftete bereits aufreizend. „Vater, laß uns nach Hause gehen!“ Liujin fürchtete, daß seine Mutter sich zu Tode ängstigte. So verlockend schien ihm das Fleisch nicht. „Wohl übergeschnappt? Wo das Fleisch bis an den Mund gekommen ist, willst du es nicht essen!“ – „Mutter ängstigt sich bestimmt.“ – „Sie wird schon nicht gleich sterben.“ Der Fleischduft, der heranwehte, wurde immer stärker, Liujin verrieb den Speichel, der das Kinn herunterrann, schluckte und sagte nichts mehr. In einigen zehn Töpfen schwammen große fette Fleischstücke, die garen lagen in großen irdenen Schüsseln. Dampfbrötchen von einem halben Pfund waren zu kleinen Bergen aufgetürmt. Der Obereunuch aber hatte die Anweisung gegeben, daß ohne ausdrückliche Aufforderung niemand die Eßstäbchen anrühren dürfe. Was für eine grausame, unerträgliche Situation war das doch. Weißhaarige Greise, ihre Enkel an der Hand, hielten die Augen starr auf das Fleisch direkt vor ihnen gerichtet. Den Kerlen im besten Alter riß allmählich die Geduld, sie waren drauf und dran hinzugehen und sich ihren Anteil zu erzwingen. Liujin betrachtete seinen Vater. Dessen Augen leuchteten, sein Kehlkopf bewegte sich auf und ab. Beim Gedanken an die Mutter aber fühlte Liujin Beklemmung im Herzen. Er beschloß, bei der nächsten Gelegenheit etwas von dem Fleisch mitzunehmen und noch in der Nacht nach Ostweidendorf zurückzukehren.

Plötzlich ertönten im Guanyin-Tempel alle Glocken und die neun Mönche, die Xiaode Zhang aus dem Zhanhua-Tempel in Beijing mitgebracht hatte, hielten in vollem Ornat die Zeremonie der Speisung von Hungergeistern ab. Xiaode Zhang verrichtete vor den Seelentafeln seiner Eltern vier Kotaus. Bei dem Gedanken an seine Eltern, die nicht mehr erleben konnten, daß der Sohn es zu Reichtum und Ansehen gebracht hatte, rannen ihm Tränen herab.

Während der Zehn-Scheffel-Spende versprengte der Zeremonienleiter von seinem hohen Thron reines Wasser und warf kleine Dampfbrote nach unten. Das bedeutete, den Hungergeistern Nahrung zu reichen. Dazu stimmte der Mönch einen Trauergesang an: „Als in der Wildnis gestern Nacht ich wandern ging, da sah ich plötzlich eines Mönchs Skelett ..." Die Stimme klang eiskalt. Xiaode Zhang zog sein Taschentuch heraus und wischte sich Tränen aus den Augenwinkeln. Da fiel sein Blick auf die Dampfbrötchen am Boden. Sofort fragte er einen Obereunuchen: „Habt ihr draußen schon Essen ausgeteilt?" Der Obereunuch antwortete: „Ihr habt keinen Befehl dazu erteilt, und so haben wir auch nichts ausgegeben." – „Los, los. Laßt die Leute essen!" Die Hungerteufel betraten die Halle, um zu essen, und im Vorhof konnten endlich die Menschen zu kauen beginnen. Jeder bekam eine Schüssel Fleisch und zwei Dampfbrötchen, Schnaps gab es, soviel man wollte. Niemand fragte nach dem Verwandtschaftsgrad, ob alt oder jung, alle wurden gleich behandelt. Eine große Menschenmenge saß im Hof. Die alten Leute versuchten sich zu erinnern, in welchem Jahr sie zum letzten Mal Fleisch gegessen hatten, und viele Kinder wußten nicht einmal, was das war. Jeder aß nach Herzenslust, die Männer tranken dazu Schnaps.

Wie Katzen, die schon aus großer Entfernung den Fisch riechen, strömten die Bauern aus den kleinen und großen Dörfern von nah und fern nach Süd-Lüguan-Weiler und umringten den

Tempelhof: „Erbarmt euch unser, gebt uns einen Bissen ab!" erklangen die zitternden Stimmen der alten Leute. „Großer Gebieter, große Mutter, gebt uns ein Dampfbrötchen!" riefen Stimmchen von Kindern. Die Männer von Süd-Lüguan-Weiler und die Eunuchen umstellten den Hof und hielten die in großer Zahl erschienenen Hungrigen auf. Erst sollten die eigenen Frauen und Kinder die ihnen zugeteilten Portionen aufessen. Alte und Kinder, die zu eilig aßen, schlugen sich auf die Brust oder rieben sich den Bauch. Andere waren so satt, daß sie die Augen verdrehten. Sie alle wußten: Was gegessen war, konnte niemand einem nehmen.

Liujin und sein Vater hatten ebenfalls jeder seinen Teil erhalten. Liujin trank lediglich die Fleischbrühe und aß ein Dampfbrötchen dazu, die Fleischstücke und das andere Dampfbrötchen versenkte er in der Jackentasche. Sun Huaibao lallte ihm betrunken zu: „Warum ißt du nicht mehr?" – „Das nehme ich nach Hause mit, Mutter wartet doch noch auf uns!" Fast hätte es Sun Huaibao die Sprache verschlagen. Stockend brachte er heraus: „A..aber der alte Gebieter läßt uns drei Tage lang Fleisch essen und Schnaps trinken, und ganz zuletzt gibt es noch eine Belohnung!" Als junger Mann hatte Sun Huaibao ganz gern Schnaps getrunken. Zwar vertrug er nicht viel, aber er konnte es lange bei einem Glas aushalten. Ein Liang Schnaps, etwa fünfzig Gramm, reichte für ungefähr vier bis sechs Stunden aus. Nachdem er dann geheiratet hatte und Kinder da waren, fehlte es ihm an Geld dafür. Nicht einmal auf Pump konnte er sich etwas leisten. Schon seit Jahren hatten seine Lippen Alkohol nicht mehr berührt, aber heute kostete es nichts, da konnte er sich einfach nicht beherrschen. Als hätte er vergessen, daß es sich um Hochprozentiges handelte, trank er in großen Zügen. Es dauerte nicht lange, und er war so betrunken, daß er nicht mehr wußte, was um ihn herum vorging. Liujin, der eigentlich nach Ostweidendorf zurück wollte, sobald der Mond aufgegangen war, wagte nicht zu gehen, sondern suchte wohl oder übel Reisstrohbündel als Lager für seinen Vater und deckte ihn mit Reisstroh zu.

Es war schon tiefe Nacht, als die Schauspielertruppe mit dem Trommeln und Huqin-Spielen aufhörte und hinter der Bühne auch etwas aß. Dort hatte man ein Zelt aufgestellt, das tagsüber als Schminkzimmer diente, des Nachts als Herberge. Auch im Tempel rührte sich nichts mehr. Ein paar Eunuchen und Soldaten mit roten Laternen und hölzernen Klöppeln, um die nächtlichen Doppelstunden anzuzeigen, hielten Wache. Die Zeremonie für die Hungergeister war vollendet, auch die hungrigen Teufel waren satt davongegangen. Im Hof lagen noch ein paar Haufen Schweineborsten und Fleisch sowie jede Menge Knochen, um die sich einige streunende Hunde rissen. Manchmal sahen sie mit wilden Blicken zu Liujin und seinem Vater hinüber. Liujin hatte etwas Angst und stieß seinen Vater an, aber der brummte nur, drehte sich auf die andere Seite und schnarchte weiter. Der Wind heulte und in Liujins Ohren klang es, als sollte seine Seele zurückgerufen werden. Ihm wollte der Kopf zerspringen, alles, was er heute erlebt hatte, das prächtige Schiff, das Geraufe um Geld, die Sutren lesenden Mönche, das Geplärre der Opernsänger, große Fleischschüsseln, der betrunkene Vater und die Mutter, die auf sie wartete, all das bedrängte ihn. Endlich fiel er in Schlaf.

Liujins Mutter war am Nachmittag, den Kleinen auf dem Rücken, den Großen an der Hand, zum Eingang des Dorfes gegangen. Sie wartete auf Liujin und seinen Vater bis die Sonne unterging. Erst als sie die Leute in der Ferne nicht mehr genau erkennen konnte, war sie nach Hause zurückgekehrt, wo Verwandte und Freunde ihrer harrten. Sun Huaibao hatte zwei ältere Brüder, arme Bauern wie er. Der älteste Bruder hatte geschickte Hände und verstand sich ein wenig aufs Schreinern. Im Unterschied zu dem zweiten, der etwas einfach und überaus bieder war, verfügte er über eine gewisse Schläue. Der zweite hielt eine Tabakspfeife zwischen den Lippen, seufzte und blinzelte mit den Augen. Eingefallen war ihm freilich nichts. Der älteste Bruder redete auf seine Schwägerin ein: „Ein sieben, acht Jahre altes Kind kann kein allzu großes Unheil anrichten. Bestimmt ist sein Vater mit einer Persönlichkeit in Konflikt geraten. Man sollte das Dorfoberhaupt bitten, an entsprechender Stelle vorzusprechen und ein gutes Wort einzulegen." – „Den Shang Buying aufsuchen? Der ist doch verdorben bis ins Mark", war das lautstarke Urteil der Anwesenden. „Der alte Gebieter Zhang steht zu hoch, als daß unsereiner ihn erreichen könnte. Außer Herrn Song Gongdi, gibt es niemanden, der bei ihm vorsprechen könnte. Und nur der Dorfvorsteher Shang Buying kommt an Song Gongdi heran." Auf diese Bemerkung des ältesten Bruders hatte keiner etwas zu entgegnen. Die Leute sprachen noch ein paar tröstende Worte und gingen dann. Liujins Mutter brachte die Kinder zu Bett. Anschließend machte sie vor der Nische mit der Buddhastatue Kotau. Die halbe Nacht saß sie auf dem Kang, das Herz schlug ihr bis zum Hals und wollte sich nicht beruhigen. Als es hell geworden war, gab sie dem elfjährigen Sohn Anweisung, auf seinen kleineren Bruder aufzupassen, und begab sich zu Shang Buying.

Die Machenschaften des Herrn Shang

Shang Buying, der Reichste in Ostweidendorf, ein äußerst hinterlistiger und gemeiner Mann, war entfernt verwandt mit dem Kreisvorsteher Song Gongdi, weshalb auch er sich als Machthaber aufspielen konnte. Wer es mit Shang Buying zu tun bekam, war verloren. Egal, ob arm oder reich, wer ihm fernbleiben konnte, tat das in der Regel auch. Aber er war Dorfvorsteher, also kamen die Leute an ihm nicht vorbei, und er ‚rupfte die Gänse'.

Liujins Mutter riß sich zusammen, ging zu ihm und heulte auf Shang Buyings mit glänzenden Ziegeln bedeckten Boden Rotz und Wasser. Shang Buying strich sich mit der einen Hand den schütteren Bart, mit der anderen winkte er: „Schluß damit, ich möchte nichts mehr davon hören! Es ist ja keiner gestorben, warum dann diese Flennerei wie bei einem Begräbnis? Dummes Weibsbild! Für dich ein gutes Wort einzulegen, ist ja nun nicht gerade schwierig, aber man hat sich noch nie allein darauf verlassen können, daß die Oberlippe auf die Unterlippe trifft. Oder?" Liujins Mutter öffnete den Mund, brachte aber kein Wort heraus, sie wußte genau, daß Shang Buying sie rupfen wollte. Aber, was für Federn sollte eine arme Familie schon haben?

Shang Buying mußte erst gar nicht gefragt werden, er gab seinen Leuten den Befehl, auf ein Stück Papier ein paar Zeilen zu schreiben, und übergab es Liujins Mutter: „Ich kann das nicht mit ansehen, ohne zu helfen, aber sagen wir das Häßliche zuerst: Wenn deine Leute sicher nach Hause zurückkehren, gehören die zwei Mu Land deiner Familie mir. Das Silber, das ich brauche, um den Kontakt herzustellen, wird davon nicht gedeckt, ich lege es zunächst einmal aus. Kehren deine Leute nicht zurück, ist das mein Schaden und ich fordere überhaupt nichts von dir. Wenn du es dir gut überlegt hast, gib deinen Fingerabdruck auf dieses Papier."

Liujins Mutter wagte nicht, lange zu überlegen. Die beiden waren Haupt und Rückgrat der Familie, wenn sie nur heil nach Hause kamen, konnten die Leute alles wegnehmen. Sie hinterließ ihren Fingerabdruck auf dem Papier und kehrte nach unzähligen Dankesbezeugungen einigermaßen beruhigt nach Hause zurück. Am Tag darauf nahm sie wieder Liuzhu an die Hand, Guanglin auf den Rücken und wartete unter einem Baum am Dorfeingang. Zwei Stunden waren vergangen, da tauchten auf den Feldern in der Ferne ein großer und ein kleiner Umriß auf. Obwohl sie die Gesichtszüge nicht erkennen konnte, wußte Liujins Mutter doch, daß die beiden Schurken nach Hause kamen. Tränen flossen ihr aus den Augen, war es aus Freude oder aus Kummer? Sie wandte sich um und kehrte mit ihren Kindern ins Dorf zurück.

Sun Huaibao und Liujin fegten, sehr mit sich zufrieden, ins Zimmer herein. Liujins Mutter hatte das Gesicht zur Wand gedreht und tat, als ob sie es nicht bemerkt hätte. Sun Huaibao zog rasch die vierzig Liang Silber hervor, die Xiaode Zhang ihm am Morgen geschenkt hatte, und schwang sie vor den Augen seines Weibes. Liujins Mutter, die vorgehabt hatte, den beiden kühl und abweisend zu begegnen, wurde beim Anblick der Silbertaels doch neugierig und fragte, was es damit auf sich hätte. Liujin beeilte sich, alles, was sich ereignet hatte, zu erzählen. Seine Mutter berichtete dann, wie sie Shang Buying aufgesucht und ihn angefleht hatte, Fürbitte einzulegen. Sun Huaibao preßte die Hände fest zusammen und überlegte. Ihm kam das Ganze nicht geheuer vor. Xiaode Zhang hatte noch am selben Tag, an dem es zu dem Zwischenfall gekommen war, Gnade walten lassen und Liujin freigegeben. Nur weil es Fleisch und Schnaps gegeben hatte und wegen der Belohnung waren sie nicht gleich ins Dorf zurückgekehrt. Liujins Mutter aber hatte Shang Buying erst am zweiten Tag aufgesucht. Ihre Freilassung und der Bittgang waren zwei voneinander unabhängige Ereignisse! Also war er Shang Buying ins Netz geraten. Wütend schimpfte er: „Was für ein Miststück dieser Shang Buying doch ist, wie kann man ausgerechnet ihn bitten! Wie konntest du nur so unerfahren sein!“

Liujins Mutter antwortete: „Der Kleine hat sich ohne nachzudenken in die Höhle des Löwen begeben. Mußtest dann aber auch du den Verstand verlieren? Ich hätte mich hier vor lauter Sorgen fast aufgehängt, und du? Du hattest es dagegen ganz gut, hast deinen Abfallkübel aus stinkendem Fell mit Fleisch und Schnaps gefüllt und mich geschädigt ...“ Liujins Mutter fing an, laut zu heulen. Sun Huaibao sah auf ihre herabhängenden Schultern und bereute seine harten Worte. Liujin senkte den Kopf und vergoß ebenfalls Tränen. Das Herz war ihm schwer, denn er hatte das Unheil doch heraufbeschworen. Sun Huaibao seufzte tief auf. Warum hatte er überhaupt nicht an zu Hause gedacht, sondern nur noch das Fleisch und den Schnaps im Kopf gehabt, als er seinen Sohn außer Gefahr wußte! Auch Liujins Mahnung fiel ihm wieder ein.

Am zweiten Tag kam Shang Buying selbstverständlich mit der Urkunde an, um die Schulden einzutreiben. Sun Huaibao entgegnete ihm kühl: „Zweiter Herr Shang, stecken Sie die Urkunde nur ja wieder gut ein, ich schreibe Ihnen einen Zettel, daß ich sie kenne. Versuchen Sie dann, in Beijing beim alten Gebieter Zhang zu kassieren!“ Shang Buying hatte darauf nichts zu erwidern, knirschte mit den Zähnen, drehte sich um und ging.

Am Nachmittag wurde Sun Huaibao von Polizeibeamten festgenommen und in die große Halle gebracht. Song Gongdi fragte ihn: „Von wem stammt der Fingerabdruck auf der Urkunde?“ – „Vom Weib des Unwürdigen.“ – „Es gibt also eine Urkunde, daß ihr beiden, Vater und Sohn, durch Fürsprache des Hauses Shang freigelassen wurdet. Warum wollt ihr dann nach Überqueren des Flusses die Brücke abreißen? Haltet euch an den Wortlaut des Vertrages. Es ist nicht erlaubt, sich dem zu widersetzen. Jetzt zieht euch aus dem Gerichtssaal zurück!“

Song Gongdi wußte ganz genau, wie die Geschichte wirklich verlaufen war, und Sun Huaibao war klar, daß Shang Buying etwas von seinem Geld auf den Haufen von Song Gongdi gelegt hatte. Er konnte die Straße hinauf und hinunter schimpfen, aber nichts dagegen unternehmen. Polizeischergen brachten ihn vor das Tor der Kreispolizeibehörde. Die zwei Mu Ackerland, seine kleine Welt, gingen in den Besitz Shang Buyings über. Die Gebühr für die Fürsprache betrug nach dem, was Shang Buying sagte, fünfzig Tael. Sun Huaibao gab das Silber, das ihm Xiaode Zhang geschenkt hatte. Die restlichen zehn Tael? Nun, Shang Buying war so gütig, das Geld auszulegen, aber wohlgemerkt: Sun Huaibao blieb nicht nur Kapital schuldig, dafür wurden auch Zinsen fällig, und es durfte nicht ein Hundertstel fehlen, nicht ein Tag verzögert werden.

Nachdem er das eigene kleine Stück Land verloren hatte, mußte Sun Huaibao als Landarbeiter für andere arbeiten oder etwas Land pachten. War die Ernte gut, blieb nach Bezahlung der Pachtgebühr genug, um die Familie ein halbes Jahr zu ernähren, war sie schlecht, mußten sie Hunger leiden. Und das blieb ihnen nicht erspart! Sun Huaibao arbeitete als Rikschakuli in Tianjin und brachte etwas Geld nach Hause, aber auch nach drei Jahren waren diese höllischen Schulden noch nicht vollständig zurückgezahlt.

Eines Tages kam Shang Buying wieder einmal polternd und fluchend, um Schulden einzutreiben. Sun Huaibao, den das Geschimpfe in Wut versetzte, nahm eine Axt und warf sie Shang Buying vor die Füße: „Von heute an gebe ich nichts mehr. Du Kerl namens Shang, Samen willst du haben? Da bezahl ich doch gleich mit dem Leben meiner sechsköpfigen Familie. Los, bring uns um!“ Shang Buying rührte die Axt nicht an, sondern verschränkte die Arme hinter dem Rücken und ging davon.

An diesem Abend brach in dem Anwesen von Shang Buying ein Feuer aus. Einige Landarbeiter riefen lauthals: „Brandstiftung!“ und löschten das Feuer mit ein paar Eimern Wasser. Es war nur ein halber Haufen Stroh verbrannt. Als es hell wurde, kamen Büttel von der Polizeipräfektur des Kreises, banden Sun Huaibao und nahmen ihn mit. Shang Buying klagte Sun Huaibao im Kreisgericht an, er habe ein Komplott geschmiedet, um seine Schulden nicht bezahlen zu müssen. Weil das nicht geglückt sei, hätte er in der Nacht mit Brandstiftung Vergeltung üben wollen und dabei Getreide und Gras verbrannt. Er verlangte, daß Song Gongdi ihn schuldig sprach.

In der gleichen Nacht ging der Getreidespeicher des Hauses Shang in Flammen auf. Die Landarbeiter beeilten sich, den Brand zu löschen, aber auch die Tenne hatte Feuer gefangen. Shang Buying rettete sich mit Frau und Kindern ins Freie, vor Schreck völlig fassungslos. Er brüllte aus Leibeskräften: „Hilfe, Hilfe! Herbei!“ Dem Dorfvorsteher Folge zu leisten, fanden sich immer genug Leute. Die Pächter kamen und halfen beim Löschen, aber erst bei Tagesanbruch gelang es ihnen, das Feuer zu besiegen. Vom hinteren Getreidespeicher war über die Hälfte ein Opfer der Flammen geworden, das auf der Tenne aufgeschichtete Brennholz war ganz und gar verkohlt, und auch einige Räume im danebenliegenden Gebäude waren ausgebrannt. Unversehrt blieb nur das eigentliche Wohngebäude. Heulend und schreiend, mit zerzaustem, aufgelöstem Haar, wälzte sich Shang Buyings Frau am Boden. Der Dorfvorsteher stampfte mit dem Fuß auf, fluchte und tobte, nur wußte er nicht, auf wen er schimpfen sollte. Ein Landarbeiter kam herbeigelaufen: „Alter Gebieter Shang, beruhigt Euch, die Angelegenheit ist sehr merkwürdig!“ Shang Buying verstummte und dachte nach: ‚Vor ein paar Tagen habe ich selbst heimlich Feuer gelegt, um Sun Huaibao zu schaden, ein Haufen Stroh ist dabei verbrannt, nichts weiter. Wer hat das Feuer heute nacht gelegt? Sun Huaibao ist im Gefängnis, sein Haus, seine Familie lasse ich beobachten. Außerdem, ein Einzelner kann es gar nicht gewesen sein, heute ist von vielen Seiten Feuer gelegt worden. Wer hat soviel Mut, daß er es wagt, mir, Shang Buying, eine Grube zu graben?‘ Je länger er darüber nachdachte, desto größer wurde seine Furcht. Also bat er ein paar von seinen Freunden zu sich, die verschlagen waren wie Füchse, um sich mit ihnen zu beraten.

Der lahme Hu Nummer vier, schon über siebzig Jahre alt, sagte: „Vielleicht hast du dich an irgendeinem großen Heiligen vergangen, am besten, du gehst in einen Tempel und brennst Weihrauch ab, oder bittest einen daoistischen Magier, ihn zu bannen.“ Zhang Zishan, der sich auf Akupunktur und Arzneimittelkunde verstand, aber auch über Gauner ein wenig Bescheid wußte, riet Shang Buying: „Ein gehetzter Hund springt über die Mauer, sagt man. Du solltest die Sache mit Sun Huaibao nicht allzu weit treiben. Wer hat denn keine Verwandten und Freunde? Diese Leute müssen sich ja gegen dich verschwören. Du stehst an herausragender Stelle, während sie im Verborgenen bleiben. Ein Sun Huaibao im Gefängnis bringt auch in zehn, zwanzig Jahren keinen Kupferkäsch hervor! Aber eine Fackel kann dein Hab und Gut vernichten. Diese Feindschaft müßte man eher beenden als noch schüren. Meines Erachtens sollte man erstmal den Sun Huaibao freilassen. Um ihn in den Griff zu bekommen, muß man es langsam angehen und nicht in eineinhalb Tagen damit fertig sein wollen!“

Haßerfüllt erwiderte Shang Buying: „Es wird doch wohl nicht so sein, daß all die Sachen ungestraft verbrannt sind! Soll ich das etwa durchgehen lassen?“ Zhang Zishan entgegnete: „Jedenfalls kann es diesmal nicht Sun Huaibao gewesen sein, der das Feuer gelegt hat, wen möchtest du aufsuchen, um die Rechnung zu begleichen?“ Da war für Shang Buying nichts zu machen, er schickte Leute mit einem Brief zum Polizeipräfekten des Kreises, den Sun Huaibao freizulassen, aber mit der Auflage, die Schulden fristgerecht zurückzuzahlen. Amtsgeschäfte erledigte Song Gongdi gegen Bezahlung. Zahlte Shang Buying dafür, daß jemand festgenommen wurde, veranlaßte er die Festnahme. Wollte er, daß jemand freigelassen wurde, ließ er ihn natürlich frei.

Sun Huaibao kam zwar aus dem Gefängnis, aber Shang Buying ließ alle Grundherren wissen, er dulde es nicht, daß an Sun Huaibao Land verpachtet werde. Er wollte ihn in die Ausweglosigkeit treiben, um dann eine Gelegenheit zu finden, ihn zu beseitigen. Sun Huaibao wußte nicht aus noch ein. Er wagte nicht, seine Familie zu verlassen, um in Tianjin als Kuli etwas zu verdienen, denn er fürchtete, Shang Buying würde sich an seiner Frau und seinen Kindern vergreifen. Andererseits konnte er aber auch nicht warten, bis er und seine Familie verhungerten. Der Reis im großen Reiskrug wurde von Tag zu Tag weniger. Die Kinder weinten vor Hunger. Liujins Mutter war schon fast ergraut, obwohl sie noch gar nicht alt war. Die Frauen in den chinesischen Dörfern folgten ihren Männern in allem: Waren die Männer ratlos, dann waren es die Frauen erst recht.

Entschluß zur Kastration

Seit Tagen schon war Liujin in sich gekehrt und schweigsam, oft saß er unter einem Baum am Dorfrand und dachte nach. Als seine Mutter einmal nicht da war, trat er an seinen Vater heran und sagte: „Ich möchte Eunuch werden." Sun Huaibao summte der Kopf, er riß die Augen weit auf und schimpfte: „Du Furz!" – „Vater, ich habe es mir gut überlegt. Als Eunuch kann ich mich unter den Schutz des alten Gebieters Zhang begeben. Wenn ich dann Macht habe, komme ich zurück und bringe den alten Hund Shang Buying um!" Sun Huaibao wußte darauf nichts zu erwidern.

Für die Leute von Jinghai war Eunuch zu werden etwas durchaus Übliches. Hörte man, daß sich der Sohn eines Hauses der ‚Reinigung des Körpers' unterzogen hatte und in den Palastdienst eingetreten war, wunderte man sich nicht, im Gegenteil, man eilte in das betreffende Haus, um zu gratulieren. Aber den eigenen Sohn zum ‚Reinigen des Körpers' zu bringen, das war dann doch wieder nicht so einfach. Liujin Eunuch werden zu lassen, hatte Sun Huaibao nie vorgehabt, er wagte gar nicht, daran auch nur zu denken. Vater und Sohn sprachen nicht weiter darüber.

Wenige Tage später entdeckte Sun Huaibao im Brennholzhaufen eine scharf gewetzte Sichel. Sein Herz trommelte wie verrückt. Heimlich versteckte er sie. Nach ein paar Tagen war die Sichel verschwunden. ‚Der Vater kennt den Sohn am Besten'. Liujin, überaus empfindsam, war gleichwohl ziemlich störrisch. Was er nicht tun wollte, konnte man nicht erzwingen, so sehr man es auch von ihm verlangte. Und von dem, was er unbedingt tun wollte, konnten ihn keine zehn Ochsen zurückhalten. Sun Huaibao, der den Starrsinn seines Sohnes kannte, war besorgt, aber machtlos. Der Getreidevorrat im Haus war schließlich bis auf das letzte Korn aufgegessen. Alt und jung saßen einander gegenüber und weinten. Sun Huaibao suchte die benachbarten Grundbesitzer einen nach dem anderen auf, bekam aber überall zu hören: „Shang Buying erlaubt es nicht. Zieht in eine andere Gegend, um euren Lebensunterhalt zu verdienen."

Vor dem fünfzehnten August lag Liujin allein auf dem Gras neben dem Schilfteich und überlegte. Der Himmel war berauschend blau, nur ein paar leichte Wölkchen kräuselten sich, Eisvögel flogen aufgeschreckt vorüber, Heuschrecken zirpten im Gras. Vor Liujins Augen verschwamm alles. Am Himmel erschien ein Palast, ganz so, wie ihn die alten Leute im Dorf beschrieben. Goldene Ziegel, goldene Balken, goldener Boden, aus Perlen, Achat, Chrysopas, Jade und Korallen gefertigte Blumen, Gräser, Pflanzen, Bäume und Tiere. Auf dem goldenen Thron in der Haupthalle saß Seine Majestät, an der Seite Seiner Majestät stand Xiaode Zhang und winkte ihm zu. Liujin wollte wissen, was Perlen eigentlich waren, was Achat war, wie die kaiserliche Majestät gewachsen war. Er lief auf den Palast zu, aber je weiter er lief, um so weiter entfernte der Palast sich. Schließlich blieb nur ein weiß verschwommenes Etwas übrig. Liujin begann zu schweben, trieb orientierungslos zwischen Himmel und Erde. Er wußte nicht, wie lange er so trieb, bis er plötzlich schmerzhaft seinen Hintern spürte. Schleunigst öffnete er die Augen und sah seinen Vater neben sich stehen. Er bekam noch einen kräftigen Tritt mit dem derben Schuh ab und erwachte vollends aus seinen Tagträumereien. Die blitzblank geschliffene Sichel hatte er unter sich gelegt, jetzt befand sie sich unter dem Fuß des Vaters. „Wozu hast du die mitgenommen?" Die Haustiere, für die man Gras gebraucht hätte, waren schon längst verspeist. Obwohl Sun Huaibao im Innern zitterte, schimpfte er lautstark. Liujin erwiderte nichts, sondern blickte starr in weite Fernen, sein erdfarbenes Gesicht zog sich zusammen, aus den kleinen Augen schoß ein entschiedener Blick. Vater und Sohn sahen einander sehr lange an, plötzlich flossen aus den Augen von Sun Huaibao Tränen und rannen über das runzlige, trockene Gesicht. Er seufzte tief und sprach: „Wenn es denn so ist, bleibt mir nichts anderes übrig, als dir deinen Willen zu lassen!"

Das ‚Reinigen des Körpers' ist kein Kinderspiel und läßt sich mit dem Kastrieren von Eseln und Pferden nicht vergleichen. Am Hof der Qing gab es dafür Spezialisten, zwei Leute verstanden sich darauf besonders gut. Der eine war Bi Nummer fünf, er wohnte in Beijing in der Südlichen Großen Straße, in der Kassierergasse. Der andere hieß Messerchen-Liu und wohnte in der Quadratziegelgasse, innerhalb des Tors der Irdischen Ruhe. Beide waren Beamte des siebten Ranges. Man verachte nur ja nicht diese beiden kleinen Beamten, diese ‚Sesam-Beamten siebten Ranges'! In den Augen der Eunuchen wogen sie die Herrin zur Hälfte auf. Der größte Teil derer, die Eunuchen werden wollten, beauftragten Leute, zu Bi und Liu zu gehen und dort ‚den Gang einzulegen', das heißt, sich anzumelden. Wollte man den ‚Gang einlegen', mußte man zunächst zu einem Treffen. Wer kein ebenmäßiges Gesicht hatte, den wollte man nicht. Danach stellte man ein paar Fragen, um zu sehen, ob die Zähne ordentlich waren und sauber gereiht. Schwachköpfe, denen die Zunge aus einem dummen Mund hing, nahm man nicht an. Zum Schluß wurde der Schritt abgetastet, wenn das Ding nicht den Anforderungen entsprach, war man ebenfalls nicht geeignet. Dieser letzte Punkt war völlig unverständlich. Das Ding sollte doch abgeschnitten werden, weshalb kümmerte man sich noch darum, ob es gut war oder nicht? Nur, wenn alles den Anforderungen entsprach, gaben Bi und Liu eine Zusage und kümmerten sich anschließend gründlich um die Angelegenheit. Zunächst einmal um die Kastration, dann, nach der Operation, wurden die Verwundeten in den Häusern von Bi und Liu versorgt, gespeist und natürlich beherbergt. Arznei und Pflege gehörten dazu. Waren die Wunden verheilt, kauften die beiden neue Kleidung, neue Schuhe und eine Mütze und sandten die Kinder frisch und funkelnd in den Palast. Zusammen kostete das umgerechnet ungefähr etwas über einhundert Liang Silber. Alles wurde zunächst von Bi und Liu ausgelegt und ein Schuldschein ausgestellt. Waren die Kinder im Palast, wurde die Schuld nach und nach vom Monatsgehalt abgezogen, bis sie beglichen war.

Zu jeder Jahreszeit übergaben die Häuser Bi und Liu dem Präsidium für innere Angelegenheiten vierzig Eunuchen, in der

Regel Knaben, um die zehn Jahre alt. Wenn sie jährlich 150 bis 160 Eunuchen schickten, dann ‚sprudelte die Geldquelle sehr üppig'.

Bi und Liu bewiesen in ihrem Metier viel Geschick. Mancher Außenstehende wußte nicht, wie viele Fehler man begehen konnte, wenn man sich selbst kastrierte. Daher kamen sie mit ihrem Anliegen ungeachtet der großen Unkosten zu den Häusern Bi und Liu nur, um auch wirklich sicher zu gehen. Abgesehen davon galten die beiden Häuser schon als eine öffentliche Einrichtung. Danach in den Palastdienst eintreten zu können, war noch in den Zwanziger Jahren der Regierungsperiode Guangxu (ab 1894) sicher. Aber bald darauf deckten sich infolge äußerer Katastrophen und innerer Wirren Einnahmen und Ausgaben des Präsidiums für innere Angelegenheiten nicht mehr, die Zahl der Eunuchen wurde drastisch reduziert und die Kastrationseinrichtung der Häuser Bi und Liu wurde aufgelöst. Wer Eunuch werden wollte, mußte die Operation von einem Arzt durchführen lassen.

Im Jahre 1900 war die Kastrationseinrichtung aufgehoben worden, und in Jinghai gab es dann keinen mehr, der sich leichtfertig hätte kastrieren lassen. In der Gegend von Ostweidendorf fand sich niemand mehr, der in der Lage gewesen wäre, diese Operation auszuführen. Sun Huaibao dachte natürlich an Tian Fu. Aber der Tian Fu von jetzt war nicht mehr der arme Kerl, der damals im Guanyin-Tempel Xiaode Zhang mit einem Messerhieb ausgeholfen hatte. Mit dem Aufstieg von Xiaode Zhang war auch sein Name bekannt und berühmt geworden. Tian Fu brauchte sich in Beijing nur am Tor des Göttlichen Kriegers hinzustellen, und schon kam jemand heraus und brachte ihm Silber. Xiaode Zhang zählte noch zu den Leuten mit Gewissen und vergalt erwiesene Güte. Tian Fu mußte von diesem Augenblick an nicht länger Feldarbeit verrichten. Aber obwohl er sich um Essen und Trinken keine Gedanken mehr zu machen brauchte, war er nicht bereit zu heiraten. Die kleine Kneipe am Wasser, am Dorfrand gelegen, war sein halbes Zuhause und die Wirtin fast seine Frau. Er saß den ganzen Tag bei zwei Unzen Schnaps. Die Wirtin war im mittleren Alter Witwe geworden und hatte nicht mehr geheiratet. Obwohl ‚Mutter

Xu' nicht mehr ganz jung war, hatte sie dennoch ein Paar äußerst feiner kleiner ‚Goldlotusse'. Sie verkaufte den Alkohol nicht hinter der Theke, sondern saß davor auf einem hohen Stuhl, das Paar spitzer kleiner Füßchen hoch erhoben. Ihr Geschäft blühte selbstverständlich. Suchte man Tian Fu, brauchte man nur in diese Kneipe zu gehen.

Sun Huaibao zog den Vorhang zur Seite und betrat den Raum. Tian Fu hockte mit dem Glas in der Hand auf einem niedrigen Hocker vor der Wirtin und nippte am Schnaps. „Sun Nummer zwei, es heißt, du möchtest deinen Sohn kastrieren lassen?" fing die Frau an. Sun Huaibao war sie lästig, er beachtete sie nicht, sondern stieß nur einen verächtlichen Laut aus und setzte sich neben Tian Fu. Eigentlich hatte Sun Huaibao ihn ja nicht aufsuchen wollen. Erstens benahm sich der alte Kerl etwas überheblich und bildete sich zuviel auf sein Können ein. Zweitens konnte er selbst mit einem Messerstich nachhelfen, aber wenn er das Ganze herunterschneiden müßte, würde das nicht unbedingt auch wirklich gelingen. Und hieß es nicht zur Zeit überall, wohin er sich wandte: „Habe ich noch nie gemacht. Hier geht es um ein Menschenleben, da wage ich nicht, Hand anzulegen." Das sollte heißen: „Jemanden von künftigen Enkeln zu trennen, macht eine gute Tat zunichte, such dir einen anderen Könner." Nach ein paar Mißerfolgen blieb nichts anderes übrig, als es bei Tian Fu zu versuchen. Der hatte diese blutige Angelegenheit wenigstens schon einmal gesehen. Tian Fu aber war anders als früher. Als Wohltäter jenes mächtigen, majestätischen Beamten zweiten Ranges stellte er selbstverständlich hohe Forderungen.

„Bruder Tian, der Wind hat es dir schon längst in die Ohren geweht. Du weißt, weshalb ich gekommen bin, kannst du mir dabei behilflich sein?" Tian Fu gab überhaupt keine Antwort, sondern trank weiter. Ab und zu streifte sein Blick die Wirtin hinter Sun Huaibao, die ihre Augenbrauen hochzog, mit den Augen rollte, den Mund zusammenkniff und Daumen und Zeigefinger aneinanderhielt, als ob sie einen Silberdollar andeuten wollte. Tian Fu sagte in seiner Trunkenheit: „Weißt du, wieviel Geld mir der eine Messerstreich eingebracht hat? Setz dich erst mal hin und erschrick bloß nicht gleich!" Die Wirtin redete dazwischen: „Ich sag's dir, zweiter Bruder Sun. Das geht nicht wie bei einem Esel oder einem Pferd, einmal die Eier gepreßt, bums, einmal draufgetreten und nach oben gedreht. Wenn man es bei dem Jungen nicht richtig macht, ist das zarte Leben beendet. Macht man die Sache gut, ist es so, als ob man einen Baum gepflanzt hätte, von dem man Geld schütteln kann, der hängt zu jeder Jahreszeit voller Früchte aus Gold und Geld. ‚Wenn es einem leid tut, ein Kind zu opfern, bekommt man den Wolf nicht zu fassen'. Bist du schon bereit, dein Kind zu opfern, was tut dir dann noch das bißchen Geld leid?"

Tian Fu starrte zur Decke, als ob dort oben Geld und Gold hingen. Sun Huaibao war, als hätte etwas Heißes seinen Kopf getroffen. Er stand mit einem Ruck auf und trat zwei Schritte rückwärts aus der kleinen Kneipe. Tian Fu, plötzlich erwacht, eilte zur Tür und brüllte ihm nach: „Zweiter Bruder Sun, zweiter Bruder Sun! Laß uns die Sache einmal genau bereden, ich mach' ganz einfach einen Schnitt für dich!" Sun Huaibao lief nach Hause, ohne auch nur den Kopf umzudrehen. Tian Fu kehrte in die kleine Kneipe zurück und sagte wütend: „Das kommt alles von deinem Dazwischengerede. Mit einem Messerstich aushelfen, bedeutet nichts anderes, als einmal mit einem Messerstich auszuhelfen. Wenn du den Kleinen festhälst, wirst du in Zukunft vielleicht mal bei einem Oberverwalter Zutritt haben."

Am fünfzehnten Tag des achten Monats 1912 nach dem Bauernkalender, genau zur Zeit des Mittelherbstfestes, schickte Sun Huaibao seine Frau mit den drei Kindern über die Festtage zu ihren Eltern. Nur er und Liujin blieben zu Hause. Sun Huaibao verriegelte Tor und Tür, dann steckte er ein Bündel trockenes Feuerholz in den Ofen. Das Feuer flackerte und gab seinem schwarzen Gesicht einen bronzefarbenen Glanz. Liujin war aschfahl aber ruhig. Er wußte, der Augenblick war gekommen, der sein weiteres Geschick entscheiden sollte. Sein Vater hatte von irgendwoher ein paar Eier und Nudeln besorgt und bereitete daraus eine Suppe, die er mit den Worten: „Iß sie auf", seinem Sohn vorsetzte. Liujin sah, daß seinem Vater Tränen in den Augen standen, tat aber so, als hätte er es nicht bemerkt. Mit gesenktem Kopf aß er die Nudeln. Zwei heiße Tränen tropften in die Suppe. Schon seit Tagen war er sehr hungrig, hatte nichts anderes als wilde Kräuter im Bauch und hatte nie zuvor so gute Nudeln gegessen, aber in diesem Augenblick schmeckten sie ihm nach gar nichts. Nachdem er sich gezwungen hatte, die Schale zu leeren, goß ihm Sun Huaibao eiskaltes Wasser ein: „Ich habe gehört, daß man nach der Operation sofort urinieren muß, weil sonst die Harnröhre verstopft ist und man daran stirbt."

Liujin trank das Wasser auf einmal aus. Sun Huaibao überprüfte noch einmal den Türriegel und ließ Liujin sich mit entblößtem Unterleib auf den Holzladen legen, der als Operationstisch diente. Liujin zitterte so sehr, daß der Holzladen klapperte. Sun Huaibao holte einen groben Strick und band Liujin damit fest, so daß er weder Hand noch Fuß bewegen konnte. Dann band er ein dünnes Hanfseil um den Penis des Jungen, dessen anderes Ende er am Fensterrahmen befestigte. Der kleine Penis wurde in die Länge gezogen. Anschließend nahm er ein scharf geschliffenes Metzgermesser in die Hand. Das Messer schien ihm tausend Pfund schwer, und er brachte es nicht übers Herz, zu beginnen. Schweiß strömte ihm aus allen Poren, sein Herz klopfte wie wild. Sun Huaibao drehte sich um zu der Nische mit den Buddhafiguren. Obwohl es dunkel war und man nicht genau sehen konnte, war ihm doch so, als starrten alle Geister, Bodhisattvas und Buddhas ihn an. Sun Huaibao nahm das Messer in den Mund und zündete Kerzen und Weihrauch an. Dann bezeugte er allen Geistern, Bodhisattvas und Buddhas dreimal mit Stirnaufschlag Verehrung. Im Inneren betete er: „Ihr Geister und Buddhas im Himmel, bitte zeigt mir an, ob es gut geht. Wenn es gut ausgeht, laßt diesen Weihrauch drei Rauchkringel bilden." Der Kerzenschein beleuchtete das schmerzerfüllte Gesicht Sun Huaibaos. Liujin sah dem Ganzen mit zur Seite gewandtem Kopf zu. Sein bleiches Gesicht war völlig ausdruckslos. Er erinnerte sich an seine Worte vor zwei Tagen: „Ich verzichte grundsätzlich auf Nachkommen!" Liujin konnte sich nicht vorstellen, wozu Kinder und Enkelkinder gut sein sollten. Seine Eltern hatten vier Kinder, und ihre Lage verschlechterte sich von Tag zu Tag. Wenn die Kinder beim ersten Hahnenschrei aufwachten und sich die Augen rieben, wollten sie zuallererst etwas essen. Vier Fässer ohne Boden, die einen zu Tode grämten, das war der Nutzen von Kindern. Liujin wollte für alle Zeiten auf Kinder und Kindeskinder verzichten. Er erinnerte sich ebenfalls noch an einen Satz seines Vaters: „Du wirst dich, fürchte ich, auf den Weg zur Höllenpforte aufmachen, vielleicht kommst du zurück, vielleicht aber auch nicht ..."

Liujin dachte, daß er, sollte er von der Höllenpforte zurückkehren, sich bemühen würde, Obereunuch zu werden, um nach ein paar Jahren auf einem Schiff in die Heimat zurückzukehren, auch von einer Operntruppe begleitet. Behielte ihn der Totenrichter gleich da, ersparte er seinen Eltern wenigstens eine Ration Getreide. In einen Hungergeist verwandelt, würde er dann den Schurken Shang Buying umbringen. Er dachte daran, wie er diesen Hund als Geist dazu treiben würde, sich aufzuhängen, wie er ihn und sein ganzes Gesinde nachts nicht zur Ruhe kommen lassen würde. Wie er für seine Eltern Getreide stehlen würde. Auf Liujins Gesicht zeigte sich ein Lächeln.

„Es hat sich gekräuselt, es hat sich gekräuselt", Sun Huaibao glitt das Messer aus den Händen und fiel zu Boden, er beeilte sich, Kotau zu machen. Dann hob er das Messer auf, steckte es in den Ofen und wendete es ein paarmal, rieb es anschließend mit einem Lumpen ab und ging auf Liujin zu. Wiederum machte das Messer am Ansatz zum Oberschenkel halt. Ein Mann klopfte an der Tür: „Sun zwei, ich bin da!" Es war die Stimme von Tian Fu. Die Muskeln auf von Sun Huaibaos Kopf schwollen mit einem Mal an, heftig faßte er den Messergriff und führte einen wuchtigen Schnitt in Richtung der Hoden Liujins.

Alles war voller Blut. Aus der Wunde schoß in Strömen Rotes, Weißes, Gelbes. Sun Huaibao wurde es schwindlig und übel, sein Körper war in kalten Schweiß gebadet. Ziellos schnitt er mit dem Messer drauflos. Draußen ertönte wieder die Stimme von Tian Fu. Sun Huaibao spürte, daß jemand die Tür gewaltsam geöffnet hatte und hereingekommen war. In seiner Hand hielt er etwas Weiches, Blutiges, die Knie wurden ihm schwach. Er wollte sich aufrichten, aber es gelang ihm nicht.

Liujin hielt beide Augen geschlossen und lag, bereits ohnmächtig geworden, regungslos auf dem Holzladen. Sein mageres Gesicht war schneeweiß. Auf seiner Unterlippe hatten die Zähne tiefe Spuren hinterlassen.

Der Eindringling war natürlich Tian Fu, er brüllte: „Du dumme Sau, du dumme Sau, beeil dich!“ Beim Kastrieren muß man sofort einen Gänsefederkiel in die Harnröhre stecken, weil sie sonst zu verwachsen droht. Sun Huaibao hatte sich frühzeitig darauf vorbereitet, in der Hast und Verwirrung aber vergessen, den Kiel griffbereit hinzulegen. Tian Fu setzte eine Könnermiene auf und stocherte mit einem Kiel im Unterleibsbereich von Liujin herum, bis er die Harnröhre gefunden hatte. Zu diesem Zeitpunkt hatte sich Sun Huaibao wieder gefangen und bedeckte die Wunde mit Baumwolltampons, die er zuvor in Wachs, Sesamöl und Blütenpfeffer getränkt hatte. Bei dem Anblick des auf dem Holzladen ausgestreckten Liujin brach er in Tränen aus und legte sich auf das geheizte Ofenbett.

Der Mond, der zum Mittelherbstfest über der Schilflandschaft Jinghais aufging, leuchtete groß und gelb. Die Klageschreie aus dem Hause Sun Huaibaos trieben über das wogende Schilf. Liujin hatte sich zur Höllenpforte aufgemacht und hielt sich dort drei Tage und drei Nächte auf. Dort herrschte ein Treiben! Über und unter-, innerhalb und außerhalb der Stadt, an allen Orten waren Teufel und Dämonen, Geister ohne Köpfe, Geister mit langen Zungen, Geister mit wirrem Haar, Geister mit roten Augen. Geister, denen man das Herz herausgerissen hatte, hingen an einer Mauer, anderen waren die Füße abgehackt und bewegten sich noch wild auf dem Boden. Auf der Mauer gab es Käfige für Sträflingsgeister, Gerüste, an denen Geister geschunden, Töpfe, in denen Geister gekocht wurden. Am Fuß der Stadt hatte man spitze Messer eingegraben, und es brannte ein Feuer, das die Geister in der Stadt daran hinderte, davonzulaufen. Liujin verharrte vor dem Geistertor. Plötzlich tauchten in der Ferne zwei Geister auf, deren Aufgabe es war, die Seelen in die Unterwelt zu geleiten. Sie eilten mit der Seele eines Mannes im hölzernen Schandkragen herbei. Der Mann brüllte laut: „Ich gebe meinen Leuten zu Hause den Befehl, für euch hunderttausend mal zehntausend Noten Totengeld zu verbrennen, nur laßt mich schnell zurückkehren!“ Einer der Seelenbegleitteufel schimpfte: „Du hast so viele Schandtaten verübt und meinst, nach Zahlung von nur hunderttausend mal zehntausend Noten Totengeld wieder in die

Oberwelt zurückkehren zu können?" Liujin schaute genauer hin: Der Mann im hölzernen Schandkragen war kein anderer als Shang Buying! Da brüllte er: „Den darf man nicht begnadigen!" Shang Buying rief laut: „Ich verbrenne jeden Morgen hunderttausend mal zehntausend Noten Totengeld sogar drei Monate hintereinander, nur begnadigt mich!" Die Teufel meinten: „Der Preis ist ganz gut, aber geh hinein und handle mit dem Richter, wir sind nur dafür zuständig, die Seelen vor das Totengericht zu geleiten, wir sind hier nicht die Herren." Sagten es und traten stoßend und drängelnd durch das Teufelstor. Liujin folgte ihnen, er wollte sehen, was dabei herauskam, aber das Tor zur Stadt war schon längst geschlossen. Die Teufel auf der Mauer wandten sich Liujin zu und lachten und schrien so merkwürdig, daß er vor Schrecken auf der Stelle umkehrte und davonlief.

Drei Tage und Nächte schlief Liujin, am ganzen Körper heiß wie Feuer, und das hohe Fieber ging nicht zurück. Seine Mutter wich nicht einen Schritt von seiner Seite und wechselte ständig den Verband. Erst als, noch während seiner Ohnmacht, endlich der Urin herausfloß, atmeten alle auf. In jener Nacht, am fünfzehnten Tag des achten Monats, weinte Liujins Mutter am heftigsten, die Leute im Dorf sagten: „Das Kind ist gestorben, wie traurig!" Niemand hätte gedacht, daß er letzten Endes doch überlebte. Am Morgen des vierten Tages öffnete Liujin kurz die Augen, schloß sie aber sofort wieder. Er sah die eingefallenen, umschatteten Augen der Mutter und ihr weißes Haar. Zwei Reihen Tränen flossen ihre Wangen hinunter.

Liujins Kastration war die große Neuigkeit in Ostweidendorf. Jetzt, da er überlebt hatte, zeigten sich immer mehr gutherzige Menschen. Ob arm oder reich, alle brachten ein paar Sachen mit. Arme packten ein Bündel Reis aus: „Macht dem Kind etwas heiße Reissuppe zum Trinken." Reiche brachten zwei Enten mit und legten ein paar Schnüre Kupferkäsch dazu. Sogar Leute, die sich noch nie im Leben hatten blicken lassen, kamen auf einmal herbei. Wer auch immer kam, bevor er ging, hinterließ er noch ein paar Worte: „Hm, Sun Huaibao, diesmal hast du es gut getroffen. Wenn Liujin erst einmal in den Palastdienst eingetreten ist und es zu Reichtum gebracht hat, dann vergiß mich nur ja nicht!“ Der letzte, der noch zu Besuch vorbeikam, war Shang Buying. Die Geschenke, die er mitbrachte, waren selbstverständlich üppiger als die der anderen Familien. Aber bevor er ging, bat er nicht, daß man ihn später nicht vergessen sollte, sondern sagte nur: „Zweiter Bruder Sun, wenn dir etwas fehlt, dann komm einfach zu mir. Wenn du Land brauchst, ich habe da noch ein Stück Land, das kein Mensch bebaut.“

Der Reisbehälter, seit vielen Tagen leer, war jetzt natürlich gefüllt, wenn auch mit sehr unterschiedlichem Inhalt: Hirse, Reis, Sorghum, schwarze Bohnen, rote Bohnen, Saubohnen, alles war vertreten. Im Nu waren drei Monate vergangen. Liujin konnte mittlerweile schon wieder stehen und, gestützt, im Hof spazieren gehen. Eines Tages sprach Sun Huaibao zu Liujin: „Die Wunde ist in ein paar Tage verheilt. Ich habe Leute beauftragt, nach Beijing zu gehen und den Haushofmeister Zhang aufzusuchen. Wenn eine gute Nachricht kommt, geht's ans Packen und ab in den Palastdienst!“ Sprach's und zog ein kleines Päckchen aus Ölpapier hervor: „Das geb ich dir. Wenn du im Palast bist, leg es in einen Getreidescheffel und häng ihn am Balken an der Zimmerdecke jedes Jahr ein Stückchen höher, dann beschützt es dich und sorgt dafür, daß du jedes Jahr wächst. Und merke dir noch eines: Wenn du kurz vor dem Tod stehst, dann muß es mit dir ins Grab, sonst sind deine sechs Stämme nicht vollständig. Die weder Mann noch Frau sind, können nicht wiedergeboren werden! Dein Vater geht dir voraus und kann sich dann nicht mehr darum kümmern, du mußt es dir einfach selbst merken!“ Liujin wußte nicht, was er da bekommen hatte, machte das Bündel auf und warf einen Blick darauf. Da war es das Stück, von dem er ‚gereinigt‘ worden war. Es war bereits schwarz geworden. Schleunigst packte er es wieder ein und verwahrte es im kleinen Schrank.

Die beiden Meister Liujins

Am Jahresende waren immer noch keine Nachrichten aus Beijing eingetroffen. Liujin war so aufgeregt, daß er nicht stillsitzen konnte, ständig rannte er zu dem großen Baum vor dem Dorf und wartete. Alle Leute von auswärts fragte er, ob sie aus

Beijing kämen. Am ersten Tag des Frühlingsfestes traf im Nachbardorf ein Besucher ein, den Neujahrsgruß zu entbieten. Der teilte mit, der alte Eunuch Li, den Sun Huaibao beauftragt hatte, sei zurückgekehrt und werde am fünften Tag des Frühlingsfestes nach Ostweidendorf kommen. Die Nachricht verbreitete sich wie ein Lauffeuer. Als hätte Liujin den ersten Platz der Beamtenprüfung belegt, kamen alle herbei, ob sie nun in freundschaftlicher Beziehungen zu ihnen standen oder nicht, um zu gratulieren. Sun Huaibaos kleine schadhafte Hütte füllte sich im Nu mit glückverheißenden Worten. Vor Freude bekam Sun Huaibao den Mund nicht mehr zu. Liujin an der Hand verbeugte er sich ein ums andere Mal und legte die Hände auf traditionelle Weise zum Dank zusammen. Kaum war ein Schwung Gratulanten gegangen, tauchte der nächste auf. Shang Buying, der alte Gauner, kam persönlich vorbei und schenkte einen Ballen Seide aus Lanzhou, dem er einen Zettel aus rotem Papier beigegeben hatte. Darauf stand geschrieben: ‚Mit der Bitte um freundliche Entgegennahme, auch wenn wir keine Hochachtung füreinander empfinden.‘ Sun Huaibao ließ ihn das Gesicht verlieren. Shang Buying wunderte sich nicht und zog mit künstlichem Lächeln ab.

Liujins Mutter kehrte noch in derselben Nacht Kleidertruhen und Schränke um und suchte etwas Baumwolle hervor, mit der sie die zerschlissene Jacke Liujins ausbesserte und zusätzlich wattierte. Am fünften Tag des Frühlingsfestes begab sich Sun Huaibao mit Liujin in aller Frühe zum Dorfeingang, um den Eunuchen Li zu empfangen. Der langte erst gegen Mittag an und sagte, er sei nicht eigens hier in diese Gegend gekommen, sondern habe im Nachbardorf eine Angelegenheit zu regeln. Die Sache, mit der Sun Huaibao ihn betraut habe, sei völlig aussichtslos, weil der Kaiser der großen Qing-Dynastie durch die neue Volksregierung abgesetzt worden sei. Die Volksregierung habe in den Bedingungen für eine Vorzugsbehandlung des Kaiserhauses festgelegt, daß es von nun an nicht mehr gestattet sei, Eunuchen einzustellen.

Das kam wie ein Blitz aus heiterem Himmel! Den beiden war es, als hätte man sie mit kaltem Wasser übergossen. Mit schweren, schleppenden Schritten kehrten sie nach Hause zurück.

Der kalte Wind blies ihnen Schneeflocken ins Gesicht, Dohlen schrien kläglich auf morschen Bäumen. O Himmel, wie war das nur möglich! Nun schaute bei Sun Huaibaos Familie niemand mehr vorbei, Shang Buying erwähnte mit keiner Silbe mehr die Sache mit dem brachliegenden Pachtgrund. Alle Hoffnungen waren wie Seifenblasen zerplatzt. Liujin saß den ganzen Tag in tiefer Niedergeschlagenheit herum und sagte kein Wort. Er wich den Menschen aus.

Eines Tages schickte ihn seine Mutter, Getreide auszuborgen. Auf halbem Wege hielten ihn Dorfjungen auf. Einer sagte: „Woran erkennt man, ob du weiblich oder männlich bist?“ Der andere meinte: „Untersuchen wir ihn doch einmal!“ Gesagt, getan. Die beiden griffen nach der Hose von Liujin. Der wehrte sich mit Händen und Füßen. Plötzlich hörte er ein energisches: „Hände weg!“ Die beiden ließen los und schauten sich um. Es waren der Privatlehrer Fu Xueshun und der Mönch Jingchen vom Tempel des Reinen Landes. Zusammen mit dem Zukunftsdeuter, dem Blinden Chen vom Tempel des Schutzgottes, bildeten sie die weithin berühmten ‚Drei Wundersamen‘ von Ostweidendorf. Den Blinden Chen, der ein ‚Maul aus Eisen‘ hatte, lassen wir zunächst beiseite.

Fu Xueshun unterrichtete Kinder aus armen Familien, seine Entlohnung bestand in einem Liter Reis und zwei Scheffeln Maronen, das heißt, man nahm es nicht so genau. Jingchen war erfüllt von buddhistischen Liedern, die zum Guten rieten und die Menschen mahnten. Wie ein Verrückter sang er sie den ganzen Tag ohne Unterlaß. Die Leute nannten ihn deshalb den ‚Verrückten Mönch‘. Als die beiden üblen Dorfjungen jemanden kommen sahen, ließen sie ab von Liujin, sagten noch etwas und liefen davon. Liujin blieb stehen, Tränen in den Augen. Fu Xueshun sprach: „Das Kind ist gutherzig und voller Sinn für Gerechtigkeit, es gehört nicht in den Palastdienst. Es wäre besser, wenn es von mir ein paar Schriftzeichen lernen würde. Damit könnte es in Zukunft seinen Lebensunterhalt verdienen.“ Der Mönch meinte: „Man lernt, um Beamter zu werden, lernt man nicht gut genug, kann man doch wenigstens, wie du, ein paar wilden Kindern Unterricht geben und sich den Mund füllen. Aber er hat ja nun dieses ärgerliche Ding nicht mehr, ist weder Mann noch Frau, wie kann er sich da in der Öffentlichkeit zeigen und einer Arbeit nachgehen? Es wäre besser, er würde mir folgen und Mönch werden. Sind die sechs Stämme rein, wie ungezwungen ist man doch. Es ist wirklich so: ‚Das Menschenleben gleicht einem Frühlingstraum', warum sollte man sich umsonst abmühen? Reichtum schwindet wie die treibenden Wolken, der Mensch vergeht wie die Kerze im Wind. Alles ist leer, der Mensch soll sich selbst genüge sein ..." Fu Xueshun beeilte sich, ihn zu unterbrechen. „Es reicht, es reicht! Du brauchst uns jetzt keine endlose Litanei vorzusingen. Wir sollten ihn fragen, ob er lieber die konfuzianischen Klassiker auswendiglernen oder Sutren lesen möchte."

Eigentlich hatte Liujin ja weglaufen wollen, aber nun, da er sah, wie angeregt und lautstark sich die beiden unterhielten, wischte er sich die Tränen aus den Augen und hörte zu. Jingchen lachte schallend, dann fuhr er fort: „Ihr wißt, der Obereunuch An Dehai, vor dem Hofstaat und gemeines Volk erzitterten, dessen ‚Ansehen König und Fürsten herausforderte, dessen Reichtum dem Himmelssohn gleichkam', war der erklärte Liebling der Kaiserinwitwe Cixi. Im achten Jahr der Regierungsperiode Tongzhi (1869) wurde er im Auftrag der Kaiserinwitwe nach Suzhou geschickt, er sollte Kostbarkeiten in großer Menge einkaufen. Er war kaum in Shandong angekommen, als der Provinzgouverneur Ding Baozhen an ihm die Todesstrafe vollstrecken ließ und die Leiche drei Tage lang ausstellte, weil ‚der Eunuch eigenmächtig und gesetzwidrig den Palast verlassen hatte'. Daß er so endete, geschah nur, weil er nach Ansehen und Reichtum strebte. Die Welt ist ein Feld des Leidens. Das Leid, das von Reichtum und Ansehen hervorgerufen wird, übertrifft noch jenes, das aus Not und Armut entsteht. Deine sechs Stämme sind zwar nicht mehr vollzählig, aber dafür ersparst du dir eine Menge Qualen. In der einen Familie läuft die verhätschelte Gattin mit dem Liebhaber auf und davon, in einer anderen erkrankt das geliebte Kind und stirbt, das alles bleibt dir erspart." Als er in seinen Ausführungen soweit gekommen war, schloß der Mönch leicht die Augen. Plötzlich riß er sie wieder weit auf und sang:

„Ach, die Vergänglichkeit, ach, die Vergänglichkeit, wie unbarmherzig ist sie doch. Leiden am Schicksal, doch eifrig um Vorteil bemüht. Versiegt einst der Atem, der Körper wird starr, steht ihr vor dem Höllenrichter mit leeren Händen. Vergeblich weint ihr dann vorm Sündenspiegel. Gebt acht, ihr Leute, gebt nur acht, und übt beizeiten, euch der Vergänglichkeit zu entled'gen!"

Fu Xueshun lachte: „Wenn du schon so singst, nimm ihn als deinen Schüler an." Die Worte des Mönchs hatten Liujin getroffen. Er dachte bei sich: „Ich habe meinen Körper verstümmeln lassen, um im Palast Beamter zu werden. Zurückkommen wollte ich, um das Unrecht zu beseitigen und Vater und Mutter zu ehren. Wie hätte ich wissen sollen, daß ich unnötig leiden, mich unnötig freuen würde. Alles ist leer und unbeständig, alles ist Leiden. Und von den Leuten beschämt, betrogen und ausgelacht zu werden –, da ist es besser, ich werde Mönch." – „Meister Jingchen, nehmt mich bitte als Schüler an." Fu Xueshun zuckte mit den Schultern: „Du solltest wissen: Du kannst dich als Mönch zwar überall satt essen, aber haben auch deine Eltern und Brüder dann ihren Hunger gestillt? Die Blutsverwandtschaft – damit ist nicht leicht umzugehen. Manche irdischen Beziehungen sind unlösbar. Man sollte sie nicht gewaltsam zerbrechen wollen. Denk daran, der Hofastronom Sima Qian erlitt die Kastration als Strafe, aber so tief er auch Schande und Beschämung darüber empfand, schuf er dennoch das ewig unvergeßliche ‚Shiji' (‚Die Annalen des Historikers') und hat sich damit in der Geschichte verewigt. So handelt ein wirklich großer Mann. Wer wegen einer Kleinigkeit gleich die Welt flieht, zu einem Würmchen zwischen Süßwassermuscheln wird, kann unmöglich als großer Mann gelten!"

Liujin verschlug Fu Xueshuns Belehrung die Sprache. Er dachte daran, wie der alte Hund Shang Buying, als er erfuhr, daß aus Liujins Eintritt in den Palastdienst nichts würde, sofort wieder angefangen hatte, sich wie tollwütig zu gebärden. Er zeigte sich noch bösartiger als früher. Von den Dorfnachbarn bereuten es jetzt die meisten, daß sie Geschenke gebracht hatten: „Hat sein Kind geopfert und den Wolf doch nicht gekriegt!" – „Ein ganzer Scheffel Mais! Damit ein Schwein gefüttert, hätte man doch ein paar Pfund Fleisch bekommen.“ Später sagte dann die alte Ma scheinheilig: „Zweiter Bruder Sun, den halben Beutel Maismehl, den ich dir geliehen habe, brauchst du nicht so schnell zurückzugeben. Jetzt habe ich noch etwas zu essen, wenn das verbraucht ist, komme ich noch einmal. Wir sind doch alle eine Familie und sprechen die gleiche Sprache.“ Die anderen Leute erkannten, daß dies ein Weg war, und änderten allesamt ihre Geschenke in Leihgaben um. Sun Huaibaos Schulden wuchsen in den Himmel. Liujin war es unerträglich, daß er seinen Eltern durch die Kastration auch noch schaden sollte. Die Worte des Lehrers Fu aber bliesen den eingefallenen Bauch des Jungen wieder auf und sein Rückgrat straffte sich.

Ohne lange zu überlegen sprach er: „Lehrer Fu, ich möchte bei Ihnen lernen!“ Fu antwortete: „Ich bin zwar mit diesem Mönch gut befreundet, aber wenn wir uns sehen, streiten wir bestimmt. Ich verehre die Ahnen und schmähe den Buddha, fürchte mich nicht vor dem Karma, achte nur den heiligsten Meister des Altertums und lehre, wie man sich in der Welt bewährt. Er hingegen verehrt den Tathagata Shakyamuni, möchte Knall und Fall ‚die drei Welten verlassen‘ und singt den ganzen Tag ohne Ende von ‚Leere, Leere und nochmals Leere‘. Du kannst auch nicht gleichzeitig zwei zum Meister nehmen, mal ‚die drei Welten verlassen‘, mal in die Welt des Staubes zurückkehren, einmal Mönch, einmal gewöhnlicher Sterblicher sein. Da würdest du nur die Beine verheddern und in Zukunft nichts zustandebringen!“

Jingchen hatte die ganze Zeit voller Ungeduld zugehört. „Bist du gewöhnliches Stück vielleicht halsstarrig! Wenn man studiert, wird man nicht unbedingt auch Beamter, wenn man sich mit dem Buddhagesetz beschäftigt, wird man nicht notwendigerweise Buddha. Das war noch nie so. Wozu sich um Angelegenheiten kümmern, die einen nichts angehen? Wenn man Sutren lesen will, muß man zunächst einmal Schriftzeichen kennen. Und um Schriftzeichen zu lernen, ist es gerade gut, Sutren zur Hand zu nehmen. Mich zum Meister zu haben, heißt noch lange nicht, sich unbedingt den Kopf zu scheren und Mönch zu werden. Ein Hausvater, gleichermaßen konfuzianisch und buddhistisch, das wäre doch die Vollendung, oder etwa nicht?“

Fu Xueshun klatschte in die Hände: „,Dieser Mönch vereint in sich Glück und Weisheit'. Selbstverständlich ist er weise!" Liujin hörte von der Seite zu und fand all das auch sehr vernünftig. Rasch kniete er sich nieder und nahm mit Kotau beide zu Meistern. Jingchen hinderte Liujin daran, aufzustehen: „Wo gibt es denn so etwas, daß man jemanden so einfach zum Meister wählt? Bei einem Fußpfleger, einem Schmied, einem Messerschleifer, geht das auch nicht ohne einen Tisch, bedeckt mit Schüsseln und Schälchen, und zahllosen Kotaus vor Meister und Meisterin ab. Jetzt, da du Schüler des allerhöchsten Heiligen des Altertums, des Konfuzius, und des Buddha Shakyamuni wirst, sollte es ausreichen, in dieser Wildnis ein paar Kotaus zu machen?"

Liujin erschrak bei den Worten ‚bedeckt mit Schüsseln und Schälchen' fast zu Tode und meinte, die beiden zu Lehrern zu nehmen, werde wohl nicht gehen. Er war noch nicht einmal in der Lage, eine halbe Schüssel stinkende Haut herbeizubringen, ganz zu schweigen von ‚Schüsseln und Schälchen'. Als er eben in Trauer versinken wollte, sagte Jingchen: „Um die Verehrung des Meisters mußt du dir keine Sorgen machen. Überlaß das uns beiden. Morgen vormittag komm hierher zu mir, am Nachmittag gehst du zu ihm, was es zu sagen gibt, sagen wir morgen."

Liujin verabschiedete sich von den beiden und eilte schnell wie der Schall nach Hause zurück. Die Mutter sah Liujin herbeifegen, das Gesicht mit dicken Schweißperlen bedeckt, und dachte sofort, daß irgendein Unglück geschehen sei. Ihr Herz pochte wild. Als sie dann begriffen hatte, um was es ging, machte sie ihm Vorwürfe: „Was mußt du dich wie ein Fuchs auf Hasenjagd benehmen. Eine so wilde Rennerei erschreckt einen ja zu Tode. Der eine von diesen beiden Sonderlingen klatscht den ganzen Tag lang in die Hände, daß die Berge widerhallen, bekommt davon aber nicht einmal einen halben Schüler, der was taugt. Der andere schlägt wie wild auf seinen Holzfisch, kriegt davon aber noch nicht einmal ein Schälchen Essig. Es wäre besser, du würdest ein Handwerk lernen, dann fiele auch auf mich etwas Glanz ab!" Sun Huaibao hockte auf dem Boden und schimpfte: „Du dummes Weib! Hast auch gar keine Erfahrung! Wenn die Leute sich antragen, was ist daran so unmöglich? Ist ein Handwerk so einfach zu erlernen? Ohne jemanden zu kennen, kommt man da nicht unter. Da nimmt einen keiner. Wenn er Mönch wird, ist ein Mund weniger zu füllen."

Tags darauf erschien Liujin in aller Frühe im Tempel des Reinen Landes. Es war ein kleiner Tempel außerhalb des Dorfes, der nur aus einem Raum für Buddha Shakyamuni und die Bodhisattva Guanyin bestand. Ein zusätzliches Nebenzimmer diente als Mönchszelle für Jingchen. An gewöhnlichen Tagen brannte im Tempel des Reinen Landes nur wenig Weihrauch. Nur an Feiertagen, wie am achten Tag des vierten Monats, am Geburtstag des Buddha oder am fünfzehnten Tag des siebten Monats, dem Yulanpen-Fest, kamen ein paar Patrone, um Gelübde einzulösen, Weihrauch anzuzünden und Buddha zu verehren. Nach einer kurzen Zeit des Trubels kehrte dann im Tempel wieder die gewohnte Ruhe ein. Aber bei diesen wenigen Anlässen erhielt Jingchen soviel Weihrauch, daß es ihm für ein Jahr reichte. Er hatte sich längst überlegt, einen Schüler zu nehmen und dem Tempel des Reinen Landes einen Nachfolger zu suchen. Könnte er sich dann im Alter nicht mehr bewegen, wäre da einer, der ihm Tee und Wasser brächte. Vor ein paar Jahren hatte ihm ein Vater ein Kind, das er nicht ernähren konnte, mit der Bitte geschickt, Mitleid walten zu lassen und es aufzunehmen. Der Mann war mehrmals gekommen, Jingchen hatte das Kind aber nicht gefallen. Später war niemand mehr gekommen. Jingchen hatte oft gesagt: „Der zweite Kleine von Sun Huaibao hat einen guten Kern. Wenn ich einen Schüler annehme, dann nur ihn." Und Liujin gefiel es eigentlich auch sehr, Jingchen beim Rezitieren von buddhistischen Gedichten zuzuhören und ihn um Geschichten zu bitten. Seine Worte schienen nicht nur die Ohren der Menschen zu erreichen, sondern bis in die Herzen vorzudringen.

Jingchen hatte schon zeitig die Tempelhalle gefegt, Lampen und Weihrauch angezündet. Er sprach zu Liujin: „Ich lasse dich heute die dreifache Zuflucht bekennen und die fünf Gelübde ablegen. Zuflucht nimmt man zu Buddha, der von ihm verkündeten Lehre und der von ihm gestifteten Gemeinschaft der Mönche. Die fünf Gelübde beinhalten Nicht-Töten, Nicht-

Stehlen, Enthaltsamkeit von Unzucht, Nicht-Lügen und das Gelübde, keinen Alkohol zu trinken. Mit diesen drei Zufluchten und fünf Gelübden zählt man zu den Jüngern Buddhas. Bist du imstande, diese fünf Gelübde zu halten, kannst du anschließend noch das Bodhisattva-Gelübde ablegen. Solltest du einmal Mönch werden wollen, mußt du noch das dreistufige große Gelübde ablegen. Darüber reden wir vielleicht später." Sprach's und setzte sich neben den Tisch des Buddha. Dann befahl er Liujin, sich hinzuknien und ließ ihn Satz um Satz nachsprechen: „Ich, der Schüler Liujin, nehme den buddhistischen Namen Faguang, ‚Glanz des Buddhagesetzes', an, von heute an bis zu meinem Tode nehme ich Zuflucht zu den drei Juwelen, schütze das rechte Gesetz. Niemals werde ich die Regeln der Reinheit verletzen, ich werde das Meer der Lehre Buddhas achten, den Wesen nützen, sie erfreuen und darin niemals nachlassen." Anschließend wurde die Beichtformel rezitiert: „Alles früher gesammelte schlechte Karma ist Folge von Habgier und Unwissenheit aus anfangsloser Zeit. Ich nun übe mich im Guten, um den Wesen zu helfen, daß sie zur Erleuchtung gelangen mögen." Liujin kniete auf den harten Ziegelplatten. Obwohl ihm die Knie zu schmerzen begannen, wagte er nicht, sich zu bewegen. Respektvoll wiederholte er die Worte Jingchens Satz für Satz, ließ gleichzeitig aber seine Gedanken schweifen: ‚Aber ich habe doch gar nichts Böses getan. Was soll ich denn beichten und bereuen? Andere Leute haben uns Schlechtes zugefügt, die bekennen aber keine Schuld. Buddha ist auch nicht gerecht!'

Während er so in Nachdenken versunken war, hatte ein Hahn bemerkt, daß die Tür zum Tempel nicht geschlossen war. Er kam in die Andachtshalle, um nach Futter zu suchen. Jingchen und Liujin rezitierten mit aller Kraft weiter und taten so, als hätten sie nichts gesehen. Der Hahn flatterte auf den Tisch vor den Statuen. Der kleine Weihrauchofen, der auf dem Tisch stand, war gefüllt mit zerriebenem Reis, damit man die Räucherstäbchen besser hineinstecken konnte. Kaum entdeckte der Gockel den Reis, stürzte er sich mit gierigem Blick darauf. Ein Plumps und der dreifüßige Weihrauchbehälter fiel um. Vor Schreck flatterte der Hahn hoch auf und landete auf dem Kopf von Jingchen. Der hatte inzwischen die Zufluchtsformel zu Ende gelesen und mit dem Gelübde begonnen: „Die Wesenheiten ohne Zahl gelobe ich zu bekehren. Seelische Qualen ohne Ende gelobe ich, zu durchtrennen. Die zahllosen Tore der buddhistischen Gelehrsamkeit gelobe ich zu durchschreiten. Dem hehren Weg des Buddha gelobe ich zu folgen."

Den Gockel auf dem Kopf verlor Jingchen die Beherrschung. Unwillkürlich streckte er ihn mit einem Fausthieb zu Boden und versetzte dem Tier noch einen Tritt in den Hintern. Der Hahn schlug mit den Flügeln und lärmte. Wo er wohl verletzt war? Seine Besitzerin, das Weib von Ergouzi, eilte, von dem Gezeter angelockt, herbei. Als sie den Hahn, einem brütenden Feldvogel gleich am Boden sah, wußte sie sofort, daß er geschlagen worden war, und fing an zu keifen. Jingchens glattes Gesicht färbte sich knallrot vor unterdrücktem Zorn. Das Weib aber schimpfte ohne Unterlaß. Liujin, auf dem Boden knieend, konnte das nicht länger mit anhören. Er war sicher, daß seinem Meister Unrecht getan wurde, richtete sich auf, und mit einer großen Jaucheschöpfkelle schwappte er der Frau dünne Jauche direkt unter die Nase. Die Frau stürzte ins Freie und Liujin verriegelte in Windeseile die Tür zum Tempel. Dieser Streich erboste die Frau. Sie richtete ihren Zorn nicht länger auf den Mönch, sondern beschimpfte Liujin: „Du Bastard, du ungerechter. Du hast ja überhaupt keinen Anstand, du ewig kinderlos bleibender ..." Meister und Schüler hatten beide eigentlich für heute genug, fuhren aber fort, das Gelübde zu sprechen: „Nichts Übles will ich tun, will mich im Guten üben, es rein zu halten, ist Lehre aller Buddhas." Jingchen sagte: „Heute ist kein Glückstag, wir sind auf einen Unglücksstern gestoßen. Sieht aus, als wärest du vom Schicksal nicht dazu bestimmt, ‚aus dem Haus zu gehen' und Mönch zu werden. Lebe eine Weile nach diesen Geboten, dann sehen wir weiter." Liujin verabschiedete sich von Meister Jingchen und ging zu Lehrer Fu.

Fu Xueshun stammte aus einer Beamtenfamilie. Sein Großvater hatte einen Vorgesetzten beleidigt und war deshalb seines Amtes enthoben worden. Von da an hatte sich die finanzielle Lage der Familie verschlechtert und sie mußten in die Heimat zurückkehren. Fu Xueshun war sanft und schwächlich und begann im Gefolge seines Vaters Sammlungen von Klassikern und Geschichtswerken zu studieren. Als sein Vater hochbetagt war, stützte Fu Xueshun sich auf das Unterrichten von ein paar Studenten, um sich den Lebensunterhalt zu verdienen. Weil er von weichem Charakter war und sich nicht gern mit den Leuten stritt, wurde er stets mit Kleinigkeiten belästigt. Er war mit dreißig Jahren noch immer nicht verheiratet. Von den Haustöchtern reicher Familien sagte er, sie seien zu eitel, die Mädchen armer Familien waren ihm zu gewöhnlich. Seine Mutter warf ihm vor: „Was verdient denn schon ein armer Lehrer!" Fu Xueshun erwiderte dann lachend: „‚In den Büchern allein ist der Schimmer von Jade'! Die Gedichte preisen seit alters schöne Frauen, die Texte, die schöne Frauen beschreiben, die Bilder, auf denen sie abgebildet sind, gehen in die Tausende, ja Zehntausende. Ich nehme sie zur Hand, lese sie, und sie erschöpfen sich in meinem Innern. Der ‚Traum der roten Kammer' oder ‚Pflaumenblüten in goldener Vase' reichen mir fürs ganze Leben. Wozu mir dann noch von diesen dummen Dingern den Magen umdrehen lassen!"

Fu Xueshun sagte oft zu guten Freunden, die ihn besuchen kamen: „Schaut nicht auf meine kalte Lagerstatt, meine kalte Einsamkeit. Gestern nacht habe ich Zhao Feiyan ins Hochzeitsgemach gezogen." Alle Freunde lachten über ihn. Sie waren einhellig der Meinung, er habe vor Sehnsucht nach einer Frau den Verstand verloren. Er stritt das rundweg ab. Er hatte die Theorie aufgestellt, daß es ‚richtige Unkeuschheit', ‚verderbte Unkeuschheit' und ‚Unkeuschheit in Gedanken' gebe. Die Unkeuschheit in Gedanken schien ihm die höchste Form, denn sie erreiche und verknüpfe Tausende von Jahren, Vergangenheit und Gegenwart, erstrecke sich in unendliche Weiten und sei in der Liebe nicht zu übertreffen. Aus diesem Grund war er überall in Ostweidendorf als einer der drei Exzentriker geehrt und geachtet.

Fu Xueshun hielt sehr viel auf die Ausübung kindlicher Pietät und wollte deshalb nicht, daß lautes Lesen der Schuljungen die Ohren ihrer Eltern belästigte. Er errichtete daher außerhalb von Ostweidendorf, auf einer Ebene inmitten des Schilfes, zwei riedgedeckte Räume aus gelbem Lehm, deren Fenster auf der Ost-, West- und Südseite auf das Wasser hinausblickten. Am Ufer wuchs mannshoch das Schilf. Es gab weder eine Anlegestelle noch einen Weg in der Nähe. Nur selten verirrte sich jemand in diese Gegend. Es herrschte vollkommene Ruhe. Obwohl er einige Kinder reicherer Grundherren als Schüler angenommen hatte, war keiner darunter, der die Fähigkeit zum Bücherstudium gehabt hätte. Schwänzten sie nicht an diesem Tag die Schule, drückten sie sich tags darauf mit der Ausrede, sie würden einen Verwandten besuchen gehen. Auch einige Kinder aus armen Familien, die kostenlos die Schule besuchen durften, kamen nicht regelmäßig in den Unterricht, meistens, weil sie nach wilden Gräsern gruben, Vogeleier sammelten, Schafe und Ziegen hüteten oder die Hühner fütterten. Daher war das Tor dieser kleinen Schule oft geschlossen.

Die Anerkennungszeremonie für Herrn Fu als Lehrer ging wesentlich einfacher vonstatten, als die bei dem Mönch Jingchen. Es wurde ganz einfach etwas Weihrauch abgebrannt, vor der Konfuziusstatue ein Kotau, vor Lehrer Fu drei Verbeugungen, und dann war die Zeremonie auch schon beendet.

Nachdem er Herrn Fu verlassen hatte, begegnete Liujin dem Sohn von Shang Buying und ein paar anderen Kindern, die wild herumtobten. Als sie Liujin aus dem Haus von Fu Xueshun herauskommen sahen, umringten sie ihn sofort und fragten ihn: „Nicht, du möchtest lernen, wie man sich nach einer Frau sehnt?“ – „Wie soll das schon gehen ohne das Ding?“ Einer der Jungen spreizte die Beine und streckte Liujin den Hintern entgegen: „Wir lassen dich los, wenn du da durchkriechst!“ Liujin wurde von hinten an Hüfte und Hals gepackt und nach unten gedrückt. Er bebte am ganzen Körper vor Wut, seine Beinmuskeln spannten sich wie Saiten, er trat voll zu und traf den Jungen, der ihm den Hintern zustreckte, direkt in den Schritt. Der Junge fiel vor Schmerzen hin und biß in den Dreck. Er wälzte sich ein paarmal hin und her und heulte dann laut los. Die anderen zwei, drei Jungen wichen schleunigst zur Seite aus und ließen Liujin vorbei. Zum ersten Mal fühlte sich Liujin vollkommen frei und heiter. Er stellte sich vor, wie er in Zukunft Leute, die ihn auslachten, auf dem Boden rollen ließ. Er würde ihnen die ‚Vögelchen' zusammentreten. Aber als er sich seinem Zuhause näherte, überfiel ihn Furcht. Wer weiß, was sich daraus noch ergeben würde!

Tatsächlich kam nach einer Weile eine heulende und zeternde Frau, schwarz wie ein Yakshasa, ein böser Dämon, ein paar Buben und Mädchen an der Hand zu Liujins Familie. Liujin wußte, daß sich die Sache zum Schlechten gewendet hatte, und versteckte sich im Nu in der großen Truhe. Er hörte, wie das Yaksha-Weib schrill kreischte: „Liefert mir den Liujin aus!" Sun Huaibao erkannte in ihr die Frau eines weitläufigen Verwandten, mit dem er normalerweise keinen Umgang hatte. Er fragte sie mit einem Lächeln, was denn los sei. Die Dämonin keifte: „Dein Liujin hat meinem Sohn die Eier zusammengetreten, jetzt mache ich ihn kalt!" Sagte es und setzte sich auf den Boden, wo sie laut heulte und tobte. Sun Huaibao erschrak und mußte bis Mitternacht auf die Frau einreden, um die Dämonenbande zum Gehen zu bewegen. Natürlich hatte er versprochen, für ärztliche Behandlung und Arznei aufzukommen. Als die Leute endlich fort waren, zog er Liujin aus der Truhe und versetzte ihm eine gehörige Tracht Prügel. Danach beriet er sich mit seiner Frau. Liujin hatte sich nie zuvor gern geprügelt, wäre er nicht aufs Unerträglichste gereizt worden, hätte er bestimmt nicht zugeschlagen.

Andererseits mußte man nach der Kastration mit Beleidigungen rechnen. Am besten wäre es, jemanden nach Beijing zu schicken, um für Liujin eine Stelle zu suchen. Am nächsten Morgen machte sich Sun Huaibao überall in der Gegend fieberhaft auf die Suche. Auch Liujin war bereits am frühen Morgen in den buddhistischen Tempel geeilt, seinem Meister beim Fegen der Andachtshalle und beim Abbrennen von Weihrauch zu helfen. Nach dem Kehren fing Jingchen an, Liujin zu unterweisen: „Keine der Wesenheiten weiß um das wahre Merkmal der Eigennatur. Den ganzen Tag rennen sie geschäftig umher. Sie bemühen Lippen und Zunge, streiten um Ruhm und Nutzen. In Wirklichkeit ist das Leben nur ein gegenseitiges Vorantreiben karmischer Vergeltung. Alles ist durch das Gesetz von Ursache und Wirkung bestimmt. Im menschlichen Leben steckt keine Absicht, und gäbe es eine: Warum wird der Mensch geboren? Weshalb stirbt er? Weshalb altert man?“ Anschließend sang er Geschichten in Versform und schlug dazu im Rhythmus Holzfisch und Klingstein. Es war sehr bewegend, ihm zuzuhören.

Am Nachmittag begann Lehrer Fu mit einem Vortrag über das Klassikerzitat: „Mit einer Äußerung das Blühen des Staates herbeiführen, mit einer Äußerung des Staates Untergang herbeiführen.“ Er sagte: „Jetzt ist die Zeit der Republik. Alle Verantwortung ruht auf dem Volk. Gedeih und Verderb des Staates liegen jetzt in seinen Händen. Wir müssen uns an die Nöte der Ahnen und Vorfahren erinnern und daraus lernen. Wir müssen an die Zukunft und die Aussichten unserer Söhne und Enkel denken, um dieser Situation Herr zu werden. Wir müssen lernen, wie man Loyalität übt und Fleiß entfaltet, wie man alle Kraft zusammennimmt, um das Land voranzubringen, wie man träges Nichtstun abtut! Man darf nicht ruhig dasitzen. Es gilt, von Konfuzius den Geist des ‚Unermüdlichen Dabeiseins und loyalen Handelns‘ zu übernehmen!“

Von diesem Zeitpunkt an besuchte Liujin morgens den Tempel des Reinen Landes, um sich die buddhistische Lehre anzueignen. Jingchen las ihm zunächst aus dem ‚Sutra der einhundert beispielhaften Geschichten‘ vor, kleine Erzählungen in einfachen Worten, aber sehr lehrreich. Jingchen gab sie sehr lebendig wieder. Manchmal kam er so in Fahrt, daß er von seinem Sitz heruntersprang und heftig gestikulierte. Jedesmal, wenn er zu Ende erzählt hatte, begann er, Passagen aus Hymnen zu singen, anstatt Belege aus Klassikern und Sutren anzuführen. Die Belege, die Jingchen aus Sutren und Klassikern anführte, stimmten alle nicht, sondern waren nur ungefähre Inhaltsangaben, wenn nicht gar bloße Erfindung. Die Zeit verging wie im Flug. Innerhalb von drei Jahren hatte Liujin auf diese Weise unter anderem das Sutra vom Buddha Amitabha, das Lotussutra und das Diamantsutra gelernt. Obwohl Jingchen nicht sehr gründlich unterrichtete, hatte Liujin dennoch eine klare Vorstellung von der Lehre des Buddha im Kopf.

Fu Xueshun dagegen lehrte ihn den ‚Klassiker der Familiennamen‘, den ‚Drei-Zeichen-Klassiker‘, das ‚Kompendium des Spiegels der Geschichte‘, die ‚Gedichte von tausend Dichtern‘

sowie die ‚Vier Bücher und die Fünf Klassiker'. Liujin hatte Lehrer gefunden, die keine Schulgebühr verlangten. Ihm war, als hätte er ein Lokal gefunden, wo er essen konnte, ohne bezahlen zu müssen, wo er nur darauf achten mußte, wild in sich hineinzustopfen, ohne den Kopf zu heben. Daß er sich einige Jahre lang durch zerlesene Bände nagte, blieb nicht ohne Auswirkungen. Nicht nur, daß er sich nun viel gewählter ausdrückte, er konnte jetzt auch vernünftiger argumentieren. Auch wenn Aufsätze, die er verfaßte, noch recht kindlich wirkten, war er dennoch der Erste im Dorfe.

Eines Tages hatten gute Freunde Lehrer Fu zu einem Umtrunk eingeladen. Kurz bevor er gegangen war, hatte er als Aufsatzthema gestellt ‚Nachdem man die Schreie von Tieren gehört hat, ihr Fleisch nicht essen können' und seinen Schülern befohlen, erst nach Erledigung dieser Aufgabe zum Spielen zu gehen. Liujin saß genau am Fenster vor dem Wasser. Weil er eine Zeitlang nicht wußte, wie er anfangen sollte, streckte er seinen Kopf zum Fenster hinaus und beobachtete, wie zwei weiße Enten sich mit ihren Jungen auf dem Wasser vergnügten. Ihm fiel auf, wie freudig und ungezwungen sich diese kurzlebigen Teufel, die bald schon als Beilagen zum Schnaps in den kleinen Schenken enden würden, noch unmittelbar vor ihrem Tod vergnügten. Das paßte genau zu seinem Thema. Traurigkeit im Herzen begann er zu schreiben.

„Die Wesenheiten unter dem Himmel werden erwachsen und schließlich alt. Unaufhörlich werden sie geboren, um die Welt von heute zu bevölkern. Ob es nun Haustiere sind oder nur kleines Gewürm, keiner, der nicht nach Leben gierte und die eigene Rasse vermehren wollte. Und keiner kann dem Unheil entgehen. Das ist das Gesetz der Natur. Der Mensch ist unter den zehntausend Wesenheiten die Bedeutendste. Ihn zu nähren, erzeugt der Himmel die zehntausend Wesenheiten und läßt zu, daß Lebendiges getötet wird. Die Früchte an Bäumen und Sträuchern, Reis, Weizen und Hirse, alle sind sie geeignet, den Hunger zu stillen. Ist es daher notwendig, Lebewesen zu töten? Was ist mit dem Schmerz, den Geflügel, Rinder oder Schweine erleiden, wenn scharfe Messer ihnen die Herzen durchbohren? Anders betrachtet: Fielen Tiger und Wölfe unseresgleichen an, empfänden wir etwa keinen Schmerz und würden bereitwillig folgen? Dies erkennend, schließt das Herz eines gütigen Menschen die zehntausend Wesenheiten ein, und es entsteht das Gefühl, das mit den Worten ‚Beim Hören ihrer Schreie ihr Fleisch nicht essen können' umschrieben wird. Ist es denn nicht grausam und hartherzig, beseelte Lebewesen zu töten, um die Begierden von Mund und Magen zu stillen? Die Gier nach Fleisch ist den Menschen eigen, Klagerufe aber können sie nicht ertragen. Der Edle hält sich daher von der Küche fern. Unmöglich also zu vermeiden, sich selbst und andere zu betrügen. Ist es da nicht am besten, ganz auf das Töten zu verzichten und das große Mitleid zu üben, wie es der Buddha lehrt?"

Als die Sonne untergegangen und Fu Xueshun nach Hause zurückgekehrt war, las er die Aufsätze durch und brachte Korrekturen an. In den meisten stand klägliches Gewäsch. Nur der Aufsatz von Liujin war klar und verständlich geschrieben. Er vereinigte die Lehren von Buddha und Konfuzius in sich. Deshalb brachte Fu Xueshun ihn in den Tempel des Reinen Landes und ließ ihn Jingchen lesen. Jingchen las und nickte: „Der bringt es doch fertig, zusammenzubringen, was wir beiden im Streit liegenden Gauner lehren. Sein Stil ist auch ganz in Ordnung. Er betont nur ein wenig zuviel das Gefühl, ich fürchte, er gibt in Zukunft keinen guten Vertreter der Lehre von der Leere ab. Mein Herr, bringen Sie ihm nur noch mehr bei, er wird eines Tages ganz groß herauskommen. Den Messerhieb hat er nicht vergebens bekommen."

Als Liujin den Eltern vom Lob seiner Meister erzählte, meinte Sun Huaibao: „Weil du so hast leiden müssen, haben wir dich zwei Jahre in die Schule gehen lassen, auch wenn wir alle hier hätten verhungern müssen. Aber die Suns sind keine Familie von Bildungsduft. Die geomantische Lage des Grabes unserer Ahnen ist ungünstig. Daß du ein wenig lesen kannst, ist schon gar nicht schlecht. Ein Junge von dreizehn, vierzehn Jahren aber sollte sich allmählich selber durchschlagen. Gib dich nicht länger mit toten Büchern und Klassikern aus der Vergangenheit ab." Liujin hatte schon seit geraumer Zeit den Wunsch, fortzugehen und sich den Lebensunterhalt zu verdienen. Daher wurde noch einmal jemand beauftragt, einem Onkel, der weit entfernt in der Hauptstadt wohnte, einen Brief zu übergeben und ihn darum zu bitten, für Liujin in Beijing eine Arbeitsstelle zu suchen.

Der Onkel hieß mit Nachnamen Hao und war ein kleiner Angestellter im Druckereiamt des Finanzministeriums. Bei einem Verwandtenbesuch in Jinghai hatte er einmal von einem berühmten Freund namens Xing Heng erzählt, der Obereunuch im Palast sei. Wenn es Onkel Hao gelänge, ihm das Anliegen vorzutragen, dann könnte Liujin vielleicht in den Palastdienst eintreten.

Nachdem der Brief abgegangen war, verstrichen einige Monate, ohne daß irgendeine Nachricht gekommen wäre. Gegen Ende des Jahres 1916 brachte plötzlich der alte Eunuch Li aus dem Nachbardorf einen Antwortbrief von Onkel Hao. Darin hieß es, daß er derzeit nicht imstande sei, Liujin im Palastdienst unterzubringen, daß aber in der Residenz des Beile Zaitao ein kleiner Eunuch benötigt werde. Wenn er wolle, könne er mit dem alten Eunuchen Li zusammen in die Hauptstadt kommen.

Liujin suchte seine Lehrer auf, um ihren Rat einzuholen. Fu Xueshun sagte: „In die Hauptstadt zu gehen und etwas von der Welt zu sehen, hat auch Vorteile. Mach es nicht wie ich, der verzweifelt herauszufinden sucht, wie man die Mitmenschen dazu bewegt, das zu tun, was man selber nicht tut. Der Weg wird von gewöhnlichen Menschen gemacht, es gibt keine ersten Sieger in der Palastprüfung mehr. Wir sind am Ende, können nur noch leere Gedanken hegen. Es besteht keine Hoffnung mehr."

Jingchen meinte: „Eigentlich hatte ich ja gehofft, daß du gekommen bist, die Pflege des Tempels zu übernehmen. Nun hat es sich aber herausgestellt, daß dein Karma das nicht erlaubt. Es besteht also keine Notwendigkeit, dich zu zwingen, hierzubleiben. Vergiß aber trotz allem auf gar keinen Fall, daß du die fünf Gelübde abgelegt hast. Wenn du dagegen verstößt, schaffst du dir schlechtes Karma. Das Tor der buddhistischen Lehre verlangt, ‚daß du nichts Böses tust, das Gute übst, selbst erwachst, das ist die Lehre aller Buddhas.' Diese vier Sätze merken sich leicht, sind aber nur sehr schwer zu verwirklichen." Liujin kniete bei diesen Worten rasch nieder und ehrte seinen Meister mit Stirnaufschlag. „Eure Güte, Meister, wiegt schwerer als ein Berg. Ihr habt mich wie ein Vater behandelt. Kehre ich, Liujin, wieder nach Jinghai zurück, werde ich Euch bestimmt Eure Güte vergelten."

Als die Abreise nahe bevorstand, sagte Liujins Mutter: „Ich möchte gerne, daß du zum Neujahrsfest nach Hause zurückkehrst, geht das wohl?" Liujin antwortete: „Am Jahresende einen Mund mehr zu füllen, ist noch schwieriger als sonst. Und es ist ja auch nicht so, daß ich nie mehr zurückkehre. Du mußt dir also nichts daraus machen, ob es nun dieses oder ein anderes Jahr ist, in dem ich zurückkehre. Gesetzt den Fall, ich verspätete mich, lassen sie einen anderen meine Stelle einnehmen, und das würde mich sehr reuen!" Seine Mutter schwieg und wischte sich nur heimlich Tränen aus den Augen. Der alte Eunuch Li teilte mit, er würde am fünften Tag des zwölften Monats aufbrechen.

Am Abend des ersten Tages borgte sich die Mutter im Haus des ersten Bruders Sun zwei Unzen Lampenöl. Dann drehte sie den Lampendocht etwas höher und entzündete eine Flamme, um die zerrissene Baumwolljacke von Liujin auszubessern, aus der bereits die Wattierung heraushing. Die Baumwollfasern stoben im Zimmer umher. Auf dem beheizten Kang lagen vier Kinder, außer den beiden ältesten noch die beiden Kleinen namens Bosheng, ‚auf der Böschung geboren', und Changyuan, ‚der im Hof geboren wurde'. Sie lagen Körper an Körper wie kleine Hasen aneinandergeschmiegt. Jetzt wollte einer der Ihren Vater und Mutter verlassen und als Sklave in eine fremde, fürchterliche Gegend ziehen, um Sklave zu werden. Ein Kind, das gerade vierzehn Jahre alt geworden war. Jetzt würde er wohl Schläge, Beschimpfungen und Quälereien von Fremden ertragen müssen. Liujins Mutter sagte leise zu Sun Huaibao: „Laß das Kind nicht fortgehen. Und wenn wir verhungern, laß uns alle zusammen verhungern!" Sun Huaibao gab keinen Laut von sich, sondern nahm die kleine Öllampe vom Tisch und beleuchtete vorsichtig das Gesicht seines Sohnes. Liujin schlief sehr tief, nur ab und zu zog er die Augenbrauen hoch. Das Ehepaar hielt die Lampe so lange in Liujins Nähe, bis das Öl aufgebraucht war und das Licht erlosch. Zu dieser Zeit warf der gebogene Mond am Himmel einen düsteren Schein durch das zerborstene Papierfenster und teilte den Kang in zwei Teile, trennte das eigene Fleisch und Blut.

2. KAPITEL

In der Residenz von Prinz Zaitao

Auf dem Weg in die Hauptstadt

Als Liujin erwachte, dämmerte es bereits. Am Rücken wurde ihm warm, seine Mutter hatte in der Ofenmulde das Feuer angezündet. Seine Brüder, Changyuan und Bosheng, wälzten sich in der Ecke des Kangs, die schmutzigen Gesichter waren mager und gelb wie trockene Kartoffeln am Winterende. Gewöhnlich mußte Liujin zu dieser Zeit draußen arbeiten oder war damit beschäftigt, Sutren und Klassiker zu lesen. Seine jüngeren Brüder waren zum Helfen einfach noch zu klein. Die Haut ihrer Füße war wegen der zerrissenen Schuhe rissig wie Baumrinde. Liujin fühlte, wie eine schwere Last sich auf ihn legte. Heftig richtete er sich auf. Neben sich fand er die Kleidung, die seine Mutter ausgebessert hatte. Ganz obenauf lag ein Geldstück aus Silber. Woher sein Vater das Geld geliehen hatte, wußte er nicht. Zögernd stopfte Liujin es unter sein Kissen.

Die Suppe aus Maismehl war gekocht, zwei Schüsseln standen auf dem Tisch. Die Familie stand neben Liujin und schaute ihm aufmerksam beim Trinken zu. Die kleinen Brüder, die sonst, sobald sie jemanden essen sahen, auch essen wollten, gaben keinen Ton von sich. Liujins Mutter wischte sich von Zeit zu Zeit Tränen aus den Augen. Dann gab sie ihm in etwas harschem Ton mit auf den Weg: „Wenn man hinauszieht, muß man die Augen offenhalten. Die Schüsseln bei anderen Leuten sind nicht so leicht herbeizutragen. Es ist mir gleich, wieviel Geld du verdienst und mit nach Hause bringst, laß mich bloß nicht Tag und Nacht vor Sorgen fast umkommen." Sein Vater beschwor ihn: „Benimm dich bloß nicht so, wie du es von hier gewohnt bist. Rede weniger und arbeite mehr."

Nach dem Essen begleiteten sie ihn hinaus. Niemand hätte geglaubt, daß die Nachbarn, als sie hörten, Liujin würde sich an diesem Tag auf den Weg machen, sich alle in Bewegung setzen und ihn begleiten würden, als ob jemand auszog, Beamter zu werden. In die Hauptstadt zu gehen, in die Residenz eines königlichen Gebieters, klingende Silbermünzen zu verdienen, in einem hohen Gebäude zu wohnen, in einem großen Bett zu schlafen, ins Theater zu gehen, Schauspiele anzusehen –, war das nicht ein glückliches Leben, eines, das die Heiligen und Unsterblichen führten? Die Männer aus dem Dorf beneideten Liujin heftig und haßten das überflüssige Ding, das ihnen gewachsen war. Der Sohn der Alten Ma urinierte am Wegrand. Jemand rief ihm zu: „Zieh dir doch auch den Docht raus und geh mit Liujin nach Beijing. Dann braucht sich deine Mutter nicht eine solche Teufelsgestalt anzuhungern!" – „Wenn Liujin Erfolg hat, hole ich euch und lasse mir zu einem späten Glück verhelfen!"

Unter der hohen Weide am Dorfeingang stand eine große Zahl zerlumpter Dorfbewohner im kalten Wind. Liujin sah noch einmal auf seine erstarrten Eltern mit den zwei jüngeren Brüdern an der Hand, denen der Rotz aus der Nase lief. Auf ihm ruhten die Hoffnungen zahlloser Menschen. Das Ried neigte sich im Winde, als wollte es sich von Liujin verabschieden. Es fiel ihm sehr schwer, die Heimaterde, auf der er über zehn Jahre gelebt hatte, zu verlassen. Die wilden Blumen, die im Frühling auf den Böschungen wuchsen, das Gequake der Frösche im Sommer, die Riedblüten im Herbst, die wie Schnee aussahen, das kahle Feld im Winter, vor allem aber das Rufen der Mutter in der Ferne, am Morgen und am Abend. All das machte Liujin den Abschied schwer. Er fühlte sich einsam und es fröstelte ihn. Andererseits aber lockte ihn auch die Stadt des Kaisers. Er gedachte, über kurz oder lang wie Xiaode Zhang in Beamtentracht nach Hause zurückzukehren, und diesmal würde er nicht zu spät kommen.

Mit dem alten Eunuchen Li zu reisen, empfand Liujin als wenig beschwerlich. Li war schon über fünfzig Jahre alt, mager, hochgewachsen und ein wenig krumm. Wenn er sprach, dann langsam und überlegt. Er unterhielt sich gern und redete auch dann, wenn man ihn nicht fragte. Von Ostweidendorf nach Tianjin fuhren im Sommer Schiffe. Im Winter war der Fluß zugefroren, dann gab es nur Reiter oder Mauleselkarren. Die beiden, die dafür kein Geld hatten, mußten sich auf ihre Beine verlassen. Sie gingen zu Fuß und unterhielten sich dabei. Als Eunuch Li merkte, wie artig und geschickt sich Liujin unterhalten konnte und daß er auch etwas belesen war, fing er an, ihm ein wenig über die Regeln am Hofe zu erzählen, gab ein paar Anekdoten von Kaiser und Kaiserin und ein paar merkwürdige Geschichten zum besten. Als dann die Rede auf die prinzliche Residenz kam, sagte er: „Der Dienst in der Residenz ist nicht so einfach. Als ich nach Beijing kam, war ich auch erst im prinzlichen Palais. Dort bekommt man nur das Essen, ein Gehalt wird nicht gezahlt. Nach ein paar Jahren Dienst gibt es zwar Gehalt, aber nur die Hälfte von dem, was im Palast gezahlt wird. Später, wenn wir in der Herberge sind, werde ich dir Einzelheiten erzählen."

Als die beiden im Außenbezirk von Tianjin anlangten, war es bereits Zeit, die Lampen anzuzünden. Der alte Eunuch Li schaute auf das dichte Lichtermeer in der Stadt und meinte dann: „Wir gehen besser nicht hinein. Dort trinken sie Menschenblut." Die beiden suchten sich dann außerhalb des Stadttores eine Reiseherberge. Jetzt, da es dem Jahresende zuging, wurden in der Regel auch Wanderer aufgenommen. Die Fuhrleute setzten sich zu dieser Zeit auf den Kang im eigenen Haus und warteten, bis Neujahr vorbei war, und so war der Platz, wo sonst die Mauleselkarren abgestellt wurden, wie leergefegt. Man hörte keine Schreie von Eseln und Mulis und erst recht nicht Stimmen von Menschen. Der Wirt hatte die Herberge halb geschlossen, die wenigen Gäste wurden ziemlich nachlässig bedient. Auf einen Verkauf mehr oder weniger kam es jetzt auch nicht mehr an.

Der zweitälteste Sohn des Wirtes führte die beiden in die Ostkammer: Kang, nackte Matte, nur ein Kang-Tisch. Auf einem großen Kang, auf dem normalerweise über zehn Personen schliefen, lagen in dieser Nacht nur zwei Menschen. In der Herberge konnte man sich reinigen, es gab für die Maulesel Futter und Wasser, und man reichte auch den Gästen eine einfache Mahlzeit. Der zweitälteste Sohn, Xiao Er, brachte den beiden einen Teller mit Schweinekopffleisch, zwei Liang erhitzten Wein und ein Jin Pfannkuchen. Die beiden unterhielten sich beim Essen. Nach ein paar Schlucken von dem Wein wurde der alte Eunuch Li auf einmal lebendig. Sein gerötetes Gesicht leuchtete im Schein der Öllampe. Er sagte: „Du bist meines Erachtens nicht übel. Ich nehme dich heute als halben Schüler an und weise dich in den Dienst in der königlichen Residenz ein. Sind dir beide Augen verbunden und kommst du orientierungslos wie ein Esel in die Tretmühle, handelst du dir eine Menge Nachteile ein."

„Das ist ja sehr gut. Ich habe zwar zu Hause ein paar Jahre Bücherstudium betrieben und kann ein wenig lesen, aber das ist alles nicht mehr wert, als wenn man eine Schlacht nur auf dem Papier schlägt. Geht man dann von zu Hause fort, ist man blind, auch wenn die Augen offen sind. Da ist es doch am besten, ein Meister unterweist einen", antwortete Liujin. Der alte Eunuch fuhr fort in seinen Ausführungen: „Die Beamten zweiten und dritten Ranges im Palast müssen wir nicht erwähnen, führen wir die in der königlichen Residenz zum Vergleich an. Die Eunuchen im Palast erhalten jeden Monat acht Tael Silber Gehalt, acht Scheffel Reis und 1.300 Messingmünzen aus öffentlichen Mitteln; Eunuchen für grobe Dienste erhalten jeden Monat ein Gehalt von vier Tael, vier Scheffel Reis und siebenhundert Messingmünzen aus öffentlichen Mitteln. Das ist das allerniedrigste Gehalt von Eunuchen im Beamtenrang. Es gibt drei Gehaltsklassen für Eunuchen ohne Beamtenrang. Eunuchen ersten Ranges bekommen drei Tael Monatsgehalt, drei Scheffel Reis und sechshundert Messingmünzen aus öffentlichen Mitteln. Die zweiten Ranges zwei Tael fünf, zwei Scheffel und fünf Liter Reis und sechshundert Messingmünzen. Die allerniedrigsten erhalten zwei Tael Monatsgehalt, zwei Scheffel Reis und sechshundert Messingmünzen. Das sind die Gehälter, die im Palast gezahlt werden. Aber die Unterschiede zu den Gehältern der Eunuchen in den Residenzen der Prinzen, Präfekten und Beile sind groß, auch wenn sie alle Amtstitel haben. Die halten keinen Vergleich mit den Eunuchen aus dem Palast stand, egal aus welcher Residenz sie stammen. Der Obereunuch in der Residenz hat jeden Monat nur vier Tael Silber, der Berichterstattereunuch nur zwei, die kleinen Eunuchen ein Tael, die kleinen Eunuchen, die verschiedene Dienste verrichten, haben noch nicht einmal ein festes Gehalt und können sich nicht einmal Kleidung selber kaufen. Dann muß ich dir noch etwas sagen, was dich bestimmt erschrecken wird: Weißt du, wieviel der Haushofmeister im Palast jeden Monat an Geld für Essen ausgibt? Einhundert Liang, bei jeder Mahlzeit ißt er vierzig verschiedene Gerichte und trinkt zwei Brühen. Der Chefeunuch gibt jeden Monat fünfzig Liang für Essen aus: dreißig Gerichte, drei Suppen. Sogar die kleinen Eunuchen geben jeden Monat zehn Liang Silber fürs Essen aus: vier verschiedene Gerichte und eine Suppe. In der Residenz des Prinzen brauchst du an so etwas erst gar nicht zu denken!“

Liujin streckte bei diesen Worten die Zunge heraus. Sein Herz pochte wie wild. Vor Augen schwebten ihm große Mengen an Liang Silber, er war nicht mehr in der Lage, sie zu zählen und wollte auch gar keine Vergleiche anstellen. Noch weniger als die niedrigste Summe war in seinen Augen traumhaft viel. Tauchten Silbertaels nicht oft nur in Träumen auf? Der alte Eunuch Li fuhr fort: „Neben dem Monatsgehalt und dem Geld fürs Essen gibt es dann noch im Palast zu jeder der vier Jahreszeiten Prämien und andere Belohnungen zu besonderen Anlässen, wie Geburtstagen und Festen; Überstunden werden auch honoriert. Wenn man dann das Glück hat, die Heirat des Kaisers, die Geburt eines Sohnes Seiner Majestät oder etwas Ähnliches mitzuerleben, haben alle Eunuchen die Möglichkeit, reich zu werden. Prämien zu Festen gibt es dreimal im Jahr, jedesmal bekommt der Haushofmeister dreihundert Tael und vier Ballen Seidensatin, der Chefeunuch einhundert Tael und vier Ballen Seidensatin, die kleinen Eunuchen vierzig Tael und eineinhalb Ballen. Geburtstagsprämien gibt es fünfmal im Jahr, jedesmal erhält der Haushofmeister zweihundert Silbertaels und vier Ballen Seidensatin, der Chefeunuch einhundert Taels und vier Ballen Seidensatin, die kleinen Eunuchen zwanzig

Taels und eineinhalb Ballen. Abgesehen von den Geld- und Stoffprämien schenken die Herrinnen manchmal, wenn sie gut gelaunt und fröhlich sind, eben das, was sie gerade haben. Irgendwelche Leoparden- und Seeotterfelle, Perlen oder Gefäße aus Jade, alte Gemälde und Kalligraphien verschenken sie, wie es kommt. Diese Sachen kommen aus allen möglichen Regionen, jedes Jahr werden neue gebracht. Sie zu zählen, ist unmöglich. Wenn du vor der Herrin einen Purzelbaum schlägst und sie freut sich, bekommst du vielleicht eine Antiquität im Wert von zweitausend Tael Silber. Auf so etwas darfst du in der Residenz des Prinzen auch nicht hoffen."

Der Alte nahm einen langen Schluck Wein, um die Spannung zu erhöhen. Liujin war vor Gier und Erregung so kribbelig, als ob ganze Ameisenscharen vom Herzen zu seinem Kopf stiegen. Seine Finger krümmten und streckten sich, heimlich bewegte er die Zehen in den kaputten Schuhen. Hätte er es nach einer geraumen Weile erst zum kleinen Eunuchen gebracht, würde er in einem Jahr auf ein Gehalt von zusammengenommen achtundvierzig Liang Silber kommen, einhundertzwanzig Liang Silber an Festtagsprämien, einhundert Liang an Geburtstagsprämien. Das wären dann zweihundertachtzig Liang Silber. Dazu kämen noch der Reis, die Einnahmen aus öffentlichen Geldmitteln, die Seide und die Präsente außer der Reihe. Um Himmels willen! So in etwa vierhundert Liang im Jahr!

Als Eunuch Li auf dem Gipfel seiner Erzählung angelangt war, nahm er plötzlich wahr, daß die Augen Liujins ins Leere starrten, wie er die schwarzen Pupillen verdrehte, daß nur noch das Weiße des Auges zu sehen war. Da beeilte er sich zu fragen: „He, bist du vom Zuhören übergeschnappt?" In diesem Augenblick hatte sich Liujin wieder gefangen und fragte: „Meister, brauchen sie im Palast vielleicht nicht doch noch Leute?" – „Jetzt haben wir die Republik, es ist nicht mehr erlaubt, unsereinen anzustellen. Aber heimlich und verstohlen doch Leute einzuführen, ist noch ab und zu möglich." – „Könnt Ihr mich nicht vielleicht doch im Palast zum Dienst vorschlagen?" – „Freilich! Aber zunächst mal keine Eile. Zum einen müssen wir erstmal warten, bis es sich zufällig so glücklich fügt, daß irgendein Eunuch stirbt oder ich meinen Abschied nehme und du dann jemanden beauftragen kannst, dich als Ersatz einzuführen. Um dir den Dienst in der Residenz des Prinzen zu verschaffen, hat dein Onkel auch Leute beauftragen müssen, das war nicht einfach. Vergiß bloß nicht, was sie für dich getan haben.“ Das war vernünftig gesprochen. Liujin nahm diesen Gedanken unverzüglich auf und sagte nichts mehr.

Als die Worte gesprochen waren, waren auch Wein und Fleisch alle. Der alte Eunuch Li rief, bereits ein wenig angetrunken, Xiao Er herbei und ließ ihn nachschenken. Dann gingen sie beide schlafen, jeder für sich. Um Mitternacht träumte Liujin, er sei in den Palastdienst eingetreten und würde sich anstellen, um vom Oberverwalter Silberliang, Seidensatin, Gold, Silber und Perlen zu empfangen. Er war noch nicht an der Reihe, sondern streckte den Hals nach vorn, um zu sehen, wie die anderen einer nach dem anderen mit den Präsenten davonliefen, als es ihn plötzlich in der Herzgegend unerträglich juckte. Er drehte sich herum, da fing es noch stärker an zu jucken, von Kopf bis Fuß gab es keine Stelle, die nicht juckte. Liujin hielt es nicht mehr aus und kratzte sich wie wild. Da fiel ihm aus der Hand etwas auf den Boden. Vor lauter Erregung stieß Liujin einen Schrei aus und fuhr auf.

Tatsächlich juckte es ihm am ganzen Körper wie toll. An seiner Hand klebte etwas Feuchtes. Im Schein des Sternenhimmels sah er, wie sich der alte Eunuch Li in seinen Decken ebenfalls wild bewegte. Schleunigst zündete er die Öllampe an und schleuderte die Decken beiseite, um alles genau anzusehen. Auf der Matratze, in den Decken, auf der Matte lag eine ganze Schicht stinkenden Ungeziefers, gleich einer Schlachtenreihe von zehntausend roten Rossen. Diese stinkenden Soldaten und Generäle zerstreuten sich eilig im Licht der Lampe und waren im Handumdrehen verschwunden. Sie riefen Xiao Er herbei und der sagte: „Die Leute nennen unsere Herberge hier: ‚Großes Lager der stinkenden Insekten‘. Die stinkenden Insekten wohnen hier, zahlen aber kein Geld. Normalerweise schlafen hier auf der Ofenbank so an die zehn starke Kerle, an denen sie sich schadlos halten können. Jetzt haben aber schon länger keine Gäste mehr hier gewohnt, da sind sie freilich ausgehungert. Die Biester wohnen und essen hier umsonst. Sie geben nicht eine Kupfermünze dafür und gingen auch nicht, als ich sie fortjagte. Die paar müßt ihr einfach hinnehmen." Sprach's und ging schlafen. Eunuch Li sah nach draußen. Es war noch dunkel, bis zum Sonnenaufgang würde es noch eine ganze Weile dauern. Also blieb nichts übrig, als die Lampe zu löschen und weiterzuschlafen. Nach einer Weile rückte die ganze Armee wieder an und brachte die beiden auf dem Kang erneut dazu, sich herumzuwälzen. Die Qual dauerte bis zum ersten Hahnenschrei, dann ergriffen die beiden die Flucht und verließen das große Lager der stinkenden Insekten.

Die Hauptstadt ist fürchterlich

Liujin folgte mit seinem kleinen Bündel dem alten Eunuchen Li in den Bauch eines eisernen Tausendfüßers. Weil sie spät kamen, gab es keine Sitzplätze mehr und sie mußten auf seinen ‚Gelenken' ausharren. Liujin kauerte sich auf den Boden, da ertönte plötzlich ein schrilles Pfeifen. Er erschrak zu Tode. Noch hatte er sich von seinem Schrecken nicht erholt, als plötzlich mit einem Rattern der Boden zu vibrieren anfing. Der Zug setzte sich in Bewegung, das Rattern wurde immer schneller. Liujin steckte seinen Kopf hinaus. Du meine Güte! Wie schnell der Weg nach hinten zurückfiel. Nach einer Weile drehten sich ihm die Eingeweide herum. Schnell hockte er sich wieder hin. Nach einer Weile spürte er ein dringendes Bedürfnis. Da blieb nichts anderes übrig, als auf die Dreckbrühe und die Speichelspuren im Abteil keine Rücksicht zu nehmen und sich hinzusetzen. Der eiserne Tausendfüßer war tatsächlich außergewöhnlich, Liujin nickte gerade das zweite Mal ein, als er auch schon mit dem Fuß angestoßen wurde. „Aufstehen, aufstehen! Wir sind da, versperr' nicht die Tür!" Schon da? So schnell? Das war doch unmöglich, so schnell konnte doch nur der ‚Tausend-Meilen-Renner', das Geisterpferd, sein. Liujin griff nach der Kleidung des alten Eunuchen Li, öffnete, noch halb betäubt, die Augen und folgte ihm. Und schon verließen sie den Bahnhof von Beijing. Als sie dann endlich draußen waren, erblickte er die hohen Gebäude der Stadt, die von Tausenden und Abertausenden zwitschernden Schwalben umkreist wurden. Der

Anblick war überwältigend! Liujin wunderte sich: Warum war ihm heute die ganze Zeit so schwindlig? Im eisernen Tausendfüßer war es ihm schwindlig gewesen, und auch jetzt, angesichts der hohen Gebäude und Türme drehte sich ihm alles vor den Augen. Wenn er da hinaufsteigen müßte, um als Soldat die Stadtmauer zu bewachen, fiele er bestimmt herunter, sobald er auch nur einen Blick nach unten werfen würde!

Aus dem großen Vortor der Stadtmauer wuselten die Menschen heraus wie die Ameisen. Sie kamen aus Häusern und Geschäften oder gingen hinein, alle waren in Eile. Eine Vielzahl von Händlern, die Erdnüsse und Melonenkerne verkauften, glasierte Kürbisse und gebrannte Maronen, Tabak und Streichhölzer oder Papier zum Hintern abwischen, umringten die Leute, die aus dem Zug gestiegen waren, hielten ihnen die Waren unter die Nase oder vor die Augen, ohne darauf zu achten, ob jemand etwas roch oder sah. Eunuch Li und Liujin senkten die Köpfe und lösten sich endlich aus der dichten Menge. In der Nacht hatte das Ungeziefer sie gehörig ausgesaugt, und jetzt machte sich der leere Magen bemerkbar. Sie waren so ausgehungert, daß es ihnen vor Augen flimmerte und ihnen die Knie weich wurden.

Eine Brise vom Flußufer brachte einen merkwürdigen Geruch mit sich. Liujin hob die Augen und sah hinüber. Über einem Zelt aus blauem Tuch waren die Schriftzeichen: ‚Gebratener Magen, zubereitet von der Familie Wang' angebracht. Vor dem Zelt stapelte sich auf einem Tisch etwas, das schwarzen Lappen glich. Ein Mann schnitt sie in äußerst feine Streifen. Neben dem Tisch kochte und dampfte in einem großen Topf Wasser. Eunuch Li zog Liujin ins Zelt. Am Eingang standen Tische und Stühle aus hellem Holz. „Bring uns zwei Schüsseln!" befahl er. Der Wirt griff sich etwas von dem schwarzen Zeug, schwenkte es in einem eisernen Küchensieb in kochendem Wasser, füllte zwei Teller und brachte sie noch dampfend zum Tisch, auf dem zwei Schalen mit einer Gewürzmischung standen. Liujin erkannte fermentierten Bohnenkäse, jungen Schnittlauch, Lauchenden, Sojasoße, Paprikaöl und Sesampaste. Der alte Li nahm eine Portion, tunkte sie in die Schüssel mit den Gewürzen und begann zu kauen. Liujin traute sich nicht, das schwarze Zeug anzufassen, bis ihn Eunuch Li drängte: „Iß, solange es noch heiß ist. Mach dir nichts daraus, daß es so eklig aussieht, sogar die Herrinnen im Palast essen das gern!" Der Wirt sagte: „Das Lamm ist heute morgen erst geschlachtet worden. Schaut euch doch diesen Magen an, der ist ganz frisch."

Liujins Hunger siegte und er machte es dem alten Eunuchen nach. Seine Wangen wölbten sich, aus den Mundwinkeln troff Öl, und natürlich schmeckte das Ganze besser, als es aussah. Nach der Mahlzeit aus gekochtem Magen und Pfannkuchen ließen sie sich vom Wirt noch Suppe bringen, die sie in die Schalen mit den Gewürzen gossen und austranken. Dann lockerten der Alte und der Junge die Gürtel, stießen ein paarmal geräuschvoll auf und gingen wieder hinaus. Auf der Straße rasten allerlei Wagen und Gefährte vorbei, am häufigsten jedoch Rikschas. Mit ihren genagelten Lederschuhen traten die Rikschakulis auf die gefrorene Erde, daß es weithin schallte, klingelten mit der bronzenen Wagenklingel oder riefen im Vorbeirennen: „Ausgeliehen, meine Herren." Der alte Li forderte laut eine Rikscha, und eine Menge Kulis kamen herbei. Als sie sich nach langem Feilschen um den Preis endlich für eine Rikscha entschieden hatten, setzte sich der alte Li in den Wagen und Liujin kauerte sich zu seinen Füßen hin. Die Rikscha brachte sie geradenwegs zum Onkel des Jungen. Nachdem er Liujin dort abgeliefert hatte, verabschiedete sich der alte Li und kehrte zurück in den Palast.

Die Ankunft Liujins brachte für das Ehepaar Hao neue Hoffnungen. Sie waren schon fast sechzig Jahre alt und kinderlos. Als Vierzigjähriger hatte der alte Hao einmal ein Kind adoptiert, das seine Frau und er abgöttisch geliebt hatten. Der Schmerz, als der Kleine dann mit vier, fünf Jahren plötzlich krank wurde und starb, war so groß gewesen, daß sie am liebsten auch gestorben wären. Ein Schicksalsdeuter sagte ihnen voraus, daß sie ohne Nachkommen bleiben würden. Danach hatten sie jedes Interesse an Kindern verloren und allein weitergelebt. Einmal sagte der Alte: „Was wird aus dir, wenn ich mal nicht mehr da bin?" Die Alte entgegnete: „Dann folge ich dir!" Darauf der Alte: „Wie wäre es, wenn wir nochmal ein

Kind adoptieren?“ Seine Frau meinte: „In unserem Alter schaffen wir es nicht mehr: Windeln wechseln, Tag und Nacht keine Ruhe haben. Und dann sähe es auch lächerlich aus. Ein Sohn von ein paar Monaten mit Eltern über sechzig!“ Daß Liujin nach Beijing kommen wollte, um sich eine Dienststelle zu suchen, war genau das, was den beiden Alten am besten paßte. „Das Kind soll gut und rechtschaffen sein, habe ich gehört. Wir sind zwar keine nahen Verwandten, treffen aber dennoch aufeinander. Am besten wäre es, wir würden ihn adoptieren. Bringt er es im Palais des Prinzen oder im Palast früher oder später zu etwas, können du und ich uns auf jemanden stützen, und wenn ich sterbe, kann ich beruhigt die Augen schließen. Zwar ist die Beziehung zu einem Sohn, der nicht selbst gezeugt ist, nicht so fest und dauerhaft, spart aber Gefühl und Kraft im Vergleich zu einem ganz Kleinen.“ Der Alte Hao überzeugte mit diesen Worten auch seine Frau. Schon vor ein paar Tagen hatten die beiden ein Zimmer ausgeräumt, geweißt und das Fenster gerichtet. Alles war sauber und vorbereitet.

Liujin hätte nicht gedacht, daß man ihn so reichlich bewirten würde. Seit ein paar Tagen schon wohnte er hier, und jeden Tag gab es Fleisch und Wein. Er fühlte sich nicht ganz wohl dabei und sagte zu seinem Onkel: „Ich bereite euch schon zu lange soviel Umstände und weiß gar nicht, wie ich euch danken soll. Langsam wird es auch Zeit, daß ich im Palais meinen Dienst antrete.“ Der alte Hao war damit natürlich überhaupt nicht einverstanden: „Jetzt ist bald Jahresende, da geht es hoch her. Das solltest du dir anschauen! Wenn du erstmal im Palais des Prinzen bist, kannst du nicht mehr tun, was du willst. Gleich morgen suche ich das Palais des Beile Zaitao auf und lasse mitteilen, das Kind sei angekommen, führe sich aber noch etwas ländlich auf. Um nicht den Zorn der Herrschaft zu erregen, wäre es besser, wir hier würden uns ein wenig um den Jungen kümmern und ihn erst nach dem Laternenfest schicken.“

Liujin wußte nichts darauf zu erwidern und nickte zum Einverständnis. Der alte Hao war ein sparsamer und fleißiger Mann, außer seiner Frau gab es niemanden, der beim Essen mithalf, und so hatte er eine Menge Geld unter der Matratze aufbewahren können. An diesem Tag holte er einen Stapel davon heraus und sprach zu seiner Frau: „Liujin unterscheidet sich nicht eben viel von einem Bettler. Hol ein paar Ellen Tuch, so zwei Pfund Baumwolle und kauf noch ein Paar gefütterte Schuhe aus Kamelhaar. Wenn du alles in Ordnung gebracht hast, nimmst du ihn dann mit zum Weißen-Dagoba-Tempel und zum Tempel des herabkommenden Glückes. Will man Leute an sich binden, muß man zunächst ihr Herz gewinnen. Wird es teuer, dann wird es eben teuer."

Die Frau hatte bisher allein den Hof gehütet und Tag für Tag, wenn sich die Sonne gen Westen neigte, darauf gewartet, daß der Alte nach Hause kam. Schließlich hatte sie aus lauter Langeweile angefangen, ein paar Katzen zu halten. Am Anfang war es nur eine, aber nachdem die ein paarmal gekommen war, brachte sie auf einmal ihre Jungen mit. Die alte Dame war vor Freude ganz schwach geworden, hatte schleunigst Leber und Fisch gekauft und mit soviel Eifer für die Katzen Futter gemischt, als wär's die eigene Tochter, die im Wochenbett liegen würde. Seit Liujin bei ihnen war, wandte sie ihre ganze Liebe ihm zu. Liujin hatte noch nie eine so liebevolle Behandlung erfahren, nicht einmal von seinen Eltern. In den Träumen aber kehrte er oft in ein Ostweidendorf zurück, in dem alle Häuser schief und am Einstürzen waren, es war ein Alptraum, in den es Eltern und Geschwister verschlagen hatte. Er wußte zwar, die Angst war unbegründet, aber dennoch war er beunruhigt. Es widerstrebte ihm, nicht mit einem Satz in das Palais des Prinzen hineinspringen zu können, um die Zähne zusammenzubeißen, sich ein paar Silbertael zu verdienen und sie nach Hause zu schicken. Andererseits wiederum wollte er auch die beiden Alten nicht vergrämen, die es doch so gut mit ihm meinten. Also verbrachte er jeden Tag mit der alten Dame, der er über das Leben auf dem Lande erzählen mußte.

Eines Tages suchte Frau Hao allerlei Sorten Reis, rote und grüne Bohnen zusammen, kaufte dazu noch von der Straße Erdnüsse, Kürbiskerne, Walnüsse, Maronen, Datteln, Rosinen und dergleichen, mischte das Ganze und kochte auf kleinem Feuer einen Topf voll duftendem, weichem Reisbrei. Liujin fragte plötzlich aufgeregt: „Was für einen Tag haben wir heute?" – „Den achten Tag des zwölften Mondmonats", erwiderte die Alte. Das war's also, kein Wunder, daß ihm der Duft so bekannt vorkam! In all den Jahren hatte er am ‚La ba', dem achten Tag des zwölften Mondmonats, Dienst im Tempel des Reinen Landes gehabt. Dort stand ein großer Topf aus Eisen, der eigentlich für Reisbreispenden gedacht war. Aber wann hätte der Tempel des Reinen Landes schon Reisbrei spenden können? Daher wurde der Topf an 364 Tagen unter Verschluß gehalten und nur an dem einen Tag, am ‚La ba', benutzt. Wenn es auf den achten Tag zuging, strömten die Leute aus allen Haushalten herbei und leerten Getreide, Reis, Sorghum, schwarze Bohnen und Mais durcheinander in den Topf. Um Mitternacht des siebten Tages entfachte man dann ein Feuer. Das Wasser für den mannshohen Topf trugen mehr als zehn starke Männer herbei. Fünf, sechs alte Männer hackten das Brennholz und feuerten, vier kräftige Frauen standen auf hohen Schemeln und rührten ohne Unterlaß. Der Tempel war hell erleuchtet, Jingchen rezitierte mit geschlossenen Augen Sutrenverse, kümmerte sich ansonsten um gar nichts, und Liujin rannte für seinen Meister hin und her und bewirtete alle. Es war der einzige Tag im Jahr, an dem die Familie von Liujin und die anderen im Dorf wirklich satt wurden, daher war der Duft dieses Reisgerichts für die Leute unvergeßlich, die Verbindung mit dem Shakyamuni-Buddha war an diesem Festtag nicht mehr wichtig.

Die Alte sagte: „Am Ostende der Straße ist ein kleiner Tempel, den besuche ich jedes Jahr am achten Tag des zwölften Monats, um ein Gelübde abzulegen und das vom Vorjahr einzulösen." Liujin sagte: „Dieses Jahr will ich für Sie hingehen." Der kleine Tempel hatte keinen Namen, aber einen Buddha, und nur ein Mönch hatte die Aufsicht. An gewöhnlichen Tagen duftete es auch hier nicht stark nach Weihrauch, aber an diesem Festtag war immer etwas los. Weil der Weg nicht lang war, trug Liujin eine Schüssel zu dem kleinen Tempel. Schon von weitem sah er die vielen Menschen. So an die zwanzig kleine Bettler stritten sich um den Reisbrei. Jedesmal, wenn jemand mit einer Schüssel kam, um den Buddha zu verehren, schoben sich die Bettler vor die Tore des Tempels, versperrten den Eingang, reckten ihre eisernen Töpfe vor und bettelten um Brei. Wollte einer nichts geben, hielten ihn ein paar Bettler auf, während sich ein anderer vorsichtig in den Rücken des Spendenunwilligen schlich und die Schüssel anstieß, so daß der Brei samt Schüssel in den Napf der Bettler flog. Dann nahmen sie die Beine in die Hand und rannten schleunigst davon.

Vor Liujin gingen zwei Leute, ein Magerer und ein Dicker. Der Magere trug eine lange traditionelle Robe und ein Käppchen. Auf der Nase eine kleine Brille mit runden Gläsern, ging er stur vorwärts, ohne sich ein einziges Mal umzusehen. Ein paar kleine ‚Blüten der Gosse' spuckten direkt in seine Schüssel. Angewidert leerte der Dürre den Inhalt schimpfend auf den Boden. Die kleinen Bettler krochen auf der Erde herum und leckten den Brei auf, ganz wie Hunde. In diesem Augenblick war der Dicke mit seinem Eßbehälter heran. Die ‚Gossenblumen' wandten sich ihm zu. Der Dicke aber wartete nicht, bis sie bei ihm waren, sondern hob ein Bein und trat eines der Kinder um. Wieder hob er das Bein und noch mehr kleine Bettler fielen zu Boden. Nun streckte er den Bauch heraus und schimpfte: „Ihr kleinen Bastarde, wißt wohl nicht, wen ihr da vor euch habt. Sind wohl blind, die Hundsaugen, die ihr von eurer Mutter habt?" Sprach's, schaute stolz auf die wie erstarrt dabeistehende Menge und ging in den Tempel hinein.

Einen der Kleinen hatte er schwer verletzt, das Gesicht war blutüberströmt und er konnte sich nicht mehr aufrichten. Die übrigen hatten aufgehört, sich um den Brei zu streiten, und standen um ihn herum. Die kleineren Kinder zählten fünf, sechs Jahre, die größeren acht oder neun. Alle hatten wirres Haar und ein erdfarbenes Gesicht, eine offene Brust und rote Füße. Sie zitterten vor Kälte. Liujin erinnerte sich, daß die Reisbreispende in seiner Heimat ebenfalls stets ein blutiger Kampf war. Zwar bekam jeder etwas, aber draußen vor dem Tempel begann dann der Kampf, ein wildes Durcheinander. Um einer halben Schüssel willen prügelte man sich, daß es klang wie Wolfsgeheul und Wimmern von Geistern. Liujin leerte im Vorübergehen den Brei aus seiner Schüssel in die Näpfe der Betteljungen. Die schauten ihn mit vor Schrecken und Erstaunen weit geöffneten Augen an. Liujin stellte die leere Schüssel auf den Tisch vor das Buddhastandbild, zollte ihm dreifache

Verehrung und ging dann hinaus. Die kleinen Bettler hatten sich inzwischen verstreut, auf dem Boden waren nur ein paar frische Blutspuren zurückgeblieben.

Die nächsten paar Tage war Liujin niedergeschlagen. Er wußte selbst nicht, warum er sich eigentlich nach Hause sehnte. Die alte Dame fragte: „Warum ist denn der kleine Däumling so niedergeschlagen? Los, ich nehme dich mit in den Tempel der Weißen Dagoba." Der von einem Nepalesen erbaute Tempel befindet sich im Fucheng-Tor-Distrikt. Die Weiße Dagoba teilt sich in das Pagodenfundament, den eigentlichen Hauptteil der Pagode und den Teil mit den Reliquien. An der Spitze befindet sich ein großer Baldachin, an allen vier Seiten mit Mustern und kleinen Glocken aus Bronze versehen, die bei sanftem Wind bimmeln. Die vergoldete Spitze, die unter dem blauen Himmel und den weißen Wolken die Augen blendete, erschien unermeßlich geheimnisvoll. Liujin hatte seinen Meister Jingchen sagen gehört, daß er vor einiger Zeit in Beijing gewesen und auch am Tempel der Weißen Dagoba vorbeigekommen sei. Es hieß auch, unter dem Tempel sei ein Strudel, im Inneren tobten Wogen, die sich an der Pagode wie an einem Damm brachen und dadurch nicht bis an die Erdoberfläche gelangten.

Erst, als er an der Weißen Pagode angekommen war, merkte er, daß sie nicht so geheimnisvoll war, wie es in den Legenden hieß. Der Tempel war schon seit langem wegen seiner Jahrmärkte berühmt. Außerhalb und innerhalb des Tores befanden sich überall kleine Handelsstände. Da wurden alle möglichen Waren angeboten: Nudeln, Tee, Moxa, kandierte Kürbisse, Zuckerwatte, Malzbonbons, so viele, daß man sie gar nicht zählen konnte. Es gab nichts, das Liujin gekannt oder gar schon gegessen hätte. Die alte Frau Hao zog etwas Geld hervor und kaufte an jedem Stand für ihn eine kleine Portion. Liujin aß, bis sein Gesicht über und über von gelben und weißen Dingen verklebt war. Weil er lesen konnte, die ‚Geschichte des Mönches Qigong', die ‚Rebellen vom Liangshan-Moor' und ähnliche Bücher kannte, sich zudem sehr für die Verkaufsstände von Neujahrsbildern interessierte, schaute er mit geneigtem Kopf hin, ohne genug zu bekommen. Die alte Frau Hao lachte ungeduldig: „Ich nehm dich mit zu den Puppenspielern. Das ist erst lustig!"

Dort hatte man mit ein paar Bambusstangen und Tuch eine Art Zelt errichtet. Darauf befand sich eine quadratische Bühne von etwas über zwei Ellen Größe aus Tuch und Holzplättchen. Die Spieler standen darunter und ließen Marionetten auftreten. Es sah aus, als ob hauptsächlich Stücke wie ‚Zhu Bajie trägt sein Weib auf dem Rücken' aus der ‚Reise nach dem Westen' und dergleichen aufgeführt würden. Als Liujin vor den Vorhang trat, ging ein alter Mann immer wieder um die Bühne herum und schlug dabei einen Gong. Wenn er sah, daß genug Leute da waren, trat er ins Zelt. Nach einer Weile kam dann ein Zhu Bajie, das ‚Schwein der acht buddhistischen Gebote', mit fettem Kopf und großen Ohren heraus, ein hübsches Weib auf dem Rücken. Der Alte im Zelt ahmte die grobe, derbe Stimme von Zhu Bajie und das spitze Stimmchen der Frau nach und verband Rezitation mit Gesang. Das sah sehr einfach aus, war aber in Wirklichkeit sehr schwierig. Manche Spieler klemmten sich eine ‚Klemmzither' tief in den Rachen, zwei brückenartige Plättchen aus Bronze, in der Mitte hohl, die einen merkwürdig dünnen und eigenartigen Klang erzeugten, der zu den Marionetten paßte. Weil aber die ‚Klemmzither' sehr tief in den Schlund gesteckt werden muß, gewöhnt man sich nur langsam daran. Erst rührt man nur mit einem Stäbchen in der Kehle, bis einem übel wird, dann führt man es so tief hinein, wie nur möglich, erst dann konnte man die Klemmzither einsetzen.

Liujin beobachtete, wie Zhu Bajie, die kleine Frau auf dem Rücken, auf der Bühne herumwirbelte und hatte eine ungeheuere Freude daran. Als es auf der Bühne am wildesten zuging, wurde es im Zelt auf einmal schlagartig still. Zhu Bajie und die kleine Frau fielen nieder und bewegten sich nicht mehr. In diesem Augenblick trat der Alte aus dem Zelt. Sein Gesicht war gerötet, Sehnen und Muskeln am Hals traten hervor. Sich den Magen haltend, hockte er auf dem Boden. Sein Hals bewegte sich hin und her wie bei einer Schildkröte, wenn sie Futter hinunterschlingt. Ein Zuschauer meinte: „Jetzt ist es passiert. Wahrscheinlich ist die ‚Klemmzither' hinuntergerutscht!" Einmal nicht aufgepaßt, und schon würden die Plättchen, die direkt in der Öffnung der Kehle steckten, hinunterrutschen und in der Speiseröhre steckenbleiben. Man müßte sie dann mit aller Kraft hinunterschlucken und sofort einen halben Liter Sesamöl trinken. Die Klemmzither würde dann mit dem Öl wieder herausgleiten. Der Alte hockte auf dem Boden und schaute sich um. Als er sah, daß Liujin ein halbes Stück Pfannkuchen in der Hand hielt, beugte er sich nach vorn, kam zwei Schritte näher heran und streckte die Hände danach aus. Liujin beeilte sich, ihm den Pfannkuchen zu geben, und der Alte schluckte ihn mit einer heftigen Kopfbewegung hinunter. Wahrscheinlich hatte er es damit geschafft, jedenfalls holte der Alte erst einmal tief Luft und hustete ein paar Mund voll Blut. Danach grüßte er die Zuschauermenge ehrerbietig mit in Brusthöhe zusammengelegten Händen: „Ich bitte vielmals um Entschuldigung, daß ich sie heute um ihr Vergnügen gebracht habe! Sobald ich die Qiaqin wieder ausgeschieden habe, will ich ganz bestimmt eine gute Vorstellung geben. Bitte haben Sie Mitleid und geben Sie mir ein paar Kupferstücke mehr, damit ich mir einen halben Liter Sesamöl kaufen kann. Vielen Dank, vielen Dank auch!" Die Zuschauermenge zerstreute sich, als sie die schmutzige kaputte Filzmütze ausgestreckt sah. Der Alte seufzte tief, räumte die kleine Bühne ab und ging schwankend und langsam davon. Liujin strich sich über die Taschen. Er hatte keine Lust mehr, sich noch etwas anderes anzusehen und zog Frau Hao am Ärmel nach Hause. Am selben Abend schlug Liujin Krawall. Er wolle in das Palais des Beile Zaitao gehen. Die beiden Alten waren sehr enttäuscht, nach langem Bereden alles in allem aber doch einverstanden, daß er nach dem fünften Tag des neuen Mondjahres gehen würde, seinen Dienst anzutreten.

Bis dahin ließ das Ehepaar Hao Liujin nicht zur Ruhe kommen. Alle Speisen, die man um die Jahreswende essen sollte, setzten sie Liujin vor, alles, was man um diese Zeit sehen konnte, ließen ihn die Haos sehen. Die Apanage von Onkel Hao war bereits vor Neujahr ausgezahlt worden. Der Alte sagte: „Iß und trink nur alles! Laß ja nichts übrig!" und behandelte Liujin wie einen vor langer Zeit verlorenen Sohn. Liujin aber war in Gedanken bei seinen Eltern und Brüdern. Er konnte es nicht erwarten, ins Palais zu kommen, um Geld zu verdienen. Je besser er bei den Haos aß, je mehr er sich vergnügte, um so unausgeglichener wurde er. Oft weinte er beim Anblick guter Speisen, wurde beim ohrenbetäubenden Krachen von Knallkörpern von panischem Schrecken ergriffen. Am sechsten Tag des ersten Monats gab ihm das alte Ehepaar drei neue wattierte Jacken und Hosen für Innen und Außen zum Anziehen. Nachdem er Maultaschen mit Sanxian-Füllung gegessen hatte, brachte man ihn in das Palais des Prinzen Zaitao.

König der Bettler

In der Umgebung der kaiserlichen Familie der späten Qing-Dynastie ragt das Schicksal Zaitaos hervor. Er war Sohn des Prinzen von Geblüt Yixuan und der jüngere Bruder des Guangxu-Kaisers sowie Bruder des Thronanwärters und Prinzregenten Zaiyang, dem Onkel des Xuantong-Kaisers. Vom Status her Präfekt, war er früher einmal speziell mit der Ausbildung der Truppen der Verbotenen Stadt beauftragter Präfekt und Minister sowie Minister im Amt für militärische Fragen gewesen. Daß Leute wie er drei Väter und drei Mütter hatten, hört man jedoch äußerst selten. Zaitao wuchs in der tiefen Liebe seiner leiblichen Eltern heran, bis er elf Jahre alt war. Aus irgendeinem Grund erließ dann die Kaiserinwitwe Cixi den Befehl, Zaitao an Yimo als Sohn weiterzureichen, und zertrennte die leiblichen Bindungen. Das kinderlose Ehepaar Yimo liebte Zaitao sehr. Irgendwie beleidigte Yimo mit einer Kleinigkeit Cixi, und so wurde nach fünf Jahren plötzlich der Befehl erlassen, Zaitao als Sohn an den Präfekten Yihe zu geben. Auf diese Weise wurde ein kleiner Prinz, vom Schicksal hin und hergeworfen, zu einem Spielzeug, das die Runde machte. Später hatte Zaitao den Beile-Titel geerbt, weshalb sein Palais auch als Beile-Palais bezeichnet wurde.

Prinzliche Palais verfügten wie kleine Konkubinen-Paläste über eine Schar von Eunuchen in strenger Abstufung. Der Höchste war der Chefeunuch. Auf dem Kopf trug er eine Kappe mit den Rangabzeichen des siebten, achten Ranges. Danach kam in der Reihenfolge der Pförtnereunuch, dessen Aufgabe es war, alle Angelegenheiten an die Herrschaften weiterzumelden, Gäste zu geleiten und sich um die kleinen Eunuchen zu kümmern. Die dritte Klasse bildeten die kleinen Eunuchen. Sie bemühten sich ausschließlich um alles an der Seite der Herrinnen, gehörten zu deren vertrauten, intimen Gefolgsleuten. Jeder prinzliche Gebieter, Beile, Beile-Gattin, Nebengattin, Hauptgattin hatte kleine Eunuchen zur Aufwartung an der Seite. Die kleinen Eunuchen verließen die Umgebung ihrer Herrinnen nicht. Weil es Gelegenheit dazu gab, sich ihnen gegenüber besonders aufmerksam zu zeigen, viele Möglichkeiten, Prämien und Belohnungen zu erhalten, galt dies als schöner Dienst. Aber die Bedienung der Herrinnen war mit den größten Schwierigkeiten verbunden. Einmal nicht umsichtig genug, und zur Hauskost gab es noch Hiebe und Tritte. Also mußte man stets auf der Hut sein und äußerst zuvorkommend. Nur wer die Wünsche der Herrinnen geschickt zu ergründen verstand, traf es glücklich.

Auf der untersten Stufe standen die Eunuchen für verschiedene Dienste. Sie verrichteten vor allem grobe Tätigkeiten, wie Küchenarbeit, Wasserholen, Wachdienst im Hof, Schlagen der Doppelstunden, Fütterung der Vögel, Blumen pflanzen und so weiter. Mal ganz davon abgesehen, wie ermüdend diese Arbeiten waren, brachten sie auch nur äußerst niedrigen Lohn ein. Darüber hinaus wurden diese Diener nicht nur von den Herrinnen geschlagen und beschimpft, sondern auch noch von den Führern der Eunuchengruppen und den kleinen Eunuchen schikaniert.

Onkel Hao verkehrte freundschaftlich mit dem Pförtnereunuchen Wu aus dem Palais des Beile Zaitao und wollte ihn bitten, Liujin für eine Stelle als kleiner Eunuch zu empfehlen. Eunuch Wu sagte: „Es gibt Leute, die im Schlaf reiche Herren geworden sind, aber Leute, die im Schlaf Eunuchen wurden, gibt es nicht! In diesem Palais sind einige hundert Regeln zu beachten. Große und kleine Herrinnen gibt es eine Vielzahl. Ist ein Kind, das gerade vom Lande kommt, überhaupt in der Lage, das ganze Gefüge zu verstehen? Auch wenn er von mir persönlich als Sohn adoptiert wäre, würde ich trotzdem nicht wagen, ihn nach oben weiterzuempfehlen. Das wäre mein Tod. Er soll zunächst mal unter meiner Aufsicht verschiedene grobe

Arbeiten verrichten, so nach und nach werden ihm dann Anstands- und Benimmregeln beigebracht. Im Augenblick sollte man nichts überstürzen."

Onkel Hao ließ Liujin herkommen, Eunuch Wu mit Qing'an zu grüßen. Der fragte ihn, wie er denn heiße, Onkel Hao sagte, sein Name sei Liujin. Eunuch Wu überlegte eine Weile und fragte dann: „Hast du noch einen anderen Namen?" Liujin antwortete: „Als ich zur Schule ging, hat mir der Lehrer einen Gelehrtennamen gegeben, er nannte mich Yaoting, Leuchte der Familie." Eunuch Wu meinte: „Es ist am besten, wenn wir dich Yaoting nennen. Das Zeichen Jin, Metall, ist hier verboten."

Liujin hatte in Tianjin vom Eunuchen Li gehört, daß es im Palast eine Unzahl unausgesprochener Tabus gab. Namen und Vornamen waren nur eines davon. Wenn die Zeichen im Namen eines Sklaven mit dem einer Herrin übereinstimmten, dann mußte der Name des Sklaven geändert werden. Noch nicht einmal Zeichen von gleicher Lesart durften beibehalten werden. So hatte Xiaode Zhang von Cixi den Namen Chunxi, Frühlingsfreude, erhalten. Nach ihrem Tod avancierte er zum Generaleunuchen der Kaiserinwitwe Longyu, deren Milchname Xige, Freude ihres Bruders, lautete. Xiaode Zhang, der in der Tat nicht von der üblichen Art war, hatte das schon beizeiten in Erfahrung gebracht und schnell den eigenen Namen in Hengtai geändert. Damit hatte er die heiligen Gesetze nicht übertreten.

Sun Yaoting wurde zum Portier geschickt, als Schüler des Eunuchen Niu. Unter den verschiedenen Diensten galt das Hüten des Haupttores als ein sehr müßiger Dienst. Kamen Gäste, wurden die Karten zum Büro des Pförtnereunuchen weitergeleitet. Es gab Eunuchen im Büro des Berichterstatters, die kamen, um die Gäste in Empfang zu nehmen und die Gäste hinauszubegleiten, und man mußte sich nicht darum kümmern. Nun war aber Eunuch Niu ein äußerst schwer zu behandelnder Mensch, manche sagten, er sei von einer Kuh geboren worden: ein Paar hervorquellender großer Augen, riesige Nasenlöcher, die sich geräuschvoll öffneten und schlossen, dicke Lippen. Fing er an, andere zu beschimpfen, konnte er den Mund bis zu den Ohren aufreißen. Er war furchterregend gewachsen und hatte die Angewohnheit, Arme vom Eingang zu verjagen. Daher gaben ihm die Leute den Spitznamen Rinder-Dämonenkönig. Dieser Dämonenkönig tat seit seiner Jugend als Torwächter Dienst. Früher waren dort mehrere Eunuchen als Portier angestellt und er war der Jüngste gewesen. Die Älteren behielten ihn am Anfang nicht im Auge und merkten später erst, welch ein unheilstiftender Geist er war.

Der Portierdienst war in allen großen Häusern nicht nur ein müßiger Dienst, sondern auch noch einträglich. Von morgens früh bis in die späte Nacht riß der Strom der Menschen, die ihre Visitenkarte einreichten und jemanden sprechen wollten, nicht ab. Die meisten, die zur Schwelle eines reichen, vornehmen Hauses kamen, hatten ein Anliegen, und der erste Schritt zum Hausherrn war, die ‚Höllenpforte' zu passieren. Die Gelehrsamkeit eines Torwächters bestand zum einen darin, Status und Rang eines Gastes zu kennen, zum anderen, um dessen freundschaftliche Beziehungen zur Herrschaft Bescheid zu wissen und danach festzulegen, ob und wieviel man den Gast schröpfen konnte. Wegen der Ungleichheit von herausgepreßtem und verteiltem Geld stritten sich die Torwärtereunuchen oft. Der Dämonenkönig war von geradlinigem Charakter und mochte nicht wild drauflos Leute ausnehmen. Jedesmal, wenn er feststellte, daß die anderen Eunuchen einen Besucher allzu wölfisch ausnahmen, brüllte er laut auf wie ein Bulle und benahm sich so, daß jeder im Palais wußte, was los war. Mit der Zeit wollte dann niemand mehr mit ihm zusammen Dienst tun. Aber der Herr mochte diesen Pförtner, der wie ein böser Dämon aussah, und ließ ihn fortan allein das Tor beaufsichtigen. Ein paar Liang an Gehältern weniger zu zahlen, kam ihm gerade recht. Inzwischen war Eunuch Niu über siebzig Jahre alt, und es war für ihn sehr anstrengend, das schwere große Tor zu öffnen und zu schließen, die an die hundert Pfund schweren Torbalken hineinzuziehen und hinauszuschieben. Da sollte man ihm schon einen Lehrling schicken. Der ochsengesichtige Dämonenkönig sah sich Liujin mit seinen großen Augen an und sagte dann etwas verächtlich von oben herab: „Du kümmerst dich nur darum, vor dem großen Portal sauber zu kehren, wenn Gäste kommen, das Tor zu öffnen, und wenn sie gehen, das Tor zu schließen. Alles andere geht dich nichts an!

Wenn du nichts zu tun hast, geh mir aus den Augen, und wenn es dir langweilig wird, geh zum Haupteingang und unterhalte dich!“ Einem solchen Ungeheuer Gesellschaft zu leisten, war nicht nach den Wünschen Sun Yaotings. Aber bei der Einteilung zum Pförtnerdienst ging es eben auch um das Gesicht seines Onkels Hao, wie hätte er es da wagen können, soeben angekommen, sich schon die Arbeit herauszusuchen?

Die Pförtnerloge war nicht groß und unvergleichlich schmutzig! Die schäbigen, aus zwei, drei Schichten Papier geklebten Fenster ließen nicht viel Licht herein. Im Raum war es stockfinster, die Wand von schwarzgrauer Farbe, Decke und Matratze ebenfalls. Auf alle möglichen kleinen Gegenstände hatte sich eine Schicht Staub gelegt. Nur ein schwarzglasierter Nachttopf spitzte dunkel glänzend seinen Mund und strahlte unter der Lagerstätte des Dämonenkönigs hervor. Das Brett der Pritsche, nur ein Zoll stark, diente als Liege für den Dämonenkönig. Mit aufgeworfenen Lippen deutete er Sun Yaoting an, daß die niedrige lange Truhe zu seinen Füßen sein künftiges Lager sei. Obwohl sie nicht klein war, als Schlafplatz für einen Dreizehn-, Vierzehnjährigen erschien sie dennoch ein wenig unpassend. Zum Abendessen gab es gekochte Rüben, Wotou-Maisbrötchen und Reissuppe. Diese Speisen wurden vielleicht in Ostweidendorf als Besonderheiten angesehen, aber nachdem Sun Yaoting bei Onkel Hao fast einen Monat lang gute Sachen gegessen hatte, war er verwöhnt. Er hatte gerade eine kleine Schüssel Reissuppe getrunken, als ihm plötzlich ein Gestank in die Nase fuhr, so daß er angewidert Schüssel und Eßstäbchen niederlegte. Glücklicherweise rülpste er gleich darauf, wobei ihm der Geschmack der am Morgen verspeisten Jiaozi mit Sanxian-Füllung aufstieß und ihn daran hinderte, das übel stinkende Zeug zu erbrechen. Der Dämonenkönig hatte einen ganzen Tisch voll großer roter Knoblauchzehen geschält, eine Flasche Branntwein unter seiner Pritsche hervorgezogen und angefangen, abwechselnd laut glucksend in großen Zügen zu trinken und laut knirschend zu kauen. Vielleicht weil sich Knoblauch und Schnapsgeruch mischten, jedenfalls breitete sich in dem kleinen Zimmer ein beißender Gestank aus. Sun Yaoting ging hinaus und setzte sich vor das große Tor.

Der Tordurchgang des prinzlichen Palais war sehr hoch und tief, zu beiden Seiten lehnten an der Wand je eine lange Bank mit kurzen Füßen. Die Bänke dienten zum einen den Torwächtern, zum anderen den wartenden Besuchern. Aber um Mitternacht rollten sich oft obdachlose Bettler darauf zusammen, um Wind und Regen zu entgehen. Es war der sechste Tag des chinesischen Neujahrs, und die Hauptstadt lag versunken in eine Festtagsatmosphäre. Die Leute auf der Straße hatten sich feiertäglich gekleidet. Frauen mit roten Blumen aus Garn im Haar folgten, die Hände voller Taschen und Schachteln mit Gebäck und Süßigkeiten, den Männern zum Verwandtenbesuch. Obwohl die Straßenlaternen schon früh angezündet wurden, trugen alle Passanten Lampions aus weißem Papier und leuchteten die halbe Straße hell aus. An den Portalen hingen überall Spruchbänder, in der Regel aus schwarzen Schriftzeichen auf rotem Papier. Die Straße war voll von glückverheißenden Sprüchen, die eine freudige Energie ausstrahlten. Sun Yaoting kamen seine Eltern und Geschwister in den Sinn, zwei Tränenströme rannen ihm die Wangen herab. Daß er ausgerechnet jemandem wie dem Dämonenkönig begegnen mußte, der so ganz und gar nicht einem Menschen glich! Wie sollte es ihm von jetzt an besser gehen? Während er ununterbrochen Tränen vergoß, erinnerte er sich plötzlich der Worte, die Mönch Jingchen kurz vor dem Abschied zu ihm gesprochen hatte: „Das Schicksal ist schwer zu bestimmen, ist es gut, braucht man keine Silbe darüber zu verlieren. Merk dir die Worte: ‚Erfolg bringt nichts ein'. Führst du ein schweres Leben, dann such in den über hundert Liedern, die ich dir beigebracht habe, nach einem geeigneten, sprich es zweimal vor dich hin, das hilft ganz gewiß." Sun Yaoting schaute zum Himmel auf, dachte nach und ihm fiel das ‚Lied von der Geduld' ein, in dem es heißt: „Geduld ist gut. Geduld ist gut. Das Wort birgt wunderbaren Schatz. Kann eines einz'gen Tages Zorn man nicht ertragen, streitet mit anderen man um Sieg, mißt sich im Streit, Unglück bringt's." Sun Yaoting fuhr fort, das Gedicht eine Strophe nach der anderen aufzusagen, und in sein Herz zog allmählich wieder Frieden ein. Es war bereits tiefe Nacht, Leute kamen seltener, lediglich am Himmel knallten einige Doppelkracher. Sun Yaoting hörte den Nachtwächter immer näher kommen und die Doppelstunden ausrufen; da huschte er ins Tor hinein und schob den Riegel vor.

Der Dämonenkönig schlief bereits fest, in sein Schnarchen mischte sich das Geräusch lauter Furze. Der Gestank ungewaschener Füße verband sich mit Schweißgeruch. Sun Yaoting besaß weder Decke noch Matratze, daher blieb ihm nichts anderes übrig, als sich angezogen auf die Truhe zu legen. Das Feuer in dem kleinen Kohlenofen war schon bald ausgegangen und der kleine Raum kühlte rasch aus. In dieser Nacht schloß Sun Yaoting fast kein Auge. Er lag bis zum Morgengrauen wach und begab sich dann eilig vor das Portal, um den Boden zu fegen. Als er das große Tor öffnete und aufschaute, sah er den bleifarbenen Himmel, und es schneite in dichten Flocken, groß wie Gänsefedern. Auf der Straße befanden sich nur wenige Menschen, kein Geräusch war zu hören, so ruhig war es.

Plötzlich kamen aus einer kleinen Gasse drei junge Bettler, den Körper mit Reisstroh umwickelt. Nur an wenigen Stellen schauten ab und zu gelblich-schwarze Haut und Knochen hervor. Sie glichen Vogelscheuchen auf den Feldern. Einer, dem eine Blechbüchse um den Hals hing, rannte auf Sun Yaoting zu und erschreckte ihn fast zu Tode. Als er dann genauer hinschaute, kamen ihm die Gestalten vertraut vor. Die kleinen Bettler fragten: „Du bist wohl gerade erst gekommen?“ Sun Yaoting nickte. „Hast du nicht früher außerhalb des Xuanwu-Tores gewohnt?“

Auf einmal erinnerten sie sich alle. Zwei der drei Bettler hatten am La ba-Tag im kleinen Tempel am Anfang der Weihrauchkesselstraße Prügel bezogen. Sie waren Sun Yaoting für die schnelle Hilfe damals sehr dankbar gewesen. Nun sahen sie sich zufällig wieder. Auch Sun Yaoting lag immer noch das Schicksal des verletzten Kindes am Herzen. Sie hatten nicht erwartet, heute hier aufeinanderzutreffen, und waren natürlich alle sehr fröhlich. Die kleinen Bettler fragten: „Woher kommst du und was machst du im Palais des Beile Zaitao?“ Sun Yaoting erzählte ihnen von seinem Geschick. Einer der kleinen Bettler namens Zweiter Esel bleckte gelbe Zähne: „In diesem Schwanzpalais für Leute mit Schwanz Schwanzdienste verrichten, sich von Schwänzen alles gefallen lassen müssen und dafür auch noch kaum Schwanzgeld kriegen, da geht man ja ein! Da wäre es doch besser, in unser Reich zu kommen und ein glückliches Leben zu führen!“

Die jungen Bettler sahen, wie verwirrt Sun Yaoting dreinblickte, und erklärten dann: „Betrachte mal nicht, daß wir um Essen betteln, wir haben auch ein Bettlerreich, das hundertmal lustiger ist, als es von außen aussieht.“ – „Gibt es in eurem Bettlerreich auch eine Majestät?“ – „Ja, sicher“, antworteten die Jungen, „aber sie heißt nicht Majestät, wir nennen ihn Beschützer, Außenstehende bezeichnen ihn auch als König der Bettler.“ In Sun Yaotings Augen war das Allerehrwürdigste, Edelste, das es gab, Seine Majestät, alle seine Hoffnungen im Leben ruhten samt und sonders auf der Person Seiner Majestät. Daß neuerdings der Kaiser überflüssig geworden war, schmerzte und enttäuschte ihn sehr. Er hätte nie gedacht, daß es im Lande auch noch ein Reich der Bettler gab. Was nannten die Bettler ihr Reich? Wie sah der König der Bettler wohl aus? Zweiter Esel ahnte, was Sun Yaoting so bei sich dachte, und sagte: „Weißt du, wer der Ahnvater von uns Bettlern ist?“ Sun Yaoting schüttelte den Kopf. „Zhu Hongwu!“ warf der kleine Bettler Rothaarteufel ein. Zweiter Esel meinte: „Laßt uns in den Torbogen gehen, weg von Wind und Schnee, und ich erklär's dir.“ Die paar Jungen setzten sich auf die Bank an der Mauer, rückten ganz dicht zusammen und hörten zu, wie Zweiter Esel eine Geschichte erzählte, als läse er sie aus einem Buch vor:

„Nun ist es so, daß jede Familie, jede Schule, jedes Gewerbe und jeder Beruf einen eigenen Ahnherrn hat, den sie verehrten. Die Konfuzianer verehren den Kongzi, die Daoisten den Laozi, die Buddhisten den Shakyamuni; Apotheker verehren den Sun Simiao, die Seidenraupenzüchter opfern der Huang Daopo und die Bettler, die regulär um Essen betteln, sind keineswegs unachtsam, sondern verehren Zhu Hongwu. Zhu Hongwu, das war der erste Kaiser der Ming-Dynastie, Zhu Yuanzhang. An den Orten, wo die Bettler wohnen, werden Seelentäfelchen von ihm verehrt, Tag und Nacht wird Weihrauch angezündet, wird Verehrung dargebracht mit einem Höchstmaß an Achtung und Ehrerbietigkeit. Zhu Yuanzhang war eigentlich ein Zeitgenosse des Kaisers Wen der mongolischen Yuan-Dynastie und stammte aus der Provinz Anhui, aus dem Kreis Zhongli des Distrikts Hao. Sein Vater hieß Zhu Shizhen und seine Mutter war eine geborene Guo. Als er noch ein kleines Kind war, starben beide Elternteile und er hatte keine andere Wahl, als aus dem Hause zu gehen und im Tempel der Erhabenen Erleuchtung Mönch zu werden. Der Abt hatte ihm einen religiösen Namen verliehen: Yuanlong. Nicht nur der Name war seltsam, Zhu Yuanzhang war in höchstem Maße merkwürdig. Jemand deutete ihm die Zukunft und sagte, er sei im Wuzhen-Jahr des Kaisers Wen der Yuan, im Monat Renxu, am Tage Dingchou zur Zeit des Endes der vierten Stunde geboren. Seine acht Zeichen seien absolut hart und einzigartig. Begegne er einem Menschen, würde er ihn beseitigen. So hatte er tatsächlich zunächst seinen Vater ‚beseitigt' und dann damit weitergemacht, seine Mutter ‚umzubringen'. Seinen drei Brüdern wurde durch sein hartes, außergewöhnliches Schicksal so mitgespielt, daß sie Haus und Hof verlassen mußten und in der Fremde spurlos verschwanden. Nachdem Zhu Yuanzhang Mönch geworden war, starb bald darauf der Abt der Gemeinde. Die anderen Mönche waren der Meinung, er bringe nur Unglück und warfen ihn aus dem Kloster. Weil er noch sehr jung war, brachte seine Adoptivmutter, Wang, ihn in den Weiler der Familie Ma, damit er für Herrn Ma die Kühe hüte. Wer hätte geahnt, daß sich sein unheilvoller Einfluß auch auf Kühe auswirkte! Herr Ma jagte ihn davon. Zhu Yuanzhang konnte sich nur noch auf das Betteln verlassen, wollte er weiterleben. Beim Betteln war es in diesem Ort üblich, vor dem Haustor ‚Vater' und ‚Mutter' zu rufen. Aber alle, die er rief, wurden umgehend krank. Die Leute im Kreis Zhongli erlaubten ihm in der Folge nicht, vor ihren Häusern zu rufen. War aber das Tor fest geschlossen, wer sollte wissen, daß er es war, der vor dem Tor bettelte! Eines Tages war Zhu Yuanzhang so hungrig, daß es ihm vor den Augen flimmerte, ihn schwindelte und er stürzte. Er gab sich seiner Trauer hin, da sah er plötzlich zwei Rinderknochen auf der Erde liegen. Er hob sie auf, sie klangen einförmig und kalt. Von da an schlug er auf seiner Betteltour die Knochen aneinander. Die Leute aus dem Zhongli-Kreis fürchteten, daß er vor ihren

Türen zu Rufen anfinge, und stellten, sobald sie die Rinderknochen hörten, übriggebliebene Suppe und andere Speisenreste hinaus. Aus diesen Rinderknochen wurden später die zum Betteln verwendeten ‚Trommeln des höchsten Friedens'."

Sun Yaoting fiel ein, als er dies hörte, daß auch auf dem Lande die Trommel des höchsten Friedens benutzt wurde. Die das taten, sangen und bettelten um Essen. Nur waren auf den Rinderknochen in einer Reihe dreizehn kleine Bronzeglöckchen angebracht. Wurden die aneinandergeschlagen, klang es noch schöner. Da unterbrach er Esel Zwei und fragte ihn, was es damit auf sich habe. Zweiter Esel meinte: „Wozu so eilig? Dazu komme ich doch noch! Wie gesagt, dieser Zhu Yuanzhang wanderte, die Knochen aneinanderschlagend nach Norden und gelangte in die Gemeinde Liang vor der Stadt Yanjing, dem heutigen Beijing. Weil er sich eine Erkältung geholt hatte, brach er krank im Tempel der lokalen Schutzgottheit zusammen. Die Sonne ging allmählich unter, und er lag allein für sich im Hof, kalt war ihm und hungrig war er auch. Da kamen zwei Bettler und betasteten Zhu Yuanzhang, dessen Körper vor Fieber brannte. Sie hoben ihn auf und trugen ihn hinter die Halle zu einem Viereck aus glasierten Ziegeln, nahmen zwei Matten aus Hundefell heraus, breiteten die eine unter ihm aus, mit der anderen bedeckten sie ihn. Anschließend gruben sie unter Zhu Yuanzhangs Körper eine Mulde und verbrannten Brennholz und Stroh, wie unter einem Kang. Um Mitternacht brach Zhu Yuanzhang in Schweiß aus, Knochen- und Gelenkschmerzen waren auf einmal verschwunden. Dann kochten ihm die zwei Bettler die vom Bettelgang übriggebliebenen Suppen- und Speisenreste und gaben sie ihm zu essen. Am nächsten Tag war die Krankheit vollständig geheilt. Zhu Yuanzhang fragte die beiden nach ihren Namen. Einer sagte, er heiße Suo, der andere sagte, er heiße Li. Zhu Yuanzhang versprach, wenn er irgendwann einmal zu Reichtum und Macht kommen sollte, würde er ihnen bestimmt die Güte vergelten, mit der sie ihm das Leben gerettet hätten. Nach wenigen Jahren war Zhu Yuanzhang tatsächlich ein großer Kaiser geworden. Eines Tages hatte er sich wieder so erkältet und alle Arzneien, die ihm der kaiserliche Leibarzt verabreichte, waren nicht imstande, ihn zu heilen. Da erinnerte er sich plötzlich, daß zwei Bettler ihn, als er damals im Tempel an der gleichen Krankheit darniederlag, geheilt hatten. Er sandte Leute in alle Himmelsrichtungen aus, nach Suo und Li zu suchen. Kurz darauf wurden die beiden gefunden und Kaiser Hongwu befahl seinen Leuten, sie in den Palast zu bringen. Die beiden knieten auf der Erde und wagten nicht, den Kopf zu heben. Seine Majestät fragte: ‚Kennt ihr mich?' Sie entgegneten: ‚Die beiden Unwürdigen sind Leute, die auf der Straße um Essen betteln, wie könnten wir denn den Herrscher der zehntausend Jahre kennen?' Hongwu befahl mit dröhnender Stimme: ‚Hebt den Kopf und schaut mich an!' Die beiden hoben die Köpfe und bemerkten auf dem Antlitz des Kaisers Hongwu, das weiß wie Jade war, lauter große und kleine schwarzer Male. Genau in der Mitte der Stirn befand sich eines von roter Farbe. Unter den Augen hatte er dicke Tränensäcke, die Ohren, sein Mund und seine Nasenlöcher waren ungewöhnlich groß und wie die Ohrmuscheln nach oben gerichtet. Alles verhielt sich ganz so, wie es in den Büchern über Wahrsagerei nach körperlichen Merkmalen steht. Dort heißt es über das ungewöhnliche Merkmal: ‚Die fünf Öffnungen sind nach oben gerichtet'. Die Beiden hatten schon überall gebettelt, waren zu Fuß durch fünf Provinzen gekommen, aber in ihrem ganzen Leben hatten sie nur in der Gemeinde Liang in Yanjing einen kranken Bettler mit diesen außergewöhnlichen Kennzeichen gesehen. Nicht zu fassen, daß ausgerechnet dieser Mann zum Herrscher der zehntausend Jahre aufgestiegen war. Damals hatten sie ihm zwar die Güte erwiesen, sein Leben zu retten, wagten jetzt aber dennoch nicht, ihn vorschnell zu erkennen. ‚Die Unwürdigen haben früher, im Tempel der lokalen Schutzgottheit der Gemeinde Liang, einmal eine Person gesehen, die dem Herrscher der zehntausend Jahre ähnlich sah.' Kaiser Hongwu sagte: ‚Der Bettler, das war ich!' Suo und Li fragten schleunigst: ‚Was hat es auf sich, daß der Herrscher der zehntausend Jahre uns zu sich rufen läßt?' Hongwu erklärte: ‚Bei mir ist die alte Krankheit erneut ausgebrochen, ich befehle euch beiden, sie zu heilen.' Die Bettler entgegneten: ‚Die Feuermulde in jenem Tempel braucht der Herrscher über zehntausend Jahre nicht mehr, Ihr könnt verschiedene von uns zusammengestellte Gerichte versuchen.' Daraufhin begaben sie sich in die kaiserliche Vorratskammer und besorgten sich Hühner- und Entensuppe, gaben noch zehn verschiedene Zutaten hinzu, kochten alles zusammen und ließen den Kaiser davon essen. Nach kurzer Zeit brach er in Schweiß aus und die Krankheit war verschwunden. Hongwu wollte sie mit Ämtern belehnen, aber die Bettler meinten, sie hätten in ihrem Leben kein ‚Beamtenlos' und würden gern weiterhin ihren Lebensunterhalt durch Betteln bestreiten. Hongwu sprach: ‚Früher, als ich noch betteln ging, habe ich auf Rinderknochen geschlagen, die gebe ich heute euch. Auf jedem Knochen befindet sich eine Reihe von dreizehn Bronzeglöckchen. Mit jedem Glöckchen könnt ihr euch durch eine Provinz durchbetteln.' Und er erließ die Weisung, überall, wo die Bettler Suo und Li auch hinkämen, sollten ihnen Zivil- wie Militärbeamte in 360 von ihnen durchquerten Städten Geld geben. Von diesem Zeitpunkt an erklärten die Bettler allerorten Li und Suo zu Meistern, besorgten sich eine Trommel des Höchsten Friedens mit dreizehn Glöckchen und zogen lärmend durchs Land."

Als Sun Yaoting die Geschichte hörte, dachte er bei sich: ‚Diese zwei Bettler waren auch wirklich zu dumm. Dem Kaiser das Leben gerettet haben und dann nicht Beamter werden wollen. Eine Stelle als Kreisbeamter schadet doch nicht, wozu, um alles in der Welt, seinen Lebensunterhalt auch noch erbetteln?' Gerade wollte er noch ein paar Fragen stellen, als plötzlich das Portal geöffnet und Sun Yaoting, bevor er sich umdrehen konnte, am Kragen gepackt und hochgezogen wurde. Er fühlte beide Füße über dem Boden schweben und fiel auf die Stufen. Gleich darauf krochen und rollten die kleinen Bettler einer nach dem anderen auf dem Boden. Sun Yaoting hob den Kopf: Da stand der Dämonenkönig wie ein böser Geist, die Hände in die Hüften gestützt, im Toreingang und brüllte: „Du billiger Bastard hast ausgerechnet Bettler zum Tor eingeladen! Ich habe zig Jahre lang versucht, das zu unterbinden, und du kommst und verbrüderst dich sofort mit ihnen. Glaub bloß nicht, daß du heute auch nur eine halbe Schüssel Essen abkriegst! Feg' gefälligst vor dem Tor!"

Sun Yaoting sah den ochsengesichtigen Dämonenkönig wieder hineingehen und half schleunigst einem auf dem Boden liegenden Bettelkind auf. Der Kleine drehte sich blitzschnell um und sprang auf: „Mach dir keine Sorgen, ich habe nur so getan, als ob ich verletzt worden wäre, damit er mich nicht weiter verprügelt." Sun Yaoting fürchtete, daß der Dämonenkönig wiederkommen würde und fing an, den Schnee wegzufegen. Die kleinen Bettler sagten: „Wir kommen in einer Weile wieder!" Kaum eine Stunde später kamen sie tatsächlich und hielten ein Päckchen aus trockenem Lotosblatt. Sie drückten Sun Yaoting das Päckchen in die Hand, sagten: „Auf ein andermal!" und rannten davon. Im Schnee blieben die Abdrücke ihrer schmutzigen Füße zurück. Sun Yaoting öffnete das Päckchen: Es waren ein paar heiße, mit Fleisch gefüllte Teigbeutel, sie dampften noch. Unmöglich, daß man um solche Teigbeutel betteln konnte, dachte Sun Yaoting niedergeschlagen.

Nach ein paar Tagen kamen die Bettler um Esel Zwei wieder, aber von Kopf bis Fuß neu eingekleidet, ordentlich und frisch. Von hinten betrachtet kleine Langroben und Mandarinjacken, kleine Mützen, einfarbig in schwarzem Seidenbrokat, und schneeweiße dickbesohlte Stoffschuhe, die sogar noch lauter als die europäischen Lederschuhe klapperten. Jeder der Betteljungen hatte auf beide Wangen dick und leuchtend Rouge aufgetragen. Aus den Nasenlöchern aber hingen wie eh und je graugelbe, fast durchsichtige Rotzfahnen. Jedesmal, wenn der Rotz den Mundwinkel erreichte, wurde er energisch hinaufgezogen, manchmal bis in die Nasenhöhle. Dieses Graugelb in der Mitte und das leuchtende Rot links und rechts, sah sehr schön aus.

Sun Yaoting stieß verwundert aus: „Wohl reich geworden, was?" – „Ach was! Der dritte Gebieter Zhao in der Katzenohrgasse hat sich eine Konkubine genommen, und der Beschützer läßt uns Brüder allesamt hingehen zum Gratulieren. Wie wär's? Komm doch mal mit, umsonst essen und trinken, und dazu kriegst du noch etwas Geld!" sagte Zweiter Esel. „Ich muß aber hier bleiben!" – „Es ist doch bloß die Gasse nebenan, mach doch mal die Augen auf und geh mit!"

Sun Yaoting hieß sie, einen Augenblick auf ihn warten, und verschwand wie ein Blitz im Tor. Er lugte durch das Fenster und sah, daß der Dämonenkönig noch seinen Rausch ausschlief. Einen Eunuchen, der das zweite Tor hütete, bat er: „Bruder, hilf mir doch bitte mal beim Dienst, ich komme gleich wieder." Dann zog er seine abgetragene, schadhafte Kleidung an und langte, umringt von ein paar ordentlich gekleideten Betteljungen, in der Katzenohrgasse an. Der dritte Gebieter Zhao war ein Neureicher, der mit einträglichen Geschäften im Getreidehandel zu Wohlstand gekommen war. Dann hatte er die von seinen Vorfahren in der Katzenohrgasse errichteten Häuser allesamt abgerissen und ein paar neue rotgestrichene mit grüner Verzierung gebaut, einfach unerträglich. Der dritte Gebieter Zhao hatte seit seiner Geburt einen schiefen Mund und ein längliches, gelbes Gesicht. Er war nicht gerade schön. Erst letztes Jahr hatte ihm ein amerikanischer Arzt aus der Xijiaomin-Gasse die Vorderzähne gezogen und ihm dafür Goldzähne eingesetzt. Seitdem hatte er angefangen, etwas Glanz von sich zu geben. Der Großteil der Gäste waren glatte Kaufleute, die zahlreich mit Geschenken ankamen. Die Gaben waren ganz unterschiedlich, nichts Merkwürdiges, das es nicht gegeben hätte. Arme Verwandte und arme Freunde schenkten Bronzebecken und Kleiderbügel, Staubwedel, Schuhspanner, Schuhbürsten. Ganz schnell aßen sie verschämt ein Schälchen Suppe mit Changshoumian, Nudeln des langen Lebens, und gingen wieder. Die Betuchten, die zum Beispiel mit Schnitzereien verzierte Schränke aus Mahagoni oder Frisierkommoden aus europäischem Glas überbrachten, die konnten ins Haus kommen und sich im Obergeschoß den Bauch mit Speisen füllen, Schnaps trinken und Mahjongg spielen.

Sun Yaoting und die Betteljungen nahmen am Eingang Aufstellung, Zweiter Esel rief: „Die Gratulanten zum freudigen Ereignis beim Dritten Gebieter Zhao sind da!" Danach zog er einen Streifen gelben Papiers heraus, auf dem stand: „Bei dem freudigen Ereignis im ehrenwerten Palais dürfen die Brüder nicht lärmen und stören." Der Ruf war kaum im Inneren des Hauses gehört worden, als auch schon einer herausgerannt kam, sich bückte und mit einem Lächeln fragte: „Der Beschützer ist nicht gekommen?" Zweiter Esel entgegnete: „Wenn Euer Haus einen glückverheißenden Tag wählen kann, sollen das andere Leute nicht können? Heute gibt es in der Stadt allein an die vierzig, fünfzig Hochzeiten, daß wir Brüder kommen können, ist schon mal gar nicht schlecht!" Die Person antwortete eilfertig: „Na so was! Wieviel seid ihr kleinen Brüder denn?" wobei sie Sun Yaoting schief ansah. „Fünf", entgegnete Zweiter Esel und rechnete Sun Yaoting mit dazu. Die Person zog fünf kleine rote Roben hervor und gab jedem eine. Als Sun Yaoting an der Reihe war, zögerte er und wagte nicht, anzunehmen. Zweiter Esel riß sie an sich und erklärte: „Neu angenommener Zögling, hat noch keine Ahnung!" Dann drückte er Sun Yaoting die Robe in die Hand: „Nimm sie und bedanke dich für das Geschenk!" Darauf riefen die fünf zusammen: „Danke für das Geschenk vom dritten Gebieter Zhao!" Der Mann befahl: „Zuerst zwei Sätze, dann könnt ihr hineingehen, einen heben!" Sagte es und trat wieder zur Tür hinein. Zweiter Esel zog den Rotz hoch und meinte dann: „Soeben haben die Holzrohrtrompeten und großen Trommeln aufgehört zu spielen, sagen wir für sie zwei Sätze und erstatten Vollzugsmeldung!" Die drei kleinen Bettler und Zweiter Esel nahmen Sun Yaoting in die Mitte und stellten sich mit gespreizten Beinen in einer Reihe am Hauseingang auf. Sun Yaoting hörte, wie die vier zusammen riefen: „Zweites Mädchen, Mädchen Nummer zwei, komm heraus und gib mir Nachricht, ich helfe dir, ein Festzelt aufzubauen und Glückszeichen draufzukleben, zwei vierrädrige Wagen mit zwei Pferdegespannen, um Kisten und Kästen kümmere ich mich ...!"

Kurz darauf fingen die geschminkten Jungen an, heftig mit Armen und Beinen rudernd wild durcheinander tanzend, allerhand glücksbringende Worte und Sprüche zu singen. Der Großteil war ins Blaue hinein gedichtet und paßte überhaupt nicht zusammen. Zum Glück hörte sowieso keiner zu. Obwohl sich auf Sun Yaotings Gesicht ein Lächeln abzeichnete, wußte er nicht, wie er sich verhalten sollte, und noch viel weniger war er in der Lage, auch nur einen halben Satz zu singen. Zweiter Esel zog einen hohen Ton ganz leicht in die Länge, was als das Ende der Gesangseinlage galt. Danach wurde noch einmal etwas auswendig vorgetragen, und dann ging es ins Haus hinein, um zu essen und zu trinken. Im Zimmer hatte man ein fließendes Bankett aufgebaut. Die Esser waren Gäste, die wie Wasser kamen und gingen. Die von Imbißstuben mit Imbissen geschickten, von den Restaurants mit Speisen gesandten Lieferanten, Kutscher, Bedienungen, Blas- und Schlagmusikanten, Verwandte und Bekannte drängten sich alle zum Bankett. Aufgetragen wurde auserlesenes mageres Schweine-, Rind- und Hammelfleisch. Im Grunde lief es jedoch nur auf Vier-Freuden-Klöße und mit Reismehl paniertes gedämpftes Schweinefleisch hinaus. Der Gastgeber kümmerte sich nicht im geringsten darum, sondern ließ Bedienstete die Speisen auf- und abtragen. Man mußte nur zur Tür hineingehen, sich hinsetzen, und schon wurde Essen und Trinken aufgetragen. Hatte man gegessen, brauchte man sich auch nicht bei irgendjemandem zu bedanken. Man stand einfach auf und ging. Sun Yaoting und die Betteljungen hatten sich eben gesetzt, da kam der Verwalter herbeigeeilt und fragte sie: „Da ist wieder einer am Eingang, gehört der zu euch?" Zweiter Esel erhob sich bei dieser Nachricht sofort und trat vors Tor, um nachzusehen. Sun Yaoting folgte der Gruppe. Er sah, wie ein einundzwanzigjähriger Kerl, der über und über mit Lumpen bekleidet war, anhub, am Eingang ein Ständchen zu bringen: „Am Tor, wo geheiratet wird, vorbei. Der Palastleuchten sind zwölf. Banner, Trommeln, Schirme, Fächer zu beiden Seiten, acht Trommler machen Musik. Sänften tragen das Mädchen zum Eingang der Schwiegermutter. Hinein ins Haus, in die Brautkammer hinein, nach drei Jahren und nach zwei weiteren gibt es Schwierigkeiten, den Nachwuchs zu verstauen!"

Zweiter Esel verpaßte dem Mann einen Tritt in den Hintern. Der drehte sich um und sagte lachend: „Oh, ich bin doch Beschützer, habe niemanden geschickt." Zweiter Esel zeigte auf die ‚Bekanntmachung', die auf gelbem Papier geschrieben stand: „Du bist wohl auf beiden Hundsaugen blind!" Der Mann gab keine Antwort, nickte nur kurz und rannte schnell davon. Alle kehrten wieder zum Bankett zurück. Zwischen dem Essen und Trinken fragte Sun Yaoting: „Ich habe gewußt, daß man beim Betteln ein paar mitleiderregende Worte spricht, hätte aber nicht geglaubt, daß man so viel beachten muß." Zweiter Esel antwortete: „Diejenigen, die ‚Vater' oder ‚Mutter' rufen, oder die sagen: ‚Alter Gebieter, Ehrwürdige Dame, tun Sie ein gutes Werk!' sind alles arme Leute, die durch das Schicksal verarmten und kein Heim mehr haben. Manche sind aus Dürre- oder Flutkatastrophen geflüchtet, manche sind den Intrigen übler Menschen zum Opfer gefallen und deshalb untergetaucht. Zu unserem Bettlerreich gehören ganz verschiedene Leute, es gibt welche mit Heim, solche, die unser Metier ausüben, Arzneidrogenverkäufer, Schauspieler, Boxkämpfer, Betrüger, Diebe, Geschichtenerzähler, die müssen alle erst einmal den Beschützer verehren und sich dann einen Meister nehmen." Sun Yaoting lachte: „Was für Meister wollt ihr euch denn schon nehmen?" Zweiter Esel stellte bei diesen Worten abrupt das Schälchen mit dem Schnaps auf den Tisch und verzog verächtlich sein Gesicht: „Ihr Leute vom Land habt doch keine Ahnung! Unser Gewerbe ist wie das der Opernsänger. Es gibt zivile Rollen genauso wie militärische. Aber die Opernsänger sind mit uns verglichen ein Dreck. Nehmen wir zum Beispiel mal das Weinen. Wenn die weibliche Rolle auf der Bühne weinen muß, schwenkt sie so zwei drei Zoll vor den Pupillen ein weißes Tuch, und damit hat es sich dann. Bei einer militärischen Rolle ist es noch einfacher: Einmal mit der Fingerspitze das Augenlid gerieben, mit dem Finger geschnippt, fertig. Wenn wir so heulen würden, könnten wir nicht erwarten, auch nur ein Reiskorn zu erbetteln."

Als er sah, daß Sun Yaoting mit weit geöffneten Augen zuhörte, verspürte Zweiter Esel einen gewissen Stolz. Eilig sprang er von der Sitzbank herunter und fuhr redend und gestikulierend fort: „Wir kennen jede Menge Arten zu heulen! Reden wir erst einmal über die Art, stimmlos und ohne Tränen zu weinen! Man nimmt eine Holzfigur und verpackt sie fest in Lumpen. Dann rollt man sie in zerfetzte Reisstrohmatten und legt sie quer vor die Tür einer Sargschreinerei. An der Seite sitzt eine Bettlerin, die wie leblos starr vor sich hinblickt. Das bedeutet, ihr Mann ist vor mehreren Tagen gestorben, sie hat kein Geld für die Bestattung und vor lauter Weinen ist ihr Tränenstrom versiegt. Sie wartet nur darauf, genug Geld für die Bestattung zusammenzukriegen und folgt dann ihrem Mann in den Tod. Auf diese Weise kann man tränenlos und ohne Laute von sich zu geben von weichherzigen Mitmenschen Geld bekommen. Jetzt erkläre ich dir mal Heulen mit Tränen ohne Laut. Ein alter Bettler nimmt ein kleines, sieben- oder achtjähriges Kind mit sich. Vor einem Stand mit Arzneien legt sich das Kind auf den Boden und gibt etwas weißen Speichel von sich, während der Alte daneben heult. Das bedeutet, das Kind ist lebensgefährlich erkrankt, zum Kauf von Arznei ist aber kein Geld vorhanden, und jeder gutherzige Mensch wird gebeten, das junge Leben zu retten. Nur Tränen braucht man, damit's gelingt. Und nun das Heulen mit Tränen und Stimme: Bevor man loslegt, hört man sich zunächst einmal um, welche Familie Geld und einen guten Ruf hat, das Gute liebt und gerne Almosen gibt. Dann läßt man zwei Bettler, einen Mann und eine Frau, sowie einen kleinen Betteljungen sich so kleiden, als wären sie aus der Provinz gekommen und soeben aus einer Katastrophe geflüchtet. An der Tür der guten Familie läßt man sie das Kind verkaufen. Ein anderer Bettler, der ordentlich angezogen ist, verkleidet sich als Käufer. Ist der Verkauf dann abgeschlossen, bergen die Erwachsenen und das Kind die Gesichter in den Armen und heulen herzzerreißend, als wären sie Eltern und Kind. Das Bettelkind umklammert den Fuß seiner ‚Mutter' und fleht bitterlich weinend: ‚Vater, du bist sehr hartherzig. Auch wenn ich verhungere, möchte ich mit dir gehen. Mutter, ich flehe dich an, behalte mich!' Stehen dann viele Leute um sie herum, fangen auch die zwei erwachsenen Bettler an zu weinen und zu klagen, daß in der Heimat die Eltern verhungert seien, daß ein Kind unterwegs Hungers gestorben wäre. Übriggebliebenen sei nur dieses eine Kind als Wurzel. Es wäre unerträglich für sie, es verhungern zu lassen und immer noch besser, es zu verkaufen. Würde das Kind wie ein Hund oder eine Katze aufgezogen, sei das immer noch besser, als zu verhungern! Sie lamentieren so lange, bis aus dem Haus der guten Familie jemand herauskommt und etwas Geld gibt. Erst dann geben sie Ruhe. Sonst hat die Familie nicht nur keine Ruhe vor ihnen, sondern zieht auch noch die Beschimpfungen der Nachbarn auf sich: ‚Und das wollen nun gute Menschen sein! Wenn es wirklich darauf ankommt, mal zu helfen, bleiben sie hartherzig und rücken nichts heraus. Sonst geben sie sich den ganzen Tag über den Anstrich von Menschen, aber in Wirklichkeit sind sie nur ‚eiserne Hähne', die knausern!' Für eine bedeutende Persönlichkeit lohnt es sich nicht, ihren guten Ruf aufs Spiel zu setzen. Und dann ist der Verkaufspreis für das kleine Kind auch nicht so hoch. Mit ein wenig Geld kann man die Störenfriede schon vertreiben. Manche bevorzugen Orte, wo Hochzeit gefeiert wird, ein Begräbnis stattfindet oder ein neues Geschäft eröffnet wird. Da schlagen sie dann an der Tür solchen Lärm, daß es die halbe Straße hören kann und jeder, dem sowas widerfährt, rückt schleunigst Geld heraus, um sie wieder loszuwerden. Das war aber nur eine ganz grobe Schilderung, nun zu den Einzelheiten. Allein schon beim Weinen gibt es zig Arten. Frag' dich doch mal, wieviel Arten zu weinen die Schauspieler beherrschen. Wir aber können außerdem noch Worte erfinden, Stücke aufführen und frei nach dem Mund improvisieren. Wer außer uns kann das schon? Bei Theaterstücken literarischen Charakters muß man nicht nur weinen, man muß auch singen können, und zwar nach bestimmten Regeln. Alles muß man beherrschen: Trommel des höchsten Friedens, die Lotosblüte fällt, Schlagen der Jadetrommel, Schlagen des Bambusbretts. Ganz zu schweigen von den Stücken, die mit dem Militär zu tun haben. Beispielsweise Schwerter. Wir spielen mit Schwertern. Oder Speere, wir können auch damit umgehen. Soldaten haben achtzehn verschiedene Waffen, wir hingegen mehr als sechsunddreißig. Die Kampfsportler können sich nicht mit uns messen. Sie verwenden die Schwerter und Speere, um damit herumzuplänkeln oder andere zu verwunden. Wir stechen uns selber damit. Stechen mit den Speeren in die Kehle, schneiden uns den Bauch mit einem Schwert auf, brennen die Zunge mit Feuer oder lassen uns vierteilen. Selbst ein Meister des Kampfsports, der in unserer Kunst unterrichtet werden sollte, bekam eine Mordsangst und wagte nicht, es auch nur einmal zu versuchen. Und dann die Gaukler, das sind Freßsäcke, die Leute betrügen. Tote werden lebendig und Lebende werden zu Toten. Zwar fließt auch bei ihnen Blut in Strömen, aber das ist alles falsch und Betrug. Wir hauen uns echte Nägel in den Kopf, stechen uns Eisenfäden durch die Zunge, nehmen die Augen heraus und setzen sie wieder ein, und nicht ein einziges Stück ist falsch. Ganz zu schweigen von ihrer Kunstfertigkeit. Selbst jene, die für ihre harten zerfleischenden Übungen bekannt sind, haben im Vergleich zu uns lediglich einen Klaps mit dem Prügel auf den Hintern gekriegt. Was für eine Härte soll das denn schon sein! Wir Bettler, die Kampfsport betreiben, üben täglich, bis die Haut platzt und das Fleisch hervorquillt. Solche Anforderungen, daß Fleischfetzen und Blut miteinander verkleben, sind aber lediglich das Gewöhnliche. Unter uns verstecken sich Drachen und Tiger, nur bedauerlich, daß die Leute im allgemeinen nichts davon wissen, sondern uns im Gegenteil auch noch verachten."

Sun Yaoting erkannte, daß Zweiter Esel mit seinem ganzen Gerede nichts gesagt hatte, was Wert gehabt hätte, und meinte: „Also, führ mir doch mal sowas vor und erweitere meinen Horizont." Zweiter Esel schaute um sich. Alle, die um sie herum aßen und tranken, hatten ihr Augenmerk auf ihn gerichtet. Ein Alter fügte unterstützend hinzu: „Genau, gib uns eine Vorstellung. Egal, ob ein militärisches Stück oder ein literarisches. Gib dem Dritten Gebieter Zhao eine Darbietung. Das hebt die Stimmung!"

Die Bläser und Trommler am Eingang hatten aufgehört, Musik zu machen, auch den Leuten im Festzelt war es langweilig, und zusammen forderten sie jetzt lautstark: „Das ist eine seltene Gelegenheit, eine ganz seltene Gelegenheit. Normalerweise haben wir Angst davor, daß ihr uns hartnäckig folgt und wir euch nicht los werden, und wenn wir euch dann sehen, laufen wir schleunigst davon. Heute haben wir diese Sorge nicht. Führt uns was Interessantes vor!"

Zweiter Esel schneuzte erst einmal auf den Boden und zerrieb den Rotz mit dem Schuh. Dann meinte er: „Wir haben keine Rinderknochen und Bambusklappern mitgebracht, aber das Auf-Eßschälchen-Klopfen gehört auch zu unseren Stükken. Es hört sich bloß nicht so schön an, weil man es verwendet, um Essen zu erbetteln. Heute führe ich euch damit ein paar Abschnitte aus der ‚Sammlung ernster Verweise' vor." Er fing an zu rezitieren:

„Mich etwas üben lassen, da mach ich nicht mit. Ich bin sehr empfindlich und liebe keine Witze. Einmal durch Witze in Rage gebracht, greife ich sofort zum Messer. Bei der Fünf-Tiger-Schlagstock-Technik lernte ich Goldbrücke. Zweigliedriger Schlagstock, dreigliedriger Schlagstock, Messer gegen Speer: Kommt es zu einem Handgemenge, verbinde ich die Techniken zu einem Ganzen und bin bereit, direkt hineinzugehen. Mich etwas üben zu lassen, da mache ich nicht mit. Ich habe einen Bauch aus einem Haufen Mist und ein kleines Gehirn. Den Scheitel tragen zwei rote Bettlerfüße ..."

Sun Yaoting krümmte sich vor Lachen, während er so zuhörte. Unbewußt schaute er dabei einmal nach draußen und bemerkte, daß sich die Sonne vom Zenit aus ein beträchtliches Stück nach Westen geneigt hatte. Er erschrak heftig. Daß es jetzt schon dunkel wurde, war gar nicht gut. Wie hatte der Mittag nur in einer so denkbar kurzen Zeit vergehen können? Schleunigst stand er auf und verabschiedete sich. Zweiter Esel hörte mit dem Singen auf und sagte: „Wir begleiten dich zurück, und wenn es ein Unglück geben sollte, treten wir ihm gemeinsam entgegen!" Die Leute im Festzelt erhoben Einspruch: „Warum singst du nicht zu Ende?" Zweiter Esel wandte den Kopf zurück: „Ein andermal trage ich es in jedem Palais einzeln vor, vorausgesetzt, ich werde nicht hinausgeprügelt!"

Zu fünft rannten sie zum Palais des Beile Zaitao und sahen schon von weitem den Dämonenkönig wie eine schwarze Pagode vor dem Tor stehen. Sun Yaoting fühlte, wie sich Unterschenkel und Bauch verkrampften. Seine Knie wurden weich. Er kam nur schwerfällig voran. Zweiter Esel sagte: „Keine Angst. Ich rede mit ihm." Sprach's und ging einige Schritte aufs Tor zu, direkt vor den Dämonenkönig, und entbot ihm den Qing'an-Gruß: „Hoher Gebieter, heute haben wir Sun Yaoting zum Essen eingeladen. Weil Ihr, alter Herr, gerade so fest geschlafen habt, durften wir es nicht wagen, Euch aufzuwecken. Wir bitten Euch um Entschuldigung."

Der Dämonenkönig hatte schon frühzeitig erkannt, daß es einer der Betteljungen war, die sich tagtäglich im Torbogen aufhielten, und antwortete nicht. Stattdessen hob er in Windeseile den Fuß und trat zu. Die Augen von Zweiter Esel aber waren schnell, er wich blitzschnell aus, und der Tritt traf ihn nicht. In diesem Augenblick war aber auch Sun Yaoting vor dem Tor angelangt. Er hatte nicht damit gerechnet, daß der Dämonenkönig genau in dem Moment zutreten würde, und so beförderte dieser eine Tritt Sun Yaoting horizontal zum Tor hinaus, als hätte der Dämonenkönig nach einem streunenden Hund getreten. Sun Yaoting fühlte eine Erschütterung in seinem Schädel, danach verlor er die Besinnung. Erst nach einer ganzen Weile, unmöglich zu sagen, wieviel Zeit vergangen war, erwachte er aus seiner Ohnmacht. Er fühlte sich am ganzen Körper wie zerschlagen, und es war ihm unmöglich, sich auch nur ein wenig zu bewegen. Mit Gewalt öffnete er die Augen und sah Sterne über sich. Bei nochmaligem Hinsehen wurde ihm bewußt, daß er auf dem Boden an der Südmauer lag. Eine schwarze Katze miaute ihn von der Mauer herab an, Kälte drang bis ins Mark vor, und er fing an zu zittern. Das war gut, denn so konnte er langsam wieder die Arme bewegen. Ihm war, als klebte etwas auf seinem Gesicht, und zwar so straff, daß es nicht auszuhalten war. Er faßte mit der Hand danach, es war Blut, ganz klebrig und kurz davor zu trocknen. Er wollte sich umdrehen, war aber nicht in der Lage dazu. Erneut hob er den Kopf, ach, alles drehte sich vor seinen Augen. Rasch legte er sich wieder hin. Er hoffte, daß es noch kälter würde, einmal erfroren, wüßte er vielleicht von nichts mehr. Nie wieder von etwas zu wissen, wie schön das wäre! Aber was würde aus seinem Vater und seiner Mutter? Tränen rannen ihm übers Gesicht. Das Ding da abgeschnitten zu haben, nur damit es einem hier so dreckig ging. Warum geht es mir nicht einmal so gut wie einem Bettler? Sun Yaoting dachte an das, was sich im Verlauf des Tages ereignet hatte. Auf dieser Welt war alles möglich. Er hätte nicht gedacht, daß es im Reich der Bettler so fähige Leute gab, daß das Leben der Bettler so lustig war. Auch Bettler konnten es zu etwas bringen. So vor überhaupt nichts Angst zu haben, sich vor gar nichts zu fürchten. Am besten wäre es wohl, Bettler zu werden.

Ein Hahn krähte. Vom Tor kamen die Geräusche des Wasserwagens, es war auch noch nicht so dunkel, daß im Hof alles unklar und verschwommen gewesen wäre. Sun Yaoting sagte sich, daß es jetzt wohl Zeit wäre, vor dem Tor die Straße zu fegen. Mit aller Kraft drehte er sich herum, war aber zu keiner weiteren Bewegung fähig. Er wußte, der Dämonenkönig würde ihm kein Pardon geben und abwarten, wie das Schicksal entschied. Der hatte eigentlich gehofft, Sun Yaoting diesmal endgültig zu erledigen. Wenn er sich diesen Schüler ansah, bekam er Wut. „Ein Junge vom Land. Stockdumm, keine Spur von Urteilsvermögen. Zieht den ganzen Tag ein langes Gesicht. Für wen denn? Verflucht noch mal, daß der Alte so was wie dich genommen hat, ist wirklich nie dagewesen. Guckt so dumm und liest auch noch Bücher! Das Bücherlesen hast du dir ausgesucht. Von Natur aus bist du mit ein paar billigen Knochen versehen, mit einer traurigen Gestalt, beim bloßen Anblick wird einem übel, und da möchtest du es noch zu Amt und Ehren bringen? Furz, kehr' du mir ordentlich die Straße, sonst prügle ich die Scheiße aus dir heraus!"

Das waren so die Schimpfworte, mit denen der Dämonenkönig ihn normalerweise bedachte. Schon neulich, als er einen Anlaß gefunden hatte, Streit vom Zaun zu brechen, hatte ihm die Hand angefangen zu jucken. Er hatte nicht für möglich gehalten, daß der Knabe keine Prügel aushalten würde. Der eine Tritt hätte ihn beinahe das Leben gekostet.

Eunuch Wu war herbeigeeilt und hielt ihn auf, redete ihm zu, aber anstatt sich zu entladen, hatte sich die Wut im Dämonenkönig angestaut. Nach ein paar Schlucken Schnaps schlief er dann bis zum hellen Morgen. Plötzlich ertönte vor dem Tor Lärm, Brüllen, Weinen, Lachen, Klopfen, Schlagen, alles in einem wirren Durcheinander.

Der Dämonenkönig ging den Nachttopf ausleeren. Der Lärm kam ihm merkwürdig vor, und so öffnete er das große Tor. Eine schwarze Masse von Bettlern verstopfte den Eingang. Betteljungen in Kleidung aus Reisstroh, ganz vorn der Junge, den sein Tritt gestern verfehlt hatte, dahinter eine große Gruppe Bettlerinnen mit gepuderten Gesichtern. Alle hatten Kleider aus bunten Lumpen an und Bettlermützen auf dem Kopf. Mit Bambusstöcken, bei denen durch jeden Knoten Schnüre mit Kupfermünzen gezogen waren, vollführten sie einen Heidenlärm, sangen und tanzten, wogten hin und her, ruderten mit den

Armen und verdrehten die Hüften, ganz wie eine Ansammlung von Dämoninnen. Hinter den Bettlerinnen schlugen Bettler Rinderknochen gegeneinander, an denen Glöckchen angebracht waren, manche schlugen Bambusklappern und riefen etwas, das aber nicht zu verstehen war. Wieder andere hatten Ziegenfelle über Bambuskübel gespannt und bearbeiteten sie mit aller Kraft.

Voller Wut streckte der Dämonenkönig seinen Kopf heraus: „Verfluchte Nachkommen von Schildkröten mit blinden Hundsaugen! Ihr wißt wohl nicht, wem das Palais hier gehört? Oder liegt euch nicht viel am Leben?" Zweiter Esel sang als Antwort darauf: „Sohn einer Schildkröte, Enkel von Schildkröten, deine Mutter hat dich ohne ‚Lampendocht' auf die Welt gebracht!" Der Dämonenkönig schimpfte: „Hundefurz von deiner Mutter!" Eine von den Bettlerinnen sang darauf: „Die Fürze von mir Mütterchen stinken nicht. Dein altes Mütterchen hat genug für dich. Ein Furz bringt einen Eimer Bohnen ein. Wir legen zusammen, wenn du fürchtest, daß es nicht reicht!" Die Bettler sangen im Refrain darauf: „Wir legen zusammen, eija, wir legen zusammen!" Sie wurden in ihren Beschimpfungen immer gewöhnlicher und gehässiger, und der Dämonenkönig war außerstande, mit seinem einen Mund ihre hundert Münder zu übertreffen. Die Blumen der Gosse tanzten und tobten umher, ohne daß sie einen wütenden Eindruck gemacht hätten. Das erboste den Dämonenkönig aber nur noch mehr. Vor Zorn färbte sich sein Gesicht knallrot, ihm verschlug es die Sprache und er zog sich hinter das Tor zurück.

Der Generaleunuch, dem er unverzüglich von dem Krawall berichtete, nahm die Sache überhaupt nicht ernst und sagte, ohne zu überlegen: „Und ich habe schon gedacht, jemand aus dem Kaiserpalast wäre gekommen, so aufgeregt, wie du tust. Was ist schon an so ein paar Bettlern dran? Nimm ein paar Mann mit und vertreibe sie. Dann ist Schluß mit dem Spuk."

Auf diese Worte hatte der Dämonenkönig gewartet. In aller Eile begab er sich an der Spitze einer Gruppe kräftiger Hausdiener mit Knüppeln zum Tor, um zum Angriff überzugehen. Sobald er aber das Tor geöffnet hatte und hinaussah, bekam er einen Riesenschreck. Das Bild, das die Bettler boten, hatte sich ganz und gar verändert! In der ersten Reihe standen Gestalten, die mit ihren zerzausten Haaren, einem ‚grünen Gesicht und langen Fangzähnen' samt und sonders wie Dämonen auf den Höllendarstellungen in buddhistischen Tempeln aussahen. Manche hatten ein Gesicht, schwarz wie Ruß, ihr Mund spuckte Teufelsfeuer. Manche tanzten auf Holzstelzen umher, trugen weiße Trauerkleidung, die Mütze des Boten vom Höllenfürsten Yama auf dem Kopf, in den Händen Stricke, mit denen die Seelen gefesselt und in die Hölle abgeführt wurden. Dazu sangen sie ‚Seelenhaken-Stücke' und sagten, sie seien gekommen, die Seele der Herrin des Palais abzuführen!

Plötzlich drängte sich ein besonders häßlicher dicker Kerl wie ein Blitz nach vorn. Sein Trinkergesicht war über und über mit Messernarben bedeckt. In der Gegend seiner Magengrube sah man schwarze Haare, wie bei einem Gorilla. Der Dicke ritzte sich mit einem großen Messer die Bauchdecke auf und kam dabei dem Dämonenkönig immer näher. Einer von den mageren Bettlern hatte nur noch ein Auge, das andere quoll aus der Augenhöhle. Am Hosenbund trug er ein Bündel Ziegel. Er nahm einen nach dem anderen und schlug ihn sich auf den Kopf. Mit einem lauten ‚pa' zerbrach der Ziegel, und Ziegelstaub rieselte auf das heraushängende Auge. Auch er kam immer weiter nach vorn. In diesem Augenblick schoß hinter den beiden Gossenblumen ein Bettler mit schwarzem Gesicht hervor, Augen wie ein Kampfhahn, Brauen wie die Stacheln einer Stechfliege. In der einen Hand hielt er einen über dreißig Zentimeter großen Eisennagel, in der anderen eine große Axt, mit der er sich den Nagel zwei Zentimeter tief in die Kopfhaut trieb. Frisches Blut floß über sein Gesicht. Es sah zum Fürchten aus. Er tauchte seine Hand in das Blut und drückte dann auf die Mauer des Hauptportals über zehn Mal seinen blutigen Händeabdruck.

Dem Dämonenkönig und seiner kriegerischen Gefolgschaft waren beim Anblick dieser Schlachtenreihe schon längst die Knie weich geworden. Sie wußten beim besten Willen nicht, was jetzt zu tun wäre. Auf einmal schoß aus der Menschenmenge ein knapp einen Meter großer, grimmig dreinblickender Zwerg hervor, der eine riesige Axt in den Händen hielt. Er stieß einen merkwürdigen Laut aus und rannte geradenwegs auf den Dämonenkönig und seine Leute zu. Die erschraken derartig, daß sich die ganze Schar ins Hauptportal zurückzog, das Tor schloß und auch noch den großen Torriegel vorlegte, und schon schlug die Axt so furchterregend gegen das Hauptportal, daß es einem durch Mark und Bein fuhr. Der Dämonenkönig spähte durch eine Ritze: Hatte der Zwerg doch tatsächlich seine Hand angenagelt! Ein langer Nagel bohrte sich durch seinen Handteller, frisches Blut floß am Tor herab.

Sun Yaoting steckte in einem kleinen Raum, wo man Kohle lagerte, und zitterte am ganzen Leib. Den Lärm hatte er deutlich gehört und sofort gewußt, daß Zweiter Esel dahintersteckte. Als der Dämonenkönig mit seiner Schar draußen war, hatte er sich zum Tordurchgang geschleppt und durch eine Ritze verfolgt, was sich ereignete. Daß Zweiter Esel so übertreiben mußte. Wie er das haßte! Nach diesem Krawall fürchtete Sun Yaoting um sein Leben. Lieber wollte er noch während des Tumults abhauen, als für schuldig erklärt und zur Strafe halb tot geschlagen zu werden. Erst einmal dem Gang der Dinge ausweichen, dann würde er weitersehen. Just in dem Augenblick zog sich der Dämonenkönig mit seinen Leuten zurück, und Sun Yaoting versteckte sich schleunigst wieder hinter den Kohlen und horchte angestrengt.

Der Generaleunuch und Eunuch Wu kamen, um sich über den Stand der Dinge in Kenntnis zu setzen. Außer sich vor Wut schimpfte der Dämonenkönig über die Niederlage: „Was weiß ich, woher er die miesen Typen hat, der hat wohl, verdammt noch mal, alle Bettler der Stadt zusammengekratzt. Jetzt, wo es keine Majestät mehr gibt, gelten wohl auch keine Gesetze mehr? Ich habe mein Leben lang das große Tor gehütet und noch nie erlebt, daß Bettler gewagt hätten, es mit mir aufzunehmen! Auch heute werde ich es ihnen beibringen, die sollen mich kennenlernen!“ Der Dämonenkönig ergriff ein scharfes Schwert, schimpfte aber nur. Das Tor noch einmal zu öffnen, wagte er nicht.

Draußen aber wurde weiter geschrien, gesungen und gelärmt. Der Generaleunuch ließ jemanden eine Leiter auf halber Höhe an die Mauer anlehnen und schaute verstohlen nach unten: Schaulustige hatten die Gasse so verstopft, daß alles stockte. Sie hatten die Hände in die Ärmel gesteckt, reckten die Hälse und schauten mit regem Interesse zu. Spaziergänger, die mit ihren Vögeln einen Bummel machten oder zum Essen gingen, änderten kurzfristig ihre Route und kamen hierher. Auch die Straßenhändler fanden sich hier ein. Sie priesen auf der einen Seite laut ihre Waren an: „Leute, eßt gefüllte Teigtaschen! Holt euch eine Schüssel Sojabohnenkäse!“ Auf der anderen Seite reckten auch sie die Hälse, um zuzuschauen. Es wimmelte vor Menschen. Ochsen-, Pferde- und Mulikarren, Rikschas und Handkarren, alle steckten fest, konnten nicht vor und nicht zurück und brachten Leute, die dringende Geschäfte erledigen wollten, dazu, vor Wut mit den Füßen zu stampfen und durcheinander zu rufen. Die Bettler waren aber gerade erst am Höhepunkt der Vorstellung angelangt. Bei jedem neuen Einfall jubelten die Schaulustigen ihnen zu. Irgendein Wichtigtuer hatte eine kleine langweilige Zeitung angerufen. Daraufhin erschien ein Reporter und machte ein paar Fotos. Der Generaleunuch hörte in dem Stimmengewirr auch jemanden rufen: „He, streck deinen Schildkrötenkopf nur heraus, werden ihn schon nicht abbeißen!“ – „Gebieter, sagt es weiter. Der siebte königliche Gebieter möge uns mit seinem Anblick belohnen!“ Gleich im Anschluß daran kam ein Ziegelstein geflogen und erschreckte den Generaleunuchen so, daß er schleunigst den Hals einzog und die Leiter herunterstieg.

Der Beile Zaitao befand sich geschäftlich in Tianjin, und so war der Generaleunuch etwas ratlos und wußte nicht, was er tun sollte. Eunuch Wu meinte: „Die Tür zu schließen und nicht hinauszugehen, ist die einzige Möglichkeit. Wir dürfen nicht noch Öl in die Flammen gießen. Eine große Angelegenheit bekommt man erst dann in den Griff, wenn sie in eine kleine verwandelt worden ist.“ – „Verändert sich die Lage etwa von selbst, wenn wir hier untätig sitzenbleiben?“ wandte der Generaleunuch ein. „Und was, wenn sie gewaltsam eindringen? Dann haben wir eine große Katastrophe!“ Eunuch Wu schlug vor: „Wir können durch den Hintereingang jemanden auf die Polizeiwache schicken und ein paar Polizisten mit Gewehren anfordern. Dazu noch ein paar Leute aus unserem Palais mit Knüppeln, und wir können das Hauptportal wieder in den Griff kriegen. Auf diese

Weise kann es sich nicht zu einer allzu großen Sache weiterentwickeln." Der Generaleunuch gab ihm den Befehl, sich darum zu kümmern, und begab sich in die hintere Halle, um die zu Tode erschrockene Frau des Beile zu beruhigen.

Nach einer Weile schickte die Wache einen Polizisten, einen Mann in den Fünfzigern, mit einem Gesicht, braun wie Rohopium, und einem schrägen Bärtchen. „Wie kommt es, daß der königliche Gebieter nicht anwesend ist?" fragte er in Beijinger Umgangssprache mit einem starken Einschlag von Tianjindialekt. „Er ist nach Tianjin gereist", antwortete der Generaleunuch. „Wer ist dann hier für alles verantwortlich?" – „Ich", gab der Generaleunuch zurück. „Entschuldigung, aber diese Angelegenheit können Sie nicht erledigen. Geben Sie sofort ein Telegramm nach Tianjin auf und lassen Sie den königlichen Gebieter unverzüglich nach Hause zurückkehren."

Der Generaleunuch schickte jemanden los, Essen und Schnaps vorzubereiten, und bat den Polizisten, zunächst in aller Ruhe zu essen und zu trinken. „Einen Moment mal", hielt der Polizist ihn zurück, „ich möchte erst wissen, warum diese Bettler ausgerechnet vor eurem Palais einen solchen Krawall veranstalten. Daß sie ihre gesamten Kräfte einsetzen, muß doch einen Grund haben."

Der Dämonenkönig neben ihm erzählte, und trug dabei dick auf, daß sich Sun Yaoting mit den Betteljungen herumgetrieben und dafür Prügel bezogen hatte. Der Polizist bemerkte: „Bettler haben einen sehr ausgeprägten Sinn für Gerechtigkeit. Die aus einem Stall halten fest zusammen und bilden eine Gruppe. Gerät einer von ihnen in eine Notlage, kommen alle Hunde vom Rudel zu Hilfe. Hat ein Außenstehender ihnen nur einmal eine Gunst erwiesen, vergelten sie ihm das ein Leben lang. Ganz anders als in der sogenannten normalen Welt, mit ihrem erschreckenden Auf und Ab, Hin und Her, ihren gefährlichen Beziehungen, vor denen einem übel werden kann."

Eunuch Wu unterbrach: „Ich hätte nicht gedacht, daß jemand wie Sie, der den ganzen Tag Übeltäter festnimmt, so verständnisvoll ist." Der Polizist stieß einen Seufzer aus: „Alle sind wir von Menschen geboren und großgezogen worden, und abgesehen davon, von den Zwängen, die uns Polizisten einengen, habt ihr keine Ahnung!" Der Generaleunuch sagte ganz aufgeregt: „Schluß mit dem Gefasel. Das Wasser steht uns schon bis zum Hals. Falls was geschieht, bevor der königliche Gebieter zurückgekehrt ist, was dann?" Der Polizist sagte: „Nur nicht die Nerven verlieren, ich weiß schon, was man machen kann. Ruft mir erst mal den Kleinen herbei, der sich mit den Bettlern zusammengetan hat."

Sun Yaoting fühlte sich, als hätte man ihm sämtliche Knochen gebrochen, alles tat ihm weh. Aber die Stimmen draußen, die seinen Namen riefen, kamen immer näher. Mit aller Kraft faßte er nach dem Fenstersims, da wurde mit einem Ruck die Tür aufgestoßen, Sun Yaoting wankte und plumpste in einen Haufen feinen Kohlenstaubs. Als der Dämonenkönig ihn herauszog, hatte er sich schon in ein Teufelchen mit schwarzem Kopf verwandelt.

Der Polizist amüsierte sich zunächst: „Du Wicht brauchst keine Maske mehr, wenn du den Part vom gerechten Richter Bao singst!" Sun Yaoting verdrehte die Augen, knirschte mit den Zähnen und hielt den Kopf gesenkt. Er wagte es nicht, auch nur einen Laut von sich zu geben. Der Polizist sagte: „Also, du hast dich mit Bettlern eingelassen und das ganze Palais in Unruhe versetzt. Wie soll man sowas nur bestrafen!"

Sun Yaoting schaute verstohlen auf. Der Polizist stand in der Mitte des Raums, beide Hände in die Hüften gestützt, die angefeuchteten Schnurrbartenden nach oben gedreht. Sein Tonfall klang zwar hart, aber auf seinem Gesicht lag ein wohlmeinender Ausdruck. An seiner Seite stand der Hauptverwalter, er blickte nachdenklich drein, leise sagte er: „Egal, ob schuldig oder nicht. Darüber entscheiden wir nachher. Jetzt sollten wir erst einmal daran denken, wie wir aus dieser Situation herauskommen!" Der Dämonenkönig tönte ungeduldig von der Seite: „Legen wir den Wicht doch um und zeigen ihn der Menge. Schickt ein paar Polizisten mehr, dann wollen wir mal sehen, ob wir uns noch vor einem Bettleraufstand fürchten müssen!" Der Polizist entgegnete: „Schaut bloß nicht auf die Bettler herab. Ihr ‚Beschützer' hat Beziehungen zum Polizeibüro. Treffen wir auf die Bettler, dann lassen wir sie laufen, wenn wir können. Wir gehen einer Konfrontation aus dem Weg und würden so einen Bettlerkrawall nicht weiter ernst nehmen. Auf jeden Fall muß man den ‚Beschützer' kommen lassen. Der bringt dann Ruhe in die Angelegenheit."

Der Hauptverwalter fragte: „Ist es in unserem Fall möglich, die Polizeibehörde auftreten und der Sache ein Ende setzen zu lassen?" – „Na ja, möglich ist es schon. Nur wird es dann für das Palais noch teurer. Die Bettler machen vor eurer Residenz Krawall, weil sie Geld wollen. Glaubt nicht, daß ihr die Sache ohne Geld beenden könnt. Wenn ihr direkt mit den Bettlern verhandelt, müßt ihr nur an sie blechen, wendet ihr euch aber um Hilfe an das Polizeibüro, müßt ihr gleich doppelt bezahlen. Ich sollte euch Herren das eigentlich gar nicht sagen. Erfährt das Polizeibüro davon, heißt es, ich würde von der Polizei leben, aber heimlich anderen meine Arme leihen. Daß ich dieses Geheimnis verrate, spart eurem Palais womöglich ein- oder zweitausend Goldstücke. Was meinen Sie, ist es nicht so, wie das Sprichwort sagt: ‚Ein Satz ist tausend Goldstücke wert'?" Der Hauptverwalter hatte den Wink verstanden und beeilte sich zu sagen: „Unsere Residenz weiß, was sich gehört, unsere Residenz wird sich auf jeden Fall bedanken. Aber wir wissen immer noch nicht, wie wir die Bettler dazu bringen, sich erst einmal zurückzuziehen. Wenn sie weiter so einen Radau machen, fürchte ich, wird noch eine große Sache daraus werden."

Der Polizist meinte: „Das hängt alles von dem Jungen ab. Die Bettler sind nur seinetwegen gekommen. Laßt ihn gehen, sich mit ihnen zu beraten. Wenn er aus der großen Sache eine kleine machen kann, dann begnadigt ihn." Der Hauptverwalter wandte sich Sun Yaoting zu: „Hast du gehört? Wenn du die Bettler dazu bringst, daß sie sich zurückziehen, begnadigen wir dich."

Kaum hatte er zu Ende gesprochen, da schickte er Sun Yaoting auch schon zum Portal. Die Bettler waren bereits auf die Treppe gehüpft. Manche drängten sich im Torbogen, wo sie wild durcheinander riefen und brüllten. Sun Yaoting war kaum draußen, als ihn auch schon Zweiter Esel und Rothaarteufel umringten. Zweiter Esel fragte: „Bist du schwer verletzt?"

Sun Yaoting war es, als ob er einen engen Verwandten getroffen hätte, ihm flossen die Tränen und hinterließen auf seinem von Kohlenstaub schwarzen Gesicht helle Spuren. Erst nach einer ganzen Weile brachte er einen Satz heraus: „Brüder, ihr schadet mir damit nur!" – „Wovor hast du Angst? Ich habe es schon lange gesagt, du sollst, verdammt noch mal, nicht in der Scheißresidenz Dienst tun. Wenn du mit uns gehst, bist du freier und ungehinderter als hier!" Sun Yaoting schüttelte den Kopf: „Ich kann es euch nicht gleichtun. Ich habe Vater, Mutter und Geschwister. Ich muß Rache nehmen, ich kann nicht … aber …" Sun Yaotings Tränen flossen wiederum in Strömen hinab.

In diesem Augenblick kam der dicke Kerl herbei, der sich selbst aufgeschlitzt hatte. „Das ist Sun Yaoting", erklärte Zweiter Esel. Der Dicke fragte: „Weshalb haben die dich herauskommen lassen?" – „Sie sagen, wenn ich euch zum Rückzug bewegen kann, begnadigen sie mich, wenn nicht, würden sie mich umbringen." Der Dicke lachte: „Sag dem Siebten Gebieter, nicht deinetwegen sind wir gekommen, sondern um ihm den Qing'an-Gruß zu entbieten. Dieser Gebieter ist ja auch wirklich groß, weshalb ist denn noch nicht einmal ein Schatten von ihm zu sehen?" – „Der Beile Zaitao ist nach Tianjin gereist und noch nicht zurückgekehrt." – „Kein Wunder, habe mir schon gedacht, daß er nicht da ist. Geh zurück und sag deinem Generaleunuchen, weil der Beile Zaitao nicht da sei, würden wir uns erst einmal zurückziehen, kämen aber in drei Tagen wieder, um dem Beile einen Guten Tag zu wünschen."

Kaum hatte er ausgesprochen, da spitzte er auch schon die Lippen und pfiff. Auf einen Schlag zerstreuten sich alle Bettler. Sun Yaoting berichtete alles dem Generaleunuchen, der im Tor stand. Der meinte: „Wenigstens haben sie sich erstmal zurückgezogen, wenigstens etwas! Was aber sollen wir machen, wenn sie nach drei Tagen wiederkommen?" Der Polizist sagte: „So könnt ihr die Sache nicht erledigen. Laßt schleunigst den Beile in das Palais zurückkehren und einen Entschluß fassen." – „Unser Herr haßt am allermeisten, daß ihn die Leute mit Kleinigkeiten belästigen. Wenn er zurückkommt, bekommt er bestimmt eine Riesenwut. Aber wo sich die Sache nun schon so entwickelt hat, bleibt uns wohl nichts anderes übrig, als ihn darum zu bitten."

Eunuch Wu hatte Sun Yaoting zur Aufnahme in der Residenz vorgeschlagen und geriet jetzt in Sorge, daß er in die ganze Sache verwickelt werden würde. Außerdem war zu befürchten, daß man Sun Yaoting übermäßig bestrafte. Das wäre dem alten Hao nur sehr schwer beizubringen. Wie sollte er dann mit ihm verkehren? Also sagte er, um Einhalt zu gebieten: „Ich meine, man sollte erstmal kein Telegramm aufgeben. Der Siebte Gebieter ist nach Tianjin gefahren, um eine wichtige Angelegenheit mit den Deutschen zu erledigen. Erhält er so ein Telegramm, kriegt er bestimmt einen Riesenschreck und kommt in Windeseile zurück. Und dann sind es nur ein paar Bettler, die ihm einen Guten Tag wünschen wollen. Da werden wir nur noch schlimmer beschimpft! Ihr kennt ja den Charakter unseres Gebieters. Um Regierungsgeschäfte mag er sich nicht kümmern, und wenn er es doch tun muß, dann ächzt und seufzt er. Meiner Ansicht nach wäre es am besten, ein wenig Geld hervorzukramen und die Sache zu beruhigen. Falls wir das so erledigen können, erledigen wir es doch! Wenn der Gebieter dann zurückgekehrt ist, berichten wir ihm alles, das geht auch vorüber. Und je weniger Geld wir ausgeben müssen, umso besser. Bloß wissen wir nichts Genaues über diese Bettler."

Bei diesen Worten schaute er zu dem Polizisten: „Könnt Ihr uns nicht einen Hinweis geben?" Der Polizist, der soeben gehört hatte, daß sich die Bettler zurückzogen, war etwas enttäuscht. Er hatte gehofft, sie würden hier noch ein paar Tage lang Krawall machen, damit er im Palais bleiben und noch in Hülle und Fülle essen und trinken konnte, als Hund in Menschengestalt in der Residenz, wie es in der Umgangssprache heißt. Ein Polizist, der den ganzen Tag auf der Straße patrouillierte, bekam, falls er seine Sache gut machte, Maultaschen, Pfannkuchen und Schweinekopffleisch. Wenn nicht, dann mußte er sich damit begnügen, zu Hause Wotou-Brötchen und stinkenden Sojabohnenkäse zu essen. Kein Vergleich mit dem Palais! Selbst das kärgste Mahl bestand da noch aus sieben Tellern und acht Schüsseln! Abgesehen davon: Solange ein Polizist auf der Straße Prostituierte oder Diebe verhaftete, galt er ja noch etwas, aber kehrte er dann ins Polizeibüro zurück, bekam er die Fäuste und Füße vom Chef zu spüren, das war an der Tagesordnung.

Der Polizist verbeugte sich bei den Worten des Eunuchen Wu: „Leute unserer Profession haben den ganzen Tag mit unregistrierten Prostituierten, Dieben, Bettlern und Gauklern zu tun. Woher sie sind, was für Falten sie auf der Stirn haben, das müssen wir alles wissen. Nehmen wir einmal die Bettler mit ihren zahlreichen Kniffen. Wenn es Sie interessiert, werde ich ein paar Worte dazu sagen, nur, um Ihnen die Langeweile zu vertreiben." Der Generaleunuch befahl: „Stellt Schnaps und Essen in die Durchgangshalle. Wir werden uns dort unterhalten." Dann zeigte er auf Sun Yaoting: „Den Jungen sperrt ihr erstmal ein. Laßt ihn nicht entwischen!" Der Polizist wandte ein: „Die ganze Angelegenheit hat er angerichtet. Laßt ihn zuhören, vielleicht ergibt sich eine Gelegenheit, wo man ihn brauchen kann." Der Generaleunuch befahl: „Gesicht zur Wand, niederknien!" Sun Yaoting hatte sich davor gefürchtet, vom Dämonenkönig brutal verprügelt zu werden, und so kam ihm die Strafe gerade recht. Gehorsam kniete er sich in eine Ecke.

Der Polizist erzählte: „Die Gossenblumen von Beijing dürfen nicht einfach um Essen betteln, wie die Armen in den Provinzen. Wer in seiner Heimat nicht mehr weiterleben kann und in Beijing betteln will, muß sich eine Karte besorgen und sie dem Gefolge des Bettleroberhauptes überreichen. Erst wenn der Chef der Bettler einverstanden ist, daß der Betreffende der Gruppe beitreten kann, darf er auf der Straße betteln, sonst braucht er es erst gar nicht zu versuchen. Alle, die ohne Karte betteln, werden von Bettlern, die in Gruppen organisiert sind, vertrieben. Ihr Oberhaupt nennen die Bettler ‚Beschützer'. Wenn Neuankömmlinge ihre Karte einreichen, sagen sie: ‚Der Bettler bezeugt dem Beschützer seine Verehrung.' Die Bettler der gesamten Stadt sind im ‚Bettlerwerk' organisiert. Manche sagen dazu auch ‚Reich der Bettler' und nennen den Beschützer einen ‚großen König'. Jedes Viertel, jeder Kreis wird von einem kleinen Chef verwaltet. Genau wie bei uns Polizisten gehört jedem ein Abschnitt. Der Bettlerkönig, der von der Menge gewählt wird, stammt gewöhnlich selbst aus einem Bettlernest, muß aber in allen zivilen und militärischen Belangen Bescheid wissen."

Der Generaleunuch, eine dattelrote, glänzende Hickorynuß in den Fingern, die er an seinem weißen, feisten, ölig glänzenden Gesicht rieb, unterbrach mit einem geringschätzigen Gesichtsausdruck: „Was für zivile und militärische Fähigkeiten soll ein armer Bettler schon haben können? Das ist doch wahrhaftig ein Witz!"

Der Polizist fuhr unbeirrt fort: „Das bezieht sich natürlich auf die Fertigkeiten, die Bettler in ihrem Gewerbe brauchen. Sie müssen alle bei einem Meister irgendwelche Künste erlernen, ‚Berufsausbildung' nennt man das. Ganz am Anfang lernen sie, auf der Straße zu rufen. Die Stimme muß mitleiderregend klingen und den Leuten das Herz zerreißen. Sie müssen rufen können, daß verhärtete Gemüter weich werden und sanfte zu heulen anfangen. Erst wenn dem ‚eisernen Huhn die letzten Federn ausgerupft sind', sind sie fertig. Aber das allein genügt natürlich nicht. Sie müssen auch noch lernen, wirklich überzeugend zu heulen." Der Polizist kam ins Erzählen. Ab und zu unterbrach er seine Ausführungen, um einen Schluck Schnaps zu trinken und sich einen Fleischklops in den Mund zu schieben. Nach ein paar Bechern wurde seine Zunge merklich schwerer. Der Generaleunuch wollte seinen Geschichten nicht länger zuhören und unterbrach ihn schließlich mit den Worten: „Im Moment sollten wir uns weniger darum sorgen, was für übermenschliche Kräfte die Bettler besitzen. Wir sollten uns vielmehr Gedanken darüber machen, was wir unternehmen wollen!" – „Ohne Geld auszugeben, geht es nun mal nicht", meinte der Polizist, „es kommt nur darauf an, so wenig Geld wie möglich auszugeben." Bei diesen Worten nickten alle zustimmend. Aber wieviel konnte das sein? Und wer sollte die Verhandlungen führen? Und mit welchem Chef der Bettler man verhandeln sollte, konnte auch keiner sagen. Der Generaleunuch stieß einen tiefen Seufzer aus. Eunuch Wu ließ den Kopf hängen und dachte nach. Der Polizist kümmerte sich nur noch um Essen und Trinken, er gab keinen Laut mehr von sich.

Sun Yaoting kniete schon ungefähr eine Stunde in der Ecke und die Knie taten ihm unerträglich weh. Von den Verletzungen gestern hatte er sich noch nicht erholt und war vorhin auch noch gestürzt. Er hatte Ohrensausen, sein Herz pochte wie wild. Er konnte es beim besten Willen nicht noch länger aushalten. Die Erzählungen des Polizisten hatten ihn nachdenklich gemacht. Gab es unter Bettlern tatsächlich so viele Talente? Da war es ja immer noch besser, Bettler zu werden, als in diesem Palais ein Sklave von Sklaven zu sein. Einen Kaiser gibt's ja nicht mehr, da gehe ich doch lieber und suche den König der Bettler auf! Entschlossen sagte er: „Alter Gebieter, diese ganze Geschichte habe ich angerichtet. Ich möchte in das Reich der Bettler gehen und vermitteln. Wenn mein Versuch gelingt, dann soll man es so ansehen, daß ich, wie es heißt, ‚mit Verdienst die Schuld getilgt habe', wenn nicht, dann soll es Euch Herren freigestellt sein, mich kurz und klein zu schlagen!"

Der Generaleunuch dachte eine Weile nach, dann sagte er: „Nun gut, wir verfahren, wie du vorgeschlagen hast, die ganze Angelegenheit wird dir übertragen. Steh auf!" Eunuch Wu, noch immer besorgt, gab dem Generaleunuchen zu bedenken: „Das sagt Ihr zwar jetzt so einfach, aber so ein kleiner Junge ist doch überhaupt nicht in der Lage, eine dermaßen ernste Sache ganz allein zu erledigen. Am besten gehe ich mit ihm, um zu vermeiden, daß es neuen Ärger gibt." Der Generaleunuch war einverstanden: „Das ist in Ordnung. Geht am besten gleich heute Abend los, damit ihr keine Zeit verliert!" Der Polizist verabschiedete sich, nun satt und zufrieden. Kurz bevor er aus dem Tor ging, drehte er sich noch einmal um: „Übermorgen komme ich wieder!"

Der Generaleunuch hatte gut Reden gehabt. Wo sich das Reich der Bettler befand, wußten weder Eunuch Wu noch Sun Yaoting, und so mußten die beiden an diesem Abend unverrichteter Dinge wieder zurückkehren. Am nächsten Morgen ließ Eunuch Wu Sun Yaoting allein Erkundigungen einholen. Sun Yaoting hatte gehört, daß es für Bettler spezielle Herbergen gab, die man Bettlernester nannte. Er dachte sich, wenn er eines dieser Bettlernester fände, würde er auch erfahren, wie er ins Reich der Bettler käme. Schon zeitig am Morgen spazierte er die Große Trommelturmstraße entlang, dort waren immer ein paar Bettler. Sun Yaoting trat zu ihnen und fragte nach dem Reich der Bettler. Ein Alter, auf dessen Kopf gegen jede Erwartung noch ein dünner, gelblicher Haarknoten stand, winkte ab:

„Wo das Land der Bettler ist, möchtest du wissen? Das, was sich unter deinen Füßen befindet, gehört ihnen. Die ganze Republik China ist ein Bettlerreich!" Sun Yaoting merkte, daß sie aneinander vorbeiredeten. Er lachte: „Großer Gebieter, ich suche einen Bruder namens Zweiter Esel." Ein anderer, etwas jüngerer Bettler fragte: „Ist das auch einer, der um Essen bettelt?" Sun Yaoting nickte. „In letzter Zeit gibt es viel mehr Bettler als Spender. Mulis, Esel, Hunde, Hühner und Katzen füllen die Straßen, was soll ich da mit Zweiter Esel oder Dritter Esel anfangen können?" An dieser Stelle unterbrach er plötzlich seinen Redefluß und dachte eine Weile nach, dann sagte er: „Am Westseitentor lebt am Flußufer ein Alter, der hat eine Menge kleiner Bettler großgezogen. Die heißen alle Esel. Hör dich einmal dort um."

Sun Yaoting schien der Hinweis sehr aussichtsreich, er bedankte sich rasch und machte sich im Dauerlauf in Richtung Südstadt auf. Aber weil er nur sehr selten auf die Straße kam, seit er in Beijing war, verlief er sich. Erst als sich die Sonne schon gen Westen neigte, hatte er hingefunden. Ursprünglich war in dem Gebäude eine Wagenfabrik gewesen. Der Besitzer, der kein Geld hatte, das verfallene Gemäuer zu renovieren, hatte die Wagen kurzerhand verkauft und das Haus, das keiner wollte, den Bettlern überlassen. Allerdings nicht umsonst, am Jahresende mußten sie ihm eine kleine Miete zahlen. Zweiter Esel und die anderen waren tatsächlich alle da. Beim Anblick von Sun Yaoting waren sie erschrocken und erfreut zugleich. Schleunigst ließen sie ihn eintreten.

Im Zimmer gab es außer einem alten Kang fast gar keine Einrichtung. Auf dem Kang lagen eine Menge kleiner Bettler wie Kraut und Rüben durcheinander. Der Älteste war etwa dreizehn, vierzehn Jahre, der Jüngste so drei bis vier Jahre. Mitten im Raum brannte in einer großen Erdmulde ein prasselndes Feuer. In einem Kessel, der darüber hing, kochte Wasser. Dampf stieg auf. Sun Yaoting sagte mit schmerzlichem Gesichtsausdruck zu Zweiter Esel: „Bruder, ihr schadet mir doch nur. Diesmal habt ihr euch übernommen, habt zuviel Ärger angerichtet. Mal ganz abgesehen von meiner Stellung, mein Leben ist in Gefahr!" Zweiter Esel lachte: „Bruder, ich will ja gerade, daß sie dich hinauswerfen. Wir beide zusammen, das wär doch, verdammt noch mal, ganz toll! Du willst doch nicht sagen, daß es besser ist, ein Sklave zu sein?"

Die anderen Bettler hatten sich aufgerichtet und den beiden zugewandt. Sie umringten die Feuerstelle und riefen wild durcheinander, um Sun Yaoting zu bewegen, zu ihnen zu kommen. Sun Yaoting, der genau das eigentlich vorgehabt hatte, ließ seinen Entschluß nun doch wieder fallen. Er erzählte Zweitem Esel von seinen Leiden in Ostweidendorf, von der bitteren Armut seiner Eltern und Geschwister. Zweiter Esel schüttelte den Kopf. Aus seinem Haar fielen schmutzige Schuppen. Er streckte die klammen Füße in Richtung Feuer und wärmte sie. Erst nach einer ganzen Weile sagte er: „Wir Bettler sind aus Steinritzen hervorgesprungen. Keiner mag uns, und wir haben es auch nicht nötig, irgendeinen zu mögen. Wenn es so ist, dann nehme ich dich mit zu meinem Meister." Der Meister der kleinen Esel wohnte in einer winzigen Nebenkammer. Auch hier brannte ein Holzfeuer, aber es gab wenigstens das notwendigste Mobiliar, einen großen Tisch, einen Stuhl und dergleichen.

Der Meister war ein äußerst magerer Alter, eckig und kantig. Unter seiner trockenen, gelben Haut zeichneten sich die Knochen ab. Seine Augen lagen tief in den Höhlen, und die kleinen, glänzenden Pupillen verrieten Energie. Während Zweiter Esel ihn mit Sun Yaotings Anliegen vertraut machte, starrte er vor sich hin und lauschte gespannt, ohne einen Ton von sich zu geben. Dann fragte er kurz: „Und was wollt ihr von mir?" Sun Yaoting antwortete schleunigst: „Wir bitten den Meister, uns beim König der Bettler einzuführen. Wir wollen ihn anflehen, keinen Krawall mehr am Palais des Beile zu veranstalten." Der kleine Alte zog die Augenbrauen zusammen und starrte Esel Zwei an, als ob er nicht begriffen hätte. Der erklärte schleunigst: „Sie suchen den Beschützer, um zu verhandeln!" Der Alte zog unter seiner Matte auf dem Kang ein Blatt Papier hervor. Nachdem er es in vier gleichgroße Stücke zerrissen und jeweils zwei davon zu einer Art Fidibus gedreht hatte, verknüpfte er die beiden Streifen mal locker, mal fest zu einem merkwürdigen Gebilde, warf es Sun Yaoting vor die Füße und schloß, ohne ein Wort zu sagen, die Augen, um sich zu entspannen. Zweiter Esel zog Sun Yaoting leise hinaus und sagte dann auf dem Hof zu ihm: „Dieses Ding mußt du vorzeigen, wenn du den Beschützer siehst. Am Muster erkennt er auf einen Blick, was der Meister meint." Sun Yaoting fragte: „Was meint der Meister denn nun eigentlich?" Zweiter Esel antwortete: „Sowas hat er uns noch nie beigebracht. Das weiß ich auch nicht. Auf jeden Fall nimmst du das Ding und verläßt dich auf dein Glück. Heute geht es nicht mehr, morgen werde ich dich zu unserem König begleiten."

Es war schon sehr spät. Die Betteljungen setzten einen riesigen Topf, der am Rand mehrere Öffnungen hatte, auf die Feuermulde, gossen Wasser hinein, etwas mehr als halbvoll, und als es kochte, kam Maismehl dazu. Einer übernahm die Aufgabe, das Ganze zu rühren, und nach einer Weile hatte es sich in einen großen Topf voll duftendem Maismehlbrei verwandelt. Die Oberfläche schimmerte goldgelb, blubbernd zerplatzten ein paar Blasen. Die kleinen Blumen der Gosse stellten sich im Kreis auf. Zweiter Esel tat jedem von ihnen drei Löffel in die Schüssel. Das Feuer unter dem Kessel wurde allmählich niedriger und überzog die Gesichter der Betteljungen mit einem roten Schimmer.

Sun Yaoting saß nahe beim Feuer, sein Gesicht war warm, heißer Brei glitt in seinen Magen hinab, und der Schweiß brach ihm aus. Im Handumdrehen war der Topf sauber ausgegessen. Einer steckte den Kopf hinein und leckte den restlichen Brei auf, andere kratzten die Reste aus ihren Näpfen. Sie hatten gegessen und waren glücklich, bewarfen sich mit schmutzigen Ausdrücken, lärmten und balgten sich. Allmählich wurden sie müde und schmiegten sich aneinander wie junge Hunde oder Katzen. Auf dem Kang war es sehr warm. Sun Yaoting wollte seine Schuhe ausziehen, aber Zweiter Esel hinderte ihn daran: „Socken, Schuhe, Kleidung kann man hier nicht ausziehen. Schlaf angezogen! Wir Brüder machen keinen Unterschied zwischen dein und mein. Wenn es hell ist, heißt's vom Kang herunter, die Beine ausgestreckt, und da ist's ganz egal, welches Paar Schuhe man anzieht. Wer keine mehr erwischt, hat das Nachsehen und muß eben barfuß gehen!" Sun Yaoting schaute sich in der Schar der Bettler um: Tatsächlich hatte keiner die

Schuhe ausgezogen. Er wagte nicht, unachtsam zu sein, und legte sich in voller Kleidung hin.

Am frühen Morgen des nächsten Tages folgte Sun Yaoting mit der Geheimbotschaft Esel Zwei zum Reich der Bettler. Der Schnee, der vorgestern gefallen war, war liegengeblieben, und es hatte wieder angefangen zu schneien. Wo noch niemand gefegt hatte, lag er drei bis vier Zoll hoch. Die Frist der Bettler lief heute ab. Sun Yaoting war aufgeregt. Zwar hatte er diesen ‚Brief', wußte aber nicht, was er bedeuten sollte. Er war niedergeschlagen und hörte auf dem ganzen Weg den Aufschneidereien von Esel Zwei zu, ohne sich am Gespräch zu beteiligen.

Die beiden gingen die Stadtmauer entlang zum Friedenstor, zum Qianmentor, bis zum Hedetor. Dann ging es von Süden nach Norden und dann wieder Richtung Osten. Aus der Stadt herausgekommen, erstreckte sich vor ihren Augen eine weiße Fläche. Auf den Bäumen lag eine dicke Schneeschicht. Es war noch dunkel und schneite. Je weiter sie gingen, desto seltener wurden die Weiler, nur noch wenige Menschen begegneten ihnen. Sie liefen bis zu einer riedbewachsenen Senke. Zweiter Esel blieb stehen. Mitten in der mit Ried bewachsenen Niederung war ein Stück unbewachsenes Land von etwas über zwei Hektar, auf dem sich ohne erkennbare Ordnung Wölbungen befanden, die wie Grabhügel aussahen. Zweiter Esel führte Sun Yaoting auf diese Grabhügel zu und erklärte ihm, daß das große Ziegelöfen seien. Nach ein paar Füllungen war ein solcher Ofen nicht mehr zu benutzen und wurde weggeworfen. Wenn es Sommer wurde, hatte sich in den Öfen Wasser angesammelt und in den Gruben hatten sich große und kleine Seen gebildet. Aus einigen zehn solcher Öfen war schließlich dann der ‚Palast' der Bettler entstanden. Die Bettler verbanden die Gruben mit Gräben, und so war daraus ein Wassergraben vor der Stadt geworden.

Als sie angekommen waren, sagte Zweiter Esel: „Ich spreche zuerst allein mit dem Beschützer, du wartest draußen." Das Schneetreiben wurde immer dichter, auf den Brennöfen sammelte sich eine dicke Schicht Schnee. Nicht eine Spur von Leben war zu entdecken, bis auf ein wildes Durcheinander von Fußabdrücken. Kurz darauf kam Zweiter Esel wieder: „Komm mit der Nachricht vom Meister herein!" Sun Yaoting schlug das Herz bis zum Hals, schleunigst fragte er: „Was für Höflichkeitsbezeigungen sind hier üblich? Muß ich niederknien?" Zweiter Esel lachte: „Unser Beschützer war früher einmal Beamter. Weil er die vielen Regeln satt hatte und bei seinen Vorgesetzten angeeckt war, wurde ihm ein Bein gebrochen. Dann geriet er in eine Intrige und kam mit dem Militär in Konflikt. Später verschlug es ihn dann zu den Landfahrern. Weil er so ziemlich alles von der Welt gesehen, sich mit Herren aller möglichen Fähigkeiten und Berufe verbrüdert und sogar Bekannte in den Beamtenpalais hatte, wählten wir ihn alle zum Beschützer, nachdem er unseren Reihen beigetreten war. Was er am meisten fürchtet, sind irgendwelche Förmlichkeiten, begrüße ihn mit zusammengelegten Händen, das reicht."

Sun Yaoting betrat mit Zweitem Esel den Ofen. Er war sehr hoch und geräumig. Der Tür gegenüber befand sich ein alter großer Opfertisch mit allem, was nötig war, Weihrauchstäbchen, Kerzenleuchter, genau in der Mitte ein Seelentäfelchen. Weil es zu dunkel war, konnte Sun Yaoting die Zeichen auf dem Täfelchen nicht erkennen, aber er dachte sich, daß der Ahne, dem hier von den Bettlern Opfer dargebracht wurden, sicher Zhu Hongwu war. Als Opfer lagen vor der Seelentafel zwei Goldbarren, wobei nicht klar war, ob es sich um echtes Gold handelte. An der einen Seite des Opfertisches führte eine mehr als zwanzig Stufen hohe Treppe aus ungebranntem Lehm zu einer kleinen Plattform. Auf einem großen Mahagonistuhl saß dort ein Mann, die Beine übereinandergeschlagen. Sun Yaoting war vor Furcht wie erstarrt und wußte nicht weiter. Zweiter Esel stieß ihn in den Rücken. Da grüßte er rasch mit zusammengelegten Händen, brachte aber in seiner Verwirrung nur hervor: „Der Sklave entbietet dem großen König seinen Gruß!" Der Mann warf ihm mit geneigtem Kopf einen Blick zu und fragte: „Was hat das Palais des Beile mir mitzuteilen?" Sun Yaoting war völlig durcheinander: „Der Beile, also der ist ... ist noch nicht zurück." – „Na, was willst du dann hier?" brüllte ihn der Mann an. Zweiter Esel kam in aller Eile herbei und flüsterte ihm zu: „Zeig ihm die Nachricht von meinem Meister!" Sun Yaoting beeilte sich, aus seiner Kleidung den Faltbrief hervorzukramen, ihn Zweitem Esel zu geben, der ihn überreichte. Der Beschützer warf einen Blick darauf und sprach: „Geh zurück und sag deinem Siebten Gebieter, daß ich diesmal unter meinen Selbstkosten bleiben werde und ein Verlustgeschäft mache. Sie sollen eintausend Silberdollar an meine Brüder zahlen, damit sie ihre Wunden pflegen können, und dabei belassen wir es. Wenn da nicht jemand wäre, der sich für das Leben des Kleinen verwendet hätte, ließe ich sie nicht so billig davonkommen!"

Zweiter Esel flüsterte Sun Yaoting von der Seite zu: „Schnell, bedank dich für die erwiesene Güte!" Sun Yaoting sagte ganz mechanisch: „Ich bedanke mich für die Gnade des Großkönigs", war aber zutiefst erschüttert. Eintausend Silberdollar sollte das Palais bezahlen? Und das hieß auch noch Güte! Das bedeutete doch wohl, daß es ihm nun wirklich an den Kragen ging! Er wußte nicht, was er tun sollte. Noch am Überlegen, war er auch schon von Zweitem Esel aus dem alten Ziegelofen hinausbefördert worden. Eiskalter Nordwestwind blies, Schnee wehte ihm ins Gesicht, Sun Yaoting weinte vor Erregung. Zweiter Esel meinte: „Gib dich doch zufrieden! Die eintausend Dollar, das ist doch schon eine große Gnade. Hätte er keine Gnade gewährt, wäre die Sache nicht unter vier- bis fünftausend Silberdollar ausgegangen."

Sun Yaoting sagte: „Ich habe einen Verlust von eintausend Silberdollar eingebracht, wie kann ich da im Palais des Beile weiterleben? Ich kann nicht mehr zurück, ich werde ganz einfach Bettler wie ihr. Fertig!" Die Augen von Esel Zwei leuchteten: „Das ist genau die richtige Entscheidung. Warum dort solche Qualen erleiden, wo doch unser Reich der Bettler Unterschlupf bietet."

Weil es schneite, waren nur sehr wenige Bettler unterwegs. Die meisten lagen in den Behausungen und wärmten sich am prasselnden Feuer auf. Genau in der Mitte eines jeden Ziegelofens war die Feuerstelle eingegraben. Am Rand befanden sich ringsherum Lagerfeuer, die untereinander verbunden waren. In diesen Ziegelbehausungen schliefen zwar Männer und Frauen nicht streng voneinander getrennt, aber die alten und die jungen Bettler blieben in der Regel unter sich. In einer der Behausungen sah Sun Yaoting nur Kleinkinder im Alter von mehreren Monaten bis zu ein, zwei Jahren. Ein paar alte Bettlerinnen fütterten sie mit Mehlbrei. Das kam ihm sehr merkwürdig vor. Er fragte Esel Zwei: „Woher stammen denn diese Kinder?" – „Ein paar wurden auf der Straße aufgelesen, aber die meisten von ihnen sind von Bettlerinnen geboren worden. Wenn die Mütter sie zur Welt gebracht haben, brauchen sie sich nicht mehr um sie zu kümmern, alte Weiber übernehmen das Füttern." – „Weshalb läßt man nicht die Väter und Mütter selbst für ihre Kinder sorgen?" – „Wer ihre Väter sind, ist nicht so klar. Und die Mütter bringen sie auch nur zur Welt. Danach kennt man sich nicht mehr!" Sun Yaoting starrte mit kleinen Pupillen in die Runde, öffnete den Mund, war aber nicht in der Lage, etwas zu sagen. Im Reich der Bettler zeugte man also Nachwuchs nicht, um sich im Alter abzusichern! Das bewegte ihn außerordentlich. Die alten Bettler mußten sich keine Sorgen machen, wenn sie nicht mehr auf Bettelgang gehen konnten, jüngere brachten ihnen von ihren Touren etwas zu essen mit. Seit Sun Yaoting das Licht der Welt erblickt hatte, war er hungrig gewesen. So nach und nach hatte er begriffen, daß Söhne eine Altersversorgung waren, von Nutzen vor allem, daß man im Alter nicht verhungerte. Bei den Bettlern wurden Kinder nicht ‚in Familien' geboren, aber es gab dennoch kindliche Pietät. Das war in Ordnung.

In einer anderen Behausung befand sich kein Kang, hier übten die Bettler sich in den Kampfkünsten. Sun Yaoting schaute hinein. Ihm war, als wollte sein Kopf zerspringen, die Haare standen ihm zu Berge. Im feinen Lichtstrahl, der durch den Lüftungsschacht hereinfiel, sah er grausige Schemen wie aus der achtzehnstöckigen Hölle. Ein paar junge Bettler hingen, den Kopf nach unten, andere lagen nackt und bloß auf einem Stück Eis. Wieder andere lagen auf einigen zehn scharfen Messern, auf dem Bauch eine schwere Steinplatte von über hundertzehn Jin. Dann war da noch ein sehr junger Bettler, der schluckte Feuer. Sun Yaoting bekam einen Heidenschreck und wollte hinausrennen. Als er einen Schritt getan hatte, hielt ihn jemand am Bein fest. Er sah nach unten, es war der Junge, der auf den Messern lag. Der Junge hielt beide Augen fest geschlossen, atmete weder ein noch aus, wie ein Gespenst. Sun Yaoting fröstelte und bekam eine Gänsehaut. Sein Bein steckte fest wie in einem Schraubstock. Genau in diesem entsetzlichen Moment zog auch noch einer von denen, die mit dem Kopf nach unten aufgehängt waren, an seinem Haarknoten, zeigte ihm mit rot angelaufenem Gesicht die Zunge und hielt den Haarknoten fest in der Hand. Sun Yaoting bekam weiche Knie. Zweiter Esel schimpfte lachend, und die Hände ließen ab von Sun Yaoting.

Beim Hinausgehen stützte ihn Zweiter Esel: „Mann, was bist du für ein Held. Die haben sich doch nur einen Spaß mit dir erlaubt! Das sieht alles ziemlich fürchterlich aus, ziemlich grausam, in Wirklichkeit ist das aber alles Übung, und es ist kaum was dran. Wenn du sowas lernen willst, helfe ich dir, einen Meister zu finden. Am einfachsten lernst du das Hängen. Du hast doch gesagt, daß du deine Zeit in einem Tempel verbracht hast, nicht? Am fünfzehnten Tag des siebten Monats, dem Yulanpen-Fest, bitten die Leute in den Tempeln darum, in der Hölle nicht mit dem Kopf nach unten aufgehängt zu werden. An diesem Tag brauchst du nur mal deine Kunst vorzuführen, und schon rufen die guten Männer und gläubigen Frauen: ‚Amitabha-Buddha, Amitabha-Buddha' und geben Geld. Wenn du eine Weile hängst, hast du genug, um dich ein Jahr lang satt zu essen!" Sun Yaoting sagte: „Begnadige mich!" Bei sich aber dachte er: ‚Ja, so muß man's machen, so vor sich hinleben wie die Bettler, ohne über Tod und Leben nachzudenken. Was haben denn die Reispflanzer von ihrer ganzen Mühe. Verlieren sie durch ein Unwetter oder eine Ungezieferplage ihre Ernte, muß womöglich die ganze Familie verhungern. Und wie ist's mir ergangen? Beinahe gestorben bin ich, als man mir das Ding abgeschnitten hat, und doch hab ich unter Schwierigkeiten nur eine Sklavenstelle bekommen. Und das Studieren und Sutrenlesen? Nichts als den Neid niedriger Geister bringt es ein!' Zweiter Esel, der merkte, daß Sun Yaoting sich Gedanken machte, fragte schleunigst: „Sag' schnell, möchtest du das lernen?" – „Laß uns lieber etwas anderes aussuchen, diese Kunststückchen halte ich einfach nicht aus."

Die beiden betraten eine andere Behausung. Hier war es heller, denn außer dem Lagerfeuer brannten auch noch ein paar Öllampen. Eine Horde Bettlerinnen übte sich im Singen und Musizieren. Sie griffen in die Saiten, schlugen Rinderknochen gegeneinander, musizierten mit Bambusklappern und sangen. Alle lärmten wild durcheinander, keine kümmerte sich um die anderen. In ihren enganliegenden grünen Kleidern, grünen Hosen und grünen Kopftüchern waren sie nicht nur schön, sie besaßen auch Anmut und Würde. Als sie die Ankommenden bemerkten, unterbrachen einige ihr Treiben. Eine etwa Fünfzehnjährige zog Zweiten Esel auf: „Willst du deine Mutter besuchen? Warum kommst du dann mit leeren Händen?“ Ein paar andere lachten und gaben ihren Senf dazu: „Deine Mutter hat schon einige Tage lang Sehnsucht nach dir, und sogar wir trockenen Mütter haben uns schon nach dir verzehrt, es war kaum noch auszuhalten!“ Zweiter Esel errötete und spuckte aus: „Pfui! Ihr habt wohl vor gar nichts Respekt. Selbst wenn Besuch kommt, treibt ihr noch eure Späße.“ Das hübsche Mädchen streifte Sun Yaoting kurz mit einem Blick und sagte dann: „Ist das nicht der aus dem Palais des Beile?“ Zweiter Esel antwortete: „Richtig, eben der. Jetzt möchte er aber dein Schüler werden, nimmst du ihn an?“ Das Bettelmädchen fragte: „Wer ist der Ältere von euch?“ Zweiter Esel erwiderte: „Wir sind Brüder.“ Unter Lachen sagte das Bettelmädchen: „Du bist mein Schüler, er ist Schüler, da sind die Altersklassen nicht gut zu trennen!“ Sagte es und bog die Hüften vor Lachen. Die übrigen Bettlerinnen stimmten in das Gelächter ein. Hier herrschte eine lebendige, etwas lockere, aber alles in allem sehr freundliche Atmosphäre. Zwei sehr kräftige Bettlerinnen zogen Zweiten Esel auf die Seite und ließen sich erklären, wie ein Eunuch beschaffen ist. Manchmal entfuhr ihnen ein seltsames Lachen. Sun Yaoting verstand zwar nicht, was sie sagten, aber es schien ihm hier auch nicht der Ort zu sein, an dem er bleiben wollte. Er drängte Zweiten Esel zum Aufbruch.

Erst bei den kleinen Bettlern fühlte Sun Yaoting sich heimisch. Entschlossen, zu den Bettlern überzuwechseln, fragte er Zweiten Esel: „Braucht der Beschützer Leute, die ihn bedienen?“ – „Wo gibt es ein Oberhaupt, das kein Personal hat? Selbst die Bienenkönigin hat Arbeitsbienen, die sie versorgen!" – „Ich möchte Diener beim Beschützer werden." – „Sklavenseele! Draußen kannst du machen, was dir gefällt. Wenn du an Seegurken, Fisch und dergleichen kommst, kannst du es dir selbst einverleiben, erwischst du Geld, kannst du dich selbst amüsieren. Wenn du den Beschützer bedienst, dann wirst du von ihm entlohnt. Du Idiot!" Sun Yaoting sagte nichts mehr. Er hielt sich für den geborenen Knecht, dem erst wohl war, wenn er jemanden hatte, der ihn unter Druck setzte. Am besten wäre eine kaiserliche Majestät gewesen. Aber jenen Kaiser der Großen Qing gab es ja nun nicht mehr. Die Majestät der Bettler aber war noch nicht zurückgetreten!

Zweiter Esel und Sun Yaoting übernachteten in einer der Bettlerbehausungen. Es war schon tiefe Nacht, aber Sun Yaoting wälzte sich noch immer ruhelos auf dem schadhaften Kang hin und her. Die halbwüchsigen Bettler um ihn herum schliefen längst. „Bin ich jetzt auch ein stinkender Bettler geworden?" stieg es siedend heiß in ihm auf. Er fuhr hoch, die Stirn mit kaltem Schweiß bedeckt. Das Feuer war schon beinahe erloschen, unter der weißen Asche glomm nur noch wenig rötliche Glut. Sun Yaoting griff sich die Jacke und ging nach draußen. Es hatte aufgehört zu schneien, die Nacht war klar, über einem zerborstenen Ziegelofen im Südosten stand groß und geheimnisvoll leuchtend der Mond. Unbewußt streckte Sun Yaoting seine Hand zum Schritt seiner Hose aus. Da war überhaupt nichts, alles leer. Trotzdem war er es gewohnt, diese Stelle zu berühren, wenn eine wichtige Entscheidung bevorstand oder er in irgendeine Notlage geriet. Das Ding abgeschnitten zu haben, um am Ende Bettler zu werden! Aber was sollte er sonst tun? Ins Palais des Beile konnte er jetzt nicht mehr zurück. Wieder in sein Dorf gehen, war auch kein Ausweg. Er kam zu der Auffassung, daß die Beherrschung all der Bettelkünste auch nicht mehr brachte, als sich schlecht und recht zu ernähren. Immer noch besser, an der Seite des Bettlerkönigs zu dienen. Vielleicht konnte er da eines Tages groß herauskommen. Er dachte nach, bis er so durchgefroren war, daß er anfing zu zittern. Erst dann kehrte er langsam in den Ziegelofen zurück.

Eunuch Wu hatte bis zur dritten Doppelstunde vergeblich

auf Sun Yaoting gewartet, erst dann ging er ins Bett. Als der Junge auch am nächsten Tag nicht zurückkam, wußte er, daß es nicht zum Besten stand. Jede Wette, daß er sich aus Furcht vor Strafe den Bettlern angeschlossen hatte oder weggelaufen war. Das Ultimatum der Bettler war so gut wie abgelaufen, und er hatte keine Vorstellung, was für Unheil sie nun anrichten würden. Als er gerade dabei war, dem Generaleunuchen Meldung zu erstatten, kam der Polizist wieder. Gemeinsam berieten sie und schickten schließlich in aller Eile ein Telegramm an den Beile, doch möglichst schnell zurückzukehren.

Beile Zaitao traf bald darauf in Beijing ein. Kaum aus dem Abteil gestiegen, umringten ihn auch schon ein paar Reporter. Erst von denen erfuhr er so ungefähr, was sich im Palais ereignet hatte. Bei seiner Ankunft dort beschimpfte er den Generaleunuchen: „Du Schweinehund! Auf dieser Welt sind es nicht Banditen und auch nicht Diebe, mit denen man nur schwer fertig wird, für die ist das Gefängnis da. Am schwersten ist mit Bettlern fertigzuwerden. Die bringen einen dazu, daß man ins Wasser geht oder sich aufhängt, und man konnte sie noch nicht einmal überführen. Wie oft habe ich es schon gesagt. Wir leben jetzt in der Republik! In der Republik, nicht mehr im Reich der Großen Qing! Mit der alten Herrlichkeit ist es vorbei, da heißt es bei allem, etwas zurückstecken. Und ihr? Wie kommt ihr dazu, mir immer Scherereien zu machen! Die Bettler wollten nichts weiter als Geld. Die ganze Sache wäre vorbei gewesen, wenn ihr etwas Geld gegeben hättet. Aber nein, ihr laßt es so weit kommen, daß man nicht mehr einlenken kann. Ja, lohnt sich das denn? Ihr seid doch wirklich ein Haufen beschränkter Tunichtgute! Draußen wartet doch jeder nur darauf, daß sich solche Krawalle ereignen. Wenn ihr mir die Sache nicht bereinigt, lasse ich euch nicht ungeschoren davonkommen! Und noch etwas: Ein junger Eunuch soll zu den Bettlern gegangen sein. Was hat es damit auf sich?“

Der Generaleunuch, Eunuch Wu und die anderen hatten demütig, mit hängenden Armen die Beschimpfungen über sich ergehen lassen. Der Generaleunuch blieb, auf Sun Yaoting angesprochen, immer noch schweigsam. Eunuch Wu war es ja gewesen, der Sun Yaoting vorgeschlagen hatte. Das wußte der

Beile zwar nicht, aber die anderen ahnten, was hinter dem Schweigen stand.

An Eunuch Wu hatte der Beile Gefallen gefunden, weil jener sich wohltuend von den übrigen unterwürfigen und katzbuckelnden Knechtsseelen unterschied, die ihm von jeher zuwider waren. Schon lange suchte deshalb der Generaleunuch, der um seine Stellung fürchtete, nach einer Gelegenheit, seinen Widersacher loszuwerden. Die Sache mit Sun Yaoting sollte eigentlich für Wu zur Falle werden. Nun aber, da der Beile sie alle gleichermaßen beschimpft hatte, mußte er ‚Salz und Essig' erst einmal einpacken und auf später warten. Eunuch Wu berichtete nun, wobei er das Ganze gehörig ausschmückte, wie brutal der Dämonenkönig die kleinen Bettler vertrieben und Sun Yaoting so mißhandelt hatte, daß dem gar nichts weiter übriggeblieben wäre, als zu den Bettlern davonzulaufen. Das mußte der Generaleunuch nickend bestätigen, und der Beile, der von dem grobschlächtigen Türhüter auch längst gehört hatte, glaubte das alles natürlich. „Ist dieser Sun Yaoting nicht der, den ich oft im Torbogen Bücher lesen sehe?" fragte er. Der Generaleunuch antwortete: „Genau der. Eine Kröte mit Brille, die vorgibt, gebildet zu sein." Der Beile brummte in sich hinein: „Der Junge ist nicht auf den Kopf gefallen, der hat mir Schach geboten." Sprach's, zog aus seiner Jacke eine Zeitung und warf sie auf den Mahagonitisch. „Lest nur, was die Schmierer sagen!" Der Generaleunuch beeilte sich, seine kurzsichtigen Augen dicht an die Zeitung zu halten. Eine Überschrift rechts oben auf der zweiten Seite ließ ihn erschrecken: ‚Beile-Palais schlimmer als Bettlernest – Kleiner Eunuch bricht mit dunkler Vergangenheit und wählt lichten Weg.'

Der Artikel richtete sich gegen die Fürsten: ‚Adlige und Konservative vertrauen nach wie vor auf die Macht des abgedankten Kaisers Puyi, spielen sich als Tyrannen auf, schikanieren Diener, gehen mit Menschen wie mit Unkraut um.' Nach etlichen alten Beispielen von Dienern, die in den Tod getrieben worden waren, kam der gehörig aufgebauschte Bericht, wie Sun Yaoting in das Reich der Bettler geflohen war. Der Generaleunuch schimpfte beim Lesen: „Widerlich! Diese Mistkerle!" Der Beile meinte: „Schimpfen nützt jetzt auch nichts mehr. Ich habe heutzutage nicht mal mehr soviel Einfluß wie der Chef der Bettler! Ihr denkt euch jetzt etwas aus, wie ihr die Sache glättet, und sagt dem Kleinen, er soll nur zurückkommen, das Vergangene würde man ruhen lassen." Er stockte einen Augenblick, dann stieß er einen Seufzer aus: „Ach, was sind das bloß für Zeiten!"

Der Beile legte den allergrößten Wert darauf, Haltung zu zeigen und das Gesicht zu wahren. Mit besonderer Freude bewies er dies vor den Augen der Öffentlichkeit, indem er beispielsweise einem anderen, gleichviel ob Adligem, Beamtem oder Bettler, eine Peinlichkeit ersparte, ihn also das Gesicht wahren ließ und damit zeigen konnte, was Grundsätze sind. Und gerade er mußte sich nun fragen, ob nach dem Sturz der Großen Qing auch ein Beile nichts mehr galt, wenn Zeitungsschmierer so dumm daherreden konnten!

Eunuch Wu wußte, daß er jetzt an der Reihe war zu handeln. Aber er durfte den Generaleunuchen vor dem Beile nicht das Gesicht verlieren lassen, durfte ihm andererseits aber auch keine Gelegenheit geben, zuzuschlagen. Wegen des alten Hao konnte er auch Sun Yaoting, obwohl der verachtenswürdig war, jetzt nicht fallen lassen. Und erst recht wollte er die eigene Reisschüssel nicht an einer solchen Lappalie zerschlagen. Als er mit seinen Überlegungen so weit war, richtete er sich auf und sagte mit einem Blick auf den Generaleunuchen gelassen: „Siebter Gebieter, vor Eurer Rückkehr hatten wir tausend Ideen, haben aber nicht gewagt, auch nur eine in die Tat umzusetzen. Ihr habt nun Eure Meinung geäußert. Kümmert Euch nicht länger um die leidige Angelegenheit, überlaßt das Ganze mir. Gelingt es mir nicht, sie innerhalb von zwei Tagen zur Zufriedenheit zu erledigen, könnt ihr mich zur Rechenschaft ziehen!"

Aus den Augenwinkeln heraus sah er über das Gesicht des Generaleunuchen ein eisiges Lächeln huschen. Der Beile nippte am Tee, dachte kurz nach und sagte dann: „Wenn es nötig ist, etwas Geld auszugeben, dann muß es halt sein. Ich habe gehört, daß der König der Bettler eigentlich aus einem hanchinesischen Armeebanner stammen soll. Sucht ihm einen Sattel heraus und einen Jadering. Das wird reichen." Der Generaleunuch entrüstete sich: „Gebieter, Ihr seid ein wahrhafter Bodhisattva, die Bettler randalieren nach Herzenslust und bekommen auch noch eine Belohnung. Nach Auffassung Eures Sklaven, sollte diese profitable Tür nicht geöffnet werden. Es wimmelt ja nur so von Bettlern. Wenn die sich in Zukunft zusammenrotten, was für einen Krawall sie dann erst machen! Ihr, Siebter Gebieter, seid ein Verwandter Seiner Majestät des Kaisers. Ein Tritt mit dem Fuß und die Stadtmauer von Beijing wackelt. Wie könnt Ihr Euch von ein paar stinkenden Bettlern unterkriegen lassen!"

Der Beile massierte sich mit den Fingerspitzen zwischen den Brauen, schloß die Augen und winkte dann mit müder, ungeduldiger Miene ab: „Ihr habt aber auch überhaupt keine Ahnung, geht weg!" Dem Generaleunuchen war eine Abfuhr erteilt worden. Notgedrungen murmelte er Worte des Einverständnisses und folgte, die Mundwinkel gekränkt nach unten verzogen, dem Eunuchen Wu nach draußen. Der ließ noch am gleichen Abend in Erfahrung bringen, wo sich das Bettlerreich befand, und ging am nächsten Tag, von einem alten Bettler geleitet, zur Audienz beim ‚König' der Bettler.

Der gegenwärtige Bettlerkönig hieß Pan Ziqing. Er stammte nicht, wie die meisten seiner Vorgänger, aus einem Bettlernest. Sein Vater war in einem Armeebanner Lehrer der Kampfkunst gewesen, und der Junge, dessen Mutter früh gestorben war, folgte ihm schon im Alter von drei, vier Jahren auf den Exerzierplatz. Beim Umgang mit Speer und Stange bewies er großes Talent. Die Kunst, in die Luft zu springen und kräftig von oben zu treten, beherrschte nur er. Mit seinem Tritt bestätigte er das Sprichwort, daß der ‚Arm unmöglich stärker ist als das Bein', keiner kam gegen ihn an. Später geriet er, der nur auf Ausschweifungen und Befriedigung niederster Gelüste erpicht war, mit einem Vorgesetzten aneinander und wanderte ins Gefängnis. Als er nach ein paar Jahren herauskam, hatte er keine Lust mehr auf ein Beamtendasein. Schon als Jugendlicher Anführer einer Bande von kleinen Gangstern, war er inzwischen unter Gauklern, Wahrsagern und allen möglichen zwielichtigen Gestalten bekannt wie ein bunter Hund. Das Angebot, ihr Chef zu werden, schmeichelte ihm. Er meinte, für dieses Amt wie geschaffen zu sein, und der Titel ‚Beschützer' gefiel ihm ebenfalls. Er griff zu, und tatsächlich machte das ‚Reich der Bettler', das sich gegen Ende der Qing und in den Anfangsjahren der Republik unter dem Druck von Gesetzen und Verboten im Hintergrund halten mußte, nach seiner ‚Thronbesteigung' wieder von sich reden.

Mit dem Aufruhr vor dem Beile-Palais beabsichtigte Pan Ziqing sein Talent einmal an einer größeren Sache unter Beweis zu stellen, und war, weil er sich an die mächtigeren Würdenträger nicht herantraute, auf den Beile Zaitao verfallen. Als vom Palais so lange keine Reaktion kam, wollte er schon die Geduld verlieren, da meldete man ihm einen Abgesandten. In aller Eile zog er über seine Robe aus Seide, Satin und Brokat Lumpenkleider, die ‚Drachenrobe' der Bettlerhoheit, die er stets tragen mußte, wenn er Gäste empfing oder ausging. Gästen gegenüber gab Pan Ziqing sich meist äußerst arrogant. Nur seinem eigenen Meister und den Oberhäuptern der Landfahrer ging er ein paar Schritte entgegen. Alle anderen empfing er, in seinen Sitz gelümmelt, die Beine übereinandergeschlagen.

Eunuch Wu war verblüfft. Was erlaubte sich dieser Kerl, daß er nur hochnäsig etwas den Kopf hob, eine Kopfstütze aus weißblauem Porzellan darunterschob und in dieser Haltung mit ihm reden wollte. Niemals während der vielen Jahre im Palast hatte er erlebt, daß sein Herr einen Untergebenen so behandelt hätte, und wollte schon mit einem ärgerlichen Ärmelschütteln auf und davon, da fiel ihm der Generaleunuch ein. Also nahm er sich zusammen und zeigte den vom Beile gestifteten Jadering und den Sattel vor. Pan Ziqing befahl kurz nach hinten: „Bedank dich für die schöne Geste des Siebten Gebieters und bring alles her." Eunuch Wu hatte zwar jemanden dort stehen sehen, erkannte Sun Yaoting aber erst, als der unmittelbar vor ihm stand und, Schamröte im Gesicht, leise sagte: „Meister Wu, ich muß mich bei Ihnen entschuldigen, ich habe das alles nur gemacht, weil ich keinen Ausweg mehr sah."

Wu lachte gleichgültig: „Du bist nicht gekauft, was du aus dir machst, hängt allein von dir selber ab. Es ist auch nicht so, daß im Palais Leute fehlen, hat der Siebte Gebieter gesagt. Wenn du gehen willst, dann geh eben. Bei Gelegenheit kannst du ja mal vorbeikommen und das Geld abholen, das du dir in den paar Monaten verdient hast."

Sun Yaoting verschlug soviel Großzügigkeit die Sprache.

Plötzlich schlug Eunuch Wu sich an den Kopf: „Da ist noch etwas, das ich dir sagen wollte. Fast hätte ich's vergessen. Vor zwei Tagen hat mir dein Onkel Hao einen Brief gebracht. Da steht drin, daß dein Vater in Tianjin beim Rikschaziehen unter die Räder gekommen ist und sich ein Bein gebrochen hat. Deine Mutter hat kein Geld, die Verletzung auszukurieren, und weint den ganzen Tag." Sun Yaoting verschwamm alles vor den Augen, seine Knie wurden weich. Er wollte weinen, hatte aber keine Tränen. Mit weit aufgerissenen Augen starrte er vor sich hin.

Eunuch Wu ließ ihn absichtlich links liegen und wandte sich Pan Ziqing zu: „Unser Alter Gebieter läßt mich bei Ihnen eine Schuld begleichen. Neulich befand sich der Siebte Gebieter in Tianjin. Sonst hätte er die Brüder niemals so kühl behandelt! Der üble Sklave, der wagte, sich mit den Brüdern anzulegen, hat eine gehörige Abreibung bekommen. In ein paar Tagen bringe ich ihn gefesselt hierher, damit Ihr, Alter Gebieter Pan, über ihn verfügen könnt. Eigentlich wollte unser Siebter Gebieter heute hier persönlich seine Aufwartung machen. Aber weil Seine Majestät ihn zu sich in den Palast gerufen hat, läßt er sich durch mich entschuldigen. Der Beile Zaitao sagt, in ein paar Tagen werde er Sie zu einer Privatvorstellung ins Restaurant Huixian einladen."

Eunuch Wu erschrak über seine eigenen Worte. Was war heute bloß mit ihm los? Wie konnte er nur lügen, daß sich die Balken bogen! Noch nie war eine Lüge über seine Lippen gekommen. Glücklicherweise nahm Pan Ziqing ihn nicht beim Wort. Dieser Ausbund an Gemeinheit gierte geradezu nach Anerkennung, und es erfüllte ihn bereits mit Stolz, daß eine Persönlichkeit vom Rang des Beile Zaitao sich überhaupt so weit zu ihm herabließ. Wieviel Geld bei der Sache herauszuschlagen war, spielte da gar keine Rolle mehr. Die geforderten eintausend Silberdollar hatte er glatt vergessen. Unüberlegt platzte er heraus: „Sag deinem Siebten Gebieter, Pan Ziqing kennt den Unterschied zwischen Gut und Böse. Dafür, daß er das ehrenwerte Palais in Schrecken versetzen ließ, wird er sich noch persönlich entschuldigen!" Eunuch Wu atmete auf: ‚Also, das war erledigt. Dieser Bettler bringt doch nur Unglück!' Und vernehmlich erwiderte er: „Wie könnten wir darauf bestehen! Was Ihr nur sagt, Alter Gebieter Pan!“

Gegen Ende der ‚Audienz‘ übergab Pan Ziqing seinerseits ein Geschenk an den Beile Zaitao, ein antikes Bronzeschwert. Er hielt es mit dem Sprichwort: ‚Ohne miteinander zu streiten, wird man nicht zu Freunden‘, war aber der Meinung, es lohne sich auf jeden Fall, einen Verwandten des Kaisers zu beschenken. Die ‚freundschaftlichen Beziehungen‘, die dieser Bettlerchef unterhielt, waren alle auf diese Weise zustande gekommen.

Nach seinem Abschied war Eunuch Wu noch keine zwei Li weit gekommen, da hörte er jemanden seinen Namen rufen. Er stellte sich taub und lief nur um so schneller weiter. Als das Rufen, Keuchen und Getrappel direkt an seine Ohren drang, drehte er sich mit einem Ruck um und packte seinen Verfolger mit beiden Händen. Daß es Sun Yaoting war, hatte er sich gleich gedacht, und mit raschem Griff nahm er ihn an dem dünnen Hals in den Schwitzkasten. Sun Yaoting schrie vor Schmerz auf. Dem Eunuchen Wu entfuhr: „Also wirklich! Ein Energieloser wird zum Panther. Man sieht dir nicht an, daß du erwachsen bist!“ Sun Yaoting litt solche Schmerzen, daß er kaum denken, noch weniger reden konnte, und ließ sich in eine Rikscha ziehen. Die Nachricht vom Unfall seines Vaters hatte ihn vorhin wie ein Blitz getroffen und eine Weile handlungsunfähig gemacht. Ganz geheuer war ihm zwar schon beim Zuhören nicht vorgekommen, was Eunuch Wu da erzählte, und er hatte undeutlich gefühlt, daß man eigentlich auf jedes seiner Worte achten müßte. Aber dann war Eunuch Wu gegangen, und Sun Yaoting der plötzlichen Eingebung erlegen, sich erst in der Residenz des Beile das Geld abzuholen, bevor er nach Jinghai ging. So war er in die Falle getappt, die Eunuch Wu für ihn ausgelegt hatte. Einerseits fiel ihm ein Stein vom Herzen, denn das mit dem Unfall seines Vaters stimmte nicht. Aber daß er nun so in das Palais zurückgeschleppt wurde! Ob er wohl je wieder lebend herauskam? Sun Yaoting hatte den Eunuchen Wu noch nie so brutal erlebt, ihn packte Angst. Vergeblich versuchte er, seinen Hals zu bewegen.

Der Rikschakuli erhielt Anweisung: „Los, schneller!“ Die

Fahrt beschleunigte sich. In kurzer Zeit war die zerlumpte Jacke des Kulis am Rücken durchgeschwitzt, übler Schweißgeruch breitete sich aus. Mit der Rikscha ging es durch das Östliche Aufrechte Tor, am Glockenturm vorbei, über die Yindingbrücke, am Ufer entlang weiter nach Westen bis zum Palais des Prinzen Gong, und schon sah man, daß weiter vorn, vor dem Tor des Beile-Palais, Leute hin und her liefen, Reporter, wie an der Kleidung leicht zu erkennen war.

Sofort gab Eunuch Wu dem Kuli den Befehl, anzuhalten und ein paar Schritte zurückzufahren. Sun Yaoting unterm Arm tauchte er im Torbogen unter und sprach: „Ich muß blind gewesen sein, daß ich sowas wie dich im Palais empfohlen habe! Beinahe hättest du mich ruiniert. Aber dazu später. Jetzt kommt es erst einmal darauf an, dich hier hineinzubringen. Wegen des Aufruhrs, den du verursacht hast, wirst du gleich von Reportern umringt sein. Beantworte keine Frage! Sag nur, daß du vor zwei Tagen vom Palais zu den Bettlern geschickt worden bist, um Verzeihung zu erlangen. Dann sagst du noch, daß der Bettlerkönig in ein paar Tagen in der Residenz vorbeikommen wird, den Siebten Gebieter um Entschuldigung zu bitten. Diese beiden Sätze, nicht mehr! Kapiert?" Sun Yaoting nickte ergeben. Seine Augen fegten ängstlich über das Gesicht des Eunuchen Wu. Der schärfte ihm ein: „Wenn du dem Gebieter, dem Beile, begegnest, dann rede bloß nicht zuviel. Ich werde für dich sprechen."

Die beiden waren noch nicht einmal am Eingang angelangt, da rissen sich tatsächlich schon die Reporter um sie und überschütteten sie unaufhörlich mit ihren Fragen. Sun Yaoting hielt sich an das, was ihm Eunuch Wu gesagt hatte, und wiederholte nur drei-, viermal die Sätze, die ihm aufgetragen worden waren. So leicht ließen die Reporter aber nicht locker. Einer fragte: „Nicht wahr, du hast es nicht mehr ausgehalten, geschlagen, beschimpft und betrogen zu werden, und bist deshalb zu den Bettlern gegangen?" Sun Yaoting krähte in seiner Erregung mit spitzer Stimme: „Der Gebieter, der Beile, behandelt die Sklaven mit Güte, so groß wie ein Berg. Wie könnte ich da zu den Bettlern gehen? Was soll das blöde Geschwätz!"

Die Portierloge war nur durch eine Wand vom Großen

Eingangstor getrennt, Stimmen und Geräusche draußen konnte man hier deutlich hören. Eben wollte jemand das Tor öffnen, um nachzusehen, da kam Beile Zaitao mit einem Jungfalken, den er abrichten wollte. Er hielt an, legte das Ohr ans Tor und lauschte gespannt. Da vernahm er Sun Yaotings lobende Worte. Mit einem raschen Wink gab er Befehl zu öffnen. Eunuch Wu und Sun Yaoting nutzten die Gelegenheit, stießen die Reporter zur Seite und schlüpften hinein. Die Reporter mochten nun klopfen und rufen, niemand kümmerte sich darum.

Sun Yaoting fiel beim Anblick des Beile unverzüglich auf die Knie, preßte beide Arme auf den Boden und vollführte einen geräuschvollen Stirnaufschlag nach dem anderen. Er brachte nur einen Satz heraus: „Die Schuld des Sklaven hat zehntausendmal den Tod verdient!" Eunuch Wu entbot dem Beile den Qing'an-Gruß und erklärte dann: „Die Bettler hatten ihn als Pfand genommen. Anfangs hieß es, sie würden ihn nur für Geld wieder hergeben. Euer Sklave gab ihrem Anführer aber zu verstehen, daß der Junge ja kein Fräulein von Geblüt sei. Ein Junge weniger! Kein Problem, man bekommt, so viele man will. Euer Sklave hat dann noch ein paar krumme Sachen erwähnt, in die diese Kerle verwickelt sind, und so ließ der Anführer sich schließlich erweichen, sagte sogar noch, er käme in ein paar Tagen vorbei, um sich zu entschuldigen. Daß die Nachricht, Sun Yaoting sei zu den Bettlern übergelaufen, überhaupt nicht stimmt, ist den Reportern gerade eben erklärt worden. Der Junge ist noch nicht lange in der Stadt und hat überhaupt keine Ahnung. Bitte, Gebieter, laßt dieses eine Mal Gnade vor Recht ergehen!"

Dem Beile Zaitao war bei Sun Yaotings Ausruf, ‚Güte, so schwer wie ein Berg', die große Erleuchtung gekommen, nämlich, daß man diesen kleinen Eunuchen vom Lande, der immerhin lesen konnte, im Auge behalten müsse. Also ordnete er an, daß Sun Yaoting vorerst in der alten Stellung bleiben solle und befahl, ihn ein paar Tage später zu seiner Gemahlin als kleinen Eunuchen zu schicken.

Aus einer Notlage war Sun Yaoting direkt ins Glück gesprungen und mit einem Satz in den Himmel gestiegen! Darauf war er ein wenig stolz. Er kannte das Gewicht eines Untereunuchen und wollte diese Gelegenheit nutzen. Bevor er seinen gehobeneren Dienst antrat, unterwies Eunuch Wu ihn in den Regeln, die er als kleiner Eunuch zu beachten hatte. Er lernte mit Feuereifer.

Der Beile Zaitao machte sich weder aus Ehren noch aus Reichtum etwas. Von der Politik zog er sich nach Gründung der Republik erst recht zurück, und daß seine Familie vor dem finanziellen Zusammenbruch stand, nahm er sich überhaupt nicht zu Herzen. Stattdessen amüsierte er sich den lieben langen Tag mit den verbliebenen Höflingen und Qing-Loyalisten. Zusammen ritten sie aus, tranken und sangen. Die Führung des Hauses überließ er samt und sonders seiner Frau, der Fujin, und seinem Generaleunuchen.

Die Fujin des Beile Zaitao war eine starke und kluge Frau, die wußte, wie man die Dinge meisterte. Jeder im Palais gehorchte ihr. Der Generaleunuch, ursprünglich ihr Liebling, hatte sich, als er später sah, daß es mit dem Palais bergab ging, heimlich draußen ein Haus und ein Stück Land gekauft, in das er sich zurückziehen wollte, wenn es soweit war. Seit die Fujin davon erfahren hatte, suchte sie nach einem anderen intelligenten Sklaven als Vertrauten.

Die Belehrungen des Eunuchen Wu fielen bei Sun Yaoting auf fruchtbaren Boden. Es dauerte nicht lange, und er war bestens vertraut mit den Angelegenheiten hinter dem Blumenumrankten Tor, das er, seit er im Beile-Palais war, noch nie durchschritten hatte. Aber als es endlich soweit war, daß er sein neues Amt antreten sollte, klopfte sein Herz dennoch wie wild. Eunuch Wu ging mit raschen Schritten voran, Sun Yaoting folgte gesenkten Kopfes. Auf einmal war Eunuch Wu verschwunden, und Sun Yaoting, der seinen Lauf nicht mehr bremsen konnte, stieß mit dem Kopf kräftig gegen das Schriftzeichen ‚Fu', Glück, das an einer der vier grünen Flügeltüren angebracht war. Diese vierflüglige Tür genau in der

Mitte des Wandelganges wurde normalerweise nicht geöffnet. Passanten mußten rechts oder links vorbeigehen. Sofort wuchs ihm eine kleine Beule. Ohne groß darauf achten zu können, beeilte er sich, Eunuch Wu wieder einzuholen. Es ging durch das Empfangszimmer, dann um die Ecke und in den westlichen Vorhof hinein. Im Hof blühte ein Wachspflaumenbaum, seine gelben Blüten zitterten im frostigen Vorfrühling.

Eunuch Wu begann: „Du wartest hier erst einmal ein bißchen ...", und hatte noch nicht zu Ende gesprochen, als sich der Türvorhang bewegte und eine Dienerin in einem rosaroten Jäckchen zur Hälfte heraustrat, ihm zuwinkte und mit leiser Stimme sagte: „Kommt rein!" Sun Yaoting zitterte wie der Wachspflaumenbaum, neben dem er stand. Eunuch Wu fuhr fort: „Die Fujin wird ungefähr einen Monat lang prüfen, ob du ihr gefällst. Wenn nicht allzu große Mängel sichtbar werden, bleibst du hier." Mehr sagte er nicht, aber Sun Yaoting wußte nur zu gut, was er meinte. Daß er soweit gegangen war, ein Bettler werden zu wollen, bewegte ihn längst nicht mehr, aber daß es nunmehr etwas Hoffnung gab, in den Himmel zu steigen, verwirrte ihn noch immer einigermaßen.

Nach einer Weile winkte Eunuch Wu ihn dann herein. Sun Yaoting hatte kaum die Schwelle übertreten, als er sich auch schon niederkniete und sprach: „Der Sklave Sun Yaoting entbietet der Fujin den Qing'an-Gruß."

„Heb den Kopf!" befahl die Fujin. Sun Yaoting hob schleunigst den Kopf, hielt aber den Blick gesenkt. „Sieh mich an!" Die Fujin wollte ihm in die Augen sehen, weil sie wußte, daß sich der Charakter eines Menschen darin spiegelte. Sun Yaoting sah auf und war wie geblendet. Die Fujin trug einen mit Goldfäden verzierten, hellvioletten Umhang. Ihr Haar schmückten frische Blumen, Perlen- und Jadeschmuck. Rechts und links von ihr stand je ein junges Mädchen. Auch in deren Haar Perlen- und Jadeschmuck, auch sie prachtvoll gekleidet. Als Sun Yaoting sah, daß diese Fujin nicht viel älter als zwanzig Jahre alt war und gütig aussah, faßte er sich langsam wieder.

Die Fujin betrachtete Sun Yaotings kleinen Kopf mit dem spitzen Scheitel, sein gelbes mageres Gesicht und war etwas enttäuscht. Plötzlich fiel ihr die Beule auf, die sich auf seiner Stirn wölbte, wie die große Fleischwulst beim alten Gott des Langen Lebens. „Was hast du denn auf der Stirn?"

Geistesgegenwärtig antwortete Sun Yaoting: „Wie es beim Dichter heißt: ‚Im Unglück, ach, liegt Glück'. Als Euer Sklave zur Tür hereinwollte, stieß er an das Zeichen ‚Fu' und heftete sich das ‚Glücksmal' an die Stirn." Eunuch Wu bekräftigte: „Das heißt ‚Komm rein, bring Glück herein'. Man kann das als pietätvolle Ehrbezeigung gegenüber der Fujin werten."

Bis jetzt hatte die Fujin ein wenig abweisend, ja frostig dreingeblickt. Schwierigkeiten beim Verpfänden von Hauseigentum waren der Grund, daß sie in den letzten beiden Tagen nicht besonders gut aufgelegt war. Aber als sie Sun Yaotings Erklärung hörte, prustete sie doch los. Sun Yaoting sah zwar nicht besonders gewinnend aus, hatte aber dafür ein flinkes Mundwerk. Bei dem Gedanken, daß er ‚Glück' mitbrachte, gab sie dann schließlich die Weisung: „Der bleibt erstmal hier."

Zu den Haupträumlichkeiten der Frau des Beile gehörten zwei helle Zimmer. Eigentlich war es nur ein Raum, der jedoch durch ein riesiges geschnitztes Präsentationsregal, das als Trennwand diente, in zwei geteilt war. Am hinteren Fenster befand sich ein großer Kang, reich verziert mit Schnitzereien und Einlegearbeiten, die hell in dem roten und schwarzen Holz glänzten. Auf dem Kang stand ein Tischchen, dessen goldene Intarsien die sieben wertvollen und die acht kostbaren Dinge sowie Abbildungen von Kiefer, Bambus und Pflaume darstellten. Ein mit Goldfäden umflochtenes Ruyi-Wunschzepter, das darauf lag, zeigte genau in der Mitte das Bild ‚Die Fee Tante Ma schenkt langes Leben'. Es war aus Korallen, Kristall, Achat, Perlen und Jaspis gefertigt. Auf dieses Glückszepter hielt die Frau des Beile große Stücke. Ein Provinzgouverneur, der es für wer weiß wieviel Geld speziell anfertigen ließ, hatte es einst der Kaiserinwitwe Cixi zum sechzigsten Geburtstag geschenkt. Als Cixi dann gestorben war, hatte es Puyi an Zaitao weitergereicht.

Zur Wand hin stand auf einem großen Tisch eine europäische Kaminuhr mit Glassturz, deren Perpendikel nach rechts und links ausschwang. Das sah sehr schön aus. Zu beiden Seiten der

Uhr waren kleine Kunstgegenstände aus alter Zeit aufgestellt, ein Servierbrett aus der Song-Dynastie, eine Guanyin aus weißer Jade. All das waren Geschenke aus dem Kaiserpalast. Ob sie in gebührender Weise aufgestellt waren, kümmerte die Fujin nicht, ihr war nur wichtig, daß sie sich auf Tisch, Teetisch, Kangtisch, an der Wand und im Kostbarkeitenkabinett häuften. Kamen Besucherinnen, wurde ihre Herkunft erläutert: „Das hat der Alte Buddha, die Kaiserin Cixi, damals benutzt, schauen Sie nur, reines Gold. Diese blau-weiß getönte Porzellanvase hat mir die Fujin Jin geschenkt!"

Im Palast waren nicht nur alte Kunstgegenstände als Geschenk üblich, sondern auch Spezialitäten aus allen Teilen des Landes. Die Fujin verzehrte sie meist nicht, sondern wies lediglich die Eunuchen an, sie auf einem Servierbrett anzuordnen. Waren sie verfault, wurden sie weggeworfen. In einem Bambusbehälter zum Bewahren von Teeblättern mit einem Frauenbildnis aus dem Altertum befand sich etwas von dem überaus wertvollen ‚Lotosherz-Tee', eine Gabe der Kaiserin Longyu. Die Büchse war schon vor drei, vier Jahren geschenkt worden, der Tee also längst ungenießbar. Als der Beile Zaitao bei einem Besuch einmal gefragt hatte: „Warum bleiben so gute Sachen liegen, bis sie verderben?" gab seine Frau zur Antwort: „Das sind alles heilige Dinge. Wie könnte man sie den stinkenden Gedärmen von Menschen übergeben, damit sie als Kot abgetan werden!" Darauf meinte der Beile: „Alle Getreidearten, Pflanzen, Melonen, Früchte wachsen auf Mist. Wie kann es sein, daß sie im Palast auf einmal zu heiligen Dingen werden? Das entbehrt doch jeder Logik!"

Die Kostbarkeiten, mit denen das ganze Zimmer angefüllt war, das funkelnde und leuchtende Gold und Silber erfüllten den Beile mit Unbehagen, die ganze Atmosphäre behagte ihm nicht. Jedesmal, wenn er die Räume betrat, war der erste Satz: „Unerträglich kitschig, unerträglich kitschig!" Gleich im Anschluß teilte er in ein, zwei Sätzen mit, was er sagen wollte, und entfernte sich dann schnell. Die Fujin begegnete ihm daher auch nicht höflich zurückhaltend, sondern empfing ihn mit den Worten: „Gebieter, der Ihr es hier nicht ertragen könnt, Ihr seid also gekommen. Möge Euch Glück beschieden sein!"

Sämtliche Kunstgegenstände im Zimmer der Fujin mußten täglich ein- bis zweimal abgewischt werden. Diese Arbeit wurde nun Sun Yaoting übertragen. Die Fujin ließ ihm Herkunft und Wert jedes einzelnen der alten Gegenstände erklären. Danach wies sie mit einer kleinen Schale in seine Richtung: „Weißt du, wieviel diese kleine Teeschale wert ist?“ Sun Yaoting blinzelte: „Der Sklave hat keine Ahnung.“ – „Vermutlich kannst du es auch gar nicht wissen. Ich frage dich: Wieviel Land hat der reichste Gutsherr in eurem Dorf?“ – „So über zwanzig Qing“, antwortete der Junge. „Das kommt noch längst nicht an den Wert dieser Teeschale heran!“ Sie zog ihre feinen geschwungenen Augenbrauen hoch. Einen zornigen Ausdruck auf ihrem Gesicht, spuckte sie gleichsam Wort für Wort heraus: „Wieviel bist dann du wert?“ Sun Yaoting bekam einen Riesenschreck und antwortete schleunigst: „Der Sklave ist nicht soviel wert wie ein halber Großer!“

Die Herrin senkte langsam die Augenbrauen und atmete aus: „Gut, daß du's weißt. Selbst mit ein paar Leben von euch kleinen Eunuchen kann nichts von meinen Sachen hier aufgewogen werden. Geht etwas verloren oder entzwei, mache ich dich persönlich verantwortlich! Unterlaufen dir beim Dienst keine Fehler, werde ich dich natürlich auch nicht mißhandeln.“

Sun Yaoting zog sich schweißgebadet in ein kleines Zimmer zurück. Sein Vorgänger im Amt, ein alter, etwas buckliger Eunuch mit weißem Haar, hatte bereits seine Decken und die Matratze zusammengerollt und die persönlichen Kleinigkeiten in ein paar Stoffbündel gepackt. Übrig blieb nur die blanke Holzplatte des Bettes. Sun Yaoting, der meinte, den Alten von hier vertrieben zu haben, sagte bedauernd: „Meister, wo ich schon da bin, laßt mich doch...“

Der Alte war sehr umgänglich. Während er weiter seine Sachen ordnete, sagte er: „Überhaupt nicht, überhaupt nicht. Warum sich nicht an das Sprichwort halten: Drei satt, einer weg.“ Als er fertig war, wollte er sein Bündel aufnehmen, aber Sun Yaoting kam ihm zuvor, riß es an sich und setzte es sich auf die Schultern. „Entschuldigung, Entschuldigung!“ murmelnd, folgte er dem Alten, der in der Hand, an den Armen und über den Schultern jede Menge Stoffbeutel und persönliche Kleinigkeiten trug. Der Alte war Pferdeknecht geworden und stand von nun an einem gewissen Pferdezüchter, Meng Sieben, als Gehilfe zur Seite. Sun Yaoting legte dort das Gepäck nieder und war im Begriff zurückzugehen, als der Alte sich umsah und, nachdem er in der Umgebung niemanden erblickte, mit leiser Stimme zu ihm sagte: „Lieber dem Vieh dienen als den Menschen. In den inneren Gemächern ist nicht gut lange bleiben. Nimm dich in acht vor deinem Mitbewohner, diesem A Si!"

A Si, ein großköpfiger, magerer Mensch, diente ebenfalls als Untereunuch. Er mochte etwas älter als zwanzig Jahre sein. Unter seiner Riesenstirn rollten zwei äußerst lebhafte Augen ständig hin und her. Als er Sun Yaoting ins Zimmer treten sah, musterte er ihn von oben bis unten und fragte dann: „Du bist also der Ersatz für das alte Stück?" Sun Yaoting wußte, wen er vor sich hatte, und wagte nicht, ihm die kalte Schulter zu zeigen. Also antwortete er schleunigst: „Ich bin der Neue, Sie sind A, A…" Er wußte nicht, wie er ihn anreden sollte. Der Kerl brüllte: „Kannst du es dir überhaupt erlauben, den Alten Gebieter mit Namen anzureden? Sag gefälligst ‚Meister'!" Da war nichts zu machen. Sun Yaoting blieb nichts übrig, als ihn mit ‚Meister' anzureden. A Si beachtete das auch gar nicht weiter, blickte ihn nur kurz an und belehrte ihn: „Ich bin dein Meister und muß dir ein paar Regeln beibringen. Am Morgen mußt du dich um das Wasser zum Gesichtwaschen und Mundspülen kümmern, den Nachttopf ausleeren, die Bettdecken zusammenlegen, abends das Wasser zum Füßewaschen ein- und ausgießen, die Betten machen, das sind so deine Aufgaben. Und wenn du Wicht mir frech kommst, dann geb ich dir das da zu schmecken!" Sprach's und streckte seine Fäuste aus den Ärmeln. Wild schwenkte er sie vor Sun Yaotings Augen. Dem traten vor Ärger die Sehnen auf der Stirn hervor. ‚Diese Rübe, fürchte ich, ist nicht allzu kräftig', dachte er sich und fühlte zutiefst, was für eine traurige Figur der Kerl doch abgab. Allmählich lockerte A Si die geballten Fäuste. Den Dämonenkönig hatte Sun Yaoting gefürchtet, vor dieser komischen Figur aber hatte er keine Angst. So ein Waschlappen, was hatte der schon Großartiges an sich! Sun Yaoting wollte allerdings nicht schon wieder Ärger. Kleine Unannehmlichkeiten sollten seine großen Hoffnungen nicht zerstören.

„He, Kleiner, was reckst du so trotzig den Kopf?“ A Si bemerkte, daß Sun Yaoting nicht so dreinsah, wie er es gern gehabt hätte. Dessen kleine Augen waren starr, wie leblos, auf A Si's große Stirn gerichtet. Verwirrt redete A Si noch etwas markig weiter, aber sein Ton war doch schon viel weicher geworden. Sun Yaoting breitete sein dürftiges Gepäck auf dem Bett aus und schlief mit dem Gesicht zur Wand ein. Um das Bettmachen, Decken zusammenlegen, Nachttopf ausleeren und Wasser zum Gesichtwaschen und Mundspülen sollte sich A Si ruhig selber kümmern.

In den Räumen der Herrin war vom Empfangszimmer bis zum Schlafzimmer alles vollgestellt mit Gold- und Silberschmuck und den verschiedensten Kunstgegenständen. Die Herrin, die eigentlich überhaupt nichts davon verstand, behauptete, ihre Räume wären ein Museum. Darauf hatte eine europäische Illustrierte sie gebracht. Dort war einmal ein Artikel über eine vornehme Dame erschienen, die Frau eines langjährigen deutschen Botschafters in China, der eine große Sammlung alter chinesischer Kunstgegenstände und Bilder zusammengetragen hatte. In dem Artikel hieß es nun, daß jene vornehme Dame diese Sammlung nach dem Tod ihres Mannes in einer ständigen Ausstellung gezeigt und ihr Haus dadurch zu einem kleinen privaten Museum gemacht hatte, einem Treffpunkt für Künstler. Jedermann bezeichnete das Haus als ‚Östlichen Diwan‘, und die Dame wurde infolgedessen sehr berühmt. In der Illustrierten waren noch ein kleines Foto der Dame und einige Ausstellungsstücke abgebildet. Davon war die Herrin angeregt worden. Von Diwan und dergleichen hatte sie keine Ahnung. Sie hoffte nur, daß diese heiligen Dinge mit historischem Hintergrund ihren eigenen Wert erhöhen würden. Sollten die Fujin der Beile, die zu Besuch kamen, die Beile-Fräuleins und die europäischen Damen sie doch so beneiden, daß ihre Augen Feuer sprühten. Eine Europäerin hatte der Herrin geraten, einen Sachverständigen zu suchen, der die von ihr aufbewahrten Gegenstände sortieren, klassifizieren und katalogisieren sollte. Auf der Rückseite jedes Gegenstandes mußten Herkunft und

Aufbewahrungsort vermerkt werden. Man legte eine Karte mit dem jeweiligen Aufstellungsort an: ‚Kabinett der vielen Kostbarkeiten, dritte Schicht, rechts zwei‘, und so weiter. Auch auf den Gegenständen im Lagerraum sollte vermerkt werden: ‚Fünfzehnter Schrank, rechte Ecke, und so weiter. Die Exponate wurden regelmäßig gewechselt. Eine Lage kam nach oben und die vorherige Lage ging zurück ins Lager, um sich ‚auszuruhen‘. Sun Yaoting war angesichts dieser Fülle vollkommen verwirrt. Erst nachdem Xiao Cui, die Leibzofe der Fujin und unmittelbare Vorgesetzte Sun Yaotings seit seinem Dienstantritt, ihm ein Stück nach dem anderen gezeigt hatte, kam es ihm nicht mehr so überwältigend vor.

Xiao Cui war die Zofe, die von der Fujin am meisten favorisiert wurde. Sie hatte ein kleines Näschen, kleine Augen und einen kleinen Mund. Die feinen geschwungenen Brauen und die dünnen Lippen glichen auffallend denen der Fujin. Ihr hübsches Aussehen und ihre gewandte Art machten sie ihr lieb wie eine eigene Tochter, und auch Xiao Cui diente ihrer Herrin voller Hingabe. Sie war die Tochter armer Bannerleute aus Beijing. Schon mit sechs, sieben Jahren konnte sie auf die Straße gehen, ihren Eltern gegorenen Bohnensaft und Sojabohnenkäse mit Ma-Geschmack kaufen. Sun Yaoting war zwar zwei, drei Jahre älter als sie, aber in ihren Augen nur ein Tölpel vom Lande, der dumm aus der Wäsche schaute. „Sun Yaoting, komm her!“ Xiao Cui verzog das Gesicht und musterte ihn aus den Augenwinkeln. Wie die Fujin zog sie die Augenbrauen hoch: „Ich frage dich, kannst du zählen?“ Sun Yaoting wußte nicht, worauf sie hinauswollte, und beeilte sich zu antworten: „Sicher, sicher.“ – „Also zähl, wieviele Kunstgegenstände in dem großen Repräsentationsregal aufgestellt sind!“

Sun Yaoting hob den Kopf und schaute in die Richtung, die sie ihm gewiesen hatte: Um Himmels willen! Dieses Regal bestand ja aus zahllosen kleinen Kammern in ungleicher Höhe, und in jeder lag ein Kunstgegenstand. Es gab große, kleine, lange, kurze Kammern ebenso wie kürbisförmige und mondsichelförmige. Hohe, niedrige, links und rechts, in allen Formen und Schattierungen. Sun Yaoting fing an einer Seite an, von unten nach oben zu zählen. Er zählte und zählte. Schließlich kam er durcheinander und fing noch einmal von vorne an. Wieder zählte er von unten nach oben, erreichte beim Zählen endlich die Decke und fing an, horizontal weiterzuzählen. Wieder kam er durcheinander. ‚Was soll's?' dachte er sich. ‚Wahrscheinlich hat sie auch noch nie richtig gezählt.' Er zählte weiter.

Xiao Cui hatte sich einen Xiudun, einen faßförmigen Porzellanhocker, herbeigeholt und setzte sich mit dem Rücken zum Tisch mit der Abbildung der Acht Heiligen. Nach wie vor hielt sie den Kopf schräg und beobachtete Sun Yaoting mit scheelen Blicken. In ihren Mundwinkeln zeigte sich ein stolzes, hämisches Lächeln. „Dreiundneunzig", Sun Yaoting ließ seinen ermatteten Arm fallen, als wäre er auf einmal abgebrochen. Schweißtropfen rannen von seiner Stirn. Er holte tief Atem.

„Falsch! Nochmal zählen!" Xiao Cui zog unter ihrem Hintern ein dünnes Register hervor und bemerkte kalt lächelnd: „Wenn du nicht richtig zählst und dein Ergebnis mit dem des Registers nicht übereinstimmt, brauchst du erst gar nicht daran zu denken, heute etwas zu essen zu bekommen!"

Als Sun Yaoting den Befehl: „Nochmal zählen!" vernahm, erstarrte er förmlich. In seinem Kopf summte es, und vor seinen Augen schienen die Gegenstände in dem Präsentationsregal alle zu leben und herumzuhüpfen. „Zähle!" rief Xiao Cui noch einmal. Heute besuchte die Herrin im Palais der Fujin Qing eine Privatvorstellung und hatte zwei andere Zofen mitgenommen. Dadurch bekam Xiao Cui Gelegenheit, für kurze Zeit als Herrscherin zu schalten und zu walten. Sun Yaoting blieb nichts anderes übrig, als aus der Entfernung mit dem Finger noch einmal einen Gegenstand nach dem anderen zu zählen. Xiao Cui hielt es für unter ihrer Würde, das dumme Gesicht dieses unbeholfenen Jungen vom Lande noch länger zu betrachten. Sie kehrte in ihre Kammer zurück, um ein Paar Schuhsohlen zu holen, die sie noch nicht zu Ende genäht hatte. Als sie zurückkam, sah sie von der Tür aus, wie Sun Yaoting einen Xiudun-Hocker aus Porzellan bestieg, seinen Finger mit Speichel befeuchtete und ihn an die einzelnen Fächer im Präsentationsregal rieb. Das Nanmuholz wies, sobald es feucht wurde, Spuren auf, die nicht so schnell vergingen.

Gerade als Sun Yaoting anfangen wollte, auf seine wunderbare Idee Stolz zu sein, wurde plötzlich die Tür aufgestoßen und Xiao Cui mit ihren hübschen weidenförmigen Augenbrauen und ihren klugen Äuglein kam hereingesprungen. Sun Yaoting stürzte kopfüber nach unten und schlug irgendwie einen Purzelbaum. Unwillkürlich prustete Xiao Cui los. „Geschieht dir ganz recht! Und du wischst auch sofort diesen Urin- und Kotgestank ab!“ Sun Yaoting schimpfte innerlich, während er den Putzlappen nahm und daran ging, die Fingerflecken abzuwischen. Nachdem das geschehen war, verzog Xiao Cui die Augen: „Der taugt noch nicht einmal soviel wie ein Reiskübel, der gibt nur einen Kübel für stinkendes Spülwasser ab!“

Sun Yaoting war am Boden zerstört, er stand regungslos und starr da. Plötzlich nahm Xiao Cui das kleine Register und drückte es ihm in die Hand. Leise sagte sie zu ihm: „Ist schon in Ordnung, Dummkopf! Nimm das Heft und lies es einmal sorgfältig durch. Später werde ich dir dann noch ein bißchen dazu erklären. Ach, mit so einem Trottel von Schüler ist man wirklich gestraft!“ Sun Yaoting hob den Kopf und sah in die klugen, lächelnden Äuglein von Xiao Cui. „Verdammt noch mal. Dieses Weibsbild. Einmal so, einmal so. Wozu denn das?“ schimpfte er bei sich, nahm das Heft und hockte sich hin. Ohne einen Mucks von sich zu geben, fing er an zu lesen.

Wollte Xiao Cui Sun Yaoting in seine Arbeit einweisen, mußte sie notgedrungen mit voller Ernsthaftigkeit vorgehen, aber ihre Unterrichtsmethode, die Leute auf jede nur erdenkliche Weise zu piesacken, war für Sun Yaoting einfach unerträglich. Sie hatte ihn noch keinen ganzen Monat unterrichtet, da war er auch schon ganz konfus. Was für eine Tortur das doch war! Aber diese Xiao Cui amüsierte sich prächtig dabei. Vorher hatten als Eunuchen bei der Fujin nur Sun Yaotings Vorgänger und dieser A Si Dienst verrichtet. Der Alte hatte sich taub und stumm gestellt wie ein Halbtoter, hatte täglich außer: „Die Herrin sei gegrüßt“ und „Der Sklave hat den Tod verdient“ und „O...“ nur wenige andere Worte herausgebracht. Wahrscheinlich hatte er früher einmal mit seinem Mundwerk Unheil angerichtet. A Si, für die Außendienste zuständig, kam und ging wie ein Spuk, es war genauso, als hätte man einen der Boten des Höllenfürsten getroffen, noch eine ganze Weile danach war einem schlecht davon. Xiao Cui fürchtete diesen aufgeblähten Wachskürbiskopf mit den sich ständig drehenden Gespensteraugen. Sun Yaoting hatte zwar nichts besonderes an sich, aber seine unbeholfene und ehrliche Art brachte einen dazu, ihn gern zu haben. Daher erbarmte sich Xiao Cui seiner. Wenn sie ihn eine Weile in Verlegenheit gebracht hatte, beruhigte sie ihn dann auch. Das Obst und die Naschereien der Fujin, die am Tage übrig blieben, verteilte Xiao Cui an die Untergebenen. Selbstverständlich bekam Sun Yaoting am meisten davon, während Höllenbote A Si noch nicht einmal eine Obstschale zu Gesicht bekam. Das regte ihn so auf, daß er in hämischem und blasiertem Ton fragte: „Was hat dir die kleine Dame für Leckereien gegeben?“ Sun Yaoting tat so, als ob er es nicht gehört hätte, und antwortete einfach nicht.

Schon einige Zeit war vergangen, seit er in die Stadt gekommen war, und er hatte es bisher noch zu nichts besonderem gebracht, im Gegenteil, fast hätte er noch ein Unglück angerichtet. Wie es wohl seinem Vater, seiner Mutter und seinen Brüdern ging? Und was für Schurkereien sich wohl der alte Hund Shang ausdenken würde? Er litt häufig unter Alpträumen, in denen er sah, wie sich sein Vater beim Rikschaziehen die Beine brach, die Mutter sich aufhängte und die Brüder verhungerten. Manchmal, wenn in tiefer Nacht ein Lüftchen wehte, waren draußen Laute und Schreie zu hören. Welke Blätter wehten herbei, und das hörte sich an wie die Fußtritte von Menschen. Öffnete er die Tür, um nachzusehen, war überhaupt nichts da. Er fragte sich dann, ob seine Mutter wohl gestorben sei und ihre Seele jetzt kam, ihn zu sehen, vergrub sich in seiner Decke und heulte. Tagelang war er dann geistesabwesend, wie in Trance.

Xiao Cui hatte Sun Yaoting einmal im Ton einer polizeilichen Vernehmung nach seinen Familienverhältnissen ausgefragt. Neben dem bitteren Schicksal dieses kleinen unauffälligen Dummkopfes vom Lande bekam sie dabei mit, daß in seinem verhutzelten Bauch auch Bücher und Tinte von einer Menge heiliger Männer steckten. Sie sah ihn in einem neuen Licht, setzte ihm nicht mehr so hart zu wie früher und besänftigte ihn häufiger. Traf sie Sun Yaoting geistesabwesend an, wußte sie, daß er an sein Zuhause dachte. Dann kümmerte sie sich besonders um ihn. Daß Sun Yaoting aus der Hand dieses Teufelsbratens von Dämonenkönig ohne Umweg in die Hände eines so gescheiten und gewandten Mädchens geraten, von der Aufsicht über das große Tor und das Straßefegen zum Leibeunuchen der Fujin aufgestiegen war, der sich eigens um die außerordentlich feinen und kostbaren Kulturschätze zu kümmern hatte, kam einem Sprung in den Himmel gleich. Aber in den Himmel aufgestiegen zu sein, brachte keinen praktischen Nutzen. Seine monatliche Apanage blieb erbarmungswürdig klein. Sun Yaoting aber war nicht allein hergekommen, um sich sein Essen zu verdienen, er wollte Geld, viel Geld. Er wollte, daß seine Eltern in einem großen Haus aus Ziegeln wohnten, sich ein Muli, ein Pferd und einen gelben Hund halten konnten. Er wollte eine Persönlichkeit wie Xiaode Zhang sein. Die beiden alten Gauner und Hundesöhne Song Gongdi und Shang Buying wollte er umbringen.

Xiao Cui wußte, sobald Sun Yaotings Augen ohne Glanz, er ohne Kraft und Schwung war, daß seine Gedanken dann mit Sicherheit nach Ostweidendorf geflogen waren, in das kleine baufällige Haus seiner eigenen Familie. In solch einem Augenblick rief Xiao Cui dann: „Wohin hat sich deine Seele bloß verirrt? Soll ich sie rufen?“ Knirschte Sun Yaoting mit den Zähnen und seine Augen blickten zornig, als wolle er jemanden verschlingen, dann wußte Xiao Cui, daß seine unbezähmbaren Gedanken in das Haus Shang Buyings geflogen waren. Sun Yaoting hatte Xiao Cui oft erzählt, wie er im Traum, gekleidet in Samt und Seide, nach Hause zurückkehrte. Immer war es so, daß er zunächst in sein Elternhaus zurückkehrte. Dort packte er dann für Vater, Mutter und Brüder Glückskleidung aus Seiden- und Satinstoffen aus und gab ihnen erlesene Speisen zu Essen. Wie glücklich doch sein Vater dreinschaute, wie die Mutter weinte, wie die Brüder vor Freude sprangen und hüpften, das sah Sun Yaoting ganz klar und deutlich vor sich. Im Anschluß daran brach er dann mit Soldaten zum Haus von Shang Buying auf. Wie er ihn eigenhändig töten würde, wie das Messer ihm in den Mund fahren, ihn aufschneiden würde, wie seine Gedärme herausquollen, wie Shang Buying schreien würde, das alles stand ihm ganz klar vor Augen.

Sun Yaoting träumte diese Träume wieder und wieder. Er konnte sogar am hellichten Tag mit offenen Augen träumen. Er träumte von dem, was sich vor vielen Jahren ereignet hatte und davon, was sich Jahre später ereignen würde. Einmal rieb er eine Porzellanvase mit einem Stück Seide ab, als er plötzlich, er war erst zur Hälfte fertig, innehielt und sich nicht mehr rührte. Als Xiao Cui sah, wie er dastand, unbeweglich, die Vase in der einen, die Seide in der anderen Hand, da fürchtete sie, er ließe, gebannt wie er war, die Vase fallen. Sie wollte ihn rufen, fürchtete aber, ihn damit so zu erschrecken, daß die Vase doch noch herunterfiel. Also schlich sie sich vorsichtig von hinten an ihn heran und umfaßte ihn samt der Vase. Tatsächlich erschrak Sun Yaoting und ließ die Vase los. Xiao Cui aber hielt sie fest und sagte errötend: „Wenn du so tief in dich versinkst, richtest du früher oder später noch etwas an!"

Sun Yaoting war in sich äußerst widersprüchlich. In einer ausweglosen Lage blieb er ungewöhnlich ruhig. Sobald aber eine Wendung zum Besseren eintrat, konnte er Tag und Nacht keine Ruhe finden, litt zahllose Qualen und war unzufrieden. Xiao Cui meinte: „Wenn dich der Dämonenkönig windelweich prügelt, wirst du den Unterschied zwischen gut und schlecht schon kennenlernen!" Sun Yaoting entgegnete: „Ich fühle auch, daß in mich etwas gefahren ist, es ist so, als lieferten sich in meinem Innern zwei Ungeheuer einen Kampf. Eines läßt mich Gutes tun, das andere verleitet mich zu etwas Schlechtem. Daher bin ich das eine Mal der Auffassung, daß alle bemitleidenswert sind und ich alles, was sie mir antun, ertragen kann. Aber manchmal möchte ich auch töten und möchte alle Schurken, die mir, verflucht noch mal, nicht gefallen, umlegen. Die magische Kraft dieser beiden Wesen ist ungefähr gleich groß, sie streiten sich und streiten sich, und es ist unmöglich zu unterscheiden, wer verliert oder gewinnt, auch wenn sie mich zu Tode quälen."

Xiao Cui stieß einen Seufzer aus: „Wo gibt es auf dieser Welt schon Gutes! Sehen die einfachen Leute korrupte Beamte, rufen sie da nicht auch: ‚Ihr sorgt für das Volk, wie für die eigenen Kinder' und ‚Alter Gebieter, Gerechter Richter'? Große Haushalte mit viel Geld und Einfluß haben einen schönen Ruf als ‚Familie, die gute Taten ansammelt': Arzneimittel spenden,

Reisbrei abgeben, etwas Kleingeld ausstreuen, Leute anstellen, die Gutes über einen sagen, und schon haben sie ihren guten Ruf, nicht wahr? Und so ein armer Kerl wie du hat auch noch Mitleid mit anderen. Selbst keinen Kupferling haben und von nirgendwo auch nur eine harte Saubohne bekommen. Wie willst du dir da einen schönen Ruf kaufen?" Sun Yaoting nahm Xiao Cui die Maßregelung übel und entgegnete: „Dann werde ich eben ein Schurke!" Xiao Cui lächelte kalt: „Das hast du dir so schön gedacht. Ist es so einfach, ein Schurke zu werden? Kannst du Leute ermorden, einen Raub begehen, überall dein Unwesen treiben? Oder kannst du dem Volk das Mark aussaugen? Dein eigenes kleines Leben liegt in den Händen anderer. Und da meinst du, daß du dich an Schurkereien beteiligen kannst? Es mag ja sein, daß du ein klein wenig verbrecherisches Talent hast, aber das reicht nicht..." Eigentlich hatte sie noch sagen wollen: „darüber hinaus, daß du weder Mann noch Frau bist", dann aber verbiß sie sich das.

Sun Yaotings wachsgelbes Gesicht war rot angelaufen. In seinen Augen standen Tränen, stumm biß er die Zähne zusammen, gab keinen Mucks von sich, war beleidigt, gequält, als wäre ihm grenzenloses Unrecht angetan worden. Xiao Cui seufzte: „Sei mir nicht böse, daß meine Worte zu sarkastisch sind. Nicht, daß ich nicht anders möchte! Sei mir nur böse, daß ich im letzten Leben nicht genug Tugend angesammelt habe und leider nur als Mädchen wiedergeboren wurde. Warte, bis ich genug Weihrauch verbrannt habe, dann komme ich im nächsten Leben als Mann zur Welt und erledige das ganze Morden. Wenn ich alle Schurken umgebracht habe und dafür in die Hölle komme, hat es sich trotzdem gelohnt!"

Eigentlich hatte Sun Yaoting richtig heulen wollen, den ganzen Kummer, der sich in seinem Herzen angesammelt hatte, loszuwerden. Als er dann aber die schrecklichen Worte von Xiao Cui gehört hatte, drängte er die Tränen zurück, die anfangen wollten zu rinnen, und lächelte im Gegenteil noch kalt. Er dachte bei sich: ‚Nun habe ich zwar einen männlichen Körper, bloß, da fehlt doch was! Es wäre immer noch besser, wegen eines Verbrechens als Frau zur Welt gekommen zu sein, als weder Mann noch Frau zu sein, weder tot noch lebendig.'

Die beiden setzten sich niedergeschlagen einander gegenüber und sprachen eine ganze Weile gar nichts. Plötzlich fing Xiao Cui an: „Bei dir wendet sich das Los in absehbarer Zeit. Ich habe bei der Fujin nicht wenig ‚Weihrauch für dich verbrannt'. Aber da ist jemand, der deinen Aufstieg behindert, der unbedingt aus dem Weg geräumt werden muß!" – „Wer?" – „A Si." Xiao Cui erhob sich und schaute in alle Richtungen. Es war niemand da. Dann sagte sie leise: „Sei zunächst nicht besorgt. Laß mich dir nach und nach ein paar Dinge erzählen. Wenn du Bescheid weißt, kannst du dir selber überlegen, was du tun mußt. Entsteht etwas Gutes daraus, erwarte ich keinen Dank, wenn nicht, dann zieh mich nicht hinein. Jeder ist seines eigenen Glückes Schmied!"

In dieser Nacht konnte Sun Yaoting keinen rechten Schlaf finden, es schien ihm, als gäbe es draußen immer wieder Geräusche und Bewegungen. Der Mond leuchtete außergewöhnlich hell und spiegelte sich auf dem neu geklebten Fensterpapier. In seinem Licht erkannte er klar und deutlich A Si, der wie ein Toter schlief. „Den mußt du unbedingt loswerden!" klang die Stimme von Xiao Cui noch in seinen Ohren. Sun Yaoting fröstelte am ganzen Körper. Er vergrub seinen Kopf in der Decke und rollte sich zusammen. Der Hahn krähte zum ersten Mal.

A Si war ein Mensch mit Hintergrund, ein ferner Verwandter des Elternhauses der Fujin. Sein Ahne hatte Beamtengehalt empfangen und ein kleines Vermögen besessen. Der Vater von A Si war ein Tausendsassa, der fraß, trank, hurte, spielte und rauchte. In wenigen Jahren schwanden seine fünf Freuden eine nach der anderen dahin. Zum Schluß konnte er sich nicht einmal mehr Tabak leisten. Da hatte er sich mit einem Schlag in das Westliche Paradies des Buddha Amitabha abgesetzt, um dort weiterzurauchen. Er ließ eine Frau und vier Kinder zurück. Die drei älteren wurden zu einem Meister in die Lehre geschickt, ein Handwerk zu erlernen. Sie mußten sich selbst um ihr weiteres Schicksal kümmern. Übrig blieb der neun Jahre alte A Si. Den brachte seine Mutter zum Geschäftsführer in einem Schuhgeschäft. Der Geschäftsführer war gelernter Schuster, der es sich durch harte Arbeit mit Nadel und Faden erst nach vielen Jahren hatte leisten können, einen kleinen Laden aufzumachen. A Si noch mit durchfüttern, wollte er nicht und zwang seine Frau, zur Familie des Beile zu gehen und beim Beile Zaitao und dem Kabinett für Innere Angelegenheiten nachzufragen, ob er den Jungen nach der Operation in den Palast schicken könne. Der Geschäftsführer rechnete auf die Beziehungen des Beile. Vielleicht würde der Tag kommen, wo man auf den Knaben stolz sein könnte. Dann hätte er dieses eine Juwel fest im Griff. Und wenn er es nicht zu etwas bringen würde, könnte man wenigstens an Essen sparen. Daß der Beile Zaitao einverstanden war, braucht nicht hervorgehoben zu werden, und das Ding von A Si fiel natürlich. A Si's Operation aber hinterließ eine Folgekrankheit. Der Schließmuskel der Harnblase schloß nicht mehr fest, er ließ stets tröpfchenweise Urin, und schon aus der Entfernung roch man den Gestank. Für höhere Dienste war er also nicht mehr geeignet. Damit der Beile aber nicht an Gesicht verlor, schickte man A Si an den ‚Ort der Begegnung mit der Freude', eine Stelle, die vornehmlich damit betraut war, die Nachgeburten neugeborener Prinzen und Prinzessinnen zu vergraben. Die Dynastiebegründer der Qing und ihre Vorgänger waren kräftig und martialisch gewesen. Kaiserin und Nebengemahlinnen, Konkubinen und Palastfräuleins gebaren ihnen ununterbrochen Prinzen und Prinzessinnen. Infolgedessen wurde aus dieser Stelle eine wichtige und vielbeschäftigte Behörde. Als dann der Tongzhi- und der Guangxu-Kaiser an der Regierung waren, kamen im Palast allerdings keine Prinzen und Prinzessinnen mehr zur Welt. Demzufolge war die Behörde immer mehr herabgekommen, bis sie nur noch nominell existierte und niemanden mehr einstellte. A Si's Uringestank aber erinnerte die Beamten im Amt für Innere Angelegenheiten wieder an diese Stelle, die nach faulem Fleisch roch. Die beiden Arten des Gestankes sollten ruhig zusammen stinken. Damit bekam die Begräbnisstelle einen ‚Spezialisten', und A Si wartete ungeduldig und gespannt, daß Nachgeburten von Prinzen des noch unverheirateten kleinen Kaisers ankämen. Es war ein leichter Posten, der zwar keine zusätzlichen Zuwendungen brachte, aber höchst bequem war. A Si fühlte sich dort einsam, entfernte sich oft heimlich vom Dienst, lief überall herum und machte lange Finger. Nach geraumer Zeit wurde er geschnappt. Nach einer tüchtigen Tracht Prügel enthob man ihn seines Ranges als Angehöriger eines Banners und warf ihn aus dem Palast.

Nachdem die Fujin gehört hatte, daß dieser weit entfernte Neffe mit seinem Bockskopf und den Rattenaugen wie ein Dieb aussah und darüber hinaus über die Fähigkeit verfügte, geräuschlos zu kommen und zu gehen, gab sie den Befehl, ihn zu rufen. Mitten ins Gesicht beschimpfte sie ihn: „Du Vieh hast mein Elternhaus gründlich bloßgestellt! Wer bist du denn, daß du es dir erlaubst, unseren Ruf zu vernichten!“ Auf den lauten Befehl der Fujin: „Herbei!“ kamen sofort ein paar kräftige Mägde herausgestürzt, die A Si zu Boden zwangen. „Erdrosselt mir dieses Vieh!“ Eine starke Magd legte ihm ein fingerdickes Seil um den Hals. A Si glich einer Ratte, die man mit einer glühenden Kohlenzange in den Hintern gekniffen hatte. Er schlug um sich und brüllte um Gnade.

„Erdrosselt ihn!“ Das Seil um A Si's Hals war noch nicht fest zugezogen, da öffnete sich seine Blase und schüttete einen Strom aus. Ein heiße Wolke von Uringestank veranlaßte die Umstehenden, sich die Nasen zuzuhalten. A Si's Kopf sackte nach unten. Er öffnete zwar den Mund, brachte aber kein einziges Wort hervor. Die Fujin winkte mit der Hand: „Bindet ihn erst einmal zusammen!“

Am darauffolgenden Tag gab sie wiederum den Befehl, A Si herzutragen, hieß ihre Dienerschaft sich zurückziehen und sprach dann mit ganz anderem Gesichtsausdruck zu ihm: „Normalerweise wäre der Zorn in meinem Herzen nicht einmal zu löschen, wenn man dich töten würde. Aber in Anbetracht der Tatsache, daß du aus der Familie meines Elternhauses kommst, schone ich vorläufig dein Leben. Von jetzt an bist du mir persönlich unterstellt. Laß ich dich nach Osten gehen, gehst du nach Osten, laß ich dich nach Westen gehen, gehst du nach Westen, du tötest, wen ich dich zu töten heiße. Die Verantwortung für das, was geschieht, übernehme ich, ganz wie man sagt: ‚Wenn der Himmel einstürzt, stütze ich ihn ab‘. Gehorchst du Wicht auch nur in einer kleinen Sache nicht, lasse ich dich sofort umbringen!“

A Si fand langsam seine Lebensgeister wieder, beeilte sich,

Kotau zu machen und ohne langes Überlegen zu schwören. Daraufhin gab ihm die Fujin drei Tage hintereinander unter vier Augen Anweisungen. Von diesem Zeitpunkt an ging A Si im Palais des Beile hin und her wie ein Gespenst, ohne Spuren zu hinterlassen. Der Beile Zaitao sagte zu seiner Frau: „Bei dem Aussehen eines Diebes, das dieser A Si hat, wozu behältst du ihn denn hier?“ Die Fujin entgegnete: „Diebe haben den Nutzen von Dieben, Räuber den von Räubern. Gebieter, versteht ihr noch nicht einmal dieses Prinzip?“ Der Beile meinte: „Du bist eine Frau und kein ‚Fürst von Xinling‘. Wozu brauchst du Gefolgsleute, die schurkische Fähigkeiten besitzen!“ Die Fujin entgegnete: „Wir haben doch ein paar Läden. Sie werden zwar sozusagen von eigenen Leuten geführt, aber wer von denen ist schon ehrlich? Ein paar Jahre nach der Eröffnung sind sie ja noch redlich, später aber wenden sie allerhand Kniffe an. Zähl doch einmal, wieviele von ihnen zwar von uns leben aber für andere arbeiten und die Ellenbogen nach außen kehren. In letzter Zeit kommen keine Einnahmen aus dem Palast mehr. Wenn wir jetzt nicht die Läden strenger überwachen, fließt das gesamte Kapital nach außen ab. In einem so großen Palais kann man nicht alles im Blick haben. Für die öligen Kerle, an die man die Läden verpachtet hat, braucht man die Sorte Leute wie A Si. Der Kerl ist wie ein Wolfshund. Er riecht es, wenn etwas nicht in Ordnung ist. Mein Gebieter, Ihr habt nur Pferde, Grillen, Laubheuschrecken, Lerchen, Privatvorstellungen und diese stinkenden…“ Beile Zaitao wußte längst, daß dem Wort ‚stinkenden‘ das Wort ‚Schauspielerinnen‘ folgen würde, und wartete deshalb erst gar nicht, bis es die Fujin aussprach. Energisch winkte er ab: „Ja, ja, ja, schon gut. Fang nicht schon wieder damit an. Wenn du den Kerl behalten willst, dann behalte ihn eben! Ich habe keine Zeit, mich um diese Kleinigkeiten zu kümmern!“ Sprach's und ging davon.

A Si bat die Fujin um etwas Geld. Einen Teil warf er zum Fenster hinaus, den Rest benutzte er dazu, Verkäufer in den Läden zu bestechen. Das waren Leute, die gewöhnlich vom Geschäftsleiter schikaniert wurden und Haß im Herzen hegten, ohne aber eine Gelegenheit zu finden, sich zu rächen. Sie wußten, daß A Si ein Inspekteur war, der von der Fujin eigens geschickt wurde, um die Geschäftsleiter zu kontrollieren. Da war keiner, der sich nicht nach Kräften beteiligen wollte. A Si brauchte nicht viel Geld einzusetzen, und schon hatte er Beweismaterial, mit dem er ein hinterlistiges Spiel treiben konnte.

Nachdem die Fujin unter den Vertrauensmännern aufgeräumt hatte, die in die eigene Tasche wirtschafteten, setzte sie neue Geschäftsleiter ein. A Si war nun zu einer Person geworden, die sich ein Verdienst erworben hatte. Obwohl er nach wie vor mit seinem abscheulichen Kopf wie ein Gespenst auftauchte und wie ein Dämon verschwand, wagte es im ganzen Palais keiner mehr, seinen Bockskopf und seine Rattenaugen zu verachten. Begegnete irgendjemand innerhalb oder außerhalb der Residenz A Si, wandte er den Kopf und bog ab. War der Weg sehr eng, und man konnte einfach nicht ausweichen, drehte man sich um und ging zurück, als ob man einem Geist begegnet wäre.

Sun Yaoting war von Natur aus kein schlechter Mensch. Als er noch auf dem Lande lebte, hatten Herr Fu mit ‚Loyalität und Toleranz' und der Mönch Jingchen mit ‚Mitleid' nicht wenige ‚Wurzeln des Guten' in ihm gepflanzt. Daß A Si vom Aussehen verabscheuungswürdig und von seinem Verhalten her zum Hassen war, kümmerte Sun Yaoting nicht allzuviel. Er wollte keinem etwas Böses antun. Daher hatten die Worte von Xiao Cui ihn nicht weiter berührt. Er verrichtete mit aller Anstrengung seine Arbeit, riß sich um jede Tätigkeit, egal, ob sie in seinen Zuständigkeitsbereich fiel oder nicht. Manche faulen alten Weiber für grobe Arbeiten erfanden Ausreden wie Kopfweh und Bauchschmerzen, um ihm das Feuermachen im Kang, das Hoffegen oder Wasserholen zuzuschieben. Xiao Cui schimpfte, wenn sie sah, daß er solche niedrigen Arbeiten auch noch mit Freude verrichtete: „Billiger Knochen, du weißt wohl überhaupt nicht, was du willst. So dumm sein und diesen hinterlistigen Weibern noch die Arbeit abnehmen. Schau dir den A Si an. Der hat schon beizeiten reichlich Geld gemacht und keiner wagt, ihn zu reizen, auch wenn er sich wie ein Hund benimmt!" Sun Yaoting entgegnete: „Schicksal! So ein gutes Karma habe ich nicht."

Im Nu war es Frühling geworden. Im Garten des Beile-Palais wechselten die Bäume sich mit Blühen ab. Nach der Pfirsichblüte kam die Aprikose, ein Baum nach dem anderen. Die Fujin gab der Reihe nach Empfänge für Fujin und Gege aus den Palais der Prinzen von Geblüt, der Präfekten und der Beile und beschenkte ihre Gäste dann mit Blüten aus den eigenen Gärten. Manchmal besuchte sie auch die anderen Palais, um den Frühling zu feiern. Nur sehr selten vermochte sie es, ruhig im Zimmer sitzen zu bleiben. Ihre Untergebenen, die sie herumkommandierte, warteten sehnsüchtig darauf, daß sie außer Haus ging. Sobald die Fujin ihren Fuß zur Tür hinaussetzte, zerstreuten sie sich in alle Winde. Die alten Frauen hockten sich hin und rauchten, klatschten und tratschten. Die jüngeren Zofen hüpften und tanzten vor Freude und suchten ihre Freundinnen auf, um mit ihnen flüsternd Geheimnisse auszutauschen. Erst wenn der Mond aufgegangen war, knarrte die Tür und A Si fegte wie der Blitz herein. Die Alkoholfahne, die einem entgegenwehte, wenn er sich hinlegte, verschlug einem den Atem.

Xiao Cui war der ‚Spazierstock' der Fujin, folgte ihr tagein und tagaus wie ein Schatten. Sun Yaoting hatte sich bereits daran gewöhnt, von Xiao Cui Verweise und Belehrungen zu erhalten, es gehörte zu seinem Alltag. Erfuhr er einmal überhaupt keine Zurechtweisung, fehlte ihm etwas. Daher war Sun Yaoting der Einzige, der sich nicht freute, wenn die Fujin das Haus verließ. Das Mittel, die Einsamkeit zu besiegen, wenn Xiao Cui nicht da war, hieß Arbeit. Hatte er die Arbeit, die ihm zufiel, getan, schaute er überall herum und half den anderen.

Eines Tages besuchte die Fujin eine Privatvorstellung im Palais eines Präfekten östlich der Brücke am Hintertor des Glockenturmes und hatte Xiao Cui mitgenommen. Daraufhin zerstreuten sich die alten Frauen und die Zofen wie üblich. Sun Yaoting hatte die Antiquitäten und Kunstgegenstände im Hauptsaal leicht abgestaubt, da fiel ihm plötzlich ein, daß man das Wasser im Goldfischbecken unter dem mit Blumen behängten Tor wechseln sollte, und er schulterte zwei an einer Stange hängende Eimer. Auf dem bunten Goldfischbecken standen die Zeichen ‚Im dreiundzwanzigsten Jahr der Regierungsperiode Qianlong vom Departement für Haushaltsangelegenheiten'. An der Außenseite befanden sich neben allen Arten von Mustern und glücksbringenden Abbildungen vier Darstellungen von Legenden. Sie handelten alle von Wassergeistern, die sich in schöne Frauen verwandelt hatten, wie das Drachenmädchen, ein Schlangengeist mit menschlichem Kopf und dem Körper einer Schlange. Jeder einzelne Geist war äußerst liebenswert gemalt, ohne den geringsten Zug, vor dem man erschrecken konnte. Die Innenseite des Beckens war von milchigweißer Farbe wie Jade und mit wogenden grünen Wasserpflanzen und Goldkarpfen bemalt. Die Goldkarpfen wirkten überaus lebendig. Manche krümmten sich beim Fressen, manche spuckten an der Wasseroberfläche Blasen, wieder andere tollten zwischen den Wasserpflanzen. In dem Becken wurden sechs, sieben Goldkarpfen gehalten, die den aufgemalten bis ins einzelne glichen. Auch sie hatten goldene Ringe vor den Kiemen. Die Karpfen entstammten dem Palast, lebten unter der Goldwasserbrücke, galten demzufolge als heilig. Es war ein magisches Fischbecken. Wann immer ein Sonnenstrahl hineinfiel, konnte man die echten und die gemalten Fische, die echten und die gemalten Wasserpflanzen nicht mehr klar voneinander unterscheiden. Sie schienen sich alle in Bewegung zu befinden. Manchmal, wenn man genauer hinschaute, war ein Fisch, der sich bewegte, nur aufgemalt, während ein anderer, der reglos schien, bei einem Schubs mit einer Stange schleunigst davonschoß. Allerdings war das Becken sehr groß. Bei einem Wasserwechsel mußte Sun Yaoting dreißig Eimer Wasser umfüllen. Jedesmal, wenn das geschehen war, tollten die Karpfen im Becken umher und jagten einander, kehrten Muscheln und Schnecken weiches Fleisch nach außen, klebten an den Wänden und suchten nach Nahrung. Sun Yaoting legte sich am Rand nieder und schaute ihnen in tiefe Gedanken versunken zu. Er träumte sich wieder in die Schilflandschaft im Kreis Jinghai. Was für ein großes Fischbecken das doch war, welch eine reiche, beeindruckende Welt in jenem Gewässer. Als er noch auf dem Lande lebte, war Sun Yaoting oft beim Anblick der spiegelgleichen Wasseroberfläche in Erstaunen geraten. Weiße Wolken spiegelten sich darin, Wildenten stiegen mit starkem Flügelschlag im Ried auf. Frösche bliesen ihre Kehlsäcke auf, Wasserläufer tanzten mit feinen Beinen genießerisch über die

Wasseroberfläche. Die Fische aber waren viel merkwürdiger. Nicht einmal einen Namen hatten sie. Sie sahen zwar grau und unscheinbar aus, nicht so vornehm und würdevoll wie die Goldkarpfen, aber sie bewegten sich kraftvoll und quicklebendig. Das hatte Sun Yaoting in den schweren Jugendjahren unendlichen Trost gegeben und Freude gebracht. Wieder streckte Sun Yaoting den Kopf zum Rand des Fischbeckens aus und sinnierte geraume Zeit.

Plötzlich hörte man vom vorderen Hof Schritte. Ein kleiner Eunuch kam eilig herbei und öffnete das Tor, das leicht angelehnt war. Dann stellte er sich mit herabhängenden Händen an die Seite. Die alten Weiber und Zofen, von denen vorhin nicht eine einzige zu sehen war, tauchten wie aus der Versenkung auf und stellten sich mit herabhängenden Armen, Ehre erweisend auf. Über das ganze Gesicht strahlend, kam die Fujin herein, angetan mit einem Qipao, einem Etuikleid, dessen pfirsichroter Grund mit goldenen Glückszeichen bestickt war, das glänzende Haar zu zwei großen ‚gezogenen Flügeln' gekämmt und Schuhe mit hohen Absätzen an den Füßen. Sun Yaoting beeilte sich, mit den anderen Sklaven vorzutreten und den Qing'an-Gruß zu entbieten. Die Fujin hob das Haupt und befahl: „Heute schenken wir allen hier, egal wer es ist, einen Yuan!" Xiao Cui, hinter der Fujin, antwortete mit dem Ruf: „Jawohl."

Der Prinz von Geblüt Qing hatte heute seinen Geburtstag gefeiert und nicht wenige hohe Adlige zu einer Privatvorstellung eingeladen. Alle Fujin und Gegen aus den Palais hatten sich zusammengefunden, um den Arien zuzuhören und Karten zu spielen. Den ganzen Tag über wurden Opern aufgeführt und Karten gespielt. Die Fujin war, insgeheim unterstützt von wer weiß welchem Heiligen, zur großen Gewinnerin geworden, nicht eine einzige Partie hatte sie verloren. Bannerleute verstanden sich gut darauf, Statussymbole zur Schau zu stellen, von den Fujin und Gege in der kaiserlichen Residenz ganz zu schweigen. Bei jedem Zusammentreffen gaben sich sogar die Ärmeren nach außen hin eine reiche Fassade, und die Reichen wollten wirklich zur Schau stellen, wie wohlhabend sie waren. Deshalb waren heute die Einsätze auf dem Spieltisch besonders großzügig gewesen. Die Fujin des Beile Zaitao war sehr glücklich über die außergewöhnliche Einnahme und deshalb besonders gut gelaunt. Aber sobald sie das Hauptgemach betreten hatte, sah sie, daß am Fuße des Präsentationsregals ein viereckiger geschnitzter Hocker aus Hartholz stand, wo er nicht hingehörte. Normalerweise stand der Hocker in der Zimmerecke, nur Sun Yaoting stellte sich darauf, wenn er die Gegenstände im Präsentationsregal abstaubte. Auf der Sitzfläche sah man klar und deutlich den Abdruck eines Schuhs.

Dem scharfen Blick der Fujin entging das nicht. Sie zog ihre Augenbrauen hoch, hob den Kopf und merkte, daß ein Fach im Regal leer war. Sie erinnerte sich deutlich daran, daß in dieses Fach ein dreifüßiges Trinkgefäß, ein Jue, mit Phönixmuster gehörte. Es war ein Gegenstand aus der Westlichen Zhou-Dynastie. Der Antiquitätenhändler hatte gesagt, es stamme etwa aus den Jahren acht- oder neunhundert vor der Zeitrechnung. Kaiserin Longyu hatte das Trinkgefäß einst dem Beile Zaitao geschenkt. Der Beile schätzte es sehr, stellte es in seinem eigenen Studierzimmer auf und schaute es oft bewundernd an. Weil die Beziehung der Fujin zur Kaiserin Longyu ganz gut war, hatte sie es sich mit der Ausrede, es als Erinnerungsstück aufzustellen, erbeten und es in ihren eigenen Katalog aufgenommen.

Xiao Cui hatte beim Betreten des Zimmers den Hocker mit dem Schuhabdruck ebenfalls gesehen und bei sich über die Schlampigkeit Sun Yaotings geschimpft. Sie wollte den Hocker rasch entfernen, hatte aber nicht gedacht, daß die Aufmerksamkeit der Fujin bereits erregt war. „Xiao Cui, was war deiner Ansicht nach ursprünglich in dem leeren Fach im Regal?" Xiao Cui hob den Kopf. Vor Schreck verschlug es ihr die Sprache. Sie war schon seit einigen Jahren in diesem Palais, und bisher war von den Dingen der Fujin noch keines verlorengegangen. Sie hatte verkündet, der Verlust eines Gegenstandes koste das Leben. „Was stehst du da und gaffst, frage ich dich", sagte die Fujin streng. „Sieht aus, als ob es der Jue mit dem Phönixmuster ist." – „Ruf mir den Sun Yaoting herbei!" Der fröhliche Ausdruck auf dem Gesicht der Fujin war längst verschwunden. Ihre Augen starrten gebannt in die Ferne.

Sun Yaoting war gerade dabei, Wasser zu tragen, um den

Bambus zu gießen. Als er sah, wie Xiao Cui in Hast und Eile herbeigerannt kam, fragte er: „Was ist los? Die Herrin schreit so." – „Dir steht das Wasser schon bis zum Hals, du bist so gut wie tot und tust noch so, als ob nichts geschehen wäre! Ich frage dich, wo ist der Jue mit dem Phönixmuster?" Sun Yaoting entgegnete: „Wo er hingehört. Ich habe ihn heute morgen noch abgestaubt." – „Der ist nicht mehr da." – „Nicht mehr da?!" Vor Sun Yaotings Augen verschwamm auf einmal alles, seine Knie wurden weich und das Herz pochte wie rasend. „Auf geht's. Die Fujin läßt dich rufen."

Xiao Cui zog Sun Yaoting ein paar Schritte vorwärts. Plötzlich hielt sie an. „Hast du es nicht getan, ist alles in Ordnung, wenn du aber dahintersteckst, kann dich keiner retten!" Sun Yaoting schwor beim Himmel: „Sich um diese Gegenstände zu kümmern, fällt in meinen Aufgabenbereich. Wer immer das Gefäß gestohlen hat, es ist nicht zu meinem Besten. Selbst wenn ich sterben müßte, wage ich doch nicht, so etwas zu tun!"

Sun Yaoting arbeitete hier seit ein paar Monaten, seine Ehrlichkeit und sein Fleiß waren der Fujin längst aufgefallen. Sie glaubte nicht daran, daß dieser Junge vom Lande wagen würde, etwas zu stehlen. Am allerwenigsten Dinge, um die er sich selbst kümmern mußte. Sie unterdrückte ihre Erregung und verhörte Sun Yaoting geduldig. Sie fragte, ob Fremde gekommen seien. Sun Yaoting sagte, er habe nicht achtgegeben. Sie fragte, wer alles jenes Zimmer betreten habe, er antwortete, daß er niemanden gesehen habe.

Die Fujin geriet in großen Zorn. Sie befahl Sun Yaoting, die Schuhe auszuziehen und ließ Xiao Cui sie mit den Abdrücken auf dem Hocker vergleichen. Es kam heraus, daß die Größe übereinstimmte, nicht aber das Hanfseil, das die Sohle mit dem Oberteil verband. Die Fujin wollte wissen, ob Sun Yaoting noch ein Paar Schuhe habe. Der antwortete, ein zweites Paar stünde unter dem Bett, und die Fujin ließ dieses Paar von jemandem holen. Es stimmte mit dem Abdruck vollständig überein!

Die Fujin war sehr gründlich. Sie wußte, daß es in dem kleinen Hof außer Sun Yaoting noch jemanden gab, der Männerschuhe anzog, nämlich A Si. Sie ließ ihn herbeirufen. Es dämmerte bereits, war aber noch hell genug. Alle wunderten sich, daß A Si heute einmal nicht zu spät kam. Er wirkte nicht im Geringsten angespannt, zog völlig ungerührt seine Schuhe aus und machte einen Abdruck auf dem Hocker: Dieser Schuhabdruck war deutlich kleiner, und auch weil das Hanfseil an der Sohle schon längst flachgerieben war, glich er dem Abdruck auf dem Hocker in keiner Weise. Die Fujin hieß A Si, sich zurückziehen, dann schlug sie auf den Kangtisch und rief im Zorn aus: „Niederknien!"

Sun Yaoting kniete sich sofort auf den Boden, seine Augen weiteten sich vor Erregung. Laut rief er: „Der Sklave hat heute morgen den Gegenstand abgestaubt, da war er noch da! Der Sklave hat nicht auf ihn geachtet, der Sklave hat den Tod verdient, der Sklave hat den Tod verdient!" Während er sprach, versetzte er sich links und rechts eine Ohrfeige.

In diesem Augenblick flüsterte Xiao Cui der Herrin mit leiser Stimme ein paar Sätze zu. Dann ging sie hinaus, kam nach einer kleinen Weile eilig zurückgestürzt und flüsterte der Fujin wieder irgend etwas ins Ohr. Diese gab den Befehl, das Blumenumrankte Tor zu schließen. Dann beauftragte sie sämtliche alten Frauen, über die sie verfügte, die Zofen und Eunuchen, im Hof und im Zimmer nach dem bronzenen Jue zu suchen. Als Belohnung für den Finder versprach sie zehn Tael Silber. Weil Sun Yaoting den Leuten gewöhnlich bei der Arbeit half, war er sehr beliebt bei den alten Frauen und Zofen. Daher halfen sie ihm sehr gern beim Suchen.

Die Fujin ließ einen Stuhl mit Rückenlehne in den Gang stellen und überwachte alles. Sie hätte nicht für möglich gehalten, daß jemand die Dreistigkeit besaß, ihr etwas unter der Nase wegzustehlen. Der Mut zu diesem Diebstahl war nicht gerade klein. Ging man vom Schuhabdruck aus, war es Sun Yaoting. Ging man davon aus, wie er sich normalerweise aufführte, sah es nicht so aus, als sei er es gewesen. Wie auch immer, es war so wie es im Sprichwort heißt: ‚Ist der Mensch arm, ist sein Wille kurz. Ist ein Hund erregt, macht er große Sprünge.' Vielleicht hatte die Armut ihn um den Verstand gebracht, und er beging Dummheiten! Die Fujin hatte eigentlich vorgehabt, Sun Yaoting prügeln zu lassen, denn sie glaubte, daß dieser Junge vom

Land die Wahrheit nicht verheimlichen würde, wenn er ein paar Peitschenhiebe bekommen hatte. Aber Xiao Cui hatte ihr ins Ohr geflüstert: „Ich gehe zum großen Tor und frage unsere Leute dort, ob am Mittag jemand hinausgegangen ist. Wenn nicht, dann muß sich das Ding noch im Palais befinden. Erst einmal sollten Sie sorgfältig danach suchen lassen, erst einmal das Ding wiederhaben. Herauszufinden, wer es gestohlen hat, dazu haben wir morgen noch Zeit. Auf jeden Fall ist es so, wie man sagt: ‚Der Mönch ist gegangen, aber der Tempel kann nicht weg'!"

Für Xiao Cui war die Sache ganz klar: Außer A Si konnte kein anderer den Jue gestohlen haben. Der Sun Yaoting, der Kleine, war noch weichherzig. Man hatte ihm einen Streich gespielt. Xiao Cui sagte davon der Fujin absichtlich nichts. Wegen der entfernten verwandtschaftlichen Beziehungen zwischen der Fujin und A Si galt er ja als Liebling, alle äußeren Angelegenheiten wurden von ihm verwaltet, und sie hatte keine Beweise. A Si, dieser Teufel, war nicht auf den Kopf gefallen. Wenn man's ungeschickt anstellte, wälzte er die Schuld noch auf einen selbst ab. Am großen Tor hatte Xiao Cui in Erfahrung gebracht, daß A Si am Nachmittag zurückgekommen war und ihn dann niemand noch einmal hatte weggehen sehen. Sie wußte nun, was zu tun war, wußte, daß der Schatz das Palais noch nicht verlassen hatte und vermutlich auch nicht den Hof verlassen würde, wo die Fujin wohnte. Also riet sie ihr, gründlich suchen zu lassen. Xiao Cui beteiligte sich nicht an der Suche, sondern stellte sich hinter die Herrin und schaute mit gleichgültiger Miene zu. Da es hieß, auf den Finder warteten zehn Tael Silber Belohnung, drehten die alten Frauen und Zofen alles um. Ein Blumentopf, von einer nach unten gedrückt, wurde gleichzeitig von drei, vier anderen festgehalten, die ihn hochheben wollten. Jede behauptete, sie hätte ihn als erste angefaßt, wenn sich darunter der Jue befinde, hätte das mit den anderen nichts zu tun. Der Topf wurde umgedreht: keine Spur von dem Jue. Nun waren alle sehr verlegen und fuhren fort zu suchen und sich darum zu streiten.

A Si ging nicht so planlos vor wie die anderen, sondern hielt sich die ganze Zeit im Bambus vor dem Fenster des Ostzimmers auf. Das sah sehr gewissenhaft aus, in Wirklichkeit war er aber gar nicht bei der Sache. Xiao Cui beobachtete ihn verstohlen. Der Kerl bohrte sich in den Bambus, trampelte wild darin herum, kam wieder heraus, umschritt den Bambus und blieb stehen. Die alten Frauen und Zofen empfanden A Si's Gestalt, die dem Geist eines Erhängten glich, als unglücksbringend. Keine von ihnen wollte ihm die Gegend streitig machen.

Nach einer geraumen Weile des Suchens schien der Jue noch immer wie weggefegt. Die Fujin hielt es nun nicht länger aus, sie wollte auch in anderen Höfen suchen lassen. Aber Xiao Cui hielt sie zurück: „Meiner Meinung nach befindet er sich doch in diesem Hof." Sprach's, nahm eine kleine Blumenhacke und sagte leise zur Fujin: „Wo der Gegenstand ist, davon habe ich schon so eine ungefähre Vorstellung. Wer der Dieb ist, da habe ich so eine Ahnung. Sehen Sie bitte selbst. Es hängt jetzt von dem Auge Ihrer Weisheit ab."

Xiao Cui ging ein paar Schritte auf den Bambus zu, kroch mit dem Oberkörper hinein, grub mit der Hacke zwei, dreimal kurz in der Erde und förderte einen Gegenstand zutage: Es war tatsächlich der Jue mit dem Phönixmuster aus der Westlichen Zhou-Dynastie. Die Frauen und Zofen stampften enttäuscht mit den Füßen auf: „Warum ist er auch ausgerechnet hier versteckt worden! Wie kommt es, daß die Zofe Cui wissen konnte, daß er ausgerechnet hier vergraben war?"

Die Fujin hatte zu achtzig, neunzig Prozent verstanden. Sie sah auf den gleichermaßen erschrockenen wie erfreuten und doch zweifelnden Gesichtsausdruck Sun Yaotings, der alle Furcht verloren hatte, als ginge ihn der Gegenstand, nunmehr endlich gefunden, überhaupt nichts mehr an. Er hatte das Vergehen der Nachlässigkeit im Dienst vergessen, auch das noch offene und ungeklärte Problem des Schuhabdrucks. Er war nur glücklich, daß eine solche Kostbarkeit nicht verlorengegangen war.

Die Miene von A Si war schwer zu deuten. Als Xiao Cui mit der Hacke den Phönixmuster-Jue ausgrub, war sie so angespannt, daß sein Gesicht totenbleich erschien. Langsam hatte es sich dann mit Haß überzogen. Das alles sah die Fujin recht deutlich. Sie ließ die zehn Tael Silber als Belohnung an Xiao Cui auszahlen und stellte keine weiteren Fragen mehr. Alles war noch eine Zeitlang beschäftigt und zerstreute sich dann schnell.

Die Fujin hatte in den letzten Tagen Grund zum Nachdenken. Es kam ihr vor, als führte A Si hinter ihrem Rücken irgend etwas im Schilde. Aber was er genau plante, wußte sie nicht. Seit er die Schliche der Geschäftsführer aufgedeckt hatte, waren ein paar Tage vergangen, aber gegen jede Erwartung hatte er nichts mehr herausgefunden. Anfangs war die Fujin sehr erfreut darüber. Sie war sehr stolz darauf, daß sie die Fähigkeit besaß, die richtigen Leute auszuwählen, das Gespür, zum Beispiel jemanden wie A Si einzustellen, um das Gift mit Gift zu bekämpfen und den Lieblingen, die von einem leben, aber für andere arbeiten, das Handwerk zu legen. Aber nach kurzer Zeit begann sie Zweifel zu hegen. Wenn die neuen Geschäftsführer in den Läden sich jetzt strikt an die Bestimmungen hielten und sich um Ehrlichkeit bemühten, wie kam es dann, daß die Einnahmen nicht nur keinen Aufschwung zeigten, sondern im Gegenteil noch Verluste entstanden? Sie fragte A Si, was es damit auf sich habe. Der verdrehte die Augen: „Wenn der Sklave da ist, wer wagt es da noch, im Trüben zu fischen! Aber wenn das Wasser zu klar ist, gibt es auch keine Fische mehr!“ Die Fujin fing darauf an, diesem Kerl zu mißtrauen.

Der Dieb, der den Jue stahl, hatte sich zwar die Schuhe von Sun Yaoting angezogen, aber Sun Yaoting hatte mit der Sache nichts zu tun. Darüber war sich die Fujin im klaren. A Si, dieser Schuft, beging, ein wenig vom Größenwahn besessen, skrupellos alle die frevelhaften Dinge. Die Fujin sah voraus, daß es nach längerer Zeit zu einem Unglück kommen würde. Da war es immer noch am besten, er würde bald ausgeschaltet. Aber neuerdings erkundigte sich A Si im Auftrag der Fujin draußen nach den Liebesaffären des Beile Zaitao, und so konnte sie nicht gleich zuschlagen.

Nach dem Abendessen saß Sun Yaoting auf der Treppe und überlegte, beide Arme um die Knie gelegt, wie der Jue in das Bambuswäldchen gekommen sein könnte. Und was war mit dem Schuhabdruck auf dem Hocker? Als er noch in seinem alten Haus in Jinghai war, hatte er die Leute reden hören, daß Fuchsheilige und Wiesel oftmals zu Geistern würden und den

Menschen solche Streiche spielten: Dinge verstecken und die Leute damit aufregen. Sun Yaoting nahm sich vor, bis zur Zeit der dritten Nachtwache zu warten, zwei Tische im Hof aufzustellen und Weihrauch und Kerzen anzuzünden. Er wollte vor den Großen Heiligen Kotau machen und sie anflehen, in Zukunft hier keinen Aufruhr mehr zu veranstalten. Während er das überlegte, wurde der Bambusvorhang vor dem Zimmer zur Seite gezogen, eine Zofe steckte den Kopf heraus und sagte zu Sun Yaoting: „He, die Herrin ruft nach dir!"

Die Fujin lag auf dem Kang im Zimmer auf der Westseite. Sie hatte sich abgeschminkt und ihr Kostüm abgelegt. Ihr Gesicht glänzte bleich. Xiao Cui hockte auf dem Rand des Kangs und massierte ihr die Beine. Sie verzog keine Miene. „Sun Yaoting, erinnerst du dich noch?" fragte die Fujin, während sie eine Betelnuß kaute. „Als du kamst, habe ich doch die Katze gleich aus dem Sack gelassen: Wie war denn das nochmal, wenn du eine Antiquität von mir verlieren würdest?"

Eigentlich hatte Sun Yaoting gehofft, jetzt, wo das Ding gefunden worden war, würde sie nichts weiter unternehmen und ihn nicht zur Verantwortung ziehen. Aber als die Fujin so merkwürdig fragte, erschrak er dermaßen, daß ihn schauerte. Sofort kniete er nieder. Er wagte nicht, die fürchterliche Frage zu beantworten, sondern wiederholte ohne Unterlaß nur den einen Satz: „Der Sklave hat den Tod verdient! Der Sklave hat den Tod verdient! Ich flehe die Herrin an, Güte walten zu lassen und den Sklaven zu begnadigen!" Die Fujin fragte: „Bekennst du dich zu deinem Vergehen?" Sun Yaoting antwortete ohne Zögern: „Der Sklave hat nicht auf den Schatz aufgepaßt, der Sklave bekennt sich zu seinem Vergehen!" – „Pfui!" Die Fujin spuckte die Betelnuß aus, an der sie kaute, und sagte mit einem kalten Lächeln: „Du billiges Stück vermagst vielleicht, eine Sache abzuschwächen. Es ist ganz klar, daß du den Gegenstand gestohlen und erst einmal eingegraben hast. Sobald sich die Aufregung gelegt hätte, wolltest du ihn dann aus dem Palais bringen und verkaufen. Freilich behauptest du, daß du nicht aufgepaßt hast. Man sieht dir wirklich nicht an, daß du so etwas fertigbringst!"

Sun Yaoting fühlte sich bei diesen Worten so, als wäre in seiner Brust ein Feuerwerkskörper explodiert, laut rief er: „Unrecht!“ Zu Xiao Cui gewandt sagte die Fujin: „Mach nach vorne Meldung, daß man mir heute abend diesen Kleinen wegschafft. Wenn man ihm sein Leben läßt, kommt er viel zu billig davon!“ Jetzt war Sun Yaoting entschlossen, alles zu riskieren, und rief mit lauter Stimme: „Der Sklave weiß, wer der Dieb ist!“

Vor dem Abendessen war er einmal in sein kleines Zimmer zurückgegangen, A Si war wer weiß wohin verschwunden. Da hatte Sun Yaoting sich die Schuhe, die zu Beweisstücken geworden waren, angeschaut und festgestellt, daß seitlich auf dem Obermaterial die Abdrücke von einem anderen Paar Schuhe aufgepreßt waren, ähnlich denen, die A Si trug: weiche Schuhe mit dünner Sohle aus dem Schuhgeschäft Neiliansheng. Da hatte er bei sich gedacht: ‚Hat mir doch dieser Schweinehund tatsächlich eine Falle gestellt. Wenn ich das jetzt der Fujin melde, heben sich wieder die Wogen, die sich gerade geglättet haben. Und es ist noch nicht sicher, wie sich dieses Miststück wehren wird.‘ Also verkniff er sich's. Es sollte ihm genügen, in Zukunft überall vor diesem Miststück auf der Hut zu sein. Daß sich die Wogen noch nicht geglättet hatten und die Fujin ihn so in die Enge treiben würde, hatte er nicht erwartet.

Seit Sun Yaoting die freie und ungezwungene Art der Bettler und ihren Heldenmut erlebt hatte, war auch er etwas mutiger geworden. Aber sein Mut war tief in der Brust vergraben, sehr tief, so daß man normalerweise nichts davon merkte. Erst, wenn er auf etwas Unerträgliches stieß, schlug bei ihm gewissermaßen der Blitz ein. Dinge, die er normalerweise nicht einmal zu denken wagte, dachte er in diesem Augenblick nicht nur, sondern tat sie auch. Jetzt war Sun Yaoting zu allem bereit. Es konnte ihm nichts Schlimmeres geschehen, als daß er zusammenpacken und sich fortscheren müßte. Jetzt, wo China doch Republik war, versuchte man noch, einem Angst zu machen, indem man ihm mit dem Tod drohte! Sun Yaoting kniete zwar, sein Kopf war gesenkt, aber den Hals hielt er gerade. Seine kleinen Pupillen stierten auf den Boden. Die Fujin vernahm sein Brüllen, fragte aber auf ihre merkwürdige Art unbekümmert weiter: „Wenn du weißt, wer der Dieb ist, dann sag's doch!“ –

„A Si!“ brachte Sun Yaoting hart die zwei Silben über die Lippen. „Hast du Beweise?“ – „Nun, der ist beim Diebstahl auf meine Schuhe getreten, auf meinen Schuhen sind seine Schuhabdrücke.“ In der Erregung verfiel er in seinen ländlichen Dialekt.

Die Fujin hieß Xiao Cui und die zwei übrigen Zofen sich entfernen. Dann ließ sie Sun Yaoting aufstehen. Ihre Stimme hörte sich nun wesentlich sanfter an. Sie seufzte: „Ich weiß auch, daß deine Mutter krank ist und du deshalb gezwungen warst, diesen Weg zu gehen. Das ist ziemlich bitter. In diesem Jahr sind auch wir kaiserlichen Verwandten in unmittelbarer Nähe des Kaisers so arm dran, daß wir bald betteln müssen, ganz zu schweigen von der Lage auf dem Lande. Wenn es in deiner Familie an Kleidung fehlt, sag's mir. Dir mit ein paar Dou Getreide und ein paar alten Kleidern auszuhelfen, ist immer noch möglich. Es lohnt nicht, sich darum Gedanken zu machen! Meiner Ansicht nach bist du im Grunde sehr ehrlich, und ich denke, du hast zum ersten Mal ein Verbrechen begangen, also begnadige ich dich dieses eine Mal. Ich lasse dir gleich vom Wirtschafter zehn Liang Silber geben, beauftrage jemanden damit, sie deiner Mutter zu überreichen, damit sie gegen die Mißernte im Frühling ankommt.“

Sun Yaoting schien es, als träume er. Er fühlte sich ungerecht behandelt, war bewegt, war erschrocken, ihm war schwindlig. Er hatte keine Kraft, sich zu rechtfertigen, er vergaß, sich für die Güte zu bedanken. Noch weniger begriff er, was sich vor seinen Augen eigentlich abspielte. Ruckartig fiel er auf die Knie. Auf den Boden lautstark aufschlagend, machte er ununterbrochen Kotau. Er wußte nicht, ob dies bedeuten sollte, die Fujin anzuflehen, ihn nach klarer Untersuchung von dem Unrecht reinzuwaschen, oder aus Dankbarkeit Tränen zu vergießen, oder irgend etwas anderes. Er wußte nur, daß er, als Xiao Cui ihn vom Boden aufhob, ganz benommen war.

Sun Yaoting wurde in sein kleines Zimmer zurückgebracht. Spät in der Nacht wachte er auf. Nach einem Blick auf den mit einem häßlichen Grinsen schlafenden A Si zitterte er am ganzen Körper. Mit einem Schlag erwachte er aus allen Träumen. Er fürchtete sich ein wenig. Dieser Kerl war doch allzu gemein und hinterlistig. Hätte nicht die Bodhisattva heimlich geholfen, wer weiß, wie es ausgegangen wäre. Sun Yaoting erinnerte sich, daß die Fujin ihm, als Xiao Cui ihn zur Tür hinausführte, aufgetragen hatte, auf jede Tätigkeit von A Si zu achten und ihr alles, was er nach außen hin unternahm, zu melden. In Sun Yaotings Ohren klang noch das spöttische Lachen von Xiao Cui: „Also kannst du doch nicht wirklich als Mann gelten! Ohne Gift kein Mann!“ Mit einem Fußtritt stieß er die Decke zur Seite und ging ein kleines Geschäft verrichten.

Am nächsten Tag bat Sun Yaoting die Fujin um einen Tag Urlaub und suchte Esel Zwei und seine Bettlerkameraden auf. Er nahm das Silber, das ihm die Fujin aus unerfindlichen Gründen geschenkt hatte, lud seine Bettlerfreunde zum Essen und Trinken in eine Wirtschaft vor dem Xuanwu-Tor ein und erzählte ihnen, wie A Si ihm mitgespielt hatte. Zum Schluß ballte er die Fäuste: „Ich beauftrage höflich alle Brüder, ein paar Tage lang ein Auge auf diesen Kerl zu haben, ihm vom ersten Schritt an, den er aus dem Palais des Beile tut, zu folgen und sich gut einzuprägen, wohin er geht, was er macht, mit wem er sich trifft.“ Esel Zwei meinte: „Du kannst beruhigt sein. Unsere Füße sind da, um durch die Straßen zu gehen, wohin, ist egal!“

Zwei Tage hintereinander kamen die Bettler und erstatteten Bericht, daß der Beile nur aus dem Palais zu gehen brauche, da hefte sich A Si schon an seine Fersen und folge ihm überall hin. Sun Yaoting schloß daraus, daß A Si offenbar auf Wunsch der Fujin den Beile Zaitao beobachtete. Von Xiao Cui hatte er gehört, daß der Beile sich in letzter Zeit mit dem Gedanken trage, eine Nebenfrau zu nehmen, es ihm aber wahrscheinlich an Geld dafür fehle. Als er sich bei der Fujin etwas beschaffen wollte, habe er sich nicht klar ausgedrückt und somit ihren Verdacht geweckt. Die Fujin wußte, daß der Beile in Geldangelegenheiten sehr verschwenderisch war. Es konnte einem Angst werden. Saß er mit eintausend Liang Silber am Kartentisch, brachte er es fertig, zweitausend Liang zu setzen. Verlor er, verkaufte er einfach Antiquitäten und Kalligraphien. Beschwor die Fujin ihn, sich zu beherrschen, lachte er: „Nur wer Geld ausgeben kann, ist ein richtiger Mann. Hat man Glück, fließt einem das Geld von selbst zu, nichts kann es aufhalten. Hat man Pech, wird man sein Geld eben los.“ Wollte der Beile aber über Geld nicht reden, dann hatte das mit Frauen zu tun. Daß er sich eine Nebenfrau nehmen könnte, war eine Hauptsorge der Fujin. Wer weiß, was für eine Person hereingebracht würde! Käme in der Brautsänfte eine verführerische ‚Fuchsfee‘, dann wäre das Palais doch wohl erledigt.

Sun Yaoting hielt den Verbleib von A Si während der letzten paar Tage gewissenhaft auf dem Papier fest, konnte seinen Bericht aber nicht der Fujin aushändigen, weil er A Si damit ein gutes Zeugnis ausstellen würde. Auf der Straße hatte er kein belastendes Material zusammenbekommen, also konzentrierte sich Sun Yaoting auf A Si's Treiben innerhalb des Palais. Er leckte ein kleines Loch in das Papierfenster ihres Zimmers. Jedesmal, bevor er eintrat, schlich er auf leisen Sohlen ans Fenster, um zunächst einmal zu horchen und durch das kleine Loch zu spähen.

Eines Tages, Zaitao hatte Gäste eingeladen und war daher nicht ausgegangen, blieb A Si einen Tag lang außer Haus. Als er dann am Abend zurückkam, begegnete er zufällig Sun Yaoting. Dem fiel ein stolzer Ausdruck in den Rattenaugen auf, als hätte A Si von irgendwoher einen Schatz bekommen. Kaum hatte A Si das Zimmer betreten, schlich Sun Yaoting leise vor das Fenster. Wie eine Katze krümmte er den Rücken, verhielt den Atem und lauschte. A Si, der Sun Yaoting zielstrebig nach draußen gehen sah, verschloß ganz ruhig von innen die Tür. Aus der Hüftgegend zog er einen kupfernen Schlüssel, stieß ihn in das große Kupferschloß an einem mysteriösen Holzkästchen und öffnete es. A Si hatte das Kästchen nie geöffnet, wenn Sun Yaoting anwesend war. Neugierig hatte jener versucht, es anzuheben, als A Si einmal nicht da war. Es war außerordentlich schwer. Ob das Holz so dick war, oder ob etwas Schweres darinlag?

Sun Yaoting sah durch das Loch, wie A Si aus seinem Schoß etliche Silberdollar holte und sie in das Kästchen legte. Dann zog er ein kleines Heft heraus. Er lauschte gespannt: nichts zu hören. Nun befeuchtete er den Pinsel, den Sun Yaoting zum Üben verwendete, mit Speichel und trug einen Vermerk in das Heft ein. Es sah aus, als ob er etwas schrieb und auch etwas zeichnete. Schließlich räumte A Si das kleine Heft wieder weg und schloß das Kästchen ab. Sun Yaoting entfernte sich leise. Er kannte das Geheimnis des Kästchens zwar nicht, folgerte aber, daß darin der Teufel steckte. Wenn er A Si an den Kragen wollte, mußte er sich eben etwas einfallen lassen, wie er das Kästchen öffnen konnte.

Als A Si am nächsten Tag fortging, paßte Sun Yaoting die Gelegenheit ab und fertigte von dem langen Kupferschloß eine Zeichnung an. Dazu lieh er sich von Xiao Cui eine Elle aus Bambus, mit der man Tuch abmaß, und übertrug die Maße des Schlosses in die Zeichnung. Anschließend wartete Sun Yaoting auf eine Möglichkeit zu verschwinden. Am Nordufer des Shishasees traf er auf einen ihm bekannten Betteljungen, den er beauftragte, die Zeichnung Esel Zwei zu übergeben und ihn zu fragen, ob er nicht helfen könnte, einen Schlüssel nachzumachen.

Nach drei Tagen brachte Esel Zwei einen Jungen mit, der wie ein Dieb aussah. Verstohlen hob der Kerl die Jacke hoch: Sein breiter Gürtel war vollbehängt mit allen möglichen Schlüsseln. Er nahm sieben, acht davon herunter und sagte zu Sun Yaoting: „Einer davon paßt bestimmt." Sun Yaoting bedankte sich erfreut und beeilte sich, die Hand nach den Schlüsseln auszustrecken. Der Kerl aber schwenkte die Schlüssel vor Sun Yaotings Augen, nahm sie wieder an sich und sagte dann mit einem diebischen Schielen: „Du kannst nicht selber öffnen! Laß mich reingehen. Jeder von uns kriegt die Hälfte, das ist die Regel!" Esel Zwei wehrte ab: „Mist! Dieser Bruder hier führt für die Herrin eine Untersuchung durch. Er ist kein Einbrecher. Einen Dreck kriegst du dafür!" Sun Yaoting holte aus seinem Schoß zwei Dollar, biß darauf und gab sie dem Kerl: „Bruder, ich bin dazu gezwungen. Da ist eine kleine Anerkennung." Der Kerl nahm das Geld entgegen und warf ihm widerwillig die Schlüssel hin: „Gib sie mir sofort zurück, wenn du fertig bist. Wenn's Ärger gibt und du mich verrätst, lege ich dich um!"

Das Wetter gegen Ende des Frühlings machte die Leute träge. Nach dem Mittag legte sich die Herrin auf den Kang zum Schlafen, und die Sklaven suchten jeder für sich eine Ecke, um leise ein Schwätzchen zu halten. Überall kehrte Ruhe ein. Nur die Schwalben, die kürzlich unter dem Dachvorsprung geschlüpft waren, kreischten ohne Unterlaß. Sun Yaoting kehrte in sein Zimmer zurück und zog die Schlüssel heraus. Sein Herz raste wie wild. In seinem ganzen Leben hatte er noch nie etwas hinter dem Rücken der Leute getan. Die Schränke von anderen zu öffnen, das war eine große Übeltat. Käme A Si plötzlich zurück und erwischte ihn, könnte nichts seinen Namen von der Schande befreien, ein Dieb zu sein. Mehrere Male hatte er Xiao Cui in die Sache einweihen, Vorschläge von ihr hören, sie vor der Tür Schmiere stehen lassen wollen, während er das Kästchen öffnete. Aber er beherrschte sich. Wenn er daran dachte, daß Xiao Cui gesagt hatte: „Du bist kein richtiger Mann", dann empfand er einen Riesenkummer. Er wollte dieser scharfzüngigen Zofe zeigen, daß auch er ein paar Schliche anwenden konnte, wie sie unter Männern üblich wären. Abgesehen davon, fürchtete er auch, daß Xiao Cui nicht den Mund halten könne. Nur ein Wörtchen verraten, und alles wäre zunichte.

Sun Yaoting schloß die Tür, endlich stocherte er im Schloß herum. Zitternd versuchte er der Reihe nach alle Schlüssel. Komisch, nachdem er alle ausprobiert hatte, paßte kein einziger. Er atmete ein paar Mal tief durch und nahm sich zusammen. Hat mich der Dieb etwa reingelegt? Aber danach sah es auch wieder nicht aus. Diese sieben, acht Schlüssel hat der Kerl anhand meiner Zeichnung ausgesucht und noch gesagt, einer davon müsse passen. Er lief zum Fenster und horchte. Alles blieb ruhig. Nur eine Hornisse flog brummend vorbei. Sun Yaoting riß sich zusammen. Er fing wieder an, mit einem Schlüssel nach dem anderen im Schloß herumzustochern. Der fünfte Schlüssel paßte. Es ertönte ein lautes „pa", der Stift des Schlosses lockerte sich und ließ sich sofort herausziehen. Wieder begann Sun Yaotings Herz wie verrückt zu klopfen. Langsam öffnete er den Deckel. Der Inhalt des Kästchens enttäuschte ihn gewaltig. Außer diesem kleinen Heft waren da zwar noch ein paar Silberbarren und Silberdollar. Aber das Gewicht rührte von drei großen Ziegeln her.

Ein Gefühl der Wut über den erlittenen Betrug ließ Sun Yaoting das Heft ergreifen und darin blättern. Nicht sonderlich geordnet waren Zahlen aufgezeichnet, Daten und Namen von Geschäften und Personen, alles sehr einfach. An Personennamen gab es einen ‚Dicken Hu' und einen ‚Chef He'. Sun Yaoting erinnerte sich dumpf, daß es die von der Fujin neu eingestellten Chefs waren. Sun Yaoting verstand das alles nicht ganz, vermutete aber, daß es sich um eine geheime Abrechnungsliste handelte. Er schaute sich ein paar Ziffern und Schriftzeichen unter dem ‚Dicken Hu' und dem ‚Chef He' genauer an und legte das Heft an seinen Platz zurück. Dann schätzte er noch einmal die Anzahl der Silberstücke in der Kiste. Er dachte gerade daran, alles auf einem Stück Papier zu notieren, als plötzlich mehrmals an den Rahmen der Tür geklopft wurde. Sun Yaoting erschrak. Sein erster Gedanke war, daß A Si zurückgekommen sei, denn nur er ging so leise hin und her. Es reichte nun wirklich nicht mehr, das Kästchen zu verschließen. A Si würde nicht so lange warten, sondern einfach das Papier durchstoßen und hereinschauen. Aber auch das war gar nicht nötig, weil es bestimmt schon eine Menge Löcher im Fenster gab, Löcher von Sun Yaoting und natürlich auch von A Si. Aber wenn er das Kästchen nicht abschloß, was dann? Sun Yaoting drehte halb benommen zwei Kreise mitten im Zimmer. Plötzlich hörte er vor der Tür leises Lachen und im Anschluß daran die Worte: „Sich gleich nach dem Essen hinlegen und schlafen wie ein Toter! Mach schnell die Tür auf!" Es war Xiao Cui. Sun Yaotings Herz, das bis zum Hals klopfte, beruhigte sich wieder.

Unfreundlich rief er in Richtung der Tür: „Ich bin gerade dabei, mir die Hose auszuziehen!" Xiao Cui sprach zum Fenster gewandt. „Pfui. Wem machst du Angst? Du schämst dich wohl gar nicht!" Sprach's, drehte sich um und sagte leise, während sie fortging: „Die Herrin ruft dich!" Sun Yaoting beeilte sich, den Deckel des Kästchens zuzuklappen und es abzuschließen. Am ganzen Körper schlaff, setzte er sich auf den Bettrand und ruhte sich geraume Zeit aus. Erst nach einer ganzen Weile erholte er sich. Dann folgte er dem Befehl.

Nun war es eigentlich so, daß Xiao Cui Sun Yaoting aus Langeweile aufgesucht hatte, um mit ihm zu plaudern. Sie wußte nicht, daß sie ihn fast zu Tode erschreckt hatte. Sun Yaoting hatte keinen Appetit, ihm war, als ob Unheil bevorstünde. Er dachte nach und kam zu dem Schluß, daß bei ihm Hopfen und Malz verloren waren. War es nicht so, daß er es einem minderwertigen Eunuchen heimzahlen wollte? Noch dazu einem Kerl, der als erster hinterhältig zugeschlagen hatte. Schon lange wußte Sun Yaoting, daß auch die Eunuchen Li Lianying, Zhang Dehai und dieser fröhliche Xiaode Zhang anfangs andere mißhandelt, geschädigt und mißbraucht hatten. Keiner von ihnen, der nicht Gift im Herzen und die Hände von Wölfen gehabt hätte. Neuerdings war A Si zu einer Schlange geworden, die sich ihm in den Weg stellte. Beseitigte er ihn nicht, würde früher oder später er von ihm gebissen. Also besser, gleich zuschlagen. Sun Yaoting spornte sich heimlich selber an. Er war entschlossen, das äußerste zu wagen. Ginge es schief, würde er sich auf und davon machen.

Nach dem Abendessen befahl die Fujin mit wütendem Gesichtsausdruck der Zofe Jinfeng, eine Laterne anzuzünden und ihr zum Studierzimmer des Beile Zaitao voranzugehen. Keiner wußte, was wieder los war. Xiao Cui paßte eine Gelegenheit ab, zog Sun Yaoting auf die Seite und fragte leise: „Was warst du die letzten zwei Tage so geistesabwesend?“ – „Hab‘ an meine Mutter gedacht“, druckste Sun Yaoting herum. „Du wirst doch nicht mehr gestillt, du Dummkopf. Noch nicht mal richtig lügen kannst du.“ Sun Yaoting sagte nun überhaupt nichts mehr. Xiao Cui versuchte es noch eine ganze Weile, brachte aber nichts aus ihm heraus. Sie ahnte, daß in seinem Inneren etwas Umwälzendes vor sich ging, wußte aber nicht was.

Die beiden saßen schweigend da, als die Fujin wütend zurückkam. Auf ihren Wangen hingen noch Tränen. Xiao Cui sagte leise zu Sun Yaoting: „Die Tränen hat alle dieser Kerl, der A Si, verursacht. Was er in den zwei Tagen wohl über den Gebieter, den Beile, draußen in Erfahrung gebracht haben mag. Nachmittags ist er gekommen, um der Fujin etwas zuzuflüstern. Der Beile ist halt ein gütiger Mensch, deshalb fügen ihm solche Kreaturen Schaden zu!“

Sun Yaotings Herz gab es einen Ruck. Ihm war eingefallen, daß er noch den Bericht über die jüngsten Unternehmungen des A Si in Händen hatte. Warum sollte er A Si eigentlich nicht dem Beile zum Fertigmachen übergeben! Er schaute Xiao Cui an, die einen wütenden Blick zurückgab. Sun Yaoting machte ein Gesicht, als ob ihn das überhaupt nicht bewege, erhob sich, streckte sich und gähnte: „Wes Brot ich ess, des Lied ich sing, das ist eine unabänderliche Wahrheit. Ach, meine Kleinigkeiten gehen dich nichts an. Ich lege mich schlafen."

Sun Yaoting war entschlossen, sofort zum Beile zu gehen. Studierzimmer und Schlafzimmer des Beile Zaitao lagen seitlich des Blumengartens. Das kam in den Palais der Hauptstadt äußerst selten vor, aber bei den Palais der Beile hatten sich die Architekten ursprünglich nicht an die strengen Regeln gehalten, die für Königs- oder Gouverneurspalais galten. Der Beile Zaitao fand ebenfalls keinen Gefallen an den altmodischen Gebäuden mit ihrer toten Atmosphäre im Stil von Ahnentempeln und hatte im Hof und vor dem Fenster seltene Blumen und Gewächse gepflanzt. Im Frühling blühten hier Aprikose und Pfirsich, im Sommer Seerosen, im Herbst Chrysanthemen und im Winter wuchsen Wachspflaumen. Sun Yaoting nutzte die nächtliche Dunkelheit und trat in den Garten. Gerade wollte er an dem Blumenumrankten Tor anklopfen, als er plötzlich hörte, daß von innen jemand kam. Weil er nicht von anderen gesehen werden wollte, versteckte er sich rasch. Heraus trat Eunuch Wu. Sun Yaoting wollte schon vortreten, ihm sagen, weshalb er gekommen sei, und ihn um Rat bitten. Aber er wußte, daß Eunuch Wu in seinem Verhalten sehr vorsichtig war. Bestimmt würde er ihn gehörig ausschimpfen, und er könnte nicht das geringste erledigen. Also nahm er sich zusammen und wagte nicht, einen Ton von sich zu geben. Eunuch Wu trat, eine Laterne in der Hand, heraus. Als er die Tür anlehnte, rief er laut nach drinnen: „Liuzhir, lege den Torriegel vor!" Sprach's und ging die Treppe hinunter. Liuzhir war schon alt und wahrscheinlich taub. Er erschien nicht, um die Tür zu schließen. Sun Yaoting dachte sich: ‚Ich komme ganz heimlich und leise, melde mich auch nicht an. Auf jeden Fall habe ich eine geheime Nachricht bei mir, der Beile kann mir's nicht krumm nehmen' und drückte sich durch den Türspalt. Auf der Treppe zum eigentlichen Zimmer angelangt, wollte er eben den Eunuchen der Nachtwache rufen, damit er ihn dem Beile melde, als ihn plötzlich mit lautem „Wu" und „Wau" ein großer Hund ansprang und in den Hintern biß. Sun Yaoting schrie erschrocken auf, drehte sich um und lief hinaus. Er hatte ein Bein draußen, für das andere reichte es nicht mehr, da verbiß sich der Hund, der ihm nachsetzte, in seine Hosentaschen und ließ nicht mehr los.

Liuzhir kam eilends aus dem kleinen Haus gerannt und rief den Hund zurück. Als er Sun Yaoting sah, fragte er erschrocken: „Bist du nicht Sun Yaoting, der an der Seite der Fujin dient? Wozu bist du hier?“ Mißtrauisch musterte der Alte Sun Yaoting von oben bis unten. Er traute ihm nicht. Jeder im Palais wußte, daß er sich mit den Bettlern eingelassen hatte. Sun Yaoting rieb sein Hinterteil, seine Hand bedeckte sich mit klebrigem Blut. Liuzhir scherte sich überhaupt nicht um das schmerzverzerrte Gesicht Sun Yaotings, sondern nahm ihn im Gegenteil noch nach Kräften ins Verhör: „Ich frag‘ dich. Was hast du hier zu suchen?“ In weinerlichem Tonfall entgegnete Sun Yaoting: „Ich möchte den Beile Gebieter sprechen!“ Das Hundegebell hatte den Beile, der verwirrt im Zimmer auf und ab ging, erschreckt, und er trat hinaus, um nachzusehen.

Sun Yaoting unterdrückte beim Anblick des Beile schleunigst den Schmerz und entbot den Qing’an-Gruß. Dann sagte er: „Der Sklave hat eine wichtige Angelegenheit, die er berichten möchte!“ Beile Zaitao hieß Sun Yaoting zum Reden ins Studierzimmer gehen. Alles in diesem Raum, von den Deckenbalken, Schwingtüren und Fenstern, bis hin zum Bücherregal, dem Antiquitätentisch, den Stühlen, dem Teegerät, war aus goldenem Nanmuholz gefertigt. Aus einem jadenen Räuchergefäß auf dem Räuchertisch quoll feiner Rauch. Ein merkwürdiger Duft erfüllte das Zimmer. Überall lagen alte Bücher, Kalligraphien, Musikinstrumente, Schwerter, seltsame Steine, alte Münzen. Alles war uralt, aber ohne Reichtum und Vornehmheit übermäßig zu betonen.

Sun Yaoting hatte nicht die Ruhe, sich umzusehen. Er verbiß seinen Schmerz und sagte zum Beile: „Daß vor einiger Zeit Bettler vor dem Palais Krawall geschlagen haben, ist ein großes Mißgeschick, das der Sklave verursacht hat. Aber der Gebieter zeigte sich mildtätig, verzichtete auf Bestrafung des Sklaven und schickte ihn unverdienterweise auch noch zu einem gehobeneren Dienst. Obwohl der Sklave weniger wert ist als Gras, weiß er doch, daß die Güte des Gebieters groß ist wie ein Berg. Besser, sie ihm in dieser Welt vergelten, als in einer künftigen Zeit...“

Zwar brannte Sun Yaotings Hinterteil wie Feuer, doch die Worte, die er auswendig gelernt hatte, waren ihm trotzdem nicht ganz entfallen. Wider Erwarten winkte der Beile aber ungeduldig ab: „Schon gut, schon gut! Sag' gleich, was es gibt!" Verlegen holte Sun Yaoting aus seiner Kleidung ein kleines Blatt Papier und reichte es mit vorgestreckten Händen dem Beile: „Gebieter, Ihr seid auf einen niederträchtigen Menschen gestoßen. Dieser A Si beobachtet Euch nicht erst seit ein paar Tagen. Hier steht geschrieben, wo er in jüngster Zeit war." Beile Zaitao nahm das Papier entgegen und streckte die Hand aus, um die Lampe höher zu drehen. Mit einem Mal war es wesentlich heller im Raum. Im Schein der Lampe las der Beile alles genau durch, blinzelte zur Zimmerdecke hinauf, als ob ihm gerade etwas einfiele, und Sun Yaoting sah, wie das rechteckige breite Gesicht des Beile sich etwas straffte und sein rechtes Auge sich zu einem Schlitz verengte. Das bedeutete, über A Si brach ein Verhängnis herein.

Eunuch Wu hatte Sun Yaoting, als jener vor kurzem das Mißgeschick herbeigeführt hatte, eine Begebenheit erzählt: Einmal war der Beile mit einer Gruppe königlicher Prinzen vor der Stadt beim Wettreiten. Der Sohn des königlichen Gebieters Nayantu und dessen Neffen nahmen mit ihrem Reitlehrer daran teil. Jener Lehrer war, wie der Prinz, ein Mongole. Weil er wußte, daß es zwischen Beile Zaitao und dem Königspalais Meinungsverschiedenheiten gab, und er sich beim König einschmeicheln wollte, plante er, Beile Zaitaos Pferd während des Rennens zum Stolpern zu bringen, damit dieser vom Pferd fiele. Woher hätte er wissen sollen, daß sich Beile Zaitao bei seinem Studienaufenthalt in Deutschland ausgerechnet mit den Kampftechniken der Kavallerie vertraut gemacht hatte und ein gut dressiertes deutsches Rassepferd ritt. Der Reitlehrer war kein ebenbürtiger Gegner. Eisernen Gesichts hatte der Beile damals sein rechtes Auge zusammengekniffen, aus dem linken hatte Mordlust geblitzt. Ein Peitschenhieb von ihm hatte genügt, um den Reitlehrer vom Pferd zu holen, der sich bei dem Sturz das Rückgrat brach. Die Anwesenden waren vor Schreck alle aschfahl geworden. Seitdem war der Satz in Umlauf: „Beile Zaitao kneift das rechte Auge zusammen – viel Unglück, wenig Gutes."

Als der Beile tief in Gedanken versunken war, ließ Sun Yaoting heimlich die Hände an der Hüfte hinabgleiten und rieb sich das Hinterteil. Die Hände wurden klebrig feucht, und als er sie betrachtete, waren sie voller Blut. Das hatte der Beile beobachtet. Er befahl Sun Yaoting, sich umzudrehen. Angesichts der zerrissenen Hose und der Hundebisse holte er ein paar Silberdollar und warf sie auf den Tisch: „Geh zum Arzt", sagte er. „Was sich auch immer da drüben ereignet, berichtest du mir. Geh jetzt!" Sun Yaoting dankte für die erwiesene Güte, steckte die Silberdollar ein und tastete sich, das Hinterteil haltend, krumm und schief zur Wohnstatt der Fujin zurück.

Die Fujin schlief schon, und Xiao Cui saß nicht in der Haupthalle. Also schlich sich Sun Yaoting vor ihr Fenster und klopfte leise zweimal an den Rahmen. „Wer ist es?" – „Komm' doch mal raus." Xiao Cui, die ein grünes, enganliegendes wattiertes Jäckchen übergeworfen hatte, steckte den Kopf zum Fenster heraus: „Wozu?" – „Ich bin von einem Hund gebissen worden. Gib' mir doch ein paar Tuchstreifen!" Xiao Cui öffnete die Tür einen Spalt, streckte den glatten und geschmeidigen Arm heraus, packte Sun Yaoting am Hals und zog ihn hinein. Es war eine kleine Kammer auf der Ostseite des Hauptzimmers und vom Schlafzimmer der Fujin nur durch eine Wand getrennt. Xiao Cui wohnte allein dort. Sie war gerade dabei gewesen, im Bett zurückgelehnt zu sticken, bekleidet nur mit einer roten Unterschürze. Ihre zarten weißen Schultern und Arme waren entblößt, denn das Jäckchen, das sie sich umgelegt hatte, rutschte immer wieder herunter. Xiao Cui nahm ein Stück schneeweiße Seide aus dem Behälter für Nähzeug und fragte barsch: „Wo bist du verletzt?" – „Am Hintern. Da braucht's nicht so eine gute Seide, gib mir irgendeinen Stofflumpen und laß mich das selber machen!" – „Ha, bist du aber tüchtig. Hast du hinten ein Auge?" sagte Xiao Cui immer noch unfreundlich. Dann aber fuhr sie amüsiert fort: „Wer weiß, welcher Wachhund dich beim Stehlen erwischt und gebissen hat. Wenn du dich nicht hier versorgen läßt, mußt du gehen und dich von A Si verbinden lassen. Willst du das? Du glaubst doch nicht etwa, daß ich in deinen blöden Hintern verliebt bin!"

Sun Yaoting geriet bei der Erwähnung von A Si in Erregung, der durfte keinerlei Verdacht schöpfen. Aber sich vor Xiao Cui zu entblößen, schämte er sich dann doch. „Wovor hast du noch Angst? Um Himmels willen, eine Menge Bißwunden!“ Xiao Cui rieb mit einer Hand die Haut um die Bißwunden, mit der anderen preßte sie mit aller Kraft das Blut heraus. „Das Blut ist ja schon geronnen. Als ich noch klein war, habe ich in meiner Freizeit mit Hunden gespielt und bin von den Biestern auch gebissen worden. Mein Vater hat dann ebenso gepreßt.“ Xiao Cui's zärtliches Reiben und Streicheln erinnerte Sun Yaoting daran, wie er sich, als er noch klein war, beim Hinfallen eine Riesenbeule geholt hatte. Damals hatte seine Mutter auch so leicht gerieben. Seit er von zuhause weg war, hatte er nie wieder solche Fürsorge erfahren, Wärme erfüllte sein Herz.

Nachdem Xiao Cui das schmutzige Blut ausgedrückt hatte, brachte sie weißen Puder aus der Provinz Yunnan und verrieb ihn auf der Wunde. Danach legte sie auf Sun Yaotings Hinterteil die weiße Seide. Als sie nun mit beiden Händen je einen Zipfel nach vorn winden wollte, errötete sie plötzlich und sagte mit leiser Stimme: „Nimm's und mach es selber vorne fest!“ Sun Yaoting ergriff schleunigst die Tuchzipfel, band sie unordentlich in der Bauchnabelgegend zusammen, zog die Hose hoch und wollte sich davonmachen. Xiao Cui hielt ihn am Kragen fest: „Sag mir ehrlich, wo du vorhin warst!“ Sun Yaoting, der diese Frage gefürchtet hatte, wich aus: „Es ist schon spät. Morgen sage ich es dir.“ Er wand sich, um seinen Hals frei zu bekommen, und ging. Das Lämpchen in seinem Zimmer brannte ganz niedrig, sicher war das Öl im Behälter auf dem Tisch bald alle. A Si knirschte im Schlaf mit den Zähnen. ‚Der Kerl frißt vermutlich Menschen im Traum!‘ dachte sich Sun Yaoting.

Am nächsten Tag verbiß er seine Schmerzen, ging zur Fujin und entbot ihr den Qing'an-Morgengruß. Nachdem er ihr Glück gewünscht hatte, streifte er mit den Augen Jinfeng, die an der Seite stand, und brachte stotternd heraus: „Der Sklave hat eine Angelegenheit, die er nicht...nicht...zu sagen wagt.“ – „Nur heraus damit. Der Himmel wird schon nicht einstürzen!“ Sun Yaoting sah wieder zu Jinfeng. Die Fujin bemerkte das, drehte den Kopf zu der Zofe und sagte: „Die Shaoyao-Päonie in der Vase dort stammt von vorgestern. Sie ist schon verwelkt, und dir fällt nicht ein, eine frische hineinzustellen. Woran du von früh bis spät bloß denkst. Geh in den Garten und pflück eine neue!“

Erst als er sah, daß Jinfeng aus der Tür war, sagte Sun Yaoting leise: „Der Sklave hat bei A Si einen Kasten zum Geldaufbewahren gesehen. Er steckt andauernd Geld hinein. Der Kasten ist so schwer, daß man ihn mittlerweile nicht mehr heben kann. Dann ist da auch noch ein kleines Heft, vermutlich ein Rechnungsbuch. Der Sklave hat nur aus einer Fensterritze zugesehen und weiß wirklich nichts näheres. Aber weil er fürchtet, daß an dem Weg, auf dem das Geld kommt, etwas nicht in Ordnung ist, wagt der Sklave, Meldung zu machen. Es könnte ja etwas nach außen dringen, Ärger anrichten und unser Beile-Palais um seinen guten Ruf bringen. Es geschieht wirklich nur aus Ergebenheit Euch gegenüber, Herrin.“

Die Fujin dachte lange über die Worte nach. A Si hatte schon seit langem nicht mehr über den Stand der Geschäfte des eigenen Hauses berichtet. Sie machte sich Sorgen, daß diese aalglatten Geschäftsführer ihr Auge und Ohr A Si verdorben und auf ihre Seite gezogen hatten. Sie hatte den Fall A Si vorerst beiseitegeschoben, weil ihr die Angelegenheit mit der Nebenfujin des Beile unter den Nägeln brannte. Um mit dieser lästigen Sache endlich fertig zu werden, hatte die Fujin gestern abend die Karten auf den Tisch gelegt. Sie und der Beile waren gewaltig aneinandergeraten, aber dabei war nichts herausgekommen. Sie war sehr schlecht gelaunt und brauchte ein Ventil zum Dampfablassen. Als sie gehört hatte, was Sun Yaoting da sagte, stieg sofort der Zorn in ihr hoch. Unverzüglich gab sie Sun Yaoting den Befehl, den Hausverwalter zu rufen und das Kästchen aufzumachen. Heft und Geld, die beim Öffnen gefunden wurden, besiegelten das Geschick A Si's. Sun Yaoting hatte dem zornigen Ausdruck der Fujin entnommen, daß A Si, entginge er auch der Bestrafung durch den Beile, einer Bestrafung durch die Fujin sicher sein konnte. Er war sehr stolz darauf, zwei Eisen im Feuer zu haben, und dachte, daß dieses Vorgehen nicht hinter dem eines Li Lianying und Xiaode Zhang zu ihrer Zeit zurückstehen würde, und bereute sogar, daß er nicht schon früher so klug gewesen war. Dann wären solche günstigen Umstände schon eher eingetreten. Voller Ruhe erwartete er nun den Beginn einer guten ‚Theatervorstellung'.

Als die Zikaden am Nachmittag dieses frühen Sommertages freudig zirpten, lieh Sun Yaoting sich von Xiao Cui einen kleinen Spiegel, kehrte damit in sein Zimmer zurück, zog die Hose herunter und betrachtete die Hundebisse. Plötzlich hörte er in einiger Entfernung menschliche Laute, die allmählich näherkamen. Sun Yaoting zog eilends die Hosen hoch und ging hinaus, um nachzusehen. Ein paar kräftige Kerle trugen einen hölzernen Türflügel, auf dem A Si lag. Das Hosenbein war am Unterschenkel voller Blutspuren, er hielt die Augen fest geschlossen, sein Gesicht war aschfahl, er wirkte wie tot. Die Leute legten ihn aufs Bett und gingen. Nach einer Weile steckte der Generaleunuch seinen Kopf ins Zimmer. Sun Yaoting fragte: „Alter Gebieter Fan, was ist denn mit A Si?" – „Der ist an einer Ecke am Caishikou von irgendjemandem geschlagen worden, es heißt, ein Unbekannter hätte ihn grundlos mißhandelt. Ein Schlag mit dem Stock, und schon war das Bein gebrochen. Gerade hat die Fujin den Befehl erlassen, daß man mit der Untersuchung beginnen soll, sobald er wieder zu sich gekommen ist. Ha, geschieht ihm ganz recht!" Sprach's, drehte sich um und ging.

Sun Yaoting verharrte erschrocken geraume Zeit im Hof, sein Herz klopfte ein wenig. Obwohl es hieß, daß A Si selbst schuld war, stand die jetzige Entwicklung nicht doch mit seinem Verrat in Verbindung? A Si gab im Zimmer ein paar Laute von sich. Sun Yaoting eilte hinein, füllte eine Tasse halb mit kaltem Tee und setzte sie ihm an den Mundwinkel. Die Flüssigkeit rann tropfenweise über die trockenen geöffneten Lippen. Der Kerl konnte also noch schlucken. Zur Zeit des Abendessens erbat Sun Yaoting in der Küche eine halbe Schüssel Hirsebrei und fütterte A Si ganz langsam mit einem Löffel. Xiao Cui kam bis zur Türschwelle und lachte spöttisch: „Du bist aber mitleidig!"

Sun Yaoting fütterte weiter mit gesenktem Kopf und hob nicht einmal die Augen. Gestern wollte er Xiao Cui noch von seinem geheimen Plan erzählen, fühlte sich aber heute überhaupt nicht in der Stimmung dazu. In diesem Augenblick war ihm, als ob er neben sich die trostlose Stimme des Mönches Jingchen singen hörte:

„Eine Zunge von drei Zoll beschwört den Haß der Wesen ein Leben lang. Was für Feindseligkeit? Was für Groll? Alle Methoden ausgenützt, und man läßt immer noch nicht locker, ist den ganzen Tag lang unglücklich. Selbst auf dem Weg zu den Gelben Quellen streitet man noch ohne Unterlaß..."

Sun Yaoting war der Auffassung, einen solchen Kummer hätte A Si's Schlechtigkeit doch nicht verdient. Falls A Si sterben würde, müßte er karmische Vergeltung auf sich nehmen. Und erschiene der Kerl, der schon zu Lebzeiten stets daran dachte, anderen übel mitzuspielen, als Gespenst, weil er gewaltsam zu Tode gekommen war, dann ließe er ihn bestimmt nicht wieder los! Sun Yaoting lief es kalt den Rücken hinunter und seine Haare sträubten sich. In diesem Augenblick öffnete A Si plötzlich die Augen und sah Sun Yaoting, der die Schüssel mit Hirsebrei in der Hand hielt. Zwei Tränen flossen ihm aus den Augenwinkeln und der Blick dieses Halbtoten, der einem Erhängten-Gespenst glich, belebte sich.

Am nächsten Tag hatte A Si sich ein wenig erholt. Er klagte nur, daß sein Bein schmerze. Die Fujin schickte den Generaleunuchen, der ihn über das Rechnungsbuch und das Geld verhören sollte. Diesmal war A Si sehr folgsam. Mit leiser Stimme beantwortete er die Fragen des Generaleunuchen. Wahrscheinlich war er der Auffassung, daß er sterben müsse. Also verschwieg er nicht die geringste Teufelei hinsichtlich des Geldes, bei der er mit den Geschäftsführern der Läden gemeinsame Sache gemacht hatte. Am dritten Tag war das Bein dick geschwollen und schwärzlich angelaufen, weil es keiner Behandlung unterzogen wurde. Oft hatte A Si so starke Schmerzen, daß er ohnmächtig wurde.

Der Generaleunuch sagte zur Fujin: „Jetzt naht bald das Drachenbootfest. Da kann man den A Si nicht im Palais sterben lassen. Das bringt Unglück!" Sie antwortete: „Laß seine Mutter ihn fortschaffen, und zwar spätestens morgen!" Einen Tag später kam der Stiefvater von A Si mit einem Ochsenkarren, A Si abzuholen. Er war kaum zur Tür herein, als er auch schon auf den Kranken zeigte und schimpfte: „Warum hat man dich nicht gleich erledigt? Warum machst du uns auch noch die Arbeit, dich Vieh zum Sterben abzuholen! Wenn du etwas Charakter hättest, würdest du beim Verlassen des Palais sterben. Dann könnte ich dich begraben und würde vermeiden, Unglück in mein Haus zu bringen!" A Si sagte überhaupt nichts, schaute nur starr auf Sun Yaoting und sagte: „Ich fühle mich dir gegenüber schuldig. Ich vergelte es dir in einer künftigen Existenz." A Si wurde aus dem Hintertor hinaus auf den Ochsenkarren gelegt. Er streckte eine Hand, trocken wie Brennholz, aus, winkte Sun Yaoting noch einmal und wandte dann seinen Kürbiskopf ab. Sun Yaoting allein verabschiedete ihn, schaute zu, wie der Ochsenkarren sich entfernte. Erst, als er ihn nicht mehr sah, ging er hinein. Im Zimmer lag die Kiste, in der A Si das Geld aufbewahrt hatte, noch mit geöffnetem Deckel da. Nur die drei Ziegel waren übriggeblieben. A Si hatte nichts mitgenommen. Nie mehr würde er zurückkehren.

In der Nacht hörte Sun Yaoting draußen vor dem Fenster ein Geräusch, als ob jemand riefe. Da dachte er sich, daß es sicher A Si sei, der zurückgekommen war. Er erinnere sich bestimmt noch an die Kiste mit dem Geld und dem Rechnungsbuch! A Si hatte Pech gehabt. Die gesamte Dienerschaft des Palais klatschte vor Freude in die Hände. Nur Sun Yaoting war geraume Zeit ganz lustlos, als wäre ihm ein Bruder gestorben. Sobald es auf den Abend zuging, fuhr es ihm kalt den Rücken hinunter, und ihm war immer, als stünde A Si direkt hinter ihm und ein Gespenst wolle ihm mit den Fingernägeln den Hals zudrücken. Wenn es dann hell wurde, sagte er zu Xiao Cui und Jinfeng: „Gestern abend war A Si hier." Xiao Cui lachte über ihn: „Der hat sich doch nur einen Unterschenkel gebrochen. Davon stirbt er doch nicht! Du mußt ihn ja sehr vermissen, wirst ja bald wahnsinnig vor Sehnsucht!"

Am hellichten Tag beunruhigte ihn zwar nicht A Si, aber eine andere Sache bereitete ihm Herzklopfen. Daß er in jener Nacht im Hof des Beile von dem Hund gebissen worden war, hatte der alte Liuzhir anderen Eunuchen als Witz weitererzählt. Die Kerle foppten ihn damit und wollten die Bißwunden auf seinem Hintern sehen. Sun Yaoting war ja heimlich, hinter dem Rücken der Fujin, zum Beile gegangen. Wenn diese Sache von irgendeinem weitererzählt würde, könnte die Fujin davon erfahren. Und der Mund des Beile Zaitao war auch nicht unbedingt dicht. Falls das herauskäme, könnte auch er in die Hände der Fujin geraten! Wie Xiao Cui ihm heimlich erzählt hatte, war die Fujin, seit A Si gegangen war, außerhalb des Palais ohne Ohren und Augen. Ihr schien, als erführe sie überhaupt nichts mehr. Zu Xiao Cui sagte sie: „Meiner Meinung nach ist der Sun Yaoting, dieses Kind, noch einigermaßen ehrlich, die Arbeit von A Si würde ich gern ihm übertragen. Was meinst du dazu?" Xiao Cui hatte geantwortet: „Wollen Sie denn den Tod des Jungen? Der mit seinem Holzkopf und seinem Herzen so weich wie gelierter Bohnenpudding, wie will der mit den durchtriebenen Kerlen von Geschäftsführern fertigwerden!" Da hatte die Fujin nichts mehr gesagt.

Xiao Cui und Sun Yaoting hatten sich überlegt, daß man nicht sicher sein könne, daß die Fujin ihn irgendwann einmal doch zu diesem Dienst schicken würde. Sun Yaoting dachte scharf und gründlich nach, er hatte etwas zu fürchten. Einige Tage überlegte er hin und her, dann endlich hatte er sich zu einer Entscheidung durchgerungen. Er wollte den Beile bitten, sich etwas auszudenken, daß ein anderer zur Verrichtung der gehobeneren Dienste geschickt würde, für die Sun Yaoting von der Fujin eingesetzt werden sollte. Nachdem er sich entschieden hatte, beriet er sich noch mit dem Eunuchen Wu. Der meinte: „Daß du an der Seite der Fujin Dienst tun darfst, fürchte ich, ist schon der Gipfel des Glückes. Jetzt kannst du nur noch langsam tiefer sinken. Mach doch mal die Augen auf und schau' dich um, wer dem Beile dient. Keiner, der nicht hübsch anzusehen wäre. Keiner folgt ihm, der nicht aufgeweckt wäre. Ich rate dir, träum' bloß nicht davon." Sun Yaoting entgegnete: „Wenn man tiefer sinkt, was für Dienste muß man dann verrichten?" Eunuch Wu antwortete: „Natürlich die niedersten Dienste. Es gibt da eine Menge Arbeiten, sich um Pferde, Hunde, Vögel und Grillen kümmern und vieles andere. Meiner Meinung nach paßt es zu dir, solche Dienste zu verrichten. Du hast doch auf dem Land Hühner, Hunde und Kaninchen gefüttert."

Seit Sun Yaoting die Sache mit den Bettlern heraufbeschworen hatte, war Eunuch Wu der Meinung, daß Sun Yaoting zwar nach außen hin sehr ruhig wirkte, in Wirklichkeit aber voller Unruhe steckte. Er wollte sich nicht mehr um dessen Angelegenheiten kümmern. In letzter Zeit hatte er gesehen, wie gut Sun Yaoting bei der Fujin seinen Dienst verrichtete und auch noch Glück hatte – ein gutes Vorzeichen. Und nun wollte der Junge mit aller Gewalt einen Weg nach unten einschlagen. Also nannte er ihm eine Menge untergeordneter Tätigkeiten, um ihn davon abzubringen. Daß Sun Yaoting es ernst meinte und ihn auch noch bat, beim Beile ein gutes Wort für ihn einzulegen und zu sagen, daß ihm jeder Dienst recht sei, zu dem der Beile ihn einteilen würde, hätte er nicht gedacht Er antwortete: „Du kannst auch selber hingehen. Ich kümmere mich nicht um deine Kleinigkeiten!"

Sun Yaoting blieb nichts anderes übrig, als selbst zum Beile zu gehen. Beile Zaitao nahm tatsächlich Rücksicht auf seine Gefühle, schaute den Dreikäsehoch an und meinte: „Geh zum Grillenzüchten!" Sun Yaoting freute sich bei diesen Worten. Grillen züchten? Das war doch wie spielen. Sogleich verrichtete er geräuschvoll Kotau, um sich für die Güte zu bedanken.

Am nächsten Tag teilte der Generaleunuch der Fujin mit, daß der Beile Sun Yaoting zum Grillenzüchten wolle. Die Fujin entgegnete: „Xiao Cui und Sun Yaoting sind die Einzigen, die mich zufriedenstellen, Ungeziefer kann doch jeder züchten, warum hat er ausgerechnet ein Auge auf einen meiner Leute geworfen?" Als Sun Yaoting sich mit Kotau von der Fujin verabschiedete, täuschte er Trauer vor. Die Fujin sagte: „Geh' erst mal eine Weile dorthin und versieh deinen Dienst. Früher oder später fordere ich dich zurück, damit hat es sich dann."

Xiao Cui ließ Sun Yaoting in ihr Zimmer kommen. Er sah, daß ihre Augen leicht gerötet waren, als ob sie geweint hätte. Sie war etwas merkwürdig. Haßerfüllt brachte sie heraus: „Daß man sagt, unter den schwächlichen Menschen gibt es wahre Leoparden, ist tatsächlich richtig. Du sagtest, daß du weg möchtest, und jetzt gehst du tatsächlich. Mann, kommst du vielleicht herum! Wenn man bedenkt, daß es noch gar nicht lange her ist, seit du im Palais bist!"

Sun Yaoting quittierte diese Worte mit Lachen: „Habe ich

das nicht vorher mit dir abgesprochen? Und dann verlasse ich ja auch das Palais nicht." Xiao Cui seufzte, starrte aus dem Fenster und sagte: „Ach, Schluß damit. Ich mache mir ja auch vergeblich Mühe um ..." Sun Yaoting war wie benommen und wußte nicht, was er sagen sollte. Er verstand nicht, worüber diese Zofe, an der man sich die Finger verbrennen konnte, am heutigen Tag so trübsinnig war. Zum Schluß schob Xiao Cui Sun Yaoting hinaus und sprach: „Geh nur, geh nur, gesell dich zu den Grillen. Nimm dieses Paar Schuhe mit." Sie zog ein Paar grüner Stoffschuhe unter der Matratze hervor und stopfte sie Sun Yaoting in den Schoß. Sun Yaoting wurde es heiß, sein Mund öffnete sich ein paarmal, ohne daß er etwas herausbrachte. Xiao Cui schob ihn langsam zur Tür hinaus und sagte durch die Türritze hindurch: „Wenn du Kleidung zum Stopfen oder Waschen hast, bring sie halt mit!"

Grillen

Die Zimmer mit den Grillen befanden sich in der Nordwestecke des Gartens. Drei Zimmer in einer Reihe auf der Westseite. Als Sun Yaoting zur Tür hereinkam, schlug ihm ein warmer Geruch entgegen. An den vier Wänden des mehr als mannshohen Raumes befanden sich Regale. In jeder Reihe standen verschiedene Tonschalen und tönerne Töpfe, manche aus feinstem Ton, aschfarben und zylinderförmig. Auf den Deckeln waren sehr feine Schriftzeichen in Siegelschrift eingraviert. Manche Gefäße hatten Trommelform, verjüngt an beiden Enden und in der Mitte ziemlich stark, die Deckel nach innen gewölbt. Sie waren von roter, purpurner Farbe, einige ebenfalls aschfarben.

In diesem Augenblick schwebte von draußen ein Alter herein. Bart und Augenbrauen schon zur Hälfte ergraut und gekleidet in ein weites Obergewand, besaß er die Ausstrahlung eines Heiligen. Als wüßte er bereits, wer Sun Yaoting war, verzichtete er auf Höflichkeitsfloskeln und sagte nur, während er seinen Kopf abwandte: „Die sind aus Ton, die roten aus ganz grober Tonerde. Wenn sie geformt sind, werden sie getrocknet und sind dann hart wie Stein." Der Alte zeigte auf eine purpurrote Schale. „Die ist aus Yixing-Porzellanerde, das Material, aus dem man Teekrüge macht. Schau mal, wie fein die Öffnung ist! Diese da sind aus Sediment-Tonerde."

Die Worte des Alten kamen Sun Yaoting geradezu wunderlich vor. Aber er konnte auch nicht gut stumm bleiben, also fragte er: „Meister, was ist Sediment-Tonerde?" Der Alte antwortete: „Wenn man Tonerde in Wasser verrührt, dann das Gemisch in eine Schale gießt, den Lehm sich setzen läßt und das Wasser abgießt, hat man Sediment-Tonerde. Da kann man nichts mehr aussieben. Sie ist ganz ganz fein. Krüge aus solchem Lehm kann man blitzblank polieren."

Sun Yaoting sah hin und tatsächlich; sie glänzten alle außerordentlich. Abgesehen davon waren sie auch mit Basreliefs versehen. Am häufigsten kamen Drachen, Phönixe, Schildkröten, Einhörner und andere Tiere vor, insgesamt so an die zehn. Es gab auch schnörkelartige Verzierungen. Ganz besonders fiel Sun Yaoting ein Gefäß ins Auge, auf dem ein riesiger Drache in den Wolken abgebildet war. Die Augen des Drachen waren weit aufgesperrt, seine Schuppen abgespreizt. Unter dem Drachen wogten hohe Wellen hin und her. Ein Ungeheuer betrachtete aus den riesigen Wellen heraus voller Zorn den Drachen und spuckte Feuer. Beide kämpften, daß Himmel und Erde einzustürzen drohten. Man mußte das Gefäß wenden, um das Basrelief vollständig zu sehen. Wo keine Reliefs waren, fanden sich oft Aufschriften und Lieder oder Gedichte. Meistens wurden Grillen besungen, die stets siegreich geblieben waren, als handelte es sich um die großen Helden in den historischen Schlachten. Manche der Gedichte enthielten auch Glückwünsche, die besagten, die in diesem Gefäß wohnende Grille möge für alle Zeiten ein immer siegreicher General sein. Die Zeichen der Aufschriften waren in allen Stilformen gehalten: Kanzleischrift, Grasschrift, Siegel, Knochenorakelschrift, Bronzedreifußschrift und dergleichen. Sun Yaoting verstand zwar überhaupt nichts davon, erkannte aber, daß sie wohl wertvoll sein mußten.

An besagtem Abend blieb Sun Yaoting mit dem Alten zusammen inmitten der Grillen. Der Fußboden war mit dunklen Fliesen belegt, aber darunter war alles hohl. Hinten, im Zimmer mit dem Kang, konnte man Feuer machen. Die Warmluft gelangte vom Ofen unter das Zimmer, und es war warm wie im Frühling, ohne eine Spur von Rauch. Manchmal sprengte man auch noch etwas Wasser auf den Fliesenboden, um so die Luft im Raum zu befeuchten, wie in einer Herbstnacht auf dem freien Feld. Bei Einbruch der Nacht fingen einige hundert Grillen an zu zirpen. Es gab einen gewaltigen Lärm.

Sun Yaoting fiel aus allen Wolken. Seine Blicke fegten über die feinen Gefäße hin und her. Wie hätte ein Junge vom Lande das alles auf einmal begreifen können. Der Alte sagte: „Schau dir diese Gefäße an, sie sind alle geordnet, und man darf die Tiere nicht durcheinander anwenden. Grillen, die zu Anfang des Herbstes hergebracht worden sind, haben vor ihrer Geburt die Essenz von Himmel und Erde aufgenommen. Wie fröhlich waren sie draußen bei Wind und Wetter. Sind sie erst an diesem dunklen Ort eingesperrt, wo sie weder Himmel noch Sonne sehen können, ist es für sie unmöglich, das zu ertragen! Um sie zu züchten, muß man zu dieser Zeit große, geradwandige Gefäße verwenden, die mehr als hundert Jahre alt sind. Man muß die Gefäße täglich zweimal mit kaltem Tee befeuchten. Empfinden wilde Grillen beim Betreten des Gefäßes auf einmal die außerordentliche Kühle, kann das zwar ihre wilde Natur nicht auslöschen, aber allmählich beruhigen sie sich. In der Mitte des Herbstes, wenn die große Hitze noch nicht ganz vorbei ist, reichen schon Gefäße, die über zehn Jahre unter der Erde vergraben waren. Diese Zeit ist dann genau richtig, das kampffreudige Temperament der Grillen auszunutzen; denn sie dürfen nicht zu ruhig, aber auch nicht zu reizbar sein. Sind sie zu ruhig, haben sie keinen Kampfgeist. Sind sie zu reizbar, haben sie keine Raffinesse. Gegen Ende des Herbstes, wenn es kalt wird, braucht man andere Gefäße, und zwar frisch gebrannte Gefäße, die noch mit der Energie des Feuers geladen sind. Sie beugen der Kälte vor. Auch kleine Gefäße sind notwendig. Jene Grillen, die ihr Leben lang in den Krieg gezogen sind, wollen sich nun ausruhen, ihre Rüstung ablegen und sich zurückziehen. Übrig bleiben von Zeit zu Zeit Klagerufe."

Als er noch auf dem Land war, hatte Sun Yaoting sich lediglich darauf verstanden, Grillen zu fangen, sie in ein Gefäß zu setzen und sich gegenseitig beißen zu lassen. Was der Alte darüber redete, war für ihn sonderbares Geschwätz. Er wurde daraus nicht klug. Ren Yi seufzte und sprach weiter: „Noch später wehren auch die neuen Gefäße die Kälte nicht mehr ab. Die Grillen können dann nur noch ein paar Tage länger leben, wenn man die Gefäße über eine große Schüssel mit heißem Wasser stellt und mit dem Dampf den Boden wärmt. Können sie dann nicht einmal mehr Laute von sich geben, werden sie bald genug Vogelfutter. Vom Herbst bis zum Frühling reicht ihre Lebensspanne. Dann sind sie nicht mehr. Ach, und ihre Zeit auf Erden – wozu …?"

Der Alte ging mit gesenktem Haupt leise murmelnd schlafen. Sein Name war Ren Yi. Er war kein Eunuch. In jungen Jahren ein Lebemann, hatte er studiert und auch ein paar Gedichte fabriziert. Von seinen Eltern war ihm ein hübsches Vermögen geblieben, aber weil er sich gern mit Grillen vergnügte, ging es in wenigen Jahren vollständig beim Spiel verloren. Tief enttäuscht war er daoistischer Priester geworden. Auch dann hatte er nicht davon lassen können, Grillen zu züchten. In der Freizeit, die ihm nach Meditation und Lesungen blieb, lud er Freunde zum Grillenwettkampf ein. Nun legten die Daoisten Wert auf moralisch reines Verhalten. Sie konnten ihm das also nicht erlauben. Der Siebente Gebieter Zaitao wußte, daß Ren Yi sich auf Grillenzucht verstand, und hatte ihn gebeten, bei ihm Meister der Grillenkampfkunst zu werden.

Ren Yi, dem zu Ohren gekommen war, Sun Yaoting hätte zu Hause einen buddhistischen Mönch als Meister gehabt, dachte, Sun Yaoting wüßte über die buddhistische Lehre Bescheid. Also sagte er: „Anhänger der Lehre Buddhas können keine Grillen züchten! Hier wird den ganzen Tag grausam gemordet. ‚Du beißt mir in den Hals, ich beiß dir in den Oberschenkel.' Im Herbst gibt es dann unzählige Tote und Verletzte. Hab Mitleid mit ihnen! Oder wenn es noch möglich ist, besiege dein weiches Herz." Sun Yaoting entgegnete: „Ich kümmere mich nur um das Füttern und beteilige mich nicht daran, ihrem Leben zu schaden. Das Ungeziefer tötet sich gegenseitig. Sie haben ihre eigene karmische Vergeltung, was hat das mit mir zu tun?" Der Alte Ren meinte: „Das ist leichter gesagt als getan!"

Zu Beginn des Frühlings, als die alten Grillen bereits gestorben und die neuen noch nicht geboren waren, hatten die beiden nicht viel zu tun. Also nahm Ren Yi Sun Yaoting Tag für Tag zu Tempeljahrmärkten und kleinen Märkten oder in Antiquitätenläden mit. Sie suchten gezielt nach Behältern für Grillen. Wenn sie auf ein seltenes Stück bester Qualität gestoßen waren, ließen sie den Verkäufer ins Palais kommen, damit der Beile Zaitao es sich anschaute. Gefiel es ihm, wurde es gekauft, egal, wie hoch der Preis auch sein mochte. Manchmal entdeckten sie auch auf dem ‚Teufelsmarkt', wie der Markt der Hehler genannt wurde, ein gutes Stück. Dann mußte sich Ren Yi etwas einfallen lassen. Die Gefäße auf diesem Markt waren alle in der vergangenen Nacht oder zwei Tage zuvor gestohlen worden und mußten unbedingt losgeschlagen werden, bevor es hell wurde. Gewöhnlich öffnete der Markt nach Mitternacht. Lampen anzuzünden, war nicht erlaubt. Man sah nur die Umrisse und Schatten von Menschen hin und her huschen. Verkauft wurden allerlei Gegenstände, darunter Antiquitäten, die mit Geld nicht aufzuwiegen waren, aber ebenso wertloses Gerümpel. Wenn man Glück hatte, konnte man schon für wenige Kupferstücke Schätze kaufen. Hatte man Pech, erwarb man für viel Geld Plunder. Wer auf dem Hehlermarkt Sachen kaufte, war sehr vorsichtig und hatte Angst, betrogen zu werden. Die Verkäufer verhielten sich noch vorsichtiger. Ren Yi erzählte Sun Yaoting, daß voriges Jahr, am Abend des fünfzehnten Tages im siebten Monat nach dem Mondkalender, zur Zeit des Yulanpenfestes, plötzlich eine Dame in einer Rikscha aufgetaucht war, um etwas zu kaufen. Auf dem Hehlermarkt erschienen nur selten Frauen, und so wunderten sich alle. Ein paar frivole Jugendliche drängten sich noch eng an sie und drückten ihr in der Dunkelheit die Hände. Die Frau hatte an einem Brillantring Gefallen gefunden. Der Verkäufer verlangte zweitausend dafür, die kleine Frau warf ihm viertausend hin und nahm den Ring mit. Erst als es hell wurde, sah man, daß die viertausend Totengeld waren. Der Verkäufer war vor Furcht und Wut krank geworden. Sun Yaoting fand das alles sehr interessant. Er fürchtete sich zwar ein wenig, lag Ren Yi aber dennoch oft in den Ohren, ihn doch zum Hehlermarkt mitzunehmen. Er drängte ihn so sehr, daß Ren Yi nichts anderes übrigblieb, als ihn eines Tages doch mitzunehmen.

Sun Yaoting hielt sich ganz dicht hinter Ren Yi. Ihm war, als sähe jeder zu drei Vierteln wie ein Mensch, zu einem Viertel wie ein Gespenst aus. Er hatte gehört, daß Gespenster sich vor menschlichem Speichel fürchten. Also spuckte er auf dem Weg ein ums andere Mal aus. Ren Yi wunderte sich und fragte Sun Yaoting, was denn das solle, den ganzen Weg lang zu spucken. Sun Yaoting antwortete, es heiße, Gespenster fürchten sich vor Speichel, worauf Ren Yi in großes Gelächter ausbrach. Die beiden überquerten den ganzen Markt, fanden aber nichts, das sich zu kaufen lohnte. Ren Yi gähnte und dachte schon daran, zurückzugehen, um sich schlafen zu legen, als plötzlich an einer Mauerecke eine Stimme ertönte: „Wollt ihr ein Gefäß für Grillen?“ Ren Yi ging hin und sah im Sternenglanz, daß der Verkäufer ein junger Mann war, etwas älter als zwanzig Jahre. Der junge Mann schaute ringsumher. Ren Yi trat zu ihm und ließ sich das Gefäß zeigen. Der Mann sagte: „Mein Gefäß hier ist außergewöhnlich. Wenn Sie kein echter Fachmann sind, brauchen Sie gar nicht hinzuschauen. Und noch etwas: Wenn Sie nicht vermögend sind, fragen Sie lieber erst gar nicht nach dem Preis!“

Ren Yi fühlte, wie der Kerl ihn beäugte. Vielleicht erkannte er auch am Gesichtsausdruck, daß sie keine Käufer waren. Er tat einen Schritt nach vorn und sprach, die Arme vor der Brust zusammengelegt: „Offen gesagt; du hast Glück. Beide Bedingungen erfülle ich.“ Der Kerl holte das Gefäß zögernd zur Hälfte aus seiner Kleidung und steckte es im Nu wieder ein. Dieser kurze Augenblick hatte keine große Bedeutung, aber bei Ren Yi hatte es gezündet. „Ich sehe wohl schlecht!“ Er musterte den Verkäufer von Kopf bis Fuß: „Sieht nicht wie ein Dieb aus, ist aber auch kein Herrensöhnchen. Wie kommt dann der Behälter in seine Hände?“

Ren Yi war, als ob ihm das Blut aus der Brust in einer heißen Welle zum Kopf stieg. Sein Gesicht wurde heiß. Das Gefäß, das der Kerl in seiner Kleidung barg, war die Seele, die er seit vielen Jahren verloren hatte! Es gehörte zu denen, die von den Ahnen Ren Yi's weitergegeben worden waren, und hieß ‚Behälter der drei Reiche‘. Es stammte aus der öffentlichen Brennerei Yixing, war durchgehend purpurrot und von zylindrischer Form.

Mit Drachen- und Phönixmustern waren sechs Flächen abgetrennt. Auf jeder Seite befand sich als Basrelief eine Darstellung aus der ‚Geschichte der drei Reiche', beispielsweise ‚Dreimal die Strohhütte von Zhu Geliang aufsuchen', ‚Sich Pfeile ausleihen mittels strohverkleideter Schiffe', ‚Die Strategie der leeren Stadt', ein Bild folgte aufs andere. Die Reliefs war technisch wirklich brillant. Bei den abgebildeten Persönlichkeiten sah man sogar Bart und Augenbrauen, und alle Gefühlsregungen, ob Freude oder Zorn, Kummer oder Haß, waren ganz lebendig herausgearbeitet.

Auf dem Gefäß waren die Zeichen eingebrannt ‚Zur Zeit der Regierungsperiode Xuande der Großen Ming (1426–1435) gefertigt', außerdem noch ein vom Kaiser verfaßtes Gedicht. Ursprünglich war es von der staatlichen Brennerei eigens für den kaiserlichen Hof angefertigt worden. Ren Yi besaß ein Buch mit dem Titel ‚Müßige Plaudereien aus dem Changzhou-Kabinett'. Darin war vermerkt: ‚Zur Zeit von Xuande vergnügte man sich besonders mit Grillen. Daher erging der Befehl, Gefäße für Grillen anzufertigen. Was die heutzutage verbreiteten Behälter für Grillen angeht, ist ihre Form äußerst wertvoll und ihr Wert liegt nicht unter dem, der in der Regierungsperiode Xuanhe der Song (1119–1125) üblich war.' So hatte er erfahren, daß man sich zur Regierungsperiode Xuande im Palast besonders mit Grillen belustigte und es besonders viele Behälter gab. Dann schlug er in vielen alten Büchern nach und entdeckte in einem Buch mit dem Titel ‚Bebilderte Abhandlung über antike Keramik' Aufzeichnungen über seinen Behälter. Im zweiten Jahr Xuande fertigte der Schöpfer dieses Gefäßes ein großes und ein kleines. Die Abbildungen auf beiden waren sehr ähnlich, beide hatten eine purpurrote Grundierung und goldene Drachen- und Phönixmuster, außerdem waren kleine Spiralmuster angebracht. Nur der Deckelknauf unterschied die Gefäße. Bei dem großen ein Drachenkopf mit Perle, bei dem kleinen ein Phönixkopf mit einem Ring im Schnabel. Das große Gefäß diente für Grillenkämpfe, das kleine zum Züchten. Mitten auf dem kleinen befand sich eine Porzellantafel. In einem rot grundierten Feld waren darauf Name, Gewicht, Ort und Zeit der Gefangennahme der einzelnen Grillen vermerkt. Im

Gefäß befand sich ein kleiner Käfig mit purpurroter Grundierung, auf dem ebenfalls Muster eingraviert waren, außerdem in winzigen Schriftzeichen die Strophe eines Gedichtes zu vier Zeilen mit jeweils fünf Zeichen. Zu beiden Seiten des Käfigs befand sich je eine Höhle, die Schlafzimmer derer, die in diesem Gefäß zusammenwohnten. Vor dem Kampf fand in diesem Käfig die Paarung statt. Eine kleine Rinne diente den Grillen als Tränke.

Diese beiden Gefäße wechselten in den Besitz von königlichen und begüterten Häusern der Dynastien der Ming und Qing über. Jedesmal, wenn der Besitzer wechselte, erging an einen Keramikmeister der Befehl, den Namen des neuen Eigentümers einzugravieren. Wohin später der Behälter für die Kämpfe kam, ist unbekannt. Das Gefäß zum Züchten fiel in die Hände des Qing-Prinzen von Geblüt, Qing Yikuang. Yikuang hatte einst als Militärgouverneur der Verwaltungseinheit Wanghuang das Waffenlager verwaltet. Der Vater von Ren Yi war Leiter in jenem Waffenlager gewesen, geistesgegenwärtig und fähig. Darüber hinaus hatte er sich als Züchter von Grillen hervorgetan und so die wohlwollende Beachtung von Yikuang erfahren, der ihm dann auch dieses Gefäß schenkte. Als es in den Besitz von Ren Yi übergegangen war, setzte der es, von einem Bankchef namens Hou Yizhai in eine Falle gelockt, als Pfand im Spiel und verlor es an Hou Yizhai. Nie war es Ren Yi besonders nahegegangen, daß er Haus und Hof verloren hatte, aber daß er um dieses Gefäß betrogen worden war, bedauerte er Zeit seines Lebens.

Als es ihm nun heute wieder begegnete, beschloß Ren Yi, nicht wieder loszulassen. Er blinzelte Sun Yaoting zu und sagte: „Das ist das Gefäß der ‚Drei Reiche'." Sun Yaoting hatte nicht nur einmal davon gehört. Er wurde unruhig und hörte, wie Ren Yi zu diesem Kerl sagte: „Nimm es heraus und laß es mich ansehen. Ohne die Ware gesehen zu haben, sofort kaufen, wo gibt's denn das?" Dem Kerl blieb nichts anderes übrig, als sich nach allen Seiten umzusehen und dann das Gefäß herauszuziehen. Ren Yi nahm es entgegen und ließ es sofort in seiner Kleidung verschwinden. Aufgeregt wollte der Kerl es wieder an sich bringen, aber Sun Yaoting ging blitzschnell dazwischen.

Ren Yi sagte: „Hab' keine Angst. Ich werde es kaufen. Aber du mußt mir sagen, woher du es hast!" Der Kerl erwiderte, völlig verwirrt: „Daß man auf dem Hehlermarkt keine Fragen nach der Herkunft der Ware stellt, sollten Sie als alter Kunde eigentlich wissen!" Ren Yi antwortete: „Selbstverständlich. Aber bei diesem Gegenstand muß ich unbedingt fragen. Wenn ich Bescheid weiß, gebe ich dir soviel Geld, wie du verlangst. Sagst du es mir nicht, gehen wir zur Polizei!" Der Kerl war so erregt, daß ihm Tränen in den Augen glitzerten. Fast wäre er niedergekniet, aber die Herkunft verriet er trotzdem nicht. Ren Yi drängte: „Wenn du es mir jetzt immer noch nicht sagst, gehe ich mit dir zu Hou Yizhai, diesem alten Hahnrei!" Bei diesen Worten stand der Kerl vor Schreck eine ganze Weile lang starr da. Es war ihm klar geworden, daß er einen Feind vor sich hatte. Am besten also, frank und frei darüber zu sprechen.

Nun verhielt es sich eigentlich so, daß Hou Yizhai vor kurzem eine Nebenfrau genommen hatte, nicht älter als sechzehn, siebzehn Jahre. Sie stammte aus einer armen Familie und wohnte, als sie noch nicht verheiratet war, in der Nachbarschaft des Jungen. Im Geheimen hatten die beiden sich abgesprochen zu heiraten. Aber weil die Eltern des Mädchens geldgierig waren, hatten sie ihre Tochter dem Hou Yizhai zur Nebenfrau gegeben. Das Mädchen hatte ihre alte Liebe nicht vergessen und mit dem Jungen beschlossen, heimlich zu fliehen. Doch es fehlte ihnen an Geld, sie hätten nicht weit kommen können. Sein Gold und Silber ließ Hou Yizhai von einem Kassierer einschließen, da konnten sie nicht heran. Aber die Nebenfrau hatte gehört, wie Hou Yizhai vor Gästen prahlte, daß sein Grillenbehälter ein unbezahlbarer Schatz sei. Also paßte sie eine Gelegenheit ab, stahl das Gefäß und gab es dem Jungen, der es dann verkaufen sollte. Wer hätte gedacht, daß niemand den Wert der Ware erkannte und der Junge es, obwohl er mit dem Preis mehr und mehr herunterging, immer noch nicht verkauft hatte. Ren Yi dachte sich bei diesen Worten: ‚Das ist Vergeltung. Dieser alte Hund erlebt auch noch solch einen Tag! Den bringe ich jetzt um das Mädchen und um den Besitz!' Also fragte er: „Wieviel Geld möchtest du?" Dem Jungen war nicht klar, was Ren Yi eigentlich vorhatte, außerdem hatte er es eilig, den Grillenbehälter loszuwerden. Er verspürte keine Lust, noch länger auf dem Hehlermarkt zu bleiben, und so nannte er irgendeinen Preis. Ren Yi lachte und sagte überhaupt nichts. Er ließ Sun Yaoting dem Jungen das Geld auszahlen und legte noch ein wenig Reisegeld dazu. Der Junge verbeugte sich mit vor der Brust gefalteten Händen bis zur Erde. Ren Yi sprach: „Warte noch. Ich habe dir noch ein paar Worte zu sagen. Hou Yizhai besitzt noch einen Grillenbehälter aus Ru-Keramik in Song-Imitation. Der hat eine hellgrüne Grundierung. Auf ihr sind, grob betrachtet, undeutlich und verschwommen ein paar weiße Flekken. Schaut man genau hin, ist es eine Schneelandschaft. Auf den Bergen, die sich in der Ferne hinschlängeln, liegt eine weiße Decke. Am Fuß der Berge windet sich still und ruhig, von Schnee und Eis verschlossen, ein Fluß wie ein weißes Seidenband. Ein Alter angelt mitten im Fluß. Im Kontrast zu der grünen Grundfarbe sieht das wie ein Schneegestöber in der Abenddämmerung aus. Das Gefäß ist eine Rarität. Wenn du das besorgen kannst, nehme ich es auch." Der Junge versprach, er würde sich etwas einfallen lassen, und erkundigte sich nach dem Wohnort von Ren Yi. Dann ging er.

Sun Yaoting und Ren Yi kehrten in das Haus des Siebenten Gebieters, Zaitao, zurück. Sun Yaoting lieh sich das ‚Gefäß der drei Reiche' aus, beschäftigte sich gründlich damit und war voll des Lobes. Er fragte: „Das ist eine ganz seltene Kostbarkeit. Gibt es eigentlich noch ältere und noch kostbarere Behälter?" Ren Yi gab zur Antwort: „Der Wert von Grillenbehältern wird zunächst nach ihrem Alter bestimmt. Kommt es dir allein auf das Alter an, kannst du aus einem Stück der großen Mauer einen Behälter machen, der ist dann auch alt. Der Wert ergibt sich aber sowohl aus dem Alter als auch aus der Feinheit. Ich nenn dir ein paar, hör gut zu: In der Regierungsperiode Yongle der Ming-Dynastie gab es berühmte Gefäße von Chang Desheng aus der Brennerei Yishan aus Gusu, dem heutigen Suzhou. Behälter, die vom ‚Herrn des Plaudergartens' angefertigt wurden, außen klar und innen purpur, die gelten auch als beste Qualität. Die feinsten aus Suzhou in der Mingzeit sind die aus den beiden Häusern Zou und Qin. Das Haus Zou hatte zwei Töchter. Die ältere hieß Daxiu und die jüngere Xiaoxiu. Die beiden ragten hervor in der Kunst, Abbildungen von Persönlichkeiten einzugravieren. Das sind alles berühmte Kostbarkeiten.“ Sun Yaoting hörte gebannt zu. Ren Yi, der befürchtete, daß er das Gefäß kaputtmachen könnte, verlangte es schleunigst zurück.

Im Handumdrehen war ein halbes Jahr vergangen, und Sun Yaoting hatte von dem gebürtigen Beijinger Ren Yi nicht wenig gelernt. Nichts gab es in der Hauptstadt, von dem Ren Yi nichts verstanden hätte, er kannte Hinz und Kunz. Es war nur so, daß er nach seinem Fall die Welt des roten Staubes gründlich durchschaut hatte und nun in Ruhe leben wollte. Er war sogar zu faul, einmal zum großen Tor des hinteren Gartens hinauszuschreiten. Alles ließ er Sun Yaoting erledigen.

Beim Halten von Grillen gab es sehr viel zu tun. Beispielsweise wollten Insekten, die in die Gefäße kamen, Lotosblättertau trinken, jenen kristallklaren Tau, den man in den frühen Morgenstunden des Frühlings und Sommers in den Herzen der Lotosblätter fand. Diesen Tau mußte man unbedingt am Shashihou-See sammeln, wenn es gerade hell wurde. Auf jedem Blatt lag nur ein Tropfen, und man brauchte ein, zwei Flaschen, um Grillen für ein Jahr tränken zu können. Kam man zu spät ans Ufer, mußte man durchs Wasser zu einer verborgenen Stelle inmitten des Sees waten. Manche Grillen mußten auch Arznei zu sich nehmen. Grillen, die zu Anfang des Herbstes kamen, erhielten Medikamente zur Minderung der Hitze, zur Stärkung der Muskeln und zur Kräftigung des Geistes. Die von Ren Yis Vorfahren überkommene Rezeptur war: Je ein Qian Poria Coccos, trockenes Lotoskraut, Kardendistel, Houjiang, Shouwu, Wurzel der Achyranthes bidentata und gerösteter Acanthopanax gracilistylus, ein halbes Qian Süßholz. Das wurde in fünf Jin reinem Flußwasser eingeweicht. Zuletzt wurde Lotosblättertau hinzugegeben. Dann konnte es verabreicht werden. Sun Yaoting war der Ansicht, daß Ren Yis ‚Klassische Behandlung der Grillen‘ wirklich nicht leichter zu erlernen war als die ‚Analekten des Konfuzius‘. Hinzu kamen dann auch noch ein paar daoistische Feinheiten. Ren Yi selbst sagte, hätte er sich schon früher mit dem Studium des Daoismus beschäftigt, wäre er bestimmt nicht so niederträchtigen Menschen in die Hände gefallen. Sun Yaoting erhielt dank Ren Yis Unterweisung Einblick in eine gleichsam mystische Region. Selbst die ganz kleinen Grillen standen in einer Beziehung zur Welt des Himmels, zur Erde und zur Welt der Menschen.

Nach Herbstbeginn mußte Sun Yaoting sehr geschäftig werden. Vor Tagesanbruch ging er hinaus, Grillen zu fangen. Von den Orten, an denen Grillen lebten, waren einige sehr bekannt. Fänger gab es viele, gute Grillen dagegen nur wenige. Sun Yaoting, vom Lande her gewohnt, zu Fuß zu gehen, scheute sich nicht davor. Jeden Tag machte er sich mit Trockengetreide, Bambuskörbchen, Bambusreuse, Papierröhre und Schöpflöffel aus Kürbis auf den Weg. Am oberen Ende des Löffels befand sich eine kleine Höhlung. Die hatte er mit Wasser gefüllt, um es in die Erdhöhlen der Grillen zu gießen. Wurde die Grille auf diese Weise dazu getrieben, hinauszuspringen, hielt er die Reuse vor die Höhle. Nach einer kurzen Zeit sprang die Grille heraus und war in der Falle.

Der Gesang der Grillen ist eigentlich ein Liebeslied, dazu gedacht, die Aufmerksamkeit des Geschlechtspartners auf sich zu lenken. Die männlichen Insekten haben feste Wohnstätten und singen vor der eigenen Haustür. Die Weibchen dagegen treiben sich müßig auf dem Feld herum. Wenn sie den Ruf eines Männchens hören, folgen sie der Stimme und verbinden sich mit ihm in wilder Ehe. Oft gehen die Weibchen vor Tagesanbruch in die Höhlen der Männchen, verbinden ihre Unterleiber dreimal am Tag und geben ein Zirpen von sich. Am Abend endet die eheliche Liebe dieses einen Tages. Die nächste Nacht verbringen sie mit einem anderen Mann. Deshalb war die beste Zeit zum Grillenfangen, wenn es gerade hell wurde. Sobald die Sonne sich zeigte, genossen die Grillen eheliche Freuden und gaben keinen Ton mehr von sich.

Eine andere Gelegenheit zum Grillenfang bot sich bei Einbruch der Dämmerung, wenn der helle Mond aufging. Das ist die Zeit, in der die Grillenmännchen nach den Grillenweibchen rufen. Dann mußte man mit einer Laterne leuchten. Weil auf allen Seiten Tausende von Grillen stridulierten, mußte man genau und aufmerksam hinhören, wo eine gute war. Oft hörte man den Laut, sah aber das Insekt nicht. Lief man dann in die Nähe der Stelle, von der ein Zirpen kam, brach es plötzlich ab. Dann hieß es geduldig warten, bis das Insekt wieder rief. Den Bambuskäfig in der ausgestreckten Hand, folgte man. Ein Satz, und wieder war die Spur verloren. Sun Yaoting verließ früh das Haus und kam spät erst zurück. Er mühte sich sehr und brachte auch jeden Tag etliche Grillen mit, aber sie waren alle wertlos.

Im Nu war die Jahreszeit gekommen, in der man sich an Grillenkämpfen ergötzte. Der Beile Zaitao hatte oftmals Leute geschickt, die sich erkundigen sollten. Er ließ ausrichten, daß er dieses Jahr einen großen Grillenkampf veranstalten wolle. Es gelte, unbedingt zu siegen! Ren Yi sah, daß unter den von Sun Yaoting gefangenen Grillen kein einziger großer Kämpfer war, und so nahm er die Sache selbst in die Hand. Unglücklicherweise rutschte er aber bei dem schlechten Wetter im nassen, glatten Gras aus und brach sich das Bein. Ren Yi war äußerst niedergeschlagen: „Ich habe gehört", sagte er zu Sun Yaoting, „der Gebieter, der Beile, hat sich über den Gebieter eines anderen Palais geärgert und möchte sich mit den Grillen dafür rächen. Normalerweise ist der Siebente Gebieter uns gegenüber sehr großzügig, also dürfen wir ihm nicht in den Rücken fallen!" Sun Yaoting entgegnete: „Aber was, wenn wir keine gute Grille bekommen?" Ren Yi meinte: „Unter den Menschen gibt es Genies, unter den Geistern Geisterheroen, auch unter den Insekten gibt es Insektengeister. Die Leute im Altertum sagten: ‚Der Tausendmeilenrenner gibt's viele, aber Bo Le's sind selten.' Es kommt eben darauf an, die guten herauszufinden. Seit es die ‚Lehre des Mayi über die Merkmale' gibt, kann man an der Physiognomie der Menschen auf den ersten Blick Gut und Böse, Glück und Unglück erkennen. Die Merkmale der Grillen sind schwerer zu deuten als die des Menschen. Es geht nicht nur darum, ihren Kopf zu betrachten, man muß außerdem Gesicht, Mundwerkzeuge, Borsten, Schild, Flügel, Beine begutachten. Unkundige vermögen nicht klar zu erkennen, ob sie eine gute Sorte vor sich haben oder nicht. In Wirklichkeit aber sind die Unterschiede deutlich. Der Kanzler der untergehenden Süd-Song, Jia Sidao, war ein Kenner des Grillenkampfes. Kurz bevor die mongolische Yuan-Armee Lin'an erreichte, saß er noch mit unverändertem Gesichtsausdruck ruhig da und ließ die

Grillen kämpfen. Er schrieb einen ‚Klassiker der Heimchen', aber seine Ausführungen über die physiognomischen Merkmale von Grillen sind äußerst knapp. Es gibt noch immer kein Buch über die Physiognomie von Grillen. Ich werde dich heute kurz darin unterweisen. Es ist ja auch nicht schlecht, wenn du das von mir lernst."

Sun Yaoting beeilte sich zu sagen, daß der Meister völlig recht habe. Ren Yi begann: „Fangen wir erst einmal mit dem Kopf der Grillen an. Die mit großem Kopf haben auch große Kraft beim Stoß nach vorn. Sie sind stark und wild. Ist der Kopf hoch und rund, dann sind ihre Mundwerkzeuge lang und der Biß kraftvoll. Glänzt der Kopf, dann ist die innere Energie groß. Seine Form gleicht dem Samen der Pagodenfeige. Fühler auf beiden Seiten, drei Spitzen, die aus der Mitte hervorkommen, auf beiden Seiten mit großen und kleinen Quadraten von Ecken und Kanten, der Kopf groß und rund, stabil, wie eine Persimone. Die sind alle vorzüglich, das alles sind beste Stücke. Unter den fünf Farben des Kopfes, grün, violett, gelb, rot und schwarz, ist grün die beste, dann kommen gelb und rot, glanzlos schwarz ist am schlechtesten."

Bis hierhin hatte Sun Yaoting zugehört, als er sich niederkniete und die Grillen, die er mitgebracht hatte, anschaute. Mit dem Bambuskäfig hob er eine mit großem Kopf heraus und zeigte sie seinem Meister. Ren Yi bog sich bei deren Anblick vor Lachen. „Zwischen großem Kopf und großem Kopf gibt es Unterschiede. Deine Grille hier hat zwar schon einen nicht eben kleinen Kopf, aber weiße Mundwerkzeuge. Das ist ein ‚alter Reiskauer', nur noch Vogelfutter! Hör gut zu, wenn ich etwas sage, und unterbrich mich nicht. Auf den Köpfen der Grillen befinden sich Linien. Auf sie wird bei der Einschätzung ganz besonderer Wert gelegt. Am besten sind Köpfe mit rauhen Nahtlinien in weiß, purpur, kastanienbraun, rot, grün und gold, solche mit Gold- und Silberfäden, mit gelben Fäden und so weiter. Den höchsten Rang billigt man denen zu, deren Kopf hell ist, glänzt, so daß die rauhen Linien deutlich zu sehen sind, fein und gerade, und ein Scheitel sichtbar ist. Es gibt eine Sorte mit einer Nahtlinie in Form des Zeichen ‚ba', acht. Einem solchen Insekt begegnet man in hundert Jahren vielleicht einmal.

Es verliert auch in häufigen Kämpfen nicht und ist äußerst schwer zu bekommen. Unterhalb der ‚weißen Augenbrauen' gibt es die ‚schwere grüne durchgehende Linie', die ‚grüne unterbrochene Linie', den ‚Sternenkopf' und den ‚Jadescheitel', das sind gute Sorten. Wenn der untere Bereich der Grillenstirn einer Perle gleicht und die Farbe einer Zimtblüte hat, dann spricht man von einem ‚Obersternenkopf', das ist eine ganz besondere Sorte, die es in sich hat.

Die Farbmerkmale auf den Gesichtern von uns Menschen sind verschieden: Guan Gong hat ein rotes Gesicht, Cao Cao ein weißes, Grillen haben eine purpurne, rote, gelbe, weiße oder schwarze Gesichtsfarbe. Aber kommen wir auf die Mundwerkzeuge zu sprechen. Sie sind die Waffen der Grillen und besonders wichtig. Die guten haben weiße Zähne, blutrote Zähne oder Zähne, die gelb glänzen. Die mit Zähnen wie Skolopenderzangen und einer Farbe wie Goldbronze sind die besten. Solche mit ‚Doppel-Zähnen', denen außen und innen je ein Paar spitzer Zähne gewachsen ist, siegen mit einem einzigen Biß. Im allgemeinen will man, daß sie einen starken Kopf haben, ein breites Halsschild, lange Unterschenkel und einen breiten Rücken."

Der Alte fuhr langsam in seiner Rede fort, mit soviel Anteilnahme, als ob er seine eigenen geliebten Kinder beschreiben würde. Er erklärte, welche Grillen auf dem Bein zinnoberrote Flecken hätten, welche man als ‚Überkreuz-Flügel' bezeichnete, beschrieb das Verhalten der verschiedenen Arten auf dem Schlachtfeld, welche Insekten standhaft waren, welche zwar mutig, aber nicht findig seien, und so weiter. Nach einem Seufzer sagte er: „Früher war im Westen der Straße, vom Vorplatz des Xuanwu-Tores bis fast hin zum Caishikou, ein niedriges Gebäude nahe an der Straße. Jedesmal, wenn es Herbst wurde, stand auf einem Streifen rotem Papier geschrieben: ‚Die Farben des Herbstes sind beeindruckend.' Das war ein Ort, wo man Grillenwetten abschloß. Da gab es viele, die den Leuten Fallen stellten." Sun Yaoting hörte halb hin und dachte sich: ‚Im Altertum gab es einen Einsiedler, der nahm Pflaumen zur Frau und hatte Kraniche als Kinder. Hier haben wir einen Merkwürdigen, der Grillen zur Frau und zu Kindern nimmt. Darüber kann man auch nur seufzen!'

Der alte Ren unterwies ihn drei Tage hintereinander in der klassischen Kunde über Grillen, am vierten Tag zog Sun Yaoting wieder auf Fang aus. Er brachte zwar nur vier Tiere zurück, aber es handelte sich um vorzügliche Exemplare.

Einmal ging Sun Yaoting in der Abenddämmerung nicht in das Gebiet um den Kuoran-Pavillon zum Grillenfangen, sondern lief zum Westlichen Geraden Tor hinaus, über die Sorghum-Brücke, geradeaus nach Norden bis zum Erdwall der alten Mongolenhauptstadt Dadu. Die Gegend war öde und verlassen, keine menschliche Stimme war zu hören. Sun Yaoting fand einen engen, sich windenden Pfad, der auf den Erdwall hinaufführte. Nach Westen Ausschau haltend, sah er, wie die Sonne, einer Orange gleich, hinter den Bergen versank. Unterhalb des Walls erstreckte sich Wald in endloser Weite. Dunst hing zwischen den Bäumen. Graue Erde, schwarze Bäume, weißer Dunst und dichte Wolken verschwammen im Sonnenuntergang. Eine Weile lief Sun Yaoting planlos in der Gegend umher, bis ihm plötzlich eine riesige steinerne Gedenktafel den Weg versperrte. Im letzten Glanz der Abendsonne machte er auf der Tafel vier große Zeichen aus: ‚Bäume im Dunst am Jimen-Tor'. Mit einem Mal war es ihm klar: Dunst, wie er ihn im Wald in Schwaden hatte aufsteigen sehen, hatte der Qianlong-Kaiser als eine der acht berühmten Szenerien von Yanjing in einem Gedicht festgehalten. Die Zeichen auf der Rückseite der Platte konnte er nicht mehr klar erkennen, aber er dachte, daß es jenes Gedicht sein müsse. Er wollte nachsehen, da schien ihm plötzlich, als kämen von allen Seiten ober- und unterhalb des Walls Soldaten aus dem Hinterhalt, und es war, als ob Kampfschreie den Himmel erschütterten und Gong- und Trommelschläge gleichzeitig ertönten. Im kühlen Wind erwiesen sich die Kampfschreie schließlich als die Rufe von Grillen. Sun Yaoting hatte noch nie solch ein merkwürdiges Grillenkonzert gehört, ein Stridulieren, so klangvoll, lang andauernd, tragisch, heroisch und einsam. Es war von der Aussagekraft der Zeilen: ‚Der Wind weht, ach, kalt ist das Wasser Yi, der kräftige Ritter geht, ach, nie kehrt er wieder'. Als in diesem Moment der Mond über der Mauer aufging, machte sich Sun Yaoting schleunigst daran, seinen Papierlampion hochzuheben und dem Grillenzirpen nachzugehen.

In dieser einen Nacht fing Sun Yaoting unterhalb des öden Walles dreißig, vierzig Grillen. Als er am frühen Morgen in das Palais zurückkehrte und die Grillen eine nach der anderen seinem Meister zeigte, war Ren Yi schließlich so starr vor Staunen, daß er kein Wort zu sagen vermochte. Jede der Grillen war außergewöhnlich. Ren Yi hatte sein Leben lang Grillen gefangen, so etwas Merkwürdiges aber noch nie erlebt. Als der Beile Zaitao davon erfahren und sie sich angeschaut hatte, freute er sich sehr: „Der göttliche Wille steht mir bei!“ Sofort belohnte er Meister und Adepten mit je zwanzig Tael Silber. Sun Yaoting wunderte sich nicht schlecht. Einem wegen der paar Grillen zwanzig Tael Silber schenken! In seiner Heimat gab es massenweise Grillen. Da würde man mit Grillenfangen reich werden!

In der Qianbao-Gasse, innerhalb des Anding-Tores in Beijing, befand sich auf einem achtunddreißig Mu großen Stück Land das Palais des Prinzen von Geblüt der äußeren Mongolei, Nayantu, mit wunderbaren Räumlichkeiten, Hallen und Kabinetten. Der Vorfahr von Nayantu, Tsering, hatte sich bei der Befriedung von Gelu besondere Verdienste erworben. Den Prinzentitel, den seine Nachkommen geerbt hatten, führte Nayantu bereits in der siebten Generation. Nayantu hatte die Tochter des kaiserlichen Prinzen Qing Yikuang zur Fujin genommen, eine ständig kränkelnde Frau, die keine Kinder bekam.

Die Fujin von Nayantu war eigentlich älteste Gege von Qing Yikuang. Ihre Mutter stammte von einer hübschen Dienerin ab, die Yikuang nebenbei geschwängert hatte. Weil das Präsidium für Stammbaumangelegenheiten Kinder, die weder von Fujin oder Nebenfujin geboren worden waren, nicht anerkannte, also auch nicht in den Stammbaum eintrug, hatte Yikuang seine Hauptfrau eine Schwangerschaft vortäuschen lassen. Sie mußte mit Watte auf ihrem Bauch eine Wölbung formen und so tun, als wäre sie schwanger, während die wirklich schwangere Dienerin, bis zu ihrer Niederkunft in einem Raum auf der Ostseite eingesperrt, von niemandem gesehen werden durfte. Als das Mädchen auf der Welt war, nahm die Fujin die Watte vom Bauch, bezeichnete den Säugling als große Gege, und das Kind galt als von der Hauptfrau geboren. Die leibliche Mutter wurde verstoßen, verfiel der Melancholie und starb bald darauf.

Als Nayantu sah, daß seine Frau ständig krank war und keine Kinder bekam, fürchtete er, daß später auch nicht viel größere Hoffnung auf Nachkommen bestünde. Er nahm eine junge hübsche Zofe, die von der Fujin bei der Hochzeit mitgebracht worden war, als erste Nebenfrau. Bald darauf brachte die Nebenfrau einen Sohn zur Welt. Er erhielt den Namen Qi Chengwu. Entsprechend der streng geregelten Rangordnung in der chinesischen Feudalgesellschaft nahmen Fujin, Nebenfujin und deren jeweilige Kinder ganz unterschiedliche Ränge ein. Die Hauptfrau wurde formell geheiratet, sie kam in der Brautsänfte in das Haus ihres künftigen Mannes, Musik spielte, das Paar verneigte sich vor Himmel und Erde, Freunde und Verwandte versammelten sich und gratulierten. Nichts davon war dagegen jenen Mädchen erlaubt, die von Dienerinnen abstammten, armen Leuten abgekauft wurden, oder Prostituierten. Sie galten nicht einmal als rechtmäßige Ehefrauen, man nannte sie ‚gemein'.

Der Erbe eines Titels mußte nach den Regeln für Angehörige der kaiserlichen Familie von der Hauptfrau geboren worden sein. Qi Chengwu, der von der Nebenfujin abstammte, lief Gefahr, daß ihm das Präsidium für Stammbaumangelegenheiten die Fortführung des Prinzentitels verwehrte. Daher sah sich Nayantu zu der falschen Angabe veranlaßt, Qi Chengwu sei der Sohn der Fujin.

Diese beiden Angelegenheiten waren Geheimnisse der beiden königlichen Palais, aber in so großen Palais, bei der großen Schar von Alten Gebietern, Frauen, Haushofmeistern, Dienern, Ammen und Zofen wurde viel geredet. Welche Fujin welchen Gebieter großgezogen hatte, drang selbstverständlich nach draußen. Es war nur so, daß das Präsidium für Stammbaumangelegenheiten die einflußreichen kaiserlichen Angehörigen nicht vor den Kopf stoßen wollte, ein Auge zudrückte und so tat, als ob es von nichts wüßte. Alle waren ruhig und zufrieden.

Nach Ausrufung der Republik war Zaitao einmal als Präfekt im Präsidium für Stammbaumangelegenheiten der kaiserlichen Familie beschäftigt gewesen. Er wußte um diese beiden aus niederem Stande Geborenen, machte das zwar nicht publik, hielt aber das Spiel mit dem Prinzenrang von Qi Chengwu nicht vollständig ein und verlieh ihm nur den niedrigeren Rang eines Beizi. Qi Chengwu schäumte vor Wut, wagte aber nicht, seine Stimme zu erheben, und so schwelte zwischen beiden bleibender Haß.

Daß sie Gegner waren, hatte aber auch politische Gründe. Nach dem Tode von Cixi hatte sich das Haushaltsdepartement allmählich in zwei große politische Lager geteilt: das der Kaisertreuen mit dem Prinzregenten Zaiyang an der Spitze und das der Emporkömmlinge mit Yuan Shikai als Kopf. Die wichtigsten Persönlichkeiten im Lager von Zaiyang waren Zaitao, Liu Lang und andere. Zu den Unterstützern von Yuan Shikai auf der anderen Seite gehörten Yikuang, Natong und der Schwiegersohn von Yikuang, Nayantu. Obwohl diese kaiserlichen Sippen alle miteinander verwandt waren, lieferten sie sich aber aus politischem Eigeninteresse dennoch offene und verdeckte Kämpfe. Ein Ergebnis der Kämpfe zwischen den beiden Parteien war, daß der illoyale heimtückische Minister Yuan Shikai die Oberhand bekam. Das machte Zaitao nicht sehr glücklich.

Am Tag des Drachenbootfestes hatte der berühmte Pekingopern-Darsteller Tan Xinpei bei sich zu Hause eine Privatvorstellung gegeben und dazu ein paar Freunde eingeladen, darunter Zaitao, aber auch Qi Chengwu. Sie waren nicht nur Bewunderer von Tan Xinpei's Kunst, sondern auch Freunde im Grillenkampf. Tan Xinpei wußte, daß die beiden miteinander verstritten waren, und wollte den Streit zwischen ihnen schlichten. So um die zehn Gäste waren gekommen, neben ein paar Schauspielern noch ein paar bekannte Lebemänner. Qi Chengwu und Zaitao begegneten einander sehr höflich. Nach einigen Opernstücken wurden dann Wein und Speisen aufgetragen. Aus Freude leerte man ein paar Becher mehr und die Zungen lösten sich. Dabei kam die Rede auf den Plan, in diesem Jahr Grillenkämpfe zu veranstalten. Tan Xinpei schlug vor: „Wenn man sich in alter Zeit in der Kampfkunst messen wollte, kam es vor, daß man Kampfpodeste aufstellte. Stellen wir doch ein Podest für den Grillenkampf auf, um uns zu amüsieren. Wenn wir dann auf eine ganz erlesene stoßen, die in hundert Schlachten nicht verliert, bitten wir den Herrn Beile, ihr einen

Adelstitel zu verleihen. In alter Zeit belehnte man hohe Bäume mit Fürstentiteln, etwa ‚Schatten spendender Fürst' oder ‚Fünf-Minister-Kiefer', und verewigte sie so für alle Zeiten!"

Mit einem Blick auf Qi Chengwu setzte Zaitao den Weinbecher an und sagte klar und deutlich: „Wenn es einen Gewinner gibt, dann verleihe ich ihm einen Beizi-Titel!" Dieser eine Satz genügte, die Wunde von Qi Chengwu aufzureißen. Er fühlte sich angesichts der vielen Leute gedemütigt, konnte aber schlecht lospoltern, also erwiderte er leicht berauscht: „Bruder Sieben, das hast du schön gesagt! Auf dem ersten Kampfpodest, da kannst du sicher sein, werde ich dir Gesellschaft leisten. Wenn ... wenn ich gewinne, dann gehören deine Pferde alle mir, meine Nebenfrau ißt so gerne Pferdefleisch." Zaitao, nicht im geringsten betrunken, lächelte kalt und fragte: „Und was ist, wenn du verlierst?" Qi Chengwu brachte stotternd heraus, daß er einhunderttausend Tael Silber geben würde. Zaitao meinte: „Nicht nötig, es reicht schon, wenn du mir deine neue Nebenfrau gibst. Mein Kutscher ist schon über sechzig und hat immer noch nicht geheiratet. Ich schenk sie ihm, und Pferdefleisch hat sie da reichlich."

Qi Chengwu riß seine blutunterlaufenen Augen auf und starrte ihn an. Er brachte kein Wort heraus. Zaitao ließ die vier Kostbarkeiten der Schreibkammer herbeibringen. Er hielt für angebracht, ein schriftliches Beweisstück aufzusetzen, um zu vermeiden, daß man später den Beschluß nicht mehr wahr haben wollte. Die gute Stimmung war dahin. Tan Xinpei bereute, daß er nicht die rechten Worte fand, er hatte schließlich diese Ereignisse heraufbeschworen. Rasch beschwichtigte er, aber die beiden hatten schon eine feste Verabredung getroffen, und nach Geckenart war keiner bereit, nachzugeben. Tan Xinpei wußte, wie sehr Zaitao an diesen Pferden hing, viele waren aus Europa importierte gute Zuchtpferde und jedes von ihnen über zehntausend Tael Silber wert. Qi Chengwu war ein Lebemann, er verstand sich nur auf essen, trinken, huren, wetten, spielen, Witze machen. Verlöre Zaitao, konnten diese Tausendmeilenrenner, in die Hände von Qi Chengwu geraten, nur in der Küche enden.

Daß Zaitao die Nebenfrau von Qi Chengwu verlangt hatte,

sollte letzterem unter die Haut gehen. Diese Nebenfrau hieß Qianbing und war ein Singmädel aus Suzhou, das Tanci vortrug. Sie wußte nicht nur Laute zu spielen und zu singen, sondern kannte sich auch vorzüglich in Qin, Schach, Literatur und Malkunst aus. Sie war eigentlich nur Sängerin und arbeitete nicht als Prostituierte. Als sich Qi Chengwu in der Jiangnan-Region herumtrieb, war er mit einem Blick auf diese kleine Schönheit wie gebannt. Er mußte sie unbedingt kaufen und zur Nebenfrau machen. Der Preis, den die Puffmutter verlangt hatte, war horrend, Qi Chengwu aber war so vernarrt in das Mädchen, daß er mit Müh und Not das Geld aufbrachte und Qiangbing nach Hause holte. Trotz ihrer Herkunft als Singmädel, verstand Qianbing sich aber hervorragend auf Etikette und Standesfragen, war tugendhaft und sittsam. Jedermann im Palais von Nayantu mochte sie, und Qi Chengwu war heftig in sie verliebt. Daß Zaitao erklärte, er wolle sie seinem Kutscher zur Frau geben, war natürlich eine schwere Beleidigung.

Tan Xinpeis verzweifelte Überredungskünste brachten keinen Erfolg. Er mußte mit ansehen, wie beide die Vereinbarung unterschrieben. Die Gesellschaft zerstreute sich. Nach ein paar Tagen kursierte die merkwürdige Neuigkeit in der ganzen Stadt.

Als Tag für den Grillenkampf war der fünfzehnte des siebten Monats, der Tag des Yulanpenfestes, bestimmt worden. Als Austragungsort wählte man das daoistische Hongenguan hinter dem Trommelturm. Bis dahin verblieb nur noch wenig Zeit. Zaitao schob alle wichtigen Angelegenheiten beiseite und hockte den ganzen Tag im Garten hinten bei den Glyzinien, suchte Grillen aus und veranstaltete Grillenkämpfe.

Sun Yaoting erfuhr davon, daß der königliche Gebieter seine Pferde als Pfand setzen wollte. Verlor er, sollten sie für eine Frau geschlachtet werden, die Fleisch essen wollte. Er seufzte innerlich und schenkte Sieg und Niederlage dieser kleinen Insekten außergewöhnliche Beachtung.

Ein Sprichwort sagt: ‚Zu sieben Teilen kommt es auf das Säen an, zu drei Teilen auf die Aufzucht.‘ Erst so könnte man kräftige Generäle bester Qualität bekommen. Hinsichtlich der Aufzucht verstanden sich die Experten unter den Grillenzüchtern nur auf die Auswahl von Behälter und Futter, aber Ren Yi hatte noch ein Geheimnis in der Hand, das er keinem verriet: für die Grillen eine Partnerin zu suchen.

Am Tag vor dem großen Wettkampf trug Ren Yi Sun Yaoting plötzlich auf, ein paar dreischwänzige Grillenweibchen zu fangen, und erkärte, er wolle ‚Kamelrücken-Dreischwänze' mit Krähenkopf, bogenförmigem Rücken und feinen Kopffäden, ‚Weißfleischige Dreischwänze' mit kleinem Kopf, großem Bauch und langem Körper, ‚Baumwoll-Schwänze' mit kleinem Kopf, rundem Bauch und kurzem Körper, ‚Flügel-Dreischwänze' und ‚Tiger-Dreischwänze' mit gelbrotem Kopf, langen Beinen, langen Körpern und von wilder bösartiger Erscheinung. Die dürfte er sich auf keinen Fall entgehen lassen.

Sun Yaoting fragte: „Zum Grillenkampf braucht man doch nur Männchen mit zwei Schwänzen, wozu denn dann die Dreischwänzigen?" Ren Yi antwortete: „Die haben ihren eigenen wunderbaren Nutzen." Er dachte nach und fing dann wieder an: „Ich bin in diesem Leben zu einer Erkenntnis gekommen, die werde ich dir heute verraten. Aber erzähl sie niemandem weiter." Ren Yi erklärte: „Daß die Lebewesen in aller ihrer Vielfalt und Wunderlichkeit, ob sie am Himmel kreisen, auf der Erde laufen, im Wasser schwimmen oder in der Erde leben, den ganzen Tag herumrennen, überall suchen und geschäftig sind, hat nur einen sehr einfachen Grund: Es läuft alles hinaus auf Fressen und Geschlechtsverkehr. Schau einmal die Hühner und Enten an. Kaum aus dem Ei, können sie schon fressen. Oder die Hunde und Katzen: Sobald sie geboren sind, saugen sie Milch. Um Futter oder Milch müssen sie kämpfen. Zwei Küken streiten sich um einen Regenwurm, zwei kleine Hunde um eine Zitze. Sind sie größer, streiten sie sich um Weibchen oder Männchen. Egal, um welches Lebewesen es sich handelt, sobald es über Lebensgeist verfügt, kommt es nicht von diesen beiden Dingen los. Grillen, mögen sie auch klein sein, bilden keine Ausnahme. Zum Beispiel ihr Zirpen. Ist das nicht dazu da, die Weibchen zu rufen? Der Wettkampf in der Arena beruht auf dem Mißverständnis, daß ein anderes Männchen gekommen sei, um das Weibchen wegzunehmen. Daher gehen sie mit den Zähnen aufeinander los in die Schlacht. Aber Grillenmännchen, die schon am Anfang des Herbstes gefangen wurden, kennen das Gefühl, mit den weiblichen Insekten die Hinterleiber zu vereinigen, nicht mehr. Wenn es dann ans Morden geht, sind sie überhaupt nicht wild. Haben sie dagegen den Vorteil eines weiblichen Insekts genossen, sind sie bereit, Körper und Leben aufzugeben und in die bittere Schlacht zu ziehen. Manche sind der Meinung, daß Grillenmännchen aus Liebe zu den Weibchen ihren Willen verlieren, die wissen eben nicht, daß ‚Nahrung und Fortpflanzung die Natur aller Wesen bestimmen'. Reizt man sie genügend, werden sie angriffslustig, ja unvergleichlich wild und böse. Aber ich fürchte, du wirst dieses Wunder in deinem ganzen Leben nicht kennenlernen ..."

Kaum waren ihm die Worte entschlüpft, zeigte ihm ein Blick auf Sun Yaotings Gesicht, daß er einen wunden Punkt in dessen Herzen berührt hatte. Schnell fügte er hinzu: „Aber was die Buddhisten lehren von reinem Herzen und Begierdelosigkeit ist auch äußerst sinnvoll. ‚Unmöglich, daß ein Wesen einen Vorteil erhält, ohne daß ein anderes einen Nachteil davon hat.' Wo es Gutes gibt, muß es auch Schlechtes geben, wo es Gewinn gibt, muß es auch Verlust geben. Die Grillen begehren dieses bißchen Sinnenfreude und beißen sich in ihrer Verwirrung den ganzen Tag. Am Ende sind die Beine gebrochen und die Flügel verloren. Ohne ihr bißchen sexuelle Begierde hätte der Mensch kein Vergnügen an ihnen."

Wegen dieses großen Grillenkampfes hatte Qi Chengwu einen Monat zuvor mehr als zehn Diener ausgesandt, die überall gute Grillen kaufen sollten. Grillenhändler aus allen Gegenden suchten ihn auf und priesen sehr beredt gute Ware an. Dies brachte auch die Armen, die Hunger litten, dazu, überall Fliesen und Ziegel umzudrehen in der Hoffnung, sie könnten ein außergewöhnliches Insekt fangen und zu bescheidenem Wohlstand kommen. Bis zum dreizehnten des siebten Monats hatte Qi Chengwu mehr als zweihundert Grillen gekauft. Obwohl auch zu Zaitao Händler kamen, erwarb Ren Yi von ihnen nicht eine Grille, alle seine fünfzig Insekten waren selbst gefangen.

Am fünfzehnten Tag des siebten Monats, es war noch nicht hell, hatten etliche Leute von Qi Chengwu große Bambuskörbe in das daoistische Hongenguan gebracht. Mehr als hundert Behälter reihten sich am Fuß der Südmauer aneinander, die Rückseite im Schatten. Über alle wurde klares Wasser versprüht, und die Grillen bekamen blutige, noch lebende Moskitos. Kurz darauf brachte das Palais des Beile ebenfalls sechs, sieben Körbe, einige zehn Gefäße, die am Fuß der Ostmauer abgestellt wurden. Wasser versprühte man auch hier, und gefüttert wurden sie gleichfalls. Sun Yaoting folgte Ren Yi, sein Herz klopfte. Ren Yi sagte: „Jetzt hängen Erfolg und Niederlage nur von dir und mir ab. Nur keine Aufregung. Habe ich das Essen aus dem Palais des Beile gegessen, muß ich mir etwas einfallen lassen, obwohl in spätestens zwei Monaten die Grillen alle in den Palast des Totengottes Yama gehen. Wie schade!"

Zaitao und Qi Chengwu kamen nacheinander, und die Daoisten brachten eifrig Tee, Imbisse und Obst. Zaitao gab den Befehl: „Außer den guten Freunden, die wir eingeladen haben, darf niemand hier herein. Vor allem muß man verhindern, daß diese Zeitungsreporter eindringen! Reporter verbreiten Gerüchte, stiften Unruhe und bauschen alles auf."

Es verhielt sich tatsächlich so, wie Zaitao vermutet hatte. Schon sehr früh drängten sich am Tor Reporter von kleinen Zeitungen, die solche Teehäuser aufsuchten, um Neuigkeiten aufzuschnappen. Sie liefen hin und her und hofften, wenn keiner aufpaßte, doch hineinzugelangen.

Das Kampfpodest war auf einem großen Steintisch im Dankuang-Pavillon errichtet worden. Zaitao und Qi Chengwu besetzten jeder für sich eine Seite. Der Mittelsmann, Tan Xinpei, hatte eine Seite für sich und der Abt des Hongen, Ma Wenchai, nahm ebenfalls eine Seite in Anspruch. Auf dem Steintisch stand ein zylindrisch geformter Kristallbehälter, eine Kostbarkeit des Hongen-Klosters. Auf dem Behälter befand sich nicht ein Schriftzeichen, nicht eine Verzierung, er funkelte in kristallener Klarheit. Man hatte trockene gelbe Erde hineingefüllt. Eben wegen dieses Kristallbehälters hatten Zaitao und Chengwu beschlossen, das Grillenkampfpodest im Hongenguan aufzustellen. Normalerweise benutzte man beim Grillenkampf irdene Behälter. Je schattiger und dunkler es nämlich ist, desto besser, der Kampfgeist der Grillen verfliegt sonst leicht.

Setzt man gewöhnliche Grillen in einen solchen Kristallbehälter, meinen sie, alles ringsherum sei frei, sie fangen an, wild zu hüpfen und zu springen und haben nur den einen Wunsch: hinauszugelangen. Zum Kämpfen haben sie keine Lust. Dagegen brauchen Grillen, die von Natur aus mutig sind und den Kampf lieben, einen Feind nur zu sehen. Sobald man sie auf den Boden setzt, müssen sie ihn bis auf den Tod bekämpfen – kein Gedanke an Davonlaufen. Schon die Wahl dieses Behälters war also eine Prüfung ihrer Qualität.

Beide Seiten hatten vereinbart, daß mindestens einundzwanzig Kämpfe stattfinden sollten. Wer einen Sieg mehr errungen hatte, sollte der Gewinner sein. Eine siegreiche Grille konnte zurückgenommen werden. Aber jede, die neu auf den Kampfplatz gesetzt wurde, mußte das gleiche Körpergewicht aufweisen wie die vorherigen. Weil hinsichtlich der Arten, die am Kampf auf Leben und Tod teilnahmen, keine Beschränkungen bestanden, sie aber in der Größe einander entsprechen sollten, mußten sie auf die Waage. Nur wenn sie das gleiche Gewicht hatten, zur gleichen Güteklasse gehörten, sich also nicht wesentlich voneinander unterschieden, durften sie sich im Kampfe messen.

Vom Beginn des Wettstreites an gewannen und verloren beide Seiten abwechselnd. Als es zum achten Kampf kam, stand es für beide gleich. Es war schon Mittag, und man aß etwas. Am Nachmittag ging's weiter. Chengwu setzte eine Banaoxian ein, eine Grille, die am Kopf mit Linien in Form des Zeichens ‚ba', acht, gezeichnet war. Sie hatte einen Pipalfeigenkopf, einen eisenfarbenen Halsschild, Flügel wie mit Goldlegierung, der Körper war schwarz und glänzte. Zaitao erschrak. Er dachte sich: ‚Wie kommt so ein außergewöhnliches Insekt eigentlich in seine Hände? Ich habe nur eine Diamantrute, die es mit der aufnehmen kann.' Er sah nach hinten zu Ren Yi und zeichnete auf dem Kopf einen Kreis. Das bedeutete, daß man die Diamantrute holen könnte. Ren Yi flüsterte ihm ins Ohr: „Nein, geht nicht!" Daraufhin setzte er ein Purpurgesicht mit drei Spitzen ein. Die hatte kaum ihre Zangen geöffnet, da hatte die Banaoxian sie auch schon an der linken Zange gepackt. Die Banaoxian verbiß sich und schob das Purpurgesicht nach hinten. Das war eine äußerst furchtbare Art, mit der Zange zu klemmen. Man spricht von ‚zum Bleiben kneifen', weil es aussieht, als hielte man Gäste zurück. Das Purpurgesicht wehrte sich gewaltig, sprang mit den Hinterbeinen ab, ihr Kopf schlug an den Deckel des Behälters. Als sie herunterfiel, hatte sie ihre linke Zange eingebüßt. Daraufhin versuchte sie, mit einer Zange anzugreifen, aber sie hatte gerade das Maul geöffnet, da riß die Banaoxian ihr auch die zweite Zange aus, und es blieb nichts anderes übrig, als sie herauszunehmen. Die Banaoxian schüttelte sofort die Flügel und fing an zu zirpen und ganz stolz umherzulaufen. Qi Chengwu war nicht weniger stolz. Alle vier Grillen, die Zaitao nun nacheinander einsetzte, verloren.

In diesem Augenblick war zu hören, wie Qi Chengwu den Befehl gab: „Herbei! Schickt Leute zum Tor des siebten Gebieters. Die sollen aufpassen und, wenn es dunkel wird, die Pferde abholen." Zaitao kochte bei diesen Worten vor Wut. Ren Yi dagegen holte ohne Aufregung und Eile ein Gefäß herbei und stellte es vor Zaitao hin: „Jetzt ist genau die Zeit, sie einzusetzen, um das Ruder noch einmal herumzuwerfen." Zaitao öffnete den Behälter und schaute hinein, es war die Diamantrute. Als Diamantrute bezeichnete man die langen, fadenartigen Fühler, weil sie Kraft besaßen wie der neungliedrige Schlagstock der Menschen. Sie sind rabenschwarz, grob wie Palmenfasern und in ziemlich große knotige Glieder unterteilt, daher auch Bambusknotenfäden genannt. Diamantrute war gebaut wie eine Maulwurfsgrille, sie war ein äußerst kluges und mutiges Insekt. Als man sie in den Behälter setzte, rief Banaoxian dreimal laut, öffnete ihre Zangen und wollte zubeißen. Aber sie war noch nicht vorgerückt, da fiel sie plötzlich um und stürzte hin. Alles rief erschreckt: „Umgeblasen!"

Nun ist es so, daß Grillen über vier fürchterliche Zangengriffe verfügen. Der erste wird ‚umblasen' genannt, der zweite ‚zum Bleiben kneifen', der dritte ‚schaukeln' und der vierte heißt ‚vom Rücken her klemmen'. ‚Umblasen' gilt als das Größte. Die Banaoxian griff nun an. Diamantrute öffnete die Zangen, biß aber nicht zu, sondern fegte heftig mit den beiden Peitschen auf ihrem Kopf hin und her. Aus ihrem Mund kam ein merkwürdiges ‚qi'. Die Banaoxian rollte im Gefäß umher und verlor, längst ganz benommen, das Gleichgewicht. In diesem Augenblick sprang die Diamantrute wild auf den Kopf der Banaoxian und biß kräftig zu. Sofort war der Kopf in zwei Teile gespalten und bewegte sich nicht mehr. Alle schrien auf. Liu Lang, der von der Seite dem Kampf zugesehen hatte, kam herbei, holte die versehrte Banaoxian heraus und seufzte: „Bedauernswert. Nach einem so langen Kampf in der Arena der Kopf in zwei Teile gespalten." Er fütterte eine seiner Lerchen im Käfig damit. Danach besiegte Diamantrute nacheinander fünf Gegner.

Nun waren zwanzig Kämpfe vorüber und auf beiden Seiten Gleichstand. Um den vollen Sieg davonzutragen, mußte Zaitao nur noch einmal gewinnen. Also gab er den Befehl: „Leute, herbei! Schickt ein paar zum Palais des königlichen Gebieters Nayantu. Sie sollen sich darauf vorbereiten, die neue Gemahlin heimzuführen. Richtet dem Kutscher Meng Sieben aus, daß er heute abend zu einer Frau kommt." Qi Chengwu wurde bei diesen Worten grün im Gesicht und seine Lippen zitterten. Kalt sagte er: „Bruder sieben, ein Kampf steht noch aus!" Zaitao gab keine Antwort, sondern sagte nur: „Noch einmal in den Kampf", nahm aber seine ‚Diamantrute' nicht heraus.

Ren Yi bat Zaitao vor den Pavillion und flüsterte ihm leise zu: „Die Diamantrute hat keine Kraft mehr, die können wir nicht mehr kämpfen lassen." – „Unsinn!" erwiderte Zaitao. „Die soll nach sechs Siegen nicht mehr beißen können?" Ren Yi meinte: „Sieg und Niederlage hängen von der Energie ab, ist die erschöpft, kann das Maul auch nicht beißen. Diamantrute hatte schon bei den letzten zwei Siegen kaum noch Kraft. ‚Umblasen' hat sie als letzte Möglichkeit angewendet, errang durch ‚Klemmen vom Rücken' zwar knapp den Sieg, aber ihre Zangen sind verletzt." – „Aber haben wir ihr nicht gerade Garnelen und Jungenurin gegeben?" gab Zaitao zu Bedenken. „Damit erholt sie sich auch nicht sofort." – „Welche Grille sollen wir deiner Meinung nach nehmen?" Ren Yi dachte tief nach und sagte nichts. Die besten, die sie mitgenommen hatten, waren bereits ums Leben gekommen. Die übrigen hatten mehr Nachteile als Vorzüge. Was sollten sie nur tun?

Sun Yaoting hatte zugehört. Er überlegte, war aber noch unentschlossen. Er hatte selbst eine Grille mitgebracht, aber bis jetzt noch nicht gewagt, darüber zu reden. Vor drei Tagen, als Ren Yi ihn zum Fangen von Weibchen geschickt hatte, war er um den Erdwall herumgestrichen. Plötzlich hatte er den Klang großer Glocken vernommen, war den Klängen nachgegangen und hatte festgestellt, daß sie von dem weltberühmten Großglockentempel kamen. Weil er dorthin gern einmal wollte, war er in westlicher Richtung weitergelaufen. Die Mönche im Tempel lasen Sutren, und er hatte es nicht gewagt, sie zu stören. Beim Aufundabgehen hörte er plötzlich eine Grille zirpen. Ihr Ton war kräftig ohnegleichen. Sun Yaoting hatte einmal seinen Meister sagen gehört, daß aus allen Wesen Geister werden könnten. Also konnten doch auch Grillen etwas so Außergewöhnliches werden. Vor der Buddhahalle machte er einen Stirnaufschlag und bat die Geister und Buddha um Segen, daß sie ihm die Geistergrille gewähren sollten. Als er dann die Treppe hinunterlief, kam von den Steinen her tatsächlich eine sehr große Grille. Sie hüpfte nicht weg, und er hatte sie mit dem Bambuskäfig gefangen. Zu Hause hatte er nicht gewagt, sie seinem Meister zu zeigen, weil er fürchtete, dem außergewöhnlich beseelten Wesen zu schaden. Heute aber, wo die Lage sich so zugespitzt hatte, zeigte er nach einigem Zögern seine Grille her. Zaitao und Ren Yi waren bei ihrem Anblick gleichermaßen erschrocken wie erfreut. Ren Yi sagte, so eine Grille habe er seit Jahren nicht mehr gesehen. Sie hatte einen harten, goldfarbenen Körper, beide Flügel glänzten, die Zangen glichen denen eines Skolopanders und waren doppelt gezähnt. In den Behälter gesetzt erschütterte ihr Zirpen die Ohren.

Qi Chengwu hatte Diamantrute angesehen, daß sie mit ihrer Kraft am Ende war, und schon eine stolze Miene aufgesetzt. Als er sah, daß Zaitao diese goldfarbene Grille herausholte, wurde er bleich. Schnell rief er: „Holt mir das Rotgewand!“ Als er sie in den Behälter setzte, wurde deutlich, daß es sich um einen Dreispitzkopf von gewaltigem Körperbau handelte. Kopf, Gesicht und Zangen waren rot, der Hals weiß, die Flügel goldrot gefärbt. Zaitao dachte erschrocken: ‚Wie hinterhältig! Also hat dieser Teufelsbraten noch einen letzten Trumpf zurückgehalten!‘

Wie sich die beiden außergewöhnlichen Grillen, die goldene und die rote, im Kristallbehälter spiegelten, war sehr schön anzusehen. Und außergewöhnlich war auch ihre Kampftechnik. Zuerst wandten beide das Umblasen an, allerdings mit verhältnismäßig geringem Kraftaufwand, keine rührte sich vom Fleck. Dann versuchten sie es mit ‚zum Bleiben klemmen‘, bissen zu und schoben. Es sah aus wie Tauziehen, aber keine brachte die andere von der Stelle. Tan Xinpei sah, daß für beide Seiten nun der entscheidende Moment gekommen war, und warf ein: „Meiner Meinung nach steht's unentschieden. Bei den ersten acht Kämpfen waren Sieg und Niederlage zur Hälfte verteilt, bei den darauf folgenden zwölf Kämpfen war es nicht anders, und in diesem letzten Kampf fällt auch keine Entscheidung, also ist es der Wille des Himmels. Ich meine, es besteht keine Notwendigkeit, sie weiter kämpfen zu lassen!“ Chengwu widersprach: „Ich fürchte das Wasser zum Pferdefleischkochen ist schon aufgesetzt, von wegen unentschieden!“ Zaitao lachte: „Das Brautgemach von Meng Sieben ist auch längst hergerichtet!“

In diesem Augenblick biß die Goldene in das leicht verletzte rechte Vorderbein des Rotgewands, schüttelte es und riß es nach oben. Das bezeichnete man als ‚wegklemmen’: das heißt, nachdem man sich in den Gegner verbissen hat, den Kopf nach links und rechts hin und her wiegen, dem Gegner zwar keine Bißwunde zufügen, aber auch nicht lockerlassen.

Allmählich wurde es dunkel. Man mußte die Laternen anzünden, um den Kampf beobachten zu können. Einige von den älteren Zuschauern fürchteten, wenn die Entscheidung tatsächlich herbeigeführt würde, in den Parteienstreit hineingezogen zu werden, und verzogen sich still und leise nach draußen. Die beiden Grillenmännchen begannen mit dem Rückenklemmen. Sie versuchten, den Gegner, in den sie sich verbissen hatten, mit aller Kraft über den eigenen Rücken zu schleudern. Nach einigen derartigen Begegnungen hatten beide die Oberschenkel eingebüßt. In diesem Augenblick biß die Goldene in den Kopf des Rotgewandes. Sie standen nun Kopf an Kopf. Man bezeichnet dies als ‚Brücke bauen‘. Als sich das Rotgewand endlich befreit hatte, war der Schädel aufgesprungen. Sie wandte sich zurück und biß die Goldene in den Bauch. Von da an ließ keine mehr locker. Sie rollten in dem Behälter herum, verknäulten sich dann, und nach einer Weile bewegten sie sich nicht mehr. Als man die Lampen nahm und nachschaute, hatten sie die Zangen tief in den Körper des jeweiligen Gegners gebohrt, für beide war es ein Abschied auf immer.

Im Hof wurde für einen Augenblick alles still, die beiden Herren, die den Kampf ausgerichtet hatten, waren erstarrt und wußten nicht, ob sie sich freuen oder ob sie trauern sollten. Sun Yaoting zitterte und bebte vor Angst, seit er das daoistische Kloster betreten hatte, und mit einem tiefen Seufzer dachte er, daß angesichts dieses Kampfausgangs Pferde wie Nebenfrau wohl bei ihren Herren bleiben würden. In diesem Augenblick rief Tan Xinpei, einen Ausdruck von Freude auf dem Gesicht: „Himmlische Fügung, himmlische Fügung! Unentschieden ist gut, unentschieden ist gut!"

Langsam kam wieder Leben in Zaitao und Chengwu, beide waren ziemlich verstimmt. Zaitao gab Sun Yaoting den Befehl, alle übrigen Grillen herzuholen und in den Kristallbehälter zu setzen. Sun Yaoting wußte nicht, was das bedeutete, aber es blieb ihm nichts anderes übrig, als eine nach der anderen in den Behälter zu befördern. Zaitao öffnete den Deckel, schaute ihnen eine Weile zu und schimpfte dann: „Die sind alle Abfall!" Mit Schwung goß er eine Kanne frisch gebrühten Tees hinein. Sun Yaotings Herz, das gerade begonnen hatte, sich zu beruhigen, fing bei dieser Bewegung wie wild an zu schlagen. Da kam plötzlich ein Diener aus dem Palais von Nayantu angerannt und meldete keuchend, daß sich die neue Nebenfrau von Qi Chengwu aufgehängt hätte. Chengwu sprang sofort auf und rannte nach Hause.

Aus Haß und Qual war die unbeugsame und willensstarke Qianbing auf Todesgedanken gekommen, als sie gehört hatte, Qi Chengwu habe sie gegen Pferde gesetzt und wenn er verlieren würde, müsse sie einen Kutscher heiraten. Als sie dann am Nachmittag vor dem Tor des Palais Leute schreien hörte, sie kämen vom Palais Zaitaos, die Ehefrau abzuholen, da hatte sie sich vor Schmach und Wut an einem Balken erhängt. Als sie von den Dienern entdeckt wurde, war sie schon längst tot.

Zaitao fühlte sich höchst unwohl, als er von dem Tod hörte, und gab Anweisung, zwei gute Pferde zum Palais Nayantus zu bringen, als Totengabe. Dann befahl er den Daoisten: „Heute ist der fünfzehnte Tag des siebten Monats, ob Mensch oder Insekt, für alle sollen Seelentafeln aufgestellt werden, und die Mönche sollen Opfergaben darbringen!" Dann kehrte er ins Palais zurück. Die Menschenmenge ging auseinander.

Im Dankuang-Pavillon blieben nur Ren Yi und sein Schüler Sun Yaoting. Sie saßen einander gegenüber. Die Laternen gaben ein schummriges Licht und beleuchteten eine Schicht toter Grillen, die an der Oberfläche des Kristallbehälters trieben. Aus der Ferne hörte man Daoisten, die eine Messe abhielten. Der Meister und sein Schüler zählten im Mondlicht die ‚mutigen Ritter', die bedeutsame Verdienste erworben hatten. Ren Yi sagte: „Jenseits seiner Grenze verkehrt sich jedes Ding in sein Gegenteil. Unsere karmischen Beziehungen als Meister und Schüler, fürchte ich, sind auch beendet." Und tatsächlich kam nach ein paar Tagen Eunuch Wu und rief Sun Yaoting zu verschiedenen Diensten.

3. KAPITEL

Die verbotene Stadt

Nächtliches Treiben im Palast

Wie erwartet, hatte Eunuch Wu Sun Yaoting vom Dienst bei den Grillen abgezogen, und zwar nicht deshalb, weil der Wettkampf verloren war. Daß Zaitao es mit knapper Not noch zu einem Unentschieden gebracht hatte, war ja gewissermaßen das Verdienst Sun Yaotings gewesen, aber er wurde trotzdem gefeuert. Die Stelle im Palais, die mit Grillenzucht betraut war, hatte ihr Gesicht verloren und in der Folge davon auch der Beile, das war der Grund.

Erfreut war Sun Yaoting nicht, aber auch nicht in der Lage, dagegen anzugehen. Weil es keine geeignete freie Stelle gab, teilte der Generaleunuch Sun Yaoting dem sehr unbeliebten, überaus häßlichen und äußerst jähzornigen Eunuchen Zhu zu, der für Mißhandlungen über das übliche Maß hinaus bekannt war. Zhu hatte keine besonderen Pflichten, man ließ ihn allerlei Dienste innerhalb des Palais verrichten.

Sun Yaoting diente bei ihm erst ein paar Tage, bekam aber dessen Grausamkeit gleich zu spüren. Von morgens bis abends trug Zhu ihm eine Arbeit nach der anderen auf und ließ auch nicht die geringste Nachlässigkeit zu. Das Gesicht mit den kleinen Schweinsäuglein zeigte keine Regung, aber sobald es sich schmierig verzog, fing er auch schon an herumzunörgeln. In seiner Not wandte Sun Yaoting sich flehend an Eunuch Wu, der schon lange über die Ungeheuerlichkeiten des Eunuchen Zhu

Bescheid wußte und nun nicht anders konnte, als den sichtbar abgemagerten Sun Yaoting zu bemitleiden. Er unterhielt sich mit Zhao Rongsheng, der das Palais verlassen hatte, um Eunuch im Palast zu werden. Nach Zhaos Worten benötigte der Palast seit dem Rücktritt Puyis ebenfalls keine neuen Eunuchen mehr. Die Ausgaben seien gekürzt worden und eine Anstellung daher zunächst unmöglich. Die einzige Hoffnung bestehe darin, sich als ‚schwarzer Eunuch' einzuschmuggeln.

Sun Yaoting, der Zhao Rongsheng vorgestellt worden war, erkundigte sich, was das denn eigentlich sei, und erfuhr folgendes: Es gab zwei Gruppen von Eunuchen im Palast. Die eine diente vornehmlich der Kaiserinwitwe, Seiner Majestät dem Kaiser, der Kaiserin und den Konkubinen und gliederte sich in Ränge wie Generaleunuch, Chefeunuch, Anmelder, kleiner Eunuch und ähnliche. Eine andere Gruppe von Eunuchen verrichtete an insgesamt achtundvierzig Orten im Palast Dienste, in den Anmeldungen, in der kaiserlichen Küche, an der Feuerstelle und so weiter. Sie unterstanden dem Oberaufseher, dem Duling, dann folgten im Rang der Generaleunuch, der Stellvertretende Generaleunuch, der Gruppenleiter der kaiserlichen Leibeunuchen, der Halleneunuch, die gemeinen Eunuchen. Auf der untersten Stufe standen Eunuchen, die wenig geachtete Dienste verrichten mußten, wie Fegen und dergleichen. Alle waren sie namentlich in ein Register eingetragen und jeder von ihnen bezog eine bestimmte Menge an Gold und Silber. Wer viel bekam, erhielt jeden Monat acht Tael Silber Gehalt, acht Jin Reis und zusätzlich 1300 Messingmünzen. Wer wenig bekam, erhielt zwei Liang Silber, eineinhalb Jin Reis und sechshundert Münzen. Eunuchen außerhalb dieser beiden Klassen waren nicht in das Register eingeschrieben. Sie bekamen weder Geld noch Speisen aus dem Palast. Einige von ihnen halfen als Laufburschen dem Generaleunuchen oder den Chefeunuchen, die ihnen aus eigener Tasche Geld und Nahrungsmittel zuteilten. Manche warteten darauf, Lücken, die durch das Fehlen eines registrierten Eunuchen entstanden waren, auszufüllen oder nahmen nach dem Tod eines Eunuchen dessen Namen an und bezogen dann dessen Geld und Naturalien. Weil sie nicht im Register standen, nannte man sie ‚schwarze Eunuchen'. Sie waren also noch nicht einmal so gut dran wie Eunuchen, die nur mit dem Kehren beschäftigt waren.

Sun Yaoting überlegte, daß er hier beim Beile im Monat bestenfalls ein Liang Silber bekommen würde, im Palast aber im schlechtesten Fall auch nicht weniger verdiente. Also war es immer noch besser, in den Palast zu gehen, und so sagte er: „Schwarzer Eunuch zu werden, dagegen habe ich nichts. Wenn Sie so freundlich wären, daran zu denken." Nach ein paar Tagen brachte Zhao Rongsheng die Nachricht, Ren Dexiang, Stellvertretender Generaleunuch der kaiserlichen Konkubine Duankang, hätte letztes Jahr einen Schlaganfall erlitten und sei halbseitig gelähmt. Die kaiserliche Konkubine habe zugestimmt, daß er sich einen Pfleger suche. Er habe Sun Yaoting dort vorgeschlagen und von oben sei gesagt worden, daß er ihn bringen solle, damit man sich ihn anschauen könne.

Zhao Rongsheng bat den Generaleunuchen des Zaitao-Palais für Sun Yaoting um Urlaub und nahm ihn mit zum Eingang des Palastes der Ewigen Harmonie, wo die kaiserliche Konkubine Duankang wohnte. Dort wurden sie vom Generaleunuchen in das Zimmer eines Eunuchen geführt. Man ließ Sun Yaoting die Kleidung ausziehen. Er wagte nicht, sich zu widersetzen. Der Generaleunuch schaute kurz auf den Unterleib und sagte dann: „Anziehen! Geh hinein!"

Duankang, die bekannte Jadekonkubine des Guangxu-Kaisers, war üppig gewachsen und hatte ein Gesicht, groß wie eine Silberschüssel. Bei der Annahme eines schwarzen Eunuchen, der ja keine Apanage erhielt, fällte eigentlich der Generaleunuch die Entscheidung, und es war nicht notwendig, daß die Herrin noch einen Blick auf ihn warf. Aber das Leben dieser alten Konkubine verlief einfach zu fade und langweilig. Daher wollte sie selbst prüfen und sich so die Zeit vertreiben. Duankang wartete, bis Sun Yaoting dreimal Kotau gemacht hatte, und fragte ihn dann nach Alter, Abstammung und Namen. Dann nahm sie eine Zeitung und fragte: „Kannst du lesen?" – „Der Sklave ist in der Lage, ein paar Zeichen zu lesen." – „Lies einen Abschnitt vor!"

Sun Yaoting las einen ganzen Abschnitt vor, als ob er etwas auswendig hersagen würde, tatsächlich war er auf kein unbekanntes Schriftzeichen gestoßen. Die Konkubine freute sich: „Gut, gut! Das ist ganz selten!" Zuletzt gab sie die Anordnung: „Meine kleinen Eunuchen hier, sind alle mit dem Zeichen ‚Chun' (Frühling) eingereiht, du heißt von jetzt an ‚Chunshou'!" Zhao Rongsheng nahm ihn mit zum Stellvertretenden Generaleunuchen Ren, anschließend führte er ihn zu den Eunuchen, die mit dem Zeichen ‚Chun' eingeordnet waren, wie Chunlü, Chunfu, Chunyuan, Chunxi ..., alle benannt nach glückbringenden Zeichen.

Wurden Eunuchen alt, suchten sie zunächst nach einem Weg, sich zurückzuziehen. Wer Geld hatte, kaufte sich schon beizeiten ein Haus und eine Frau mit einem Sohn. Betagt zog man sich als Alter Gebieter in sein Heim zurück. Wer wenig Geld hatte, erwarb für einen Daoistentempel ein paar Mu Land. Im Alter durfte man dafür im Tempel wohnen. Es gab dort zwar keinen feinen Tee und nur karge Kost, aber man war aller Sorgen ledig. Wer mit leeren Händen dastand, mußte, wenn es soweit war, zusehen, was er machte. Ren Dexiang war der Liebling von Duankang. Als er krank wurde und nicht wieder aufstand, war er erst etwas über fünfzig. Zu seinem Glück mochte die Herrin den alten Diener und ließ ihn im Palast der Ewigen Harmonie bleiben. Auch sein Gehalt wurde nicht gekürzt und zu den Feiertagen um das Frühlingsfest erhielt er wie früher Zuwendungen. Ein paar Eunuchen im Alter von etwa zehn Jahren hatten die Aufgabe, ihn zu bedienen, ihm Beine und Rücken zu massieren, Kot und Urin wegzutragen – ganz wie in einer Familie. Wurde man alt und lag gelähmt im Bett, mußte man die Gedanken an Reichtum und Ehre einen nach dem anderen aufgeben und einigen Jungeunuchen gegenüber gnädiger sein.

Inmitten der Schar von Dienern war Sun Yaoting der einzige, der vier Jahre eine Schule besucht hatte. Er kannte daher die meisten Schriftzeichen. Ren Dexiang ließ ihn oft am Bettrand sitzen und aus Büchern vorlesen. Zum Beispiel aus der ‚Inoffiziellen Geschichte der Ming-Dynastie', aus ‚Geschichten aufeinanderfolgender Dynastien', aus Romanen der Tang-Zeit, merkwürdige Geschichten aus der Song-Zeit, Aufzeichnungen von Leuten aus der Ming- und Qing-Zeit, es gab fast nichts, was er nicht las. Vorlesen, vormittags und nachmittags jeweils ein bis zwei Stunden, wurde nach und nach zum Hauptdienst von Sun Yaoting. Er brauchte nur anzufangen, da kamen die anderen kleinen Eunuchen auch schon herein. Der eine massierte den Rücken des Generaleunuchen, der andere seine Beine. Wenn es sonst nichts zu tun gab, wischte man einfach den Tisch ab, putzte den Fensterrahmen. Jeder suchte sich zu beschäftigen, so gut er konnte, hielt die Hände in Bewegung, spitzte aber beide Ohren und hörte zu. Vize-Generaleunuch Ren erhielt jeden Monat achtzig Tael Silber, täglich vierzig verschiedene Gerichte, darunter zwei Suppen. Von jedem Gericht aß er nur ein wenig, das übrige gab er den Jungeunuchen. Die vierzig Gerichte waren das Feinste vom Feinen, und manch einer wurde dick und rund davon.

Sun Yaoting schmökerte in der leichten Lektüre, las in den ‚Inoffiziellen Geschichten', und das erweiterte seinen Horizont. Seine Miteunuchen verrieten ihm ein paar Kniffe und brachten ihn dazu, seine Umgebung immer besser zu durchschauen. Nach kurzer Zeit schon war er unter den Palasteunuchen für seine Gelehrigkeit bekannt. Überall verstand er es, dabeizusein, überall wurde er auch von Leuten herangezogen, die ihm Merkwürdigkeiten erzählten. Als ‚schwarzer Eunuch' waren seine monatlichen Einnahmen jedoch sehr gering. Sun Yaoting dachte von Zeit zu Zeit an seine Eltern und Brüder. Die sieben, acht Yuan, die im Palais des Beile übriggeblieben waren, hatte er schon früh Leuten anvertraut, die sie in sein Elternhaus nach Jinghai bringen sollten. Ein Eunuch namens Xinheng hatte von Sun Yaotings Sorgen erfahren. Eines Tages zog er ihn an einen menschenleeren Ort und sagte leise zu ihm. „Chunshou, ich weiß, daß es um deine Familie nicht zum besten bestellt ist und es vor allem an Silber fehlt. Ich empfehle dir etwas, aber du darfst mit niemandem darüber reden. Du könntest jeden Monat ein paar Tael Silber nach Hause schicken. Wär das nicht was?" – „Die Sache, über die man nicht reden darf, ist sie ungesetzlich?" Xinheng erwiderte: „Wo gilt unter dem Himmel schon ein Gesetz! Wer starke Ellenbogen hat und einen fahren läßt, der ist das Gesetz. Da gibt es keine Regel. Hier bei uns herrschen weder Gesetz noch Himmel, wenn du starke Beine hast! Mach es. Wir leben in der Republik China, da wird man für Verbrechen nicht mehr enthauptet."

Nach dem Abendessen, Sun Yaoting hatte den Herrn bedient, bis jener eingeschlafen war, das tägliche Allerlei war erledigt und ein anderer Jungeunuch hatte Nachtdienst, machte er sich auf zum Yuxichu. Das ist die Stelle, an der die kaiserlichen Kleider begraben wurden. Dort hatte er sich mit Xinheng verabredet. Der nahm ihn mit zu einer Opiumhöhle innerhalb des Canghuo-Tores. Drei Räume auf der Westseite waren mit einer dicken Decke verschlossen. Zog man sie beiseite und trat ein, sah man ein helles und zwei dunkle Zimmer. In den beiden dunklen Zimmern befand sich vor dem Fenster je ein Kang, auf denen ein paar Leute leicht zusammengerollt auf der Seite lagen. Sie rauchten Pfeifen. Im Zimmer war es sehr warm, sehr dunkel, und der Rauch verschlug einem den Atem. An der Westseite stand ein Sekretär, ein Tisch der Acht Heiligen. Dort saß ein alter Eunuch und trank Tee. Niemand sprach auch nur ein Wort.

Xinheng erklärte dem Alten: „Alter Gebieter Qi, das ist Chunshou, der hat was drauf." Der alte Qi fragte: „Kannst du schreiben und rechnen?" Sun Yaoting dachte angestrengt nach, was er wohl von ihm wolle. Qi sagte dann: „Na gut, komm jeden Abend hierher. Du kümmerst dich um die Rechnungen. Ich sage: ‚Zhang Drei schuldet drei Schnüre Geld' und du notierst, ‚Zhang Drei, drei Schnüre', ich sage: ‚Li Vier schuldet vier Schnüre Geld' und du notierst, ‚Li Vier, vier Schnüre'. Im Vorraum ist ein Hocker. Da hockst du dich hin und schaust durch das Glas nach draußen. Zeigt sich ein Fremder, kommst du rein und hustest einmal!"

Diesen Ort suchten Eunuchen nur zum Opiumrauchen auf. Sie ließen alle anschreiben und bezahlten am Monatsende, wenn ihnen ihre Apanage ausgezahlt wurde. Sehr selten gab es welche, die zwei, drei Monate mit den Zahlungen im Rückstand waren. Meistens steckten sie sich eine Opiumpfeife an, nahmen ein paar Züge und gingen dann einfach. Daher mußte jemand aufschreiben, was verbraucht wurde. Um Mitternacht zerstreuten sich die Gäste. Eunuch Qi ließ Sun Yaoting die Abrechnung machen, insgesamt waren es über fünfzig Liang Silber an Schulden. Anschließend ließ er Sun Yaoting noch einen

Imbiß zu sich nehmen und schickte ihn dann schlafen. Er trug ihm auf, am nächsten Abend pünktlich wiederzukommen und keinem etwas davon zu sagen. So verging ein Monat, und überraschenderweise bekam Sun Yaoting am Ende drei Liang Silber. Eunuch Qi hatte gesehen, daß Sun Yaoting zwar jung war aber sehr verschwiegen, und gedachte ihn langfristig bei sich zu behalten. Daher hatte er ihm zu den zwei Liang, die er versprochen hatte, noch ein Liang dazugegeben.

Yaoting war von Anfang an sehr beunruhigt. Zum einen fürchtete er, daß die Sache bekannt würde und man ihn zur Rechenschaft zöge. Außerdem aber fürchtete er, schlechtes Karma auf sich zu laden, wenn er etwas tat, das Menschen Schaden zufügte. Also suchte er Xinheng auf und erklärte ihm, daß er zwar Geld verdiene, aber im Herzen keine Ruhe fände. Ob er ihm nicht eine andere Arbeit suchen könne? Xinheng meinte dazu: „Also, du! Bei so vielen Beschäftigungen, denen du nachgehen könntest! Mußtest du ausgerechnet das Ding da abschneiden, um als Sklave hierherzukommen? Du hast es doch bestimmt auf Geld abgesehen. Wenn das Ding auch keine zehntausend Tael Silber wert ist, dann vielleicht doch ein paar tausend? Schau einmal, in diesem Palast gibt es mindestens einige zehn Opiumhöhlen und keine kommt ohne Hintermänner aus. Man muß den Gebietern nur ‚pietätvoll' begegnen, dann stellen die Gebieter keine Fragen. Hätten sie alles untersucht und alle zur Rechenschaft gezogen, wer verhielte sich dann ihnen gegenüber noch ‚pietätvoll'? Was du da von Karma faselst, verstehe ich nicht, aber das verstehe ich: Wenn diese Opiumraucher ihr Opium nicht kriegen, dann haben sie kein Leben mehr. Rettest du denen das Leben, dann hast du mehr getan als eine ‚siebenstufige Pagode gebaut'. Dann hast du gutes Karma gesät und wirst in Zukunft auch eine gute Vergeltung bekommen."

Sun Yaoting wußte nicht, ob er lachen oder weinen sollte: Schlechtes tun, bleibt Schlechtes tun. Wozu so viele krumme Begründungen erfinden und auch noch behaupten, man würde Gutes tun? Xinheng schnaubte durch die Nase: „Bekommst du einen Tritt, dann bist du der Schlechte, du magst so gut sein, wie du willst. Nur, wenn du einem anderen einen Tritt verpaßt, bist du der Gute, auch wenn du in Wahrheit noch so schlecht bist."

Nachdem Yaoting erfahren hatte, daß im Palast dergleichen häufig vorkam, ihm auch nicht viel geschehen konnte, haderte er nicht weiter mit Xinheng. Zwei Monate später aber kam dem Eunuchen Qi einmal beim Abschließen der Tür der Gedanke, nicht länger anschreiben zu lassen, sondern auf Barzahlung umzustellen. So könnte er die Ausgaben für einen Buchführer sparen. Also ließ er Sun Yaoting aufschreiben: ‚Die Herren mögen beachten, daß nicht mehr angeschrieben wird', und klebte die Mitteilung an die Wand. Yaoting dachte sich: ‚Es ist wieder einmal aus für Sun.'

Am nächsten Tag entdeckten die Opiumraucher die Zeichen an der Wand. Manche sagten: „Egal, ob man früher oder später zahlt. Bargeld ist Bargeld." Manche sagten: „Täglich mit Silber aus dem Haus gehen, wie unangenehm. Wir können ja doch nicht weglaufen, wozu uns diesen Ärger einbrocken?" Aber sie zahlten trotzdem. Nur ein junger Eunuch wollte auf keinen Fall bar zahlen und ließ auch noch ein paar grobe Worte fallen. Eunuch Qi hielt sich ebenfalls nicht gerade zurück, die beiden gerieten miteinander in Streit und mußten getrennt und beschwichtigt werden. Als der andere weg war, sagte Eunuch Qi zu den Gästen: „Meiner Meinung nach hat dieser Kerl etwas Schlechtes vor. Sie sollten vorerst auseinandergehen. Auf das Geld für das Opium will ich heute verzichten, das schenke ich Ihnen. Die Gerätschaften mögen die Herren für mich mitnehmen und verstecken."

Als alle gegangen waren, ließ Eunuch Qi Sun Yaoting die Fenster weit aufreißen, damit der Wind den Rauch aus dem Zimmer vertreiben konnte, nahm ein Xiangqi-Brett heraus und hockte sich mit Yaoting davor. Tatsächlich hörte man nach einer Weile draußen Tritte, der Vorhang wurde aufgerissen und fünf, sechs Leute kamen herein. Anführer war Ruan Jinshou, Generaleunuch von Puyi. Eunuch Qi sprang eilig vom Kang und entbot den Qing'an-Gruß: „Glück dem Gebieter Ruan! Was für eine Angelegenheit wollen Sie dem Unwürdigen übertragen?" Ruan Jinshou ließ sich nichts anmerken: „Bin einfach nur vorbeigekommen." Er ließ seine Augen in alle Richtungen schweifen, drehte sich um und verschwand. Der Eunuch, der an dem Streit beteiligt gewesen war, befand sich in ihrer Mitte.

Grimmig schaute er auf Eunuch Qi, der den Blick mit einem kalten Lächeln quittierte. Nach dieser Untersuchung wurde die Opiumhöhle eine Zeitlang nicht wieder geöffnet. Xinheng, der wußte, daß Yaoting lesen und schreiben konnte, sich auch sonst ziemlich geschickt anstellte, empfahl ihn bei einer Spielhölle ebenfalls als Buchführer.

Diese Spielhölle befand sich im Shangsi-Hof, dem ‚Oberen Pferdegespannhof', bei den kaiserlichen Stallungen. Aus dem Palast der Ewigen Harmonie kommend, mußte man an der Westseite des Hauptpalastes die Lange Straße entlanggehen und dann sehr weit nach Süden. Wegen der Reduzierung der Eunuchenzahl seit Ausrufung der Republik war die Lange Straße inzwischen dicht mit wilden Gräsern bewachsen, die im Winterwind trocken raschelten und dabei Geräusche verursachten, die einen am Abend wirklich erschrecken konnten. Aus dem Gras sprangen oft wilde Katzen, Füchse oder Marder heraus. Die konnten einen schon dazu bringen, daß das Herz pochte. Die Eunuchen sahen sowieso überall Geister und Gespenster, sie erzählten sich auch gern Spukgeschichten, und wenn es dunkel wurde, wagten sie nicht hinauszugehen.

Sun Yaoting hielt die Gespenster, die in seiner Heimat die Schulden eintrieben, für noch viel schrecklicher. Er klebte sich hinten und vorne die ‚Zauberformel der Großen Helligkeit in sechs Zeichen' an, denn es hieß, wenn Gespenster diese Formel sahen, wagten sie nicht, näherzukommen. Aber als er endlich die Lange Straße hinter sich gelassen hatte, war er in kalten Schweiß gebadet.

Der große Raum im Shangsi-Hof war taghell erleuchtet. Sun Yaoting schaute durchs Fenster. Von der Zimmerdecke hing eine ‚elektrische Lampe in Form des Mondes im Wasser'. Zwar wurde sie ‚elektrische Lampe' genannt, aber es gab keinen Strom. Aus einem Hochdruckbehälter gelangte Petroleum zur Glühbirne, über die ein Asbestbehälter gestülpt war. Die Lampe gab ein schneeweißes helles Licht, das einem in die Augen stach. Ein paar solcher Lampen waren auf Puyis Geheiß im Ausland gekauft und in der Halle der Pflege des Herzens aufgehängt worden. Keiner wußte, wie eine von ihnen hierher gelangt war. Yaoting hustete einmal. Die Leute im Raum, die in der Mitte an zwei achteckigen Tische saßen, verstummten, und einer kam herausgelaufen. Der Mann, der Sun Yaoting hereinführte, fragte: „Schon mal Tuipaijiu und Laoganyang gespielt?" Sun verneinte. Der Mann sagte: „Dann schau erst einmal zu. Erst wenn du weißt, wie's geht, schreibst du auf, wer wieviel verloren und wer wieviel gewonnen hat."

Sun Yaoting beobachtete die Spieler eine ganze Weile, bis er die Spiele verstand. Beim Tuipaijiu benutzte man 32 Spielkarten und ähnliche Steine wie beim Mahjongg, um auf Sieg oder Niederlage zu setzen. Laoganyang, das man auch als ‚Würfeln' bezeichnete, war sehr einfach. Es gab nur sechs Würfel. Man warf sie in eine Schale und ermittelte anhand der Zahlen den Gewinner. Bei beiden Spielen sah man Gewinn oder Verlust im Nu, man brauchte sich nicht den Kopf zu zerbrechen. Sobald man die Finger lockerte, überließ man sich dem Schicksal. Daher nannten die meisten diese Art des Spielens ‚Mit beiden Augen ins Verderben rennen'. War der Wetteinsatz groß, konnte es allerdings vorkommen, daß jemand vor Erregung ohnmächtig wurde.

Der Shangsi-Hof war ein abgelegener, ruhiger Ort. Außer den kaiserlichen Pferden waren nur die Spieler da, und so konnten die Eunuchen hier lauthals rufen und schimpfen. Von außen hörte es sich an, als stritten ein paar alte Weiber miteinander: kreischende Stimmen, schrilles Gebaren. Opiumrauchen erfrischte, Spielen aber griff die Nerven an. Deshalb kamen ständig Eunuchen und verkauften Schachteln mit Imbissen, Sesamkuchen, gefüllt mit fettem Fleisch in Sojasoße oder ganz feinen zarten Sojabohnenkäse mit Koriander bestreut, dazu Paprikaöl und Sojasoße. Hatte man davon eine Schale zu sich genommen, brach man am ganzen Körper in Schweiß aus. Es gab auch fein geschnittenes gekochtes Ziegenkopffleisch. Mit chinesischem Blütenpfeffer bestreut und eingerollt in Papier, aß man es, während man spielte. Auch eine ganze Reihe von Süßigkeiten wurden angeboten. Im Winter gab es ‚Lotoskernbrei der Acht Kostbarkeiten', gefüllte Klebreisklöße und Huntun mit Schweinefleischfüllung. Im Sommer reichte man eisgekühlten Brei aus grünen Bohnen, Liangfen, eine Bohnenmehlgallerte, und dergleichen. Eunuchen, die am Abend meist nichts mehr zu tun hatten, eröffneten nämlich alle Arten kleiner Restaurants, und die Opium- und Spielhöllen beschäftigten Leute, die das Essen holten. Aber auch die Nachtwachen, die die Stunden ausriefen, mußten etwas essen, wenn Mitternacht vorbei war. In der riesigen Verbotenen Stadt war der Kaiser, sobald es Nacht wurde, der einzige Mann. Außer den vier alten Konkubinen gab es nur noch eine kleine Anzahl von Palastfräuleins, und so war die Purpurne Verbotene Stadt das Reich der Eunuchen. Kaiser Puyi war jung an Jahren und nicht sehr mutig. Nachts ging er nicht vor die Tür. Die alten Konkubinen legten sich früh schlafen, und so trieben die Eunuchen natürlich ihr Unwesen.

Abgesehen davon, daß Sun Yaoting nachts durch die Lange Straße mußte und unvermeidlich ein paarmal erschrak, hatte er nichts auszustehen. Er konnte, wenn er in der Spielhölle Buch führte, jeden Monat mehr als zwei Liang Silber verdienen. Außerdem wurden die Gewinner jeden Abend von den Verlierern ‚geschröpft' und waren gezwungen, alle Arten von Imbissen zu kaufen. Jeder bekam etwas ab, Sun Yaoting natürlich auch. Spielsalons unterschieden sich von Opiumhöhlen. In den Opiumhöhlen gab man sein Geld für Opium aus. Hatte man zu Ende geraucht, machte man sich wieder auf den Weg. Im Spielsalon hingegen spielte man, bis eine Partei völlig am Ende war und sich mit langem Gesicht zurückzog. Wurden Festtagsprämien ausgeteilt, es gab sie jährlich zum Drachenboot-, Mittelherbst,- Mond- und Frühlingsfest, dann blühte das Geschäft in den Spielhöllen. Die ganze Nacht hindurch brannte die Lampe. Jeder hatte ein wenig Geld in der Hand, alle spielten ganz zufrieden.

Geburtstagsprämien bekam nicht jeder. Wenn die Herrin eines Palastes Geburtstag hatte, verteilte sie meist nur den eigenen Palastfräuleins und Eunuchen eine Prämie. Dann wurden die Eunuchen, die eine Prämie erhalten hatten, von einer Menge, die keine bekommen hatte, mit Gewalt in den Spielsalon gezerrt. Beim Verteilen der Karten taten sich ein paar zusammen, bis sie ihr Geld gewonnen hatten, wie ein Rudel Wölfe, das ein Schaf reißt. Traf es Leute, die schon andere auf solche Weise gerupft hatten, verlangten sie hartnäckig: „Laßt uns würfeln" und gaben sich nicht mit ‚Tuipaijiu' ab. Aber die

Verschwörer wußten, was da zu tun war. Sie bestachen den Eunuchen, der den Spielsalon leitete, gezinkte Würfel herauszuholen. Wie diese Würfel in der Schale sprangen, wußten sie ganz genau, da mußte der Gegner verlieren. Einmal verloren an Geburtstagsprämien ein kleiner Anführer zwanzig Liang, der Anmelder fünfzig, die Anführer einhundert, der Generaleunuch zweihundert. So bekamen von einer Prämie alle etwas ab, und das war ja auch vernünftig.

Sun Yaoting kümmerte sich nur um die Buchführung und beteiligte sich nicht am Spiel. So hatte er nach kurzer Zeit etwas Geld angehäuft. Nun bat er den Generaleunuchen um einen Tag Urlaub, kaufte eine gelbe Tasche mit Obst, eine Schachtel mit Gebäck und zwei Flaschen Wujiapi-Reiswein. Damit begab er sich direkt nach Baizhifang, seinen Onkel Hao zu besuchen.

„Habe ich recht gehört, daß Seine Majestät wieder auf dem Drachenthron sitzen wird?" war der erste Satz seines Onkels, als er ihn sah. Yaoting erschrak und antwortete, das wisse er nicht. Der Onkel fragte: „Wie kannst du das nicht wissen, wo du doch im Palast wohnst? Selbst draußen unter den Leuten wird es verbreitet. Ich habe gehört, nachdem Yuan Shikai letztes Jahr starb, wollten Xu Shichang und Zhang Xun die Monarchie wiederherstellen. Und jetzt stiften sie schon wieder Unruhe. In den Zeitungen steht, daß der General mit dem Zopf, Zhang Xun, und Ni Sichong im Süden, im Norden der Königliche Gebieter Shanchi und Babojab aus der Mongolei Soldaten in Bewegung setzen. Die Japaner helfen heimlich. Die Große Qing-Dynastie kann nicht untergehen! Führ dich im Palast nur gut auf. Dann bringst du es in Zukunft mal zu einem blauen Beamtenhut, dem dritten Beamtenrang, und bist nicht umsonst in den Palastdienst eingetreten."

Yaoting erkundigte sich, ob es aus seiner Heimat Nachrichten gebe. „Das Geld, das du gegeben hast, ist bereits weitergeleitet. Dein Vater arbeitet als Rikschakuli in Tianjin. Dein Bruder ist mit anderen ausgewandert und jetzt Gastarbeiter. In diesem Jahr kann man auf dem Land nur noch darauf warten, daß man verhungert. Die Männer im Dorf sind fast alle weg. Man redet zwar immer von ‚Republik', ‚Republik', aber in Wirklichkeit streiten sich nach der Absetzung des Kaisers doch alle darum, wer neuer Kaiser wird. Als der alte Yuan Kaiser wurde, waren alle erregt, als der alte Yuan starb, stritten sie alle. Kann denn jeder nach Belieben Himmelssohn werden? Wenn kein echter Drache Himmelssohn ist, wer soll denn da gehorchen?“ Sun Yaoting dachte bei sich, es sei vielleicht nicht völlig aussichtslos, daß er einmal einen blauen Hut tragen würde. Also verabschiedete er sich in höchster Eile von Onkel Hao und ging Meister Ren Yi besuchen. Er vertraute den Worten von Ren Yi sehr.

Es war heißes Juniwetter. Ren Yi schlief auf dem Boden unter dem Kürbisregal, das Gesicht nach oben. Sun Yaoting redete ihn zweimal laut mit ‚Meister‘ an, aber er wachte nicht auf. Also hockte er sich vor das Lager und ahmte ein Grillenzirpen nach. Schlagartig wachte Ren Yi auf, hob den Kopf und schaute nach allen Seiten. Als er Yaoting erkannte, beruhigte er sich wieder: „Ach, du warst das! Ich habe gerade geträumt, daß die Grillen und ich Frösche essen wollten, da hörte ich plötzlich Rufe.“ Sun fragte: „Sind noch Grillen da?“ – „Der königliche Gebieter entschied, daß er in diesem Leben keine mehr halten will, und läßt mich nur noch ein paar Laubheuschrecken züchten. Aber ich träume immer von ihnen, sie springen ständig vor meinen Augen herum“, erwiderte Ren Yi. Yaoting erzählte, was er von Onkel Hao erfahren hatte, und fragte, ob das stimme. Ren Yi gab zur Antwort: „Da ist etwas dran. In den letzten Tagen kamen ständig Gäste ins Palais. Der ‚General mit dem Zopf‘, dieser Zhang Xun, will in den nächsten Tagen in die Hauptstadt kommen und das Kaiserreich der Großen Qing wiederherstellen.“ Yaoting meinte: „Na, dann ist es ja gut.“ – „Was soll daran gut sein?“ wandte Ren Yi ein. „Wo gibt es Gutes auf der Welt? Hast du die Worte von deinem Meister Jingchen vergessen? Das Schicksal der Großen Qing-Dynastie war schon in den Jahren des Tongzhi-Kaisers besiegelt, das Land verlor seinen Herrscher. Will man mit Gewalt die Macht wieder aufrichten, dann hat man nur kurzlebige Fürsten ohne Nachfolger, die das Land in den Ruin stürzen.“

Yaoting stand bei diesen Worten der Schweiß auf der Stirn. Er fragte: „Schauen Sie, Meister, kann denn Seine Majestät heutzutage überhaupt fest auf dem Drachenthron sitzen?“ Ren Yi meinte: „Ein Land, dessen Schicksal es ist, unterzugehen, braucht einen Fürsten, der es in den Ruin treibt. Kommt ein solcher Fürst an die Macht, ist der Untergang nicht aufzuhalten. Leider ist es so, daß diese Generäle mit ihren hunderttausenden von Soldaten, diese Gelehrten mit ihrem Bauch voller Abhandlungen alles Weinschläuche und Freßsäcke sind, die für die Leute nur noch ein turbulentes militärisches Stück aufführen." Yaoting fragte: „Wieso denn?"

Ren Yi nahm ein paar sehr alte, beschädigte Bücher zur Hand: „Wenn ich es dir erkläre, verstehst du es ja doch nicht. Lies diese Bücher, wenn du Zeit hast, dann verstehst du, was in der Welt vor sich geht. Die sind nützlicher als dein ‚Sutra vom Buddha Amitabha', das nur vom Westlichen Paradies erzählt."

Sun Yaoting nahm die Bücher an sich und betrachtete sie: es waren das ‚Yijing', der ‚Klassiker der Wandlungen', der ‚Kommentar zum Laozi', die ‚Erklärungen zum Daodejing von Laozi', ‚Die Tuibei-Karten der Voraussagungen' und ähnliche Werke. Er schlug sie in ein Kleidungsstück ein, verabschiedete sich und kehrte in den Palast zurück. Dort berichtete er von den Neuigkeiten, die er draußen gehört hatte, dem Stellvertretenden Generaleunuchen Ren. Nur die Worte Ren Yis erwähnte er nicht. Der Stellvertretende Generaleunuch frohlockte, daß der blaue Himmel wohl Augen besitze. Yuan Shikai habe endlich bekommen, was ihm gebühre! Und die Tage der übrigen Verräter seien auch gezählt. Dann ließ er sogleich einen Weihrauchaltar aufstellen und die Jungeunuchen an seiner Stelle vor Buddha, den Bodhisattvas, dem Himmelspalast, dem Jadekaiser Kotau vollziehen, auf daß sie Gnade gewährten und der Kaiser wieder den Drachenthron bestiege. Nach ein, zwei Tagen verbreitete sich im Palast dann tatsächlich das Gerücht, Zhang Xun sei in die Hauptstadt gekommen und der Präsident wäre so erschrocken, daß er sich in eine ausländische Botschaft geflüchtet habe. Die Purpurne Verbotene Stadt war verrückt vor Freude. Li Yuanhong richtete eine Throneingabe an die Qing und gab die Regierungsvollmacht zurück. Der abgedankte Qing-Kaiser hatte den Kaiserthron wiedererlangt.

Sun Yaoting wälzte die alten Bücher hin und her, fand aber schließlich keinen Satz, der besagte, der jetzige Kaiser sei der Fürst eines nationalen Verhängnisses. Alles übrige war noch schwieriger als Sutren. Er legte die Schriften weg und las nicht weiter. Zwei Tage später hörte er im Spielsalon einen Chefeunuchen sagen: „Schlimm! Duan Qirui hat eine ‚Armee zur Strafaktion gegen die Rebellen' aufgestellt und will sich den Weg in die Hauptstadt erkämpfen. Angeblich will er alle im Palast töten." Den Anwesenden verging vor Schreck die Lust am Spiel. Alle umringten sie ihn und fragten, ob denn an der Nachricht etwas dran sei. Der Chefeunuch meinte: „Nach dem, was das Departement für Haushaltsangelegenheiten sagt, ist sie absolut glaubwürdig."

Die Spieler gingen auseinander und brachten in der folgenden Nacht heimlich ihr Gepäck in Ordnung. Gestohlene Sachen, die etwas wert waren, versteckten sie am Körper. Am Tag darauf verließen sie unter einem Vorwand den Palast. Manche von ihnen beauftragten Freunde und Bekannte, die Wertgegenstände für sie zu verstecken, andere tauschten sie in Geld um und schickten es in ihre Heimat. Wieder andere machten sich auf Nimmerwiedersehen aus dem Staub.

Sun Yaoting, der in Ren Yi zu dieser Stunde einen Heiligen sah, ging mit einer Ausrede davon, um sich bei ihm nach Glück und Unglück zu erkundigen. Ren Yi sagte: „Unsinn, es gibt keine Katastrophe. Von dir kleinem Sklaven mal ganz abgesehen, nicht einmal Seiner Majestät wird etwas geschehen." – „Meister, könnt Ihr mir das erklären?" – „Hast du die Bücher, die ich dir gegeben habe, gelesen?" – „Das schon, nur werde ich um so mehr verwirrt, je mehr ich in ihnen lese." – „Bei keiner dieser mystischen, wunderbaren Schriften darf man starr am Buchstaben kleben bleiben, sonst wird man zum Toren. Heute erkläre ich dir einen Abschnitt. Danach weißt du, wie man die Bücher liest. Ich erkläre dir, wie es dem Kaiser dieses Mal gelingt, zwar auf Unglück zu stoßen, es aber in Glück zu verwandeln. Das stützt sich auf einen Satz im Kapitel 76 des ‚Laozi'. Laozi sagt: ‚Die Menschen sind im Leben schwach, im Tode hingegen hart. Gräser und Sträucher sind im Leben schwach und biegsam, im Tod aber trocken und brüchig. Daher folgt das Starke dem Tod und das Schwache dem Leben. Daher: Ist die Armee stark, dann geht sie unter. Ist der Baum stark, wird er gefällt.' Das bedeutet, solange der Mensch lebt, ist sein Körper schwach und weich. Nach seinem Tod verwandelt er sich in etwas Hartes. Gräser und Bäume sind zu der Zeit, da sie wachsen und gedeihen, weich und biegsam. Sind sie aber gestorben, werden sie trocken, brüchig und hart. Nur die Biegsamen können überleben: Weht ein starker Wind, brechen die Bäume, nur die sanften, weichen Gräser können sich im Wind biegen und brechen nicht. Daher ist Schwachheit nicht unbedingt etwas Schlechtes. Der jetzige Kaiser ist noch jung, ohne Soldaten und Generäle, man gängelt ihn, eine Halbwaise mit einer verwitweten Mutter, unter besonders guten Bedingungen geboren. Er wohnt eingesperrt tief im Palast. Er ist unvergleichlich schwach und sanft. Daher gibt es keine Katastrophe – bestimmt nicht."

Sun Yaoting war überzeugt, daß sein Meister die Lage sehr richtig beschrieben hatte, und beruhigte sich allmählich. Eilig kehrte er wieder in den Palast zurück und berichtete Ren Dexiang, was Ren Yi ihm erklärt hätte. „Das ist aber ein außergewöhnlicher Mensch", meinte Ren Dexiang. „Wir haben zwar den gleichen Nachnamen, aber ob wir uns wohl verbrüdern können..." Er hatte noch nicht zu Ende gesprochen, als Chunfu plötzlich draußen rief: „Dem Gebieter über zehntausend Jahre Glück!" Sun Yaoting erschrak, in aller Hast wich er ins Westzimmer aus, schob den Türvorhang beiseite und blickte hinaus.

Ein Jugendlicher trat ein, so zwölf, dreizehn Jahre alt, sehr mager, aber etwas größer als er. Ren Dexiang hatte sich etwas aufgerichtet und rief: „Der Sklave hat den Tod verdient. Der Sklave vermag dem Gebieter der zehntausend Jahre keinen Qing'an-Gruß zu entbieten!" Er hörte, wie Seine Majestät die Frage stellte: „Geht es jetzt etwas besser?" Ren Dexiang gab zur Antwort: „Es geht dank dem unermeßlichen Glück des Gebieters schon viel besser." Seine Majestät stellte im Stehen noch ein paar Fragen und sagte dann: „Ruh dich aus." Dann ging er. Ihm folgte der kaiserliche Leibeunuch.

Sun Yaoting hatte den Kaiser zum ersten Mal gesehen. Er dachte bei sich: ‚Er weist tatsächlich die Merkmale äußerster Schwachheit auf. Jetzt sehen wir noch dazu, wie sich ihm Unglück in Glück verwandelt.'

Beijing aber geriet letzten Endes in die Hand der ‚Armee zur Strafaktion gegen die Rebellen' und am Himmel über dem Kaiserpalast flog ein ‚Ungeheuer' umher, das brummte und das Fensterglas erschütterte. Mal war es im Westen, mal im Osten, alle Menschen versteckten sich, zu Tode erschreckt, unter Bett oder Tisch. Manche riefen wie wild: „Das Flugzeug ist da, das Flugzeug ist da, schnell, versteckt euch." Sun Yaoting, der an die Worte Ren Yis glaubte, nahm seinen Mut zusammen und rannte in den Hof. Er wollte sehen, wie so ein Flugzeug aussah. Plötzlich hörte er zweimal einen gewaltigen Lärm. Vor Schrecken stolperte er ins Zimmer und kroch unter den Tisch. Erst als nach einer Weile nichts mehr zu hören war, rappelten sich die Eunuchen einer nach dem anderen kreidebleich wieder auf.

Nach dem Zwischenfall mit dem Flugzeug verkündete der Kaiser seinen Rücktritt. Es kam niemand, der ihn angeklagt hätte, und im Palast wurde es wieder so ruhig wie in früheren Zeiten. Sun Yaoting war nur noch mehr von den geistergleichen Fähigkeiten Ren Yis überzeugt. Er las nun, wann immer er Zeit hatte, die alten Bücher Zeichen für Zeichen durch. Allmählich begann er, ein paar wunderbare Dinge zu verstehen.

Sun Yaoting hatte bei dem zweiten Generaleunuchen ein Jahr lang in Büchern gelesen und so sein Wissen erweitert. Weil er gescheit und umsichtig war, betrachtete ihn Ren Dexiang fast als Sohn. An gewöhnlichen Tagen, wenn nichts weiter los war, erklärte er ihm genau die Riten, lehrte ihn die Etikette, nannte ihm die Verbote, berichtete über die Legenden und die Einrichtungen am Hofe. Auch über die Launen, den Charakter und die Lieblingsbeschäftigungen einer jeden Herrin im Palast klärte er ihn auf. Oft sagte er zu Sun Yaoting: „Es heißt, in jeder Profession gibt es einen Ersten. Leuten zu dienen, das verstehen wir am besten. Wir bezeichnen uns selbst als ‚Sklaven' und nennen unsere Herren ‚Gebieter', aber ist der Sklave nicht ein paar Grade geschickter als sein Herr, taugt er für diesen Beruf nicht. Wenn der Herr das Bein bewegt, mußt du als erster wissen, wohin er gehen möchte. Noch bevor der Gebieter den

Mund öffnet, mußt du wissen, was er sagen will. Die Dinge in seinem Herzen sind in deinem Herzen verschlossen –, da muß er dich einfach mögen!“ Daß der Jungeunuch bei Ren Dexiang lesen und auch schreiben konnte, kam der kaiserlichen Konkubine Duankang zu Ohren. Die alte Konkubine ließ Ren Dexiang ausrichten: „Gib mir den Chunshou. Ich gebe dir jemand anderen dafür.“

Duankang war eine der fünf Mütter von Kaiser Puyi. Im Jahre 1909 hatte die gefährlich erkrankte Kaiserin Cixi beschlossen, den dreijährigen Puyi in die Nachfolge des Kaisers einzusetzen und ihn gleichzeitig für den bereits verstorbenen Tongzhi-Kaiser und den im Sterben liegenden Guangxu-Kaiser als Sohn zu adoptieren. Damit wurden die Kaisergemahlinnen zusammen mit den kaiserlichen Konkubinen alle zu Müttern von Puyi. Es waren die Konkubinen Yu, Xun und Jin sowie vom Guangxu-Kaiser die kaiserliche Gemahlin Longyu und die Konkubine Jin.

Longyu war gestorben, als Puyi acht Jahre alt war. Die vier anderen Konkubinen hatten den gleichen Rang, jede führte einen eigenen Ehrentitel. So nannte man die Konkubine Yu respektvoll ‚Kaiserliche Konkubine Jingyi‘. Die Konkubine Xun wurde als ‚Kaiserliche Konkubine Zhuanghuo‘ geehrt und die Konkubine Jin als ‚Kaiserliche Konkubine Ronghui‘. Die Konkubine Jin wurde mit dem Titel ‚Kaiserliche Konkubine Duankang‘ belehnt. Eigentlich hätte Duankang auf den letzten Rang eingereiht werden müssen, aber weil ihr Bruder Zhiqi mit Yuan Shikai befreundet war, nötigte Yuan Shikai Puyi's Vater, den Regenten, sie an die Spitze der vier Konkubinen zu setzen. Daraufhin spielte sich Duankang groß als Erste Kaiserliche Eniye (mandschurisch für ‚Mutter‘) auf.

Duankang war die Schwester der Perlkonkubine, die Kaiser Guangxu am meisten geliebt hatte. Die Perlkonkubine, zwei Jahre jünger als die Konkubine Jin, eine Frau voller Liebe und Zärtlichkeit, sympathisierte mit der Reform zur Neugestaltung des Landes. Ihr Wissen und ihre Erfahrung übertrafen die der Konkubine Jin bei weitem, so daß der Guangxu-Kaiser Gefallen an ihr fand. Cixi war voller Haß, daß die Perlkonkubine den Kaiser in der gerechten Sache unterstützte. Am Guangxu-Kaiser konnte sie sich nicht vergreifen, also ließ sie ihre Wut an der Perlkonkubine aus. Im Jahre 1900, als Cixi vor der deutschen Armee nach Xi'an floh, erteilte sie dem Eunuchen Cui Wanggui den Befehl, die Perlkonkubine in einen Brunnen zu stoßen.

Duankang war es ihr Leben lang nicht besonders gut gegangen, erst im hohen Alter besserte sich ihre Lage, aber unter Langeweile litt sie nach wie vor. Eines Tages hatte sie den Eunuchen an ihrer Seite gefragt: „Als der alte Buddha (damit meinte sie Cixi) noch am Leben war, haben die Kinder im Haus ein paar Stücke aufführen können, warum hört man jetzt keinen Ton und keinen Laut?" Der Eunuch antwortete: „Was das noch für Zeiten waren. Jetzt ist der Gebieter der zehntausend Jahre zurückgetreten und der alte Gebieter Zhang ist auch aus dem Palast gegangen..." Als sie das hörte, stieg in Duankang Wut auf. Sie schimpfte: „Was sind das für Zeiten? Ich lebe noch! Seine Majestät ist zwar zurückgetreten, aber im Palast ist er immer noch Seine Majestät! Was ist schon dabei, daß Xiaode Zhang den Palast verlassen hat! Seid ihr etwa auch alle tot?" Je mehr sie nachdachte, um so wütender wurde sie. Schließlich gab sie dem Departement für Haushaltsangelegenheiten Befehl, sofort die Operntruppe der Shengping-Stelle wieder ins Leben zu rufen. Sie solle am siebten Tag des siebten Monats eine Reihe von Stücken aufführen.

Das Shengpingshu war eine besondere Einrichtung, die sich in der Qing-Zeit um Aufführungen bei Hofe kümmerte. In den Anfangsjahren der Ära Qianlong waren nach dem überkommenen System früherer Dynastien junge intelligente Eunuchen ausgewählt worden, die Opernstücke und Akrobatik erlernen mußten, um bei allen Arten von Feiern im Palast aufzutreten. Feierlichkeiten gab es im Palast in großer Anzahl und zu allen vier Jahreszeiten. Vom ersten Monat nach dem Mondkalender an bis ans Jahresende fand an jedem Feiertag eine Aufführung statt. Auch an den Geburtstagen der Gebieterinnen wurden die Schauspielertruppen gerufen. Zur Zeit von Qianlong sammelten sich die Schauspieltruppen im Süd-Garten. Daher sprach man von ‚Süd-Departement'. Später dann bildete man am Kohlenhügel Bannerleute und einfaches Volk für Auftritte am Hof aus. Im siebten Jahr der Regierungsperiode Daoguang (1826) wurde das ‚Süd-Departement' in ‚Shengpingshu', Stelle des Friedens, umbenannt. Im zweiten Jahr Tongzhi wies man alle Schüler, die der Herkunft nach nicht zum Palast gehörten, aus und behielt nur noch Eunuchen. Im neunten Jahr Guangxu wurden auf Befehl Cixis berühmte Schauspieler von außen als Lehrer bestellt, um das Niveau der Aufführungen zu heben. Sie waren dafür verantwortlich, Jungeunuchen auszubilden, und sollten von Zeit zu Zeit zusammen mit ihnen bei Hofe auftreten. Man nannte diese Schauspieler, die eine üppige Apanage bezogen und jederzeit zur Verfügung standen, ‚Opfer des Inneren Palastes'. Die Eunuchen-Darsteller bezeichnete Cixi dagegen als ‚die Kinder unseres Hauses'.

Am Ende der Qing-Dynastie war jeder berühmte Schauspieler, ob Yang Longshou, Tan Xinpei, Sun Juxian, Wang Guifen, Yang Yuelou, Yang Xiaolou oder andere, einmal so ein ‚Opfer des Inneren Palastes' gewesen. Von den ‚Kindern des eigenen Hauses' war Xiaode Zhang ein guter Mime gewesen. Er hatte ein weißes Gesicht, war groß von Wuchs, seine Augen sprühten vor Energie, in Kostüm und Maske sah er sehr mutig aus und seine Akrobatik wirkte in Nähe und Ferne erstklassig. Ein paar besondere Kunststücke, die ihm von dem berühmten Sheng-Darsteller in militärischen Stücken, Yang Xiaolou, beigebracht worden waren, beherrschte von den Eunuchen nur er. Nach Xiaode Zhang ragte dann kein Eunuch mehr auf der Bühne hervor. Weil nach dem Rücktritt des Kaisers der Qing die Apanagen fehlten, kamen die ‚Opfer des Inneren Palastes' nicht mehr so oft, um Aufführungen zu geben. Daher war bei der Operntruppe des Inneren Palastes noch nicht einmal soviel los wie bei der Truppe der adligen Nachkommenschaft der Könige und Herzöge.

Nach dem Hinweis von Duankang setzten sich Departement für Haushaltsangelegenheiten, ein paar General- und Chefeunuchen sofort in Bewegung und sammelten nicht zu kleinwüchsige Eunuchen, unter denen sie dann die auswählten, die der Truppe beitreten sollten. Die letzte Entscheidung traf Duankang. Hauptinhalt der Prüfung war, daß jeder seine Fähigkeit beweisen sollte. Wer zwei Stimmlagen beherrschte, führte zwei Stimmlagen vor, wer Purzelbäume machen konnte, machte welche. Wer sich beim besten Willen auf nichts verstand, sprang mit verdrehtem Hintern hoch, das ging dann auch. Im Palast hatte man schon seit vielen Jahren keine Jungeunuchen mehr eingestellt. Die Mehrzahl der Ausgesuchten war schon über zwanzig Jahre alt und nicht mehr sonderlich gelenkig. Viele konnten nur aus vollem Hals schreien, und zwar in der Stimmlage eines Huhnes, die weder nach Frau noch nach Mann klang. Sun Yaoting zählte sechzehn, siebzehn Jahre, hatte noch nie eine Aufführung gesehen, geschweige denn selbst gesungen. Aber als er klein war, hatte er oft auf dem Rasen Purzelbäume geschlagen. Einmal hatte er sich mit Chunfu, Chunlü und ein paar anderen Eunuchen, die den gleichen Meister hatten, vergnügt und geübt, sich zu rollen. Das war von einem Chefeunuchen beobachtet worden, und so wurde er für die Operntruppe vorgeschlagen.

Sun Yaoting war der jüngste unter den Eunuchen und auch der kleinste von Wuchs. Er war reaktionsschnell und konnte auch noch Handstand machen und dann ein paar ‚Schritte' gehen. Duankang freute sich, als sie das sah, und ließ ihn im Handstand eine Runde gehen. Auf halber Strecke schoß ihm das Blut in den Kopf, er erschrak und stürzte mit einem Schlag auf den Boden. Alle brachen in großes Gelächter aus. Duankang meinte: „Diesen Affen könnt ihr dazurechnen!"

Die Eunuchen betrachteten den Eintritt in die Schauspielertruppe als einen angenehmen Dienst. Einer der Gründe dafür war, daß sie meistens nur eine winzige Rolle zu spielen brauchten, sich affektiert benehmen konnten und im allgemeinen viel Vergnügen hatten. Sie schwenkten Speere und Stangen und waren fröhlich dabei. Ein anderer Grund war, daß man auf der Bühne die Möglichkeit hatte, aufzufallen. Fand irgendeine Herrin Gefallen an einem, bekam man wenigstens ein paar Tael Silber geschenkt, im besten Falle wurde man mit dem Beamtenposten eines Chefeunuchen oder dergleichen belohnt. Bei einer solchen Vorführung war es einst Xiaode Zhang gelungen, den Gefallen der Herrin zu wecken und so die Stelle eines Oberhaushofmeisters zu bekommen.

Über zehn Leute wurden für die Truppe ausgewählt. Geleitet wurde sie vom Stellvertretenden Generaleunuchen Zhang

Anji aus dem Palast der Ewigen Harmonie. Die Schauspieler aus Cixis Zeit waren nicht mehr am Leben. So war der berühmte Sheng-Darsteller in militärischen Stücken, Yang Longshou, im Jahre 1900 verstorben. Der Anführer der Sanqing-Truppe, ein Laosheng und Wusheng, der berühmte Yang Yuelou war 1889 gestorben. Jin Xiushan, ein Dahualian-Darsteller, starb 1915. Sogar der Chef, Tan Xinpei, war letztes Jahr, nicht lange nachdem er dem Grillenwettkampf zwischen Zaitao und Qi Chengwu zugesehen hatte, verstorben. Am Leben waren noch Chen Delin, ein Qingyi- und Daomadan, Yang Xiaolou, ein Wusheng, Wang Changlin, Wuchou- und Wenchoudarsteller, Gong Yunfu, ein Laodan; sie alle gehörten großen Operntruppen als Hauptdarsteller oder Truppenchefs an. Auch in Zeiten, wo sie eigentlich unabkömmlich waren, kamen sie oft als Lehrer in den kaiserlichen Palast. Nach der Errichtung der Republik konnte der Palast dafür kein Geld mehr ausgeben, und die berühmten Schauspieler erschienen nicht mehr.

Eine Operntruppe konnte aber nicht ohne Ausbilder bestehen, und so befahl die kaiserliche Konkubine Duankang, die kaiserlichen Beamten aus Königs- und Herzogsfamilien, die zur ‚Operntruppe der adligen Nachkommenschaft' gehörten, herzubitten, um die Sache zu bedenken.

Die ‚Operntruppe der adligen Nachkommenschaft' war eine Amateurtruppe kaiserlicher Beamter, die sich nach Ausrufung der Republik formiert hatte. Damals herrschten innere Unruhen, militärische Gruppierungen kämpften untereinander, das Land hatte keine ruhige Minute. Nach Puyis Abdankung war es den Prinzen und Herzogsenkeln langweilig, also vertrieben sie sich die Zeit mit Opernaufführungen. Den ganzen Tag vergruben sie sich in Stücke, die von Kaisern und Königen, von Offizieren und Ministern, von Gelehrten und anmutigen Schönheiten handelten. Sie bekamen von der kaiserlichen Familie keine Gehälter, sondern lebten von ihren Rücklagen, und trotz ihres Müßigganges war es noch lange nicht soweit, daß sie ihr Hab und Gut verzehrt hätten. Besaßen sie noch Geschäfte oder spekulierten mit Immobilien, wagten sie um so eher, das Geld auszugeben. Von diesen Adligen waren aus der Generation mit dem Zeichen Zai im Namen, wie ‚Zaixun', ‚Zaitao', und der Generation mit dem Zeichen Pu im Namen, wie ‚Puzhong', ‚Purui', ‚Pudong', alle in der Operntruppe.

Zaixun, der Onkel von Puyi, war gut im Singen von Laosheng-Rollen. Er hatte zu Hause eine kleine Bühne, Kostüme und Requisiten. Oft bat er für viel Geld berühmte Pekingopern-Darsteller, zu ihm zu kommen und ihn zu unterrichten. Seine Bühne war äußerst kunstvoll. Manchmal trafen sich dort Adlige zu Privatvorstellungen. Bei dieser Art von Vorstellungen luden berühmte Familien eine Operntruppe in ihr Haus oder in ein Restaurant ein und konnten nach Belieben die Stücke wählen, auch eine Rolle darin übernehmen und mit den Schauspielern zusammen auf der Bühne singen. Privatvorstellungen gab man an Feiertagen oder wenn man eine Frau nahm, seine Tochter verheiratete, zu Geburtstagen oder zum vollen Monat (einen Monat nach der Geburt des Sohnes, wenn zu einem großen Fest geladen wurde). Trommeln, Gongs, Huadan und Laosheng erklangen, daß Himmel und Erde erschüttert wurden. Manche gaben mehrere Tage hintereinander Vorstellungen, bevor sie eine Pause einlegten. Im Unterschied zu den gewöhnlichen Privatvorstellungen übernahmen die Mitglieder der Operntruppe des Adels in ihren Vorführungen alle Rollen selbst. Auch schlechte Sänger traten nicht selten in einer Hauptrolle auf und ließen sich von berühmten Künstlern lediglich begleiten. Zaixun trat oft mit Shang Xiaoyun zusammen auf. Purui tat sich oft mit dem Hualian Hou Xirui zusammen. Zaixun hatte nicht nur die Rollen eines Laosheng und Wusheng einstudiert. Er sang außerdem auch manchmal Stücke für das Bühnenfach eines Dan, und ganz besonders gut war er in den Affenstücken von Yang Xiaolou.

In der Operntruppe der Adligen gab es einen wundersamen Menschen, das war Pudong aus der Generation derer mit dem Zeichen Pu im Namen. Pudong hieß mit anderem Namen Hongdouguanzhu, Herr des Restaurants der roten Bohnen, und war 1871 geboren. Weil am Ende der Qing ein jeder, vom Palast bis in die Palais, die Oper als eine vornehme Sache betrachtete, wurde er darin ausgebildet und hatte seit dem frühesten Kindesalter Stücke eingeübt. Überall suchte er berühmte

Meister auf, strebte eifrig nach Vollkommenheit und war nach ein paar Jahren ein Könner, der die sechs Bühnenfächer beherrschte.

Zu den sechs Bühnenfächern zählt man das Spielen von Blasinstrumenten, das Schlagen von Trommel, Gong, Brett, Glokken und anderem, das Zupfen von Instrumenten wie Yueqin, Sanxian, Pipa, das Singen von Sheng, Dan, Jing (Hualian), Mo und Chou-Partien und das Militärische.

Pudong hatte die Laosheng-Stücke, in denen man mit künstlichem Bart Männer in mittlerem oder höherem Alter spielte, von Tan Xinpei übermittelt bekommen. Wenn er jenseits der Mauer sang, war er nur schwer von jenem zu unterscheiden. Die Dan-Rollen, die weiblich sind, übernahm er von Chen Delin (1862–1930). Führte er das Stück ‚Jinshan-Tempel' auf, dann klatschte sogar der alte Chen in die Hände und rief Bravo. Die Xiaosheng-Stücke, in denen der Schauspieler als junger Mann verkleidet ist, hatte er von Wang Lengxian (1859–1908) gelernt. Pudong trat aber nicht nur auf, sondern gab auch Unterricht. Nicht wenige berühmte Schauspieler kamen aus seiner Schule.

Diesen Herrn des Rote-Bohnen-Restaurants rief Duankang in den Palast. Er sollte unbedingt den Jungeunuchen Opernstücke erläutern und beibringen. Pudong, der gerade siebenundvierzig Jahre alt war, hatte zu der Zeit eine weit verstreute Schar von Anhängern. Was bedeuteten ihm da ein paar Eunuchen, die nicht das Zeug hatten, eine Ausbildung durchzustehen. Hinzu kam, daß er, gewöhnt, Gebieter zu sein, nicht in den Palast gehen wollte, um einen so undankbaren und harten Dienst zu verrichten. Als er eintraf, tat er daher so, als hätte er sich bei einem Sturz das Bein verletzt, humpelte herein und kniete schwankend nieder. Duankang wollte ihn nicht nötigen und ließ sich von ihm einen Ausbilder vorschlagen. Pudong sagte: „Jin Shaoshan (1855–1915, ein Hualian, der einst am Hof gelehrt und Eunuchenstücke wie ‚Loyalität und Pietät', ‚Famen-Tempel' aufgeführt hatte) hat einen Schüler. Sein Künstlername lautet Xiao Qingfeng, Kleine Grüne Biene. Er ist jetzt achtzehn Jahre alt und ein außergewöhnliches Talent. In den sechs Bühnenfächern kennt er sich hervorragend aus. Als der alte Herr Jin verstarb, hat er ihn mir anvertraut. Für den Jungen ist gut gesorgt. In Zukunft wird sein Name einmal Himmel und Erde erschüttern. Dieser kleine Qingfeng ist wie kein anderer geeignet, am Hof Ausbilder zu werden."

Die kaiserliche Konkubine Duankang ließ Xiao Qingfeng zum Anschauen in den Palast holen. Zwei Tage später brachte Pudong ihn mit. Duankang befahl Xiao Qingfeng, der mit gesenktem Kopf am Boden kniete, aufzustehen. Xiao Qingfeng leistete dem Befehl Folge: Was für ein hübscher und geistvoll wirkender Mensch. Schräg nach oben zu den Schläfen hin verlaufende Augenbrauen, hoher Nasenrücken, gerader Mund, strahlende Augen und ein Lächeln in den Mundwinkeln. Stolz stand er in der Palasthalle, nicht unterwürfig, nicht trotzig. Das Flair eines Bohemiens, das ihn umgab, ließ die Hofdamen an der Seite von Duankang schamhaft den Kopf senken. Duankang richtete ein paar Fragen an ihn, dann wählte sie zwei Stücke aus, die ihr gefielen, und ließ sie Xiao Qingfeng singen. Das eine war die Arie des Zhuge Liang ‚Ich bin eigentlich der Hügelrand des liegenden Drachens' aus dem Stück ‚Das Strategem der leeren Stadt' in der langsamen Melodienart Xipi; das andere war die Arie ‚Plötzlich hörte ich den Gebieter der zehntausend Jahre seinen heiligen Befehl erlassen' des Zou Yinglong in der Melodienart Liushui, Fließendes Wasser, aus der Oper ‚Yan Song schlagen – Goldener Palast'.

Xiao Qingfeng sang das erste Stück, das langsame, rhythmisch und wohlklingend, so bedächtig und vorsichtig, daß es den Zuhörern so angenehm war, als äßen sie an den Hundstagen eisgekühlte Wassermelone. Das zweite Stück, die Liushui-Melodie, trug er temperamentvoll, mit Kraft vor.

Xiao Qingfeng befand sich auf der Bühne oft im Wechselgesang mit ‚Kaisern, Königen, Offizieren und Ministern' und erschrak daher kein bißchen, als nun die kaiserliche Konkubine Duankang auftrat. Sun Yaoting dagegen, der an der Seite aufwartete, sperrte Augen und Mund weit auf und vergaß zuletzt, der kaiserlichen Konkubine Tee einzugießen. In dem Augenblick entdeckte Xiao Qingfeng hinter Duankang die sechzehn oder siebzehnjährige Xiao Yue, Mondchen, die ihn hingerissen anhimmelte. Ohne es zu merken, blickte auch er unverwandt in ihr Gesichtchen, rund wie der Oktobermond, auf ihre Pfirsichwangen, den Kirschenmund, die zarte Haut, und war so verwirrt, daß seine Stimme auf einmal nachließ. Sun Yaoting hatte das bemerkt, und weil er fürchtete, Xiao Qingfeng würde aus der Rolle fallen, goß er Duankang schnell Tee nach und verbarg so die ganze Sache. Bald darauf endete Xiao Qingfengs Gesang. Duankang war des Lobes voll und gab Befehl, ihm zwei Rollen Brokat und vierzig Tael Silber zu schenken. Er solle vom morgigen Tag an als Ausbilder in den Palast kommen und für den siebten Tag des siebten Monats ein paar Glücksstücke einstudieren.

Xiao Qingfeng bildete sich eine Menge darauf ein, daß er sehr viele Stücke kannte und seine Kunst verstand und sah auf alle anderen verächtlich herab. Aber nachdem sein Meister, Jin Shaoshan, gestorben war, fiel die Leitung der Truppe an Xiao Qingfengs älteren Mitspieler. Ihm hatte man die kalte Schulter gezeigt, also war er froh, daß er als Ausbilder in den Palast kommen konnte.

Nachdem Sun Yaoting in die Operntruppe aufgenommen worden war, eilte er jeden Morgen zeitig zum Wassergraben, seine Stimme zu üben. Er wußte, daß er nicht das Zeug hatte zu singen, wollte sich aber dennoch die Gelegenheit nicht entgehen lassen. ‚Die Stimme üben' geschah nur mit sechs Tönen. Mit geöffnetem Mund übte man zuerst ‚yi', dann folgten ‚ya' und ‚wu'. Mit geschlossenem Mund übte man darauf ‚xi', ‚ha' und ‚ke'. Die Leute nannten diese Art der Stimmübungen ‚Huhn – Ente – Gans'. Den Übungen für die Stimme folgten Übungen für Hüften und Beine, grundlegende Techniken. Dazu gehörte: Hüften schwenken, sich umdrehen wie ein Huhn, die Beine durchdrücken, die Beine heben, Spagat und viele mehr. Für Leute aus Schauspielerfamilien waren diese Bewegungen ganz einfach und alltäglich, aber für die Eunuchen mit ihren ungelenken Gliedmaßen glichen sie einer Strafe.

Zhang Anji und Xiao Qingfeng kamen jeden Morgen an den Wassergraben, um die Jungeunuchen bei den Übungen zu beaufsichtigen. Xiao Qingfeng befahl: „Beine durchdrücken!" Alle legten ihre Beine auf die Mauer. Bei dem Ruf: „Durchdrücken!" beugten sie den Oberkörper nach vorn und drückten den Kopf auf die Füße. Und was hieß: ‚entspricht den Anforderungen'? Wenn der Scheitel auf die Fußspitze kam! Das schafften die Eunuchen nie, und wenn sie es noch so sehr versuchten, mehr als zwei Fuß oder noch weiter herunter kamen sie nicht. Xiao Qingfeng und der Generaleunuch Zhang Anji schauten sich das an. Noch nicht einmal die einfachste Übung, das Beinedurchdrücken, brachten die fertig! Was sollte man da aufführen können! Also ließen sie je zwei zusammen üben. Einer hockte sich hin, ein anderer legte ihm ein Bein auf die Schulter, und derjenige, der hockte, mußte versuchen, aufzustehen. Daraufhin schrien alle nur noch lauter und behaupteten, ihre Beine seien gebrochen. Zwei Eunuchen fingen hemmungslos an zu weinen. Sun Yaoting hatte das Bein abgespreizt, bis er nicht mehr weiter konnte. Chunfu, auf dessen Schulter es lag, wagte nicht, es weiter hochzudrücken. Zhang Anji hatte das gesehen, lief hin und kniff ihn wölfisch in den Nacken: „Hochheben!" Da konnte Chunfu nicht anders, als sich weiter aufzurichten und seine Hüfte zu strecken. Das verursachte bei Sun Yaoting einen so heftigen Schmerz, daß er kräftig schrie und umfiel. Zhang Anji wollte gerade anheben zu schimpfen, da kam Xiao Qingfeng ein paar Schritte nach vorn. Er hob Sun Yaoting auf, während er zu Zhang Anji sagte: „Eis von drei Chi Dicke ist auch nicht Sache eines einzigen kalten Tages. Wenn Sie wollen, daß alle das Beinedrücken an einem einzigen Tag lernen, womit sollen wir dann unser Geld verdienen?"

Xiao Qingfeng lehrte sehr gründlich, was er zeigte, war umfassend. Aber er kontrollierte nicht sehr streng. Zhang Anji dagegen schüttelte den Kopf wie eine Bolang-Trommel mit zwei Klöppeln. Seine kleinen Äuglein sahen alles. Niemand entging ihm.

Sun Yaoting wehklagte innerlich. Hätte er gewußt, daß er solche Qualen erdulden mußte, hätte er bestimmt nicht damit geprahlt, Purzelbäume schlagen zu können. Aber jetzt war es unmöglich, wieder auszusteigen, und so blieb ihm nichts anderes übrig, als die Zähne zusammenzubeißen und weiterzuüben. Die Grundlagen waren erst einen Monat lang geübt worden, als man auch schon begann, ein Stück zu proben. Eines Tages besuchte die kaiserliche Konkubine Duankang in Begleitung den Übungsplatz Shufangzhai und schaute sich an, wie die Eunuchen übten. Ihr Interesse war an diesem Tag besonders groß, und sie verlangte, einem nach dem anderen beim Üben zuzusehen.

Als die Reihe an Chunfu gekommen war, den Platz zu betreten, fragte Sun Yaoting eiligst Xiao Qingfeng: „Meister, was soll ich nur tun? Diesmal mache ich mich bestimmt lächerlich!" Xiao Qingfeng richtete sein Augenmerk auf die Konkubine, dann murmelte er: „Geschieht dir recht! Wer hat dir gesagt, daß du dich beim Üben nicht anstrengen sollst!" Sun Yaoting war zwei Jahre jünger als Xiao Qingfeng. Bei einer Unterhaltung in der Freizeit hatte Xiao Qingfeng entdeckt, daß Sun Yaoting von Buddhismus und Daoismus Ahnung besaß, und behandelte ihn als Freund. Sun Yaoting hatte ein ganz unsicheres Gefühl und bedrängte Xiao Qingfeng unaufhörlich mit Fragen. Der erkundigte sich plötzlich ganz leise: „Wer ist das Hoffräulein neben der Gebieterin Jin? Wenn du es mir sagst, bringe ich dir einen Kniff bei." – „Das ist Xiao Yue", lachte Sun Yaoting, „die Tochter von Shi He, der im Departement für Haushaltsangelegenheiten dient. Als du kürzlich im Palast der Ewigen Harmonie warst, hat sie dich da nicht unverwandt angeschaut? Danach hat sie noch zu mir gesagt: ‚Hast du ein Glück, daß du so einen guten Meister hast. Streng dich nur an!'" Xiao Qingfeng wurde es warm ums Herz, und er wollte eben wieder etwas fragen, als er plötzlich hörte, wie Zhang Anji an der Seite des Übungsplatzes einen Namen rief: „Chunshou!" Sun Yaoting meinte, daß es jetzt schlimm käme, und wollte im nächsten Augenblick die Bühne betreten, als Xiao Qingfeng ihn festhielt: „Nicht alles nach einem Schema machen. Zeig alle Übungen, die ich dir beigebracht habe, nacheinander. Lieber etwas unbeholfener als geschickt, merk's dir, lieber etwas unbeholfener!"

Er hatte noch nicht zuende gesprochen, da stand Sun Yaoting auch schon aufgeregt auf der Bühne. Zuerst war ‚Beineheben' dran. Eigentlich sollte man bei dieser Übung in kerzengerader Haltung ein Bein so hoch heben, daß die Zehenspitze die Nase berührte, aber Sun Yaoting brachte in krummer Haltung sein Bein immer nur ganz wenig nach oben. Es sah aus, als würde ein alter Mann über eine Türschwelle schreiten. Ein Schritt folgte dem anderen. Das wirkte so komisch, daß Duankang anfing sich zu amüsieren. Danach folgten ‚tiefe Schritte', mit denen man den Gang kleinwüchsiger Leute nachahmte. Anstatt nun aber, wie gefordert, in der Hocke auf den Fußspitzen vorwärtszugehen, trat Sun Yaoting wie wild auf der Stelle, kam keine paar Chi weit, sondern rieb nur die Schuhsohlen auf dem Boden. Duankang sah das von weitem und sagte lachend zu Xiao Yue: „Schau nur, sieht Chunshou nicht aus wie eine kleine Schildkröte, die ins Wasser gefallen ist?" Xiao Yue streifte bei den Worten Duankangs mit einem Blick die Bühne und lachte: „Ganz lustig, wie er sich hier blamiert."

Sun Yaoting, der Mühe hatte, aus der Hocke wieder hochzukommen, hatte den Einfall, stattdessen drei Purzelbäume hintereinander zu schlagen. Danach drehte sich einen Augenblick lang alles um ihn, ihm war schwindlig und er torkelte. Da erinnerte er sich an den ‚Schritt eines Betrunkenen', und so führte er eben den vor. Die Arme hin und her schlenkernd taumelte man durch die Gegend. Diese Idee rettete ihn wirklich. Ein paar solcher Schritte, und er fand seine Orientierung wieder. Als wieder Leben in ihn gekommen war, machte er schleunigst einen Handstand. Die Beine himmelwärts gestreckt, überlegte er, was er anschließend vorführen sollte, um die Leute zu erschrecken: ‚Genau! Toter Mann! Das war am einfachsten und fand am leichtesten den Gefallen der Zuschauer. Nur nach hinten kippen und auf die Erde fallen, das war's!' Sun Yaoting war im Grunde genommen doch noch ein Kind und übertrieb nun.

Die vorangegangenen Darbietungen hatten alle durchweg zum Gelächter angeregt. Vor Freude geriet er außer Rand und Band und ahnte nicht, daß ‚Toter Mann' keinesfalls so leicht war. Man unterschied zwischen ‚hartem' und ‚weichem' Toten Mann. Bei ersterem fiel man ganz aufrecht nach hinten, Schultern und Rücken mußten den Boden berühren. Das drückte plötzlichen Tod aus oder eine Ohnmacht nach einem großen Schreck. Beim weichen ‚Toten Mann' kippte zunächst der Oberkörper, erst dann fiel man gänzlich um. Toter Mann sah zwar einfach aus, erforderte aber großes Können. Beim Fallen mußte man die Luft anhalten und daran denken, die Qi-Energie zum Rücken zu verlagern. Verstand man sich nicht darauf, konnte man sich innere Verletzungen zuziehen und Blut spucken oder der Kopf schlug auf den Boden auf, und man bekam eine Gehirnerschütterung. Sun Yaoting hatte oft gesehen, wie Xiao Qingfeng den Toten Mann zeigte, und meinte nun, daß auch er vor aller Augen etwas so Einzigartiges vorführen könne.

Xiao Qingfeng beobachtete den aufrecht auf der Bühne stehenden Sun Yaoting. Er wußte nicht, was der Junge jetzt vorhatte. Als er ihn dann plötzlich nach hinten kippen sah, bekam er einen Riesenschreck. Mit einem Ruf wollte er ihn zurückhalten, aber zu spät, der ‚Tote Mann' lag schon ausgestreckt auf der Bühne. Die Umgebung bekundete tosenden Beifall, Duankangs dicke Wangen rundeten sich vor Freude. Sie befahl mit lauter Stimme: „Kauft Eisbein in Sojasoße als Belohnung für diesen Affen!" Aber der ‚Tote Mann' blieb regungslos auf der Bühne liegen. Nun gerieten alle in Aufregung. Sie packten zu und trugen ihn in den Palast der Ewigen Harmonie zurück. Erst abends belebte sich Sun Yaoting wieder. Er brüllte, daß er Kopfschmerzen habe und ihm schwindlig sei. Chunlü hielt ihm das Eisbein an den Mund. „Ein großes Eisbein – möchtest du?" Sun Yaoting hätte sich fast übergeben. Am gleichen Abend schickte Duankang jemanden mit zwanzig Liang Silber vorbei und ließ ihm ausrichten, er solle sich gut erholen. Glücklicherweise waren die Verletzungen nicht so schlimm, am nächsten Tag war Sun Yaoting wiederhergestellt.

Als man mit den Proben für ein Theaterstück beginnen wollte, erkundigte Zhang Anji sich bei Duankang nach ihren Wünschen. Sie sagte: „Als der alte Buddha, die Kaiserin Cixi, noch lebte, war das Fest des Kuhhirten und der Weberin am siebten Tag des siebten Monats das vergnüglichste. Tagsüber unterhielt man sich mit ‚Die Weberin um Geschicklichkeit bitten', am Abend wurde ‚Hochzeit am Himmelsfluß' vorgetragen. Sag denen vom Departement für Haushaltsangelegenheiten, daß wir uns diesmal am siebten siebten ordentlich amüsieren wollen."

Das Fest geht zurück auf die Legende vom Kuhhirten und der Weberin. Danach lebte in alter Zeit ein Händler namens Zhang Youcai, Zhang der Reiche, zusammen mit seinem Bruder, einem Kuhhirten, und seiner Frau, der geborenen Zhang Ga. Die geborene Zhang Ga mochte den Kuhhirten nicht leiden und hetzte die Brüder auf, ihren Besitz zu teilen. Zhang Youcai behielt das Vermögen für sich und überließ seinem Bruder nur eine alte Kuh, die weder zum Pflügen zu gebrauchen war noch einen Karren ziehen konnte. Wer aber hätte gedacht, daß diese alte Kuh einst vom Stern ‚Goldene Kuh' auf die Erde herabgeboren worden war! Sie hatte mit dem Kuhhirten Mitleid und verriet ihm, daß die Fee Weberin oft im Himmelsfluß ein Bad nehme. Er müsse nur ihre Kleidung stehlen, dann könne sie nicht mehr in den Himmelspalast zurückkehren. Der Hirte stahl, wie die Kuh ihm geraten hatte, die Kleider der Weberin, und die Fee verliebte sich in den aufrichtigen, guten Rinderhirten. Sie heirateten und führten ein glückliches Leben. Der Mann bestellte den Acker, die junge Frau webte. Bald darauf bekamen sie einen Jungen und ein Mädchen. Jahre später aber befahl die Königinmutter des Himmelspalastes dem Webermädchen, zurückzukehren. Der Weberin zerriß es das Herz, es tat ihr so weh, daß sie nicht länger leben wollte. Aber sie durfte sich dem Befehl ihrer Mutter nicht widersetzen und mußte den Himmelsgeneral in den Himmel begleiten. Der Kuhhirte folgte ihr mit Sohn und Tochter, mußte aber am Himmelsfluß anhalten und mitansehen, wie die Weberin in der Ferne entschwand. Die göttliche Königinmutter, die um die tiefe Zuneigung der beiden Eheleute wußte, gab die Erlaubnis, daß sie sich in jedem Jahr am siebten Tag des siebten Monats nachts am Himmelsfluß treffen durften. An diesem Tag kamen hunderte von Elstern angeflogen und bildeten eine Brücke über den Himmelsfluß, damit sich der Rinderhirte und seine Kinder auf der Elsternbrücke mit der Weberin treffen konnten.

Über Tausende von Jahren hatte diese Legende die Herzen chinesischer Frauen gerührt. Jährlich feierte man am siebten siebten ein Fest, vor allem im Palast. Um die Mittagszeit trugen die Palastfräulein ein ‚Elsternbrückengewand'. Sie schöpften Wasser in Tassen, die bis unter den Rand gefüllt sein mußten. Auf die Wasseroberfläche legten sie Nadeln, wie man sie zum Sticken verwendete. Versank die Nadel nicht, und ähnelte der Schatten auf dem Grund der Tasse Wolken, Blumen, einem Tier, oder sah aus wie eine Schere, dann galt das als ‚sehr geschickt gebeten'. Man sagt nämlich, daß die Weberin in allen

Nadelarbeiten über unvergleichliches Geschick verfügte, und die Frauen baten an diesem Tag, die Weberin möge auch ihnen Geschicklichkeit verleihen. Ob die Bitte erhört worden war, konnte man am Schatten der Nadel im Wasser feststellen. Sah er zu grob oder zu fein aus, dann waren das Zeichen dafür, daß man diese Geschicklichkeit nicht gewährt bekommen hatte. Wer erhört worden war, strahlte über das ganze Gesicht, die anderen schauten traurig drein. In der Nacht mußten die Palastfräulein dann einen fünffarbigen Faden in neun Nadeln einfädeln. Wer zuerst fertig war, hatte ‚Geschicklichkeit gewonnen', die letzte hatte ‚die Geschicklichkeit verloren'. Alle zogen Geld hervor und beglückwünschten die Gewinnerin. Tagsüber war man von der Gunst der Weberin abhängig, denn es stand nicht im eigenen Vermögen, ob der Schatten der Nadel einer Blume oder einem Faden glich. Zu später Stunde kam es dagegen auf die eigene Geschicklichkeit und Schnelligkeit an. Daher wurde aus so mancher ‚Ungeschickten' in der Nacht vielleicht noch ein ganz ‚geschicktes' Mädchen. Die Alten sagen, daß man am siebten siebten gegen Mitternacht unter den Traubenranken ganz schwach das Weinen des Rinderhirten und der Weberin hören könne. Für gewöhnlich war es im Palast Brauch, früh schlafen zu gehen, aber an diesem Tag blieb man bis Mitternacht wach.

Seit 1911, dem Jahr mit den Zyklenzeichen Xinhai, war dieses Fest im Kaiserpalast nicht mehr begangen worden. Und nur weil Duankang sich nach der Vergangenheit sehnte, hatte sie eben dieses Stück ausgewählt. Nachdem er die Weisung erhalten hatte, beriet Zhang Anji zusammen mit Xiao Qingfeng über die Verteilung der Rollen. Xiao Qingfeng übernahm den Part des Kuhhirten, Chunfu spielte den Bruder des Kuhhirten, Chunlü bekam die Rolle der Schwägerin zugeteilt, Sun Yaoting spielte die Kuh und der Dicke Wang Shun die Königinmutter. Die übrigen Eunuchen stellten himmlische Krieger und Generäle dar. Nach allem Hin- und Herwählen blieb einzig und allein die Rolle der Weberin noch zu besetzen.

Xiao Qingfeng meinte zu Zhang Anji: „Das Hauptgewicht bei der ‚Hochzeit am Himmelsfluß' liegt auf der Weberin. Sie können sich denken, daß die neun Feen selbstverständlich eine gute Figur haben und anmutig gewachsen sein müssen. Die Leute, die Ihnen zur Verfügung stehen, eignen sich höchstens dazu, Garnelenkrieger und Krabbengeneräle zu spielen, Rindergeister und Schlangengespenster, Katzen und Hunde. Bestimmen Sie einen von denen, als Weberin mit mir aufzutreten, übergebe ich mich mit Sicherheit." Zhang Anji ließ Xiao Qingfeng in Vertretung des Hofes der Qing draußen nach einem Darsteller für eine Dan-Rolle suchen, der den Part der Weberin übernehmen konnte. Nach nicht einmal zwei Tagen erstattete er Meldung: All jene, die in Frage kamen, waren auswärts auf Tournee, die übrigen Darsteller von Dan-Rollen waren entweder zu alt oder krank. Man sollte auf keinen von ihnen hoffen.

An diesem Tag wollte Sun Yaoting in den Palast der Ewigen Harmonie zurück, um etwas Privates zu erledigen. Zhang Anji ließ ihn die kaiserliche Konkubine fragen, wer die Weberin spielen solle. Also suchte Sun Yaoting Duankang auf und trug ihr, nachdem er den Gruß entboten hatte, die Sache vor. Duankang rauchte Wasserpfeife und Xiao Yue drehte das Papier für den Fidibus. Duankang hörte zu, während sie rauchte und in der Wasserpfeife mit lautem Geräusch Wasserblasen brodelten. Erst nach einigen Zügen sprach sie: „Dann fehlt also sozusagen nur noch die Weberin?" – „Ja. Nur, bei der Weberin darf man nicht schlampen." – „Na, dann spielst du sie eben!" Sun Yaoting entgegnete schnell: „Der Sklave spielt die Kuh. Die Gestalt des Sklaven eignet sich unmöglich für die Weberin!" Duankang lachte. Auf ihrem runden fetten Gesicht lag ein feuchter Schimmer. Sie trieb gern ihre Späße mit den Eunuchen und Hoffräuleins und freute sich besonders, wenn sie vor lauter Schreck nicht wußten, was sie tun sollten und sich dabei lächerlich machten. Sie fragte: „Na, wer meinst du, soll die Rolle übernehmen?"

Sun Yaoting hatte keine Ahnung und wußte eine Zeitlang nicht, was er antworten sollte. Xiao Yue, die hinter Duankang stand, warf ihm Blicke voller Schadenfreude zu. Duankang sah, daß Sun Yaoting Xiao Yue anstarrte, lächelte und sagte kein Wort. Sie glaubte, Sun sei der Meinung, Xiao Yue solle die Rolle spielen, wolle es aber nicht offen sagen. Also wandte sie den Kopf zurück und sah, daß Xiao Yue den Mund ebenfalls zu einem Lächeln verzog. Sie fragte: „Xiao Yue, kannst du die Rolle aufführen?" Xiao Yue warf Sun Yaoting einen flüchtigen Blick zu und meinte lachend: „Wenn Chunshou die Kuh spielen kann, bin ich imstande, die Weberin zu spielen."

Der Vater von Xiao Yue, Shi He aus dem Zhenghuang-Banner, verstand sich auf Qin und Oper. Als Cixi noch am Leben war, hatte er im Shengpingshu gedient. Xiao Yue, von klein auf mit Kunst vertraut, konnte einige Stücke aufführen und einige Opernparts singen. Sie war überdurchschnittlich intelligent, kannte fast die Hälfte der ‚Dreihundert Gedichte der Tang-Dynastie' auswendig. Kleine Grübchen zierten ihre Wangen. Ihre Finger glichen jadenen Bambussprossen, sie war äußerst geschickt, sehr feinfühlig und von nachgiebigem Wesen. Wenn Duankang in den kaiserlichen Garten spazierenging, führte Xiao Yue sie am Arm und diente als ‚Spazierstock'. Wieder ins Zimmer zurückgekehrt, lehnte sie sich an Xiao Yue, um auszuruhen. Sie ließ sie nicht von ihrer Seite. Das Mädchen die Rolle der Weberin spielen lassen, war für Duankang nichts Unmögliches. Im Palast der Ewigen Harmonie ließ sie sich von den Eunuchen und Hoffräuleins oft ‚Familienleben' vorführen, eine Art improvisiertes kleines Theaterstück für Kinder. Der eine spielte Vater, die andere Mutter, dann wurde noch eine böse Alte ausgewählt und wild darauflos gespielt. Man redete, was man wollte. Manchmal wurde aus dem Spiel Ernst, und man stritt sich mit roten Hälsen und roten Gesichtern. Wurde zum Beispiel die unterdrückte Ehefrau von der bösen Alten heftig heruntergeputzt, sagte sie voller Zorn: „Ich mach nicht mehr weiter! Ich mach nicht mehr weiter! Jetzt spiele ich die Schwiegermutter und du die Ehefrau!" Manchmal gerieten die ‚Schauspieler' so in Wut, daß sie einander nachstellten und sich im Hof wälzten. Jedesmal, wenn es soweit war, lachte Duankang, daß ihr die Tränen in die Augen traten. Sie erzählte oft, daß sie als Kind zu gern zugesehen hatte, wenn sich Katzen und Hunde stritten. Ihre Familie hielt einen Hund und drei Katzen. Sobald sich eine Katze zeigte, ging der Hund auch schon auf sie los. Er biß nicht wirklich zu, alles ging nur so weit, daß die Katze die Krallen hob, um ihre Macht zu zeigen, und endete damit, daß die Katze auf einen Baum sprang. Im Palast der Ewigen Harmonie gab es solche Freuden nicht. Also mußten Eunuchen und Hoffräuleins als Ersatz dienen. Duankang dachte nach, dann sagte sie: „Soll Xiao Yue doch die Rolle übernehmen. Sag es Zhang Anji, egal wie sie singt, er darf nicht schimpfen. Morgens darf sie erst gehen, wenn sie mir die Haare gekämmt hat, und wenn es dunkel wird, soll sie zurückkommen!"

Sun Yaoting hatte eigentlich sehr gute Beziehungen zu Xiao Yue und einigen anderen Hoffräuleins. Jeden Abend mußten Eunuchen und Hoffräuleins in der Palasthalle übernachten, die Hoffräuleins in den inneren Gemächern, die Eunuchen in den äußeren. Auf dem Boden wurden dicke Wolldecken ausgebreitet. Darauf stand eine Art kleines Moskitonetz, im Sommer aus kühlem Tuch, im Winter war es mit Baumwolle gefüttert. Man lag auf der Matratze, baute das kleine Moskitonetz, es hieß auf Mandschurisch ‚Guadada', darüber auf und konnte schlafen. Waren Xiao Yue und Sun Yaoting mit der Nachtwache an der Reihe, hatte Sun Yaoting stets gesagt: „Xiao Yue, geh du nur schlafen. Ich paß auf." Traf es sich, daß Xiao Yue die Speisenreste Duankangs an andere verschenken sollte, dann rief sie stets heimlich Sun Yaoting und steckte sie ihm zu. Sun Yaoting freute sich natürlich, daß Xiao Yue die Weberin spielen durfte. Nachdem er die Anweisung erhalten hatte, flog er förmlich zum Shufangzhai zurück. Als Xiao Qingfeng hörte, daß Xiao Yue die Rolle übernehmen würde, erstarrte seine Miene, als ob er sich in einer Oper in Positur setze. Plötzlich fragte er: „Ist das wahr?" – „Das ist eine Weisung von Duankang. Warum sollte ich dich veralbern!" Darauf schlug Xiao Qingfeng auf der Bühne gleich zwanzig Purzelbäume hintereinander.

Am nächsten Tag in der Frühe, nachdem die Eunuchen ihre Stimmen geübt hatten, begann man am Shufangzhai zu proben. Sun Yaoting kroch auf allen Vieren umher: Er übte seinen Part der alten Kuh. Da führte Zhang Anji Xiao Yue herbei. Sie hatte ihr Haar zu einer Palastfrisur aufgesteckt. In der Mitte saß ein goldglänzendes Diadem, eingefaßt mit Perlen und Jadejuwelen. Schräg in ihren Schläfenlocken steckte ein frischer Magnolienzweig, noch mit Tau benetzt. Die fein geschwungenen Augenbrauen erinnerten an eine Bergkette in der Ferne. Wie Herbstwellen glänzten ihre Augen, der karmesinrote Mund glich einer

Kirsche. Als Oberteil trug sie eine blaßgrüne Weste, ein besticktes blaues Seidentaschentuch steckte unter der Achsel. Ihre Schuhe aus europäischem Tuch hatten ‚Blumenschalensohlen', sechs bis sieben Cun starke Holzsohlen, die wie Blumenschalen geformt sind. Zhang Anji verkündete allen: „Die Gebieterin gewährte ihre Gunst und läßt das Mädchen Xiao Yue die Weberin spielen. Ihr dürft sie nicht ärgern." Dann führte er Xiao Yue zu Meister Xiao Qingfeng. Als sie ihn sah, entbot sie voller Anmut freudigen Gesichts den Qing'an-Gruß. Xiao Qingfeng erwiderte ihn umgehend, wußte aber in seiner Verwirrung nicht, was er sagen sollte.

Xiao Yue warf einen verstohlenen Blick auf Xiao Qingfeng und stellte fest, daß er nicht so aussah, wie das letzte Mal. An diesem Tag trug er ein enteneiblaues Seidenhemd, bestickt mit Päonien und dem Zeichen ‚wan', ‚zehntausend', außerdem eine dunkelgrüne Überziehhose aus europäischem Krepp. Auf seine schmalen weichen Schuhe waren zwei Schmetterlinge aufgestickt. Am Nacken ragten die feinen silbernen Bänder einer Unterschürze heraus. Sein Handgelenk schmückte ein funkelnder Goldreif aus Übersee, an einem Finger der linken Hand steckte ein Ring aus Chrysopas, die rechte Hand schwenkte einen Fächer aus durchsichtiger Gaze. Auf dem Fächer war eine im Frühling schlafende Schönheit abgebildet. Sein Gesicht wirkte anmutig, aber in seiner Sanftmut lag Stärke.

Als der Meister nicht antwortete, senkte Xiao Yue verschämt den Kopf und wagte nicht mehr, ihn zu heben. Sie war schon vor mehr als zwei Jahren in den Palast gekommen und hatte sich, seit sie von Duankang erwählt worden war, keinen Schritt mehr von ihr entfernt. Inzwischen siebzehnjährig, glich sie einem Kananengirlitz, der in einen Käfig eingesperrt ist. Freiheit hatte sie keine. Sie wartete sehnsüchtig auf den Tag, an dem sie die düsteren Palastmauern verlassen und an die Seite ihrer Mutter zurückkehren konnte. In diesen Tagen hatte sie sich nichts sehnlicher gewünscht, als zum Shufangzhai zu kommen. Sobald einer anfing, von der Aufführung zu reden, spitzte sie die Ohren. Was sie dort wohl anzog? Sie hatte davon geträumt, zum Shufangzhai zu gehen, hätte aber nicht gedacht, daß sie wirklich dorthin gelangen würde.

Xiao Qingfeng sprach nur noch mit ihr von dem Theaterstück. Die Eunuchen freuten sich, verbargen sich im kühlen Schatten und sahen zu. In diesem Stück kam es ja vor allem auf den Kuhhirten und die Weberin an. Die übrigen waren nur Statisten. Es genügte schon, wenn sie so taten, als ob. Xiao Qingfeng unterrichtete Xiao Yue sehr gewissenhaft, und Xiao Yue lernte schnell. Eines Tages zog Chunfu Sun Yaoting leise auf die Seite: „Chunshou, schau mal, soll das ‚Arien singen' sein?" Sun Yaoting warf einen Blick auf die Bühne. Xiao Qingfeng und Xiao Yue übten gerade das Treffen an der Elsternbrücke. Da sah man den einen mit einem Gesicht, das von Trauer und Empörung geprägt war, der anderen liefen Tränen wie Perlen herunter, und sie klagten einander den Sehnsuchtsschmerz eines Jahres. Xiao Yue hatte die Augenbrauen in einer Mischung aus Trauer und Empörung leicht zusammengezogen und schluchzte. Es war wirklich bewegend. Sie hielten sich an der Hand, schauten einander weinend an, die Worte blieben ihnen im Hals stecken. Chunfu sagte: „Sie singen wie echt. Da kommt das dicke Ende noch, bei dieser ‚Elsternbrücke'!" Sun Yaoting wehrte ab: „Rede keinen Unsinn! Opern muß man so echt wie möglich aufführen. Die Zuschauer heulen ja auch Rotz und Wasser."

In diesem Augenblick war die Probe zu Ende und die Menschenmenge zerstreute sich. Xiao Qingfeng hockte unter dem Schutzdach und überlegte. Xiao Yue lehnte am Pfeiler und trocknete sich mit dem bestickten Taschentuch ihr von Tränen gerötetes Gesicht. Es dämmerte bereits. Xiao Qingfeng mußte sofort den Palast verlassen. Er trat langsam zu Xiao Yue und sagte leise: „Fräulein Yue, ich gehe jetzt. Morgen werden wir alle Opernteile üben. ‚Der Mond ist mal dunkel mal hell, mal ist er voll, mal fehlt er, bei den Menschen gibt es Trauer und Freude, Trennung und Wiedersehen', das ist schon seit alters so. Wo es Trennung gibt, gibt es auch Vereinigung. Schonen Sie sich." Xiao Yue nahm das Taschentuch von ihrem Gesicht, ihr Blick folgte Xiao Qingfeng zum Shufangzhai hinaus.

Am siebten siebten herrschte im Palast der Ewigen Harmonie außergewöhnlicher Trubel. In der kleinen Küche von Duankang hatte man schon einige Tage vorher angefangen, geschäftig zu werden. Man formte aus Zucker Figuren von Kuhhirte und Weberin, aber auch von Menschen, Elefanten, Löwen, Seepferdchen, Tigern, die man um die beiden gruppierte. Zum Schluß wurden sie mit allen möglichen Farben bedeckt. Duankang ließ den drei anderen kaiserlichen Konkubinen und Puyi je eine Figur schicken. Am Nachmittag putzten sich die Hoffräulein heraus und gingen mit Wasserschalen hinaus, um unter der Sonne ‚Geschicklichkeit zu erbitten'. Xiao Yun brach das Reisig von einem neuen Reisighandbesen in kleine Teilchen. Lärmend rissen sich die Hoffräulein darum und warfen es dann in freudigem Schrecken in ihre Schalen. Als Duankang, von einer Menschenmenge umringt, herbeikam, knieten sie schleunigst nieder und entboten den Qing'an-Gruß. Duankang sagte: „Amüsiert euch nur. Für die Siegerin habe ich eine Belohnung." Die Hoffräulein vergnügten sich bis zum Nachmittag, dann ruhten sie sich aus.

Das ‚Treffen am Himmelsfluß' wurde abends im Shufangzhai aufgeführt. Das Shufangzhai war eine rechteckige Bühne in der Art eines Pavillons und lag inmitten eines Palasthofes. Eine Reihe Zimmer an der Südseite der Bühne konnte den Schauspielern zum Schminken und Ausruhen angeboten werden. Auf der Nordseite befanden sich fünf große Hallen. In der mittleren Halle stand am Eingang eine Pritsche, auf der Ost- und Westseite war alles ein den großen Glasfenstern zugewandter Kang. Aus den jadenen Räucherbehältern auf den Kangtischen kräuselte sich der Weihrauch.

In der kaiserlichen Residenz gab es drei Opernbühnen. Die größte war die des Changyinge, des Kabinetts der ungehinderten Töne. Sie verfügte über drei Ebenen über- und eine Ebene unter der Erde. Die Ebenen über der Erde begrenzte ein geschwungenes Dach. Die geschnitzten Balken und bemalten Pfeiler an allen vier Seiten der Bühne waren äußerst fein und schön gearbeitet. Die Bodenbretter einer jeden Ebene konnte man abbauen, so daß die Schauspieler von der einige zehn Meter hohen obersten Ebene über einen Flaschenzug an einem Seil direkt ‚heranfliegen' und auf der untersten Ebene landen oder von der untersten Ebene mit einem Salto hoch in die Luft springen konnten. Daher bot diese Bühne alle Voraussetzungen für die Aufführung von Legenden und Gespensterstücken. ‚Sun Wukong‘ und ‚Guanshiyin pusa‘ konnten direkt vom Himmel herabsteigen. Die Erscheinung der Mutter Xun Hui konnte aus der untersten Ebene auftauchen. Manche Stücke spielten auf allen Ebenen, beispielsweise das Stück ‚Sun Wukong stiftet Aufruhr im Himmelspalast‘. Man konnte einen Jadeteich aufbauen, den Tusita-Palast des Größten Obersten Laojun, einfach alles. Die Zuschauer sahen ein dreidimensionales Stück. Auf der Bühne gab es auch alle möglichen Apparate. Sie konnten Feuer und Rauch erzeugen oder Wasserfontänen hervorbringen.

Die zweite große Bühne war der Dehelou, der ‚Turm der Tugend und Harmonie‘ im Yiheyuan, dem Sommerpalast. Sie hatte vier Ebenen, ähnlich dem Changyinge, nur etwas kleiner. Shufangzhai war die kleinste Bühne, aber doch noch größer als die sonst üblichen Bühnen außerhalb des Palastes. Sie reichte aus, um gewöhnliche Stücke aufzuführen. ‚Hochzeit am Himmelsfluß‘ brachte zwar eine göttliche Königinmutter, Himmelssoldaten, Himmelsgeneräle, aber alles in allem war der Rahmen klein. Der siebte siebte war kein großes Fest und außerdem kam das Geld aus der Kasse von Duankang persönlich. Man zeigte auch keine anderen Stücke, also genügte die Bühne des Shufangzhai völlig für die Aufführung. Man hatte nur Xiao Qingfeng von auswärts gebeten, also galt die Aufführung als eine ‚des eigenen Hauses‘. Daher vernachlässigte man eine Sache, die mit den alten Regeln nicht konform war: Eine echte Frau trat gemeinsam mit einem echten Mann auf! Im ‚Südlichen Departement‘ und im ‚Shengpingshu‘ wäre das absolut unmöglich gewesen, aber nach Anbruch des Zeitalters der Republik kam niemand mehr zur Untersuchung.

Bei großen Anlässen lud man gewöhnlich von außen mehrere Operntruppen und führte einen ganzen Tag lang auf; es war ja ungewiß, wann Seine Majestät und die kaiserlichen Konkubinen kamen, und ebenso ungewiß, wann sie wieder gingen. Weil an diesem Tag nur ein Stück aufgeführt wurde, waren die vier kaiserlichen Konkubinen schon zeitig erschienen. Seine Majestät Puyi kam als letzter. Er war noch nicht recht da, als auch schon begonnen wurde.

Chunfu spielte Zhang Youcai als einen Feigling, der seine

Frau fürchtet. Sobald die geborene Ga etwas sagte, zitterten seine Beine, sobald er es gehört hatte, führte er einen Jasager, einen Stotterer vor. Den Nasenrücken hatte er sich weiß geschminkt, wie bei der Maske eines Chou, eines Clowns. Auch die Rolle der geborenen Ga galt als Clown-Rolle; sie gehörte zum Fach der weiblichen Clowns: unter der Lippe ein großes Muttermal, an den Schläfen medizinische Pflaster gegen Kopfschmerzen, kleine Wickelgamaschen, ein Paar böser verdrehter Triefaugen, eine messerscharfe Zunge, also ein ganz gemeines Weib, das auf alles und jeden schimpfte. Die Rolle wurde von Chunlü wirklich ungemein lebensnah gespielt.

Duankang hätte nicht gedacht, daß ihre paar Eunuchen so eine Menge gelernt hatten. Unwillkürlich zeichnete sich auf ihrem Gesicht Stolz ab. Sie warf einen Blick auf ihre Umgebung und beobachtete, daß auch der Kaiser vor lauter Freude seinen Hals vorstreckte. Da gab sie Zhang Anji leise den Befehl: „Sag der Küche im Palast der Ewigen Harmonie, daß sie nach Ende der Vorstellung zwei Tische besserer Speisen zubereiten soll, als Belohnung für die Schauspieltruppe."

Das Stück wurde reibungslos weitergespielt, Xiao Qingfeng strengte sich gewaltig an. Er stellte all sein Können heraus, machte von allen Techniken: ‚Fliegende Füße', ‚Toter Mann', ‚Auf den Knien gehen', ‚Rückwärtssalto', Gebrauch. Sein Vermögen, in den verschiedenen Melodienarten zu singen, ob langsam, schnell oder zerstreut, brachte die Leute soweit, daß sich ihnen vor Augen alles drehte, sein Gesang ergriff und erschütterte sie. Der Auftritt von Xiao Yue war ausgezeichnet. Der Kuhhirte beobachtete, nach der Melodie ‚Zuihuayin' singend, die Weberin heimlich beim Baden. Die Weberin selbst war nicht zu sehen, man konnte nur verfolgen, wie der Kuhhirte sich vor Aufregung Ohren und Wangen rieb, sich scheute, vorwärts zu gehen, zu guter Letzt aber Mut faßte und bunte Kleidung in die Hand bekam. Als er keine Hand mehr frei hatte, mußte er das Paar roter Schuhe wohl oder übel in den Mund nehmen. In diesem Augenblick winkte vom Bühnenrand her mehrmals ein nackter Arm, ein paar dezente Rufe drängten ihn, ein Trommelwirbel ertönte, vom Gong begleitet, und der Kuhhirte gab die Kleidung zurück, um eine vollendete Schönheit hervorzuziehen. Sie trug auf dem Kopf einen Diancuitoumian-Kopfschmuck, gekleidet war sie in eine phönixbestickte Robe, auch ihre Schulterklappen schmückten Phönix und Ähre. Xiao Yue senkte das Gesicht in vollkommener Anmut. Die Scham darüber, beim Baden beobachtet worden zu sein, führte sie überaus lebensnah vor.

Das Stück bewegte sich allmählich seinem Höhepunkt zu, und obwohl Xiao Yue's Stimme nicht sehr hell und weitreichend war, klang ihr Gesang dennoch sanft, lieblich und rührte die Menschen. Vor allem waren es ihre tränenfeuchten Augen, war es diese in Tränen zerfließende Frauenstimme, die einem das Herz zerriß, so daß auch einigen Konkubinen Tränen in die Augen stiegen. Als am Schluß der Kuhhirte und die Weberin auf die Elsternbrücke stiegen, spielte die Truppe der Bläser und Schlaginstrumente die Melodie ‚Bubuqiao'. Sie wurde zwar nicht von Gesang begleitet, aber der Kuhhirte und die Weberin bewegten ihre Lippen umso schneller.

Nach der Vorführung waren die Konkubinen und der Kaiser sehr zufrieden. Sofort gaben sie Anordnungen, das Bankett zu eröffnen. Chunfu sagte neben der Bühne zu Sun Yaoting: „Chunshou, kennst du den Text, den man bei Kuhhirte und Weberin vorhin nicht hören konnte?" – „Nein", sagte Sun Yaoting, „was meinst du?" Chunfu lachte kalt: „Der Kuhhirte hat gesagt: ‚Die alte Königinmutter ist alterssichtig und kann nicht richtig sehen, gleich morgen besorge ich mir ein Boot und bringe dich herüber.'" Sun Yaoting lachte: „Auf jeden Fall ist das Stück zu Ende. Sollen sie sagen, was sie wollen. Laß uns schnell hineingehen und essen, was die Herrin uns zur Belohnung hat auftragen lassen."

Das Bankett war im Hof des Palastes der Ewigen Harmonie aufgebaut. In den letzten Tagen war das Wetter außerordentlich heiß gewesen, die dicken Kostüme, die man auf der Bühne anhatte, waren jetzt gegen leichte einfache Sommersachen vertauscht. Blies dann der Abendwind, war einem ganz kühl. Die Gerichte wurden eines nach dem anderen aufgetragen, zwar keine Schwalbennester und Haifischflossen, aber trotzdem Delikatessen aus Meer und Gebirge.

Sun Yaoting ließ seinen Blick über die Leute schweifen, die an den beiden Tischen aßen, und tatsächlich: Chunfu war nicht dabei. Er erschrak. Mit der Ausrede, auf die Toilette zu wollen, eilte er zum Zimmer von Chunfu. Es war leer. Er suchte in anderen Zimmern, fand aber nicht einmal einen Schatten. Sun Yaoting war es vorgekommen, als hätte Chunfu, während sie die Kostüme ablegten, Xiao Qingfeng und Xiao Yue ein paar böse Blicke zugeworfen. Also umrundete er leichten Fußes den Haupthof und begab sich zum Dongkua-Hof. Kaum hatte er den Kopf verstohlen nach vorn gestreckt, als er im Mondschein auch schon einen schwarzen Schatten am Fenster des Schlafzimmers sah, das in dem kleinen Hof lag. Xiao Yue bewohnte allein ein kleines Zimmer, das zu dieser Zeit nicht erleuchtet war. An der Figur des Schattens aber meinte Sun Yaoting Chunfu zu erkennen. Ganz sacht warf er mit einem kleinen Ast nach ihm. Der Schatten kroch wie ein Hund lautlos herbei. Es war tatsächlich Chunfu. Sun Yaoting schimpfte: „Du Kerl, was machst du hier?" Chunfu antwortete leise: „Mach keinen Lärm! Schleich selbst hinüber, dann weißt du es!" Sun Yaoting hatte schon so ziemlich verstanden. Er zog die Schuhe aus und schlich mit nackten Füßen unter das Fenster. Leise horchte er, wobei er den Atem anhielt.

Im Innern bewegte sich etwas, man hörte knarrende Bettgeräusche. Leichtes Stöhnen unter schwerem Atmen, manchmal verborgen, manchmal deutlich, zwar schwach, aber unverkennbar. Nach einer Weile verklangen die Geräusche allmählich. Alles wurde wieder ruhig. Sun Yaoting kroch zu Chunfu zurück, der ihn fragte: „Deine ‚Elsternbrücke' ist wohl gut gebaut?" – „Du...du brauchst gar nicht so zu lauern. Vielleicht ist Xiao Yue krank geworden. Wir wollen sie nicht stören. Man sucht dich überall. Es lohnt nicht, sich darum zu kümmern, was andere in ihrer Freizeit tun!" Sun Yaoting zog Chunfu mit sich. „Krank?" zweifelte Chunfu. „Na gut. Ich melde es der Herrin, sie soll sofort einen Arzt rufen und ihn nach ihr sehen lassen." Sun Yaoting wußte, daß die Sache nicht so einfach zu erledigen war, und fragte ohne Umschweife: „Chunfu, hast du es ganz deutlich gesehen?" – „Von dem Zeitpunkt an, als wir die Kostüme ausgezogen haben, habe ich sie nicht aus den Augen gelassen und bin ihnen bis hierher gefolgt." – „Was hast du jetzt vor?" – „Es der Herrin sagen."

Sun Yaoting wußte, warum Chunfu sich so verhielt. Einmal, als sie übten, wollte Xiao Qingfeng Chunfu ‚kleine Schritte' beibringen. Er erklärte es ihm ein ums andere Mal, aber Chunfu verstand einfach nicht, sich zu bewegen. Xiao Qingfeng hatte ihn in seiner Eile und im Verdruß getreten. Von diesem Augenblick an haßte Chunfu Xiao Qingfeng. Das war aber nur ein Grund. Ein anderer war, daß er es nicht ertrug, wenn die Leute über Beziehungen zwischen Mann und Frau redeten. Frühling und Herbst, in diesen beiden Jahreszeiten, folgten die Katzen ihren Trieben. Kater und Kätzin saßen auf dem Dach und miauten, bis Chunfu voller Zorn auffuhr und sie mit einem Bambusstab so verdrosch, daß kein Schatten mehr zu sehen war. Es schmerzte ihn und er haßte alle Vereinigungen dieser Art, haßte die Vereinigung zwischen Mann und Frau. Noch mehr fürchtete er Gespräche über Geburt und Erziehung von Jungen und Mädchen. Es ging so weit, daß er fluchte und darauf schimpfte, daß seine Eltern ihn auf die Welt gebracht hatten. Gelangte eine solche Sache in die Hand eines so störrischen Esels, war zu befürchten, daß etwas Schlimmes daraus entstand. Normalerweise hörte Chunfu auf Chunshou wie auf sich selbst und beriet sich gern mit ihm. Also fragte Sun Yaoting: „Ist Xiao Yue sonst großzügig zu dir oder nicht?" – „Großzügig." Das war die Stimme des Gewissens. Als in der Heimat von Chunfu eine Wasserkatastrophe seiner Familie die Einnahme eines ganzen Jahres zerstört hatte, waren Chunfus Eltern mit Bruder und Schwester nach Beijing gekommen. Da überließ Xiao Yue ihr Geld und Getreide von ein paar Monaten Chunfu, dazu eine Perlenkette, die ihr Duankang geschenkt hatte. Das hatte Chunfu ihr bis heute nicht vergessen. „Und obwohl sie großzügig ist, möchtest du ihr nach allen Kräften Schaden zufügen." – „Ich möchte, daß dieser Wilde, Qingfeng, von unserem Gebieter eine Lektion erteilt bekommt." – „Die Lektion von unserem Gebieter zerstört zunächst einmal nur das Leben von Xiao Yue. Jetzt leben wir in der Republik. Xiao Qingfeng hat nichts getan, das mit Todesstrafe geahndet wird. Draußen wird alles nach den Gesetzen der Republik geregelt, der Kaiser der Großen Qing darf keinen mehr töten." – „Aber es ist doch unmöglich, daß wir diesen Sack laufen lassen!" – „Einem Menschen das Leben retten ist besser, als eine Pagode mit sieben Stockwerken zu bauen. Bei Angelegenheiten zwischen Mann und Frau muß es, wo es Freude gibt, Trauer geben. Aber für das, was man in der Welt in Gefühlsangelegenheiten verschuldet hat, muß man zahlen, die Schulden, die man in dieser Welt macht, muß man in der nächsten Welt begleichen. Jeder Mensch ißt die Früchte seiner Saaten. Aber Gutes zu tun und den Menschen Annehmlichkeiten zu bringen, wird auf jeden Fall mit Gutem vergolten." Chunfu seufzte, dann sagte er gehässig: „Gut, aber trotzdem mache ich diesen Schurken heute fertig!"

Inzwischen waren beide in den vorderen Hof gelangt. Sun Yaoting hielt Chunfu plötzlich am Ärmel fest und sagte: „Am besten, du läßt die Sache auf sich beruhen und kümmerst dich nicht darum. Dieser Xiao Qingfeng ist zwar während des Tumultes aus Verlangen tolldreist in den hinteren Palast gegangen. Aber wie kommt er wieder heraus? Um diese Zeit sind doch alle Palasttore geschlossen, da kann er nur schwer entkommen. Zwar kann er bei Xiao Yue warten, bis es Tag wird und die Tore alle geöffnet sind, aber wie könnte er am hellichten Tag aus Xiao Yue's Zimmer gehen? Und: Wie soll er durch diese vielen Höfe hindurch zum Palast der Ewigen Harmonie hinausgelangen?" Chunfu lachte wieder kalt: „Das ist doch genau deine Lehre, daß jeder die Früchte seiner Taten erntet. Da wir uns ja um diese müßige Angelegenheit nicht kümmern, wollen wir uns in acht nehmen und vermeiden, daß wir damit besudelt werden!" Sprach's und ging mit den Armen schlenkernd fort.

Sun Yaoting stand lange im Schutz der Blumen. Eine ganz feine Mondsichel hing an einer Ecke über der Palasthalle. Endlich wurden überall die Lampen gelöscht. In der Ferne riefen zwei Eulen. Sun Yaoting hatte eigentlich nicht den Mut, noch einmal unter das Fenster zu schleichen. Aber ein Körper, dessen Haut zerfetzt und dessen Fleisch klaffend offen lag, ein schwarzer Schatten, der an einem Balken hing, schwankten ständig vor seinen Augen. Er nahm endlich seinen Mut zusammen und schlich auf Zehen zurück. Im Zimmer konnte man zwei Menschen flüstern hören. Es waren verliebte Worte von Kuhhirte und Weberin, wie sie die Leute der Legende nach unter den Gestellen der Traubenreben hören konnten. Sun Yaoting stieg eine Hitzewelle ins Gesicht, er klopfte leise an den Fensterrahmen und rief: „Meister, Meister, Ihr dürft hier nicht länger bleiben. Es geht um Euer Leben!“ Im Zimmer rührte sich nichts mehr. Sun Yaoting fügte leise hinzu: „Meister, Ihr müßt Euch keine Sorgen machen, ich weiß, was man tun kann. Kommt schnell heraus!“

Ein Kleiderrascheln, dann angelte jemand nach den Schuhen und sprach leise. Endlich öffnete sich die Tür. Xiao Qingfeng trat mit gesenktem Kopf heraus. Sun Yaoting zog ihn mit sich fort: „Sagt nichts. Wenn wir der Nachtwache begegnen, laßt mich antworten.“ Die beiden trugen die Schuhe in der Hand wie zwei Nachtschwärmer, und nach ein paar Biegungen betraten sie das kleine Zimmer von Sun Yaoting. Xiao Qingfeng stand die Scham ins Gesicht geschrieben. Er brachte kein Wort heraus. Sun Yaoting hatte jetzt keine Möglichkeit, darauf Rücksicht zu nehmen. Ohne etwas zu sagen, zog er für Xiao Qingfeng eine Garnitur seiner Eunuchenbekleidung hervor. Danach führte er ihn, die Dunkelheit und die Tatsache, daß alle ruhten, nutzend, in der Tiefe der Nacht zum Oberen Vierten Hof. Er drückte dem alten Eunuchen, der sich um die Pferde kümmerte, zwei Liang Silber in die Hand und sagte, daß dieser Meister hier wegen des Bankettes, das die Herrin zur Belohnung gegeben hatte, verpaßt habe, den Palast zu verlassen. Er bitte darum, ihn für eine Nacht hierbleiben zu lassen. Morgen werde er dann gehen. Der Eunuch hatte Geld entgegengenommen, kam zudem aus der gleichen Gegend wie Sun Yaoting, konnte also nicht ablehnen. Er legte auf die Matte ein Kissen und eine Bettdecke. Xiao Qingfeng liefen die Tränen herab, und er sprach: „Die gute Schicksalsfügung heute kommt vom Himmel. Xiao Yue und ich haben uns ewige Treue gelobt. In diesem Leben will ich keine andere als sie, und sie möchte nur mich heiraten. Xiao Yue kann nächstes Jahr vielleicht den Palast verlassen. Hier drinnen vertraue ich sie dir an. Chunshou, deine große Güte muß ich in diesem Leben unbedingt vergelten!“ Sun Yaoting sagte: „Am Anfang Wirrwarr, am Ende Wegwerfen ist nicht das Benehmen eines Edlen. Es wird das Beste sein, zu handeln, wie Sie gesagt haben. Sobald es hell wird, gehen Sie so schnell wie möglich.“ Dann kehrte er in den Palast der Ewigen Harmonie zurück.

Unter dem Lampenlicht nahm er einen Band der buddhistischen Abhandlung ‚Abhidharmakosasastra' hervor und blätterte darin. Die Augen waren auf das Buch gerichtet, aber in seinem Kopf herrschte ein Durcheinander, als sei eine Herde Wildpferde erschreckt worden.

Seit Xiao Yue mit Xiao Qingfeng aufgetreten war, wurde sie von den Hoffräulein aller Paläste angehimmelt. Oft betrachteten sie in tiefer Nacht die Sterne am Himmel und träumten. Xiao Yue war in ihren Augen zu einer Fee geworden, die zu den Irdischen herabgestiegen war. Herzensangelegenheiten flüsterten sie ihr leise ins Ohr. Auch Xiao Yue hatte sich verändert. Sie sprach nicht viel, oft lachte sie hingerissen und geistesabwesend. Früher hatte sie Duankang Rücken und Beine massiert, sanft und hart, leicht und schwer, schnell und langsam, genau in der richtigen Weise. Jetzt preßte sie eine Stelle und massierte wild drauflos, die Augen starr auf den Fußboden gerichtet. Manchmal, wenn Duankang sie etwas herbeiholen ließ, wachte sie erst beim zweiten, dritten Anruf auf und kniete sich hin. Sie schwindelte: „Die Sklavin ist wieder in ihre alte Krankheit verfallen. Vor den Augen ist alles dunkel und verschwommen, ich kann gar nichts sehen und auch gar nichts verstehen."

Zur Erklärung hatte sie eine kleine Lügengeschichte erfunden. Sie erzählte: „Als ich klein war, hatte ich im Garten einen Pekinesen. Plötzlich flog eine Hundefliege, die als Parasit auf Hunden lebt, in mein Nasenloch. Vor Schreck fing ich an zu heulen. Meine Leute kamen herbeigelaufen und puhlten mit kleinen Stäbchen in meiner Nase herum, was dazu führte, daß die Fliege nur umso weiter in das Nasenloch hinaufdrang. Sie war durch das Herumstochern in Erregung geraten, hat wie verrückt gesummt und hatte keine Lust, sich zurückzuziehen. Ich war damals erst sechs, sieben Jahre alt. Mir wurde schwarz vor Augen und ich fiel in Ohnmacht. Mein Vater, Shi He, rief in seiner Erregung Ärzte herbei. Die sagten alle, sich erschrecken sei eine kleine Sache, aber die Hundefliege wieder herauszubekommen, sei sehr gefährlich. Es traf sich gut, daß auf der Straße ein Arzneimittelhändler vorbeikam. Der Pförtner fragte ihn, ob er jemanden, dem eine Hundefliege ins Nasenloch geflogen sei, heilen könne. Der Arzneimittelverkäufer bejahte die Frage. Als man ihn hereingebeten hatte, lag ich schon ohnmächtig da, umgeben von einer Schar Ärzte der klassischen chinesischen Heilkunst. Der Arzneiverkäufer sprach: ‚Schlimm! Mit dem Leben des Kindes ist es bald vorbei!‘ Meine Mutter fing vor Schreck an zu heulen.“ Als sie bis dahin gekommen war, hatte Duankang bestürzt und ganz gespannt zugehört. Sun Yaoting dachte bei sich, daß das einen Vorteil, aber auch einen Nachteil mit sich brachte. Einerseits war es natürlich gut, daß die Konkubine die Geschichte glaubte, andererseits, was tun, wenn die Geschichte herumerzählt würde?

„Der Mann sagte: ‚Es geht zwar langsam, aber ich kann Heilung bringen. Nur muß das Palais etwas mehr Geld bezahlen. Ich habe hier eine ganz teure Medizin, die vermag das Insekt umgehend aus dem Nasenloch zu vertreiben.‘ Mein Vater antwortete: ‚Sagen Sie uns schnell den Preis!‘ Der Arzneiverkäufer streckte fünf Finger nach vorne: ‚Fünfzig Liang.‘ – ‚Ist in Ordnung, kein Problem! Bitte den Herrn, etwas schneller zu machen!‘ Der Arzneiverkäufer fragte: ‚Von welchem Hund stammt die Fliege?‘ Die Dienerin brachte den Pekinesen. Der Arzneiverkäufer nahm ein Büschel Hundehaar, träufelte aus irgendeinem Arzneikästchen irgendeine Medizin auf die Haare und erhitzte sie kurz über Feuer. Ein seltsamer Geruch breitete sich aus. Noch heiß hielt er das Haarbüschel in das Nasenloch, zog es nach einer Weile heraus, und tatsächlich konnte man sehen, daß die Fliege in den Hundehaaren klebte. Ich wachte auf, die Ärzte gaben mir Medizin zur Beruhigung, und dann war die Sache vorbei. Unerwarteterweise ist aber noch eine Wurzel der Krankheit übriggeblieben. Mir wird öfters schwarz vor den Augen und ich sehe und höre nichts!“

Die Geschichte erschreckte Duankang sehr, und fortan übte sie Nachsicht, wenn Xiao Yue aus der Rolle fiel. Ein paar Tage später starrte Xiao Yue nicht nur geistesabwesend vor sich hin, sie wollte auch nicht mehr essen und trinken. Bei jeder Mahlzeit trank sie nur noch ein paar Schluck in Wasser eingeweichten Reis. Am liebsten aß sie kandierte Aprikosen aus der Obstschale. Duankang wollte Sun Yaoting ein paarmal schicken, einen Arzt zu holen, aber das war von Xiao Yue dankend abgelehnt worden. Sun Yaoting sah das alles mit an. Er begriff, daß etwas geschehen war, aber er konnte Xiao Yue auch nicht offen fragen. Brachte er aber nicht in Erfahrung, was eigentlich los war, würde er sie nicht retten können. Also erbat er unter einem Vorwand Urlaub und verließ den Palast. Er suchte Xiao Qingfeng auf, erzählte ihm von der Situation Xiao Yue's und fragte ihn, was man machen solle. Xiao Qingfeng liefen vor Erregung die Tränen herab, und er stöhnte: „Ich habe sie vernichtet!" Sun Yaoting erwiderte: „So wie die Dinge jetzt stehen, interessiert es nicht, wer wen vernichtet hat. Jetzt kommt es nur darauf an, sich etwas zu ihrer Rettung einfallen zu lassen."

Die beiden waren am Restaurant Zhimeilou angelangt. Der Wirt, ein Bekannter von Xiao Qingfeng, wies ihnen einen besonderen Platz zu. Nach einer Weile trug er Speisen auf. Xiao Qingfeng fragte: „Was sollen wir deiner Meinung nach tun?" – „Das Klügste wäre natürlich, das Ding loszuwerden, solange es noch keiner merkt." – „Und wenn man es nicht loswerden kann?" – „Der ungünstigere Weg wäre, die Herrin Jin (Duankang) zu bitten, Gnade walten zu lassen, und Xiao Yue vorzeitig aus dem Palast zu schicken. Aber das käme früher oder später ihrem Vater zu Ohren. Damit ist nicht zu spaßen." – „Ist sie erst einmal aus dem Palast, nehme ich sie mit und gehe weit weg." – „Ich fürchte, das wird nicht möglich sein. Shi He dient im Departement für Haushaltsangelegenheiten. Solch ein Ereignis erfährt er als erster. Da kannst du nichts dagegen tun."

Nach drei Runden Wein meinte Xiao Qingfeng: „Nach dem ersten Schritt sehen wir weiter. Ich habe einen Freund, der ist Arzt. Er heißt Zhang Ruqi, hat am Blumenmarkt in der Qianzhi-Halle studiert und versteht sich besonders gut auf Heilung von Frauenkrankheiten. Privat hat er neben dem Studium mit Abtreibungen ein Vermögen verdient. Jetzt studiert er nicht mehr, sondern hat eine eigene Praxis eröffnet. Er sieht sich gern die Stücke an, in denen ich auftrete, von daher kennen wir uns. Obwohl er seine Kunst als Arzt versteht, haut er doch gern die Leute übers Ohr. In dieser Sache möchte ich möglichst nicht in Erscheinung treten. Nicht, weil ich Angst habe, daß er mich schröpft. Nur, er ist ein Bekannter. Und ihn die Sache so machen zu lassen, daß es sich in der ganzen Stadt herumspricht, ist für Xiao Yue nicht vorteilhaft." – „Ist es in Ordnung, wenn ich hingehe?“ – „Du kannst zwar hingehen, mußt aber doppelt so vorsichtig sein. Zhang Ruqi sieht sich die Leute an. Du mußt aufpassen, daß er die Sache nicht durchschaut. Am besten ist es, ihn erst einmal zu bitten, den Eingriff vorzunehmen. Das Geld bezahle ich später.“

Da es noch früh war, entschied Sun Yaoting: „Ich gehe sofort zu diesem Zhang Ruqi. Wenn er einverstanden ist, nehme ich ihn noch heute mit in den Palast.“ Xiao Qingfeng meinte: „Ist auch gut. Ich schreibe sofort einen Brief. Bitte überbringe ihn Xiao Yue. Sie wird dir natürlich die Wahrheit sagen. Gegen vier Uhr treffen wir uns im Teehaus Guangxing.“

Sun Yaoting prägte sich die Adresse von Zhang Ruqi ein und lief geradenwegs zum Blumenmarkt, zweite Reihe Nr.9. Es war eine kleine Tür auf der Südseite der Straße. Am Eingang hing ein kleines Holzschild mit der Aufschrift: ‚Praxis von Zhang Ruqi‘. Als er eintrat, fragte ihn der Bedienstete: „Zum Doktor?“ – „Ja.“ – „Bitte warten Sie einen Augenblick.“ Mit diesen Worten ging er, ihn anzumelden. Nach einer Weile kam er wieder: „Unser Gebieter läßt bitten.“ Zhang Ruqi, der außerordentlich beleibt war, fragte: „Was für eine Unpäßlichkeit bedrückt Sie?“ Sun Yaoting antwortete: „Ich bitte für jemanden um Medizin.“ – „Was ist es für eine Krankheit?“ Sun Yaoting sah, wie die Augen des Dicken auf seinen Mund starrten, er fühlte sich nicht sehr ungezwungen, tat aber sofort so, als sei nichts geschehen. Es fiel ihm schwer, in der Angelegenheit von Xiao Yue den Mund aufzumachen, und er stotterte eine Zeitlang herum. Zhang Ruqi lächelte mit zusammengekniffenen Augen. Er sagte: „Deine Kranke ist wohl ein Fräulein?“ Nachdem Sun Yaoting die Frage mit Ja beantwortet hatte, fragte Zhang: „Sie übergibt sich immer, nicht?“ – „Genau.“ Zhang Ruqi sagte: „Die Krankheit ist heilbar, ich bitte dich, dein Fräulein hierherzubringen.“ Sun Yaoting beeilte sich zu sagen: „Das Fräulein unseres Hauses ist sehr geschwächt. Sie kann nicht zu Euch kommen.“ – „Na gut. Ich Unwürdiger kann auch einen Hausbesuch machen.“

Sun Yaoting wurde noch aufgeregter: „Aber nicht doch, das ist doch nicht nötig, das ist doch nicht nötig. Wie könnte ich es wagen, den Herrn zu belästigen. Ich möchte nur etwas fertige

Medizin kaufen. Wenn die Medizin etwas teurer ist, das macht gar nichts." Auf dem Gesicht des Dicken zeigte sich ein verächtliches Lächeln: „Ein Arzt kann auf keines der vier Diagnoseverfahren, Betrachten, Riechen, Befragen und Pulsfühlen, verzichten. Da es nun so ist, kann ich es nicht wagen, eine Arznei anzuwenden."

Sun Yaoting war schon schweißgebadet. Zwar wurde schon Herbst, aber es war noch schwül und heiß. Er dachte bei sich, daß er diesmal in die Falle gegangen war. Er kam einfach nicht weiter, in welcher Richtung er es auch versuchte. Plötzlich hatte er einen Einfall und sagte zu Zhang Ruqi: „Die Krankheit ist ‚jene Krankheit', die ist überall gleich. Sie müssen sich nur um die Medizin kümmern und nicht darum, ob sie Erfolg hat. Ich habe gehört, daß die Heilung dieser Krankheit bei jedem..." – „Fünfhundert Yuan kostet. Beseitigung der Krankheit bei Einnahme der Medizin garantiert", fiel ihm der Dicke ins Wort. „Na gut. Ich gebe Ihnen fünfhundert, über Leben und Tod entscheidet das Schicksal, Sie übernehmen keine Verantwortung." Zhang Ruqi dachte tief nach, ohne einen Ton zu sagen. Nach einer ganzen Weile erst entschied er: „Du kommst morgen wieder. Ich bereite eine geeignete Medizin vor. Aber den Preis können wir jetzt noch nicht festlegen. Für den Fall, daß ein paar wichtige Bestandteile fehlen, muß ich sie mir von anderen besorgen. Wieviel es kostet, kann ich nicht mit Gewißheit sagen." Sun Yaoting war machtlos. Er verabschiedete sich, nachdem man vereinbart hatte, daß er morgen Nachmittag kommen würde.

Als er zum Guangxing-Teehaus kam, wartete Xiao Qingfeng schon auf ihn. Hastig fragte er: „Wie steht's?" Als Sun Yaoting alles erzählt hatte, sagte Xiao Qingfeng: „Der Alte ist verdorben bis ins Mark. Der verwechselt dich mit einem Großkopfeten. Solche wie er sehen sich den Menschen an, um den Preis zu bestimmen. In allen Fällen, in denen ein Fräulein aus gutem Haus ins Unglück gerät, muß man darauf achten, das Gesicht zu wahren, und man gibt, was verlangt wird. Unsere Zunft geht oft zu großen Haushalten und singt auf Privatvorstellungen, wo es jede Menge Frauen und Fräuleins gibt. Da hört man schon von einigen Fällen im Jahr. Dieses Miststück Zhang Ruqi kümmert sich nicht darum, ob er den Betreffenden kennt oder nicht. Der nimmt sogar seinen eigenen Vater aus. Und noch etwas: Keiner von denen, die ihn einmal aufgesucht haben, kommt wieder von ihm los. Geht man nicht mehr zu ihm, posaunt er die Geschichte überall aus. Dann ist dein guter Ruf erledigt!"

An dieser Stelle steckte jemand seinen Kopf zur Tür herein. Mit einem Blick sah Sun Yaoting, daß es der Bedienstete aus dem Haus von Zhang Ruqi war. Xiao Qingfeng stöhnte: „Da haben wir's. Noch nicht einmal ich komme davon! Das geht über meine Kräfte. Diesen Brief bringst du Xiao Yue. Diese sechshundert Yuan gebe ich dir für die Arznei. Um soviel Geld zusammenzubekommen, habe ich alle Bühnenkostüme verkaufen müssen. Der Fette Zhang hat aber auch ein Geschick, andere Leute auszunehmen."

Die beiden verabredeten, sich am nächsten Tag wieder hier zu treffen. Auf der Straße herrschte Gewimmel. Die Melonenverkäufer auf beiden Seiten standen mit nacktem Oberkörper da, fächelten sich Kühlung zu und brüllten: „Melonen mit grießigem Fleisch werden garantiert umgetauscht!" Noch eine Menge anderer Verkäufer priesen laut ihre Waren an, Liangfen, Ingwerknollen, Lotoswurzeln und dergleichen. Sun Yaoting machte sich auf den Heimweg, ihm war, als ginge er auf glühenden Kohlen. Am Tor des Göttlichen Kriegers dachte er daran, für Xiao Yue etwas Weißdorngelee zu kaufen. Als er das Geld hervorzog, bemerkte er plötzlich, daß der Diener von Zhang Ruqi am Tor des Ausblicksberges stand und zu ihm hinüberblickte. In Sun Yaoting stieg die Wut hoch. Er bedauerte, daß er diesen Typ nicht in den Wassergraben werfen konnte, und war unschlüssig, ob er den Palast betreten sollte oder nicht. Da verschwand der Kerl schnell wie der Blitz in der Menschenmenge und war nicht mehr zu sehen. Nachdem es nun soweit gekommen war, gab es nichts mehr zu befürchten. Selbst wenn er bis ans Ende der Welt ginge, der Kerl würde nicht aufgeben. Mit diesem Gedanken betrat er den Palast.

Am selben Abend traf es sich, daß Chunfu zusammen mit Xiao Yue Nachtwache hatte. Sun Yaoting zog Chunfu auf die Seite, wo sie keiner sehen konnte, und sagte: „Heute abend übernehme ich den Dienst für dich. Sag einfach, daß du Bauchweh hast." Chunfu erwiderte: „Was heckst du jetzt schon wieder aus? Die ganze Sache hast du auf dem Gewissen. Paß auf, daß du dir nicht den eigenen Reisnapf kaputt machst. Was gehen uns die Liebesangelegenheiten anderer an? Warum kümmerst du dich eigentlich darum? Wem geht es denn noch dreckiger als uns? Wenn du dich unbedingt um die müßigen Herzensangelegenheiten anderer kümmern mußt, bitte. Aber zieh mich da nicht hinein." Vor sich hinbrummend ging Chunfu zum Generaleunuchen, um sich beurlauben zu lassen. Sun Yaoting atmete erleichtert auf, als er seinen Rücken sah.

Chunfu war dreiundzwanzig Jahre alt und schon seit acht Jahren im Palast. Sein Vater, ein Kutscher, hatte neun Kinder gezeugt, die er wie Hunde und Katzen aufzog. Ein Topf verdorbener Mehlbrei mußte drei, vier Tage reichen. Chunfus Mutter, die der Kutscher gleich nach der Heirat als Zugtier eingespannt und mit Schlägen traktiert hatte, war halb verrückt. Nach und nach starben fünf der Kinder. Übrig blieben drei Mädchen und ein Junge, Chunfu. Die verrückte Mutter starb, als Chunfu sieben Jahre alt war. Binnen kurzer Zeit hatte sein Vater von irgendwoher eine Witwe angeschleppt. Die war ganz durchtrieben und bekam den Kutscher unter ihre Fuchtel. Von der Stiefmutter dazu aufgehetzt, wurden von den drei Töchtern zwei in ein schlechtes Bordell verkauft, die jüngste fremden Leuten übergeben. Chunfu verwilderte, trieb sich allein draußen herum und bettelte. Alle zehn Tage oder auch nur einmal im Monat kam er nach Hause. Im Winter des Jahres 1909 fror Chunfu so unerträglich, daß er heimkehrte. Er war kaum zur Tür herein, da hatte ihn sein Vater gefesselt und zur Kastration in das Haus Bi gebracht, wo er nach noch nicht einmal zwei Tagen operiert wurde. Als Chunfus Vater vor einigen Jahren Tag für Tag kam und um Essen bettelte, sagte Chunfu: „Ich habe keinen Vater, diesen alten Hund sehe ich nicht!" Daraufhin fing der ‚alte Hund' am Tor des Göttlichen Kriegers hinter der Mauer an zu schimpfen. Er schimpfte so lange, bis aus dem Departement für Haushaltsangelegenheiten jemand herauskam, ihm zwei Liang Silber gab und so die Sache beendete. In den letzten Jahren war niemand mehr gekommen, Chunfu zu beschimpfen. Man fragte ihn: „Ist er gestorben?“ Da hatte Chunfu nur verächtlich geschnaubt.

Chunfu verhielt sich allen gegenüber zurückhaltend, mehr noch, er haßte jeden und hoffte, daß eines Tages der Himmel einstürzen, die Erde aufreißen und alle Menschen auf der Welt sterben mußten. Wenn er in diesem Leben schon erledigt wäre, sollte es den anderen nicht besser gehen. Aber die Leute unter dem Himmel waren nun eben verschieden. Manche brachten es nicht einmal zu einer halben Ehefrau, und wenn, war sie auch nur Zierde, Nutzen hatten sie keinen davon. Andere hatten acht oder neun Frauen, so viele, daß sie sich keine Gedanken um Nachwuchs machen mußten. Aber mit wem hätte Chunfu darüber sprechen können? Von seinem Kummer wußte allein Sun Yaoting, und deswegen hatte er geseufzt.

Xiao Yue hatte nach dem Dienst bei der Konkubine einen Imbiß zu sich genommen, sich in ihrem Schlafzimmer umgezogen, und war dann erst in den Raum der Östlichen Wärme gegangen. Als sie Sun Yaoting dort mit gekreuzten Beinen auf der Erde sitzen sah, wunderte sie sich: „Hat heute nicht Chunfu Nachtdienst?“ – „Wir haben getauscht.“ Es sah aus, als hätte Xiao Yue etwas fragen wollen, aber dann zögerte sie und verschluckte es. Sun Yaoting vergewisserte sich, daß sie allein waren, dann zog er den Brief unter der Kleidung hervor und übergab ihn zusammen mit einem Päckchen Dörraprikosen. Mit zitternden Händen riß Xiao Yue den Brief auf. Sie hatte noch nicht einmal zwei Zeilen gelesen, als ihr auch schon die Tränen herunterrannen. In ihrer Verfassung war ein Brief des Geliebten der einzige Trost. Das Mondlicht fiel hell ins Zimmer. Ab und zu konnte man Grillen hören. Die Schatten des Bambus vor dem Fenster bewegten sich leise, nur das Ticken der prächtig verzierten europäischen Standuhr in der Ecke des Zimmers durchbrach die Stille. Xiao Yue zündete drei Stäbchen Räucherwerk an und steckte sie in einen Räucherofen aus der Mingzeit. Während drei Fahnen dünnen Rauches aufstiegen und schwankend in der Luft verharrten, stand Xiao Yue mit geschlossenen Augen lange davor. Dann verbeugte sie sich dreimal. Vollkommene Ruhe überkam sie, und sie gewann noch an Schönheit. Schließlich öffnete sie die Augen: „Für Herrn Wu

(Xiao Qingfeng hieß mit richtigem Namen Wu Tai) gehe ich ohne Furcht in den Tod. Eher habe ich Angst, daß ich meinem Vater etwas Übles antue", sagte sie mit verändertem Ausdruck zu Sun Yaoting.

„Xiao Yue, mach dir keine Sorgen. Ich kann alles zum Besseren wenden. Nun, es ist schon spät, schlaf gut." Sun Yaoting hatte in seiner Brust etwas heiß aufsteigen gefühlt, aber dennoch mit ruhiger Stimme gesprochen. Xiao Yue lächelte vor Freude, streifte von ihrem Handgelenk ein Paar hübscher Armreife ab und gab sie Sun Yaoting. „Verwende die bitte zum Kauf der Arznei. Ich werde zwar nicht vollständig genesen, aber..." Yaoting hob die Armreife ehrerbietig an die Stirn, drehte sich um und ging nach draußen. Auf dem harten Bett im Zimmer für die Nachtschicht fand er keinen Schlaf.

Als Sun Yaoting am nächsten Tag wie verabredet in der Praxis von Zhang Ruqi erschien, die Arznei zu holen, erwartete der ihn schon ungeduldig, ein unheilkündendes höfliches Lächeln auf den Lippen. „Mit Mühe und Not bin ich gerade noch fertig geworden. Das war eine Mordsarbeit. Ich habe ja nicht den Puls fühlen können. Die ganze Nacht habe ich durchgearbeitet", sagte Zhang Ruqi, während er einen Stuhl vorrückte. „Wenn die Arznei nicht richtig dosiert wird, hat sie überhaupt keinen Wert. Im Gegenteil, wird zuviel verabreicht, ist sie schädlich. Wir Ärzte sollen ja heilen. Es wäre gar nicht auszudenken, wenn wir die Patienten töten würden..." – „Gestatten Sie eine Frage", unterbrach ihn Sun Yaoting. „Wie oft muß die Arznei genommen werden?" – „Das läßt sich nicht genau sagen. Sie soll sie erstmal einnehmen, dann sehen wir weiter." Sun Yaoting wußte, daß sein Gegenüber bereits in Erfahrung gebracht hatte, daß er ein Eunuch war, der für ein Fräulein am Hofe Medizin holte. Wer die Frau war, wußte er nicht, aber das erfuhr man bei einem so großen Fisch bestimmt nicht. Ihm fiel ein, daß Xiao Qingfeng gesagt hatte, welch böse Folgen es haben könnte, wenn man ihn jetzt nicht mehr beauftragte, also sagte er: „Das Fräulein in unserem Haus ist aus dem Süden zu Besuch bei Verwandten. Sie kehrt in fünf bis sieben Tagen wieder zurück. Soll sie zuerst einmal die Medizin nehmen. Wenn es nicht besser wird, dann kommen wir eben wieder hierher." Zhang Ruqi nahm Pinsel und Tusche und schrieb ein paar seltsame Zeichen auf. Es war aber kein Rezept. Den Zettel gab er seinem Angestellten. Der ging ins Westzimmer und kam nach kurzer Zeit mit drei Päckchen Arznei zurück. Zhang Ruqi sagte: „Diese Medizin versucht erst einmal. Kommt nach drei Tagen wieder." Nach dem Preis gefragt, nannte er sechshundert Yuan! Nachdem Sun Yaoting ihm das Geld ausgehändigt hatte, nahm er die Medizin in Empfang und begab sich in das Teehaus Guangxing. Xiao Qingfeng wartete dort schon und nahm die Arznei entgegen. Er öffnete ein Päckchen, erkannte aber nur zwei Bestandteile am Geruch: Prachtnelke und Safran. Die beiden hielten Rat, kamen aber zu keinem Ergebnis. Erstmal einnehmen, dann würde man weitersehen.

Nachdem Xiao Yue die drei Päckchen Medizin aufgebraucht hatte, sagte sie, daß ihr lediglich der Unterleib geschwollen sei und schmerze. Herauskommen würde überhaupt nichts. Drei Tage später suchte Sun Yaoting Zhang Ruqi wieder auf und beschrieb ihm die Symptome, den geschwollenen Bauch, die Schmerzen... Zhang sagte: „Ich stelle noch drei Päckchen Arznei aus, aber diesmal höher dosiert. Damit kommt es vielleicht ein bißchen in Bewegung." Wie beim ersten Mal verlangte er sechshundert Yuan. Unter dem Vorwand, ein paar Besorgungen machen zu müssen, bevor er die Arznei abholen würde, entfernte sich Sun Yaoting. An der zweiten Straßenreihe vom Huashikou bog er Richtung Norden ab und ging zum oberen Ende der Straße, wo sich ein Laden für Jadearbeiten befand. Er war noch nicht einmal richtig eingetreten, als ein kahlköpfiger Alter in langem Talar, dem Changshan, herbeigelaufen kam, sich verbeugte und sehr liebenswürdig fragte: „Womit kann ich Ihnen dienen, mein Herr?" – „Haben Sie Ringe aus Jade?" fragte Sun Yaoting. „Ja. Schauen Sie einmal hier."

Mit diesen Worten zog der Alte Sun Yaoting vor eine Verkaufstheke aus Glas. Auf ein kleines mit Baumwolle ausgeschlagenes Kästchen zeigend, sagte er: „Wählen Sie sich einen aus." – „Zeigen Sie mir mal den besten, den Sie haben." Der Alte nahm einen heraus und zwinkerte gleichzeitig einem jungen Mann zu. Der erschien mit einer Tasse frisch aufgegossenem Jasmintee, dessen erfrischender Duft einem entgegenschlug. Die Tasse mit Deckel war farbenfroh und äußerst fein. Nun brachte der junge Mann noch einen Stuhl aus Birnbaumholz. Sun Yaoting wurde gebeten, sich erst einmal zu setzen und dann in Ruhe eine Wahl zu treffen. Der Alte erklärte: „Wahrhaftig, Sie können hingehen, wo Sie wollen, und sich in den Jadegeschäften umsehen, einen Jadering von solcher Qualität finden Sie nirgends."

Sun Yaoting betrachtete ihn. Er war von einem saftigen Grün, hielt aber mit dem Paar jadener Armreife, das er unter der Kleidung verborgen hielt, keinen Vergleich aus. Er selbst hatte keine Ahnung vom Marktwert solcher Jadesachen und fürchtete, von dem Händler übers Ohr gehauen zu werden. Daher hatte er sich gedacht, erst einmal zu sehen, was als gut galt und wieviel ein gutes Stück kostete. Dann könnte er ausrechnen, wieviel er für die bekäme, die er bei sich trug. „Wieviel kostet er denn?" – „Ich bin sicher, Herr, Sie haben einen weiten Horizont und haben schon Schätze gesehen. Das sah ich sofort, als Sie zur Tür hereinkamen. Hm, da habe ich schon gewußt, daß Sie ein Kenner sind. Unter Experten brauchen wir nicht um den heißen Brei herumzureden. Diese Ringfassung biete ich an für dreihundert, Verhandlungsbasis ist zweihundertfünfzig, mit Zähneknirschen und Aufstampfen, ohne Gewinn und Verlust, kann ich ihn für zweihundert an Sie abgeben. Unsere Profession tut sich schwer mit Käufern, und die Angestellten können sich ja nicht vom Wind ernähren!" Sun Yaoting wollte mit ihm nicht die Zeit vertrödeln. Also zog er das Paar Armringe aus der Kleidung hervor und reichte sie hinüber: „Schauen Sie sich das einmal an, Geschäftsführer, wieviel solcher Fassungen kann man sich für dieses Paar kaufen?"

Der Alte nahm sie entgegen und schaute sie sich an. Unwillkürlich stutzte er: Sein ganzes Leben hatte er in diesem Gewerbe gearbeitet, Jade angekauft und verkauft, Fälschungen gesehen und dergleichen. Aber solche Jadearmreifen, glänzend und saftig grün, hatte er seiner Lebtage noch nie gesehen. Längst hatte er bemerkt, daß Sun Yaoting Eunuch war, und vermutete in ihm einen großen Käufer. Aber als er nun diese Reifen hervorkramte, wurde ihm auf einmal klar, daß er nicht kaufen, sondern verkaufen wollte. Der Alte führte die Armreife zur

Nase, roch daran und nahm noch den Duft von Puder wahr. Dann leckte er mit der Zunge, der Stein war ganz kalt. Nun wagte er einen Vorstoß und fragte: „Sie möchten …“ – „Verkaufen!“ bestätigte Sun Yaoting. „Dieses Paar ist wenigstens zwanzig Ringfassungen wert, nicht?“ Der Alte war etwas erschrocken: „Mein Laden ist sehr klein. Trotzdem kann ich etwa …“ – „Wieviel Geld?“ – „Ich bekomme nur eintausend zusammen.“ – „Tut mir leid, daß ich Sie gestört habe, auf Wiedersehen!“ Sun Yaoting nahm die Armreife an sich und machte sich mit ein paar Riesenschritten in Richtung Eingang davon. Der Alte setzte ihm nach bis zur Tür und brüllte: „Wie wäre es mit eintausendzweihundert? Eintausendfünfhundert? …“

Sun Yaoting wußte, daß diese Armreife als Tribut aus Xinjiang gekommen waren. Cixi hatte sie Duankang zum Geschenk gemacht, nachdem sie die Perlkonkubine in den Brunnen hatte stoßen lassen. Mit diesem Paar Armreife wollte sie deren Schwester, die Jadekonkubine, beschwichtigen. Duankang aber hatte sie an Xiao Yue weitergeschenkt. Xiao Yue hing sehr an diesen Armreifen und nahm sie den ganzen Tag nicht vom Handgelenk. Hätte sie sich nicht in einer äußersten Notlage befunden, nie hätte sie es übers Herz gebracht, sich von solchen Schätzen zu trennen! Daher wollte Sun Yaoting sie für Xiao Yue erhalten. Er lief am Flußufer entlang Richtung Westen direkt bis zur Qianmen-Straße. Dort betrat er eine Pfandleihe. Sie war nicht größer als andere. Der Tür gegenüber eine hohe Theke, ärgerlich hoch. Die Scheitel klein gewachsener Leute befanden sich auf einer Höhe mit ihr. Auf der Theke war noch ein Geländer aus Holz. Pfandleihen waren Einrichtungen, die einem das Blut aussaugten. Aber Arme waren darauf angewiesen, um ein paar Tage weiterzuleben. Sun Yaoting war noch nie zuvor in einer Pfandleihe gewesen. Hinter der hohen Theke saß ein pockennarbiger Mann, damit beschäftigt, sich aus einem weiß-blauem Porzellandöschen Schnupftabak in die Nase zu reiben. Obwohl Sun Yaoting bereits bis zur Theke gelangt war, benahm sich Pockengesicht so, als ob niemand hereingekommen wäre, stopfte sich Tabak in die Nase, rieb und nieste.

„Schauen Sie sich das einmal an, Geschäftsführer!“ rief Sun Yaoting, der es nicht mehr länger aushalten konnte. „Zeig’s doch, was brüllst du denn?“ sagte Pockennarbe, ohne auch nur seinen Blick nach unten zu richten. Sun Yaoting legte die beiden Armreife auf die Theke. Der Pockennarbige warf unter dem Schnupfen einen Blick darauf. Dann hob er den Kopf und nieste. Sein Mund stand eine ganze Weile offen, ohne daß er etwas gesagt hätte. Dann erst betrachtete er die Armreife genauer. Nachdem er sie ein paarmal beäugt hatte, legte er sie auf die Theke zurück und sagte: „Nimm's nicht so tragisch, wenn ich dir den Preis sage, die Dinger sind höchstens zweihundert wert. Höchstens zweihundert.“

Sun Yaoting fühlte, wie ihm das Blut in den Kopf schoß, er dachte sich: ‚Hundesohn. Du fragst noch nicht einmal, woher die Dinger kommen! Drehen wir den Spieß um. Jetzt will ich einmal fragen, wie er auf den Preis von zweihundert Yuan kommt.‘ Darauf sagte er: „Sie, Geschäftsführer, sind doch bestimmt kein Laie? Würden Sie mich doch bitte einmal belehren, wie Sie auf diesen Preis gekommen sind?“ Pockennarbe lachte, dann sagte er kalt: „Die Armreife haben eine Geschichte. Der Qualität nach stammen sie wenigstens aus einem Palais. Leider sind es Fälschungen!“ – „Würden Sie mir das bitte erklären.“ – „In jüngster Zeit gilt in der Hauptstadt bei Schmuck Jade als das Wertvollste. Das wissen alle. Daher zerstoßen gewiefte Könner in einem Mörser Malachitgrün und ähnliche Mineralfarben zu einer feinen Paste. Sie gießen sie mit kochendem Wasser auf und kochen in dem Sud Armreife aus minderwertiger Jade. Wenn die Farbe eingezogen ist, reiben sie die Armreife trocken und polieren sie mit Seide. Je mehr sie reiben, um so mehr glänzen sie. Sie sehen dann ganz so aus wie beste Jade. Die Leute aus diesem Gewerbe betrügen gezielt Söhne aus vornehmen Familien und reiche Geldsäcke. Dein Paar hier ist auch so eine Ware. Wenn ich dir zweihundert dafür gebe, bin ich noch zu großzügig. Ich habe ja auch Risiko.“

Sun Yaoting hatte die Worte mit Skepsis gehört und bedauerte bereits, daß er soeben die eintausendfünfhundert abgelehnt hatte. Für zweihundert aber würde er die Armreife, ganz egal ob sie nun echt waren oder nicht, nicht verkaufen. Er war schon dabei, wegzugehen als er plötzlich hinter der Theke eine spitze hohe Stimme vernahm, wie sie Eunuchen eigen ist: „Bitte bleiben Sie!" Sun Yaoting schaute zurück und sah, wie hinter dem Vorhang ein Fünfzig-, Sechzigjähriger hervorkam und fragte: „Sie dienen im Palast?" Sun Yaoting nickte. Erfreut sagte der Gelbgesichtige plötzlich: „Aus dem eigenen Haus, aus dem eigenen Haus! Ich komme auch aus dem Palast, habe früher an der Sichishiku gedient." Das war die Einrichtung, die für das Ankleiden des Kaisers und das Richten des Bettes verantwortlich war. Dann erkundigte er sich nach Neuigkeiten aus dem Palast. Anschließend drehte er sein Gesicht zu dem Pockennarbigen um und beriet irgend etwas mit ihm. Es war zwar keine Fremdsprache, aber Sun Yaoting verstand noch nicht einmal einen halben Satz. Vermutlich war es die Geheimsprache ihres Gewerbes. Nach einer Weile zeitigte die Unterredung ein Ergebnis. Der alte Eunuch sagte: „Da es sich ja um eine Person aus dem eigenen Haus handelt, bereitet der Preis kein Problem. Wert sind sie zweihundert, ich gebe eintausend. Am besten, es wird zurückgezahlt. Kann die Summe nicht zurückgezahlt werden, wird sie mir als Verlust angerechnet. Unter Freunden, kein Problem!"

Die Kaufleute schenkten Sun Yaoting Tee ein. Er überlegte hin und her und hielt das Angebot für einigermaßen solide. Also ließ er den Geschäftsführer einen Pfandschein ausstellen und nahm die eintausend Juan in Empfang. Sechshundert davon übergab er Zhang Ruqi, dann suchte er mit der Arznei Xiao Qingfeng auf. Als Xiao Qingfeng erfuhr, daß Sun Yaoting die Armreife verpfändet hatte, wurde er wütend. Er sagte, Antiquitätenhändler und Pfandleiher würden die Leute nur ausnehmen. Sie nähmen echte Gegenstände in Empfang, würden aber ewig behaupten, es seien Fälschungen, und umgekehrt verkauften sie Fälschungen als echte Antiquitäten. So würden sie mehrfach Gewinne erzielen. Xiao Qingfeng ließ sich den Pfandschein geben. Morgen beim Auftritt würde er von seinem Chef, Yang Xiaolou, etwas Geld borgen und die Armreife einlösen. Sun Yaoting sagte, er fürchte, diese verworrene Art, Medizin einzunehmen sei keine gute Sache, und es wäre besser, sich rechtzeitig etwas Besseres einfallen zu lassen. Aber die beiden kamen bei ihren Beratungen zu keinem anderen Entschluß. Also blieb nichts übrig, als erst einmal auseinanderzugehen.

Wie ein Schlammpeitzker, bedrückt und mit hängenden Schultern, kehrte Sun Yaoting in den Palast der Ewigen Harmonie zurück und lief dem Generaleunuchen Zhang Anji direkt über den Weg. Der beschimpfte ihn mitten ins Gesicht und verbot ihm strikt, sich in Zukunft nach Belieben aus dem Palast zu entfernen und Dummheiten zu treiben. Noch am gleichen Abend brachte Sun Yaoting heimlich die Medizin zu Xiao Yue und befahl ihr, in allem vorsichtig zu sein. Xiao Yue konnte sich in diesen Tagen nicht aufrichten, die Einnahme der Arznei verursachte ihr schmerzhafte Krämpfe. Duankang gewährte ihr Sonderurlaub zum Ausruhen. Nach zwei Tagen, Sun Yaoting fegte die Blätter im Hof zusammen, kam ein Hoffräulein in völliger Verwirrung angelaufen. Sie fragte nach dem Generaleunuchen. Sun Yaoting wollte wissen, was los sei. Das Hoffräulein berichtete, Schwester Xiao Yue sei sehr schwer erkrankt. Sun verwies ihr, so laut zu rufen und die Herrin zu erschrecken. Dann eilte er selbst zu Xiao Yue und schaute nach ihr. Xiao Yue, kreidebleich und mit wirrem Haar, rollte vom Bett auf den Boden. Sie stöhnte ununterbrochen, konnte auf keine Frage mehr antworten und bot ein Bildnis heftigster Schmerzen. Sun Yaoting entdeckte weder auf dem Bett noch auch auf dem Boden Blutspuren und wußte nun, daß das Ding immer noch nicht weg war. Da kehrte auch schon das Hoffräulein mit Zhang Anji zurück. Der schimpfte los, als er Sun Yaoting sah: „Du Schweinehund. Warum holst du nicht sofort einen Arzt!“ Sun Yaoting hastete davon, zuerst in sein Zimmer, wo er die zweihundert Liang Silber, die von der Verpfändung der Armreifen übriggeblieben waren, in seine Kleidung steckte. Dann rannte er schnurstracks zum kaiserlichen Arzt.

Im kaiserlichen Krankenhaus gab es einen Arzt namens Meng Fanzhu. Der hatte schon mehrmals mit Sun Yaoting Umgang gehabt und war ihm in einer kleinen Schenke im Palast einmal begegnet. Meng Fanzhu saß im Hof, einen kleinen Teekessel bei sich, und trank genüßlich. Sun Yaoting zog ihn zu einer Stelle, wo kein Mensch war, und erklärte ihm die Lage: „Xiao Yue aus dem Palast der Jadekonkubine hat eine schwere Krankheit und der zweite Generaleunuch Zhang schickt nach Ihnen. Fräulein Yue's Krankheit ist unheilbar. Lassen Sie sie zu

Hause sterben! So können Mutter und Tochter wenigstens zwei Tage zusammensein, und es ist so kurz vor dem Tode einer da, der Suppe bringt und Arznei verabreicht." Sagte es und zog die zweihundert Liang Silber hervor. „Das bißchen hier ist das Geld für das Rezept."

Sun Yaoting hatte alles in einem Zug vorgebracht und auch das Geld überreicht. Meng Fanzhu dachte sich: ‚Woher will er wissen, daß es unbedingt auf den Tod zugeht, ohne daß ein Arzt den Puls gefühlt und sich die Kranke angesehen hat? Bin ich der Arzt oder du? Hm, ganz offenbar sucht man einen Vorwand, um aus dem Palast zu kommen.' Da hatte Sun Yaoting auch schon Meng Fanzhu an der Hand gefaßt und ließ ihn das Päckchen harten Silbers fühlen. Als das Silber dessen Handfläche berührte, war es ihm unmöglich, loszulassen und es wegzuwerfen. Der Vater von Xiao Yue war doch Beamter im Departement für Haushaltsangelegenheiten. Das mußte seine Idee sein, das war absolut nicht widersinnig! Als er mit seinen Überlegungen soweit gediehen war, stopfte er das Päckchen mit dem Silber in die Kleidung und fragte: „Was für eine Krankheit?" – „Lungenschwindsucht und Amenorrhoe." Die beiden rannten in aller Eile zum Palast der Ewigen Harmonie. Dort hatten die Hoffräulein Xiao Yue bereits wieder auf das Bett gelegt. Sie stöhnte ununterbrochen.

Sun Yaoting bat Meng Fanzhu nach vorn, damit er ein Rezept ausstelle, und ließ ihn sagen, daß die Krankheit von Xiao Yue in ihr Endstadium eingetreten sei. Wenn sie nicht schnell nach Hause gebracht würde, stehe zu befürchten, daß sie die Herrin anstecken würde. Zhang Anji machte schleunigst Duankang Meldung. Duankang erschrak heftig und gab den Befehl, zweihundert Liang Silber zu spenden und Xiao Yue sofort aus dem Palast zu schicken.

Am nächsten Tag wurde Shi He in den Palast der Ewigen Harmonie gerufen. Da erst erfuhr er, was geschehen war. Als er sah, daß seine Tochter nicht mehr zu gehen vermochte, trug er sie Huckepack aus dem Tor des Göttlichen Kriegers. Sun Yaoting hatte erkannt, daß die Medizin von Zhang Ruqi keinen Erfolg gebracht hatte. Daß Xiao Yue nun den Palast verlassen hatte, zeigte, die Sache war verloren. Aber nun war nichts mehr zu machen. Zhang Anji gewährte ihm keinen Urlaub mehr. Er durfte den Palast nicht verlassen, und so brachen seine Beziehungen zu Xiao Qingfeng ab.

Erst einen Monat später bot sich Sun Yaoting eine Gelegenheit, hinauszukommen. Wo Xiao Qingfeng sich aufhielt, fand er nicht heraus. Nach einem Jahr erst hörte er das Gerücht, daß Shi He aus Angst, sich des Betruges an der Obrigkeit schuldig zu machen, seine Tochter, die ledig schwanger geworden war, in aller Stille in die alte Heimat zurückgebracht hatte. Kurz darauf war sie an tiefer Melancholie und den Folgen einer schweren Geburt gestorben. Xiao Qingfeng, der ihr nach Chengde gefolgt war, hatte am Grab die Armreife zurückgegeben. In die Hauptstadt zurückgekehrt, war er nicht wieder aufgetreten, verfiel ganz und gar dem Opium und dem Alkohol, und nach nicht einmal einem halben Jahr war es mit ihm zu Ende. Freunde aus der Schauspielergilde seufzten darüber, wie betrüblich sein Tod sei. Sie bekamen zwar Nachricht vom Tod dieses Schauspieltalents, erfuhren aber nichts über die Hintergründe.

Nachdem Xiao Qingfeng und Xiao Yue die Schauspielertruppe verlassen hatten, wurde sie keineswegs aufgelöst. Zhang Anji erbat aus dem Palast alte Eunuchen, die früher Stücke aufgeführt hatten, und beauftragte sie mit der Ausbildung. Sehr oft wurden die Jungeunuchen zusammengeholt, ein Stück aufzuführen. Eigentlich beherrschten diese alten Eunuchen nur wenige Stücke, verfügten nur über geringe körperliche Fertigkeiten und mit dem Gesang war es ebenfalls nicht weit her. Ihre seltsamen Stimmen und seltsamen Melodien bewirkten, daß die Hörer sich unwohl fühlten. Sie dagegen hatten umso klarere Vorstellungen. Ließen sie sich im Lehnstuhl auf der Bühne nieder, verzogen sie das Gesicht, rissen die Augen weit auf und brüllten und schimpften ohne Unterlaß. Sie konnten nur reden, aber nichts vorführen, so daß es für die jungen Eunuchen unmöglich war, Stücke einzuüben. Sagte der alte Eunuch: „Bei einem Purzelbaum muß man zu einer Schale Blumen purzeln." Fragten die Adepten: „Was heißt das, ‚zu einer Schale Blumen'? Machen Sie es uns bitte einmal vor!" Dann schaute der Eunuch dumm drein. Er konnte es nämlich nicht. Nun versuchte er, die

Übung zu beschreiben, daß sie klar wurde. Aber die Eunuchen, dennoch außerstande, sie auszuführen, erlitten letztlich nur Torturen.

Was Sun Yaoting trotz allem Kopfzerbrechen nicht begreifen konnte, war, daß diese Eunuchen keine Chefeunuchen oder dergleichen waren. Erblickten sie eine Herrin oder einen Eunuchen mit auch nur geringen Befugnissen, stellten sie sich unverzüglich mit gesenkten Armen hin, als würden sie sich alles gefallen lassen, ohne das Wort ‚nein' jemals herauszubringen. Aber kaum besaßen sie auch nur eine Winzigkeit an Macht, zerrissen sie sich das Maul! Weil Sun Yaoting Purzelbäume schlagen konnte und seine Beine elastisch waren, beschloß er, das Opernfach des Wusheng, eines Darstellers männlicher Rollen in militärischer Ausrichtung, zu studieren. Nach mehr als einem Jahr wurde das Stück ‚Shi Xiu erkundet ein Dorf' aufgeführt, und Sun Yaoting trat als Duanda wusheng, als Handgemenge-Wusheng, auf. Da gab es Gesang und Kampfakrobatik. Er sang die Kunqu-Opernmelodie. Das Stück war zwar vollständig eingeübt worden, wurde aber nie im Ganzen aufgeführt. Duankang allerdings ließ Sun Yaoting und noch ein paar junge Eunuchen öfters rufen und hieß sie, Arien singen. Bei einigen Opernarien konnte man sich den Text nicht merken und mußte nach dem Textbuch singen, also machte man sich lächerlich. Duankang aber nahm ihnen das nicht übel, sie freute sich, wenn sich Eunuchen lächerlich machten. Später dann wurde Duankang von vielen lästigen Geschehnissen im Palast und außerhalb gestört und hatte keine Lust mehr, sich Theaterstücke anzusehen. Die Eunuchen in der Theatertruppe, die ja auch keine guten Ausbilder hatten, ertrugen Schläge und Schimpfen der alten Eunuchen nicht länger, verloren das Interesse und strengten sich beim Üben nicht sonderlich an. Obgleich viel Zeit verstrichen war, hatten sie immer noch kein Stück eingeübt, und die Theatertruppe löste sich allmählich von selbst auf.

Ungefähr im Jahre 1920 wurde der Eunuchenapparat des Kaiserhofes in insgesamt zwölf Yamen unterteilt. Es gab vier Abteilungen, und zwar die Aufwärter, die kaiserliche Küche, die kaiserliche Apotheke und die Schatzkammer, sowie acht Ämter, die Eunuchen der Buddhahalle, die Palasthallenaufwärter, die Eunuchen für verschiedene Dienste, für Oben, Unten, für den Garten, das Jilinyou und das Fischhaus. Die wichtigste der vier Abteilungen war die Schatzkammer. Hier kümmerte man sich um die Lagerung von Silbertaels, Gefäßen und Behältern aus alter Zeit, um die Aufbewahrung von Kopfbedeckungen, Roben, Gürteln und Schuhen, gelben Abzeichen für verdiente Minister, Geschenke und andere Wertsachen. Alle Getreidelieferungen für den Palast, alle seine Geldeinnahmen und -ausgaben liefen über die Schatzkammer. Die Obereunuchen des Schatzamtes verwalteten gemeinsam mit Beamten, die keine Eunuchen waren, und Schatzkammerministern die Landesschatzkammer. Daraus kann man ersehen, daß die Schatzkammer die Lebensader des Palastes war.

In jenem Jahr hatten einige betagte Eunuchen die Erlaubnis erhalten, ihren Abschied zu nehmen und den Palast zu verlassen. Sun Yaoting wurde als Ersatz bestellt, weil er umsichtig und gescheit war. Das war außergewöhnlich, und so kaufte er sich, weil er ja noch nicht registriert war, den Namen des alten Eunuchen Wang Chengxiang, das heißt, er bezahlte ihm einige zehn Tael Silber als Abstandssumme und übernahm von nun an dessen Dienst. Daß Sun Yaoting auf diese Weise über ein eigenes Einkommen verfügte, bedeutete für ihn ungeheuer viel. Er kam sich vor wie ein armer Student, der in der Prüfung als Erster oder Zweiter durchkommt, sofort Beamter wird und sich von da an keine Sorgen mehr um Nahrung und Kleidung zu machen braucht.

Im Schatzamt dienten über zwanzig Personen. Den drei Groß-Chefeunuchen waren zwei Großmeister und zwei Vize-Großmeister untergeordnet. Sun Yaoting kannte sich ein wenig in Buchführung aus und war mit der Etikette vertraut. Seine Aufgaben bestanden darin, Geld in Empfang zu nehmen und darüber Buch zu führen. Alle zwei, drei Tage kam jemand, die Inventarliste in Empfang zu nehmen und sie nach oben weiterzuleiten. Die zwei Großmeister, die zwei Vize-Großmeister und er bewohnten zusammen drei Zimmer in den westlichen Seitenhallen hinter dem Palast der Strahlenden Menschlichkeit. Eines davon war hell, zwei dunkel, also ohne Fenster. In den beiden dunklen stand je ein langer Tisch mit jeweils zwei Schubladen, in die alle Arten von Rechnungsbüchern gesteckt wurden. Jeden Morgen nach dem Aufstehen, Gesichtwaschen und Zähnespülen verbrannte man Weihrauch vor der Ahnentafel des Konfuzius. Niemand wußte, wer die Regel, dem Konfuzius zu huldigen, im Schatzamt eingeführt hatte. Nach dem Abbrennen des Weihrauchs übte Sun Yaoting Schriftzeichen, zwei Bögen mit großen und ein paar Reihen kleine. Das war eine Auflage seines Meisters. In Jinghai hatte sich Sun Yaoting nicht weiter im Zeichenschreiben geübt. Die kleinen Zeichen, die er fertigbrachte, krochen daher wie Spinnen übers Papier. Beim Einstudieren von Theaterstücken war das nicht wichtig gewesen. Hier im Schatzamt aber brachen die Leute in großes Gelächter aus, als sie seine Zeichen sahen. Im Palast der Ewigen Harmonie gab es zwei Eunuchen, die sich auf Kalligraphie verstanden, Li Xiangchen und noch hervorragender Zhou Zhongfang. Er hatte die kleine Kanzleischrift des Kalligraphen Zhao Mengfu aus der Yuan-Zeit anhand des ‚Daodejing‘ von Laozi studiert. Ihn hatte Sun Yaoting zum Meister genommen. Zhou Zhongfang unterrichtete nicht umsonst, sondern verlangte im Monat ein Tael Silber. Gleich das ‚Daodejing‘ abschreiben, hatte er ihn belehrt, hätte zur Folge, daß man über kurz oder lang schlaff und kraftlos würde. Zum Schreiben gehörten zuerst die Knochen, dann das Fleisch. Aus dem Fleisch heraus offenbare sich die Kraft der Knochen. Ganz zuletzt könnte man dann anfangen, über ‚lässig, zwanglos und elegant‘ zu reden. Er ließ Sun Yaoting als erstes ‚Die Pagode der vielen Kostbarkeiten‘ von Yan Zhenxiang abschreiben.

Es heißt: ‚Um beim Schreiben Fertigkeit zu erlangen, braucht es keine hundert Tage‘, was bedeutet, daß Schreiben nichts Geheimnisvolles ist. Wenn man hundert Zeichen mit aller Achtsamkeit schreibt, kann man die grundlegenden Techniken der

Pinselführung und die Strukturen der Zeichen in den Griff bekommen. Sun Yaoting gab seine Schulgebühr nicht umsonst drei Monate lang aus und erlernte sehr schnell eine ordentliche und würdevolle kleine Siegelschrift. Einmal wollte Duankang ein paar Zeichen schreiben lassen. Es traf sich, daß weder Zhou Zhongfang noch Li Xiangchen anwesend waren, und man schlug Sun Yaoting vor. Nachdem er zuende geschrieben hatte, war Duankang verblüfft. Sie wußte, daß er Geld ausgegeben hatte, um das zu lernen, schenkte ihm drei Tael Silber und ersetzte ihm so die Kosten für die Schulgebühren.

Der Dienst im Schatzamt war nicht besonders hoch dotiert, aber wenn von anderen Ämtern Leute kamen und Geld holten, konnten Bearbeitungsgebühren in Höhe von ungefähr vier Prozent der geforderten Summe erhoben werden. Das war so Brauch im Schatzamt. All jene, die keine ‚Provision' zahlten, hatten es beim nächsten Geldholen nicht mehr so leicht. Außerdem konnte man sich auch überall dort schadlos halten, wo man als Vertreter des Schatzamts hingeschickt wurde. Einmal mußte Sun Yaoting in der kaiserlichen Küche etwas erledigen. Der Großmeister brachte eilig einen Teller mit Imbissen herbei. Er sagte, das seien Kringel. Sie waren nicht größer als Erdnüsse, knusprig und schmeckten nach Milch. Als Sun Yaoting wissen wollte, warum sie so gut schmeckten, lachte der Koch und sagte: „Kein Wunder. Es ist eine Mischung aus Dattelblütenhonig, Sahne und Mehl, die in Fett gebacken wird." Dann brachte er noch einen Teller mit kleinen, ungefähr daumengroßen Jiaozi. Sun Yaoting probierte ein paar, sie hatten keine Fleischfüllung, schmeckten aber unvergleichlich. Der Meister erklärte, sie seien für die Jadekonkubine bereitet worden. Heute äße die Herrin vegetarisch. Für die Füllung verwende man den Hahnenkammpilz aus dem Süden, den Löwenkopfpilz aus dem Nordosten und den Koumopilz aus Zhangjiakou. Die würden fein geschnitten und dann in Sesamöl gebraten. Die kleinen Kringel und Jiaozi waren der Imbiß zum Nachmittagstee für Duankang. Es wurden zwei Teller voll zubereitet, dann legte man je zehn Stück auf farbige kleine Teller und brachte sie nach oben. Die übrigen verteilten die Meister unter sich. Überall, wohin man kam, konnte man sich's wohl sein lassen. Das war das besondere Privileg des Schatzamtes.

Das Schatzamt verwaltete alle Arten von Magazinen, eines für Garderobe, eines für Juwelen, eines für Geld, und noch viele andere. Jedes Magazin war angefüllt mit riesigen Truhen aus Kampferholz. An manchen befanden sich bronzene Schlösser und Siegel. Deutlich waren Jahr, Monat und Tag vermerkt, an dem die Truhe versiegelt worden war. Aber es gab auch welche ohne Siegel und Schlösser. Weil viele Lagerräume schon lange nicht mehr geöffnet worden waren, bedeckte eine dicke Staubschicht Truhen und Böden. Öffnete man die Tür zu einem der Lagerräume, schlug einem der Geruch von Schimmel und Moder entgegen. Schon seit vielen Jahren waren keine jungen Eunuchen mehr ins Schatzamt gekommen, und die alten waren nicht bereit gewesen, im Frühling und im Herbst Kleidung und anderes an der Sonne zu lüften. Als Sun Yaoting eingestellt worden war, dachte der Obereunuch wieder einmal an Lüften und Überprüfung des Lagerbestandes.

Ohne zu wissen, auf was er sich da einließ, hatte Sun Yaoting sich bereit erklärt, bei der Inventur die Buchführung zu übernehmen. Einer nach dem anderen wurden die Siegelstreifen aufgerissen, die Deckel von den Truhen abgenommen, und die wertvollen Kleider – Beamtengewänder mit Meeresdrachenmuster, Magua-Roben aus weißem Fuchsfell und dergleichen – wurden eines nach dem anderen im Hof zum Lüften ausgelegt. Das Seltsame war, daß bei neun von zehn Truhen der Inhalt nicht mit der Inventarliste in den Büchern übereinstimmte. Manches war in der Liste aufgeführt, fand sich aber in keiner Truhe, manches in einer Truhe war noch nie zuvor in die Liste aufgenommen worden. Es herrschte ein heilloses Durcheinander. Noch mehr Rätsel gab der Schrank mit den alten Jadegegenständen auf. Ein paar Stücke waren zerbrochen, ein Jadekrug, der laut Inventarliste zwei Henkel haben sollte, besaß deren drei. Von den wertvollen Kalligraphien und den Gemälden historischer Persönlichkeiten schienen die kleinformatigen fast alle ‚Beine' bekommen zu haben.

Sun Yaoting fertigte eine Inventarliste verschwundener Gegenstände an und reichte sie an den Obereunuchen weiter. Der sagte: „An dem Tag, als ich die Aufsicht über das Schatzamt übernommen habe, sagte mir jemand, daß die Listen des

Schatzamtes nie mit dem tatsächlich Vorhandenen übereinstimmen würden. Sollte jemals der Tag kommen, an dem dieser Widerspruch aufgeklärt würde, müßten eine Menge Menschen sterben." Sun Yaoting fragte: „Was meinen Sie damit?" Der Obereunuch entschied: „Ich sehe, daß du ehrlich bist. Also will ich es dir genauer erklären. Dann weißt du von heute an ein wenig Bescheid, und das kann dir bei der Erledigung deiner Aufgaben nur nützlich sein. Daß die Listen und die Lagerbestände nicht übereinstimmen, ist überhaupt nicht verwunderlich. Was auf der Liste verzeichnet ist, sich aber nicht im Lager befindet, wurde gestohlen. Was auf keiner Liste steht, aber im Magazin vorhanden ist, wurde absichtlich nicht inventarisiert und soll bei nächster Gelegenheit verschwinden. Und daß ein auf der Liste vermerkter Gegenstand sich im Magazin befindet, heißt nicht unbedingt, daß er auch wirklich echt ist. Was im Schatzamt verlorengeht, wird zum größten Teil von den eigenen Leuten entwendet. Wertvolle Pelze, unter gewöhnlichen Tuchmänteln hinausgeschmuggelt, werden dann außerhalb des Palastes verkauft. Kleine Juwelen und Edelsteine, die in Kleidung und Mützen eingelassen sind, reißt man ab, versteckt sie am Körper, manchmal sogar im Hintern, und bringt sie aus dem Palast. Nicht wenige Perlen und Schmuck an Phönixhauben und Drachenroben verschwanden auf diese Weise. Diese Art des direkten Diebstahls nennt man ‚Der Luohan sondiert das Meer', und das ‚Meer' des Schatzamtes ist weit genug, daß die ‚Luohan' es sondieren können!

Manche ersetzen das Gestohlene durch ein Duplikat. Nehmen wir einmal eine Bronzeware aus der Zeit der kämpfenden Reiche oder Opfergeräte aus der Zhou- und Yin-Zeit. Das sind außerordentliche Stücke. In den Schritt der Hose gestopft, gelangen sie aus dem Palast. Dann dreht man in der Antiquitätenstraße Liulichang eine Runde, sucht einen Handwerker, der Bronzewaren nachmacht, und läßt ihn nach dem Muster ein Duplikat anfertigen. Die Nachbildung wird noch auf alt getrimmt und sieht dann genauso aus wie das Original. Einmal hatte ein Eunuch namens Schwarzer Liur eine kleine Beichtglocke mit Drachenmuster aus Bronze gestohlen und sie in die Liulichang gebracht, um ein Duplikat anfertigen zu lassen. Als der Schwarze Liur sie abholte, fragte der Handwerker: ‚Alter Gebieter Liur, sehen Sie mal, sieht die, die ich nachgemacht habe, nicht aus wie echt?‘ Der Schwarze Liur nahm sie entgegen und betrachtete sie. Die Glocke war detailgetreu nachgemacht. Anerkennend sagte er: ‚Echt und Falsch sind da nur schwer auseinanderzuhalten. Bitte belehren Sie mich, welches das Original ist!‘ Da es schon soweit gekommen war, daß er sich echt und falsch von anderen zeigen lassen mußte und nicht einmal kritische Anmerkungen machte, brauchte er nicht lange zu warten, bis er vollends hinters Licht geführt wurde. Am Ende brachte er eine Fälschung in den Palast zurück und eine in einen Antiquitätenladen. Dort erst erfuhr er, daß er eine echte Glocke gegen zwei falsche eingetauscht hatte, also gründlich betrogen worden war.“

Der Obereunuch geriet bei diesen Ausführungen nicht etwa in Wut, im Gegenteil, er lachte noch und fuhr dann fort: „Das heißt, sich gegenseitig betrügen. Die Leute sagen, daß unter den Gegenständen im Palast keiner falsch sei. Aber das glauben nur Dummköpfe. Mal abgesehen von den Sachen, die später durch Fälschungen ersetzt wurden, sind nicht einmal alle Kostbarkeiten, die gerade im Palast eintreffen, unbedingt echt. An die zehntausend Geschenke aus allen Gegenden kommen hier an. Davon wird kaum eines überprüft. Unten wird gesagt, ‚ein Dreifuß aus der Shang-Zeit‘, dann schreiben wir in die Liste: ‚Dreifuß aus der Shang-Zeit‘, ob er echt ist oder nicht, wird nicht untersucht. So manches echte Stück wird schon vorher heimlich ausgewechselt, und in den Palast kommt gleich eine Fälschung. Die Eunuchen, die davon dann Duplikate anfertigen lassen, machen dann aus einer Fälschung wieder eine Fälschung und geben die Fälschung der Fälschung als Original aus. Du siehst, da ist was los!

Am leichtesten sind alte Kalligraphien und Gemälde zu stehlen. Nach dem Diebstahl sucht man einen guten Bilderabzieher auf. Der spaltet ganz vorsichtig eine Schicht ab. Dann bringt man das Original in den Palast zurück. Dem Original sieht man nichts an. Das Xuan-Papier besteht nämlich aus sehr vielen Schichten, und die Farbe dringt durch bis zur letzten. Gute Handwerker können die Papierschichten spalten, ein Handwerk übrigens, das es nur in China gibt. Ein solcher Abzug eines berühmten Gemäldes ist natürlich Ware, die wirklich etwas wert ist."

Sun Yaoting fragte: „Sieht man den alten Bildern, die so vervielfacht wurden, keine Fehler an?" Der Obereunuch erklärte: „Beim Abheben einer Schicht ist alles echt. Du hast ein Original, ich auch. Die großen Häuser in der Vergangenheit wagten daher nicht, ihre Gemälde zur Restaurierung nach außen zu geben, und ließen den Meister ins Haus kommen. Aber auch dort konnte es gestohlen werden – eine Schicht dünnes Papier irgendwohin gesteckt, und schon konnte man es wegschaffen! Dagegen gibt es ein paar Möglichkeiten, an denen man erkennt, ob alte Bilder echt sind oder nicht. Zum einen das Papier: In welchem Zeitalter und in welcher Gegend wurde es entwickelt? Das läßt sich feststellen. Die Gemälde von Leuten aus der Tang-Dynastie müssen auf Papier der Tang-Zeit gemalt sein, die Zeichen von Leuten aus der Ming natürlich auf Papier der Ming-Zeit. Wenn jemand von irgendeinem Bild behauptet, es sei von Bo Hu aus der Tang-Zeit, aber das Papier stammt aus unserer Qing. Sag, kann das Bild dann echt sein? Zweitens schaut man auf die Stempelfarben, die verwendet wurden. Da ist auch eine Menge zu beachten. Da hatte einmal einer Papier aus der Ming-Zeit gekauft und einen berühmten Künstler gebeten, ein Bild von Qiu Ying, ‚Dunst und Regen am Frühlingsberg', nachzumalen. Die Pinseltechnik war äußerst ähnlich, die Tusche stammte auch aus der Ming, da war nichts, es glich in allem dem Original. Aber zuletzt wurde es doch von Experten als Fälschung entlarvt. Es lag an der Stempelfarbe. Meinst du, daß Stempelabdrücke, die ein paar hundert Jahre alt sind, noch einen frischen Geruch haben können? Drittens muß man auf das Steinsiegel achten. Steinsiegel mit Namenszeichen haben alle ihre geheimen Stellen. Es kam vor, daß beim Gravieren die Ränder an einem rechteckigen Siegel beschädigt worden waren. Solche Schäden kann man einfach nicht nachahmen, also können Fälschungen natürlich auch am Steinsiegel erkannt werden. Ganz zuletzt erst schaut man auf die Art und Weise, wie gemalt wurde, und beginnt bei der Pinselführung. Du siehst, es ist wirklich nahezu unmöglich, alte Gemälde so zu fälschen, daß es nicht durchschaut wird."

Der Chefeunuch sah, daß Sun Yaoting mit offenen Augen und offenem Mund zugehört hatte, also wechselte er den Ton: „Schein ist Sein, und Sein ist Schein. Was heißt falsch? Was heißt echt? Junger Mann, nicht alles kann gefälscht werden, aber man darf auch nicht allzu ehrlich sein. Das Schatzamt muß das Inventar der Lagerkammern aufnehmen, aber man drückt auch mal ein Auge zu. Nur darf man es nicht übertreiben, sonst geschieht ein Unglück. Bei allem, was man tut, muß man, auch für sich selbst, einen Ausweg offenhalten."

Die Inventarisierungsarbeit für das Schatzamt dauerte schon ein halbes Jahr und länger an. Sun Yaoting hatte alle verlorenen Wertgegenstände als schwebende Fälle in einer Liste zusammengefaßt. Weil niemand zur Inspektion kam, beruhigte er sich allmählich. Er dachte sich: ‚Diese Tausende und Abertausende von Kostbarkeiten und Wertsachen sind alle durch Karma entstanden, sind, ihrem Karma folgend, hierhergekommen und werden vergehen, wie es ihnen vom Karma bestimmt ist. Sie stammen nicht aus den Häusern der Kaiser und Prinzen. Wie könnten sie dann dauerhaft dort bleiben? Es ist gleichgültig, wer sie benutzt. Wie es im Buddhismus heißt: Alle Wesenheiten entstehen, leben und vergehen, sind nicht-existent. Wozu sich aufregen? Es ist besser, seinem Karma zu folgen.'

Nach einer Weile wurde Sun Yaoting auch damit betraut, auf Befehl der Herrin Schenkungen vorzunehmen. Die Herrin sagte beispielsweise, daß sie dem und dem Minister ein jadenes Ruyi-Glückszepter schenken wolle. Dann öffnete er eine Truhe und wählte ein Jadezepter. Abgesehen davon, daß sich der betreffende Minister bei der Herrin für die erwiesene Gnade bedankte, mußte er sich auch den Eunuchen des Schatzamtes erkenntlich zeigen. Sun Yaoting verstand es, jemandem einen Gefallen zu tun. So mußte er bei dem, was die Jadekonkubine ihrem Bruder Zhi Qi schenkte, sorgfältig wählen, bis er unter gleichen Gegenständen den besten gefunden hatte. Die Qualitätsunterschiede waren zu erheblich. Bei gleichartigen Jaderingen konnte der Preis um das Zehnfache differieren. Bei Songporzellan gab es je nach Form, Herkunftsort, Größe, Geschichte und Qualität Unterschiede wie Tag und Nacht. Jedesmal, wenn Sun Yaoting das Geschenk an den Beschenkten aushändigte, erklärte er ihm bis ins einzelne den Wert der Gabe und den Vorgang, wie er gewählt hatte. So erfuhr der Beschenkte nicht nur die Gnade der Herrin, sondern war auch Sun Yaoting Dank schuldig. Auf diese Weise schloß Sun Yaoting im Schatzamt einige Freundschaften.

Im Jahre 1153 hatte die Jin-Dynastie Beijing zur Hauptstadt erklärt. Und seitdem residierten hier über einen Zeitraum von achthundert Jahren die Kaiser von vier Dynastien, die der Jin, Yuan, Ming und Qing. Der Kaiserpalast, die Purpurne Verbotene Stadt, wurde von der Ming-Dynastie 1420, im achtzehnten Jahr der Regierungsperiode Yongle, erbaut. Und diese imposante, strahlende Stadt im Zentrum von Beijing blieb auch Sitz des Kaisers, als die Qing-Dynastie im Jahre 1644 die Ming vernichtet hatte. Im Laufe der Jahrhunderte war es zwar zu Umbauten, Restaurierungen gekommen, aber insgesamt sah sie noch so aus wie damals.

Im Jahre 1920 gab das Departement für Haushaltsangelegenheiten Anweisung, das Ausmaß der Zerstörung im Kaiserpalast festzustellen. Danach sollte die zur Restaurierung nötige Summe berechnet und bei der Regierung der Republik beantragt werden. Leiter der Untersuchung war ein Sekretär (Zhushi) aus der Präfektur für Innere Angelegenheiten, namens Bao Yi, ein Mann, der die fünfzig schon überschritten hatte, mit feinen Gesichtszügen und schönen Augen. Er drückte sich gewählt aus, zitierte gern Klassiker, sprach über alte Abhandlungen und glich so gar nicht den feisten Dicken des Departements für Haushaltsangelegenheiten. Sun Yaoting fand heraus, daß Bao Yi bis vor einem Monat noch im Departement für Stammbaumangelegenheiten gedient hatte und von dort weggeholt worden war, weil ein gewandter Schreiber gebraucht wurde. Natürlich konnte ein solches Unternehmen auch nicht auf den Obereunuchen des Schatzamtes verzichten. Sun Yaoting durfte ihn begleiten und wurde mit den erforderlichen Aufzeichnungen beauftragt. Außerdem nahmen noch ein paar Architekten an der Arbeit teil. Reginald Johnston hatte Kaiser Puyi ernste Vorhaltungen gemacht, daß die meisten Fotografien, die in der Vergangenheit im Palast gemacht worden waren, ausschließlich Menschen zeigten. Dabei seien die Gebäude des Qing-Palastes sozusagen die herrlichsten auf der ganzen Welt. Am besten wäre daher, jemanden mitzuschicken, der ein paar Aufnahmen von den Gebäuden machte, um sie dann in den Journalen aller Länder zu veröffentlichen. So könne man die Majestät des Kaiserreiches der Qing zeigen und die Größe der chinesischen Kultur aller Welt vor Augen führen. Puyi schloß sich dieser Meinung an, und Johnston empfahl für diese Aufgabe einen Amerikaner mit gewaltigem Bart.

Für alle, die an der Untersuchung teilnahmen, bedeutete die Besichtigung des Kaiserpalastes den Zutritt zu etwas Geheimnisvollem, Unbekanntem. Abgesehen davon, daß selbst der Kaiser nur an einer begrenzten Zahl von Orten persönlich wirksam wurde, galt unter den Qing ohnehin als Regel, daß niemand, kein Eunuch, so hoch sein Rang auch sein mochte, umhergehen durfte, ohne daß eine besondere Pflicht es ihm gebot. Seit seinem Eintritt in den Kaiserpalast hatte Sun Yaoting den Palast der Ewigen Harmonie kennengelernt, das Shufangzhai und ein paar weniger bedeutsame Orte, und er wußte von Eunuchen, die ihr ganzes Leben hier verbracht hatten, ohne jemals zu erfahren, wie viele Paläste, wie viele Hallen es gab, wie die Purpurne Verbotene Stadt im Ganzen aussah.

Die Untersuchung nahm ihren Anfang natürlich am Mittagstor, dem an der südlichen Stadtmauer gelegenen Haupteingang zum Kaiserpalast. Es bestand aus drei Torbögen in der Mitte sowie im Osten und Westen noch je einer Nachtpforte, insgesamt gab es fünf Durchgänge. Bao Yi sagte: „Wir dürfen nur durch den westlichen Torbogen hineingehen." Nach dem Grund gefragt, antwortete er: „Den mittleren Torbogen zu benutzen, ist, bis auf wenige Ausnahmen, allein dem Kaiser der Großen Qing vorbehalten. Die drei Besten in der Palastprüfung dürfen beim Verlassen des Palastes das mittlere Tor benutzen. Und sogar die Herrin Kaiserin durchschreitet es nur einmal in ihrem Leben, zur Zeit der Großen Nuptialien."

Der Amerikaner stellte sein Stativ auf und machte eine Aufnahme nach der anderen. Notgedrungen mußten alle warten, bis er fertig war. Danach fragte er Bao Yi: „Gibt es Geschichten über das Mittagstor?" – „Es gibt schon ein paar, aber sie spielen alle in der Vergangenheit", erklärte Bao Yi. „Wie in der Ming-

Dynastie", fuhr er fort, „fand auch zur Zeit unserer Großen Qing am Mittagstor die Zeremonie der Übergabe von Kriegsgefangenen statt. Alle Generäle und Kriegshelden, die aus einem Feldzug siegreich zurückkehrten, mußten, um dem Kaiser zu huldigen, am Mittagstor diese Zeremonie durchführen. Am Vortag fesselte man die Gefangenen an den Hälsen mit Stricken und nahm außerhalb des Tores zur Straße des Kaiserlichen Ahnentempels Aufstellung, das Gesicht nach Norden. Sobald der abgesandte Beamte da war, knieten die Gefangenen nieder. Der Abgesandte betrat den Tempel, um dort zu salutieren und die Gefangenen dem Altar des Gottes der Erde zu weihen. Danach führten Soldaten die Gefangenen ab. Auf diese Weise erstattete man den Ahnen Meldung, daß ihre Enkel eine siegreiche Schlacht geschlagen hatten.

Am folgenden Tag fand dann die eigentliche Übergabezeremonie statt. Auf dem Hauptturm des Mittagstores errichtete man den kaiserliche Thron. Farbig gekleidete Leibwächter und Gardisten sorgten mit breiten Schwertern für den Schutz. Direkt unter dem Mittagstor standen die Danbilubu, die Leibwache des Kaisers, vor ihnen Musiker mit goldenen Trommeln und Becken, hinter der Leibgarde die Große Musik der Roten Stufen. Herzöge und Prinzen, Minister, militärische und zivile Beamte hatten Aufstellung genommen wie bei großen Hofzeremonien vor der Halle der Höchsten Harmonie. Rechts neben den goldenen Trommeln standen hohe Offiziere zur Überwachung der Gefangenendeportation. Sobald alle Vorbereitungen abgeschlossen waren, begab sich ein Beamter des Ritenministeriums zum Tor der Himmlischen Klarheit im hinteren Palast und bat den Herrscher zu kommen. Darauf trat der Kaiser in der Drachenrobe heraus. Wenn er die Sänfte bestieg, wurden am Mittagstor die großen Glocken geschlagen. Die Gefolgsleute rings um den Kaiser begleiteten ihn bis zum Tor der Höchsten Harmonie. In diesem Augenblick erdröhnten am Mittagstor die Goldtrommeln, und die Becken wurden geschlagen. Das war höchst furchterregend. Auf dem Hauptturm angelangt, ließ der Kaiser sich auf dem Thron nieder. Sofort brach die Musik ab. Die Kriegsgefangenen fielen vor den goldenen Trommeln auf die Knie. Nun trug der Sekretär

(Shangshu) des Kriegsministeriums die Throneingabe vor: Die und die Gegend sei befriedet worden, die Gefangenen, die man dabei gemacht hätte, würden jetzt dem Tor übergeben. Dann übermittelte der Sprecher die göttliche Weisung: ‚Die überreichten Gefangenen dem Justizministerium übergeben!' Nachdem der Leiter des Justizministeriums die Weisung entgegengenommen hatte, verließen die Gefangenen unter Führung der Beamten des Kriegsministeriums den Ort und wurden dem Justizministerium übergeben. Sobald die Übergabe vollzogen war, stimmte die Große Musik der Roten Stufen ein zum Himmel schallendes Triumphlied an. Die Herzöge und Prinzen, die Minister, die zivilen und militärischen Beamten knieten dreimal nieder und verrichteten neun Kotaus. Und während alledem thronte der Kaiser hoch oben auf dem Mittagstor und blickte herab auf alle, die ihm unter dem Klang von Trommeln, Becken und der Großen Musik der Roten Stufen kniend huldigten. Was für eine Majestät!"

Als er mit seinen Ausführungen hier angelangt war, verschwand der frohlockende und triumphierende Ausdruck auf dem Gesicht von Bao Yi. Er seufzte tief und fuhr dann fort: „Jetzt aber ist die Dynastie unserer Großen Qing am Ende. Wir werden nie wieder so eine Szene erleben!" Der Bärtige meinte: „Diese Geschichte ist nicht besonders traurig." Bao Yi sah, daß alle gern zuhörten. Also erzählte er ihnen noch von den Prügelstrafen für hohe kaiserliche Beamte, die zur Zeit der Ming-Dynastie am Mittagstor vollstreckt wurden. Mit einem Prügel oder einer Stange wurde dabei auf das Gesäß geschlagen. In Sträflingskleidung, die Handgelenke mit einem Seil fest zusammengebunden, brachte man die Verurteilten vor das Mittagstor. Der Protokollführer (Silijian) setzte sich nach Verkündigung der kaiserlichen Weisung an der Westseite unterhalb der Treppe nieder, rechts saß ein Beamter der Garde in Brokatkleidung. Ein Vollzugsbeamter wickelte den Delinquenten in ein Tuch, und die Umstehenden erhoben mit heftigen Stimmen ein so lautes Gebrüll, daß die Erde erbebte. Der Stock hatte sich noch nicht gesenkt, da war man auch schon wie von Sinnen. Jeder der Vollzugsbeamten, die mit ganzer Kraft zuschlugen, durfte nur fünfmal schlagen, dann wurde er abgelöst. Nachdem die Prügel verabreicht war, packten vier Mann das Tuch an den Zipfeln und warfen den Ohnmächtigen beiseite. Im vierzehnten Jahr der Regierungsdevise Zhengde während der Ming-Dynastie hatte Kaiser Wuzong am Mittagstor einhundertdreißig Beamte verprügeln lassen, elf davon starben. Und zwar hatten Minister, die ihn beschwören wollten, eine geplante Reise in den Süden nicht anzutreten, ihn derart in Wut versetzt, daß er diese Maßnahme anordnete. Im dritten Jahr der Regierungsdevise Jiajing (1524) ließ der Kaiser einhundertvierunddreißig Beamte verprügeln, wobei siebzehn starben."

Den Umstehenden verschlugen die Worte Bao Yis die Sprache. Sun Yaoting senkte den Kopf und sah, daß zwischen den Ritzen der alten, zerborstenen Ziegel, die in jenen Jahren mit dem Blut hoher Beamter getränkt worden waren, wilde Gräser wuchsen, die ihm bis zu den Knien reichten. Er dachte: ‚Stirbt ein Kaiser, kommt der nächste, aber auch für jeden, der erschlagen wurde, weil er gewagt hat zu sprechen, kommt wieder einer, der sich nicht fürchtet, den Mund aufzumachen.' Da meinte auf einmal jemand, daß sich hier die Wiedergänger zu Unrecht Getöteter sammeln würden, und es besser wäre, den Ort so schnell wie möglich zu verlassen. Daraufhin bestieg die Gruppe die Stadtmauer und untersuchte die Ecktürme.

Verwünschter Tongzi

Von den vier Ecktürmen an der Mauer der Verbotenen Stadt mit ihren nach oben gebogenen, reich verzierten Etagendächern ist jeder für sich ein Kunstwerk, vielgestaltig und vielfarbig. Besonders eindrucksvoll wirkt die Silhouette eines solchen Turms vor dem buntbewölkten Himmel zur Zeit des Sonnenuntergangs. Auch der Wassergraben, der die Verbotene Stadt schützend umgibt, spiegelt dann seine Umrisse und die am Ufer wachsenden Trauerweiden. Sun Yaoting hatte die Türme bisher nur aus der Entfernung betrachten können, heute bot sich ihm die einzigartige Gelegenheit, auf einen Turm hinaufzusteigen. Ein prächtiges Bild breitete sich vor seinen Augen aus. Der Kaiserpalast, die gesamte Verbotene Stadt lag vor ihm. Im flimmernden Licht schienen all die Paläste und Hallen auf und ab zu wogen und zu einem einzigen golden glasierten Ziegel zu verschmelzen. In weiter Ferne dehnte sich im Westen eine Kette grüner Berge. Ohne sich dessen bewußt zu sein, wandte Sun Yaoting sich nach einer Weile um und richtete seinen Blick sehnsuchtsvoll nach Südosten, als könnte er bis nach Jinghai zum Schilfdach seines Elternhauses sehen.

Der Amerikaner fand beim Fotografieren kein Ende. Den anderen wurde es schon lästig, und so baten sie Bao Yi, doch eine Anekdote über den Wassergraben, den Tongzihe, zu erzählen. Bao Yi sagte: „Der Wassergraben ist 156 Chi breit, zwölf Chi tief und hat steile Wände, die, wie der Boden, aus großen Steinen zusammengesetzt sind. Was soll man da groß erzählen? Früher bot so ein Graben Schutz vor Attentätern und Dieben. Man konnte nur auf einer Zugbrücke hinübergelangen, die jedesmal wieder hochgezogen wurde. Aber heute, wo es Flugzeuge und Kanonen gibt, braucht man so etwas nicht mehr."

Alle bestürmten ihn, ob es nicht doch eine Geschichte gäbe. „Das schon", erwiderte Bao Yi, „aber ich fürchte, wenn ich erzählt habe, werden Sie es bereuen." Alle beeilten sich zu versichern, daß er sich nicht abhalten lassen solle. Man wolle sich ja unterhalten.

Und Bao Yi begann: „Im Februar des Jahres 1780, es war das 45. Jahr der Regierungsdevise Qianlong, als der Wassergraben gerade auftaute, entdeckten Soldaten der Garde darin eine Leiche. Bei der Untersuchung stellte sich heraus, daß der Tote, ein gewisser Chang De aus der Manufaktur für Stickereien, schon länger als drei Monate im Wasser lag. Er hatte sich ins Wasser gestürzt, weil er mit der Arbeit zu spät fertig geworden und von oben zu sehr gedrängt worden war. Nun, Chang De befand sich inzwischen im Paradies des Westens, aber den Lebenden widerfuhr Schlimmes. Sein Vater wurde als Sklave für niedere Arbeiten nach Dashengwula verbannt, Chang Zhu, der Aufseher über die Stickarbeiten und Lageraufseher Shu Minga wurden degradiert, von den Langzhong-Beamten forderte man eine Geldstrafe in Höhe eines Jahreseinkommens, weil sie gegen ihre Aufsichtspflicht verstoßen hatten. Sogar der Generaleunuch und Minister im Departement für Haushaltsangelegenheiten und noch fünf oder sechs andere hohe Beamte hatten Geldstrafen von drei Monatsgehältern bis zu einem Jahresgehalt zu entrichten. Und selbst die Aufseher über die Garde, von der die Leiche entdeckt worden war, übergab man dem Militärministerium zur ‚getrennten gerechten Bestrafung', weil sie ‚nicht umfassend Vorsorge getroffen hatten'." Jemand meinte: „Wozu so viele unschuldige Menschen hineinziehen!"

Bao Yi berichtete nun von den furchtbaren Strafen, die das Departement für Haushaltsangelegenheiten einst festgelegt hatte. „Versteckte zum Beispiel im Palast jemand Opium, Schießpulver oder Waffen, wurde er sofort hingerichtet. Das gleiche geschah mit einem Eunuchen, der die Befehle seiner Herrin nicht ausführte. Schnitten sich Eunuchen oder Hoffräulein die Kehle durch, um ihre Qualen zu beenden, bestrafte man sie mit Kopfabschneiden. Wer sich erhängt hatte, aber noch lebend aufgefunden wurde, den erdrosselte man. War er bereits tot, warf man den Leichnam in die Wildnis, und es war verboten, ihn zu begraben. Die Eltern und die übrigen Familienangehörigen eines solchen Selbstmörders schickte man in die Verbannung nach Urumchi, wo sie für Soldaten Sklavendienste leisten mußten. Eunuchen, die außerhalb des Palastes beim Weintrinken oder beim Besuch von Theatervorstellungen ertappt wurden, bekamen hundert Stockschläge, mußten einen Monat lang einen hölzernen Halskragen tragen und wurden danach zum Außendienst eingeteilt. Für das Eröffnen einer Spielhölle gab es zwei Monate Halskragen, vierzig Stockschläge und anschließend Verbannung zum Amur, als Sklave für Beamte. Auf erneute Straffälligkeit stand Erdrosseln. Behielten Eunuchen Außenstehende über Nacht im Palast, dann erwartete sie für drei Monate der hölzerne Kragen, darauf folgten vierzig Stockschläge, und ihnen wurden außerdem sechs Jahre lang von ihrem Essengeld fünf Qian Silber abgezogen. Außer solchen und vielen anderen Strafen, die alle schriftlich, in Form von Gesetzen, niedergelegt waren, verhängte aber auch jede Herrin noch zahllose Strafen, die sie allein festlegte. Es genügte schon, ihr Mißfallen zu erregen, und man riskierte, auch wenn man gar keinen Fehler begangen hatte, jederzeit das Leben. Wer diesem Meer der Bitternis entfliehen wollte, konnte sich ‚in den klaren

Graben stürzen', dort fand er Ruhe. Heutzutage aber gibt es solche schrecklichen Dinge nicht mehr, Seine Majestät ist weise und erleuchtet, und von zehn derartigen Strafverordnungen sind sieben oder acht gestrichen worden."

Während er Bao Yi zuhörte, ging Sun Yaoting durch den Kopf, wie oft er gegen diese Gesetze verstoßen hatte, mit seiner Tätigkeit in Spielsalon und Opiumhöhle, oder als er Xiao Qingfeng und Xiao Yue half. Wäre er dafür gerichtet worden, ein Leben hätte nicht genügt, die Schuld zu sühnen. Aber der Herrscher der Qing hatte ja abgedankt...Nach einer Weile entdeckte er im Wasser unterhalb der Mauer einen graugrünen Fleck, der sich langsam bewegte, und fragte: „Was ist das?" Bao Yi warf einen Blick hinab. „Eine Schildkröte", sagte er. „In diesem Wassergraben gibt es wenig Fische, aber viele Schildkröten. Manchmal tun sie sich zu Tausenden zusammen und kommen heraus, angeführt von Schildkröten, die so groß sind wie kupferne Waschbecken." Alle erschraken. Der Bärtige wollte wissen: „Wie kommt es, daß es so viele sind?" Bao Yi sagte: „Es heißt, die Kaiserinwitwe Xiaozhuang, die Großmutter des Kangxi-Kaisers, ließ im elften Jahr der Regierungsdevise Kangxi bei einer Erkrankung von den Lamas Sutren rezitieren und anschließend einige Dutzend Schildkröten aussetzen. Weil es strikt verboten war, im Wassergraben zu fischen, konnten die Schildkröten sich rasch vermehren. Niemand weiß, wieviele Tausende es inzwischen sind. Schildkröten fressen gerne Fischlaich, und das führte nach und nach dazu, daß es wenig Fische, aber viel Schildkröten gibt."

Der Vorsteher des Schatzamtes lachte: „Ich wußte bis jetzt nicht, warum im Wassergraben so viele Schildkröten leben. Um die Wahrheit zu sagen: Ein paar habe ich hier schon heimlich gefangen! Schildkröten sind sehr kräftigend." Bao Yi meinte: „Das sollten Sie in Zukunft bleiben lassen! Jedes Jahr suchen Menschen im Wassergraben den Tod. Begegnet einer davon der Schildkrötenschar, dauert es keinen halben Tag, dann ist auch nicht ein Fetzen mehr von ihm übrig, völlig überflüssig, ihn zu bergen. Jetzt, lange nach dem 45.Jahr Qianlong, ist der Wassergraben das Reich der Schildkröten. Sie fressen Leichen, da werden sie wohl unmöglich Appetit auf Schildkröten haben!" Der

Vorsteher fuhr auf: „Wie unglücklich, was für ein Pech! Da wird einem ja speiübel!" – „Das habe ich vorhin gemeint", erwiderte Bao Yi, „über den Wassergraben reden, bringt nichts Gutes. Aber Sie wollten es ja nicht glauben."

Die Sonne neigte sich nun schon gen Westen und eine Riesenschar Krähen kreiste unaufhörlich schreiend über der Verbotenen Stadt. Weil sie sich Abend für Abend auf den alten Pappeln am kaiserlichen Ahnentempel westlich des Kaiserpalastes niederließen, nannte man sie Palastkrähen. Kehrten die Krähen zurück, wurde es auch bald Nacht. Bao Yi meinte, sie hätten für heute genügend Anstrengung auf sich genommen, er bitte sie daher, morgen wiederzukommen, man wolle gemeinsam die Drei Großen Hallen in Augenschein nehmen. Danach gingen sie auseinander.

Am nächsten Tag verspätete sich Bao Yi, und während die anderen vor dem Tor zur Halle der Höchsten Harmonie auf ihn warteten, fotografierte der Amerikaner eine Gruppe majestätischer Bronzelöwen, die dort stand, von allen Seiten. Es waren ein Löwe und eine Löwin. Der Löwe hatte einen Ball unter seiner Pranke, an der Seite der Löwin tollten und spielten ein paar Löwenjunge. Vor dem Kaiserpalast, den Prinzenpalais, vor den Yamen und vor Toren, überall findet man Löwen als Wächterfiguren, verschieden nur in Material und Größe. Die Bronzelöwen hier sahen im Glanz der frühen Morgensonne besonders anziehend aus.

Als der Amerikaner genug fotografiert hatte, bestand er darauf, daß der Vorsteher des Schatzamtes ihn durch das Tor zu den schönen fünf Goldwasserbrücken und der gewaltigen Halle der Höchsten Harmonie führte. Während er hier Aufnahmen machte, erkundigte er sich mit Blick auf den Vorsteher: „Als ich gestern einen Tagebucheintrag über die Aufnahmen machte, habe ich mich gefragt, warum Sie den Kaiserpalast die ‚Purpurne Verbotene Stadt' nennen? Könnten Sie mir das einmal erklären?"

Der Vorsteher des Schatzamtes war auf eine solche Frage überhaupt nicht gefaßt. Er wurde rot im Gesicht, überlegte eine Weile und sagte dann: „An dem Ort, wo der Kaiser wohnt, weht eine Glück verheißende Luft, die nennt man ‚Purpurne

Luft'. Man sagt auch: ‚Die purpurne Luft kommt aus dem Osten'. Daher spricht man von ‚Purpurner Verbotener Stadt'!" Der Amerikaner hob den Kopf, schaute gen Himmel und meinte trocken: „Da ist überhaupt keine ‚purpurne Luft'!"

Alle fingen an zu lachen. Wütend fuhr ihn der Vorsteher des Schatzamtes an: „Eure Augen sind grün, und mit grünen Augen kann man die ‚purpurne Luft' nicht sehen!" Verlegen schwieg der Amerikaner. Sun Yaoting, der auf der Seite stand, fürchtete, die beiden würden in ihrer unerfreulichen Unterhaltung fortfahren, und sagte: „Ich Unwürdiger hörte von einem Meister des Dao, daß der Himmelspalast des Himmelskaisers als Purpurpalast bezeichnet wird. Seine Majestät ist der Himmelssohn. Wenn er in die Purpurne Verbotene Stadt kommen möchte, muß er von diesem Purpurpalast des Himmels kommen."

„Wer redet hier so einen Unsinn", ertönte die Stimme des herbeieilenden Bao Yi. Alle drehten sich um, und Sun Yaoting versteckte sich vor Schreck schnell hinter der Gruppe. Man berichtete Bao Yi von dem Streitgespräch über die Bezeichnung ‚Purpurne Verbotene Stadt'. Der lachte und erklärte dann: „Die Erklärungen ergeben zwar einen Sinn, sind aber doch nur ins Blaue hinein geredet. Am Himmel gibt es drei große Gestirne: das Höchste Subtile Gestirn, das Purpurne Subtile Gestirn (der Große Bär) und das Himmelsstadtgestirn. Das Purpurne Subtile Gestirn befindet sich in der Mitte, umgeben und geschützt von den anderen Sternen, weshalb man es auch ‚Himmelssohn' nennt. Im Altertum sprach man von ‚Das Purpurne Subtile in der Mitte' und ‚Der Himmelssohn des Höchsten Friedens sitzt genau in der Mitte'. Das Schriftzeichen ‚zi', Purpur, kommt von daher. Die Region, in der der Kaiser wohnt, nennt man ‚Verbotene Region'. Daher spricht man zusammenfassend von ‚Purpurner Verbotener Stadt'." Alle klatschten Beifall spendend in die Hände: „Sehr gut erklärt! Wunderbar erklärt! Tatsächlich haben Sie Astronomie und Geographie gleichermaßen durchdrungen. Respekt! Respekt!"

Stolz fuhr Bao Yi fort in seinen Ausführungen: „Sehen Sie, wie hoch die Halle der Höchsten Harmonie, wie majestätisch sie ist. Sie wird auch einfacher ‚Goldglockenhalle' genannt und ist das größte Gebäude im ganzen Palast. Die Inthronisationsriten wurden hier durchgeführt. Aber auch die Verabschiedung eines Generals in einen Feldzug, das Neujahrsfest, die Wintersonnenwende, das Fest der Zehntausend Jahre (der Geburtstag des Kaisers), und andere große Feierlichkeiten beging man hier. Bei großen Zeremonien standen die Garden bis zum Mittagstor, bis zum Tor der Aufrichtigkeit und dem Tor des Himmlischen Friedens. Auf der Terrasse vor dieser Halle verbrannte man in kupfernen dreifüßigen Öfen Kiefern- und Pappelzweige, in den Weihrauchöfen in der Halle Sandelholz. Ein Orchester aus goldenen Glocken, Jadeklangsteinen, Sheng und Flöten spielte feierliche Musik. Militär- und Zivilbeamte reihten sich am Eingang zum Haupthof des Konfuziustempels auf. Bestieg dann der Kaiser den Thron, ertönten Glocken und Trommeln und die Beamtenschaft warf sich Ehre erweisend auf den Boden. Dann riefen sie dreimal, daß Himmel und Erde erbebten: ‚Unser Kaiser lebe zehntausend Jahre, zehntausend Jahre, zehntausend mal zehntausend Jahre!' Sie müssen wissen, daß die Halle der Höchsten Harmonie den höchsten Ort repräsentiert, den der Himmelssohn bewohnt. Der Palast der Himmlischen Klarheit symbolisiert den Himmel, der Palast der Irdischen Ruhe die Erde und die beiden Tore Sonne und Mond. Entsprechend sind die sechs Paläste im Osten und Westen dann als die zwölf Gestirne zu deuten und die mehrstöckigen Hallen außerhalb der sechs Paläste beschirmen sternenglänzend den einen Palast der Höchsten Harmonie. Überall soll den Sternbildern entsprochen werden. Nur so bilden Oben und Unten eine Einheit."

Bao Yis Mund war vom Reden ganz trocken, aber alle hatten in tiefer Bewunderung zugehört, während sie langsam an der Halle der Höchsten Harmonie vorbeigeschritten waren. Das Ziegelpflaster war an vielen Stellen nicht mehr in Ordnung. Der Amerikaner schulterte Stativ und Kamera und wäre beinahe gestolpert. Kopfschüttelnd sagte er: „Die Palasthalle ist zu schön. Schlimm, daß der Boden so uneben ist." Bao Yi riß die Augen auf: „Schlimm? Diese Ziegel liegen in fünfzehn Schichten. Von wegen schlimm!" Erschrocken fragte der Amerikaner: „Wozu braucht man fünfzehn Schichten, so viele?" – „Das ist so", begann Bao Yi zu erklären: „Man verlegt eine Schicht längs, eine quer, im Ganzen fünfzehn, und verhindert so, daß Übeltäter durch einen Gang in den Palast eindringen und morden." Der Amerikaner staunte. „Aus der Untersuchung seit gestern geht hervor, daß die Schäden an den Hallen, Türmen und Gebäuden nicht allzu groß sind. Die drei großen Hallen, die bereits als Ausstellungshallen für Antiquitäten eröffnet wurden, muß man natürlich restaurieren. Aber schlimmstenfalls sind zwischen den Ziegeln Gräser hervorgewachsen, sind einige Mauersteine brüchig und rissig geworden, die farbigen Bemalungen etwas abgeblättert und die Farben verblaßt. Dafür brauchen wir nicht viel Geld von der Regierung der Republik zu verlangen. Am besten wäre es, wir beantragen, vor der Halle der Höchsten Harmonie das Ziegelpflaster zu erneuern. Das können Sie berechnen, sobald ich festgestellt habe, wie viele Ziegel damals verwendet worden sind." Die Architekten, die mit dabei waren, verstanden zwar etwas von Bauwerken, hatten aber keine Ahnung, von den Geschichten und Anekdoten, die es darüber gab. Sie starrten auf die Gebäude, lauschten gleichzeitig aber gierig Bao Yis Worten und machten weniger den Eindruck, zur Untersuchung als vielmehr zur Besichtigung gekommen zu sein.

Die Gruppe hatte das große Kupfergefäß vor dem Palast der Höchsten Harmonie erreicht. Der Amerikaner bemerkte die vielen Blessuren darauf und fragte: „Was hat es damit auf sich?" – „Sagt Ihnen das Jahr 1900 etwas?" fragte der Leiter des Schatzamtes zurück. „Das Jahr von Euch Leuten aus Übersee! Die Föderiertenarmee aus acht Nationen, das wissen Sie doch? Die hat das gemacht. Zweihundert Tael Gold wurden von diesen Verbrechern aus Übersee gestohlen!" Der Amerikaner ließ die Schultern hängen, breitete beide Arme aus und sagte: „Das tut mir aber leid!" Schleunigst machte er sich daran, das Kupfergefäß zu fotografieren.

Die Gemälde in der Halle der Höchsten Harmonie mit ihren zahlreichen Drachen- und Phönixmotiven gehören zum Erlesensten chinesischer Kunst. Man nennt sie ‚Bilder mit kaiserlichem Siegel'. Bao Yi und die Architekten waren einstimmig der Auffassung, daß die Abbildungen unter den Firsten unbedingt restauriert werden mußten. Jahr für Jahr nisteten hier Schwalben, daher waren Schäden unvermeidlich, und sie ließen Sun Yaoting eine Notiz machen. Die Panneaudecke und der Xuanyuan-Spiegel strahlten noch in Glanz und Pracht. Man brauchte nichts daran zu tun. Nur ein Goldziegel war im Jahre 1644, als der Bauernrebell Li Zicheng in die Verbotene Stadt eindrang, als Waffe gebraucht und beschädigt worden.

„Das ist ganz klar ein Lehmziegel, warum nennt man ihn Goldziegel?" wunderte sich der Amerikaner. Diesmal wußte Bao Yi keine Antwort. Einer der Architekten half ihm: „Der Lehm kommt aus Suzhou und wird durch Sedimentierung gewonnen. Die Ziegel, die man daraus formt, trocknen acht Monate lang im Schatten. Nicht einmal einen Haarriß dürfen sie haben. Anschließend werden sie einhundertsechsunddreißig Tage unter Verwendung aller möglichen Arten von Brennholz und Kohle gebrannt, einhundert Tage in frischem Tungöl eingeweicht und zum Schluß mit Mikrolith abgeschmirgelt, bis sie spiegelglatt sind. Klopft man an einen solchen Ziegel, gibt er einen goldhellen Klang von sich. Daher nennt man ihn doch auch am besten ‚Goldziegel'." Die Zuhörer betrachteten die Ziegel unter ihren Füßen, die tatsächlich glänzten, daß man sich darin spiegeln konnte, und seufzten unbewußt.

Auch Sun Yaoting hatte bisher nicht darüber nachgedacht, daß im Palast wohl selbst jeder Ziegel ein Schatz war. Er hob den Kopf und betrachtete die Panneaudecke über dem kaiserlichen Thron. Die Augen des zusammengerollten Drachen, eine Reliefdarstellung in der Mitte, blitzten, im Maul hielt er eine Perle. Sie wurde Xuanyuan-Spiegel genannt, nach Gongsun Xuanyuan, dem Gelben Kaiser aus dunkler Vorzeit, als dessen Nachfahren sich die historischen Kaiser Chinas betrachteten. Vierundzwanzig Kaiser der Dynastien Ming und Qing hatten in diesem Raum den Thron bestiegen, nun aber würde unter jenem Spiegel wohl niemals wieder ein Kaiser die Geschicke des Landes bestimmen. Kein Herrscher, ging es Sun Yaoting durch den Kopf, vermochte sich auch nur hundert Jahre zu halten, ohne daß es zu Veränderungen gekommen wäre. Holz, Steine und Ziegel erwiesen sich als dauerhafter. Seit alters hatte dieser Thron wer weiß wieviele Leben gekostet, und doch war er letzten Endes nur mürbes Leder. Während er so vor sich hin grübelte, wurde ihm auf einmal bewußt, daß die anderen gegangen waren und er ganz allein am Fuße des Thrones stand. Furcht befiel ihn. Von überall her schien Kampfgeschrei an seine Ohren zu dringen, und ihm war, als stürme ein himmlischer Krieger morddurstig herab. In panischem Schrecken rannte er hinaus.

Erst hinter der Halle der Wahrung der Harmonie fand er die anderen. Sie begutachteten eine große steinerne Skulpturengruppe, neun Meeresdrachen beim Spiel mit der Drachenperle. Nach Bao Yis Ausführungen hatte es mehrere Monate gedauert, den Stein, aus dem dieses Kunstwerk herausgehauen worden war, hierher zu schaffen. Er kam vom Fangshan-Berg bei Beijing, war fünfzig Chi lang, zehn Chi breit, sechs Chi hoch, und wog 250 Tonnen.

Hinter dem Tor der Himmlischen Klarheit war man bereits am ‚Inneren Palast' angelangt. Weil dort die kaiserlichen Konkubinen wohnten, durften weder der Fotograf noch die Architekten hinein. Der Amerikaner stellte darauf die Forderung, daß wenigstens ein Eunuch ein paar Aufnahmen machen solle. Nachdem Puyi und die kaiserlichen Konkubinen zugestimmt hatten, bekamen sie die Erlaubnis dazu. Aber von den Eunuchen konnte keiner fotografieren. Schließlich beauftragte man Sun Yaoting, der für den Fotografen ab und an das Stativ getragen und ihm geholfen hatte, es aufzubauen. Der Amerikaner schärfte ihm ein, daß er für die Aufnahmen unbedingt Sonnenlicht brauche, daß er nichts mehr verändern dürfe, wenn Zeit und Blende eingestellt seien. Einfach auf den Auslöser drücken – fertig. Das Einzige, worauf er noch achten müsse, sei, bei der Ablichtung naher Gegenstände in Schritten die Entfernung zu messen, und zwar ganz genau. Diese Aufgabe erfüllte Sun Yaoting mit Freude, und drei Tage später schulterte er das Stativ. Er machte Aufnahmen im Palast der Himmlischen Klarheit, in der Halle der Kosmischen Vereinigung, im Palast der Irdischen Ruhe, im Palast der Gesammelten Eleganz, im Palast der Ewigen Harmonie, im kaiserlichen Garten und an vielen anderen Orten. Danach übergab er Kamera und Platten dem Amerikaner. Leider stellte sich schon bald heraus, daß nur wenige von seinen Aufnahmen brauchbar waren, was den Fotografen natürlich sehr betrübte.

In der Verbotenen Stadt, diesem über 560 Jahre alten Palastkomplex mit einer Fläche von 720 Tausend Quadratmetern lebten am Ende der Regierungsdevise Chongzhen (1628–1644) allein neunzigtausend Eunuchen. Im Jahre 1920 waren es höchstens noch neunhundert.

Lama Ma

Puyi, der letzte Kaiser, war der Regierung der Republik auf Gedeih und Verderben ausgeliefert, wie eine Schildkröte im Wasserkrug, die man mit Fischen und Garnelen füttern, aber auch herausholen und kochen konnte. Ein paar hundert Eunuchen und Hoffräulein umgaben diesen Kaiser. Ihre Tage waren von Furcht erfüllt. Menschen in einer ausweglosen Situation vertrauen niemandem mehr, nicht einmal sich selber, sondern beten und beschwören alle möglichen Geister im Dunkeln. Im Palast der Qing gab es Anhänger des chinesischen und tibetischen Buddhismus, des Daoismus, des Schamanismus, aber auch die drei Erlauchten und fünf Kaiser, Fuchsheilige und Schlangengeister, Geisterinsekten und außergewöhnliche Tiere fanden Verehrung. Jeder hatte seine eigene Vorliebe.

Im Norden des Palasts der Barmherzigen Ruhe befindet sich die Halle des Regens und der Blüten. In der Mingzeit ein daoistischer Tempel zur Verehrung der Drei Reinen, wurde daraus unter den Qing, die den Lamaismus bevorzugten, ein Lamatempel. Der Tempel hatte zwei Stockwerke. Im Erdgeschoß standen die Buddhas der drei Zeitalter, die von hanchinesischen und tibetischen Buddhisten gleichermaßen verehrt werden, im ersten Stock die Statue des Begründers der Gelben Sekte, Tsongkhapa, und ganz oben die ‚Fünf Ehrwürdigen in Betrachtung der Freude', Buddhastatuen der esoterischen Sekte. Unter den Eunuchen kursierte das Gerücht, daß der Himmelssohn vor den Großen Nuptialien zu dieser Skulpturengruppe geführt werde.

Als ein Lama dieses Tempels einmal im Schatzamt Silber für Butter, Sesamöl und Duftkerzen holte, fragte Sun Yaoting ihn heimlich: „Lama Ma, ich habe gehört, daß die Statuen der fünf Erhabenen der esoterischen Lehre so unsagbar geheim sein sollen. Wäre es wohl möglich, daß ich sie mir anschaue?“ Der Lama gab zur Antwort: „Hast du etwa jenes Ding? Was soll das nützen, sie anzuschauen!“ Sun Yaoting erwiderte: „Betrachten Sie mich nicht als Ungläubigen. Ich bin ein Jünger Buddhas, der die dreifache Zuflucht gelobt und die fünf Gelübde abgelegt hat.“ Jener Lama wagte es nicht, die Leute im Schatzamt zu kränken, und willigte ein: „Normalerweise hat dort niemand Zutritt. Rede mit keinem darüber, daß ich dich hingehen lasse. Fragt dich jemand, dann sag einfach, du seist da, um zu prüfen, wieviel Weihrauch, Kerzen, Butter und Öl benötigt werden.“ Am gleichen Abend noch suchte Sun Yaoting die Halle des Regens und der Blüten auf, wo der Lama, einen Leuchter in der Hand, schon auf ihn wartete. Die Kerzen verbreiteten ein gelbliches Licht.

Lama Ma's Gesicht war erdfarben, dunkel und glanzlos wie die verräucherte Buddhahalle. Nur als er den Mund zu einem falschen Lachen öffnete, blitzte ein Goldzahn. Vor dreißig Jahren hatte der kleine Ma, eine Waise, sich am Viehmarkt vor der Nordstadt herumgetrieben und gebettelt, und zwar auf eine ganz besondere Art. Mit einer Handvoll Eisennägel baute er sich vor den mongolischen Viehhändlern auf, die sofort brav Geld gaben. Und warum? Taten sie es nicht, dann paßte der kleine Schurke eine Gelegenheit ab, ihnen die Nägel ins Viehfutter zu werfen.

In der Nähe des Viehmarktes war ein schwarzer Lamatempel. Der Tempelvorsteher, der diesen kleinen Teufel bekehren wollte, nahm ihn zum Schüler. Aber dessen üble Gewohnheiten ließen sich nicht austreiben, er hielt sich einfach nicht an die Reinheitsvorschriften und Gebote im Tempel, schlich sich oft heimlich hinaus und erpreßte weiter Geld. Der Abt bereute sehr, das Tor zum Guten so unüberlegt geöffnet zu haben.

Da traf es sich, daß der Qing-Palast vom Yonghegong einen Lama verlangte, den sie verschneiden lassen und in den hinteren Palast, wo es auch Buddhahallen und Klöster gab, zum Dienst schicken konnten. Als der Abt das hörte, rief er jemanden vom Yonghegong, fesselte den damals gerade zwölfjährigen Lama Ma mit Stricken und schickte ihn zur Operation. Im Laufe der nun mehr als dreißig Jahre, die er im Palast eingesperrt war, hatte man ihm seine wilde Natur ausgetrieben. Normalerweise saß er in der Halle, starrte die Buddhastatuen an und rührte sich den ganzen Tag lang nicht mehr vom Fleck, bewegte nicht einmal die Augen. Nur daß er atmete, aß und seine Notdurft verrichtete, unterschied ihn von der unglasierten Lehmstatue eines kleinen Geistes.

Sun Yaoting fragte: „Wie nennt ihr Lamas denn die Drei Erhabenen?“ Lama Ma gackste: „Von links nach rechts nennen wir sie...“, und erst nach einer Weile brachte er heraus, daß der Buddha der Zukunft auf Mongolisch ‚Maidaribuddha‘ und auf Tibetisch ‚Byams-pa-Buddha‘ hieß. Nachdem Sun Yaoting vor den Buddhas der drei Zeitalter Kotau gemacht hatte, stieg er nach oben, an der Statue des Tsongkapa vorbei in den zweiten Stock, wo sich die Buddhastatuen der Freudenbetrachter befanden. Hier traf er einen alten mongolischen Lama mit Namen T'ubs-bstan, den Meister des Lama Ma. Er war ein verträglicher Mensch, der Chinesisch verstand und schon in jungen Jahren vom Palast hierher gekommen war. Sun Yaoting legte in aller Eile die Hände zum Gruß zusammen.

Fünf Erhabene bildeten die Gruppe der Freudenbetrachter-Buddhas. Es waren Kupferstatuen, mit Gold verkleidet und fünffarbig bemalt. Der erste Erhabene war ein Buddha mit Rinderkopf. Aus seinem gewaltigen Maul ragten ein Paar Hauer. Die Augen glühten in rasendem Zorn, auf der Stirn saß ihm ein drittes Auge, seine Ohren glichen riesigen Röhren. Er trug eine goldene Fünf-Buddha-Krone, unter der sich zwei Hörner wie Mondsicheln hervorbogen. Dem Rinderkopf waren an den Seiten und hinten je ein Kopf gewachsen, die denen Sterblicher glichen, nur, daß ein jeder drei Augen hatte. Auf diesen vier Köpfen saßen noch einmal vier Köpfe, aus denen wiederum ein Kopf gewachsen war. Zusammen also hatte der Buddha neun Köpfe. Seine sechsunddreißig Hände hielten je ein Instrument der buddhistischen Lehre, Glocke, Messer, Schwert, Schirm, Schädel, Schild und dergleichen. Mit den sechsunddreißig Füßen trat der Erhabene auf nackte Frauen und Männer. Als er sich nach dem Namen erkundigte, bekam Sun Yaoting zur Antwort, daß dies der Daweide Jingang sei. Im Schein der beiden Wachskerzen bemerkte Sun, daß die Skulpturen neben dem Rindsköpfigen Mann und Frau beim Geschlechtsakt zeigten. Die einen hielten einander nackt umschlungen und vollzogen im Stehen die sexuelle Vereinigung. Andere zeigten wilde Tiere und schöne Frauen beim Verkehr. Einer, der Höllenherrscher genannt wurde, mit Tierkopf und menschlichem Körper, griff mit krallengleichen Riesenhänden nach einer Schönheit. Sie hielt mit beiden Händen einen Alligator im Schoß, der sie mit seinen Klauen umarmte und mit scheußlich-stolzem Gesichtsausdruck dabei war, sinnliche Freuden zu genießen. Hinter diesem Höllenherrscher stand eine andere merkwürdige Buddhafigur, ebenfalls mit Tierkopf und menschlichem Körper. An den Hüften trug sie zahlreiche bluttriefende Menschenköpfe. Mit dem rechten Arm umfing dieser Buddha eine grazile Frau mit weißem Jadekörper und üppigen Brüsten, die sich zu wehren schien.

Vier der fünf Erhabenen hielten nackte Frauen umarmt. Kein Wunder, daß einfache Menschen sie für den Inbegriff des Unanständigen hielten. „Bitte, Meister, beantworten Sie mir eine Frage“, wandte Sun Yaoting sich schließlich an Lama T'ubs-bstan. „Warum heißen diese Erhabenen ‚Buddhas in Betrachtung der Freude‘?“ T'ubs-bstan erwiderte: „Die Hanchinesen nennen sie ‚Buddhas der harmonischen Vereinigung‘ oder ‚Buddhas von Yin und Yang‘. Diese Erhabenen haben im Streben nach Vollkommenheit große Qualen erduldet. Harmonische Vereinigung von Yin und Yang bedeutet dann eine große Freude.“ – „Ist das nicht zu unanständig?“ T'ubs-bstan erwiderte: „Iwo, die Nacktheit verkörpert, daß aller Schmutz abgelegt ist, nicht ein Stäubchen bleibt da hängen. In der Vereinigung von Mann und Frau offenbart sich die Vereinigung von Buddhagesetz und Weisheit.“ – „Schon gut, schon gut“, mischte Lama Ma sich ein, „laß uns gehen, es ist schon spät. Hier gibt's nicht mehr viel zu sehen. Gleich morgen gehe ich mit dir im Yonghegong einen Dämonentanz ansehen.“ Sun Yaoting verabschiedete sich und stieg mit Lama Ma hinunter. Der verzog mit einem Blick nach oben den Mund: „Hör bloß nicht auf den. Hätten wir das Ding, wären wir auch Freudenbetrachter. Sollen die betrügen, wen sie wollen!" – „Hier sind Buddhas", unterbrach Sun Yaoting ihn rasch, „denk an dein Karma! Für heute erstmal herzlichen Dank. Und vergiß nicht, mich zum Dämonentanz mitzunehmen."

Kaum ausgesprochen, hatte Sun Yaoting diesen Wunsch auch schon vergessen. Erst als er gegen Ende des Jahres hörte, daß die Lamas für den Dämonentanz eine Belohnung in Silber erhielten, erinnerte er sich wieder daran und suchte Lama Ma auf. Die beiden verabredeten, am letzten Tag des Jahres gegen Mittag gemeinsam zum Yonghegong zu gehen. An diesem Tag wurde im Schatzamt das Geld zeitig ausgegeben, die Geschenke zum Fest waren verteilt, man schloß das Lager, und jeder ging seinen eigenen Angelegenheiten nach.

Der Yonghegong, Geburtsort des Yongzheng-Kaisers, also die ‚verbotene Region, in die der Drache eintauchte', war zunächst dessen Haustempel. Vor der Xinhai-Revolution lebten die Lamas des Yonghegong von den Lama-Apanagen des Qing-Hofes, von Sonderzuwendungen, steuerfreiem Boden und anderen Einnahmen. Man betrachtete sie als Lamas der kaiserlichen Familie, sie galten als auf kaiserlichen Befehl ‚aus dem Haus gegangen', in den Mönchsstand getreten. Nach Ausrufung der Republik fiel der Yonghegong an das Amt zur Verwaltung mongolischer und tibetischer Angelegenheiten, aber zu den Jahresfesten übergab der Kaiserhof der Qing dem Tempel noch immer einige Tael Silber.

Lama Ma und Sun Yaoting trafen sich, wie verabredet, liefen durch das Tor des Göttlichen Kriegers bis zum Stadtviertel Dongsi, dem vierten Östlichen, bogen dann nach Norden ab und erreichten unter Mühen die Nördliche Neue Brücke. Die Rikschakulis waren nämlich alle nach Hause gegangen zum Jiaoziwickeln, und so war ihnen nichts übriggeblieben, als sich zu Fuß auf den Weg zu machen. Schon von weitem erblickten sie ein Menschenmeer, unglaublich viele Leute wollten den Dämonentanz sehen. Zu beiden Seiten der Straße boten zahlreiche kleine Händler an Ständen ihre Waren feil. Die beiden drängten sich nach vorn bis zum Eingang des Yonghegong. Da stürzte plötzlich ein alter Glatzkopf aus der Menge, der einen sieben- oder achtjährigen Jungen am Ohr hielt und laut schimpfte: „Du möchtest wohl, verflucht nochmal, sterben! Du willst ja nicht hören! Diesmal hat's dich erwischt, ausgerechnet am letzten Tag im Jahr beschwörst du auf deinen Vater Unglück herab." Bei diesen Worten klopfte er mit aller Kraft weiße Erde vom Körper des Jungen. Das Kind begann laut zu heulen. Lama Ma sagte: „Wir sind zu spät gekommen. Die Dämonenenergie ist bereits verstreut worden." – „Dämonenenergie, was ist das?" fragte Sun Yaoting. „Vor dem Dämonentanz", erfuhr er von Lama Ma, „reinigen vier weiße Geister einen Teil des Platzes und schaffen eine Plattform. Stehen zu viele Menschen herum, bewerfen sie die Leute mit weißer Erde. Das nennt man ‚Dämonenenergie verstreuen'. Es heißt, wenn man im ersten Monat des Jahres etwas davon abbekommt, hat man das ganze Jahr über nur Pech. Und wer will schon mit aller Gewalt Pech haben! Der Platz ist ja wirklich groß genug. Den Kleinen eben hat es sicher erwischt."

Sprach's und drängelte sich zwischen den Leuten hindurch in den Tempel. Auch im Tempelinnern standen die Zuschauer in drei Reihen. Sun Yaoting und Lama Ma waren von kleiner Statur, so daß sie nur gereckte Hälse und hin und her schwankende Köpfe sahen. Sie hörten die großen Hörner, die Trommeln und die Gongs, die leicht und langsam geschlagen wurden. Lama Ma hatte endlich mit viel Mühe einen ihm bekannten Mönch dieses Tempels ausfindig gemacht, der sie hinter die Halle der vier Himmelskönige mitnahm. Sun Yaoting reckte den Hals. Auf dem Platz vor der Halle der Himmelskönige sah er zehn Teufel in farbigen, mit Goldfäden bestickten Brokatroben und farbigen Schulterumhängen aus Brokat. An den Füßen trugen sie Stiefel mit dünner Sohle. Die Masken von Löwe, Tiger, Elefant, Hund, Rind oder Leopard saßen auf ihren Köpfen.

„Das sind die Schutzgeister", erklärte Lama Ma. „Der mit dem Rinderkopf ist genau der, den du in der Halle des Regens und der Blüten gesehen hast, der Daweide Jingang." – „Aber dieser Freudenbetrachter müßte doch nackt sein und neun Köpfe haben, oder?" Lama Ma lachte: „Ginge es nach dir, müßte er wohl auch noch eine nackte Frau im Arm halten!" Dem Daweide Jingang folgten die vier Großen Jingang, die vier Gestirnsgeister, die vier großen Himmelskönige, die sechzehn

Schutzgeister, und alle tanzten wild auf dem Platz. Dann sprang ein Dybowski-Hirsch heraus, natürlich ein Mann mit einer Hirschmaske, und die Menge griff ihn an. Schwarze Teufel, weiße Teufel, Schnecken- und Schmetterlingsteufel beteiligten sich an der Schlacht. Lama Ma erklärte, daß der Dybowski-Hirsch eine Erscheinung des Teufelskönigs sei, der nun von Geistern und Buddhas, von Menschen, Gespenstern, Wassertieren und Insekten gemeinsam getötet würde. Eine Weiße Tara, eine Grüne Tara und ein dickbäuchiger weißer Maitreya tauchten auf, und nach einem komplizierten Austreibungsverfahren verwandelte der Teufelskönig sich in ein Männchen von etwas mehr als einem Chi Größe, das in einen Kasten fiel. Dieses Männchen bestand aus Mehl und Sesamöl und war am ganzen Körper gespickt mit kupfernen Nägeln. Mit einem Axthieb schlug der Jingang ihm den Kopf ab.

Der Dämonentanz, auf Mongolisch ‚Bujan', war ursprünglich ein streng geheimes Ritual der esoterischen Lehre. Seit der Yonghegong aber den Leuten mit Eintrittskarten Geld aus der Tasche zog, hatte er allmählich Popularität erlangt. Sun Yaoting schlug vor: „Die Teufel sind schon zum Essen gegangen. Laß uns auch in den Palast zurückkehren und etwas essen."

Wahrsager, Götter, Geister

Obwohl Sun Yaoting ein Jünger der Lehre Buddhas war, beschäftigte er sich seit seinem Eintritt in den Palast sehr mit dem Daoismus. Einer der Gründe dafür war, daß er im Palais des Beile Zaitao einen starken Eindruck davon erhalten hatte und zweitens bestand eine enge Verbindung zwischen den Eunuchen, dem Kaiserpalast und dem Daoismus. Der Palast der Qing legte fest, daß Eunuchen, die schon alt waren und deren Körper schwach war, in der Regel aus dem Palast geworfen wurden. Es war nicht erlaubt, seine alten Tage im Palast zu verbringen. Nur ganz wenigen Eunuchen mit ungewöhnlich hohen Rechten war erlaubt zu bleiben. Wenn Eunuchen den Palast verließen, kauften sich wohlhabende Generaleunuchen und Chefeunuchen Haus und Besitz, nahmen sich eine Frau, zogen einen Sohn groß und genossen ihr spätes Glück. Im allgemeinen kauften sich die Eunuchen gern durch eine Bodenspende in einem daoistischen Tempel ein. Das Ackerland im Tempelbesitz des Eunuchentempels wurde zu einem Teil von etwas jüngeren Eunuchen selbst bestellt. Ein Teil wurde an Bauern verpachtet. Im Herbst wurde dann die Pacht gezahlt. Die drei gewaltigen Eunuchen der Kaiserwitwe Cixi am Ende der Qing, Li Lianying, Cui Yugui und Li Chengyin hatten sich alle, obwohl sie Geld besaßen, im Alter aus Glauben an den Daoismus einem Tempel anvertraut. So hatte sich im zehnten Jahr des Tongzhi-Kaisers der zweite Generaleunuch Cixi's namens Liu Duosheng den Zhang Zongxuan vom Weißen Wolken-Kloster in Beijing zum Meister genommen, sein Name in der buddhistischen Religion hieß Chengyuin (Abdruck der Wahrheit), sein daoistischer Name Suyun Daoren (Mensch des Dao von den weißen Wolken). Später wurde er der zwanzigste Abt des Weißen-Wolken-Klosters der Quanzhen-Schule und gründete dann noch eine Niederlassung der Huoshangruppe. Er veranlaßte diejenigen unter den Eunuchen, die an den Daoismus glaubten, zu Anhängern der Huoshan-Gruppe zu werden.

Liu Chengyuin spendete einmal über einundzwanzigtausend Tael Silber und führte dreimal im Weißen Wolken-Kloster Ordinationen durch. Eintausendeinhundert Menschen legten die daoistischen Gelübde ab. Die Eunuchen blieben zumeist bis zum Tod in einem daoistischen Tempel. Nach dem Tode kam keiner von ihnen ins Ahnengrab, weil die Bannerleute fürchteten, daß begrabene Eunuchen die geomantische Lage verdarben. Daher befanden sich in der Nähe der Tempel Begräbnisstätten für Eunuchen. Auf sechzehn Eunuchentempel kamen 3336 Eunuchengräber. Zu Lebzeiten war man versorgt, im Tod hatte man sein Grab. Das konnte seine Wirkung nicht verfehlen und gewann die Herzen der Eunuchen.

Daher wurde der daoistische Einfluß im Palast, dessen Einwohner zu siebzig, achtzig Prozent aus Eunuchen bestanden, immer stärker. In ihrer Jugend bekehrten sie sich zum Daoismus, brannten morgens und abends für den Höchsten Oberen Alten Fürsten Weihrauch ab und machten Kotau. Bei daoistischen Feiern nahmen sie Duftkerzen und Silbertaels mit in die Tempel, wo sie Gelübde ablegten. Sun Yaoting sah zwar, wie andere Eunuchen Sutren rezitierten, meditierten, Geister unterwarfen und Gespenster exorzierten und ein großes Spektakel veranstalteten, aber es berührte ihn kaum. Ihm machte lediglich Spaß, Bücher der daoistischen Philosophen zu lesen, und er begann sich allmählich für Wahrsagerei sowie Punktierkunst, Physiognomie und Orakelkunst zu interessieren. Aber im Palast gab es keinen darin erfahrenen Mann, und es war ihm unmöglich, diese Künste zu erlernen. Ein alter Eunuch riet ihm: „Geh zur Tianqiao, da reihen sich die Wahrsagerstände einer am anderen. Ich habe mir letztes Jahr einmal dort weissagen lassen – und wie geistreich das war! Da braucht man gar nicht zu fragen. Die wissen sogar alles über Eltern und Geschwister von dir. Auch in Geldangelegenheiten oder bei Krankheiten trifft zu, was sie sagen."

Bei diesen Worten wurde Sun Yaoting ganz kribbelig. Es traf sich, daß nach wenigen Tagen ein Chefeunuch ihn zum Hede-Tor schickte, Schnupftabak zu kaufen. Es näherte sich dem Mittag, als er den Einkauf erledigt hatte. Sun Yaoting dachte sich, daß er die Gelegenheit benutzen sollte und sich in Tianqiao umschauen würde.

Wollten Eunuchen den Palast verlassen, mußten sie in der Regel um Urlaub bitten, wurde er ihnen gewährt, bekamen sie eine Hüftplakette. Erst dann durften sie die verbotene Stadt verlassen. Alle Eunuchen, die zu Besorgungen aus dem Palast geschickt wurden, nutzten daher die Gelegenheit, draußen auch ihren privaten Angelegenheiten nachzugehen. Sie besuchten Freunde, aßen in Restaurants, spazierten zu Tempeln und lauschten den Vorlesern oder hörten sich Beijinger Sprechgesang mit Trommelbegleitung an. Die General- und Obereunuchen konnten das nicht ausstehen, waren aber machtlos dagegen. Sie befahlen: „Beeilt euch! Geht beizeiten los und kommt schnell zurück!"

Die Eunuchen, die ausgingen, wußten schon, wie sie es anstellen mußten, sich einen Tag lang nach Herzenslust zu amüsieren. Man brauchte bei der Rückkehr dem Chefeunuchen, der einen geschickt hatte, nur eine Kleinigkeit mitzubringen, gezuckerten Kuchen aus dem Geschäft Dashunzhai oder eingelegtes Rindfleisch aus dem Geschäft Yueshengzhai, ‚Bergkristallkuchen' aus dem Cilanzhai oder etwas anderes. Man stellte das Mitgebrachte einfach auf den Tisch und sagte: „Meister, seid gegrüßt! Euer Schüler ist zurück“, und es gab keinen Ärger, wenn man das Geschenk überreicht hatte. Sun Yaoting war sich da ganz sicher. An einem kleinen Imbißstand am Rande der Straße aß er eine Schale gekochter Süßkartoffeln und zwei Schalen fritierten Doufu mit Schnittlauch und Chili, mit Blütenpfefferöl und Sesamsoße. Dann nahm er einen Wagen direkt zur Tianqiao, zur ‚Himmelsbrücke‘.

Hier war das Paradies für die einfachen Leute von Beijing. An diesem Ort gab es alle nur denkbaren Merkwürdigkeiten: Ringer, Taschenspieler, Leute, die zur Trommel Geschichten erzählten, andere, die komische Dialoge vorführten, es gab Fahnenschwenker, Altwarenhändler, Arzneihändler, Kundige in Physiognomie und Orakelkunde und vieles mehr. Die meisten von ihnen schlugen Marktstände auf. Hatte man genug gesehen, warf man ein paar Kupferstücke hin und ging einfach davon, eben nach Art armer Leute.

Obwohl Sun Yaoting zum ersten Mal hierher kam, hatte er keine Zeit, einfach draufloszubummeln, sondern begab sich zielstrebig zu der Gegend mit den Orakelständen. Davon gab es tatsächlich einige. Er zögerte noch, als er plötzlich einen langen hageren Orakelkundigen in einer blauen Baumwollrobe erblickte, der am geschlossenen Stand um Kunden warb: „Meine Geisterorakel wurden mir aus dem Altertum überliefert. Von mir erfahrt ihr, wie man nach Geld strebt, ihr könnt nach einem freudigen Ereignis fragen oder wie man einer Katastrophe entkommen und Schwierigkeiten hinter sich lassen kann, ihr erfahrt günstige Termine, wann endlich eine Nachricht von zu Hause kommt, wohin Verwandte verschwunden sind, oder ob man verlorene Wertgegenstände wiederfindet. Alles kann ich vorhersagen: wie man eine Krankheit bekämpft, an der die Eltern erkrankt sind, in welchem Jahr es den Vater erwischt, in welchem Jahr man die Mutter beerdigt, ob die Geschwister einander helfen können, ob das Frauenzimmer dumm oder klug ist und ob man mit ihr zusammen alt werden kann, ob man Kinder haben wird und wieviele davon sterben werden, wie alt man wird, in welchem Jahr man stirbt ...“ Sun Yaoting fühlte sich von diesen Worten magisch angezogen.

Bei näherem Hinsehen schien dieser Wahrsager etwas über vierzig Jahre alt zu sein. Am Hinterkopf konnte man noch den Ansatz des Zopfes sehen, der während der Qing-Dynastie üblich war, aber das ‚Schweineschwänzchen' war abgeschnitten und die Stirn glattrasiert. Diese Frisur galt damals halb als modern, halb als veraltet. Der Mann sah, daß Sun Yaoting gewillt war, und fragte: „Möchten Sie, daß ich wahrsage, mein Herr?" Sun Yaoting fragte zurück: „Wieviel kostet es denn?" – „Einmal wahrsagen zwei Mao, wenn die Vorhersage zutrifft, wenn nicht, kostet es nichts." Der Mann zeigte auf vier Papiertüten, die auf dem Tisch lagen. „Vorhin habe ich schon die Prognosen gestellt. Von wem die Wahrsagung handelt, steht auf einem Zettel in der Tüte. Eine gewaltige Sache des ganzen Lebens erschöpft sich darin."

Sun Yaoting sagte: „Sehr gut. Bitte zeigen Sie mir ein Orakel." Der Wahrsager wandte ein: „Nun mal langsam. Ob stimmt, was auf dem Zettel steht, dafür gibt es keinen Beweis. Wenn ich der Auffassung bin, daß es stimmt, und du nicht, wie kann ich dann sicher sein, daß ich meine zwei Mao bekomme? Ich habe hier eine Steintafel, darauf schreibst du mit Kreide deinen Namen, woher du stammst, ob du Eltern und Geschwister hast, eine Frau, wie viele Kinder. Das alles schreibst du auf. Dann nimmst du den Zettel aus der Papiertüte und vergleichst. Stimmt alles mit deinen Angaben überein, erfährst du von mir deine Zukunft."

Sun Yaoting schrieb auf die Steintafel: „Sun Liujin, achtzehn Jahre, aus dem Kreis Jinghai in der Provinz Hebei. Beide Eltern am Leben, drei Brüder, ohne Ehefrau und Konkubine. Ohne Kinder." Der Wahrsager nahm die Tafel entgegen und las alles laut der Menge vor. Danach schrieb er eine Nummer auf einen Streifen Papier und sagte zu Sun Yaoting: „Gib mir diese Tüte." Sun reichte sie ihm, und der Mann legte sie auf einen Stapel Papier nach hinten. Plötzlich sagte er: „Die Nummer habe ich dich ja noch nicht sehen lassen." Sprach's und hob Papierstreifen und Papiertüte auf. Auf dem Papierstreifen standen fünfzehn Nummern. Im Anschluß daran öffnete er die Tüte und reichte den Zettel mit der Wahrsagung Sun Yaoting. Der las: „Sun Liujin, achtzehn Jahre, aus dem Kreis Jinghai in der Provinz Hebei. Beide Eltern am Leben, drei Brüder, ohne Ehefrau und Konkubine. Ohne Kinder. In jungen Jahren ärmliche Verhältnisse, keine Zerstreuung des Unglückssternes, Charakter weich mit Härte, versehrtes Herz, große Entschlossenheit, freut sich am Guten und spendet gerne, keine Sorgen um Kleidung und Essen. Obwohl Hilfe von einem werten Herren kam, entkommt er nicht dem Schicksal von drei Frühen und dem Anteil von drei Späten. Die drei Frühen sind: ‚früh beschäftigt, früh sich abplacken, früh von zu Hause weggehen'. Die drei Späten sind: ‚spätes Gedeihen, späte Etablierung in der Arbeit und spätes Glück'. Vermögen ist zwar vorhanden, aber es zerstreut sich oft. Erfreut sich großer Achtung von anderen, bleibt aber immer Sklave. Das ganze Leben über arm, aber ehrsam. Im Alter erfährt das Schicksal eine große Wendung."

Sun Yaoting las den Zettel durch. Ohne daß er es gemerkt hatte, war er in kalten Schweiß gebadet. Er schaute den Wahrsager an, der ein stolzes Gesicht aufsetzte und fragte: „Wie sieht es aus? Trifft es zu?"

Sun Yaoting dachte, daß er einen Heiligen oder Buddha getroffen haben müsse. Wie sonst hatte er so genau Bescheid wissen können? Dann zog er zwei Mao heraus und sagte: „Sie verfügen wirklich über die Wahrsagekunst eines Geistes."

Der Mann nahm das Geld nicht entgegen, sondern sagte: „Zwei Mao kostet es, wenn das, was du aufgeschrieben hast, mit dem, was ich dir vorher notiert habe, übereinstimmt. Die Zukunftsdeutung kostet zwei Yuan."

Sun Yaoting erschrak zu Tode. Er sah sich die Umstehenden an. Es war nicht günstig, etwas dagegen zu sagen, und so blieb ihm nichts übrig, als zwei Yuan herauszukramen. Dann ging er hastig davon. Er dachte sich, daß der Mann sicher eine fragwürdige Vergangenheit habe. Den könnte er nicht zum Meister nehmen. So sehr dürfe man nicht auf Geld und Vermögen sehen. Weil diese Sache sehr merkwürdig und es noch früh war, machte er sich zum Palais des Prinzen Zaitao auf, um Ren Yi einen Besuch abzustatten. Meister Ren war abgemagert. Er war dazu übergegangen, Laubheuschrecken und Feldgrillen zu züchten. Überall standen die verschiedensten Kürbiskalebassen herum, die in Becken mit warmem Wasser aufgewärmt wurden.

Sun Yaoting erzählte, was ihm heute widerfahren war. Ren Yi hatte noch nicht zu Ende zugehört, da winkte er auch schon ab und sagte kopfschüttelnd: „Aufhören. Red nicht weiter. Du bist betrogen worden." Sun Yaoting wollte das nicht glauben: „Ich habe mit eigenen Augen das Papier gelesen."

„Solche Menschen werden unter Schaustellern als ‚Großkorn-Händler' bezeichnet", entgegnete Ren Yi, „ihr Täuschungsmanöver bezeichnet man als ‚die Himmelsabdrücke umdrehen'." Sun Yaoting bat Meister Ren Yi, ihm alles genau zu erklären. Ren Yi fuhr fort: „Auch wenn ich es dir erkläre, kommst du nicht dahinter. Gleich morgen, sobald ich Zeit habe, gehen wir beiden Herrschaften einmal zur Himmelsbrücke. Da lasse ich es dich an Ort und Stelle durchschauen. Wenn du Physiognomie und Orakelkunde erlernen willst, mußt du erst den ‚Klassiker der Wandlungen', die ‚Physiognomischen Merkmale von Ma Yi', die ‚Sammlung des Wasserspiegels', die ‚Echte Grundlage der Wahrsage durch die Wandlungen', die ‚Physiognomischen Kennzeichen der großen Qing' studieren. Dann brauchst du noch einen kundigen Mann, der dir Tips gibt."

Sun sagte, daß er so einen Meister wolle. Ren Yi erzählte, daß es am Qianmen-Tor eine Brillenwerkstatt gebe. Vor ein paar Tagen sei von dort ein Fünfzehn-, Sechzehnjähriger ins Palais geschickt worden, um dem Beile die Brille zu reparieren. Der Junge sei sehr zierlich gewesen, aber nachdem sie ein paar Worte miteinander gewechselt hätten, habe er gewußt, daß der Kleine die Kampfkunst hervorragend beherrsche. Zum Meister hätte jener einen daoistischen Priester, der sich auch auf Orakelkunst und Physiognomie verstehe. Sun solle versuchen, diesen zum Meister zu nehmen. Überaus fröhlich kehrte Sun Yaoting in den Palast zurück.

Als er im Schatzamt über sein Vorhaben berichtete, die Kunst des Orakels nach dem ‚Klassiker der Wandlungen' zu erlernen, zollten alle ihm Beifall: „Ich mach mit. Wenn ich in Zukunft aus dem Palast komme und nicht mehr weiterleben kann, dann mache ich einen Orakelstand auf." Von diesem Zeitpunkt an kursierten unter den Eunuchen alle Arten von Büchern über Orakelkunde und Physiognomie. Sie stellten sich ernsthaft gegenseitig Horoskope.

Im Palast gab es außer Buddhismus, Lamaismus und Daoismus noch den Schamanismus, den Glauben der Mandschuren, bevor sie die chinesische Hochebene betreten hatten. Sie hatten keine heiligen Schriften, keine Lehren, keine Gelübde, keine Predigten, keine Ausbildung von Gefolgsleuten. Aber es gab Riten. Die Opfer wurden von mandschurischen Frauen, den Schamaninnen, dargebracht. Sie tanzten dabei um einen Geisterpfahl, der in Mandschurisch ‚Aila' heißt. Auf dessen oberer Hälfte befand sich ein rechteckiger Holzteller, der wie ein ‚Kopf' aussah. Der Teller war innen angefüllt mit allen fünf verschiedenen Feldfrüchten, die dem Geistervogel zum Fressen angeboten wurden. Es hieß, daß dieser Geistervogel einst dem Ahnen der Qing-Dynastie, Nurhaci, das Leben gerettet hatte und daß deswegen noch die Kindeskinder diesem Geistervogel ewige Dankbarkeit zu bezeugen hätten. In Wirklichkeit war der ‚Geistervogel' jedoch nichts weiter als eine Krähe.

Der Ritus bestand darin, daß die Schamaninnen in einer langen bestickten Robe, eine Münze auf dem Kopf, an den Füßen dick besohlte Schuhe, in einer Art Tanzschritt den Pfahl umrundeten, dabei unverständliche Zauberformeln sprachen und auf der dreiseitigen Laute, der Sanxian, spielten. Andere Schamaninnen schwenkten Klingeln und trommelten, wobei sie heftig nach allen Richtungen gestikulierten. Das sollte, wie die alten Eunuchen sagten, Glück herbeiflehen und Schaden abwehren.

Einmal wollte Sun Yaoting den Schamaninnen beim Rezitieren von Zauberformeln zusehen. Es war ungefähr neun Uhr vormittags, und die Strahlen der emporsteigenden Sonne fielen von Osten her schräg ein, so daß der Geisterpfahl einen langen Schatten warf. Sun Yaoting stand einige Zhang weit entfernt und setzte seinen Fuß soeben auf den äußersten Rand des Schattens. Da näherten sich ihm die Schamaninnen tanzend und Beschwörungsformeln murmelnd, und eine von ihnen schlug ihm mit der Sanxian heftig an den Hals und stieß ihn weit weg. Von einem alten Eunuchen erfuhr er später, daß es ganz und gar verboten sei, auf diesen Schatten zu treten. Die Schamaninnen im Palast waren äußerst geheimnisumwittert. Sun Yaoting wußte nicht, wo sie wohnten, ob sie allein lebten, gekochtes Essen aßen, ob sie Menschen aus Fleisch und Blut waren.

Wenn man Konfuzianismus als Religion betrachtet, dann war die Halle der Überlieferung des Herzens östlich des Palastes der literarischen Blüte das Königreich der ‚drei Erlauchten und fünf Kaiser'. Die Halle der Überlieferung des Herzens war in den Jahren der Kangxi-Regierung gebaut worden. An der Frontseite im Inneren opferte man dem Urvater Fuxi, Shennong, dem göttlichen Landmann, dem Gelben Kaiser Xuanyuan, dem Tao Tang, dem König Yu, König Tang, König Wen der Zhou, König Wu der Zhou und dem Youwu. An der Westseite wurde Konfuzius verehrt, auf der Ostseite der Herzog von Zhou. Der Konfuzianismus wurde von Gelehrten beherzigt. Gelehrte gab es im Palast äußerst selten, seit dem Qianlong-Kaiser hatte es bereits keinen Kaiser mehr gegeben, der die fünf kanonischen Schriften und die vier Klassiker ganz durchgelesen hatte. Die Heiligen der Konfuzianer hatten niemals irgendeine überirdische Fähigkeit zur Schau gestellt, daher war ihr Schicksal noch nicht einmal so gut wie das von General GuanYunchang zur Zeit der drei Reiche.

Die meisten Tempel im Palast waren Guandi (Kaiser Guan) geweiht. Von Beginn der Ming-Dynastie an hatte man im Palast schon damit angefangen, den Guandi zu verehren. In der ‚Geschichte des Palastes der Ming' ist verzeichnet, daß am Tor des Wertvollen Guten, am Tor der Himmlischen Reinheit und am Tor der Güte und Tugend Statuen von Guangong (Herzog Guan) aufgestellt waren. In der Qingzeit wurde er darüber hinaus als Guandi verehrt. In Mandschurisch wurde er ‚Guan Mafa' genannt. ‚Mafa' heißt auf Mandschurisch ‚Geist'. Es heißt, daß Guandi sich den Mandschusoldaten sehr verbunden fühlte. Jedesmal, wenn die Soldaten der Qing sich mit den Soldaten der Han im Gemetzel befanden, sah man Guandi auf einem Pferd mit waagerecht gehaltenem Schwert herankommen und beim Kampf helfen. Dadurch erst waren sie in allen Schlachten siegreich und konnten schließlich die Hochebene betreten und die Han beherrschen. Der Hof der Qing machte ihn zum ‚Schutzgeist des Gesetzes' und belehnte ihn als ‚Heiliger kaiserlicher Fürst Guan, helfender großer Kaiser des Himmels'. Zum Glück gab es keinen Hanchinesen, der ihn als ,Landesverräter' bezeichnete.

Guan Yunchang war nicht nur bei Hanchinesen und Mandschus auf beiden Seiten beliebt, sondern auch Buddhisten und Taoisten stritten sich um ihn als um einen Schutzgeist des Gesetzes oder Heiligen. Der Buddhismus verlieh Guan Yunchang den höchsten Ehrentitel eines ,Sanghabodhisattva', der Taoismus verlieh ihm den Titel ,Dämonen unterwerfender großer Kaiser' oder so ähnlich. Damals hatten Liu Bei und Zao Cao ihn im Kampf gefangengenommen, und er hatte daran festgehalten, auf der Seite von Liu Bei zu stehen. Neuerdings aber wußte man nicht, wessen Geist er abgeben würde. Nach der Verkündigung der Republik verbrannten die kaiserlichen Konkubinen oft an seinem Standbild Weihrauch und baten um die Bewahrung des Friedens und die Restauration des alten Reiches. Die Eunuchen klebten gern Scherenschnittfiguren von ihm vor die Türen. Es hieß, daß das böse Geister fernhalten und Unheil abwenden würde. Im Palast gab es noch einen Geist, der ein Bruder von dem Himmel helfenden Großen Kaiser war. Er hieß: ,Xuanwu Dadi', Großer Kaiser Xuanwu. Seine Statue wurde im Bogen des Tores des Göttlichen Kriegers verehrt, gleich gegenüber der Halle des Kaiserlichen Seelenfriedens, wenn man ins Tor der Gehorsamen Keuschheit eintrat. Dieser Tempel war im vierzehnten Jahr Jiajing der Ming (1535) gebaut worden.

,Xuanwu' bezog sich auf die fünf Elemente und Yin und Yang. Die alten Eunuchen sagten: ,Xuanwu ist der Name eines Wassergeistes. Es ist ein Geist des Nordens. Der Norden ist mit Wasser verbunden und dominiert das Element Yin. Wasser kann Feuer auslöschen. Wenn der Große Kaiser Xuandi da ist, kann man Feuerkatastrophen vermeiden. Wenn man die Kaiser aufreihte, gab es außer dem ,Himmel helfenden Kaiser' und Xuanwu noch den ,Wahren Martialischen Kaiser', den ,Kaiser der Trockenheit' und den ,Jadekaiser'.

Der ,Wahre Martialische Kaiser' wurde in der Halle der Ahnenverehrung des Palastes der Himmlischen Klarheit verehrt. Diese Halle war im fünften Jahr der Devise Yongle, Ewige Freude, erbaut worden. Auf der Oststraße des Kaiserpalastes, westlich von der Halle des Freudvollen Alters, war die Halle, in der der ‚Kaiser der Trockenheit' verehrt wurde.

Im Herzen der Eunuchen waren die Hallengeister diejenigen, die man am allerwenigsten beleidigen durfte. ‚Hallengeist' war eine durchgehende Bezeichnung. Es hieß, im Brunnen sei ein Brunnengeist, der Baum habe einen Baumgeist, in jedem Strauch und jedem Kraut sei ein Geist. Danach gefragt, wie denn der Hallengeist aussehe, wußten die Eunuchen keine genaue Antwort, jedenfalls wurde im Palast der Himmlischen Reinheit eine Geisterstatue verehrt, die aussah wie ein Alter mit einem weißen Bart.

In der Halle des Nährenden Morgens wurden noch die Täfelchen einer Menge himmlischer Heiliger und Geister der vier Jahreszeiten verehrt. Die Eunuchen mußten alle, wenn sie am Morgen die Halle öffneten oder Wasser zur Halle hinausgossen, einen lauten Ruf von sich geben, um zu vermeiden, mit diesen Heiligen zusammenzustoßen.

Im Palast waren von ehemals über neunzigtausend Eunuchen gerade sieben- oder achthundert übriggeblieben, so daß diese riesigen Palasthallen beinahe eine kalte, einsame Welt waren, in der niemand wohnte. Der größteTeil der über neuntausend Kammern und Hallen war schon seit vielen Jahren geschlossen. Manche Zimmer im hinteren Palast waren gänzlich unbewohnt, nachdem irgendeine Herrin darin gestorben war. Manche Schlösser vom großen Tor bis in die Palasthöfe waren schon verrostet. Inner- und außerhalb der Höfe wuchs wildes Gras, gab es Marder, Füchse und Wildkatzen. Einmal hatte Sun Yaoting am Eingang des Palastes des Friedvollen Alters einen weißen Fuchs gesehen. Als er zurückgekehrt war, hatte er seinen Meister gefragt. Der hatte gesagt, daß der Fuchs nicht von Geburt aus schon weiß sei. Er sei wie die Menschen. Wenn man alt werde, würden die Haare weiß. Wenn ein Fuchs alt würde, würde sein Fell auch weiß. Aber ein Fuchs würde sich erst in fünfhundert Jahren weiß färben.

Ein andermal ging Sun Yaoting in den Palast des Höchsten Prinzips. Plötzlich hörte er Schwalben zwischen den Dachvorsprüngen durcheinander rufen. Als er von außen durch den Türspalt in den Hof schaute, sah er, daß vom Dachbalken fünf

Schlangen, so dick wie kleine Teetassen, mit dem Kopf nach unten hingen. Es hieß, daß die Tiere im Palast zum größten Teil zu Gespenstern geworden waren und nicht nur größer als die anderen, sondern auch noch in anderer Weise ungewöhnlich waren. Am häufigsten kam vor, daß Dinge ‚umzogen'. Manchmal verschwand aus dem Palast der Gesammelten Eleganz ein jadenes Glückszepter, und nach ein paar Tagen wurde es im Palast der Ewigen Harmonie gefunden. Fuchsheilige und Marder waren am unruhigsten. Im Volk kamen solche Dinge besonders häufig vor. Irgendeine Familie dämpfte einen Topf voll Teigtaschen mit Fleischfüllung, eine andere dämpfte einen Topf voller Maisbrötchen. Wenn es dann ans Essen ging, entdeckten sie erst, daß der Inhalt der Töpfe vertauscht worden war. Alte Leute belehrten die Jugendlichen, daß, wenn sie einen Heiligen sahen, sie ihn erst verehren und sich dann schnell davonmachen sollten. Auf keinen Fall dürfe man sie erschrecken. Und noch weniger dürfe man ihnen Fallen stellen. Im Palast war ein kleiner Eunuch namens De Cai. Er hatte noch zwei Schwestern, war aber der einzige Sohn. Als er zwölf Jahre alt war, hatte er im Dorf einen alten Igel gesehen und ihn mit einem Fußtritt weit weg befördert und noch über ihn gepinkelt. Er war noch kaum zu Hause, als sein kleiner Penis auch schon anschwoll und immer grober wurde, je mehr er schwoll. Im Innern war Eiter, und es tat unerträglich weh. Er jammerte und schrie nach seinen Eltern. Am Schluß waren die ganzen Geschlechtsorgane abgefault, und die beiden Alten hatten ihn in den Palast gebracht. De Cai erzählte jedem von dieser Sache und erschreckte die Eunuchen so sehr, daß sie beim bloßen Anblick von kleinen Tieren Reißaus nahmen. Nach ein paar hundert Jahren könnte man die merkwürdigsten und außergewöhnlichsten Tiere überall im Palast sehen. Sie hätten keine Angst vor Menschen. Sie könnten sich in einigen Tausend Zimmern ausruhen. Wenn es Nacht würde, kämen aus allen Zimmern die seltsamsten Geräusche und Laute.

Im Jahre 1920, im Herbst, Sun Yaoting war gerade dabei, Nachtwache zu sitzen, hörte er plötzlich eine Bewegung im Hof. Er schaute zum Fenster hinaus: unter dem Mondlicht marschierten mehrere hundert Ratten, fast so groß wie Katzen, durch den Hof. Hinter den großen Ratten folgte eine Schar kleinerer Ratten, die kleinsten unter ihnen waren etwa von der Größe eines Daumens. Die Rattentruppen marschierten alle in Reih und Glied. Außerhalb der Reihen schauten sich auf der linken und der rechten Seite Ratten um, als ob sie die Aufgabe hätten, bei Gefahr zu warnen. Sun Yaoting verschlug es vor Furcht den Atem. Er wagte nicht, sich zu räuspern, bis es vorbei war. Am nächsten Tag erzählte er Chunfu von dieser Sache. Die beiden gingen den Spuren der Ratten nach. Die Ratten waren offensichtlich vom Qianlong-Garten über den Palast der Ewigen Harmonie zum Palast der Gesammelten Essenz gegangen. Die beiden hatten im Qianlong-Garten eine riesige Schlange gesehen. Um diese herum befanden sich zahllose weitere große Schlangen. Chunfu sagte: „Die Ratten sind umgezogen, weil sie sich vor den Schlangen fürchten." Sun Yaoting war der Meinung: „Jedes Wesen unterdrückt ein anderes. Nur wir haben kein Wesen, das wir unterwerfen könnten."

Normalerweise wissen die Leute nur, daß die Krähen im Kaiserpalast mehrere Tausend, ja Zigtausende zählen. Weil sie nämlich gen Himmel flogen und sichtbar waren. Keiner hätte erwartet, daß in diesen mehrere hundert Jahre alten Gebäuden noch mehr Lebewesen waren, die gegeneinander kämpften. In diesem düsteren alten Palast war in fast jedem Zimmer, in fast jedem Hof schon einmal jemand zu Tode gekommen: durch Erhängen, auf Grund einer Palaststrafe zu Tode geprügelt, an verschlucktem Gold oder an Gift gestorben, in den Brunnen gesprungen oder hineingestoßen, erstickt, enthauptet, des Nachts von Gespenstern zu Tode erschreckt, es läßt sich gar nicht alles aufzählen. Weil Hoffräulein, wenn sie noch nicht alt waren, den Palast verließen und nicht im Palast in aller Ruhe an Altersschwäche sterben konnten, und auch die Eunuchen im Alter den Palast verlassen mußten, kam es kaum vor, daß im Palast jemand auf normale Weise verstarb. Ausnahmen bildeten Kaiser, Kaiserin und Konkubinen, und bei dieser an und für sich schon äußerst geringen Anzahl gab es noch eine Reihe, die an widrigem Geschick gestorben waren. So war der Guangxu-Kaiser einen Tag früher verstorben als die Kaiserinwitwe Cixi. Es heißt, daß Cixi im Bewußtsein, daß sie selbst bald sterben würde, noch kurz davor den Befehl gab, Guangxu zu vergiften, um zu vermeiden, daß sich die Reformatoren wieder erhoben.

Im Jahre 1900 ließ Cixi die Lieblingskonkubine des Guangxu-Kaisers in den Brunnen im Tor der Gehorchenden Keuschheit hinter dem Palast der Barmherzigen Ruhe stoßen und ertränken. Die Leiche wurde erst am nächsten Tag aus dem Brunnen gezogen.

Solche fürchterlichen, schrecklichen Todesfälle wurden überall im ganzen Palast verbreitet. Sun Yaoting hatte jedesmal panische Angst, wenn er abends ausging. Im Palast trug die Nachtwache nur eine Laterne. Einmal war ein Pekinese aus dem Palast der Ewigen Harmonie verlorengegangen und bis Einbruch der Nacht noch nicht zurückgekommen. Sun Yaoting suchte ihn mit der Lampe. An diesem Tag schneite es gerade, und der Boden war schon schneebedeckt. Sun Yaoting trat gerade vom Jinghe-Tor in den Palast der Himmlischen Klarheit ein, als er plötzlich in der Halle eine Frau heulen hörte. Als er genau hinhörte, war das Geräusch verschwunden. Kaum war er ein paar Schritte gelaufen, als in der Halle scheinbar eine Kerze leuchtete. Die Kerze bewegte sich auf und ab. Sun Yaoting streubten sich die Haare. Sofort rannte er zum Palast der Ewigen Harmonie. Er kam in das Zimmer gestürzt, kreidebleich im Gesicht. Ein alter Eunuch aus dem Schatzamt fragte ihn, was los sei, worauf Sun Yaoting ihm alles berichtete. Da sagte der Alte: „Der Ort ist nicht ganz geheuer. Mir sind da auch schon Dinge zugestoßen. Früher habe ich auf der Westseite des Palastes der Himmlischen Klarheit gewohnt, in einem der kleinen Zimmer in der Reihe. Wenn es Nacht wurde, habe ich Stimmen im Palast vernommen. Einmal habe ich Peitschenknallen gehört. Zusammen waren es so fünfhundert oder sechshundert mal. Es war laut, daß es einen erschreckte. Nachdem das Peitschenknallen zu Ende war, hörte ich noch ein Gelächter."

Sun Yaoting meinte: „Ich habe oft gehört, daß die Geister in diesem Palast Opern singen und die Geister in jenem Palast Gäste einladen. Geglaubt habe ich es aber nicht. Jetzt weiß ich es. Nur genau gesehen habe ich nichts." Der Alte antwortete: „Das wäre schlimm, wenn du es deutlich gesehen hättest. Die Herrin

Duankang hatte einmal eine Zofe namens Wang Xiumei. Ein dickes Mädchen. Die zog in ein Zimmer, in dem jemand gestorben war. Jeden Tag um Mitternacht stand eine Frau mit einem schwarzen Tuch um den Hals vor ihrem Bett. Die Frau zeigte mit dem Finger auf den Dachbalken und dann auf den Hals von Wang Xiumei. Sie erschreckte Wang Xiumei derart, daß diese sofort die Lampe entzündete. Da verschwand die Frau. Wenn die Lampe ausgeblasen wurde, kam die Frau wieder. Einst hatte sich in diesem Zimmer ein Hoffräulein aufgehängt und suchte nun einen Körper als Ersatz. Wang Xiumei starb schließlich an dem Schrecken, den sie erlitten hatte. Um solche Sachen macht man am besten einen großen Bogen!"

Sun Yaoting fragte: „Was hat es denn damit auf sich, daß Sie gerade gesagt haben, der ‚Palast der Himmlischen Klarheit sei nicht sauber'?" Der Eunuch Chen erklärte: „Gehen wir erst auf die Toilette und holen den Nachttopf herein. Dann brauchen wir nicht mehr hinauszugehen, und ich erklär's dir im Bett."

Die beiden stapften durch den Schnee auf die Toilette. Schnee und kalter Wind schnitten ihnen ins Gebein. Im Palast war alles dunkel, kein Laut war zu hören. Als sie ihr Geschäft verrichtet hatten, rannten sie schleunigst wieder zurück. Der alte Eunuch Chen vergrub sich im Bett und erzählte:

„Zur Zeit der Ming-Dynastie wohnte der Kaiser hier. Jeden Abend konnten Konkubinen und Mätressen zur ‚Beglückung des Kaisers' ‚hereingerufen' werden. Der Jiajing-Kaiser der Ming-Dynastie war ein von sich selbst eingenommener Fürst, der dem Trunk und der Fleischeslust ergeben war. Um die Technik der ‚Verlängerung des Lebens' zu erhalten, hat er von ein paar daoistischen Zauberern nicht eben wenig über die Techniken der Vereinigung gelernt. Jede Nacht hat er ‚Ausgleich gesammelt'."

„Was meinen Sie damit?" fragte Sun Yaoting. „Die Vereinigung von Mann und Frau ist nichts anderes als das Ergreifen von Yang-Energie zum Ausgleich der Yin-Energie, oder gegenseitiges Ausgleichen von Yin und Yang. Nach den Daoisten ist die niederste Stufe das Sammeln von Yin, um Yang auszugleichen, und die mittlere Stufe das gegenseitige Wettmachen von Yin und Yang. Das Beste ist das Auffüllen von Yin durch

Ansammeln von Yang. Der Jiajing-Kaiser war hervorragend im Sammeln von Yin zum Ausgleichen von Yang. Er ließ im Palast der Himmlischen Klarheit ein großes Bett aufstellen, das für gleichzeitige Beglückung des Kaisers mit siebenundzwanzig Frauen ausreichte. Jeden Abend sammelte er dann von der ersten Konkubine bis hin zur siebenundzwanzigsten. Am nächsten Tag sammelte er bei weiteren siebenundzwanzig Frauen. Die Frauen, bei denen gesammelt wurde, waren einige Monate danach noch ganz gelb im Gesicht und mager, wogegen der Kaiser ein Gesicht hatte so schön wie Jade und vor Energie nur so strotzte. Er begnügte sich nicht nur mit Ausgleich, sondern befahl über zwanzig Hoffräulein, ihn mit der Zunge zu waschen. Die Flüssigkeiten im menschlichen Mund sind ungeheuer kostbar. Beim Waschen mit der Zunge benetzen die Flüssigkeiten die Haut, stärken das Knochenmark und erzeugen Energie. Auch das ist eine Methode zur Verlängerung des Lebens.

Wer hätte gedacht, daß die Fräulein, bei denen gesammelt wurde, diese Härten nicht ertragen konnten und eine Riesenwut bekamen. Das sollte zweihundert Menschen das Leben kosten – sie wurden totgeschlagen. Im einundzwanzigsten Jahr der Regierungsdevise Jiajing nämlich, im zehnten Monat nach dem Mondkalender, gab der Kaiser an einem Tag Yang Jinying, Su Zhuanyao, Yang Yuxiang, Xing Cuilian, Yang Cuiying, Guan Xiumei, Liu Miaolian, Chen Juhua, Wang Xiulan, Zhang Jinlian, Xu Qiuhua, Deng Jinxiang, Zhang Chunjing, Huang Yulian, insgesamt fünfzehn Hofdamen den Befehl, den Palast der Himmlischen Klarheit zu ‚betreten'. Am selben Abend ließ er sie erst nackt auf seinem Körper eine Reinigung mit der Zunge vornehmen. Danach kam eine nach der anderen zum Sammeln und Ausgleichen an die Reihe. Das war wie eine Biene, die Honig sammelt. Nachdem er mit dem Sammeln fertig war, schlief er am Ende der Kraft ein. Yang Jinyin und die anderen haßten Jiajing bis ins Mark. Sie ergriffen die Gelegenheit, daß er fest schlief und legten einen Strick um seinen Hals. Gerade wollten sie den verdorbenen Fürsten erdrosseln, als sich die Schlinge löste. In der Eile hatten sie fälschlich einen Laufknoten gebunden. Der Jiajing-Kaiser erschrak, nahm mit aller

Kraft den Kampf auf und rief laut um Hilfe. Ein alter Eunuch hatte die Rufe gehört und kam herbeigerannt. Die fünfzehn Hoffräulein wurde alle zum Tod durch Zerstückelung verurteilt. In Geschichtsbüchern findet sich dies als ‚Palastrevolte zur Zeit der Zyklenzeichen Renyin' verzeichnet. Jiajing wagte aus Angst nicht mehr, länger dort zu wohnen und zog zum Wohnen nach Xiyuan (heute Zhongnanhai).

Außer dieser Renyin-Palastrevolte ereigneten sich noch zwei Fälle hier in diesem Palast. Man spricht von den ‚drei merkwürdigen Fällen des Qing-Palastes'. Der Jiajing-Kaiser änderte seine üblen Angewohnheiten nämlich nicht. In späteren Jahren hörte er auf die Worte eines daoistischen Magiers: ‚Die erste Periode junger Mädchen schmilzt wie Zinnober' und ‚Mennige daraus machen'…" – „Was ist damit gemeint?" unterbrach Sun Yaoting den alten Eunuchen Chen. Dieser fuhr fort: „Die daoistische Lehre besagt, daß man die erste Periode von Mädchen zu ‚Mennige' schmelzen kann. Wenn man das ißt, kann man sein Leben verlängern und nicht alt werden. Der Jiajing-Kaiser wollte das täglich essen. Die Geschichtsbücher berichten, daß er im Alter einige Mädchen unter zehn Jahren hereinkommen ließ, nur um das zu machen. Außerdem dachte sich dieser daoistische Schurke noch eine Gemeinheit aus und sagte, daß man große Jujuben in die Scheidenöffnungen von jungen Mädchen stecken solle. Nach einigen Tagen würde man sie wieder herausnehmen und dem Kaiser als Medizin verabreichen. Deswegen sind in den siebzehn Jahren zwischen dem neunundzwanzigsten Jahr bis zum vierzigsten Jahr Jiajing insgesamt siebenunddreißig Hoffräulein gestorben."

Als er mit seinen Ausführungen bis zu dieser Stelle gelangt war, blies der Wind Schneeflocken auf das Papierfenster. Es gab ein Geräusch wie von Schreien. Der alte Chen sagte: „Das Weinen und der Kerzenschein vom Palast der Himmlischen Klarheit kamen, fürchte ich, von eben diesen Geistergespenstern zu Unrecht Getöteter. Angeblich sollen sie früher äußerst wild getobt haben. Dann wurden sie immer zurückhaltender. Vielleicht haben sie alle Stellvertreter gefunden und haben sich reinkarniert. Obwohl – derartige unglückliche Behausungen gibt es überall im Palast."

Sun Yaoting wurde am ganzen Körper kalt. Schnell blies er die Lampe aus und verkroch sich zwischen den Decken. Er konnte nicht einschlafen. Ihm war, als ob er undeutlich das ununterbrochene Weinen und Klagen hörte. In diesem tausendfältigen Meer von Palasthallen wußte niemand, egal ob aus Bronze geprägt, aus Holz geschnitzt, ob auf Stoff gestickt oder auf Papier gemalt, ob mit Energie oder energielos, ob mit Unrecht oder ohne Zorn, ob Herr oder Knecht, ob Mann oder Frau oder weder Mann noch Frau, was in diesen gewaltigen mysteriösen Hallen in der nächsten Viertelstunde passieren konnte. In den Stimmen der Gebete von morgens früh bis abends spät, in den Rauchfahnen aus den Weihrauchkesseln schwebten unzählige Seelen. Alte gingen, neue kamen, ohne Anfang, ohne Ende.

4. KAPITEL

Eunuch der Kaiserin

Der Tod der Fujin des Prinzen Chun

An einem regnerischen Tag im siebten Monat des Jahres 1921 wollten Sun Yaoting, Li Lanting und der zweite Chefeunuch, Mu Haichen, außerhalb des Palasts etwas erledigen. An dem schmalen Durchgang beim Tingjitor hörten sie plötzlich hinter sich das Gebell einer Hundemeute. Sun Yaoting meinte: „Laßt uns hierbleiben, der Gebieter der zehntausend Jahre geht mit seinen Hunden aus!"

Dem Kaiser zu begegnen, wenn er seine Hunde ausführte, fürchteten die Eunuchen, besonders die aus dem Palast der Ewigen Harmonie. Aber der Durchgang war schmal, es gab keine Kammern an den Seiten, wo man sich hätte verstecken können, und es war auch kein Baum zum Hinaufklettern in der Nähe. Die drei wußten nicht aus noch ein, und schon kamen zwanzig Jagd- und Wolfshunde auf sie zugelaufen. Mu Haichen und Li Lanting nahmen die Beine in die Hand und rannten vor der Meute her.

Als Sun Yaoting ebenfalls losspringen wollte, stolperte er, schlug geräuschvoll hin, und sein Schirm aus Ölpapier fiel ihm auf den Kopf. Er schloß die Augen und blieb bewegungslos liegen. Die Hunde hechelten heran, beschnupperten ihn eine Weile, Geifer tropfte ihm ins Ohr. Vor Schreck hielt er den Atem an. Vielleicht würden die Herren Hunde dann meinen, er sei tot. Sie setzten Li und Mu nach. Mu, der wußte, daß die

Hunde ohne ausdrücklichen Befehl von Puyi einen nicht so einfach bissen, stellte sich mit dem Gesicht zur Wand vor die Mauer. Einer der Hunde legte ihm die Pfoten auf die Schultern und blickte sich nach Puyi um. Die anderen verfolgten den verzweifelt davonlaufenden Li Lanting. Bald hatten sie ihn umstellt, schnappten nach ihm und rissen an seinen Kleidern. Sun Yaoting hob den Kopf und sah Puyi, der in Schaftstiefeln, Generalsuniform der republikanischen Armee, einen ausländischen Säbel an der Seite, stolz vorbeiging. Plötzlich rannte der Eunuch Xiao Xi'er vom Jingshifang heraus. Ein paar Hunde ließen von Li Lanting ab und stürzten sich auf ihn. Geistesgegenwärtig griff sich Xiao Xi'er einen Knüppel aus Dattelbaumholz, wie ihn die Nachtwächter zum Schlagen der Stunden verwendeten, hieb ihn dem vordersten Hund derb auf den Kopf und traf den nächsten an den Rippen.

Puyi, der nun um seine Hunde fürchtete, beeilte sich, sie zurückzurufen. Dann trat er nach Xiao Xi'er und schimpfte: „Was erlaubst du dir eigentlich!" Xiao Xi'er gab zurück: „Soll der Sklave etwa warten, bis er von den Bestien totgebissen wird?" – „Und wenn du die Hunde erschlagen hättest?" entgegnete Puyi. Auch Xiao Xi'er war in Wut geraten: „Dann wäre jedenfalls nicht der Sklave, sondern der Hund tot!" Puyi fragte: „Aus welchem Palast!" – „Der Sklave ist aus dem Jingshifang." Puyi sagte nichts mehr, betrachtete Li Lantings zerrissene Kleidung und die vielen Bißwunden und ging dann pfeifend mit seinen Hunden davon. Sun Yaoting rannte zu Li Lanting, um ihn zu stützten, und meinte zu Xiao Xi'er: „Diesmal hast du Ärger angerichtet." Der erwiderte: „Jetzt haben wir die Republik. Wenn er mich nicht will, verlasse ich eben den Palast!" Wider Erwarten kam nach zwei Tagen der Befehl, der Kaiser wolle Xiao Xi'er zum Leibwächter haben. Von diesem Zeitpunkt an kursierte im Palast das Wort: „Xiao Xi'er prügelte die Hunde und wurde damit Leibwächter." Puyi fürchtete sich vor Anschlägen, und das Halten von Hunden war eine seiner Vorsichtsmaßnahmen. An jenem Tag hatte er durch einen Zufall gemerkt, daß Xiao Xi'er mutig war, und so hatte er ihn als Leibwächter gefordert. Duankang, die Herrin des Palasts der Ewigen Harmonie, verstand sich mit Puyi nicht besonders gut.

Puyi wollte daher stets etwas Dampf ablassen, wenn er den Sklaven aus ihrem Palast begegnete, nie war er nachsichtig und immer auf der Hut.

Li Lanting hatte nicht verwinden können, daß ihn die Hunde gebissen hatten, obgleich Puyi nach dem Vorfall jemanden mit einhundert Liang Silber geschickt hatte, um die Verletzungen auszukurieren. Er meldete Duankang, der Herrscher der zehntausend Jahre gehe in Uniform mit seinen Hunden aus und hetze sie auf Leute aus dem Palast der Ewigen Harmonie. Duankang packte der Zorn. Sofort ließ sie Puyi herbeizitieren und maßregelte ihn. Seine beiden Lieblingseunuchen, Li Chang'an und Li Yannian, die ihm zu der Uniform verholfen hatten, bekamen zweihundert Schläge mit dem schweren Prügel und wurden zum Reinigungsdienst degradiert. Schon oft hatte Duankang Leute beauftragt, Puyi zu beobachten. Nach diesem Zwischenfall schickte sie in den Palast der Nährung des Herzens Eunuchen, die ihm aufwarten sollten. Es hieß zwar aufwarten, war aber in Wirklichkeit Überwachung. Einen besonderen Plan verfolgte Duankang dabei nicht, aber sie wollte Cixi an Selbstherrlichkeit in nichts nachstehen. Obwohl der Kaiser abgedankt war und der Innere Hof eigentlich in Ruhe hätte leben können, wollte sie den jugendlichen Monarchen stärker leiten. Das brachte Puyi zur Raserei, und seine alten Lehrer schürten das Feuer noch. Als Duankang sich schließlich angemaßt hatte, den kaiserlichen Arzt, Yuan Yimei, zu entlassen, benutzte Puyi die Gelegenheit, einen großen Streit vom Zaun zu brechen. Duankang befahl die Herzöge und Prinzen zu sich, heulte und schrie laut. Darauf ließ sie Puyis Großmutter und seine leibliche Mutter, Guarjia, zu sich rufen und heulte und tobte auch vor ihnen. Da blieb Puyi nichts anderes übrig, als sich zusammenzunehmen und gute Miene zum bösen Spiel zu machen.

Die Wellen des Streits zwischen Duankang und Puyi hatten sich gerade zwei Tage beruhigt, da rief plötzlich der Große Generaleunuch Liu Chengping Sun Yaoting zu sich: „Die Fujin des Prinzen Chun hat sich an dem Tag, als sie von unserer Herrin beschimpft wurde, kaum daß sie wieder zu Hause war, mit Opium vergiftet. Die Reue unserer Herrin kommt zu spät. Sie fürchtet, daß der Kaiser sich rächen will. Wir beide sollen für sie kondolieren und die Trauergeschenke, eine siebentägige Lesung von Sutren und Opfergaben, überreichen. Hol' du die Silbertael aus dem Schatzamt, dann wechseln wir die Kleidung, und ab geht's!"

Sun Yaoting nahm in aller Eile das Silber und trug die Summe in ein Register ein. Dann zog er eine kleine tief purpurfarbene Jacke an, die er sich ausgesucht hatte, und Stiefel mit kleinen Hörnern. Es war der neunte Monat, schon über den nackten Rücken rann einem der Schweiß in Strömen herab. Aber da war nichts zu machen. Er mußte als Vertreter der kaiserlichen Konkubine an einem Opfer teilnehmen, wie hätte er da wagen können, nachlässig gekleidet zu sein! Die beiden nahmen sich einen Wagen und fuhren am Ostufer des Shishasees entlang zu dem am Nordufer gelegenen Palais des Prinzen Chun.

Vor dem Tor des prinzlichen Palais herrschte reges Treiben. Autos, Sänften aus Bambus, Rikschas in allen Formen und Farben reihten sich bis vor das Tor des über einen halben Li entfernten Guanghua-Tempels. An den Sänften und Wagen konnte man erkennen, daß Mitglieder der kaiserlichen Sippe darin saßen, Prinzen und Herzöge, hohe Beamte der Republik, die Spitzen der Gesellschaft, aber die ärmeren nahen und fernen Verwandten waren ebenfalls anwesend. Außerhalb des großen Tores schlug ein dicker Kerl, der auf einem hohen Schemel stand, eine riesige goldene Trommel mit schwarzen Verzierungen. Die Bläser fielen ein. Sie bliesen, bis sie rote Köpfe hatten und ihre Gesichter anschwollen. Der Mann, der die Becken schlug, warf sie zwischen den einzelnen Schlägen hoch in die Luft. Ohne eine gute Bezahlung hätten sich die Musikanten natürlich nicht so angestrengt. Als der Empfangseunuch sie entdeckt hatte, ließ er Meldung machen. Liu Chengping und Sun Yaoting befanden sich hier als Stellvertreter von Duankang, brauchten daher niemandem den Qing'an-Gruß zu entbieten, sondern gingen, ohne zu säumen, weiter zur Seelenhalle.

Vor dem zweiten Tor hatte man, mandschurischem Brauch folgend, einen Bannermast aufgerichtet, und zwar auf der rechten Seite, weil der Verstorbene eine Frau war. Den Abschluß des etwa zehn Chi hohen Mastes, der in einem großen rotlackierten Holzgestell steckte, bildete ein kostbarer Baldachin, auf dem aus roter Atlasseide ein Wimpel in Schlangenform im Wind flatterte. Prinz Chun trat an der Spitze der anderen Familienmitglieder zur Begrüßung aus dem Zweiten Tor. Die Etikette verlangte, daß alle die Trauerkleider ablegten. Sun Yaoting folgte Liu Chengping, der keinen Qing'an-Gruß entbot, weiter ins Palastinnere. Vor dem Yinan-Palast standen die Schutzhütten. Ein Brauch aus alter Zeit schrieb vor, bei Hochzeiten, aber auch bei Trauerfeierlichkeiten im Hof Schutzhütten aus Bambusmatten aufzubauen, bei einem Trauerfall eine für die Gäste und eine für den Verstorbenen. Im Palast des Prinzen Chun hatte man die Hütte auf einer aus Brettern gezimmerten Mondterrasse errichtet. Sie war mit Teppichen und Matten aus Palmfasern ausgelegt, und man hatte Tische und Stühle mit blauem Wollstoff verkleidet, die Tischdecken und Stuhlhüllen waren, wie bei Trauer üblich, aus weißgemusterter blauer Atlasseide. Verwandte und Freunde drängten sich in der Schutzhütte. Alle Arten von Kondolenzsprüchen und Opferfahnen lagen in mehreren Reihen übereinander. Auf den Tischen häuften sich Opfermatten zu Bergen. Diener gingen hin und her, um zu frisieren, beim Einkleiden zu helfen, Tabak zu reichen und Wasser einzugießen. Es war ein einziges Begrüßen, Hereinbitten, Hinausbegleiten. Man hatte den Eindruck, einen Ameisenhaufen kurz vor dem Regen vor sich zu haben. Hinter dem Schutzhaus für die Gäste befand sich die Hütte für die heiligen Schriften. Dort rezitierten buddhistische Mönche, daoistische Priester und tibetische Lamas ihre Texte. Trommeln, Becken, Klangsteine ertönten wirr durcheinander. Ganz hinten befand sich, im Palaststil errichtet, die Seelenhalle. Sie hatte eine Höhe von ungefähr drei Zhang, und die Dachvorsprünge waren mit blauer und weißer Seide geschmückt. Durch ein großes Fenster in der Mitte des Dachs gelangten Sonnenstrahlen ins Innere und nahmen der Halle die Düsternis. Mitten auf dem nach mandschurischer Art gewölbten Sargdeckel hing über einem großen geschnitzten Kürbiskopf der Pelz eines Zobels samt Kopf und Schwanz. Auf dem Sarg befand sich ein Hallenregal. Vor dem Totenbett, das mit Wimpeln aus roter Atlasseide festgehalten wurde, lagen auf einem rechteckigen Tisch Gebrauchsgegenstände der Fujin, Teller, Teeschalen, Wasserpfeifenbeutel und anderes, und weiter vorn standen die fünf Opfergaben. Auf den Teppichen vor dem Tisch befanden sich die Dianchi, lange rechteckige Cloisonnéschalen für die Trankopfer. Die Nebenfujin des Prinzen Chun, seine Söhne, Töchter, Neffen, Nichten und andere Angehörige hatten Aufstellung genommen, die Männer mit schwarzen Kappen und schwarzen Schuhen auf der linken Seite, rechts die Frauen, die zwar Schmuck angelegt hatten, aber ungeschminkt waren. Man trug zwei Zoll breite Tuchstreifen.

Liu Chengping und Sun Yaoting traten zu den Dianchi. Prinz Chun selbst, der an der linken Seite kniete, goß Wein in ein Schälchen und reichte es Liu Chengping. Der hob es mit beiden Händen über den Kopf und goß den Wein dann aus. Dreimal wurde dieser Vorgang wiederholt, dann dankte Prinz Chun, das Gesicht von Tränen feucht, im Namen seiner Verwandten mit Kotau der kaiserlichen Konkubine für die Güte. Nach dem Trankopfer nahmen Liu Chengping und Sun Yaoting wieder ihren Rang als Diener ein und entboten Prinz Chun sogleich kniend den Qing'an-Gruß. Anschließend legten sie Trauerkleidung und Trauergürtel wieder an, um vor der Verstorbenen kniend, die Spendenriten durchzuführen. Das Weineingießen wurde an zwei männliche Diener delegiert. Liu Chengping übergab dem Generaleunuchen des Palais die von Duankang gestifteten eintausend Yuan Totengeld und die Dharanisutrendecke mit der in gelben Sanskritbuchstaben auf gelbes Satin gestickten Formel des Großen Mitleids, die man auf den Körper des Verstorbenen oder dessen Sarg legte. Duankang schenkte außerdem noch eine einwöchige Sutrenlesung. Um ihre Anteilnahme gebührend auszudrücken, hatte sie Liu Chengping und Sun Yaoting die Rückkehr in den Palast erst nach dem Abschluß der Lesung und dem Abstellen der Weihrauchaltäre, die sie persönlich in die Wege leiten sollten, erlaubt.

Man bat Sun Yaoting und Liu Chengping nun in die Hütte für Gäste, wo sie sich ausruhen und Tee trinken konnten. Sie waren gerade dabei zu beraten, wie das mit dem Auftrag für die Sutrenlesungen zu machen sei, da hörten sie, daß Abgesandte Puyis und der drei Konkubinen gemeldet wurden, so daß die

Zeremonie von eben wiederholt werden mußte. Die Angehörigen der verstorbenen Fujin, längst ermattet und kraftlos, mußten sich zusammennehmen und durchhalten. Sun Yaoting beobachtete, daß einige der Anwesenden sich über sie unterhielten und mit den Händen gestikulierend hinüber zeigten. Leise und undeutlich hörte er: „Das sind doch die beiden aus dem Palast der Ewigen Harmonie!" Dann verhaltene, spitze Frauenstimmen: „Die Sache mit dem Kaiser hat doch mit der Fujin von Prinz Chun nichts zu tun. Wozu denn Selbstmord begehen ..." Andere sagten zwar nichts, aber ihre Blicke sprachen Bände.

Sun Yaoting schaute sich um. Die Kondolenzsprüche lobten und priesen die Aufgeklärtheit und Klugheit der Fujin, sie enthielten nicht eine Anspielung darauf, wie sie gestorben war, als wäre sie nach einem langen Leben eingeschlafen. Zum Generaleunuchen Liu Chengping gewandt, meinte er: „Alter Gebieter Liu, wenn wir hier sitzen, beschwören wir herauf, daß man uns mit kalten Augen betrachtet." – „Was kann ich dagegen tun? Einfach die Augen schließen, und damit hat sich's!" – „Laßt uns so schnell wie möglich eine siebentägige Lesung bestellen. Ich habe gehört, daß alle Prinzenpalais Mönche vom Bolin- und Xianyan-Kloster, Daoisten vom Kloster zu den Weißen Wolken, Lamas vom Yonghegong und Nonnen vom Cuifeng-Kloster beauftragen. Laßt auch uns bei ihnen eine siebentägige Rezitation bestellen, dann ist die Sache doch wohl erledigt?" – „Hast du eine Ahnung", sagte der Generaleunuch. „Diese paar Tempel, ausgenommen das Nonnenkloster, wurden alle auf kaiserlichen Befehl oder als kaiserliche Stiftung gebaut. Sie sind jetzt staatlich, fast wie die Yamen. Die paar Mönche können nur meditieren, haben aber keine Ahnung von Musik. In der Stadt gibt es aber einen phantastischen Zhihua-Tempel, und ausgerechnet den beauftragt niemand. Ich möchte unbedingt Mönche von dort herbitten und die Nichtsnutze hier blamieren." – „Daß dieser Zhihua-Tempel etwas mit einem Eunuchen der Ming-Dynastie zu tun hat, habe ich gehört, weiß aber nichts Genaues." – „Unter Kaiser Yingzong gab es am Hof der Ming einen äußerst einflußreichen Eunuchen. Er hieß Wang Zhen und war der reichste Mann neben dem Kaiser, Berge von Edelsteinen, Gold und

Silber ohne Zahl gehörten ihm. Im neunten Jahr der Regierungsdevise Zhengtong, also im Jahre 1445, ließ er einen Tempel bauen und nannte ihn Zhihua-Tempel. Dort gibt es vier einzigartige Kostbarkeiten: Erstens einen bis zum Dachfenster des Tempels reichenden Gebetszylinder, zweitens ein Wandgemälde der Guanyin, drittens drei Deckenfenster, die fast so schön sind wie die im Palast, und viertens die Musik. Wang Zhen brachte Musik des Jiaofang vom Hofe in seinen eigenen Tempel und ließ sie von Mönchen zu seinem Vergnügen aufführen. Im vierzehnten Jahr Zhengtong, während der Ereignisse in Tumu, kam Wang Zhen um. Er hatte den Kaiser bewogen, persönlich an einem Feldzug teilzunehmen. Kaiser Yingzong wurde in der Burg Tumu lebend gefangengenommen, Wang Zhen inmitten der in Auflösung befindlichen Armee getötet. Die jungen Mönche im Zhihua-Tempel, die nun ihren Rückhalt verloren hatten, fingen an, sich mit Musik ihren Lebensunterhalt zu verdienen. Noch heute opfern sie dem Standbild von Wang Zhen. Und die Musik des Zhihua-Tempels erfuhr während der mehr als sechsundzwanzig Generationen, in denen sie überliefert wurde, nicht die kleinste Veränderung. Sie ist alt, einfach, erlesen, hundertfach besser als die von gewöhnlichen buddhistischen Klöstern. Wir wählen natürlich diese Musik."

Am nächsten Tag begaben sich die beiden in den Stadtteil Lumicang in der Oststadt und klopften an das Haupttor des Zhihua-Tempels. Als Abt Puyuan hörte, daß für ein Prinzenpalais buddhistische Messen gelesen werden sollten, nahm er den Auftrag sofort an und versprach, daß sie am folgenden Tag kommen würden. Die beiden Eunuchen nutzten die Gelegenheit, den Zhihua-Tempel zu besichtigen. Die Gebäude, die vor ungefähr fünfhundert Jahren erbaut worden waren, wiesen noch keine Schäden auf. Aber ein paar Müßiggänger verschiedener Nationen wohnten mittlerweile im Kloster.

Am folgenden Tag erschien Puyuan tatsächlich mit dreizehn Mönchen. Tagsüber spielten sie zwar zwischen den Lesungen ein längeres Stück, aber nichts Außergewöhnliches. Erst am dritten Tag wurde es interessant. Am besagten Abend gegen acht Uhr, als es bereits dunkelte und nur im Westen noch etwas Abendröte zu sehen war, brachten die Diener ein aus Sorghumstengeln, Papier und Klebstoff gefertigtes Gebäude. Es war nur etwa einen Zhang hoch und hatte zwei Stockwerke. Mit koreanischem Papier und farbiger Atlasseide waren Halle, Turm und Pavillon so kunstvoll nachgebildet, daß sie aus der Ferne von wirklichen Gebäuden nicht zu unterscheiden waren. Ebenfalls aus Papier gefertigte Pferde, Männer, Frauen und Kinder in Dienerkleidung, ungefähr so groß wie lebende Menschen, wurden aufgestellt, den Blick geradeaus, auf den Fuß der Mauer gerichtet. Und schließlich gab es noch Nachbildungen von Gebrauchsgegenständen, allerlei Kleidungsstücke, Kisten und Koffer, Truhen voller Goldbarrenattrappen, kleine und große Yuanbao aus Papier, Goldziegel und dergleichen, alles in der Regel aus Seidenstoffen und Papier. Es hieß, daß die Tote diese Dinge bekäme, sobald die Nachbildungen zu Asche verbrannt seien. Obgleich nichts weiter als Papier und Leim, billig waren solche Attrappen nicht. Sun Yaoting hielt den Brauch für reichlich umständlich. Bei einem so hohen Preis, dachte er sich, wäre es doch besser, etwas Totengeld zu verbrennen. Damit hätte die Fujin bereits alles gekauft, was sie in der Hölle brauchte. Wozu noch in dieser Welt Arbeitskräfte und Geld vergeuden? Der Sohn eines Verstorbenen mußte beim Verbrennen der Attrappen ein Holztablett halten, auf dem in einer Tüte die persönlichen Daten des Verstorbenen, eine Liste der Beigaben und die Schlüssel für die Gebäude lagen. Im Palais des Prinzen Chun hatte man Puyis jüngeren Bruder, den fünfzehnjährigen Pujie, damit beauftragt. Nach den Vorschriften hätte der Sohn weinend aus der Seelenhalle kommen müssen, aber Pujie verstand damals noch nichts von Trauer beim Begräbnis der Mutter. Als er, von zwei ‚Familienmitgliedern' gestützt, die Halle verließ, verzerrte er zwar den Mund, brachte aber keinen Klageruf heraus. Für das Verbrennen war kein bestimmter Ort vorgeschrieben, und die meisten wählten das Seeufer. Das Feuer loderte zum Himmel auf und lockte Zuschauer an, die sich an der abendlichen Kühle erfreuten. In dem riesigen Feuer verbrannten papierene Menschen und Pferde, Gebäude, Edelsteine, Gold und Silber zu Asche und stiegen mit dem Rauch auf. Im Abendwind flogen unzählige Aschefetzen wie schwarze Schmetterlinge in den Himmel und sanken langsam wieder zur Erde.

Nachdem das Feuer erloschen war, begannen die Mönche sofort mit dem Yankou-Opfer, einer religiösen Zeremonie, die in der Tang-Dynastie, zur Zeit der Kaiserin Wu Zetian aufkam. Sie wird von den Verwandten ausgerichtet, damit der Geist des Verstorbenen aus der Unterwelt gerettet werden kann. ‚Yankou', Flammenmaul, ist die Bezeichnung für einen Hungergeist. Manche Übeltäter, die nach dem Tod in der achtzehnstöckigen Hölle landen, werden zu solchen Hungergeistern. Sie haben ein Kehle, dünn wie eine Nadel, können also nichts schlucken, und außerdem verwandelt sich alles Eßbare, das sie in den Mund nehmen, sofort in lodernde Flammen. Diese Strafe wird mit der Yankou-Zeremonie abgewehrt. Im Kanon der buddhistischen Klassiker gibt es ein ‚Dharanisutra zur Befreiung von Hungergeistern mit Flammenmaul'. Darin findet sich folgende Geschichte:

Als der Buddha im Jetavana-Hain von Kapilavastu weilte, predigte er für Mönche und Bodhisattvas das Buddhagesetz. Eines Tages meditierte Ananda, einer seiner zehn großen Schüler, allein in einem Raum. Um Mitternacht erschien vor ihm ein Hungergeist, nach der Art seiner Strafe wurde er Yankou, Flammenmaul, oder Mianran, der mit dem feurigen Gesicht, genannt. Sein Körper war ausgetrocknet, seine Kehle dünn wie eine Nadel. Feuer spuckend sprach er zu Ananda: „In drei Tagen ist dein Leben erschöpft und du wirst als Hungergeist wiedergeboren." Ananda erschrak und fragte nach einem Weg zur Rettung. Der Yankou sprach: „Wenn du morgen für mich und Tausende, Zehntausende von Hungergeistern sowie für heilige Brahmanen ein Dou Getreide spendest und darüberhinaus den drei Juwelen, Buddha, Buddhagesetz und Mönchsgemeinschaft, opferst, wirst du dein Leben verlängern, und ich kann in ein Paradies aufsteigen." Am nächsten Morgen berichtete Ananda dem Buddha Shakyamuni, was sich in der Nacht zugetragen hatte, und Shakyamuni lehrte Ananda eine Zauberformel mit dem Titel ‚Dharani der äußerst siegreichen wunderbaren Kraft der Helligkeit des in sich selbst ruhenden Glanzes unermeßlicher Majestät'. Solche Zauberformeln, die Buddhas und Bodhisattvas aus der meditativen Versenkung hervorbringen, sind geheim. Es sind Worte von unermeßlicher Kraft. Die Zuflucht zu den drei Juwelen streift das Meer der Bitternis ab und verhilft zum Eintritt ins Paradies.

Das Yankou-Opfer des Zhihua-Tempels war in der Tat außergewöhnlich. Besonders eindrucksvoll fand Sun Yaoting die Zeremonie des Weiterreichens von Lampen. Man nannte diese Art von Yankou-Opfer auch ‚Yankou des Weiterreichens von Lampen'. Zu Beginn wurden in der Leichenhalle bis auf das ewige Licht vor dem Sarg und die Wachskerzen auf den Opfertischen sämtliche Lampen gelöscht. Die Verwandten der Fujin des Prinzen Chun knieten im Halbkreis um den Sarg. Hinter dem Sarg sowie zwei Zhang davor stellten die Mönche zwei Bambusstäbe auf, an denen die ‚Lampenseile' befestigt waren. Zwischen zwei Seilen steckten etwas mehr als ein Chi große Männchen. Sie ritten auf Löwen oder Tigern, saßen auf Lotusblüten oder Schmetterlingen, an deren Unterseite kleine drehbare Achsen befestigt waren. In den Händen hielten die Männchen brennende Öllampen. Wenn die Mönche an dem einen Seil zogen, glitten die Männchen bis vor den Sarg. Dort nahmen Diener eines nach dem anderen ab und gaben es Pujie, der mit dem Gesicht zur Verstorbenen vor dem Sarg kniete. Pujie hielt das Männchen jeweils über den Kopf und reichte es dann dem nächsten männlichen Verwandten auf der linken Seite des Sarges, der es wiederum an seinen Nachbarn weitergab. Von einem zum anderen gereicht, langten die Männchen schließlich auf der rechten Seite des Sarges wieder an, wo Diener sie auf die Opfertische stellten. In der Dunkelheit sah man nur die vor und hinter dem Sarg hin und her pendelnden Männchen mit ihren Öllämpchen, ein Sinnbild der Unbeständigkeit allen Seins. Dazu spielten Mönche eine Musik, die wie Schluchzen klang, mal langsam, mal rascher, mal traurig, mal zornig. Den Zuhörern stiegen die Tränen in die Augen.

Als das Weiterreichen der Lampen beendet war, begann man mit dem Opfer. Einer der Mönche setzte die Krone der fünf Dhyâni-Buddhas auf und bestieg als Buddha Vipashyin den Thron. Danach rief er die Buddhas, die Dharmas, die Sanghas der zehn Richtungen des gesamten Universums, die Wächter der Geheimnisse der Lehre, die Schutzgottheiten, die acht Abteilungen der Drachen, die Brahmanen-Weisen und bat alle Heiligen, sich an der Zeremonie zu beteiligen und die Amritaspeisen zu genießen. Anschließend öffnete der Oberste Vajra-

Meister, ein Mönch im Meditationssitz, mit einem Siegel, das, der Sonne gleich, Strahlen aussandte, sämtliche Höllenpforten, und nun erschien der Bodhisattva Kshitigarbha an der Spitze der Seelenkönig-Bodhisattvas mit den einsamen Seelen und den wilden Teufeln, um den Himmelsnektar Amrita zu sich zu nehmen. Die Mönche stimmten einen Trauergesang an, zunächst vorsichtig und in tiefer Stimmlage, wechselten dann aber plötzlich ins Falsett, so daß der Gesang im höchsten Maße einem Weinen glich. Die Verwandten der Verstorbenen, die neben ihnen knieten, begannen laut zu wehklagen. Die Glocke ertönte, und die Mönche vollführten mit den Händen magische Gesten und rezitierten magische Formeln.

Sun Yaoting, der überhaupt nichts verstand, wandte sich an einen der Mönche: „Meister, was geschieht jetzt?“ – „Jetzt rufen wir die Hungergeister. Wie du siehst, bannt der Meister mit der Geste ‚Suchen nach Schuld‘ die Schuld der Hungergeister an einen Ort.“ Und bei der nächsten magischen Geste erklärte er: „Der Berg der Schuld ist erschüttert worden. Ah, wie du siehst, ist dieser Schuldberg nun wie ein Gebäude aus Ziegeln eingestürzt, hat sich aufgelöst wie Nebel und Wolken, wenn der Wind weht!“ Sun Yaoting rieb sich die Augen, sah aber nichts dergleichen. Er bekam nur mit, daß manche der Mönche recht lustlos mitsangen. Einer von ihnen rülpste sogar ununterbrochen. Der Mönch, den er angesprochen hatte, meinte: „Leute ohne die sechs übersinnlichen Fähigkeiten können nichts sehen.“

Später, es war schon tiefe Nacht, hatten dann die Buddhas, Bodhisattvas und Hungergeister genug Speisen und Getränke zu sich genommen, man verabschiedete sie einen nach dem anderen in die zehntausend Welten und beschloß die Zeremonie. Außer der Totenwache schliefen bald alle. Vor dem Sarg lagen die Amritaspeisen, die von den Mönchen verstreut worden waren, kleine Dampfbrötchen, Reiskörner und Wasser, und warteten darauf, von den Mäusen verspeist zu werden.

Nach Ablauf des neunten Monats im Mondkalender, als alle wohltätigen Handlungen ausgeführt waren, kehrten Liu Chengping und Sun Yaoting in den Palast zurück. Duankang hatte für jeden eine Belohnung.

In der ersten Oktoberdekade des Jahres 1922 befahl die kaiserliche Konkubine Duankang ihren Leuten, Sun Yaoting herbeizurufen. Sun entbot seiner Herrin den Gruß und wartete kniend und mit gesenktem Kopf auf ihre Fragen. Duankang erkundigte sich milde: „Wie ist die Zeit im Schatzamt?" Sun Yaoting antwortete: „Herrin, es ist sehr schön dort. Ihr seid sehr gütig, Herrin." Duankang forschte ihn nun noch aus, wie es um sein Elternhaus stehe, wieviel Brüder er habe. Wahrheitsgemäß beantwortete Sun eine Frage nach der anderen. Schließlich meinte sie: „Um dein Elternhaus ist es ja nicht gerade gut bestellt, ich werde demnächst eurem Chefeunuchen sagen, daß ich dir einhundert Liang Silber schenke. Such dir jemanden, der sie für dich nach Hause bringt."

Sun Yaoting beeilte sich, Kotau zu machen, um sich für die erwiesene Güte zu bedanken. Dann kam Duankang auf den eigentlichen Grund zu sprechen: „Ich habe dich heute rufen lassen, weil ich dich als Diener in den Palast schicken will. Vielleicht hast du auch schon davon gehört, daß der Kaiser heiraten wird. In den zwei Jahren bei mir hast du dich nicht schlecht gemacht. Ich belohne dich dafür mit einer höheren Aufgabe und übergebe dich der Kaiserin als kleinen Eunuchen."

Als Sun Yaoting das vernommen hatte, beeilte er sich, Kotaus zu machen: „Die Güte, mit der Ihr, Herrin, den Sklaven behandelt, wiegt schwerer als ein Berg, der Sklave möchte ewig an Eurer Seite sein und nirgendwo anders hingehen!" – „Du brauchst keine Angst zu haben. Leute aus meinem Palast bleiben immer meine Leute. Es wird dich keiner schikanieren. Deine Herrin habe ich für dich ausgesucht." Sun Yaoting, der Duankangs wahre Beweggründe kannte, machte einen Stirnaufschlag und sprach: „Es ist nicht so, daß Euer Sklave sich fürchtet, nur bringt er es wirklich nicht übers Herz, Euch, Herrin, zu verlassen und bittet daher, einen anderen zu wählen." Duankang lachte: „Wenn ich mir so anhöre, was für ein loyales Kind du bist, schicke ich dich um so lieber dorthin. Es ist nicht nötig, daß du noch mehr Unsinn daherredest.

Machst du deine Sache gut, um so besser, wenn nicht, kann ich dir auch keine Gnade gewähren. Und jetzt zieh' dich zurück."

Seit sich Duankang vor einem Jahr mit Puyi überworfen und die leibliche Mutter Puyis Selbstmord begangen hatte, zermarterte sie sich Tag und Nacht den Kopf, wie sie der zunehmenden Abkühlung ihrer Beziehung zum Kaiser Einhalt gebieten könnte. Schließlich war ihr eingefallen, daß Puyi bereits im heiratsfähigen Alter war. Diese Gelegenheit konnte sie nutzen, für Seine Majestät eine Kaiserin auszuwählen, um das Mutter-Sohn-Verhältnis wieder zu erwärmen, ja sie konnte sogar eine Frau von königlichem Rang einsetzen, zu der sie in engerer Beziehung stand. Duankang sandte Leute aus, um unter anderem die kaiserlichen Prinzen Zaiyang und Zaitao zu bitten, ob sie nicht etwas von ihrer Idee nach vorn durchsickern lassen könnten. Zaiyang und Zaitao baten, wie zu erwarten war, Zaiyi, den Minister des Haushaltsdepartements, She Xu, Zhen Baoshen, Johnston, den Lehrer Seiner Majestät, und Zhu Yipu, die Angelegenheit zu untersuchen. Alle stimmten am Ende darin überein, daß man eine Kaiserin auswählen sollte. Die Wahl beschäftigte sie ein Jahr lang, zum Schluß kamen Wenxiu und Wanrong in die engere Wahl. Wenxiu, die Tochter von Duanhong, war von der kaiserlichen Konkubine Jingyi ausgewählt worden. Duankang hatte Wanrong, die Tochter Rongyuans, gewählt. Beide kaiserlichen Konkubinen verfolgten damit ihre eigenen Pläne, hielten an ihren Vorschlägen fest, und keine von beiden war gewillt, nachzugeben. Zuletzt entschied Puyi selbst, Wanrong zur Kaiserin und Wenxiu zur Konkubine zu nehmen, womit die Sache vorerst beendet war. Doch zu dieser Entscheidung war der verwirrte Puyi von anderen gedrängt worden.

Sun Yaoting fand das ganze Intrigenspiel lächerlich. Jetzt, da die Tage der Großen Qing gezählt waren, Kaiser und Kaiserin in den Augen der Regierung der Republik wahrscheinlich nichts weiter waren als Kinder, die ein Schauspiel aufführten, und es wohl nie mehr dazu kommen würde, daß der Kaiser wieder ‚richtig' auf dem Drachenthron saß, wozu noch diese Mühe, wozu sich selbst und anderen Schaden zufügen. Es war schwer zu sagen, ob ‚hinter dem Vorhang' noch ‚Regierungsaudienzen‘ gewährt worden waren oder künftig derlei möglich sein würde. Wahrscheinlicher, daß der Einfluß des Kaiserhofes weiter zurückging und der Kaiser die Finger bald ganz von der Macht lassen mußte. Daher hatte sich Sun Yaoting nicht in das Ränkespiel der Konkubinen verwickeln lassen wollen. Aber nach Duankangs Antwort war für ihn nichts mehr zu machen. Er mußte sich in sein Los schicken und für sie ‚Auge und Ohr‘ spielen. Pflichtgemäß dankte er seiner Herrin mit einem Stirnaufschlag und zog sich zurück.

Die gesamte Planung der kaiserlichen Hochzeit lag bei Zaitao. Als Assistenten dienten ihm die Minister für Inneres. Zaitao befahl die Errichtung eines Büros zur Organisation der kaiserlichen Hochzeitszeremonie. Bis auf eine nicht geringe Anzahl von Alten und Schwachen zur Regelung der täglich anfallenden Geschäfte, gehörten alle im Innenministerium diesem Organisationsbüro an. Aber noch immer standen nicht genug Leute zur Verfügung, daher holte man sich Verstärkung aus dem Amt für die Angehörigen der kaiserlichen Sippe. Von jenem Organisationsbüro wurden auch alle Eunuchen und Hofdamen der künftigen Kaiserin Wangrong ausgewählt, die im Chuxiu-Palast wohnen sollte. Leiter des Büros war Zhong Kui, Obersekretär im Haushaltsministerium. Alle Einnahmen und Ausgaben lagen im Verantwortungsbereich dieses Mannes. Sobald er Sun Yaoting aus dem Schatzamt kommen sah, befahl er ihm, sich um die Aufstellung eines Teiles der Unkosten zu kümmern.

Zur Hochzeitszeremonie gehörten die Übergabe der Geschenke Seiner Majestät an die künftige Kaiserin, die Große Verlobung, die Zeremonie für die Konkubine, die nach der Einsetzung der Kaiserin stattfand, und schließlich die Großen Nuptialien. Sun Yaoting sollte bei der Übergabe der Geschenke assistieren und bei der Ausstattung des kaiserlichen Hochzeitsgemachs helfen.

Die Brautgeschenke Seiner Majestät an die Familie Rongyuan befanden sich in acht mit gelber Seide umhüllten Holzpavillons, in denen in brokatbezogenen kleinen Kästen Gold- und Silberbarren, alle Arten kostbarer Stoffe, Geschmeide, wertvolle Vasen und anderes lagen. Außerdem schickte man frisches Obst, kandierte Pfirsiche und Datteln, bernsteinfarbene Mandeln, Rahm-Erdnüsse, Freudenkuchen und ausgewählte Spirituosen. All dies war sehr leicht zu beschaffen. Man mußte es nur den Verkäufern der größeren Obstläden und Patisserien nördlich der Mauer der Verbotenen Stadt mitteilen, und schon wurde das Gewünschte zum Tor des Göttlichen Kriegers gebracht.

Die Zeremonie der Überbringung der Geschenke fand am 21. Oktober 1922 statt. Um zehn Uhr vormittags brachen die Prinzen Zheng Kun und Zhong Quan, Hauptgesandter und Stellvertreter, an der Spitze eines Trupps am Tor des Göttlichen Kriegers auf. Zheng Kun ritt ein dattelrotes edles Pferd aus Turkestan, ihm folgte Zhong Quan mit dem Knotenschnuremblem. Zu beiden Seiten Zhong Quans schritt die kaiserliche Garde mit gelben Drachenbannern aus Atlasseide, Holztafeln und Holzstangen. Hinter Zhong Quan trug man einen gelben Schirm, ihm folgten zwei schwarze und zwei weiße Pferde mit verzierten Sätteln, brokatenem Zaumzeug und gelben Satteldecken. Den Abschluß bildeten dann die Wagen mit den Geschenken. Etwa zwei- bis dreihundert berittene Soldaten der Miliz sollten den Weg bahnen. Die Musikantengruppe der kaiserlichen Familie, die dem Ministerium für Angelegenheiten der kaiserlichen Verwandten unterstand, sorgte für die musikalische Begleitung des Zuges, der in einem unaufhaltsamen Strom vorwärts marschierte. Es wirkte sehr majestätisch. Die Milizen der Regierung hatten den Weg auf beiden Seiten streng abgeriegelt. Überall streckten Leute die Köpfe hinaus, um das Spektakel zu verfolgen. Der Weg führte vom Tor der Irdischen Ruhe über die hintere Brücke in die Mützengasse. Rongyuan und sein Sohn Runliang waren schon lange vorher am Eingang zur Familienresidenz niedergekniet, um die kaiserlichen Gesandten zu empfangen. Sun Yaoting und die anderen Eunuchen brachten die Verlobungsgeschenke in die Residenz der Rong, und ohne ihnen Ruhe zu gönnen, wies Zheng Kun sie an, im Palast neue Befehle entgegenzunehmen.

Ein Tag für Zeremonien wie die Übergabe der Geschenke, war einfach festzulegen, aber die Wahl eines geeigneten Tages für die kaiserliche Hochzeit bereitete nicht unerhebliche Schwierigkeiten. Duankang hielt hartnäckig daran fest, Sterndeuter zu beauftragen. Zaiyang und Zaitao glaubten eigentlich nicht daran, aber andererseits war es unmöglich, über die Wünsche dieser bejahrten Konkubine hinwegzusehen. Also baten sie einige berühmte Sterndeuter, nach einem glückverheißenden Tag zu suchen. Die Folge war, daß jeder dieser Leute einen anderen Tag bestimmte. Die Erklärungen, mit denen die jeweilige Entscheidung begründet wurde, waren mit so vielen Fachausdrücken aus Wahrsager- und Orakelalmanachen gespickt, daß niemand sie verstand.

Zaitao wählte dann einen Tag aus, den man sich gut merken konnte, den ersten Dezember 1922, und schickte die dazugehörige Erklärung an Duankang. „Beraumt diesen Tag an", sagte Duankang, die auch nichts damit anfangen konnte. Wer hätte gedacht, daß dies einem Minister zu Ohren kommen würde, der sich in Orakelkunde und Sterndeutung gründlich auskannte. Bisher war noch alles, was er vorhergesagt hatte, eingetroffen. Der reichte eine Throneingabe ein, in der er ausführte, der erste Dezember, nach dem Mondkalender der dreizehnte Tag des zehnten Monats, sei der einzige Tag dieses Monats, vor dem man sich in Acht nehmen müßte. Wähle man jenen Tag für die Hochzeitszeremonie, brächte man nicht nur Kaiser und Kaiserin in Gefahr, sondern auch deren Söhne und Enkel. Es würde keine Nachkommen mehr geben, denn alle, die aus dieser Doppelstunde hervorgingen, müßten zu Gespenstern oder zu Verbrechern an der großen Qing-Dynastie werden. Er bitte Seine Majestät, die Sachlage zu überprüfen.

Puyi gab die Eingabe seinen Lehrern zu lesen. Johnston meinte: „Mit der chinesischen Sterndeutung kenne ich mich nicht aus. Aber wir Europäer halten die Zahl 13 für sehr unheilvoll. Für die Hochzeit suchen wir uns garantiert nicht den dreizehnten eines Monats aus. Eure Majestät wählen besser einen anderen Tag." Puyi war eigentlich gar nicht besonders an einer Heirat interessiert, glaubte auch überhaupt nicht an Glückstage und überließ die Entscheidung Duankang. Die fragte Zaitao, was man tun solle. Zaitao sagte: „Uns wurden mehrere glückbringende Tage empfohlen. Halten wir uns an die Empfehlung von Li Nummer vier, sagt Zhang Nummer drei bestimmt, sie sei nicht sicher. Halten wir uns an die Worte von

Zhang Nummer drei, hat Li Nummer vier etwas daran auszusetzen. Sie streiten endlos, aber nur einer kann schließlich recht haben. So kommen wir nie zu einem Glückstag. Nach Meinung Eures Dieners sollten wir es beim ersten Dezember lassen, da braucht man wenigstens nichts mehr zu ändern." Duankang blieb nichts anderes übrig, als damit einverstanden zu sein.

Ein paar Tage später, als Sun Yaoting unterwegs war, um Eßwaren für die kaiserliche Hochzeit zu kaufen, machte er einen Abstecher zur Residenz von Zaitao, um Meister Ren Yi einen Besuch abzustatten. Dabei kamen sie auf den gewählten Hochzeitstermin zu sprechen. Sun fragte: „Ist dieser Tag nun eigentlich glückverheißend oder nicht?" Ren Yi meinte: „Mit Sicherheit nicht. Aber Glück und Unglück hängen nicht von einem einzigen Tag ab. An ein und demselben Tag kann ich Pech haben, ein anderer aber Glück. Kluge und gebildete Leute achten darauf, daß die eigenen Ahnen und die der Angehörigen in eine Ahnenreihe eingereiht und so als zusammengehörig betrachtet werden können. Menschliche Existenz wird vom Zusammenspiel einer Unzahl von Ursachen bestimmt. Nehmen wir die Hochzeit Seiner Majestät. Hätte der Tongzhi-Kaiser einen Sohn gehabt, wäre es unmöglich gewesen, daß er den Guangxu-Kaiser zum Nachfolger auf dem Thron bestimmte. Und nur weil auch Guangxu keinen Sohn hatte, konnte Xuantong die Nachfolge antreten. Erst seit Puyi als Xuantong-Kaiser eingesetzt wurde, wählt man überhaupt die Kaiserin aus und bestimmt Glückstage. Über Glück und Unglück darf man sich natürlich nicht beliebig verbreiten, aber die große Qing-Dynastie hätte schon seit Kaiser Tongzhi eigentlich keinen Nachfolger mehr haben dürfen. Jene, die jetzt noch hartnäckig weitermachen, sterben entweder jung oder scheitern auf halber Strecke. Außerdem haben sie keine Söhne und keine Enkel, aber das habe ich alles schon gesagt, oder?" Sun Yaoting lief es kalt den Rücken hinunter. Er wechselte schnell das Thema, sprach noch über dieses und jenes und kehrte dann in den Palast zurück.

Im Yonghegong beriet Duankang gerade mit Zaitao und Zaiyang die Auswahl von Hofdamen und Matronen zur Ausstattung des ‚Freudenzimmers'. Hofdamen, die man damit betrauen konnte, mußten bereits einen hohen Rang haben und ‚Leute mit ganzer Familie' sein, also Ehepaare, bei denen beide Partner am Leben waren und die sowohl Söhne als auch Töchter hatten. Witwen oder Familien, die nur Söhne oder nur Töchter hatten, kamen nicht in Frage. Die letzte Entscheidung lag bei Zaitao, Ceng Chong und einigen anderen Kronprinzen.

Am dreißigsten November kamen Zaitao, noch ein paar Kronprinzen und hohe Adlige in Zwei-Mann-Sänften durch das Tor des Göttlichen Kriegers in die Verbotene Stadt. Sun Yaoting beeilte sich, sie mit dem Qing'an-Gruß willkommen zu heißen. Zaitao, bei dem er zuletzt als Untereunuch gedient hatte, und der seinen Eifer und sein Urteilsvermögen schätzte, sprach ihn mit seinem früheren Namen an: „Liujin, diesmal hast du beim Frühlingsfest nicht vor mir Kotau gemacht!" Sun Yaoting erwiderte rasch: „Die Herrin gab keinen Urlaub, der Sklave konnte sie nicht verlassen, hat aber Euch, Herr, nicht vergessen." – „Als Eunuch oberen Ranges kann man in der Residenz viel ausrichten, warte meiner Herrin, der Kaiserin, gut auf! Ich werde ein Wort für dich einlegen. Zum Obereunuchen oder Hauptverwalter befördert zu werden, wär doch nicht schlecht, was?" Sun Yaoting beeilte sich, mit Stirnaufschlag für die Güte zu danken.

Am ersten Dezember war jedermann im hinteren Teil des Palastes aufgeregt. Aber weil Zaitao und die anderen den Tag gut vorbereitet hatten, verlief alles einigermaßen geordnet, obwohl etwa eintausend Menschen innerhalb und außerhalb des Palastes unterwegs waren. Für alle Riten, für den Verkehr im Palastinnern und nach außen, für Speisen und Getränke waren, zusammen mit dem Minister für Haushaltsangelegenheiten, vier Minister zuständig, mongolische Verwandte des Kaisers, Nayantu und Gongsan Norbu, sowie Zaiyi und Puxin. Für den Empfang des Gefolges der Kaiserin fungierten Zaizhen und Zhao Xu als Hauptbeauftragter und Stellvertreter, gefolgt von je acht Männern der kaiserlichen Leibgarde. Diese sechzehn Männer trugen eine große Sänfte, Phönixsänfte genannt. Sie war mit einem großen Phönix aus Gold geschmückt. Die Adligen königlichen Ranges hatte Zaitao mit der Bereitung des ‚Freudenbettes' betraut.

Das kaiserliche Hochzeitsgemach war ein kleines heizbares Kabinett an der Ostseite des Palastes der Irdischen Ruhe. Über dem mit Schnitzereien verzierten Bett aus indischem Sandelholz hatte man einen Baldachin aus Brokat errichtet, der mit goldfarbenen Drachen und Phönixen bestickt war. Ebensolcher Brokat bedeckte das Lager. Außerdem lagen dort noch Decken und Kissen mit Drachen- und Phönixmustern. Auf einem kleinen halbrunden Tischchen in Wandnähe standen rote Kerzen, auch sie verziert mit Drachen und Phönixen. Große Schriftzeichen ‚Doppeltes Glück' hingen an der Wand. Betrachtete man die mit Goldpulver auf roten Grund gemalten Zeichen genauer, konnte man erkennen, daß sie aus vielen kleinen Drachen und Phönixen zusammengesetzt waren. Als die Zeit heran war, ließ Zaitao das weibliche Personal eine kostbare Vase, gefüllt mit Gold, Silber, Perlen und den fünf Getreidearten, genau in die Mitte des Hochzeitslagers stellen und befahl anschließend Sun Yaoting, zwei Wagen vorzubereiten, einen großen und einen kleinen.

Der große Wagen mit Vorhängen aus blauem Wollstoff hatte purpurrote Zügel, ein Sonderrecht, das nur dem höheren Adel zustand. Der untere Teil des Wagens war mit rotem Wollstoff verkleidet, auch dies ein Vorrecht, in dessen Genuß erst Beamte vom dritten Rang aufwärts kamen. Adlige Damen und Palastdienerinnen in zeremoniellen Roben, an denen man ihren Rang ablesen konnte, nahmen in dem Gefährt Platz, wobei ihnen Sun Yaoting und vier andere Eunuchen halfen, indem sie einen kleinen Hocker bereitstellten und die Herrschaften stützten. In dem kleineren Wagen folgten sie ihnen zur Residenz der Familie Rong, um den Damen beim Aussteigen in gleicher Weise behilflich zu sein. Danach warteten Sun Yaoting und die anderen Eunuchen im Gästezimmer beim Tee auf die Phönixsänfte, während die Damen des Adels sich zur künftigen Kaiserin begaben, um Kotau zu machen.

Am großen Portal, am zweiten Tor und in allen Räumen der Residenz der Familie Rong hingen große rote, mit bunter Seide geschmückte Laternen, wie sie im Palast verwendet wurden. Die Herrschaften und sämtliche Diener hatten Festtagsroben angelegt. Die Frauen waren gepudert, wertvolle Agraffen aus

Gold und Jade schmückten das Haar, die Ohrringe glitzerten, ihre ganze Erscheinung erstrahlte im Glanz von Perlen und Edelsteinen.

Unter den Eunuchen, die mit Sun Yaoting gekommen waren, befand sich Wang Changlu, ein Stellvertreter des Obereunuchen. Ungefähr fünfundzwanzig Jahre alt, von graziler Gestalt, machte er einen frischen Eindruck. Er stammte aus dem Palast der kaiserlichen Konkubine Jingyi und war als Aufwartung bei der Kaiserin abgestellt worden. Dieser Mann war hochgebildet. Die ‚Fünf Klassiker' und ‚Vier Bücher' hatte er mehrmals gelesen, und man sah ihn stets mit Schriften wie den ‚Aufzeichnungen des Historikers', der ‚Synopse der Geschichte zur Hilfe bei der Regierung', in die er sich heimlich vertiefte, sobald er eine freie Minute hatte. Obwohl er erst ein paar Tage mit Sun Yaoting zusammen war, verstanden die beiden sich gut. Nachdem er mit großen Augen die festliche Residenz der Rong betrachtet hatte, sagte er zu Sun: „Ich möchte in diesem Leben auch einmal heiraten und auch mit soviel Aufwand." Sun Yaoting und die anderen Eunuchen taten, als hätten sie nichts gehört, starrten nur gedankenverloren vor sich hin. Plötzlich erhob sich vor dem Tor laute Musik und die Leute riefen: „Die Phönixsänfte ist da!" Alles lief nach draußen.

Zuerst erschienen berittene Soldaten der republikanischen Regierung. In der engen Mützengasse hatte die Miliz Mühe, ihnen Platz zu schaffen. Ihnen folgte die kaiserliche Ehrengarde, gekleidet wie höfische Beamte, an den Mützen rote Troddeln. Sie gingen in Zweierreihen und hielten Schirme, Stangen, Banner, Standarten, Speere und Schilde, das Knotenschnuremblem und das Siegel. Den Abschluß bildeten Musiker mit einhundert Zoll großen Trommeln und Rinderhörnern.

Zaizhen, gefolgt von Zhao Xu, angetan mit einer gelben Reiterjacke, an der Hüfte ein Schwert, ritten heran. Am Tor stiegen sie vom Pferd. Vor dem Hauptportal kniete Rongyuan, der Vater der Kaiserin, an der Spitze seiner Söhne und Brüder. Der Hauptabgesandte und sein Stellvertreter nahmen auf halber Treppe, das Gesicht nach Westen gewandt, Aufstellung. Ebenfalls auf halber Treppe setzte man die Sänfte für die Kaiserin ab, während sich die berittene Ehrengarde rechts und links vor der Treppe postierte. Auf einen Wink von Zaizhen zog sich Rongyuan nach dreimaligem Kniefall und neunfachem Kotau zurück. Zaizhen übergab nun Sun Yaoting, der an der Seite stand, das Knotenschnuremblem, Abzeichen der Diener des Kaisers, die Einsetzungsurkunde und das Goldene Siegel der Kaiserin. Unter Einhaltung der vorgeschriebenen Regeln brachten Sun Yaoting und zwei andere Eunuchen diese Gegenstände in die innere Halle, befestigten das Knotenschnuremblem an dem dafür vorgesehenen Ständer und legten Siegel und Urkunde auf die links und rechts davon aufgestellten Tische. Sun Yaoting begab sich nun in das Kabinett von Wanrong und erstattete Meldung, daß der kaiserliche Prinz Zaitao sie bitten lasse, Urkunde und Siegel entgegenzunehmen. Kurz darauf erschien, gestützt von zwei Prinzen, die künftige Kaiserin. Sie trug eine Doppel-Phönix- und eine Doppel-Drachen-Robe, das Haar war in zwei Knoten aufgesteckt, und sie hielt in jeder Hand ein Ruyi-Glückszepter in Form des Zeichens ‚Doppeltes Glück'. Nachdem sie an ihrem Ehrenplatz niedergekniet war, wurden die Einsetzungsurkunde und die Verleihungsurkunde des Siegels verlesen. Anschließend nahm die Kaiserin Urkunde und Siegel in Empfang und verbeugte sich. Damit war die Investitur beendet.

Nach einer kurzen Erfrischungspause bat der Zeremonienleiter und Obereunuch respektvoll darum, die Phönixsänfte in die innere Halle bringen zu dürfen. Als der glückverheißende Moment zum Besteigen der Sänfte gekommen war, legten die kaiserlichen Prinzen das goldene Ruyi-Zepter im Innern der Sänfte, das vom Kaiser eigens mit Drachenzeichen versehen worden war, beiseite. Wanrongs Mutter und die Frauen aus der Residenz der Rong begleiteten die Kaiserin bis zur Sänfte. Dann nahm sie, ehrerbietig geleitet von den Palastdamen, ihren Platz ein. Angeführt von den Trupps des Hauptabgesandten und seines Stellvertreters begleiteten Sun Yaoting und die anderen Eunuchen die Sänfte bis zum großen Tor. Geschlossen kehrte auch die kaiserliche Garde zum Palast zurück.

Der Zug mit der Phönixsänfte gelangte durch das Tor der Östlichen Blüte in den Palast, denn seit Ausrufung der Republik war der Weg durch das Haupttor nicht mehr möglich. Am Palast der Reinheit zog sich die Ehrengarde zurück. Die Phönixsänfte mit der Kaiserin setzte ihren Weg zum Palast der Irdischen Ruhe fort. Hier verließ die Kaiserin die Sänfte. Prinz Zaitao nahm Äpfel aus ihrer Hand entgegen und händigte ihr seinerseits die kostbare Vase aus, die zuvor auf dem kaiserlichen Hochzeitslager aufgestellt worden war. Gemeinsam schritten sie auf einem roten Teppich in das Kabinett der Östlichen Wärme. Der Kaiser trat vor und nahm die rote Bedeckung der Kaiserin ab. Die perlenbesetzten Lampen hoch erhoben, geleiteten nun die Palastdamen Kaiser und Kaiserin in das Hochzeitsgemach, das außer ihnen niemand betreten durfte.

Sun Yaoting und die anderen warteten vor der Tür auf Nachrichten. Ein alter erfahrener Eunuch, der die Regeln und Gesetze des Palastes kannte, sagte: „Die Herrin ißt jetzt einen Fruchtbarkeitskuchen, damit sie bald einen ‚Großen älteren Bruder' zur Welt bringen kann." Sun Yaoting fragte Changlu scherzhaft: „Bruder Wang, ißt du an deinem Hochzeitstag auch einen Fruchtbarkeitskuchen?" Wang fuhr auf: „Was die da essen, esse ich auch. Seine Majestät hat eine Kaiserin und eine Konkubine, und ich werde mir später auch zwei Frauen nehmen!" Sun Yaoting hielt ihm schleunigst den Mund zu: „Bist du übergeschnappt? Wenn du heiraten willst, dann tu's doch, aber mach jetzt nicht so ein Geschrei." Nach einer Weile seufzte er: „In der Beziehung ist unser Leben vertan, da kannst du niemandem etwas beweisen. Und wenn du tausend oder zehntausend Fruchtbarkeitskuchen ißt, was soll's?" Wang Changlu senkte den Kopf und sagte nichts mehr, zertrat nur ein Kraut, das zwischen den Platten hervorgewachsen war.

Es war Winter und die Sonne verschwand schon zeitig hinter dem Meer der Paläste. Adlige und Palastdamen kehrten in ihre Residenzen zurück. Prinz Zaitao rief Sun Yaoting zu sich: „Meine Aufgabe ist getan, nur eines bleibt mir noch, und das möchte ich dir anvertrauen." – „Der Sklave wird seine Pflicht treu erfüllen", entgegnete Sun Yaoting. Der Prinz fuhr fort: „Auf dem Drachen- und Phönixbett der Kaiserin befindet sich ein kleines brokatbezogenes Kästchen aus der Residenz der Rong. Morgen, übermorgen oder am dritten Tag wird es dir von dem Mädchen Mei Xier übergeben. Du bringst es dann sofort in meine Residenz. Wann immer es dir übergeben wird, bringst du es mir. Du darfst keine Zeit verlieren, denn ich warte darauf, das Kästchen in der Residenz der Rong zu übergeben.“ Sun Yaoting bekräftigte mehrmals, daß er das Kästchen sofort bringen würde.

Gegen elf Uhr am Abend hatten sich Palastdamen und Eunuchen im Palast der Irdischen Ruhe allesamt zurückgezogen. Im kaiserlichen Hochzeitsgemach leuchteten die roten Kerzen, aber es herrschte vollkommene Stille, auch nicht ein Ton war zu hören. Sun Yaoting zog Mei Xier beiseite und fragte: „Wie sieht die Kaiserin denn aus?“ Und das Mädchen antwortete: „Nun, ganz so, wie es eben heißt: Mandelaugen, Brauen wie Weidenblätter, kleiner Kirschenmund. Und was die Leute im Altertum vom Glanz in den Augen einer schönen Frau gesagt haben, alles das trifft auf die Herrin zu.“ – „Wie kommt es“, fragte Sun, „daß Kaiser und Kaiserin überhaupt keinen Laut von sich geben?“ – „Was soll sich ein Paar wildfremder Menschen, die einander zuvor nie gesehen haben, auch sagen?“ war die Antwort. Von der Seite her ließ sich Wang Changlu spöttisch vernehmen: „Es wird doch wohl nicht so sein, daß sie vor lauter Fruchtbarkeitskuchen und Nudeln des ewigen Lebens kein Wort mehr herausbringen?“ – „Ach, red’ keinen Unsinn“, lachte Mei Xier, „sie hat ja nur einmal davon gekostet und weiß noch gar nicht, wie sie schmecken.“ – „Wenn die Herrin sie nicht ißt“, schlug Wang Changlu ihr vor, „sollten wir sie gleich morgen dazu bringen, daß sie uns beiden die Kuchen schenkt.“ – „Unverschämt!“ sagte Mei Xier mit einem verächtlichen Blick auf Wang Changlu.

Just in dem Augenblick öffnete sich der Türvorhang und seine Majestät Puyi rannte heraus. Alles beeilte sich, niederzuknien. In Begleitung des Generaleunuchen kehrte er in den Palast der Erhaltung des Herzens zurück und kam in dieser Nacht auch nicht wieder. Die Kaiserin blieb allein und schlief, ohne sich auszukleiden, bis zur Morgendämmerung.

Das kleine Kästchen

Am dritten Dezember empfingen Kaiser und Kaiserin die Glückwünsche der Gäste aus dem In- und Ausland. Prinzen und hohe Adlige der kaiserlichen Familie, Minister im Prinzenrang, ausgesuchte Vertreter der Regierung und die ausländischen Botschafter mit ihren Frauen brachten warme Freudenfeststimmung in die kalten Mauern der Verbotenen Stadt. Als sich aber die Gäste so nach und nach wieder entfernten, kehrte die alltägliche Melancholie in den Palast zurück. Nach dem Anzünden der Laternen erinnerte sich Sun Yaoting, daß Prinz Zaitao am Vormittag hatte nachfragen lassen, wo das brokatbezogene Kästchen bliebe. Etwas beunruhigt rief er Mei Xier heraus. Die war an diesem Abend nicht zum Nachtdienst eingeteilt, sondern spielte mit anderen Mädchen ‚Beutel werfen'. Sun fragte: „Der siebte Gebieter, Prinz Zaitao, drängt mich, ihm das Kästchen auszuhändigen. Warum gibst du es mir nicht?" Mei Xier antwortete: „Was soll ich machen, die Herrin hat es mir noch nicht gegeben." – „Was ist denn das eigentlich für ein Ding?" Mei Xier meinte: „Ich weiß es auch nicht. Der prinzliche Gebieter hat der Herrin Kaiserin das Kästchen am Tag der Hochzeit direkt vor die Augen gehalten und ihr eine halbe Ewigkeit lang etwas ins Ohr geflüstert. Die Herrin wurde rot, hat den Kopf gesenkt und gelächelt. Als der Prinz das Kästchen öffnete, stand ich ziemlich weit weg und habe nicht viel gesehen. Aber offenbar ist nur ein weißes Tuch drin."

Sun Yaoting hatte so ziemlich verstanden. Das nach der Hochzeitsnacht blutbefleckte Tuch sollte beweisen, daß die Chrysanthementochter noch Jungfrau war. Andernfalls galt sie als ‚gebrochene Melone' und konnte mit einem Scheidungsbrief in ihr Elternhaus zurückgeschickt werden. So war es mandschurischer Brauch, und auch eine Kaiserin war davon nicht ausgenommen. Seufzend sagte er zu Mei Xier: „Kannst du nicht heute anstelle von Jadeduft den Nachtdienst übernehmen und die Herrin etwas drängen, das Kästchen herauszugeben?" Mei Xier meinte: „Läßt sich die Herrin etwa von dir was sagen? Ich jedenfalls kann da nichts ausrichten." Sprach's und verschwand im Zimmer. Unverrichteter Dinge blieb Sun Yaoting an der Treppe des Palasts der Irdischen Ruhe zurück.

Während der Hochzeitsfeierlichkeiten wurden an jedem Tag ununterbrochen Theaterstücke aufgeführt, einige der berühmtesten Schauspieler traten im Palast auf. Am zweiten Tag besuchten auch der Kaiser, die Kaiserin und die kaiserlichen Konkubinen die Aufführungen. Bei dieser Gelegenheit sah Sun Yaoting, der in der Nachmittagsvorstellung den Herrschaften Obst reichte, seine neue Herrin zum ersten Mal aus der Nähe. Die damals fünfzehnjährige Wanrong erinnerte ihn an die verstorbene Palastdame Xiao Yue. Sie war schön, hatte lebhafte Augen, aber auch ihr sah man an, daß sie wohl unter einem unglücklichen Stern geboren wurde. Die ‚Lehre des Meisters Ma Yi von den physiognomischen Merkmalen', die Sun Yaoting sich von Ren Yi geliehen hatte, war zwar äußerst schwer zu verstehen, aber betrachtete man einen Menschen ganz genau, vermochte man mit einiger Mühe doch, an ihm die dort beschriebenen Kennzeichen zu entdecken. Während die kaiserlichen Konkubinen sich ganz und gar den Aufführungen hingaben, sah die Kaiserin bald auf die Bühne, bald betrachtete sie die mandschurischen und mongolischen Adligen im Hof, und auch nur sie nahm etwas von dem angebotenen Obst. Offenbar war für sie hier alles neuartig und schön. Sun Yaoting faßte zu dieser Herrin sofort Vertrauen. Von ihr, dachte er sich, werde ich später nichts Bitteres zu erwarten haben. Im Herzen dankte er Duankang.

Es war der sechzehnte Tag im Mondkalender, ein riesiger Vollmond stand still und einsam am Himmel, und in seinem Licht sahen die Blumen aus, als wären sie mit Reif überzogen. Besorgt fragte sich Sun Yaoting, wo Seine Majestät wohl blieb, bis jetzt war er noch nicht ins kaiserliche Hochzeitsgemach zurückgekehrt. Da hörte er den kaiserlichen Leibeunuchen das Signal zum Räumen des Wegs für seine Majestät geben. Sun zog den Türvorhang beiseite und sprach, als Seine Majestät über die Türschwelle trat: „Herrscher der zehntausend Jahre, der Sklave bittet um Gehör." Puyi hielt an und fragte: „Was gibt es?" Leise sagte Sun Yaoting: „Prinz Zaitao schickt den Sklaven nach dem brokatbezogenen Kästchen für die Residenz der Rong." – „Weiß ich", antwortete Puyi und betrat das Kabinett der Östlichen Wärme.

Am nächsten Morgen paßte Sun Yaoting Mei Xier ab: „Hat dir die Herrin das Kästchen gegeben?" – „Nein. Was verfolgst du mich eigentlich dauernd deswegen?" – „Es ist außerordentlich wichtig. Geh' für mich zur Kaiserin und sag ihr, die herzogliche Rong-Sippe warte darauf." – „Sagen kann ich es, aber wenn die Herrin böse wird, fällt es auf dich zurück."

Nach einer Weile kam Mei Xier mit dem Kästchen heraus. Sun Yaoting stöhnte erleichtert: „Amituofo, endlich kann ich es überbringen!" – „Die Herrin läßt es Seiner Majestät übergeben. Von dort sollen Leute zur Residenz der Rong geschickt werden", teilte die Zofe ihm mit. Sun Yaoting öffnete das Kästchen und stutzte: Das Tuch war viereckig gefaltet und – schneeweiß. „Was hat das zu bedeuten?" sprach er zu sich selbst. „Die Herrin hat gesagt, wenn etwas nicht stimmt, soll man zum Kaiser damit gehen! Sieht so aus, als wäre sie auf Seine Majestät böse." – „Gib es mir", meinte Sun Yaoting, „ich überbringe es dem Kaiser."

Er begab sich in den Palast der Pflege des Herzens. Puyi las in einem Buch, als Sun Yaoting hereinkam und mit dem Kästchen vor ihm niederkniete. „Der Sklave hat für seine Schuld zehntausendfach den Tod verdient. Da ist etwas, von dem er nicht weiß, ob er es sagen soll?" – „Sag schon!" gab Puyi zur Antwort. „Solange das Kästchen nicht zurückgebracht wurde, ist das Palais von Fürst Rong in Unruhe. Wird es aber so überbracht, kann die Herrin Kaiserin über diese Sache dann wohl hinweggehen?" Puyi schwieg eine Zeitlang, dann meinte er: „Laß es hier. Wir geben dir das Kästchen morgen." Am nächsten Tag fragte Sun Yaoting Mei Xier, ob der Kaiser die Nacht hier verbracht hätte. „Seine Majestät war hier, aber zur Zeit der dritten Doppelstunde stürzte er plötzlich schweißbedeckt heraus und kehrte verärgert in den Palast der Pflege des Herzens zurück. Ich weiß auch nicht, was los war. Eben habe ich der Herrin das Haar frisiert und mich umgeschaut. Das Kästchen liegt immer noch auf dem Kang." Sun meinte: „Gib es mir. Ich bringe es Seiner Majestät." Mei Xier schimpfte: „So eine Kleinigkeit kann einen wirklich fertigmachen!"

Sun Yaoting ging mit dem Kästchen zum Kaiser. Er wartete nicht ab, bis Puyi den Mund aufgemacht hatte, rollte den Ärmel auf, zeigte auf seinen Arm und sagte: „Wäre es in Ordnung, wenn der Sklave mit ein paar Blutstropfen Soforthilfe leisten würde?" und zog aus dem Ärmel einen Glassplitter. Puyi erschrak, dachte dann aber nach und stieß einen Seufzer aus: „In Ordnung, wenn es die Situation entspannt, aber es darf niemand davon erfahren." Sun Yaoting versprach: „Wenn der

Sklave etwas verrät, möge der Gebieter der Zehntausend Jahre dem Sklaven die Zunge herausschneiden!“ Danach ritzte er sich in den Arm und ließ ein paar Tropfen Blut auf das Tuch träufeln. Puyi fragte: „Wie heißt du?“ – „Chunshou!“ Puyi nickte: „Daß du so zuvorkommend überlegt hast, hat dir Unannehmlichkeiten bereitet. Bei Gelegenheit gehst du ins Schatzamt und holst dir zehn Liang Silber zur Belohnung.“ Sun Yaoting rannte zum Tor des Göttlichen Kriegers hinaus direkt ins Palais des Beile Zaitao. Kurz danach zog Kaiserin Wanrong in den Palast der Gesammelten Eleganz, wo früher Cixi gewohnt hatte. Hinter dem Palast der Verkörperten Harmonie gelegen, befand er sich ganz in der Nähe jenes Palastes, in dem Puyi wohnte.

Die Halle im Palast der Gesammelten Eleganz war mit Möbeln aus Mahagoni und Sandelholz eingerichtet, darunter auch ein Klavier aus Deutschland. Kaiserin Wanrong, die Musik sehr gern hatte, spielte oft darauf. Sie blies auch Flöte. Ihr schneeweißes, aus Jade gefertigtes Instrument hatte einen angenehmen Klang.

Wanrong stammte aus vornehmem Hause. Ihr Urgroßvater war zwar nur einfacher Soldat im Dahur-Banner vom Oberlauf des Amur gewesen, aber schon ihr Großvater diente als Armeegeneral, und Rongyuan, ihr Vater, war, schon bevor er Hengxin, die zweite Tochter von Yulang aus dem kaiserlichen Klan der Aisin Gioro, zur Fujin nahm, ein über die Zentralebene hinaus bekannter wohlhabender Mann gewesen. Wanrong, die zwar in der Tradition der feudalistischen Beamtenfamilie aufwuchs, hatte aber, in der damaligen Zeit noch recht ungewöhnlich, eine Mädchenschule besucht und während ihrer Schulzeit moderne Kultur kennengelernt. Seitdem las sie gern Umgangssprachliches und blickte sehnsüchtig auf die westliche Zivilisation. Sie liebte ausländische Filme und Illustrierte und berauschte sich an Romanzen zwischen Prinzen und Prinzessinnen. Die Lektüre der ‚Kameliendame‘ hatte sie zu Tränen gerührt. Als ihr Vater von der Fünfzehnjährigen in einem Atelier Fotos machen ließ und sie erfuhr, daß sie Kaiserin werden würde, falls Puyi sie erwähle, geriet sie ins Träumen und fand ihre Ruhe erst wieder, als die Sache nicht mehr rückgängig zu machen war. Wanrong war sehr lebhaft, freundlich und liebte

Geselligkeit. Die steife Haltung einer Kaiserin lag ihr nicht, manchmal vergaß sie sogar jeden Standesunterschied und amüsierte sich mit Hoffräuleins und Eunuchen. Im Vergleich zu ihr war Wenxiu, die Konkubine Shu, viel altmodischer. Noch keine vierzehn Jahre alt, verhielt sie sich dennoch vorsichtig wie eine Erwachsene. Sie saß fortwährend im Zimmer und las oder machte Schreibübungen. Einmal hatte Puyi sie dabei beobachtet und mit dem Fingernagel ans Fenster geklopft. Wenxiu hatte nur den Kopf gehoben, den Kaiser angesehen und weitergeschrieben. Nicht sonderlich getroffen, nur etwas verärgert war Puyi in den Palast der Gesammelten Eleganz zurückgekehrt. Dagegen bereitete ihm Wanrongs Freundlichkeit gegen jedermann Angst. Jedesmal, wenn der Kaiser kam, zogen sich Eunuchen und Hoffräulein, die sich gerade unterhielten, weit zurück.

So kurz nach der Hochzeit befand sich die Kaiserin, ein junges Mädchen, das gerade zur Liebe erwacht war, noch im Taumel des Glücks. Ständig fragte sie: „Wo ist Seine Majestät?" Sun Yaoting trachtete eifrig danach, stets als erster zu antworten: „Der Sklave hat Seine Majestät im Palast der Pflege des Herzens beim Lesen gesehen!" Manchmal erkundigte sich Wanrong eifersüchtig: „Der Kaiser ist doch drüben, oder?" Mit ‚drüben' war ‚bei Wenxiu' gemeint. Jedesmal, wenn Sun Yaoting merkte, daß Wanrongs Mißtrauen sie unzufrieden machte, nahm er den Kaiser bei ihr in Schutz. Kaiserin und Konkubine hatten keinen Umgang miteinander. Sah Wanrong den Kaiser nicht, argwöhnte sie daher stets, er sei bei Wenxiu, während diese Puyis kühles Wesen darauf zurückführte, daß er die Kaiserin zu sehr favorisiere. Mit der Zeit wurde Wenxiu immer verdrossener. Einmal hatte sie Puyi gar nicht beachtet, als er zu ihr gekommen war. Die Eunuchen an ihrer Seite hatten ihr zugetragen: „Auf Euer Foto, Herrin, hatte Seine Majestät einen Kreis gemacht, später hat die Jadekonkubine aus irgendeinem Grund diese Herrin da ausgewählt!" Daraufhin begann Wenxiu Duankang zu hassen.

Seit Puyi aus dem Palast der Irdischen Ruhe in den Palast der Pflege des Herzens zurückgekehrt war, hatte er die Kaiserin nicht mehr ‚beglückt'. Einmal war Puyi nach dem Abendessen zum Plaudern in den Palast der Gesammelten Eleganz gekommen. Nach etwa zwei Stunden hörte Sun Yaoting ihn sagen: „Ich kehre doch noch in den Palast der Pflege des Herzens zurück, ich habe heute Abend noch Bücher zu lesen." Ohne daß inzwischen von Wanrong etwas zu hören gewesen war, vernahm er ein wenig später wieder Puyi: „Ich fühle mich neuerdings sehr müde. Morgen lasse ich mir vom kaiserlichen Leibarzt den Puls fühlen. Dann ..." Sun Yaoting hörte nur noch Flüstern, dann herrschte Stille. Plötzlich rief Puyi nach ihm: „Chunshou!" Sun Yaoting hob eilig den Vorhang und trat ein. „Was gibt es, Gebieter der Zehntausend Jahre?" fragte er, nachdem er niedergekniet war. „Stell dich erst mal dahin." Also stellte sich Sun Yaoting auf die Seite und wartete. Beim Hereinkommen hatte er gesehen, daß Wanrong Puyi mit einer Hand an der Kleidung festhielt. Sie hatte den Kopf gesenkt, sprach kein Wort, auf ihrem Gesicht stand Scham. Allmählich lockerte sie den Griff. Beide schwiegen, und Sun Yaoting blieb nichts anderes übrig, als angelegentlich die Spitzen der eigenen Schuhe zu betrachten. Nach einer kurzen Weile richtete sich Puyi auf, sagte zu Wanrong: „Geh etwas früher zu Bett", und verließ den Raum. Wanrong brach in Tränen aus. Stumm zog Sun Yaoting sich vorsichtig zurück.

Nachdem er an jenem Abend im Palast der Ewigen Harmonie den Qing'an-Gruß entboten hatte, setzte er sich eine Weile zu Chunfu ins Zimmer. Der beklagte sich: „Seit du weg bist, hast du mich, deinen älteren Bruder, hier versauern lassen. Die Diener achten mich Väterchen nicht und schwärzen mich bei der Herrin ständig an. Verflucht noch mal! Wenn sie mich so ärgern, verbrenne ich sie allesamt!" Sun Yaoting redete ihm gut zu: „Genug, genug. In diesem Palast hier gibt es keinen, egal ob oben oder unten, dem es nach Wunsch ergeht, nicht einmal einer Majestät. Finden wir uns also ab damit!" Chunfu holte eine Flasche Branntwein hervor und nötigte Sun Yaoting, mit ihm ein paar Schälchen zu trinken. Anstelle von Häppchen gab es dazu nur geröstete Erdnüsse. Die beiden tranken, bis ihre Augen sich röteten und sie redselig wurden. Sun Yaoting war so leichtsinnig, die Geheimnisse des kaiserlichen Schlafzimmers auszuplaudern, erwähnte allerdings mit keiner Silbe die Sache mit dem Tuch. Da kam Leben in Chunfu. Mit großen Kuhaugen sagte er schadenfroh: „Ha, der Alte Gebieter hat sein Ding noch, aber es klappt nicht. Das ist wahrhaftig Vergeltung des Karma! Zu verlangen, daß man sich's abschneidet, nur um bei den Herrinnen Diener zu werden, ist das nicht Schikane? Er hat's, kann aber nichts damit anfangen. Das ist eine gerechte Strafe! Eine gerechte Strafe!"

Schreckensbleich hielt Sun Yaoting ihm den Mund zu: „Du bist wohl lebensmüde! Ich habe in guter Absicht mit dir darüber gesprochen, und zum Dank dafür willst du mich ins Unglück stürzen." – „Schon gut, schon gut. Ich sag nichts mehr." Sun Yaoting meinte: „Übrigens, was den Kaiser betrifft, seine Angelegenheiten kümmern mich nicht übermäßig. Mir geht es um die Kaiserin. Sie ist ein anständiger Mensch, und es geht ihr nicht gut. Sie ist ziemlich bedauernswert." Weil die Unterhaltung unerfreulich geworden war, verabschiedete sich Sun Yaoting und ging.

Ein paar Tage später bat er um Urlaub und beriet die Angelegenheit des Kaisers mit Ren Yi. Der strich sich den graumelierten Bart: „Genügt es denn nicht, den kaiserlichen Leibarzt zu rufen, damit er ihn etwas Medizin einnehmen läßt und ihn akupunktiert, oder?" – „Der Kaiser fürchtet, daß sich dann die Leute das Maul zerreißen. Da läuft er lieber den ganzen Tag mit besorgtem Gesicht herum." – „Nun ja, fatal für den Herrscher ist das schon. Sich für einen echten Drachen- und Himmelssohn zu halten, ehrwürdig und erhaben über alles, und dann nicht fertigbringen, was selbst Ungeziefer kann. Da fällt es selbstverständlich schwer, den Mund aufzumachen." Er dachte eine Weile nach und sagte dann: „Ein Rezept ausstellen und Medizin einnehmen kann nur die Symptome kurieren. Ich habe hier ein paar daoistische Bücher über Verlängerung des Lebens. Darin stehen auch ein paar alte Methoden, die speziell Impotenz heilen. Leg sie zwischen die übrigen Bücher, aber so, daß es der Kaiser nicht sieht. Wenn er von sich aus darin gelesen hat, kannst du ihn dann behutsam dazu bringen, sich behandeln zu lassen. So schonst du sein Selbstwertgefühl und machst dich auch noch beliebt. Wer weiß, vielleicht machst du damit noch Karriere? Die Grundlinien der Behandlung muß man selbst festlegen. Ich gebe dir noch ein Doppelspruchband. Wenn ihr das lösen und verstehen könnt, kennt ihr ein Geheimnis zur Nährung des Lebens." Er nahm aus dem Bücherregal ein Buch mit dem Titel ‚Klassiker der einen Faust'. In dem Klassiker steckte ein kleiner Zettel. Den gab er Sun Yaoting. Der schaute sich die Schriftzeichen an: „Was sind das denn für merkwürdige Zeichen? Da kenne ich kein einziges."

Ren Yi lachte: „Wenn du die kennst, kommst du an die Geister und Heiligen der Himmelsbücher heran. Ich werde dir heute ein paar Erklärungen geben und dich zum halben Heiligen machen. Gleich morgen nimmst du es zum Kaiser und unterweist ihn. Dann wird er dich natürlich hochschätzen." Er las vor: „‚Im Jadeofen braut man das Leben verlängernde Elixier, das wahre Dao vervollkommnet Leben förderndes Zinnober.' Das erste Schriftzeichen liest sich wie Jade (yu). Es bedeutet wertvoll und kostbar. Im Haus gibt es die drei Strahlenden: Sonne, Mond und Sterne als Kostbarkeiten, die Menschen haben die drei Dinge: Essenz, Energie und Geist. Im Inneren des menschlichen Körpers gibt es drei Kostbarkeiten, die so wertvoll wie Jade sind. Verfällt der Mensch, weil die Sinneseindrücke zu mannigfach und störend sind, Trieben und Begierden, kann er sie nicht behalten. Daher ist es nötig, auf die drei Schätze, Essenz, Energie und Geist, zu achten und sie zu mehren. Nun zum zweiten: ‚Ofen'. Das ist das Gerät zum Brauen der Medizin. Es gibt zwei Arten von Zinnober zur Nährung des Lebens. Bei der ersten nimmt man Kräuter, Holz, Steine, Silber, Sand und dergleichen Arzneimittel, um in dem Ofen ein Elixier zu destillieren. Das nennt man Äußeres Zinnober. Dieses Zeichen hier bezeichnet die Gewinnung des Inneren Zinnobers. Essenz, Energie und Geist können über die Vereinigung von Yin und Yang ein echtes Zinnober zur Nährung des Lebens bilden. Das dritte Schriftzeichen bedeutet, mit Wasser und Feuer des eigenen Körpers brauen. Jedesmal um Mitternacht, wenn der menschliche Körper am ruhigsten schläft, erregt sich das echte Yang und die feinen Flüssigkeiten sieden. In diesem Augenblick muß man das Yang mit der Aufmerksamkeit (dem Feuer) absorbieren und daraufhinwirken, daß es nicht ausläuft. Dein Kaiser kann bestimmt das ‚Feuer' nicht anwenden, daher laufen seine Flüssigkeiten oft aus, und das führt dazu, daß sein Yin überwiegt und sein Yang vergeht. Bei einer Vereinigung von Yin und Yang ist er zwangsweise impotent. Das vierte Schriftzeichen bedeutet ‚die Herzensfreude erhöhen'. Das fünfte Zeichen bedeutet ‚Verlängerung des Lebens'. Zur Verlängerung des Lebens muß man die Natur üben, das heißt, den Geist der Pflege des Herzens vervollkommnen, das Herz still machen und die Gedanken beruhigen, die zehntausend Gedanken alle leer machen. Erst dann kann man sich entspannt und frisch fühlen. Das Leben zu vervollkommnen, geschieht durch die Übung von Essenz und Energie. Vorsichtig bei Zimmerangelegenheiten: Dazu muß die Essenz voll und die Energie genügend sein. Das letzte Schriftzeichen in der Reihe liest sich ‚nian' und bedeutet ‚Langes Leben ohne Ende durch die Übung nach dem Gesetz'. Guangchengzi erklärte dem Gelben Kaiser das Gesetz der Pflege des Herzens: ‚Im Himmel und auf Erden gibt es Paläste. Yin und Yang haben Speicher. Achte vorsichtig auf deinen Körper.' Das nächste Schriftzeichen bezeichnet die feinen Flüssigkeiten im menschlichen Körper. Sie sind die Quelle für die höchste Medizin. Im daoistischen ‚Zinnober-Klassiker', im Kapitel über die Erweckung zur Wahrheit, heißt es: ‚Die Menschen verfügen in sich über die Medizin zur Verlängerung des Lebens, werfen sie aber selbst aus Unwissenheit weg.' Daher muß man auf die Essenz achten, die Essenz festigen, die Essenz üben und zuerst sein Herz reinigen und die Triebe vereinzeln."

Ren Yi hatte eine ganze Zeitlang geredet, und nachdem er die Bedeutung der zehn Zeichen erklärt hatte, nahm er eine Karte für Akupunktur und Moxibustion heraus. „Die Krankheit des Kaisers kommt von übertriebener Sorge und zu tiefen Zweifeln. Das führt aber dazu, daß sein Geist zerstreut ist, die Energie leer ist und die Essenz verlorengeht. Als Folge davon ist er impotent. Auf dieser Karte sind fünfzehn Stellen markiert, an denen Impotenz geheilt werden kann. Gib sie dem Kaiser zur Betrachtung. Wenn er sich heilen lassen will, kann ich ihm einen Daoisten vom Kloster zu den Weißen Wolken empfehlen, der Akupunktur und Moxibustion durchführt." Sun Yaoting sah, daß auf der Karte ein nackter Mann abgebildet war, auf dessen

Körper die Akupunkturstellen mit schwarzen Punkten markiert waren. Er verstand die Bezeichnungen für die Stellen nicht, also sagte er eben: „Ich nehme sie mit und zeige sie dem Kaiser." Daraufhin verabschiedete er sich von seinem Meister und kehrte in den Palast zurück.

Puyi war vom Naturell her argwöhnisch und engherzig. Sun Yaoting wagte es nicht, ihm vorschnell das Rezept zu geben und wartete auf eine Gelegenheit. Eines Tages kam Puyi in den Palast der Gesammelten Eleganz. Sun Yaoting hielt die Karte und den Doppelspruch am Körper versteckt und wartete, bis Puyi wieder gehen wollte. Am Fuße der Treppe tat er so, als ob er gestolpert wäre, und ließ dabei die Schriften fallen. Puyi hielt tatsächlich an und ließ sie sich zeigen, blätterte darin, und in der Meinung, daß die paar alten Rezepte bei seiner Krankheit genau recht kamen, dachte er sich: ‚Sowas brauchen Eunuchen doch nicht. Das hat Chunshou sich bestimmt geborgt, wollte es einreichen, hat aber nicht gewagt, das offen zu sagen.' Also rief er: „Chunshou, komm in den Palast der Pflege des Herzens!" Sun Yaoting sah, daß der Gesichtsausdruck des Kaisers gütig war, und folgte ihm froh. Puyi schickte alle umstehenden Eunuchen weg und fing an, Sun Yaoting über die Herkunft der Schriften zu befragen. Sun Yaoting wagte nicht, etwas zu verheimlichen und berichtete, daß die Herrin Kaiserin Tränen vergieße, daß er selbst die himmlische Güte des Kaisers vergelten und beitragen wolle, daß die Kaiserin bald ein Kind bekäme.

Puyi fragte: „Weiß noch jemand im Palast davon?" – „Nicht einmal die Geister wissen etwas. Daß der Sklave das Tuch in das Palais des Fürsten Rong gebracht hat, weiß jeder hier im Palast. Alle erwarten, daß Eure Majestät bald einen Kronprinzen bekommt. Keiner hat einen Verdacht." Puyi atmete erleichtert auf. Sun Yaoting ergriff die Gelegenheit, daß der Kaiser sich freute, und erklärte den Inhalt des Spruchbandes in einem Atemzug. Puyi war sehr erstaunt und befahl ihm, den Spruch abzuschreiben und am nächsten Tag mit Kommentar versehen einzureichen. Als Puyi die Karte für Akupunktur und Moxibustion betrachtete, fragte Sun, ob er einen alten Daoisten bitten könne, den Gebieter der Zehntausend Jahre zu akupunktieren. Puyi meinte, daß das nicht ginge. Wenn Außenstehende davon erführen, würde es bald in allen Zeitungen stehen. Das sei überhaupt nicht gut. Verschiedene Medizin nach einem so alten Rezept einzunehmen, sei auch nicht richtig, ob es nicht ein Hausmittel gäbe, das wäre am geeignetsten.

Sun versprach, am nächsten Tag auszugehen und sich danach zu erkundigen. Am folgenden Abend eilte er in den Palast der Pflege des Herzens. „Euer Sklave", sprach er zu Puyi, „ist den ganzen Tag herumgerannt und hat gegen die Krankheit Eurer Majestät ein paar Wildbretrezepte in Erfahrung gebracht. Zum einen ist da Hirschblut. Ein Messer in die Brust des Hirsches stoßen und das Blut noch warm trinken. Das führt dazu, daß das Yang des Menschen sich erhebt und nicht zerfällt." Puyi sagte: „Das ist wirklich zu eklig, wie sollte ich das bloß hinunterkriegen!" Sun Yaoting fuhr fort: „Die Hirschrute (das membrum virile) des Hirsches und des Stieres haben auch wundersame Kraft. Sie werden mit Fleischbrühe gekocht und in kleine Stückchen geschnitten. Weil jedes kleine Stück in der Mitte ein Loch hat und wie eine Kupfermünze aussieht, nennt man das im Volksmund ‚Münzen-Fleisch'. Es könnte nicht schaden, das zu probieren." Sun Yaoting fuhr fort: „Dann gibt es noch Hasima, eine Krötenart, aus der Provinz Heilongjiang. Das Mittel ist auch ganz ordentlich und in der kaiserlichen Apotheke vorhanden. Schließlich gibt es noch etwas ganz besonders wohlschmeckendes, und noch dazu gibt es das überall." Puyi fragte, um was es sich dabei handele. „Sperlinge. Sie werden knusprig braun gebraten und mit Sirup überzogen, so daß sie ganz schwarz sind. Man nennt sie ‚Eiserne Sperlinge'. Auch sie stärken das Yang." Puyi lachte: „Außer dem Hirschblut lasse ich das kaiserliche Viktualienzimmer alles zubereiten und du probierst davon. Wenn diese Gerichte nicht sonderbar schmecken, esse ich sie. Die ‚Eisernen Sperlinge', fürchte ich, gibt es nirgendwo zu kaufen. Nimm ein Netz und fange halt ein paar."

Sun Yaoting hatte dem Kaiser zwar mit diesem Vorschlag einen Gefallen tun wollen, hätte aber nie gedacht, daß die Aufgabe, Vögel zu fangen, auf ihn selbst zukommen würde. Damit verstieße er gegen das Verbot zu töten. Aber er wagte auch nicht, viel Worte zu machen, und zog sich zurück. ‚Münzen-Fleisch' und Hasima-Kröten hatte er bereits probiert, ihr Geschmack war ausgezeichnet. Puyi beglückte Wanrong zweimal. Eines Tages fragte Sun Yaoting den Kaiser: „Hat sich was getan, nachdem der Herrscher der Zehntausend Jahre die Medizin und Viktualien zu sich genommen hat?" Puyi erwiderte: „Diese Medizinen haben in der Tat eine kräftigende Wirkung auf das Yang. Nur ist es so, daß es bei der Begegnung mit dem Yin ausströmt und sich nach wie vor kein Erfolg einstellt." – „Vermutlich ist der Mangel an Flüssigkeit zu ausgeprägt und Ihr haltet am besten daran fest, diese Medizinen einzunehmen." Puyi entgegnete: „Wie kommt es denn, daß du immer noch keine ‚Eisernen Sperlinge' bringst?"

Sun Yaoting hatte in den letzten Tagen am Eckturm ein Netz ausgelegt, sich aber nicht versteckt, sondern in der Nähe gewartet, daß die Vögel hineingingen, was diese natürlich nicht taten. So hatte er sich zwar dem Befehl nicht widersetzt, aber auch das Gelübde, nicht zu töten, eingehalten. Dem Kaiser antwortete er: „Der Sklave hat ein Netz ausgeworfen, aber die Vögel in der Kaiserstadt gerieten wohl unter den Einfluß der glückverheißenden Energie des Himmelssohnes und sind Geister geworden. Sie sind nicht bereit, ins Netz zu gehen." Puyi, der eigentlich schon das Interesse daran verloren hatte, meinte daraufhin nur: „Schluß damit. Es ist unnötig, anderes Leben zu schädigen. Was vom Schicksal bestimmt ist, kann man nicht mit Gewalt erzwingen. Sei's drum!"

Seit Sun Yaoting das Vertrauen des Kaisers gewonnen hatte, sprach er ab und zu vor anderen Eunuchen davon, was der Kaiser ihm geschenkt hatte, erwähnte aber die Krankheit des Kaisers mit keiner Silbe. Eines Tages lief Puyi am Fenster vorbei und hörte, wie Sun Yaoting sich weit und breit über den Kaiser ausließ. Da argwöhnte er, daß er dabei war, das Geheimnis auszuplaudern, und geriet in große Wut. Er stürzte zur Tür herein, packte Sun Yaoting am Ohr und zog ihn in den Palast der Pflege des Herzens. Sun Yaoting kniete auf dem Boden und zitterte am ganzen Körper. Puyi zog aus der Schublade eine europäische Pistole, die er sich hatte kaufen lassen, warf sie auf den Kang und fragte mit strenger Stimme: „Was hast du gerade über mich gesagt? Wenn du mir jetzt nicht die Wahrheit sagst, bringe ich dich um!“ Sun Yaoting war vor Schreck wie betäubt und schlug geräuschvoll seine Stirn auf den Boden. Schleunigst sagte er: „Der Sklave hat nicht gewagt, auch nur ein halbes Wort über den Herrscher der Zehntausend Jahre zu lästern. Der Sklave war gerade dabei, über die Güte des Herrschers der Zehntausend Jahre zu reden! Die Güte mit der der Herrscher der Zehntausend Jahre den Sklaven behandelt, ist groß wie ein Berg. Der Sklave kann auch in drei Leben diese große Güte nicht vergelten!“ Puyi ließ die Eunuchen von eben herbeiholen und erkundigte sich. Tatsächlich hatte Sun Yaoting nichts Nachteiliges über den Kaiser gesagt. Da befahl er: „Steh auf. Hüte dich künftig, hinter meinem Rücken zu klatschen.“

Sun Yaoting zog sich zitternd und mit weichen Knien zurück. Die anderen Eunuchen stützten ihn auf dem Rückweg. Sun Yaoting meinte: „Bin ich vielleicht erschrocken! Es ist haargenau so, wie die Leute sagen: Einen Fürsten begleiten ist nicht anders, als einem Tiger Gesellschaft zu leisten.“ Am nächsten Tag sagte ein Eunuch aus dem Palast der Pflege des Herzens zu Sun Yaoting: „Nachdem du gestern abend gegangen warst, meinte der Zehntausend-Jahre-Herrscher, das habe euch eingeschüchtert. Er wolle doch sehen, ob ihr es noch wagen würdet, hinter seinem Rücken zu klatschen.

Nicht lange darauf wollte Puyi Sun Yaoting zum kaiserlichen Leibwächter bestellen. Aber nach dieser Erfahrung hatte er kein Verlangen, noch einmal an der Seite des Kaisers tätig zu sein, und bat Wanrong, zur Sprache zu bringen, daß sie ihn behalten wolle. Puyi bestand dann nicht mehr darauf, aber er rief Sun Yaoting noch häufig zu sich herüber und ließ ihn außerhalb des Palastes Bücher über Physiognomie, Orakelkunde, Exorzismen, Geomantie, Verlängerung des Lebens kaufen. Manchmal erörterten sie gemeinsam auch merkwürdige Vorkommnisse und außergewöhnliche Ereignisse im Buddhismus und Daoismus. Sun Yaoting suchte sich jemanden, von dem er Magie lernte, und brachte Puyi dann bei, was er wußte, aber all das mußte, vor den Augen der Lehrer Puyis verborgen, heimlich geschehen.

Wanrong interessierte sich für alles, was in der modernen Gesellschaft aktuell war, für Englisch und Musik. Sie spielte nicht nur selbst Klavier und Flöte, sondern unterrichtete auch Hoffräuleins und Eunuchen. Nicht lange dauerte es, und Wanrong wurde Sun Yaotings Flötenlehrerin. Der Palast der Gesammelten Eleganz war erfüllt von einer ruhigen und freudvollen Stimmung.

5. KAPITEL

Das Jahr 1923

Einbruchsserie

Um das Jahr 1923 war die innenpolitische Lage sehr angespannt. Kriegsherren hielten verschiedene Gegenden besetzt und lieferten sich untereinander Kämpfe. Zhang Zuolin wurde nach einer Niederlage aus der Zentralebene vertrieben, Xu Shizhang mußte von der politischen Bühne abtreten, und Li Yuanhong wurde mit dem Amt des Präsidenten betraut. Auch die übrigen politischen Kräfte erwiesen sich als sehr lebendig. Das Geschick des Kleinen Hofes war daher nur sehr schwer vorauszusagen. Puyis Gedanken kreisten bei Tag und Nacht darum, ob der ‚Wohlwollende Vertrag' mit der Republik China noch ein paar Tage länger halten, oder ob der abgedankte Kaiser zum tragischen Opfer politischer Machtkämpfe würde. Um nicht in eine ausweglose Lage manövriert zu werden, fing Puyi an, seinen Rückzug vorzubereiten. Eine seiner Maßnahmen bestand darin, Kostbarkeiten aus dem Palast zu schaffen. Er war sich darüber im klaren, daß er nichts würde mitnehmen können, falls er gehen mußte, und so ließ er seinen Bruder Pujie Kostbarkeiten aus dem Palast an entsprechenden Orten verstecken. Außerdem bereitete er sich darauf vor, gestützt auf die Leute von Übersee, ein Studium im Ausland aufzunehmen. Diese Sache war äußerst geheim, niemand im Palast wußte davon, nicht einmal Wanrong. Aber eines Tages wurden die Tore der Verbotenen Stadt doch geschlossen und niemand mehr heraus- oder hineingelassen. Es hieß, vom Haushaltsdepartement sei entdeckt worden, daß Puyi zum Studium nach England wolle. Danach erst zerbrach Puyis ‚europäischer Traum' endgültig. Wanrong, die sich das Ganze sehr zu Herzen nahm, war wütend, daß Puyi in seiner Selbstsucht nur daran gedacht hatte, selber wegzulaufen, ohne sich um seine nächsten Angehörigen zu kümmern.

Mit einem Schlag erwachten auch die Eunuchen aus ihrem dumpfen In-den-Tag-Hineinleben. Sie ahnten, daß über kurz oder lang der Baum fallen und die Affen sich zerstreuen würden, wie die Redensart heißt. Am besten war, daß auch sie sich beizeiten einen Ausweg suchten. Und der bestand ebenfalls in nichts anderem, als etwas Geld zu beschaffen, sich in einem Eunuchentempel ein paar Mu Land zu kaufen, um später versorgt zu sein, oder einen Laden zu eröffnen. Von da an begannen in der Verbotenen Stadt, dem Kaiserpalast zweier Dynastien, Diebstähle in großem Ausmaß. Raritäten und Kostbarkeiten, die seit Jahrhunderten, ja Jahrtausenden weitergegeben worden waren, befanden sich hier. Und diese Schätze, deren genaue Zahl niemand kannte, waren zum großen Teil noch nicht numeriert und inventarisiert. Daß dies den Dieben die Sache leicht gemacht hatte, mußte selbst Puyi später zugeben.

Weil die Verluste an Antiquitäten immer verheerendere Ausmaße annahmen, verhörte der Generaleunuch der neunten Halle auf Befehl der kaiserlichen Konkubine die Eunuchen unter Folter und Prügeln. Aber sie beharrten weiter fest darauf, nicht zu wissen, wer die Gegenstände gestohlen hätte. Manche behaupteten, Fuchsgeister und Wieselheilige wären die Diebe, und brachten als Beweis vor, daß so mancher Gegenstand, der in dem einen Palast verlorengegangen war, in einem anderen wieder auftauchte. Sie veranstalteten ein solches Gezeter, daß alle nervös wurden.

An einem Abend Anfang Juni 1923, es war sehr warm, vergnügte sich Sun Yaoting damit, im Wandelgang des Palastes der Gesammelten Eleganz Flöte zu spielen. Plötzlich stürzte der Jungeunuch Dequan herbei: „Im Palast der Glückschaffenden Tugend geht ein Gespenst um. Es rumort!" Sun Yaoting wußte, daß Puyi gerade den Befehl gegeben hatte, eine Inventarliste von den im Palast der Glücksgründung und Umgebung aufbewahrten Kunstgegenständen anzufertigen, und er hatte gehört, daß am nächsten Tag im Palast der Glückschaffenden Tugend mit der Sichtung und Ordnung begonnen werden sollte. Neugierig geworden rief Sun Yaoting Wang Changlu und wartete, bis drei, vier Leute zusammen waren. Dann ging es mit erhobenen Laternen zum Palast der Glückschaffenden Tugend. Hierher war schon seit langem niemand mehr gekommen. Der Palast wirkte kalt und furchteinflößend. Keiner traute sich hinein, sie blieben in einiger Entfernung stehen und horchten. Der Himmel war sternenbedeckt, zwischen den Firstgiebeln flogen Fledermäuse hin und her. Plötzlich hörten sie ein dumpfes Geräusch, und ihnen sträubten sich die Haare zu Berge. Dequan wollte schon zurückrennen, aber Wang Changlu hielt ihn davon ab: „Wovor hast du Angst? Wir sind doch so viele!“ Dequan erwiderte: „Gib bloß nicht an. Wagst du etwa, zur Palasttür zu gehen?“ – „Warum nicht?“ gab Changlu zurück. „Ihr werdet es gleich sehen!“ Sprach's und ging los. Nach ein paar Schritten kehrte er um: „Ihr müßt aber hierbleiben! Wenn der Dämon mich gepackt hat, dann rennt bloß nicht davon!“ Die Geräusche aus dem Palast hörten sich an, als würde eine Dämonenkralle nach etwas langen. Changlu nahm all seinen Mut zusammen und ging auf die Treppen zu. Er hatte den Fuß kaum auf die erste Stufe gesetzt, da flog von irgendwoher ein Stück Ziegel und landete laut aufklatschend direkt vor ihm. Die Eunuchen bekamen einen solchen Schreck, daß sie Hals über Kopf zurück in den Palast der Gesammelten Eleganz rannten. Außer sich vor Entsetzen brannten sie schleunigst ein paar Räucherstäbchen ab, machten wild durcheinander Stirnaufschläge und beteten um Gnade, weil sie nicht wüßten, welchen Geist oder Heiligen oder welche einsame Seele sie gestört hätten.

Am nächsten Tag erfuhr das Haushaltsdepartement davon und schickte jemanden zur Untersuchung. Da entdeckte man, daß das Schloß an der Tür zum Palast erbrochen war und auch eine der Truhen kein Schloß mehr hatte. Als man sie öffnete, schoß pfeilschnell ein Wiesel heraus und war im Nu verschwunden. Die Truhe war leer. Man fand an Hand der Inventarliste heraus, daß darin Geschenke gelegen hatten, die dem

Guangxu-Kaiser anläßlich seiner Heirat von den Ministern überreicht worden waren. Die Beamten des Haushaltdepartements argwöhnten, daß Eunuchen sie gestohlen und dann den Großen Wieselheiligen vorgeschoben hatten, aber ihnen fehlten Beweise. Es blieb nichts anderes übrig, als alle Paläste zu ermahnen, Vorsichtsmaßnahmen zu treffen und keinen Verdächtigen zu decken. Aber schon nach ein paar Tagen verschwanden dann wieder Wertsachen aus den Palästen.

Palast in Flammen

Am Abend des siebenundzwanzigsten Juni nach acht Uhr, Sun Yaoting unterhielt sich gerade mit den Hoffräulein im Palast der Gesammelten Eleganz, hörte er plötzlich draußen rufen: „Eunuchen, holt Eimer mit Wasser. Der Palast der Glücksgründung brennt!" Er ging vor die Tür und schaute nach. Die Nordwestecke war vom Feuer erleuchtet, Rauchwolken stiegen auf. Schnell rief er alle auf, nach Wassereimern zu suchen und gemeinsam zum Palast der Glücksgründung zu laufen. Das Feuer war vom neuen Palast der Tugendsonne ausgegangen und hatte sich bereits bis zum Palast der Glücksgründung, zum Turm der Breiten Entstehung, zum Pavillon der Duftenden Wolken und an andere Orte ausgedehnt. Die Paläste, Hallen, Kabinette, Pavillons, Terrassen waren alle miteinander verbunden, so daß sich das Feuer sehr schnell ausbreiten konnte. Sun Yaoting hatte zwar einen Eimer in Händen, aber es gab in der Umgebung kein Wasser. Die Beamten vom Haushaltsdepartement riefen laut nach den Eunuchen und befahlen ihnen, den Brand zu löschen. Manche holten daraufhin Wasser, manche aber sahen nur ratlos zu. Der Pavillon der Verlängerung des Lebens war bereits eingestürzt, das brennende Holz steckte die umliegenden Palasthallen und die alten Bäume in Brand. Aufgeregt telefonierte Shaoying, der Minister des Haushaltsdepartements, überall hin, und Puyi erteilte in gebührender Entfernung von der Brandstelle Anweisungen.

Sun Yaoting wußte, daß sich die Kaiserin Sorgen machte, und eilte in den Palast der Gesammelten Eleganz. Wanrong, erschrocken und ratlos, fragte sofort: „Wo ist Seine Majestät?"

Sun Yaoting beruhigte sie: „Der Gebieter der Zehntausend Jahre hält Abstand vom Brandherd. Er ist in Sicherheit." – „Ist unsere Lage hier kritisch", fragte die besorgte Kaiserin, „sollen wir ein paar Sachen zusammenpacken?" Sun erklärte: „Der Palast der Glücksgründung ist von hier ziemlich weit entfernt, das Feuer kann nicht herüberkommen." Anschließend rannte er in den Palast der Ewigen Harmonie, Duankang Bericht zu erstatten. Vor Angst zitternd vollzog Duankang vor einer Buddhastatue Kotau und brannte Weihrauch ab. Als sie Sun Yaoting kommen sah, fragte sie ihn nach dem Stand der Dinge. Vor Schreck brachte sie kaum ein Wort heraus, zeigte auf ein paar große Kästen neben sich und gab ihm zu verstehen, daß er sie wegtragen solle. Sun Yaoting wußte, daß Duankangs kostbarste und teuerste Dinge darin lagen. Er sagte: „Nicht einmal der Palast der Kaiserin ist in Gefahr, dieser östliche Palast noch viel weniger. Es heißt, eine ausländische Feuerwehrmannschaft sei gekommen, die Herrin braucht sich keine Sorgen zu machen." Danach kehrte er zum Palast der Glücksgründung zurück.

Die Feuerwehrmannschaft der italienischen Botschaft war schon an der Brandstelle eingetroffen, Wasserschläuche wurden zusammengeschraubt, aber in der Nähe gab es kein Wasser. Man mußte den Schlauch so verlängern, daß er durch die gesamte Verbotene Stadt, über die Palastmauer schließlich in den Wassergraben hing.

1888, im vierzehnten Jahr Guangxu, hatte das Zhendu-Tor Feuer gefangen und auf das Tor der Höchsten Harmonie, das Tor der Strahlenden Tugend und viele Speicher in unmittelbarer Nähe übergegriffen. Kostbarkeiten und Wertgegenstände aller Art waren in dem Brand vernichtet worden. Danach hatte der Guangxu-Kaiser eine Menge Geräte zum Feuerlöschen aufstellen lassen, Wasserfässer, Eimer, Leitern, Signalfahnen, eiserne Haken an langen Stangen. Tag für Tag waren die Wasserbehälter gefüllt worden. Aber das lag nun schon fünfunddreißig Jahre zurück und die Vorsichtsmaßnahmen waren in Vergessenheit geraten.

Hoffnung, das Feuer zu löschen, bestand keine mehr. Das Wichtigste war, es sich nicht weiter ausbreiten zu lassen. Als mit Unterstützung der italienischen Feuerwehr ein paar Gebäude, die mit dem Brandherd in Verbindung standen, abgerissen worden waren, brachte man das Feuer endlich unter Kontrolle, aber erst am nächsten Tag erlosch es gänzlich. Nach ersten Bestandsaufnahmen hieß es, daß allein 2665 goldene Buddhastatuen verbrannten, 1157 kostbare Kalligraphien und Gemälde, 435 Antiquitäten, zehntausend Bände kostbarer Bücher. Der Volksmund sagt: Echtes Gold fürchtet sich nicht davor, geschmolzen zu werden. Diesmal war viel echtes Gold geschmolzen und hatte sich mit Erde vermischt.

Am Mittag des nächsten Tages kam Puyi in den Palast der Gesammelten Eleganz. Wanrong schaute ihn zärtlich an und sagte: „Eure Majestät hätten nicht zu der Brandstelle gehen sollen, ich habe mich die ganze Nacht geängstigt!" Puyi antwortete: „Ein großes Feuer ist nicht weiter schlimm. Daß ein paar Antiquitäten verbrannt sind, will auch nichts heißen. Das wirklich Schlimme ist, daß jemand versucht hat, mich zu ermorden. Zu achtzig, neunzig Prozent ist das Feuer von Eunuchen gelegt worden. Ich habe bereits Haushaltsdepartement und Wache mit der Untersuchung beauftragt." Wanrong meinte: „Daß Eure Majestät in Sicherheit sind, ist das größte Glück. Das Feuer ist nicht unbedingt von jemandem gelegt worden. Es heißt, daß in der Neuen Halle der Tugendsonne ein Wiesel mit verbrannt sei. Nicht wahr, das haben doch wieder die Unsterblichen angerichtet?" – „Ein echter Unsterblicher kann doch wohl nicht verbrennen, oder? Geister und Dämonen sind ohnehin nur eine Erfindung der Eunuchen, um einen zu erschrecken!" Sun Yaoting, der die Unterhaltung draußen mit anhörte, bekam Herzklopfen. Wer weiß, wozu Puyi jetzt fähig war.

Die Wache befragte die Eunuchen aus dem Palast der Glücksgründung und den umgebenden Palästen einen nach dem anderen, Verdächtige wurden festgenommen. Im Palast breitete sich Entsetzen aus. Die Angelegenheit war in aller Munde. Zutiefst beunruhigt, aber machtlos beobachteten die alten erfahrenen Eunuchen, daß Puyis Angriffe sich nur gegen die Eunuchen richteten. Heimlichtuer zitterten und bebten jetzt vor Angst und waren wie von Sinnen. Wer zu den Eunuchen im Palast der Glücksgründung gute Beziehungen unterhalten hatte, versuchte sich mit aller Kraft reinzuwaschen.

Manche aber fanden an der Katastrophenstimmung sogar Gefallen, anderen war alles gleichgültig. Sun Yaoting hörte täglich das Heulen und Wimmern der Eunuchen, die von der Wache verhört und geprügelt wurden. Nach ein paar Tagen Verhör hatte die Untersuchung immer noch nichts ergeben.

Obwohl Puyi Kaiser war, übertraf seine Furcht noch die der Eunuchen. Er wohnte im Palast der Gesammelten Eleganz und ließ die Kaiserin an seiner Stelle den Mut zusammennehmen. Wanrong brachte Seine Majestät jeden Tag zeitig zu Bett, setzte sich dann unter eine Lampe und las. Ab und zu rief sie nach den Eunuchen auf Nachtwache. Sie fürchtete, daß sie einschlafen und Verbrecher eindringen könnten. Im Palast der Gesammelten Eleganz hatte man die Nachtwache verstärkt, die Leute unterhielten sich leise im Hof. Von Mitternacht bis in den Morgen wagte keiner, die Augen zu schließen.

Die Entlassung der Eunuchen und Hoffräuleins

Die Wache hatte einige zehn Leute verhört. Zu den Hauptverdächtigen, die so geprügelt wurden, daß sie am ganzen Körper Verletzungen davontrugen, gehörte Niu Sansheng, ein Eunuch aus dem Palast der Glücksgründung. Mit den kleinen Chefeunuchen, die nach oben buckelten und nach unten traten, vertrug er sich nicht, und so hatte einer von denen, mit Namen Changfu, die Gelegenheit genutzt, ihn zu denunzieren. Die im Zhonghua-Palast vermißte Goldseeschale sollte Niu Sansheng gestohlen und dann aus dem Palast geschafft haben, und außerdem hätte er ihn am Tag vor Ausbruch des Brandes dort wer weiß wozu allein neben einer Kammer verweilen sehen. Niu Sansheng wurde an den Balken gehängt und verprügelt. In seiner Wut sagte er: „Ihr laßt jetzt das Väterchen herab und das Väterchen sagt euch, wer die Sachen gestohlen und den Brand gelegt hat." Die Vollzugsbeamten ließen ihn herab und Niu Sansheng brüllte mit lauter Stimme: „Wir haben eine Republik! Auch ich gelte als Bürger. Und wenn ihr mich totschlagt, wird ein anderer für mich sprechen. Ihr sagt, ich hätte gestohlen und das Feuer gelegt, um die Spuren zu verwischen. Und eure Beweise? Ihr habt keine. Ich schon. Habt ihr nicht die prinzlichen

Gebieter, die Beile und Beizi, Tag für Tag in großen und kleinen Taschen Dinge nach draußen mitnehmen sehen? Es hieß, es seien Geschenke. Aber hatte jeder einen Zettel? Und die Gege und Fujin in ihren Sänften? Habt ihr hinter dem Tor des Göttlichen Kriegers etwa den Mut besessen, die Sänften zu öffnen und zu untersuchen, was sie mit sich führen? Die Vorgesetzten trugen Antiquitäten und Gemälde hinaus und behaupteten, das seien Geschenke vom Kaiser. Die sind reich geworden, und ich bekomme Prügel. Wenn ihr mich totschlagt, verwandle ich mich in einen Dämon und bringe euch einen nach dem anderen um. Und den, der mich verleumdet hat, lasse ich auch keinen guten Tod finden!"

Die Leute vom Haushaltsdepartement und der Wache fürchteten, daß er sogar noch den Kaiser in seine Beschimpfungen einbeziehen würde, und bedrängten ihn nicht länger. Nach einem genauen Verhör stellte sich heraus, daß es umsonst war, also ließen sie ihn frei. Voller Wut wegen der harten Behandlung war Niu Sansheng nicht bereit, die Sache auf sich beruhen zu lassen. In dunkler Nacht stürzte er in das Zimmer von Changfu, blendete ihn, indem er ihm Kalk in die Augen streute, und stach mit einem Messer auf dessen Kopf, Gesicht und Brust ein. Dann kletterte er über die Mauer und rannte davon. Changfu starb zwar nicht, war aber zum Krüppel geworden. Niu Sansheng hatte einen Zettel hinterlassen, auf dem stand, daß er zurückkommen und sich an den anderen rächen wolle.

Puyi, der die Vergeltung der Eunuchen fürchtete, erteilte dem Haushaltsdepartement sofort den Befehl, die Untersuchungen einzustellen und die Hauptverdächtigen vorerst freizulassen. Die Angelegenheit war ohne Ergebnis geblieben, und die Stimmung im Palast blieb gedrückt, angespannt, als ob großes Unheil bevorstünde. Puyi fand nach dem Schrecken, in den ihn der Brand versetzt hatte, weder bei Tag noch bei Nacht Ruhe. Am Tage schmeckten ihm Essen und Tee nicht, und nachts fuhr er im Schlaf vor Entsetzen oft laut schreiend auf. Ständig argwöhnte er, daß die Eunuchen ihn umbringen wollten. Daraufhin faßte er den Entschluß, alle Eunuchen aus dem Palast zu entlassen. Um nicht auf taube Ohren zu stoßen und diese Angelegenheit so rasch wie möglich zu erledigen, begab

Puyi sich unverzüglich in die Nördliche Residenz und setzte seinen Vater, Zaifeng, unter Druck. Zaifeng war anfangs nicht einverstanden und wandte ein, daß Eunuchen seit den Zeiten der Ahnen zum Kaiserpalast gehört hätten und man nicht unüberlegt handeln dürfe. Puyi stimmte dem nicht zu und ließ nach Zaitao schicken. Der war zwar nicht unbedingt dagegen, gab aber zu bedenken, daß bei einer Entlassung aller niemand mehr zur Bedienung da wäre. Das gehe auf gar keinen Fall, die Kaiserin sei noch jung und in allen Palästen seien viele Hoffräulein. Ohne Eunuchen werde man notgedrungen männliche Diener anstellen müssen, das sei nicht sehr angenehm. Dies zum ersten. Zweitens dürfe ein solches Vorhaben nicht zu früh an die große Glocke gehängt werden. Falls die fast eintausend Eunuchen anfingen sich dagegen zu wehren, seien die Folgen nicht abzuschätzen. Zaitao erinnerte Puyi daran, daß Hoffräulein einst versucht hatten, den Jiajing-Kaiser zu ermorden. Puyi erwiderte, die über hundert alten ehrlichen Eunuchen bei den kaiserlichen Konkubinen im Hinteren Palast könnten bleiben, sonst keiner. Von der Entlassung der anderen dürfe vorher nichts bekannt werden, auch um zu verhindern, daß noch mehr gestohlen würde. Die Entlassenen sollten sofort nach Bekanntgabe des Bescheids weggeschickt werden. Zaifeng war der Meinung, das alles sei etwas zu unvorsichtig, kam aber gegen Puyis Hartnäckigkeit nicht an und mußte klein beigeben.

Am frühen Morgen des sechzehnten Juli 1923, einem trüben und regnerischen Tag, erging vom Haushaltsdepartement der Befehl, daß alle Eunuchen sich am Tor der Himmlischen Reinheit versammeln sollten. Sun Yaoting wußte, daß Unheil bevorstand. Schleunigst befragte er das Orakel und erschrak. Es fiel äußerst ungünstig aus. Die Eunuchen standen zitternd im Regen. Manche hatten ein zerlumptes Tuch auf den Kopf gelegt, andere ließen das Wasser einfach das Gesicht herunterrinnen. Mit eiserner Miene verkündete Shaoying, Minister im Haushaltsdepartement, die Weisungen des Kaisers. Danach wurden 175 Eunuchen behalten. Die übrigen mußten den Palast unverzüglich verlassen. Shaoying las die Namen der Eunuchen vor, die behalten wurden, danach befahl er der Leibwache, die übrigen aus dem Palast zu eskortieren.

Dieser Beschluß traf die acht-, neunhundert Eunuchen wie ein Blitz aus heiterem Himmel. Mit aschfarbenen Gesichtern standen sie wie versteinert da. Seit es Eunuchen gegeben hatte, gehörten sie zum Kaiserpalast. Ruhm oder Schmach, Armut oder Reichtum, alles kam für diese armseligen Kreaturen, die weder Frau noch Mann waren, nur von dort. Von der übrigen Gesellschaft seit jeher verachtet, wurden sie an diesem Tag nun mit einer einzigen Weisung aus dem kleinen Reich, auf das sie angewiesen waren, um zu existieren, hinausgetrieben. Plötzlich hatten sie ihre Herrinnen verloren und waren ohne Stütze und Rückhalt, plötzlich warf man die Geächteten in das Meer der gewöhnlichen Leute. Welch ein furchtbares Schicksal! Manche knieten auf dem Boden und flehten den Kaiser um Gnade an. Manchen raubte der Tränenstrom die Stimme. Shaoying ließ die Eunuchen sofort in den Palast zurückgehen, ihre Habseligkeiten zusammenpacken und unter Bewachung herausholen. Sie wurden von der Leibwache einzeln untersucht. Wer Zeit gewinnen und nicht gehen wollte, dem nahm man sein Gepäck ab und geleitete ihn mit Gewalt hinaus. Alle wußten, daß das Spiel so gut wie verloren war und auch Bitten aussichtslos waren. Notgedrungen kehrten sie in den Palast zurück und packten ihre Sachen.

Sun Yaoting begab sich zuerst in den Palast der Ewigen Harmonie und verabschiedete sich von Duankang. Unter Tränen sagte sie: „Chunshou, es ist der Wille des Kaisers. Er sagt, weil es überall auf der Welt, in Japan, in England, in Schweden, in den Palästen keine Eunuchen gibt, brauchten wir auch keine. Aber das ist eine Ordnung, die wir von den Ahnen übernommen haben! Für die vielen Paläste nur so ein paar Leute zurücklassen, das reicht doch nie!“ Während sie sprach, wischte sie die Tränen ab. Sun Yaoting weinte ebenfalls: „Von jetzt an kann der Sklave der Herrin nicht mehr aufwarten, er bittet die Herrin, gut auf sich aufzupassen.“

Nachdem er sich von Duankang verabschiedet hatte, suchte er Wanrong auf, um auch ihr den Qing'an-Gruß zu überbringen und sich zu verabschieden. Wanrong sprach: „Diesen Ort hier zu verlassen, hat auch seine Vorteile. Warum sein Leben lang Diener sein. Ich schenke dir von meinem Geld zwanzig

Liang Silber. Wenn du zurückgehst, kauf dir ein paar Mu Land und bebaue es. Das ist auch gut. Nimm es dir nicht so zu Herzen. Auch ich werde hier vielleicht nicht mehr lange wohnen bleiben. Seine Majestät hat dich oft als verständig gelobt und wollte dich eigentlich nicht gehen lassen. Aber die Liste derer, die bleiben oder gehen, wurde vom Haushaltsdepartement angefertigt. Sollte sich eine Gelegenheit bieten, sage ich es dem Kaiser und lasse dich zurückkommen."

Sun Yaoting machte schleunigst Kotau und zog sich mit Dank für die Güte in sein Zimmer zurück, um zu packen. In eine Decke rollte er ein paar alte Bücher, seine Schreibutensilien und die abgenutzte Kleidung. Viel hatte er nicht, auch keine verbotenen Gegenstände, die er verstecken mußte, und so war er schnell fertig. Das Gehalt der letzten Jahre war längst in Jinghai. Mit dem, was ihm die Kaiserin geschenkt hatte, besaß er noch dreißig Liang. Er setzte sich auf den Rand des Kangs und wartete auf Wang Changlu, mit dem er das Zimmer geteilt hatte. Die beiden wollten den Palast zusammen verlassen. Doch Wang Changlu kam und kam nicht. Wo er ihn auch suchte, er fand ihn nirgends. Als er am Zimmer des Hoffräuleins Mei Xier vorbeikam, hörte er Weinen und Schluchzen. Sun Yaoting war gerührt. Er schaute durch einen Fensterspalt hinein und sah, wie Wang Changlu und Mei Xier sich weinend umarmt hielten.

Seit alter Zeit gab es in diesem Palast viele Liebesgeschichten zwischen Eunuchen und Hoffräulein. In der Ming-Dynastie sowie zu Anfang der Qing-Dynastie war derlei noch strikt verboten, aber gegen Ende der Qing-Dynastie wurden die Einschränkungen gegenüber den Eunuchen gelockert, und auch die Hoffräulein blieben nicht mehr ihr ganzes Leben lang im tiefen Palast eingesperrt. Mit vierundzwanzig Jahren konnten sie aus dem Palast gehen und heiraten. So kam es noch häufiger zu Liebesbeziehungen zwischen Eunuchen und Hoffräulein. Manche hatten auch geheiratet, nachdem sie den Palast verlassen, hatten sich geliebt und waren miteinander alt geworden.

Jede der beteiligten Seiten verfolgte in einer solchen Beziehung verschiedene Absichten. Ein großer Teil der Hoffräulein verführte die Eunuchen aus eigener Initiative. Für die Hoffräulein, die schon in einem zarten Alter in den Palast kamen und erst mit vierundzwanzig wieder entlassen wurden, war es sehr schwer, das einsame Leben ohne jede Liebe zu ertragen. Und der einzige Mann im Palast war der Kaiser, zwar gelegentlich in Sicht, aber außer Reichweite. Eunuchen waren schließlich von ihrer äußeren Erscheinung her Männer, zwar ohne Geschlechtsleben, aber man konnte zueinander liebevoll sein. Daher hatten die gutaussehenden Eunuchen mit männlicher Haltung oft Hoffräulein, die sie heimlich liebten. Die Kaiserwitwe und die kaiserlichen Konkubinen am Ende der Qing machten sich hin und wieder einen Spaß daraus, irgendeinen Eunuchen mit irgendeinem Hoffräulein Ehepaar spielen zu lassen, ja die beiden mußten sich auch noch für die erwiesene Güte bedanken. Das bestärkte die Hofdamen um so mehr, sich mit Eunuchen auf heimliche Affären einzulassen. Zur Zeit der Nachtwache hatten Hoffräuleins und Eunuchen jeweils ihr eigenes Nachtlager und ihre eigene Guada, eine Art Zelt. Manche Hofdamen schlüpften dann in der Nacht in die Guada der Eunuchen und suchten dort nach Freuden. Die Eunuchen erhofften sich aus einer solchen Verbindung, daß jemand da war, der auf sie Rücksicht nahm und sich um sie kümmerte, der sie liebte, wie ein Kind sich auf die Mutter verläßt. Außerdem hofften manche, mit den Hoffräulein gemeinsam leichter die Kostbarkeiten der Konkubinen stehlen zu können. Kam es nach dem Verlassen des Palastes zur Heirat, umso besser. Sie hatten keine körperlichen Bedürfnisse wie die Hoffräulein, die meisten blieben passiv.

Von der Sache zwischen Wang Changlu und Mei Xier hatte Sun Yaoting schon früh etwas bemerkt, es aber nicht ernstgenommen. Jetzt wollte er sie nicht stören und zog sich leise zurück. Mit seinem Bündel auf den Schultern gelangte er zum Tor des Göttlichen Kriegers. Dort türmte sich das Gepäck zu einem kleinen Berg. Die Leibwache untersuchte ein Stück nach dem anderen. Endlich war Sun Yaoting zum Großen Tor heraus. Der Regen wurde stärker. Wohin sollte er gehen? In dem Augenblick begannen die Eunuchen, die bereits aus dem Palast gekommen waren, laut zu schimpfen. Manche sagten: „Jetzt haben wir euch unser ganzes Leben lang als Sklaven gedient und ihr entlaßt uns einfach. Ihr habt aber auch gar kein Gewissen!“ Andere riefen: „Warum hat euch das Feuer nicht alle mitverbrannt? Geht nicht zu weit! Früher oder später werdet ihr der Vergeltung des Karma anheimfallen. Ihr werdet schon noch sehen.“ Wieder andere entluden ihren Zorn in ordinären Reden.

Sun Yaoting stand, sein kleines Bündel geschultert, am Ufer des Wassergrabens und überlegte. Es wurde allmählich dunkel, und der Regen rann ihm vom Scheitel in den Kragen. Das Wetter war schon kalt genug, aber in seinem Innern war ihm noch viel kälter. Wohin sollte er heute abend gehen? Wer eine Familie hatte, kehrte zu ihr zurück. Er aber? Seinem Onkel Hao wäre ein Besuch sicher nicht recht. Nach Jinghai zurückkehren? Erst mußte er die Abfindung aus dem Palast abwarten. Während er noch überlegte, klopfte ihm plötzlich jemand von hinten auf die Schulter. Er wandte seinen Kopf um und erkannte Meister Liu Lanqing, den er seinerzeit im Schatzamt kennengelernt hatte. Meister Liu stammte aus einer armen Familie in Beijing. Im Alter von vierzehn oder fünfzehn Jahren war er mit der Tochter aus einem armem Haus verlobt worden. Die Familien lebten nicht weit voneinander entfernt, und die beiden wuchsen zusammen auf, man konnte sagen, daß sie von Kindesbeinen an ineinander verliebt waren. Unerwartet erkrankte der Vater von Liu Lanqing kurz vor dem Hochzeitstag und konnte infolgedessen seine Schulden nicht zurückzahlen. Liu Lanqing war nichts anderes übriggeblieben, als sich kastrieren zu lassen und in den Palast zu gehen. Kurz bevor er in den Palastdienst trat, sprach er unter Tränen zu dem Mädchen, das noch nicht über die Schwelle getreten war: „Ich kann mich um dich nicht mehr kümmern. Geh von nun an deinen eigenen Weg!“ Wider Erwarten war das Mädchen ihm äußerst zugeneigt und schwor, daß sie keinen anderen heiraten wolle, und wenn sie sterben müßte. Später, als es Liu Lanqing im Palast zu einem zweiten Generaleunuchen gebracht hatte, kaufte er sich einen Wohnhof, und die beiden hatten geheiratet. Inzwischen war der Sohn, den sie adoptiert hatten, schon erwachsen, und die Familie führte ein erfülltes Leben. Sun Yaoting hatte im Schatzamt oft die Fürsorge von Liu Lanqing genossen und zwischen Meister und Adept bestand ein gutes Gefühl.

Liu Lanqing fragte: „Chunshou, weißt du, wo du heute abend bleiben kannst?“ Sun Yaoting schüttelte den Kopf. Liu Lanqing lachte gutherzig: „Komm mit zu mir!“ Am Abend saßen Meister und Adept mit untergeschlagenen Beinen auf dem Kang und tranken einander zu. Die Frau des Meisters buk Eieromelett, schnitt Schweinekopf und trug auf. Man unterhielt sich beim Essen. Lanqings Frau war ausgesprochen fröhlich: „Ich hätte deinen Meister gern schon früher Abschied aus dem Palast nehmen und nach Hause zurückkehren lassen, aber es hat nicht geklappt. Jetzt ist er endlich zu Hause, kann im Ruhestand leben und glücklich sein, wo er es sein ganzes Leben lang so schwer gehabt hat!“ Sun Yaoting kam sich vor wie ein Wasser ohne Grund, er kam nicht zur Ruhe.

In dem Haus von Meister Liu über einen Monat lang zu leben, war freilich sehr geruhsam. Die übrigen Eunuchen hatten sich vorübergehend in allen möglichen Eunuchentempeln einquartiert, aber der größte Teil von ihnen wohnte im Wildgansflügel-Gebäude hinter dem Kohlenhügel. Ein paar hundert Eunuchen waren in einem Gebäude eingepfercht wie Flüchtlinge, oft kam es um einen Schlafplatz zum Streit. Auch Wang Changlu wohnte dort. Den ganzen Tag schimpfte er und zerriß sich das Maul. Manchmal besuchte er Sun Yaoting. Zusammen gingen sie dann in ein Lokal, um ihren Kummer im Wein zu ertränken.

Einmal fragte Wang Changlu Sun Yaoting: „Wieviel Geld hast du aus dem Palast geschafft?“ – „Wieviel wohl, eben zwanzig Liang Silber, die mir die Kaiserin gegeben hat!“ Wang Changlu glaubte das nicht und behauptete, Sun Yaoting sei nicht ehrlich. Um seine eigene Ehrlichkeit zu beweisen, erzählte er Sun Yaoting, daß er zwei Ruyi-Nach-Wunsch-Zepter aus Jade gestohlen und sie beim Verlassen des Palasts um die Waden gebunden hätte. Des weiteren habe er fünf Goldbarren im Hintern aus dem Palast gebracht. Als er sah, daß Sun Yaoting bei diesen Worten die Augen in großer Verwunderung aufriß, fragte er: „Hast du wirklich nichts mit herausgebracht? Wie kannst du nur so dämlich sein! Hör dich doch mal unter den sechs-, siebenhundert Mann um, die an jenem Tag den Palast verlassen mußten, wer von ihnen nichts mit herausgebracht hat!“ Sun Yaoting gab zur Antwort: „Diesen Mut habe ich nicht. Gar nicht auszudenken, wenn ich erwischt worden wäre. Ach, weltliche Besitztümer, es geht auch ohne sie ...“ Nach ein paar Tagen kam ein Vertreter aus dem Haushaltsdepartement in das Wildgansflügel-Gebäude und verkündete, daß sich die Abfindung für die Chefeunuchen auf zweihundert Liang Silber pro Mann belaufe, für Jungeunuchen auf zwanzig. Nach der Auszahlung solle jeder gehen und sich seinen Lebensunterhalt verdienen.

Verkauf der Zofe

Sun Yaoting überlegte, nachdem er die Abfindung bekommen hatte, gerade, daß er ein paar Dinge einkaufen und dann nach Jinghai zu seinen Eltern zurückkehren wolle, als plötzlich Wang Changlu herbeigerannt kam und ihm erzählte, daß auch fast alle Hoffräulein entlassen worden wären. Und ohne auf ein Wort seines Gegenübers zu warten, kam er auf seine Beziehung zu Mei Xier zu sprechen. Mei Xiers Eltern waren zwei Jahre, nachdem das Mädchen in den Palastdienst eingetreten war, gestorben. Im Haus blieben nur ein älterer Bruder und seine Frau zurück. Die Frau war unvergleichlich böse. Der ältere Bruder hatte Angst vor ihr und konnte sich nicht als Herr im Haus behaupten. Vor ein paar Tagen hatte Wang Changlu Erkundigungen einziehen lassen und so erfahren, daß Mei Xier, kaum daß sie zu Hause angelangt war, von ihrem Bruder und seiner Frau in ein Bordell verkauft worden war. Zum gegenwärtigen Zeitpunkt war ungewiß, ob sie überhaupt noch lebte. Wang Changlu brauchte Hilfe. Als Sun Yaoting ihn so wütend sah, als wolle er mit jemandem auf Leben und Tod kämpfen, und er sich an die lebendige, liebenswerte Art von Mei Xier erinnerte, sagte er beschwichtigend: „Mach dir erst keine Sorgen. Ich gehe sofort mit dir los, sie zu suchen. Haben wir sie erstmal gefunden, ist es gut. Um das Ablösegeld brauchen wir uns keine Gedanken zu machen.“ Die beiden fanden das Haus, wo Mei Xiers Bruder und die Schwägerin wohnten. Die Nachbarn erzählten, die Schwägerin von Mei Xier sei verreist, ihren Vater zu beerdigen. Das Ehepaar sei in irgendein Dorf in der Provinz Hebei gefahren. Wohin Mei Xier verkauft worden sei, konnte keiner von ihnen sagen.

Sun Yaoting wußte, daß Ren Yi in seiner Jugend häufig dort Gast war, wo man nach Blumen suchte und nach Weiden fragte. Also gingen die beiden zu ihm, um sich nach Bordellen zu erkundigen. Ren Yi erklärte: „Ich kann euch nur berichten, wie es früher war. Aber so, wie die Angestellten im Palais reden, hat es auch keine großen Veränderungen gegeben.

In Beijing gibt es eine Menge Bordelle, manche vor aller Augen, manche an dunklen Orten. Wenn Mädchen in ein Bordell kommen, ändern sie ihren Namen. Kennt man sich nicht gut aus, ist es so, als ob man nach einer Nadel im Heuhaufen sucht. Ich weiß ja nicht, wohin das Mädchen, das ihr sucht, verkauft wurde, also ist es zunächst einmal notwendig, den Bereich einzuengen. Die Bordelle teilen sich grob in eine Süd- und eine Nordgruppe. In der Südgruppe sind nur Mädchen aus dem Süden. Mädchen aus Suzhou und Shanghai bezeichnet man als Su-Gruppe, Mädchen aus Yangzhou und anderen Gegenden als Yang-Gruppe, die aus Hubei und Hunan, Shandong, Jiangxi und anderen Gegenden als Waijiang-Gruppe. Die Bordelle der Südgruppe befinden sich zum großen Teil in der Gegend der Schiefen-Li-Tieguai-Straße und der Schminkegasse. Die Schönen aus dem Süden sprechen alle Wu-Dialekt, sind meist künstlerisch veranlagt und intelligent. Mädchen aus dem Norden kommen mit Sicherheit nicht in diese Gruppe. Dort braucht ihr also nicht zu suchen.

In der Nordgruppe nennt man die Mädchen der Han-Nationalität ‚Eigentliche Gruppe' und die Mädchen von Bannerleuten ‚Bannergruppe'. Dieses Fräulein Mei müßte zur Bannergruppe gehören. In der Eigentlichen Gruppe braucht ihr also nicht zu suchen. Prostituierte teilt man in vier Ränge ein. Den obersten Rang nennt man ‚Anfangsstufe', den zweiten ‚Teezimmer', den dritten ‚Vorübergehende Unterkunft' und den letzten ‚Altes Frauenzimmer'. Fräulein Mei kenne ich zwar nicht, aber nach dem, was ihr sagt, ist sie hübsch anzusehen, begabt und künstlerisch veranlagt. Sie ist bestimmt in der Anfangsstufe. Diese Gruppe heißt auch ‚Reine Gesangsgruppe' und sagt von sich selbst, daß sie Kunst verkauft und nicht den Körper. Obwohl, die wenigsten beherrschen Sheng, Quer- oder Langflöte, spielen ein Saiteninstrument und können singen.

In der Hauptsache verlassen sie sich auf ihr Aussehen. Also ihr braucht eigentlich nur unter der Reinen Gesangsgruppe in der Bannergruppe zu suchen. Ist doch jetzt viel einfacher, oder?"

Wang Changlu fragte: „Wo sind denn die Reinen Gesangsgruppen alle?" – „In der Gegend um die Acht großen Gassen, wie man im Volksmund sagt. Es sind aber nur sechs Gassen: Baishungasse, Steingasse, Wangguangfuxie-Straße, Östliche Lederstreifengasse, Shanxigasse und Hanjiatan. Falls ihr sie unter den Anfangsstufen nicht findet, sucht bei den Teezimmern. Davon gibt es welche in den Acht Großen Gassen und außerdem im Großen Wald, in der Zhujiagasse, der Yanzigasse, in der Glückswolkengasse, im Feuergeisttempelweg, in der Wangpigasse und anderswo. Das ist die Welt der Teezimmer."

Sun Yaoting fragte: „Meister, ihr habt gesagt, daß alle Neuankömmlinge ihren Namen ändern. Wir wissen ja nicht, wie sie jetzt heißt, wie sollen wir da suchen?" – „Das ist die eigentliche Schwierigkeit", sagte Ren Yi. „Ihr könnt nicht hingehen und euch so einfach umhören. Frisch gekaufte Haustöchter werden sehr streng abgeschirmt. Zum einen fürchtet man, daß sie den Tod suchen. Zum zweiten hat man Angst, daß sie davonlaufen, und drittens könnte es draußen jemanden geben, der sie retten möchte. Welcher Freier, der zum ersten Mal kommt, kennt schon den Namen derjenigen, von der er sich bedienen lassen will? Laßt ihr den Pferdefuß sehen, gibt es keinen Weg mehr, sie zu retten!"

Wang Changlu sagte haßerfüllt zu Ren Yi: „Ich flehe den Meister an, sich einen Weg zur Rettung auszudenken." – „Wie lange ist Fräulein Mei schon weg?" fragte Ren Yi. „Noch keine zwanzig Tage." – „Dann gibt es eine Möglichkeit. Mädchen, die frisch gekauft wurden, suchen alle den Tod, weinen und randalieren den ganzen Tag. Deshalb gibt ihnen die Bordellmutter nichts zu essen und zu trinken, mißhandelt sie mit einem Federwisch, brennt sie mit Zigaretten, begießt sie mit kaltem Wasser und beschimpft sie noch. Sie quält sie so lange, bis sie nur noch darum bitten, etwas essen zu dürfen und nicht mehr geschlagen zu werden. Erst dann wird Schluß gemacht. Nun sucht man einen hübschen Leichtfuß im entsprechenden Alter als Gast, der sie ‚kämmt'. Man sagt auch dazu ‚die Verpackung öffnen‘ oder ‚eine große Kerze anzünden‘. Danach ist das Mädchen keine Jungfrau mehr. Der Preis für die Entjungferung ist sehr hoch, ungefähr die Hälfte des Kaufpreises. Am Tag des Kämmens werden große rote Wachskerzen angezündet, und die übrigen ‚Schwestern‘ kommen alle zusammen, um zu gratulieren. Man richtet auch eine Hochzeitskammer ein, wie bei der Heirat eines anständigen Mädchens. Das Zimmer wird mit Lampions und farbigen Seidenbändern geschmückt und ein großes Fest wird gefeiert. Der Gast muß Geschenke vorbereiten, Goldbarren und Diamantringe, ein besticktes Bett und Decken, auch an wertvollen Kleidungsstücken darf es nicht fehlen. Gäste, die eine Entjungferung vornehmen, werden sehr streng ausgewählt. Es muß auf jeden Fall ein junger hübscher Lebemann sein, manche sind selbst noch Knaben. Wer in die engere Auswahl kommt, muß sich zuerst mit dem Mädchen treffen. Nur wenn die beiden einander gefallen, wird die Entscheidung getroffen. Unter diesen Umständen besteht innerhalb von zwanzig Tagen keine Möglichkeit, einen Gast zu finden. Ihr müßt euch nur bei den Anfangsstufen vorstellen und fragen, ob es ein Mädchen gibt, das entjungfert werden soll. Gibt es eine, geht ihr hin und nehmt sie in Augenschein. Ist es die Gesuchte, müßt ihr so tun, als ob ihr Freier seid und euch eine Möglichkeit ausdenken, wie ihr sie da herauskriegt.“ Nun wußten die beiden Bescheid. Wang Changlu meinte: „Solch eine große Güte und Wirkkraft muß noch in diesem Leben vergolten werden!“ Danach verabschiedeten sie sich.

Es waren noch nicht einmal zwei Tage vergangen, da hatten sie tatsächlich in Erfahrung gebracht, daß in der Anfangsstufe der Mianchun-Halle in der Hanjiatan ein Mädchen aus einem Banner sei. Eben erst gekommen sei sie und würde nicht gehorchen. Man habe ihr schon einmal einen Knaben gesucht, um sie zu ‚kämmen‘, aber dieses Bannermädchen sei auf Leben und Tod nicht einverstanden gewesen. Nichts habe Erfolg gehabt. Die Bordellmutter sei fieberhaft dabei, einen neuen Gast zum Entjungfern zu suchen!

Am nächsten Tag zogen Sun Yaoting und Wang Changlu sich neue Kleider an. Sun sagte: „Auf die Kleidung kommt es an. Du ziehst dich als Herr an, ich als Diener. An die Hüfte heftest du dir ein paar goldene Yuanbao. Die blenden die Bordellmutter und sie merkt nichts.“ Wang Changlu war einverstanden und heftete sich wirklich ein paar Yuanbao aus Gold an die Hüfte. Die beiden gingen zur Mianchun-Halle. Als sie eintraten, rief ein ‚Teekessel‘, so nannte man die jungen Angestellten, laut: „Bedienung!“ Eine alte fette Frau, so um die fünfzig Jahre alt, geschminkt, gepudert und kokett gekleidet, trat zu ihnen. Als sie sah, daß es sich um neue Gäste handelte, bat sie die beiden sofort in ein vornehmes Zimmer. An den Wänden standen Bücherregale und Vitrinen mit Antiquitäten. Eine Prachtmagnolie verströmte einen zarten Duft.

Beide Seiten unterhielten sich ungezwungen ein wenig und Wang Changlu erklärte den Grund ihres Kommens. Die Bordellwirtin war, wie man sagt, eine alte Hand, die sich von der Bühne der Gefühle zurückgezogen hat. In ihrem Leben hatte sie wer weiß wieviel tausend Männer kennengelernt und schon bald erkannt, daß es sich bei den beiden um Eunuchen handelte. Im Volk war man über Eunuchen der Auffassung, daß sie, wenn sie es gut anstellten, reicher waren als Prinzen und Herzöge, und auch wenn sie es nicht soweit brachten, doch wenigstens ein paar Reichtümer besaßen. Diese Eunuchen waren anspruchsvoll gekleidet, sie mußten demnach Geld wie Heu haben. Eigentlich machte sich die alte Bordellwirtin aus Operndarstellern und Eunuchen gar nichts. Vor 1900 wagten es Operndarsteller unter keinen Umständen, in ein Bordell zu gehen, aber danach änderte sich das. Prostituierte und Schauspieler, die miteinander schliefen, wurden früher von den Leuten verachtet. Auch wenn eine Prostituierte mit einem Eunuchen zusammen übernachtete, brauchten es andere Leute nur zu erfahren, und keiner wollte mehr mit ihr schlafen. Mittlerweile aber hatte man die Republik, und Bordellmütter wie Freier waren umgänglicher geworden. Diese Dinge wurden nicht mehr so ernst genommen.

Die fette Bordellmutter sagte, daß sie nur ein Mädchen hätte, daß entjungfert werden solle. Aber die sei zu hitzig und sicher nicht einverstanden. Wang Changlu nahm darauf von der Hüfte seinen Geldbeutel, legte ihn gewichtig auf den Tisch, zog einen goldenen Yuanbao hervor und schwenkte ihn vor den Augen der Wirtin. Dann steckte er ihn wieder ein und sagte: „Lassen Sie mich bitte einmal sehen. Wenn die Besichtigung günstig ausfällt, gehört Ihnen das ganze Geld!“

Die Bordellwirtin gab freudig ihre Zustimmung und wollte die zwei nach oben führen. Sun Yaoting aber hatte Bedenken. Er fürchtete, daß Mei Xier sich bei ihrem Anblick verraten könnte. Also meinte er: „Es gibt kein Mädchen, das keinen Gefallen an Geld findet. Wir bitten die Mutter, dem Mädchen erst einmal das Geld zu zeigen. Wenn ihr die Augen geöffnet wurden, ist sie vielleicht einverstanden.“

Die Bordellwirtin ging mit der Geldbörse nach oben. Mei Xier vergoß Tränen. Längst hatte sie beschlossen zu sterben. Da sah sie, wie die Bordellwirtin mit einer Geldbörse heraufkam, die ihr bekannt vorkam, und als sie genauer hinsah, war es die, die sie selbst für Wang Changlu gestickt hatte. Sie stutzte und die Bordellwirtin erklärte ihr strahlend, daß ein Eunuch sie ‚kämmen‘ wolle. Dieser Herr habe sehr viel Geld und wolle seine Sehnsucht nach einer Heirat befriedigen. Der würde ihrem Körper nichts zufügen. So redete sie eine Menge. Mei Xier meinte, nur wenn er wirklich ein Eunuch sei, würde es gehen. Die Bordellwirtin sah, daß da etwas zu machen war, und bat Sun Yaoting und Wang Changlu nach oben. Sie ging voran.

Als sie in das Zimmer von Mei Xier traten, gab Sun Yaoting ihr mit der Hand Zeichen, daß sie nichts sagen solle. Wang Changlu und Mei Xier, die einander endlich wiedersahen, konnten sich kaum noch beherrschen, und Sun Yaoting sagte schnell: „Laßt uns hinuntergehen und uns unterhalten.“ Unten sagte Sun: „Also, es bleibt dabei. Bitte sagt uns, wieviel Geld wir zahlen sollen, wieviel Geschenke üblich sind. Nur muß es bald sein.“ Die Bordellwirtin antwortete: „Schnell, schnell. Innerhalb von fünf Tagen geht es.“ Sie betrachtete es als Glück, auf Eunuchen getroffen zu sein. Das Mädchen würde unberührt bleiben, sie könnte sie von jemand anderem entjungfern lassen und hätte einen doppelten Verdienst.

Nachdem sie Wang Changlu und Sun Yaoting verabschiedet hatte, begab sie sich sofort zu Mei Xier und redete auf sie ein. Die tat erst so, als ob sie nicht einverstanden sei. Zuletzt war sie nach eifrigen Bemühungen bereit, sich dem Eunuchen hinzugeben.

Sun Yaoting und Wang Changlu kehrten in das Wildgansflügel-Gebäude zurück. Sun sagte: „Du suchst sofort ein geeignetes Versteck. Nach der Befreiung von Mei Xier müßt ihr eine Zeitlang untertauchen!" – „Zuerst finden wir bei einem Verwandten in der Weststadt Unterschlupf", sagte Wang Changlu. „Dann gehen wir nach Jinan zu meinem Onkel." Sun Yaoting meinte: „Es heißt, daß bei einer Entjungferung genau soviel los ist, wie bei einer echten Hochzeit. Ihr kommt nicht umhin, in dem falschen Stück echt zu singen. Im Wahren ist Falsches verborgen, im Falschen ist Wahres. Auf jeden Fall wurde bezahlt. Du brauchst die Hochzeitsnacht nicht zu überstürzen, um zu türmen. Nach drei oder fünf Tagen, wenn du dich dort auskennst, kannst du auch abhauen."

Am Tag der Entjungferung wurden tatsächlich Laternen und Seidenbänder aufgehängt. Eine Musikgruppe spielte. Die Schwestern kamen alle, um zu gratulieren. Nachdem die Bordellwirtin die Yuanbao von Wang Changlu erhalten hatte, wußte sie vor Freude nicht, wo ihr der Kopf stand. Der Preis, den sie verlangte, war an und für sich schon nicht niedrig. Wang Changlu endlich hatte das Doppelte gegeben. Er fürchtete, daß die Alte nach dem Verschwinden von Mei Xier bestimmt ohne Unterlaß suchen würde. Daher hatte er ihr einen Preis gezahlt, der so hoch war wie eine Ablösesumme. Was sollte es. Sie hatte eben Pech gehabt.

In der Nacht des vierten Tages wollten die beiden flüchten. Sun Yaoting trieb für einen hohen Preis einen ländlichen Pferdewagen auf und hielt in der Nähe, in einer tiefen Gasse. Gegen drei Uhr morgens schliefen die Leute in der Mianchun-Halle in ihrer Trunkenheit. Die Lampen waren erloschen, die Kerzen ausgegangen. Die Freier träumten in duftenden Betten vom Reich der Genien. Auch die ‚Teekessel' konnten es nicht mehr aushalten, lagen überall herum und schliefen. Wang Changlu tauchte mit Mei Xier aus dem Nebentor. Sie stiegen auf den Pferdewagen, und schon waren sie verschwunden. Es wurde gerade ein wenig hell, da waren sie aus dem Westlichen Aufrechten Tor heraus. Sun Yaoting sprang vom Wagen und verabschiedete sich von diesem Ehepaar in Not. Er schaute ihnen nach, bis sie sich auf der alten Straße in der Ferne verloren.

Sun Yaoting atmete erleichtert auf, eilte so rasch er konnte zum Qianmen-Tor und kaufte sich ein Eisenbahnbillet nach Jinghai. Als er endlich die wogende Riedlandschaft wiedersah, fühlte er sich heimisch, Erinnerungen an seine Kindheit stiegen in ihm auf. Es war tiefer Winter, und das vertrocknete, gelbe Ried knarrte und knackte im Wind. Unter der bleichen Wintersonne zog Sun Yaoting seines Weges, ein kleines Bündel über der Schulter. Außer einigen zehn Yuan steckten darin noch zwei Jin Baozi, eine Art gefüllter Dampfnudel, aus Tianjin, die er auf dem Bahnhof gekauft hatte. Als er noch klein war, hatte er seine Mutter oft sagen hören, daß sie gern einmal zwei Baozi aus Tianjin essen würde, eine Speise, die bei Armen aus Jinghai als größte Köstlichkeit der Welt betrachtet wurde.

Ostweidendorf hatte sich in den vergangenen sechs Jahren nicht verändert, nur die Grashütten der Leute sahen noch eine Spur schäbiger aus. Alle Verwandten kamen, die Mutter wischte sich die Tränen aus den Augen, sein Vater ging sich Wein kaufen, und die jüngeren Brüder rissen sich um die fleischgefüllten Baozi. Die Luft in dem niedrigen dunklen Zimmer war verbraucht, es roch unangenehm. Die Matten auf dem Kang waren voller Ungeziefer. Sun Yaoting dachte an die Paläste in Beijing, an die mit Goldfäden bestickten Drachen- und Phönixdecken, den Kang, so warm wie der Frühling, gemächlich brennende Räucherstäbchen ... Welch ein himmelweiter Unterschied, aber Sorgen gab es hier wie dort.

Sun Yaoting konnte sich nicht mit Xiaode Zhang vergleichen, der in Samt und Seide in die Heimat zurückgekehrt war. Was waren das für Zeiten gewesen! Vom Kaiser aus dem Palast vertrieben, hatte er nicht einmal soviel Geld beschaffen können, um ein Haus zu bauen, ein Stück Land zu erstehen und den Unterhalt für die Familie zu erwirtschaften. Die unwissenden Dörfler redeten hinter seinem Rücken und verdrehten bei seinem Anblick die Augen. Es war wirklich kaum auszuhalten. Nur Meister Jingchen und Privatlehrer Fu begegneten Sun Yaoting noch immer mit der gleichen Freundlichkeit. Jingchen meinte: „Folge mir und werde Mönch. Vervollkommne dich!“

Sun Yaoting schüttelte den Kopf: „Meine Anhaftungen sind noch nicht erlöscht." Herr Fu sagte: „Studiere noch ein paar Jahre bei mir!" Sun Yaoting lehnte ab: „Ich bin schon zu alt dafür. Lassen wir's bleiben!"

Er hatte alles Geld, das er verdient hatte, nach Hause geschickt und für sich nichts behalten. Was sollte er jetzt anfangen? Mit seinen zwanzig Jahren konnte er sich doch schlecht zu Hause verkriechen und Trübsal blasen! Ratlos verbrachte er so drei, vier Monate. Da kam eines Tages der Neffe eines Chefeunuchen, namens Zhang Xianlu, der achtzehn Li entfernt von Ostweidendorf wohnte. Er berichtete Sun Yaoting, sein Onkel habe die Nachricht erhalten, man lasse Chunshou, Chunzhong, Chunqing und Chunlai in den Palast zurückkehren. Sun Yaoting war sicher, daß dahinter die Kaiserin oder eine der kaiserlichen Konkubinen steckte. Er freute sich unbändig, wagte nicht, sich zu verspäten, und machte sich noch am gleichen Abend auf den Weg. Am nächsten Tag langte er in Beijing an und traf dort mit den anderen beim Chefeunuchen Zhang Xianlu zusammen. Zhang Xianlu berichtete, es habe sich bald herausgestellt, daß die wenigen dienstbaren Geister, die nach der Entlassung der Eunuchen und Hoffräuleins übriggeblieben seien, einfach nicht ausreichten. Der einsame Puyi könne jetzt tatsächlich den Part ‚Strategem der leeren Stadt' singen. Die Konkubinen würden sich den ganzen Tag über die Bitternis beklagen, und so habe der Kaiser nicht anders gekonnt, als seine Zustimmung zu geben, daß ein paar zuverlässige junge Lieblingseunuchen in den Palast zurückgerufen wurden.

6. KAPITEL

Das Ende der Qing

Trivialitäten über den Palast der Gesammelten Eleganz

In der Verbotenen Stadt wurde Sun Yaoting wieder zum Leibeunuchen der Kaiserin bestellt. Daß der mit ihm befreundete Zhao Rongsheng inzwischen Generaleunuch geworden war, erhöhte auch Sun Yaotings Ansehen ein wenig. Als Leibeunuch bekam er zu jeder Mahlzeit vier Gerichte und eine Suppe. Jeder aß für sich, und ein Bedienungseunuch wartete auf. Es gab alltägliche Gerichte wie scharf angebratenes Hammelfleisch, Vier-Freuden-Klöße, mit Reismehl paniertes Schweinefleisch oder Sojabohnenkäse mit Chinakohl, gebratene Sojasprossen, Lotuswurzelstücke, süß sauer, und ähnliches. Was bei den Mahlzeiten übrigblieb, bekam der Eunuch, der aufwartete.

Für die Kaiserin wurden natürlich erlesene Gerichte zubereitet. Zu jeder Mahlzeit reichte man einige zehn Schüsselchen mit Delikatessen. Schwalbennester mit geschmorten Entenstückchen zum Beispiel oder Taubeneier, in siedendem Wasser gekocht, gebratene Wildentenfüße, gebratenes Huhn mit Kuomo-Pilzen, Spanferkel, im Ofen aufgehängt, aber auch viele Wildgerichte, darunter berühmte Gerichte von Hirsch, Reh, Wildschwein, Bär oder Hase, verschiedene Fischgerichte und natürlich auch Vegetarisches wie Lotoswurzeln, Wildreisstengel, Bambussprossen, Affenkopfpilze, aber auch Chinakohl, Spinat, Sellerie oder Rüben. Fette Speisen, die schwer im Magen lagen, würdigte Wanrong, die meist ohnehin nur wenig aß, keines Blickes. Sie nahm oft nur von den allergewöhnlichsten Kleinigkeiten, ein wenig von den gebratenen und gesalzenen Gurken, in Zucker eingelegten Knoblauch, frische Pilze, etwas gebratene Winterbambussprossen. Aber all die Gerichte standen einer Kaiserin eben zu. Was in den Schüsselchen und Schälchen wieder abgetragen wurde, wanderte in die Bäuche der Eunuchen. War Wanrong in guter Stimmung, hatte sie ihren Spaß daran, Eunuchen und Hoffräulein zu den Seiten ihres Tisches zu befehlen und zuzusehen, wie sie die übriggebliebenen Speisen ‚wie Wölfe schluckten und wie Tiger verschlangen'. Nach den Regeln des Palasts, die Wanrong im allgemeinen großzügig handhabte, mußte man sich bei einer solchen Gelegenheit zunächst bei der Herrin für die erwiesene Gnade bedanken. Dann wurde einem mit Eßstäbchen, die nur zum Vorlegen dienten, von einem Gericht etwas in die Schüssel gefüllt. Gegessen werden durfte nur im Stehen, und man durfte auch nur von den Gerichten in unmittelbarer Nähe nehmen, auf keinen Fall den Arm nach etwas ausstrecken, das weiter entfernt stand. Geräusche beim Essen zu machen, war verpönt, und aufhören durfte man natürlich auch erst, wenn die Herrin es erlaubte. Um sich bei ihr beliebt zu machen, schlangen und schluckten die Eunuchen und Hoffräulein Fleisch und Gemüse und leerten große Schüsseln Reis. Einmal waren die Eunuchen längst satt, aber Wanrong, die Gefallen daran gefunden hatte, befahl ihnen, weitere große Schüsseln zu leeren. Erst als ihnen übel wurde, ließ sie es gut sein. Von da an fürchteten die Eunuchen, unter den Augen der Herrin essen zu müssen.

Von Johnston beeinflußt, wollte Puyi eines Tages Gerichte aus Übersee probieren und hatte aus einem europäischen Restaurant etwas bringen lassen. Aber weil niemand Bescheid wußte, traf er seine Auswahl willkürlich, und als die Speisen im Palast ankamen, waren sie auch längst kalt. Auf der Oberfläche hatte sich eine Schicht geronnener Butter abgesetzt, die den Mund verklebte und deren Milchgeruch Brechreiz verursachte. Das Gemüse war noch halb roh, ein komisches grünes Zeug, das einem in den Mund stach, ein paar gekochte Kartoffeln, Tomaten in zwei Hälften geschnitten, dazu Zwiebelscheiben. Alles war längst nicht so wohlschmeckend wie in der chinesischen

Küche, und Puyi hatte erst einmal genug davon. Wanrong dagegen brachte der europäischen Küche großes Interesse entgegen. Sie ließ nicht nur oft aus den Restaurants etwas bringen, sondern schickte auch den Koch der kaiserlichen Küche dorthin, damit er die französische und die russische Küche studiere. Puyi erklärte sie: „Der Nährwert der ausländischen Gerichte ist sehr hoch. Ich habe ein kleines englisches Buch gelesen, es hieß ‚Nahrungsmittelkunde'. Darin waren sämtliche Bestandteile der Speisen aufgeführt, Eiweiß, Fett, Stärke, Vitamine, Mineralien. Man kann die Speisen danach wie eine chinesische Medizin zusammenstellen. Wie in der Herren- und Dienermedizin in China ergänzen sich die einzelnen Bestandteile. Wir sehen Fleisch und Eier vor uns, und die Ausländer sagen, das sei Fett und Eiweiß. Der weiche Spinat, behaupten sie, enthalte viel Eisen. Es soll Mikroskope geben, durch die man all das sehen kann. Davon verstehe ich zwar nichts, aber daß die Ausländer so groß von Wuchs sind, muß, denke ich, damit zusammenhängen, daß ihre Ernährung eine wissenschaftliche Grundlage hat." Wanrong meinte auch, daß einige der ausländischen Gerichte gar nicht so schlecht schmeckten und besonders die französische Küche überhaupt nicht so fett wäre. Ihrem Beispiel folgend, nahm Puyi sich zusammen, aß ein paarmal ausländisch und gewöhnte sich allmählich daran. Er dachte sich, daß er früher oder später ja doch nach Übersee gehen würde und es unwahrscheinlich wäre, daß ihm ein Koch aus dem kaiserlichen Viktualienamt dorthin folge. Und so gab es allmählich immer mehr westliche Speisen im Palast. Auch für Yunying und Yunhe, zwei jüngere Schwestern von Puyi, die Wanrong in den Palast eingeladen hatte, bestellte sie zu Mittag ausländische Speisen und sagte: „Wählt etwas aus!" Yunying und Yunhe wagten nicht, so mir nichts dir nichts zu bestellen, und ließen die Kaiserin auswählen. Wanrong meinte: „Der Koch im Palast kommt an die ausländischen Köche im Wanguo-Hotel nicht heran. Er kennt nicht so viele Gerichte, eben nur ein paar. Ich denke Ochsenschwanz mit Tomaten, Spargel in heller Soße, gebratenes Schweinekotelett, Bratfisch, Curryhuhn, geröstete Königsgarnelen, Schinken und Salat sind ganz in Ordnung." Die beiden Gege bestätigten unverzüglich, daß diese Gerichte in Ordnung seien.

Die Eunuchen waren von dieser Vorliebe ihrer Herrin gar nicht erbaut. Die meisten von ihnen kamen aus armen Familien vom Lande, kannten also nicht einmal den Namen der fremden Gerichte. Ihnen war Reisbrei mit Salzgemüse zehnmal lieber als Milchsuppe und Butter. Und anders als bei den chinesischen Gerichten, wo auf einmal einige Dutzend Schüsseln aufgetragen wurden, gab es bei den westlichen Speisen nur die paar Portionen. Nur selten blieb da etwas übrig.

Im Palast der Gesammelten Eleganz nahm man täglich zwei Mahlzeiten ein. Morgens von sechs bis sieben Uhr und mittags von zwölf bis vierzehn Uhr. Abends gab es nur eine Portion Brei. Man brachte ihn in einem Tonkrug, der im Winter mit einer gelben wattierten Hülle abgedeckt wurde. Gewöhnlich war er aus Klebreis, Mais oder grünen Bohnen gekocht. Manchmal aber gab es Acht-Kostbarkeiten-Reisbrei mit Erdnuß- und Melonenkernen, Walnüssen und Weißdorngelee. Wanrong nahm am liebsten Lotoskernbrei mit Kandiszucker zu sich oder Brei aus Schwalbennestern und Silbermorcheln. Außer dem Brei standen auf einer fünf Cun großen Schale noch eingelegtes Fleisch, Kiefernblüteneier, Wurst, eingelegtes Gemüse der Acht Kostbarkeiten bereit, dazu ein paar Pfannkuchen oder Dampfbrötchen für die Eunuchen und Hoffräulein der Nachtwache. Jeden Nachmittag wurden zwei Schachteln Obst gebracht, eine schickte die kaiserliche Konkubine Duankang, eine die kaiserliche Konkubine Jingyi. Die Schachteln waren über einen Chi lang und in kleine Fächer unterteilt. In jedem Fach lag, je nach Jahreszeit, getrocknetes oder frisches Obst, ein oder zwei kandierte Weißdornfrüchte, Granatäpfel, zwei Honigapfelsinen, ein kleines Tellerchen Rosendatteln, ein Tellerchen Bernstein-Walnußkerne, ein Tellerchen Weißdorngelee, mit Kandis gekocht, ein kleines Tellerchen Fünf-Düfte-Erdnußkerne, ein Schälchen mit Melonenkernen und anderes. Das Obst war für den Abend bestimmt. Wenn Wanrong nichts essen wollte, schenkte sie manchmal gleich alles den Eunuchen und Hoffräulein. Sobald sie zu Bett gegangen war, aß sie gewöhnlich nichts mehr, und daher sagte Sun Yaoting eines Abends zu den Hoffräulein, die Nachtwache hatten: „Die Herrin ist eingeschlafen. Essen wir doch zusammen Obst." – „Aus welcher Schachtel?“ fragten die Hoffräulein. „Aus der vom Palast der Ewigen Harmonie.“ Alle wußten, daß das Obst von Duankang erlesener war, als das von der Kaiserlichen Konkubine Jingyi. Zusammen aßen und amüsierten sie sich, und im Nu war das Obst alle. Wider Erwarten verlangte Wanrong an diesem Abend nach ein paar Trockenfrüchten. Sun Yaoting kniete sofort nieder und bat um Verzeihung. Er sagte, die Sklaven hätten geglaubt, die Herrin sei eingeschlafen und würde nichts mehr essen, und da hätten sie alles verbraucht. Wanrong sagte nichts weiter. Die Früchte von Jingyi hatte sie nie angerührt. Sun Yaoting wies die Aufwärter an, als Ersatz Honigapfelsinen und Bananen herbeizubringen. Von da an wurden die Obstkästen bis zum Morgen des nächsten Tages aufbewahrt, bevor einer der Bediensteten zu essen wagte. Ein andermal lag in einer Schale ein Apfel, der am Faulen war. Sun Yaoting, der fürchtete, der Apfel könne unter die gesunden geraten, hatte einfach angefangen, ihn zu essen. Da schrie Chunlai: „Chunshou ißt einen geklauten Apfel!“ Wanrong kam heraus, um nachzusehen, und Sun Yaoting erschrak so heftig, daß er erschrocken niederkniete, mit beiden Händen den halbgegessenen Apfel zur Erklärung hochhob. Wanrong befahl: „Ruft alle herein!“ Sun Yaoting wußte nicht, was jetzt passieren würde, und wagte nicht aufzustehen. Wanrong sagte: „Die Äpfel in dieser Schale hier sind alle dabei, zu verderben. Wer sie von euch ergattert, soll sie essen!“ Sprach's und warf die Äpfel auf den Boden. Alle rissen sich darum. Erst als Wanrong lauthals lachte, atmete Sun Yaoting erleichtert auf.

Wanrong fühlte sich im Palast wie ein Vogel in einem goldenen Käfig. Alles, was sie früher so gern getan hatte, war ihr nun verwehrt. Sie durfte kein Kino, kein Theater mehr besuchen, und noch viel weniger war ihr erlaubt, einkaufen zu gehen, neue Kleidung oder Schmuck etwa. Außer Lesen und Musizieren gab es für sie im Palast keine Unterhaltung. Anfangs wurden in der Neuen Halle der Tugendsonne ab und zu noch Filme vorgeführt. Aber nach dem großen Brand entstand dort der Tennisplatz von Puyi und mit den Filmvorführungen war es vorbei. Puyi, der wußte, daß Wanrong sich langweilte, kaufte ihr ein Set Karambolage. Oft ließ sie Sun Yaoting und andere Eunuchen oder Hoffräulein mitspielen. Einmal waren die beiden Schwestern von Puyi da und wollten Karambolage spielen. Wanrong eingerechnet fehlte noch eine Person, und Yunying sagte: „Laßt doch die Konkubine Shu kommen." Wanrong tat, als hätte sie das nicht gehört, und gab Sun Yaoting den Befehl: „Frag Seine Majestät, ob er mitspielt." Nach einer Weile kam Puyi tatsächlich und beteiligte sich. Oft amüsierte man sich auch mit Blindekuh. Wanrong selbst machte nicht mit, nur Eunuchen und Hoffräulein verbanden sich die Augen und spielten. Einmal ließ Wanrong die jüngeren Schwestern von Puyi, Yunying, Yunhe, Yunxian und Yunying, mit Eunuchen und Hoffräuleins Verstecken spielen. Zu dieser Zeit nannte man das ‚Katzen und Hunde verstecken', und wer gefunden wurde, mußte eine Katze oder einen Hund nachmachen. In den vielen dunklen Räumen gab es unter Tischen oder in Schränken zahllose Verstecke. Aber die Hoffräulein in ihrer roten und grünen Kleidung waren trotzdem leicht zu entdecken, die überwiegend grau gekleideten Eunuchen dagegen erst nach einer halben Ewigkeit. Wanrong hieß sie dann wie Hunde auf allen Vieren gehen und sich wie Hunde streiten. Auch die Schaukel, die man für sie an einem Querbalken unterm Dach des Yikungong-Palasts angebracht hatte, benutzte sie nicht nur selbst gern, sondern vergnügte sich gelegentlich auch köstlich, wenn Eunuchen und Hoffräulein, die sie schaukeln ließ, vor Schreck aufschrien, sobald sie fast auf gleicher Höhe mit dem Balken waren.

Außer ein paar erstklassigen Pekinesen hielt Wanrong, die für kleine Tiere etwas übrig hatte, einen schneeweißen Pudel aus England. Er war ausgesprochen gelehrig, konnte Purzelbäume schlagen, sich verbeugen, auf den Hinterbeinen gehen und brachte einem sogar die Schuhe oder das Taschentuch. Wanrong hielt ihn immer auf ihrem Schoß und nahm ihn stets mit, wenn sie ausging.

Im Januar 1924 schlenderte Sun Yaoting über einen Tempeljahrmarkt im Longfu-Tempel. Am Tor des Tempels sah er an der Mauer einen großen Papierkäfig mit Laubheuschrecken stehen, die gerade geschlüpft waren. Von alten Eunuchen hatte er gehört, daß zu Lebzeiten Cixis die Hoffräulein im Winter auf eigene Faust Eunuchen beauftragten, ihnen Laubheuschrecken zu kaufen, um die Langeweile zu vertreiben. Sie steckten sie in eine Kalebasse, stopften sie unter die Kleidung, und schon zirpten die Tierchen. Als Cixi das einmal mitbekam, war sie sehr fröhlich geworden und hatte sich auch ein paar besorgen lassen. Von da an wurden im Palast jedes Jahr Heuschrecken gehalten. Sun Yaoting fragte den Verkäufer: „Kann ich mal sehen?“ Der Alte öffnete den Papierkäfig. In Flaschenkürbissen saßen Heuschrecken von saftig grüner Farbe. Als Preis nannte der Alte fünf Mao ohne den Kürbis und einen Yuan mit Kürbis. Sun Yaoting dachte an Wanrongs Langeweile, holte einen Yuan heraus und trug den Kürbis unter der Kleidung in den Palast. Dort entbot er Wanrong kniend den Gruß und sagte: „Heute erweist der Sklave in Ehrfurcht und Respekt der Herrin eine kleine Aufmerksamkeit.“ Mit diesen Worten zog er den Flaschenkürbis heraus und überreichte ihn mit beiden Händen. Wanrong freute sich sehr und gab sofort den Befehl, ein Gemüseherz zu besorgen, in das sie die Heuschrecke hineinkriechen ließ. Die Heuschrecke tat ihr den Gefallen und fraß. Das grüne Insekt auf dem gelblichen Kohlblatt sah hübsch aus. Nachdem sich die Heuschrecke sattgefressen hatte, sonnte sie sich, streckte ihre Beine und Flügel und zirpte eine Zeitlang. Wanrong erkundigte sich nach dem Preis und gab Sun Yaoting dann fünf Silberdollar, damit er auch für jede der alten Konkubinen eine kaufen konnte.

Einen Monat später, wahrscheinlich schon nach dem Laternenfest, suchte Sun Yaoting auf einem Tempeljahrmarkt wieder nach einer Kleinigkeit, mit der er der Kaiserin seinen Respekt erweisen konnte. Nach einer Weile sah er den Stand von ‚Drachen-Ha‘. Seit Generationen schon wurden in dieser Familie Drachen gebaut, sie war die Nummer eins in der Hauptstadt. Es gab große Drachen, sieben bis acht Zhang lang, aber auch kleine Schmetterlinge, nicht größer als ein Handteller. Die meisten hatten die Form von Goldfischen oder Sandschwalben. Sun Yaoting kaufte einen Drachen mit dem Bild der Lebensspenderin Tante Ma und einen anderen, auf dem der Alte im Stern des Langen Lebens abgebildet war, besorgte zwanzig Zhang Schnur, die dafür notwendige Spule aus Bambus und kehrte in den Palast zurück. Dort lief ihm Zhao Rongsheng über den Weg und fragte: „Was hast du wieder wild drauflos gekauft?“ Sun sagte: „Einen schenke ich dir, daß du ununterbrochen florierst und aufsteigst, bis du in den Himmel fliehst. Einen schenke ich der Herrin und wünsche ihr viel Glück und langes Leben!“

Drachen steigen lassen konnte man entweder vor dem Xiqing-Tor und der kaiserlichen Viktualienstelle oder am ehemaligen Palast der Glücksgründung, dem jetzigen Tennisplatz. Die am Tennisplatz aufstiegen, waren für die Leute auf der Weststraße zur Besichtigung gedacht. Wanrong bat Puyi herbei, der seinerseits Wenxiu hinzurief. Als Wenxiu hörte, daß es die Kaiserin war, die Drachen steigen ließ, wollte sie eigentlich gar nicht kommen, konnte Puyis Bitte aber nicht gut ablehnen.

Sun Yaoting hatte bisher höchstens einmal Pigulian, ‚Hosenboden‘, steigen lassen, einen dieser langen rechteckigen Baumwollappen, die den Kindern im Winter um den Hintern gebunden werden, aber einen so großen Drachen noch nie. Er befürchtete, daß der Drache abstürzen würde. Zhao Rongsheng, der beim Drachensteigen schon einmal zugesehen hatte, wußte Rat. Er befestigte an den Füßen der ‚Sandschwalbe‘ Papiertroddeln und verhinderte so, daß die Füße leichter waren als der Kopf.

Mit Stangen wurde der Drache nun hochgehoben, Sun zog an der Schnur, rannte ein paar Schritte, und die ‚Langes Leben spendende Fee Ma‘ erhob sich schwankend in die Lüfte. Der Südostwind entführte sie in den wolkenlosen Himmel, und die Kaiserin klatschte begeistert. Immer kleiner wurde der Drache. Wanrong juckte es in den Händen. Sie nahm Sun Yaoting die Schnur ab, hatte aber nicht damit gerechnet, daß der Drache schon einen so kräftigen Zug hatte. Sie wurde ein paar Schritte nach vorn gezogen und ließ in ihrer Aufregung die Schnur los. Spule und Schnur erhoben sich in die Lüfte und folgten dem Drachen über die Mauer der Verbotenen Stadt in die Ferne. Alle waren verstimmt und fanden es schade. Puyi sagte: „Die Ausländer haben besonders große Drachen gebaut, die sogar Menschen gen Himmel tragen konnten, aber am Ende sind sie abgestürzt und gestorben!“ Zhao Rongsheng, der Wanrong trösten wollte, erzählte: „Damals, als die Ahne (Cixi) Drachen steigen ließ, mußten bei allen die Leinen durchgeschnitten werden. Sie ließ sie davonfliegen und nannte das ‚Pech ablassen'. Das Pech und Unglück eines ganzen Winters ließ sie die Drachen davontragen." Schadenfroh meinte Wenxiu: „Wenn man aber nur Glück hat, kann das von einem Drachen doch auch weggetragen werden, oder?" Puyi, der fürchtete, die beiden würden Gehässigkeiten austauschen, mischte sich ein: „Das ist doch Unsinn, Glück oder Pech. Im Februar steigt die Kraft des Yang an, man schaut zum Himmel empor und atmet etwas frische Luft ein. Das ist immer gut. Gleich morgen gehen wir zum Xiqing-Tor und lassen für die kaiserlichen Eniye (Mütter) einen Drachen steigen." Aber weder Wanrong noch Wenxiu kamen dorthin. Sie haßten es, zusammen zu sein, was sich aber bei vielen Anlässen einfach nicht vermeiden ließ.

Mit gemischten Gefühlen hatte Wanrong gehört, daß Sun Yaoting heimlich für Puyi Hausrezepte suchte. Einerseits freute sie sich, daß sie als Frau nicht länger unzufrieden bliebe, wenn es gelang, die Krankheit zu heilen. Andererseits fürchtete sie, daß die Konkubine Shu vor ihr einen Sohn zur Welt bringen könnte und es dann eine Ostkaiserin und eine Westkaiserin gäbe. Damit das nicht eintraf, fand sie es besser, wenn beide gar keine Kinder bekommen könnten.

Wanrong hoffte, daß Puyi sie zum Studium ins Ausland mitnehmen würde, daß sie diesen düsteren Hallen entfliehen und gemeinsam als freie Menschen nach Bildung streben würden. In diesem Punkt war sie sich mit Puyi einig. Beide betrachteten oft Fotografien von Sehenswürdigkeiten im Ausland, lasen Aufsätze darüber und bestimmten auf Landkarten Reiserouten. Einmal hatten sie sich von Sun Yaoting Rotstift und ein Blatt weißes Papier in das Kabinett der Östlichen Wärme bringen lassen, und er hatte die Kringel und Pfeile auf der Landkarte gesehen. Puyi hatte auf eines der Fotos gezeigt, die neben dem Tisch lagen, und gesagt: „Das ist das Parlament von England in London, unser erstes Reiseziel." Auch andere Ortsnamen schrieben sie auf: Vancouver, Wien, Stockholm, Paris ... Sun Yaoting hatte das Blatt Papier, das achtlos weggeworfen worden war, vorsichtig aufgehoben. Er träumte davon, daß er eines Tages dem Kaiser und der Kaiserin folgen und die ganze Welt bereisen würde.

Aber die äußere Lage verschlechterte sich immer mehr. Bald ging es längst nicht mehr um ein Auslandsstudium. Das Schicksal des jungen Kaisers wurde zwischen den Händen aller möglichen politischen Kräfte zerrieben. Das war sein Geschick, das ihm von Geburt an bestimmt war.

Der Rat des Sklaven

Am fünften November 1924 vertrieb Feng Yuxiang Puyi aus dem Palast, und die Nördliche Residenz wurde sein provisorisches Asyl. Verwirrt und ratlos wußte er nichts besseres, als tagtäglich Buddha zu verehren und Weihrauch abzubrennen. Wanrong drängte: „Laß uns so schnell wie möglich ins Ausland gehen!" Puyi war einverstanden, aber die Prinzen, Herzöge und Adligen mit Zaifeng als Anführer sowie die Minister des Departements für Haushaltsangelegenheiten stellten sich entschieden dagegen. Sie sagten, der ehemalige Ministerpräsident Duan Qirui käme wieder an die Macht. Duan und Zhang Zuolin seien der Auffassung, daß man den Kaiser schützen müsse, und wären nicht damit einverstanden, daß Feng Yuxiang den ‚Wohlwollenden Vertrag' abschaffe. Bei seinem Amtsantritt, unmittelbar vor dem ersten Tag der Machtergreifung (am vierundzwanzigsten November), habe Duan Qirui befohlen, die Überwachung von Puyi zu lockern. Am zweiten Tag sei die in der Nördlichen Residenz einquartierte Armee von Feng Yuxiang vollständig abgezogen worden. Puyi durchschaute diese Adligen. Er wußte, die Prinzen und Herzöge wollten nur ihre Titel und Dotationen bewahren. Garant dafür war nicht der Kaiser, sondern der ‚Wohlwollende Vertrag'. Mit einem Wohlwollenden Vertrag würde Shaoying Siegel und Schlüssel des Supervisors über das Haushaltsdepartement nicht verlieren, das Palais des Prinzen Jun könnte nach wie vor jedes Jahr 42.480 Tael Jahresgebühr ausgeben und Fürst Rong hätte auch weiter die Möglichkeit, sich in ihrer Mitte zu amüsieren. Puyi empfand darüber Abscheu und näherte sich den Konservativen um Zheng Xiaoxu und Luo Zhenyu, mit denen er in der Frage einer Restauration des Kaisertums übereinstimmte. In Wirklichkeit betrachteten diese Männer Puyi aber nur als Mittel zum

Zweck. Gestützt auf ihre ausländischen Hintermänner planten sie die Restauration, um ihre eigene politische Macht auszubauen.

Eines Abends, die Gäste hatten sich nach einer erfolglosen Beratung bereits zerstreut, saß Puyi in der Kammer Wanrongs und seufzte. Sun Yaoting stand als Bedienung daneben. Er hatte in der letzten Zeit täglich Minister, Prinzen und Fürsten die Lage besprechen hören und sich längst eine Meinung gebildet. Er befürchtete, der Kaiser würde früher oder später in eine Falle gehen. Gern hätte er zu ihm darüber gesprochen, bis jetzt aber keine Möglichkeit dazu gehabt.

Plötzlich fragte Puyi: „Chunshou, du bist doch in letzter Zeit täglich ausgegangen, um Zeitungen zu kaufen, hast du besondere Nachrichten gehört? Nicht wahr, die Armee von Feng Yuxiang veranstaltet draußen täglich Massaker?“

Sun Yaoting sah seine Gelegenheit gekommen und antwortete: „Ich erstatte dem Gebieter der Zehntausend Jahre Meldung, daß der Sklave gehört hat, das Kriegsrecht der Feng-Armee sei sehr streng, aber von Massakern hat er nichts gehört. Und was besondere Nachrichten anbelangt, im einfachen Volk nehmen manche den Mund voll, der Sklave wagt nicht, Unsinn zu reden.“ – „Ich bin jetzt ein einfacher Bürger“, sagte Puyi, „laß sie nur reden. Beschränke dich auf das Nützliche und sprich!“ Sun Yaoting begann: „Draußen sagen manche, im Altertum habe Cao Cao das Reich beherrscht, weil er ‚den Himmelssohn entführte, um die Fürsten zu befehligen‘. Nun aber sei der Himmelssohn in Schwierigkeiten und die Fürsten würden sich wie ein Bienenschwarm erheben und sich gruppieren. In wessen Hand der Kaiser gerate, der würde die Zentralebene beherrschen.“ Mit einem freudigen Gesichtsausdruck fragte Puyi: „Ja, könnte ich dann das Eigentum meiner Ahnen wiederherstellen?“ Sun Yaoting erklärte: „Seit der Gebieter der Zehntausend Jahre im dritten Jahr Xuantong (1912) abgedankt hat, sind zwölf Jahre vergangen, ohne daß Unheil geschehen wäre. Der Grund dafür ist, der Gebieter der Zehntausend Jahre war ein abgedankter Kindkaiser, der nicht die Frage nach Regierungsgeschäften stellte und nicht in der Lage war, jemandem gefährlich zu werden. Laozi sagt: ‚Das Weichste auf Erden besiegt das Härteste auf Erden.‘ Daher gibt es die Redensart: ‚Das Weiche zu bewahren, nennt man Härte.‘ Gerät der Gebieter der Zehntausend Jahre in die Hände irgendeiner Macht, kommt es unweigerlich zu einer Katastrophe. Im leichtesten Fall seid Ihr das ganze Leben lang ein Gefangener und werdet nie wieder Tage in Freiheit haben, schlimmstenfalls aber sterbt Ihr eines gewaltsamen Todes!“ Nachdem er zu Ende gesprochen hatte, machte er Kotau und bezichtigte sich selbst, zehntausendmal den Tod verdient zu haben.

Puyi war in chinesischer Geschichte, vor allem über den Aufstieg und Niedergang von Dynastien, von seinen Lehrern aufs genaueste unterrichtet worden. Er wußte, daß er über keinen einzigen Soldaten mehr verfügte und gestützt auf eine fremde Macht nur eine Marionette wäre. Wie sollte er da den Thron seiner Ahnen wiederherstellen! Die militärischen Unruhen in China dauerten all die Jahre ununterbrochen an. Lieber die Regierungsgeschäfte aufgeben als in den Händen anderer Bitternis erleiden, in Unruhe leben, immer wieder kämpfen zu müssen. „Was sollte ich deiner Meinung nach tun?“ fragte er.

„Im China von heute gibt es keinen Ort mehr, wo der Gebieter der Zehntausend Jahre Fuß fassen könnte. Ihr müßt sofort ins Ausland gehen, nur das ist eine Existenzgrundlage.“ Puyi sagte leise: „Ich habe bereits Zheng Xiaoxu, Johnston und andere zu ausländischen Botschaften geschickt, die Sache in die Wege zu leiten. Aber du darfst keinem etwas davon erzählen!“ Sun fuhr fort: „Die Ausländer haben überall ihre Netze ausgelegt und warten darauf, daß der Gebieter der Zehntausend Jahre hineingeht. Das nennt man: ‚Bitte steige Er selbst in seinen Topf‘. Unzählige Netze sind im ganzen Reich ausgelegt, in die Eure Majestät gehen soll. Falls das geschieht, wird es für alle Zeiten unmöglich sein, da wieder hinauszukommen. Die einzige Hilfe, die dem Herrscher der Zehntausend Jahre zuteil werden kann, kommt von der Regierung der Republik.“

Puyi erschrak. Wovor er sich fürchtete, sich versteckte, war eben die Regierung der Republik. Die Republik hielt er für seine größte Bedrohung. Und ausgerechnet auf sie sollte er sich verlassen, wenn er ins Ausland gehen wollte? Sun Yaoting sagte: „Es war die Republik, die den Kaiser abgesetzt hat. Eine

Restauration der Monarchie fürchtet sie am meisten. Und es ist die Republik, die das größte Interesse daran hat, daß Seine Majestät weit weg geht und nie wieder von anderen Kräften benutzt wird. Abgesehen davon: Die anderen tun doch nur so, als wollten sie das Drachenbanner des Kaisers entfalten. In Wahrheit sind sie von Machtgier besessen, egal, ob es sich um Mandschuren, Hanchinesen oder Ausländer handelt. Einmal in der Hand dieser Leute, ist es absolut unmöglich, freizukommen."

Puyi fand zwar, daß die Worte dieses Eunuchen, der wenig mehr als drei Jahre älter war als er, einen Sinn ergaben, aber er fand sie auch gefährlich und war überdies der Meinung, daß von den vielen Menschen in seiner Umgebung wohl nur wenige diese Ansicht teilen würden. Nach einer Weile meinte er: „Ich werde darüber nachdenken. Aber das Geld, das ich brauche, um ins Ausland zu gehen, ist vom zweiten Gebieter Jie (Pujie) nach Tianjin geschafft worden. Ich habe noch etwas im Palais von Fürst Rong gelagert. Denke dir einen Weg aus, es nach Tianjin an einen sicheren Ort zu schaffen. Sprich aber zu niemandem davon, die Regierung der Republik darf nichts davon wissen, der königliche Gebieter (Puyis Vater Zaifeng) und die Lehrer (Zheng Xiaoxu, Luo Zhenyu, Johnston etc.) auch nicht. Wenn ich Geld habe, brauche ich nicht zu fürchten, daß sie mich hindern werden!" Sun Yaoting beeilte sich zu erwidern: „Der Gebieter der Zehntausend Jahre hat dem Sklaven Vertrauen geschenkt. Der Sklave ist zu zehntausend Toden bereit!"

Als Eunuchen und Hofdamen diesmal vertrieben wurden, ließen sie kein Mittel unversucht, Wertgegenstände, goldene Geräte aus dem Palast zu schaffen und machten sich über alle Berge. Wanrong hatte gesagt: „Mitnehmen, was möglich ist. Wenn die Armee von Feng Yuxiang etwas entdeckt, übergebt es halt." Weil auf einen Schlag mehrere hundert Menschen durch das Tor des Göttlichen Kriegers hinaus wollten und sich alle auf engem Raum drängten, untersuchte die Armee auch nicht jeden einzelnen. Entdeckten die Soldaten bei jemandem Yuanbao aus Silber oder Gold oder etwas anderes, sagte der Betroffene, das seien Geschenke der Herrin, und er wurde freigelassen. Sun Yaoting, der eine stattliche Anzahl goldener Yuanbao mitbrachte, behielt nichts davon für sich, sondern händigte sie unversehrt der Herrin aus. Puyi und Wanrong waren sehr gerührt und schätzten ihn noch mehr, zumal ihnen bis zu dieser Stunde nur ganz wenige Eunuchen in die Nördliche Residenz gefolgt waren, und betrauten ihn auch mit dem Transport der Wertsachen.

Schatztransport

Puyi hatte sich schon lange und auf verschiedenen Wegen bemüht, Wertsachen aus dem Palast zu schaffen. Zunächst dienten ‚Geschenke' an Pujie als Vorwand, nach der Hochzeit mit Wanrong verfolgte er mit ‚Schenkungen' an Rongyuan und Wanrongs Brüder das gleiche Ziel. Wanrongs älterer Bruder Runliang und ihr jüngerer Bruder Runqi, der später die dritte Schwester von Puyi heiratete, bekamen in jenen Tagen die Dotationen von Offizieren der Leibwache. Sun Yaoting gegenüber hatte Puyi hauptsächlich die in der Residenz von Fürst Rong gelagerten Schätze erwähnt. Von Natur aus argwöhnisch, behielt Puyi selbst den eigenen Verwandten gegenüber immer noch einen Trumpf in der Hand. Oft war es so, daß von einer Sache nur Hinz wußte, Kunz aber nicht, und umgekehrt. Auf diese Weise konnte er einerseits vermeiden, daß sich die Leute zusammentaten, andererseits glaubte jeder, der so benutzt wurde, ein besonderer Liebling des Kaisers zu sein und opferte sich für ihn auf. Ein Lieblingssprichwort Puyis war: Ein schlauer Hase hat drei Löcher. Für jemanden, der von klein auf in einer gefährlichen Umgebung aufgewachsen war, war es ganz natürlich, so zu denken.

Sun Yaoting begab sich, dem Befehl folgend, zum Palais des Fürsten Rong, um einen geheimen Plan zur Verlagerung der Wertgegenstände abzusprechen. Runliang erzählte, daß vor zwei Jahren *das* Palais des Prinzen Chun um die siebzig, achtzig Holzkisten nach Tianjin geschafft habe. „Damals mußte sich jeder vor dem Besteigen des Zuges einer Untersuchung unterziehen und entsprechend dem Warenwert eine Steuer entrichten. Der zweite Gebieter Jie (Pujie) und Pujia aber haben Beziehungen spielen lassen. Sun Baoqi, der Schwiegervater von Zailun, soll Inspektor des Nationalen Finanzamts gewesen sein und ihnen einen Paß ausgestellt haben, mit dem sie Inspektion und Besteuerung vermeiden konnten. Nur so war es möglich, die Eisenbahn zu benutzen. Die Sache hat mir der kaiserliche Prinz Qin, der Bruder von Zaizhen und Zailun, erzählt. Aber jetzt hat sich die politische Lage ja verändert. Feng Yuxiang hat überall Spione, die uns bespitzeln. Auch wenn jemand ohne Gepäck weggeht, heißt das noch lange nicht, daß ihm nicht doch einer folgt. Wertgegenstände per Bahn fortzubringen, ist ganz unmöglich, noch dazu Besitz Seiner Majestät. Wenn wir keinen Erfolg haben, ist unser Leben in Gefahr, vom Verlust der Dinge ganz zu schweigen!"

Sun Yaoting erwiderte: „Gebieter, es ist eine Weisung des Gebieters der Zehntausend Jahre, wie könnten wir dagegen verstoßen? Und noch eins. Jetzt, da Seine Majestät in einer Notlage ist, muß man auch an die Kaiserin denken!" Runliang gab zurück: „Ich kann auf dein Geschwätz verzichten! Der fängt auch noch an, seine Herrschaft zu belehren!" Sun Yaoting lenkte ein: „Wie könnte der Sklave es wagen, Sie zu beleidigen. Das alles hat er nur von sich selbst gesagt!" Runliang fuhr fort: „Unsere Familie hatte ursprünglich Schutzgarden, deren Kampfkunst ganz passabel war. Später sind sie dann in der Leibwächtergruppe aufgegangen. Ich gebe dir einen Brief mit. Hör dich einmal um, ob du unter dem Schutz des Leibwächteramts auf Seitenstraßen nach Tianjin kommst. Zum Glück ist es ja nicht weit entfernt und man kann in vier, fünf Tagen dort sein. Tarn die Waren und verkleide auch dich als Händler. Es ist ganz gut, wenn keiner etwas merkt."

Die Leibwächtergruppe übernahm professionell für Beamte und Händler Geleitschutz. Die einen eskortierten Menschen, andere Wertgegenstände. Große Persönlichkeiten fanden auf Reisen nur ruhigen Schlaf, wenn ein paar mutige und geschickte Waffenmeister an ihrer Seite mitkamen. Großhändler, die unterwegs waren, um legale oder illegale Geschäfte zu machen, hatten auch immer Waffenmeister und Leibwächter dabei, um sich vor Verlusten zu schützen. Nach Ausrufung der Republik war das Reisen im Vergleich zu früher etwas weniger gefährlich, das Geschäft der Leibwächtergruppen florierte nicht mehr so wie früher, es war aber trotz alledem noch nicht am Aussterben. Zum Beispiel konnte ein Viehtransport aus der Inneren Mongolei bis nach Zhangjiakou auch jetzt nicht auf Begleitschutz verzichten, ganz abgesehen vom heimlichen Transport verbotener Güter wie Rohopium oder Waffen.

Sun Yaoting suchte die angegebene Adresse auf, bekam aber die Auskunft, daß der Waffenmeister vierzehn Tage verreist sei. Ein Hauptverwalter im Palais der Rong gab ihm den Rat, Bao Shufang, die älteste Gege des kaiserlichen Prinzen Shanqi von Su, die Beziehungen zur Leibwächtergruppe habe, um Vermittlung zu bitten. Prinz Shanqi von Su war einer der acht großen kaiserlichen Prinzen aus der Anfangszeit der Qing und hieß im Volksmund Eisenmützenprinz. Die älteste Gege dieses Prinzen war ein außergewöhnliches Mädchen. Von klein an hatte sie kein Vergnügen an Studium und Dichtkunst oder Sticken und Nähen, sondern eine Vorliebe für Reiten und Bogenschießen, Hundehaltung und Falkenbeiz. Ob bei Operntruppen, in Teehäusern, im Himmelsbrücken-Distrikt, auf Tempeljahrmärkten, in Spielhöllen, Opiumhöhlen, bei Leibwächtergruppen, Kampfsportveranstaltungen, es gab nichts, wo sie nicht ihre Spuren hinterlassen hätte. Mit den Anführern von Geheimbünden, mit Yamenbeamten, Herrensöhnen und Fürstenenkeln, bis hin zu armen Jahrmarktskünstlern verkehrte sie mit jedem. Aus Gerechtigkeitssinn half sie mit Geld aus, kämpfte gegen Unrecht und kümmerte sich den ganzen Tag um fremder Leute Angelegenheiten. Das hatte auch etwas Gutes. Alles, was sie tat, war außergewöhnlich und konnte einen in Staunen versetzen. Man brauchte nichts auszuschmücken. Sun Yaoting hatte schon von ihr gehört. Mit einer Nachricht von Runliang suchte er sie auf. Als Bao Shufang aus den inneren Gemächern trat, trug sie tatsächlich ein Männergewand und eine Magua-Jacke. Sun Yaoting erklärte ihr den Grund seines Kommens, und Bao Shufang sagte: „Morgen schicke ich einen Waffenmeister zum Palais des Fürsten Rong. Dann redet unter vier Augen darüber."

Am nächsten Tag kam tatsächlich ein wortkarger, robuster Mann von über dreißig, mit feinen Brauen und schmalen Augen. Ohne lange Vorrede fragte er danach, wieviele Waren es wären, wohin es gehe, wann die Abreise sei. Danach vereinbarten beide Seiten einen Preis für die Eskorte. Runliang sagte:

„Es sind keine gewöhnlichen Waren. Ich hoffe, daß sie unter ihrem Schutz etwas sicherer sind und kein Gerede entsteht." Der Mann erwiderte: „Was es ist, interessiert mich nicht. Und wenn es Mist ist, schütze ich ihn noch unter Einsatz meines Lebens. Das ist die Regel der Geleitschutzgruppe."

Um nicht die Aufmerksamkeit der Öffentlichkeit zu erregen, hatte Puru, der mit dem Abt des Guanghua-Klosters in enger Verbindung stand, eine Mönchsunterkunft als Lagerraum gemietet. Puru hatte sich in jenem Kloster ein Malatelier eingerichtet und wohnte oft dort. (Das Ostzimmer des kleinen Hofes, in dem Sun Yaoting jetzt wohnt, ist eben dieses besagte Atelier.)

In einer Schreinerei bestellte Sun Yaoting mehr als zehn einfache, aber stabile Holzkisten. Jede trug die Zeichen ‚Fabrik Wang Jiyi'. An zwei Abenden packten sie alle alten Bücher, Jadegeräte, Gold, Silber, Keramiken, Kalligraphien und Bilder in die Kisten, verschlossen sie fest mit großen Eisennägeln und versiegelten sie. Nach ungefähr sechs, sieben Tagen geschäftiger Tätigkeit war alles vorbereitet, und sie gingen zur Nördlichen Residenz, um sich von Puyi zu verabschieden, der zu diesem Zeitpunkt aber bereits in die Japanische Gesandtschaft geflohen war. Sun Yaoting war eine Zeitlang wie gelähmt. Der Kaiser war gefügig gemacht worden und doch noch in eine Falle gegangen. Trotzdem mußte dieser Teil des Vermögens noch nach Tianjin verlagert werden. Sun Yaoting begab sich in die Gesandtschaft. Puyi sagte, wegen der angespannten politischen Lage habe Exzellenz Zheng Xiaoxu geraten, sich hier erst einmal zu verstecken. Später wolle er nach Tianjin und von dort ins Ausland gehen.

In einer Nacht Mitte Dezember kam der Waffenmeister der Leibwächtergruppe mit sechs Leuten, sechs Mauleseln und drei Pferden. Jedes Maultier trug zwei Kisten. Eines von den Pferden ritt der Waffenmeister, eines Sun Yaoting, und Zhi Lian, der zweite Verwalter im Palais von Fürst Rong, ritt das dritte. Noch bevor die Mönche des Guanghua-Tempels sich zur Morgenandacht versammelten, war der Trupp schon leise aufgebrochen, und als es hell wurde, befanden sie sich schon über zehn Li weit außerhalb der Stadt.

Morgennebel bedeckte die verlassenen Wälder, im Westen hing der untergehende Mond. Der alte Weg war von den Holzrädern der Karren tief gefurcht. In der Ferne riefen Hähne, bellten Hunde, sonst war alles ruhig. Am Abend übernachteten sie in einer Herberge. Der Wirt schien die Männer der Eskorte zu kennen, bediente sehr zuvorkommend und sehr freundlich. Auch am nächsten Tag gab es keine besonderen Vorkommnisse. Am dritten Tag brach man wieder zur Zeit des vierten Trommelschlages auf. Kurz vor dem Aufbruch sagte der Waffenmeister, der Chang Jincai hieß und von den Männern mit Meister Chang angeredet wurde, zu Sun Yaoting und Zhi Lian: „Die letzten zwei Tage befanden wir uns im Gebiet unserer Leibwächtergruppe und brauchten nicht so vorsichtig zu sein. Von jetzt an müssen wir aufpassen. Tragt ihr Waffen bei euch?" Sie hätten noch nie Waffen getragen, antworteten die beiden. Waffenmeister Chang gab jedem ein scharfes Messer, das sie sich in den Hosenbund steckten. Dann befestigte er eine Eskortenfahne auf den Kisten. Gegen Mittag hatte der Trupp einen Marktflecken erreicht. Es traf sich, daß dort gerade ein Tempeljahrmarkt abgehalten wurde. Von nah und fern waren die Landbewohner gekommen, um an dem geschäftigen Treiben teilzunehmen. Waffenmeister Chang ritt an der Spitze, wandte von Zeit zu Zeit den Kopf zurück und rief etwas in einer Geheimsprache, das sich anhörte wie „ding zouzi que·langzi ba hezhe hewu". Das sollte wahrscheinlich die Nachfolgenden ermahnen, achtzugeben. Keiner wagte, sich in dem Marktflecken länger aufzuhalten. In aller Eile kauften sie über zehn Jin große Pfannkuchen, ein paar Pfund Schweinekopf, Schweineleber, Innereien vom Rind und ähnliches. Dann zogen sie weiter. Sie waren noch nicht weit gekommen, da bemerkten sie plötzlich, daß zwei, drei Leute ihrem Trupp folgten. In einer Entfernung, daß man sie gerade noch sehen konnte, blieben sie vier, fünf Li hinter ihnen, dann waren sie verschwunden. Von nun an machten sie um jedes Dorf, jeden Marktflecken einen großen Bogen.

Im Winter dämmert es früh, und schon bald war keine Menschenseele mehr zu sehen. In der kalten, öden Winterlandschaft bogen sich die Baumwipfel im Nordwestwind. Waffenmeister Chang bahnte weit voraus den Weg. Der Trupp trieb die Tiere an und schloß dicht auf. Hungrig und müde entdeckten sie am Waldrand, einen halben Li vor dem Dorf Liuge, neben der Straße eine Herberge. Waffenmeister Chang wies die Männer an, vor der Tür Eskortenbanner aufzupflanzen und alle Kisten in die Herberge zu tragen. Dann ordnete er an, alle sollten zusammen auf dem großen durchgehenden Kang schlafen. Aus Furcht, daß es einen unterirdischen Gang gab, untersuchte er jeden Winkel. Erst nachdem alles angeordnet und überprüft war, wuschen sie sich Gesicht und Füße, aßen dann etwas und tranken Tee, Alkohol war nicht erlaubt. Nach dem Essen wurden Nachtwachen eingeteilt, zwei Männer für die Zeit vor Mitternacht, zwei Männer für die Zeit danach. Einer wachte versteckt im Dunkeln des Hofes, einer im Zimmer neben dem Fenster. Sie mußten die Augen und Ohren überall haben. Die übrigen bestiegen den Kang, um zu schlafen, reden und lachen durften sie nicht.

Zur Zeit der dritten Nachtwache hörte man plötzlich die Wache draußen in Geheimsprache rufen: „Freunde auf dem einsinkenden Käfig", gemeint war das Dach der Herberge, „kommt bitte herunter und versetzt eine Weile den Berg", das heißt, trinkt einen Becher Wein! Eine Rolle – und Meister Chang war vom Kang herunter: „Die Kerle in die Hand!" Alle Leibwächter griffen zu den Schwertern. Sun Yaoting und Zhi Lian, noch schlaftrunken, wußten nicht, was los war, und bekamen Angst. Draußen war wieder die Wache zu hören: „Wollt ihr nicht herunterkommen, ein Zahnwasser zu beißen", was bedeuten sollte, eine Tasse Tee zu trinken. Sun Yaoting fragte leise: „Mit wem redet er?" Der junge Leibwächter, der ihm auch die Geheimsprache übersetzt hatte, sagte: „Es sind Leute auf dem Dach!"

Die Besucher auf dem Dach gaben keinen Laut von sich. Sun Yaoting spähte durch das Glasfenster und sah im Sternenlicht über den First des Westgebäudes Köpfe ragen. Sie selbst befanden sich im Nordgebäude. Der Mann draußen sprach erneut: „Freunde, ihr ernährt euch von allem möglichen, wir von dieser einen Route. Wer auf allen Wegen unter dem Himmel reist, schließt im ganzen Reich Freundschaft. Laßt den Brüdern das Essen dieser einen Route!" Vom Dachfirst kam keine Antwort, dafür vernahm man aus allen Richtungen leise Stimmen, ungezählte schwarze Schatten lachten leise in der Dunkelheit. Zhilian hatte sich längst unter einem Tisch versteckt. Auch Sun Yaoting wußte, daß es jetzt Ärger gab. Es war Diebsgesindel aus der Gegend. Falls sie ausgeraubt würden, wie sollte er dann dem Kaiser gegenübertreten? Bei diesen Gedanken nahm er unbewußt das scharfe Messer aus dem Hosenbund und hielt es mit eisernem Griff fest.

Die Lage draußen spitzte sich zu. Waffenmeister Chang stieß die Tür auf und stellte sich unter den Dachvorsprung. „Ich, der gewisse Chang, bin zum ersten Mal in dieser geschätzten Gegend und hatte noch keine Zeit, all den wackeren Kämpen meine Aufwartung zu machen. Reden wir doch erst einmal! Ich bitte die Herren, laßt die Brüder sich von dieser Route ernähren. Wenn ich später einmal von Nutzen sein kann, werde ich die große Güte mit Sicherheit vergelten." Die Männer auf dem Dach schwiegen noch immer. Ein paar von ihnen standen hinter dem Dachvorsprung, andere saßen, als ob sie jederzeit herunterspringen wollten. Meister Chang rief ihnen zu: „Freunde auf dem einstürzenden Käfig, wollt ihr unbedingt die Schüssel kaputtmachen (jemandem das Gesicht zerstören)? Dann kommt runter und wir prügeln uns!" Seinen Leuten befahl er: „Kommt raus! Macht sie nicht schwarz und peitscht auch nicht die Erde mit ihnen (tötet sie nicht und macht sie nicht kalt). Es genügt schon, wenn ihr den Tiger peitscht und den Wind aufhaltet (sie in die Flucht schlagt). Fünf Wächter stürmten heraus und nahmen im Dunklen unter dem Dachvorsprung Aufstellung. Nun waren vom Dach Schreie zu hören, und fünf Leute sprangen gleichzeitig herunter. Sie standen noch nicht fest auf dem Boden, da hatten ihnen die paar Leibwächter einen Tritt in den Unterleib oder in den Hintern verpaßt und angefangen, sie nach Kräften von allen Seiten zu bearbeiten. Schließlich wälzten sich alle fünf, die vom Dach heruntergesprungen waren, brüllend auf dem Boden.

Meister Chang ballte die Faust zum Dach hin und rief: „Tut mir leid, daß die Füße der Kameraden etwas härter waren. ‚Der goldene Fuß nimmt euch die Eier', fürchte ich, er hat euch ‚verwandelt'. Haut bloß ab! Wenn ihr nicht schnell macht, werdet ihr vielleicht zu Staub!" Nach diesen Worten kehrte er mit seinen Männern ins Gebäude zurück, und ein paar andere sprangen vom Dach und trugen die fünf Verwundeten auf dem Rücken davon.

Lange Zeit rührte sich nichts mehr. Meister Chang befahl einem seiner Männer, den Hof abzusuchen, ob sich noch Diebe versteckt hätten. Der Mann fand aber niemanden mehr, und Meister Chang sagte: „Wir müssen nachsehen, ob sie Feuer gelegt haben!" Er wechselte die Wachen aus, und allmählich beruhigten sich alle wieder. Sie legten sich schlafen. Zur Zeit des fünften Trommelschlags standen sie auf. Der Schrecken der letzten Nacht war Zhilian so in die Glieder gefahren, daß er unfähig war, am Morgen aufs Pferd zu steigen. Meister Chang ermahnte ihn: „Es ist Vorsicht geboten. Die von gestern geben nicht so schnell Ruhe!" Und tatsächlich, kaum daß sie aus Liuge heraus waren, sahen sie über zehn Leute am Straßenrand stehen, bewaffnet mit Sicheln, Hacken und dergleichen. Alle waren gelb im Gesicht und abgezehrt vor Hunger. Bart- und Kopfhaar trugen sie sehr lang. Meister Chang sagte: „Das ist eine Gruppe Tulaohe, kleine Diebe. Vor denen brauchen wir uns nicht zu fürchten und kein Blatt vor den Mund zu nehmen. Los, singen wir ihnen ein Lied!"

Die Männer brüllten mit lauter Stimme: „Fleisch hat Knochen, Fisch hat Gräten. Freunde läßt man gehn, sonst spricht die Peitsche. Mit der Freundschaft ist's dann aus!" Als sie näher kamen, sahen sie mitten auf dem Weg, eingewickelt in zerfetzte Matten, einen Toten liegen. Der Trupp wich zur Seite aus. Meister Chang nahm aus dem Hosenbund zwei Silberbarren, legte sie auf den Leichnam, winkte mit der Hand, und die Reiter trieben die sechs Maulesel in aller Eile vorbei. Waffenmeister Chang faltete die Hände vor der Brust und grüßte die Tulaohe. Dann drehte er sich um und folgte der Eskorte Richtung Süden.

Die Reise dauerte noch zweieinhalb Tage, dann langten sie in Tianjin an, brachten die Waren in ein kleines europäisches Haus im Gebiet der englischen Konzession und verstauten sie dort. Runliang, der schon früh mit dem Zug angekommen war, hatte sie voller Unruhe erwartet. Die sechs Männer der Eskorte wuschen sich, gingen anschließend in ein Restaurant, hörten sich Opern an, besuchten ein Bordell und vergnügten sich nach

Herzenslust. Runliang gab in dem kleinen ausländischen Haus für Waffenmeister Chang, Sun Yaoting und Zhilian ein Bankett, um sich für die Mühe zu bedanken. Meister Chang blickte nun nicht mehr so finster drein wie unterwegs, sondern schwatzte munter drauflos und gab ein paar Begebenheiten aus dem gefahrvollen Leben der Leibwächter zum besten.

Am nächsten Tag kehrte Sun Yaoting mit Runliang und Zhilian per Eisenbahn in die Hauptstadt zurück, Meister Chang mit seinen sechs Leuten und den Mauleseln nahm den Weg, den sie gekommen waren. Sun Yaoting begab sich in die Japanische Gesandtschaft. Puyi freute sich sehr und ernannte Sun zum kaiserlichen Leibwächter. Sun Yaoting, der sich über die aussichtslose Lage des Kaisers im klaren war, fürchtete, daß er früher oder später mit ins Verderben gezogen würde, wenn er ihm weiter nachfolgte. Am liebsten hätte er sich in den Bergwäldern verborgen, um sich zu vervollkommnen. Er sagte: „Die Eltern vom Lande haben vor ein paar Tagen dem Sklaven die Nachricht geschickt, das alte Haus wäre am Einstürzen. Sie lassen den Sklaven heimkehren, um ein paar neue Grashütten zu bauen. Der Sklave wird ein paar Monate dortbleiben, dann kehrt er wieder zurück, dem Gebieter der Zehntausend Jahre aufzuwarten. Puyi war machtlos, schenkte ihm einen Batzen Geld und ließ ihn gehen. Wenn das Haus gebaut sei, sollte er schnell zurückkehren. Von Wanrong verabschiedete sich Sun Yaoting mit den Worten: „Diesmal weiß der Sklave nicht, ob er die Herrin noch einmal wiedersehen kann!“ Tränen liefen ihm übers Gesicht. Wanrong antwortete: „Wie kannst du nur so etwas Unheilvolles sagen! Der Kaiser und ich haben Verwendung für dich. Du gehst jetzt und kommst schnell wieder zurück. Damit hat's sich, oder?“ Sun Yaoting erwiderte: „Das ist nicht so einfach, fürchte ich. Bitte, Herrin, beschwört Seine Majestät, so bald es möglich ist, die Höhle des Löwen zu verlassen. Im China von heute gibt es keinen Platz mehr für einen Kaiser. Der Sklave sagt dies unter Lebensgefahr, er hofft, die Herrin erkennt, daß der Sklave es ehrlich gemeint hat!“ Danach seufzte er tief, machte Kotau und zog sich zurück.

Von der Japanischen Gesandtschaft aus ging er nach Westen. Auf dem Weg zwischen dem Tor des Himmlischen Friedens und dem Qianmen-Tor hielt er an, Tränen stiegen ihm in die Augen. Vor sieben Jahren hatte er voller Hoffnungen und Erwartungen den alten Palast betreten. Ungezählte Male war aus seinem Munde das Wort Sklave gekommen, und das nicht umsonst. Von einem schwarzen Eunuchen ohne Apanage hatte er es zum Eunuchen für verschiedene höhere Dienste gebracht, schließlich zu einem Eunuchen für den hohen Dienst. Im Handumdrehen wäre im Palast ein neuer Li Lianying oder ein Xiaode Zhang aufgestiegen. Dann aber kam ein Dämonenwind, blies die Glückswolke über der Verbotenen Stadt weg, und sie verschwand spurlos. Nun war der Kaiser, der Herr, ein Diener anderer Leute geworden. Wen interessierte es nun noch, ein Sklave dieses Sklaven zu werden! Als Puyi aus dem Palast vertrieben wurde, sollen einige Eunuchen, die an verschiedenen Orten in Tempeln lebten, im Restaurant Dongxinglou sogar ein großes Fest gefeiert haben.

7. KAPITEL

Unter Schaustellern

Besuch in Jinghai

Nach Puyis Flucht in die Japanische Gesandtschaft in der Volksgasse am Östlichen Stadtrand wußten Konservative, Eunuchen und Hofdamen, das Spiel war aus und die Aussichten standen schlecht. Jeder für sich gingen sie daran, sich einen Lebensunterhalt zu verschaffen. Sun Yaoting verspürte den tiefen Wunsch, in seine Heimat nach Jinghai zurückzukehren.

Als Sun Huaibao damals an seinem Sohn die Kastration vornahm, hatten alle, die in Ostweidendorf auf den Namen Sun hörten, gehofft, auch Sun Yaoting würde eines Tages Generaleunuch werden und ebenso reich und mächtig zurückkehren wie Xiaode Zhang. Die Nachricht, der Kaiser hätte abgedankt und die Zahl der Verschnittenen würde reduziert, nahmen sie enttäuscht, seufzend oder wütend auf. Die anderen sagten mit kaum verhohlener Schadenfreude zu Sun Huaibao: „Es heißt, der Kaiser sitzt jetzt nicht mehr auf dem Drachenthron. Da ist euer Liujin umsonst unter das Messer gekommen. Das Ding kann man nicht mehr dranmachen. Ach, sehr mitleiderregend, hihi ..." Als Sun Yaoting dann doch in den Palastdienst übernommen wurde, waren die Lästermäuler eine Weile verstummt.

Daß Puyi jetzt Zuflucht in der Japanischen Gesandtschaft gesucht hatte, hatte sich in Windeseile im ganzen Land herumgesprochen. Niemand, der nicht davon wußte. Und nun kehrte Sun Yaoting nach Jinghai zurück, nur mit einem Packen auf dem Rücken. Das war so gar nicht majestätisch und ohne Stil. Die Dörfler hießen ihn mit ein paar Höflichkeitsfloskeln willkommen und nahmen gleichzeitig sein Bündel in Augenschein. Barg es nur Kleidungslumpen oder auch Silberdollar und Yuanbao? Sun Yaoting übergab den größten Teil der Ersparnisse, die er in Händen hielt, seinem Vater, der davon einige Mu Ackerland erstand, Holz und Ziegel kaufte und ein paar Häuschen baute. Auf diese Weise kamen die fünf, sechs Leute in Sun Yaotings Familie endlich zu einem Einkommen, das sie täglich satt machen konnte. Die düsteren Wolken, die zehn Jahre lang auf dem Gesicht des Vaters gelegen hatten, verzogen sich für eine Weile. Manchmal leistete er sich sogar in der Kneipe am Rande des Dorfes einen kleinen Becher Wujiapi-Wein. Dieser neue Freund des Weines, der früher nie hierher gekommen war, erregte die Neugier der Stammgäste, und daß Sun Huaibao Häuser baute, erfüllte die Leute mit Neid. Die Häuschen waren zwar nicht groß, ließen ihn aber in Jinghai als wohlhabend erscheinen. Wieviel Geld Sun Yaoting wohl nach Hause gebracht hatte, wurde Gesprächsstoff in den kleinen Kneipen der Umgebung, und man kam zu dem Schluß, daß es nicht wenig sein konnte. Ein Haar, das sich der Kaiser ausgerupft hatte, war stärker als die Hüften des Volkes. Sun Huaibao bestellte nie mehr als ein Schälchen Wein und einen Teller Erdnußkerne, worauf die Wirtin kreischte: „You, wo dein Sohn jetzt so reich geworden ist, bist du noch immer so geizig?“ Huaibao lachte dann nur bitter, gab aber keine Antwort.

Die alten Frauen im Dorf gratulierten Sun Yaotings Mutter überschwenglich: „Du hast in einem früheren Leben Tugendverdienst angesammelt. Was für ein Glück, so einen guten Sohn zu haben, wo man sich um Essen und Kleidung keine Sorgen mehr zu machen braucht.“ Und es dauerte nicht lange, da kamen Leute an die Haustür, jammerten über ihre Armut und streckten die Hände nach Geld aus. Sun Yaoting wurde die Lage unerträglich. Die Rückkehr des Sohnes hatte seine Eltern gefreut, denn endlich war die Familie wieder vereint. Aber traurig war, daß der Sohn nicht wohlhabend genug wiedergekommen war, daß sie ohne Sorge der Zukunft entgegensehen konnten, zumal er auch nicht für die Landarbeit taugte. Sie würden es schwer haben. Sun Yaoting suchte den Mönch Jingchen auf. Der fragte: „Möchtest du nicht doch Mönch werden?“ Sun Yaoting gab zur Antwort, daß seine Familie zu arm sei. Der älteste Bruder arbeite im Ausland, es sei ungewiß, ob er überhaupt noch lebe, und die Eltern würden auch immer älter. Jingchen bedrängte ihn nicht, sondern meinte nur: „Dann mußt du dir auf jeden Fall etwas ausdenken. Auf dem Lande hast du keine Aussichten.“ Sun Yaoting konnte nicht länger bleiben. Er kehrte nach Beijing zurück.

Im Tempel des Gedeihens

Seit Liu Duosheng, der zweite Chefeunuch der Kaiserinwitwe Cixi, der später den religiösen Namen Chengyin führte, ein Daoist der Reinen Wolken geworden war und die Huoshan-Gruppe gegründet hatte, wurden unter den Regierungsdevisen Tongzhi und Guangxu in Beijing und Umgebung über zwanzig Eunuchentempel gebaut, zusammen mit denen aus der Ming-Dynastie gab es über sechsundzwanzig solcher Tempel. Um aufgenommen zu werden, mußte man vorher etwas Geld spenden oder Boden stiften und einen Abt zum Meister nehmen. Die Schenkung war eine einmalige Angelegenheit. Der Tempel benutzte das Geld, um Boden für Gebäude oder für Gemüse- und Obstgärten hinzuzukaufen, der dann Gemeinschaftseigentum wurde. Die jährlichen Mieteinnahmen, Pachterträge und der Erlös aus dem Verkauf aller möglichen Agrarprodukte wurden verwendet, um das Leben der Eunuchen im Tempel aufrechtzuerhalten.

Nach seiner Rückkehr aus Jinghai suchte Sun Yaoting den Xinglong-Tempel, den Tempel des Gedeihens, in der Nördlichen Langen Straße auf, um sich dort niederzulassen. Er hatte sich für diesen daoistischen Tempel der Huoshan-Gruppe entschieden, weil hier ein paar befreundete Eunuchen wohnten. Außerdem verfügte der Tempel nur über geringen Grundbesitz weit weg auf dem Lande, und so war nicht zu befürchten, daß man ihn zur Landarbeit heranzog. Nach den Vorschriften konnte man eigentlich erst drei Jahre nach Zahlung der Geldspende oder der Stiftung von Boden richtig einziehen, weil die

Investition erst dann Gewinn brachte. Im Palast hatte Sun Yaoting zu den Günstlingen gehört, Eunuchen ohne Rang waren vielfach mit Bitten zu ihm gekommen, und er hatte auch gern geholfen. Daher betrachtete ihn der Abt des Xinglong mit anderen Augen und verlangte nur sechzig Yuan. Er mußte sich auch nicht erst einen Meister nehmen, sondern konnte sofort einziehen.

Im Tempel des Gedeihens, der während der Regierungsdevise Jiajing in der Ming-Zeit erbaut worden war, wohnten siebzig bis achtzig Leute. Es gab drei Mahlzeiten am Tag. Sie waren nicht reichlich, aber umsonst, man brauchte kein Geld auszugeben. Wohlhabende Eunuchen konnten den Herd anzünden und Enten, Hühner, Fisch und Fleisch essen, so oft sie wollten. Eunuchen, die kein Geld hatten, nahmen draußen hin und wieder Gelegenheitsarbeiten an, um sich etwas Handgeld zu verdienen.

Es gab die merkwürdigsten Tätigkeiten. Beispielsweise das Weinen in einem Trauerzug. Eine Familie hätte sich den Ruf höchster Pietätlosigkeit eingehandelt, wenn im Leichenzug zum Grabmal, den viele Menschen am Wegesrand begierig verfolgten, nicht laut und herzzerreißend genug geschluchzt worden wäre. Was aber, wenn der pietätvolle älteste Sohn, der mit einem Banner vorausgehen mußte, und die ihm folgenden Söhne und Enkel des Verstorbenen noch zu jung waren, um ihrer Trauer in gebührender Weise Ausdruck zu verleihen? Man ließ Eunuchen, die solcherart Schluchzen und Heulen zu ihrer Profession gemacht hatten, weiße Trauerkleidung, Trauerschuhe und Trauerbänder anlegen und nahm sie in die Mitte der Familienangehörigen. Selbst brauchte man dann nur mit der Hand das Gesicht zu bedecken und sich laut zu räuspern, das war alles. Am Grab bewirtete man die Helfer in der Not mit Wein und Fleisch, gab ihnen Geld und schickte sie weg.

Ähnlich verfuhren die Liaoshi, Leute, die bei Beerdigungen oder Hochzeiten für Bläser und Trommler sorgten, damit die Nachbarn nah und fern von dem Ereignis erfuhren. Hatten mehrere Familien zur gleichen Zeit um eine derartige Unterstützung gebeten, konnte es vorkommen, daß nicht genug Musikanten aufzutreiben waren. Aber von den traditionellen

Instrumenten, Sheng, Querflöte, Langflöte, Becken, Gong, Trommel und so weiter durfte nicht eines fehlen. Dann setzte man Eunuchen ein, die sich verhielten wie jener Mann aus alter Zeit, der als ‚stummer Bläser' in der kaiserlichen Musikertruppe mitwirkte, indem er so tat, als beherrsche er die Yu, eine Art Panflöte. Sie mußten nur den Atem anhalten und die Backen aufblasen, um die Leute zu täuschen. Ob eine Familie mit falschem Weinen die Außenstehenden betrog oder ein Liaoshi die Familie, die ihn beauftragt hatte, den Eunuchen, die diesem Gewerbe nachgingen, war das egal, Hauptsache, man wurde angestellt. Wer für eine so kraftraubende Tätigkeit zu alt war, konnte immer noch einen Hocker und einen kleinen Tisch aufstellen und auf einer Holzplakette ankündigen: ‚Stellvertretende Verfassung von Briefen'. Wenn sie jeden Tag ein paar Briefe, Anklageschriften, Verkaufsurkunden oder Verträge schrieben, reichte das Geld schon aus, um wie gewöhnlich zu rauchen. Den nichtsnutzigsten und dümmsten Eunuchen blieb nur übrig, Kohlenreste und Gerümpel zu sammeln, aber das war immer noch besser als nichts. Die meisten Eunuchen im Xinglong waren arm, aber das Kloster kümmerte sich nicht sehr darum, jeder konnte machen, was er wollte.

Xiao Shunzi

Als Sun Yaoting im Tempel angekommen war, hatte er viel Zeit und nichts zu tun. Er besuchte alte Freunde und Bekannte, manchmal auch Onkel Hao, er suchte Häuser auf, die mit dem Palast in Verbindung standen, oder verbrachte auch einen ganzen Tag in einem anderen Kloster. Als er eines Tages am Vortor des Nördlichen Sees einen Wagen zum Kloster zu den Weißen Wolken mieten wollte, erkannte er in dem Kuli, mit dem er um den Preis zu feilschen begann, Xiao Shunzi. Auch der stutzte und sagte sofort: „Das ist doch Bruder Chunshou. Seit wann bist du denn wieder in Beijing, wo hast du dich niedergelassen?" Sun Yaoting antwortete: „Zum Kloster möchte ich nun nicht mehr. Fahr mich zum Tonkasserolenrestaurant. Wir heben einen und unterhalten uns dabei über unsere Verdrießlichkeiten."

Sun Yaoting kannte Xiao Shunzi, der früher niederer Eunuch zur Aufwartung der Kaiserlichen Konkubine Ronghui gewesen war, aus der Operntruppe. Instrumente spielen, singen, komische Dialoge vorführen, all das hatte er von seinem Vater gelernt, bei dem er nach dem frühen Tod seiner Mutter aufwuchs. Aber Xiao Shunzis Vater, ein Hanchinesen-Bannermann, war ein Müßiggänger, der keiner geregelten Tätigkeit nachging. Zum Erwerb des Lebensunterhaltes hatte er sich auf Heiratsvermittlung und Menschenhandel spezialisiert. Wo immer ein alter oder junger Gebieter eines Prinzenpalais eine Nebenfrau nehmen wollte, konnte er in noch nicht mal drei Tagen ein schönes Mädchen aus armem Hause herbeischaffen. Wo immer in einem großen Haus jemand verkauft werden sollte, konnte er einen passenden Käufer finden. Auch ohne besonderen Grund suchte er die Palais der Beile auf, entbot seinen Gruß und unterhielt die Herrschaften, stets eifrig darauf bedacht, irgendwelche Kleinigkeiten für sie zu erledigen. Nach außen nahm er dies dann zum Vorwand, um nach Kräften Lug und Betrug zu üben. Als Xiao Shunzi zwölf Jahre alt geworden war, hatte sein Vater ihn einem guten Freund anvertraut und war wegen seiner Spielschulden in den Fluß gegangen. Dieser Freund haßte Xiao Shunzi nach kurzer Zeit als unnützen Esser. Er fesselte und kastrierte ihn und beauftragte jemanden, ihn in den Palastdienst einzuführen. Jeden Monat tauchte er dann auf und verlangte Geld und Getreide. Als Xiao Shunzi den Palast verlassen mußte, wußte er nicht wohin, vertraute sich wieder diesem Menschen an und wurde natürlich vertrieben, sobald das Entlassungsgeld, das er mitgebracht hatte, ausgegeben war. Da war ihm nichts anderes übriggeblieben, als sich am Droschkenplatz einen Wagen zu mieten und als Kuli sein Geld zu verdienen.

Die beiden betraten das Restaurant und bestellten eine große Tonkasserole mit weißem Fleisch, jenes Gericht, dessen besondere Zubereitung das Restaurant berühmt gemacht hatte, Chinakohl und Sojabohnenkäse, außerdem Fleisch mit Zwiebeln, scharf angebraten, eine Portion gebratene Schweinsleber und zu dem ganzen eine Flasche Erguotou-Schnaps. Beim Essen unterhielten sie sich. Sun Yaoting machte den Vorschlag:

„Als Kuli zu arbeiten, ist keine Sache auf Dauer. Am besten wäre, du würdest in einem Tempel wohnen, da gibt es wenigstens feste Mahlzeiten.“ Xiao Shunzi seufzte: „Nicht, daß ich nicht schon lange diesen Wunsch hätte, aber ich habe kein bißchen Geld mehr. Die Versorgungsgemeinschaft will mich nicht!“ Sun Yaoting stöhnte eine Weile, dann brach es aus ihm hervor: „Die paar Dutzend Yuan, die ich in der Hand habe! Ich spreche mit dem Abt vom Kloster des Gedeihens, daß er dich dort wohnen läßt. Und drei Jahre warten sollst du auch nicht.“ Xiao Shunzi schaute Sun Yaoting nachdenklich an, dann sagte er: „Das wäre schon gut, aber wann könnte ich dir jemals das Geld zurückzahlen?“ Sun Yaoting antwortete: „Das bißchen Geld. Habe ich es, bin ich nicht reich, und wenn ich es nicht habe, werde ich auch nicht ärmer. Reden wir nicht mehr darüber. Wir sind Brüder und wohnen zusammen. Da lohnt es sich auch, für zwei Geld auszugeben.“ Am nächsten Tag redete Sun Yaoting mit dem Verwalter. Der war wider Erwarten einverstanden. Die beiden freuten sich über alle Maßen und waren von nun an unzertrennlich.

Die Nördliche Lange Straße trennte nur ein Wassergraben von der Westseite der Verbotenen Stadt. Sun Yaoting konnte vom Eingang des Klosters aus die würdevollen Ecktürme und die eisengrauen hohen Palastmauern sehen. Noch immer kehrte jeden Abend ein riesiger Schwarm Krähen in den Palast zurück. Die Weltordnung hatte sich verändert, aber auf das Treiben der Geistervögel hatte das keinen Einfluß gehabt. Ihr Krächzen kam Sun Yaoting vertraut vor, wie eine Begegnung mit alten Freunden, und wenn sie sich in der Abenddämmerung in den Tiefen des Palasts verloren, folgte er ihnen in Gedanken. Unter Seufzen dachte er an die Zeit im Palast zurück, dachte an die Kaiserin und den Kaiser. Er beneidete die Vögel um ihre Sorglosigkeit und um ihre Freiheit. Und doch wußte er, daß er zwar nicht so frei war wie sie, aber der Kaiser und die Kaiserin nicht einmal so gut dran waren wie er, sie würden für ihr ganzes Leben Gefangene bleiben.

Xiao Shunzi war eine Frohnatur. Trotz aller Bitternis lachte er und sang den ganzen Tag vor sich hin. Sein Leben im Tempel des Gedeihens zu verbringen, war er nicht gewillt. Oft sagte er:

„China ist so groß, jammerschade, daß wir noch gar nichts davon gesehen haben. Gleich morgen gehe ich los und fange an, auf der Straße Stücke zu rezitieren. Gibt einer Geld, gehen wir zwei und heben einen, zahlt niemand, komme ich zurück, und wir begnügen uns mit dem faden Essen hier!" Sun Yaoting hielt ihn zurück: „Nicht so stürmisch, erstmal zwei Tage erholen. Mir wird schon was einfallen."

Das Leben im Kloster des Gedeihens erstickte einen. Auch für Sun Yaoting, der kaum über die Zwanzig hinaus war, wurde es allmählich immer unerträglicher. Mit seinen Kenntnissen im Lesen und Schreiben hätte er zu gern auf dem Markt seinen Lebensunterhalt verdient und litt darunter, daß es keinen Weg für ihn gab. Wenn man in jenen Jahren in einem der dort möglichen 360 Berufe keinen Meister hatte, nicht von einem Meister eingeführt wurde, brauchte man auch gar nicht daran zu denken, sich davon ernähren zu wollen. Wie immer, wenn er sich in einer ausweglosen Situation befand und nicht weiter wußte, dachte er an Ren Yi. Er ging in den Laden Tianfu, kaufte zwei Jin in Sojasoße eingelegtes Eisbein und suchte mit Xiao Shunzi Ren Yi auf. Tief seufzend begrüßten Meister und Adept einander.

Sun Yaoting erinnerte sich plötzlich an jenen Tag, als er an der Himmelsbrücke ein merkwürdig zutreffendes Orakel erhalten hatte. Damals hatte Ren Yi gesagt, daß er von einem Schausteller hinters Licht geführt worden sei. Aber er hatte den Trick nie durchschaut. Sun Yaoting hatte schon die ganze Zeit der Sache einmal nachgehen wollen. Also sagte er zu Ren Yi: „Mein Leben ist bitter, und ich weiß nicht, wann die Bitterkeit endet und die Süße kommt. Die Wahrsagung vom letzten Mal traf ja wirklich zu. Sie haben damals gesagt, das sei ein Betrüger gewesen. Wir kannten uns ja nicht, wie konnte er mich dann schon bei der ersten Begegnung reinlegen?" Ren Yi antwortete: „Ich habe früher einmal gesagt, daß ich dich zur Himmelsbrücke mitnehme, damit du das praktische Leben kennenlernst. Dieser Tage ist die Gicht wieder besonders schlimm. Ich kann nicht gut gehen. Heute habe ich nichts vor. Ich nehme jetzt etwas Medizin zu mir. Wir können uns beim Trinken unterhalten."

Sprach's und griff nach einer Flasche Lotosschnaps. Die riesige, anderthalb Chi hohe kürbisförmige Flasche war eine hervorragende Junzi-Keramik von purpurner Farbe. Und während er eine Ozeanschale aus Eierschalenporzellan mit der Aufschrift ‚Ewiges Leben' füllte, sagte Ren Yi: „Die kaiserliche Apotheke ist berühmt für ihren Lotos- und Chrysanthemenschnaps, das wißt ihr. Aber meiner hier übertrifft ihn bei weitem." Der Schnaps war ganz und gar nicht rein, sondern dickflüssig und mit kleinen weißen Fetzen durchsetzt. Sun Yaoting lachte: „Meister, was ist denn das für ein seltsames Getränk? So trüb wie der Schnaps ist, behauptet Ihr noch, daß er den im Palast übertrifft?" Ren Yi meinte: „Du hast keine Ahnung. Probier erstmal, bevor du was sagst."

Sun Yaoting nahm einen Schluck. Ein wunderbarer Duft stieg ihm in die Nase, auf der Zunge spürte er einen herrlich süßen Geschmack, sanft glitt die Flüssigkeit die Kehle hinab und wärmte angenehm den Magen. Tatsächlich nicht mit gewöhnlichem Lotosschnaps zu vergleichen. Ren Yi lachte: „Mein Schnaps ist anders als der im Palast. Ich füge junge Lotoskronblätter, geriebene Lotoskerne und im Frühling gewonnenen Sophorenblütenhonig hinzu. Das ruft zwar eine Trübung hervor, verstärkt aber den außergewöhnlichen Duft von Lotosblüten und Lotoskernen." Xiao Shunzi fiel ihm ins Wort: „Ein solch edler Tropfen aus dem Jadepalast sollte zusammen mit den Früchten der Unsterblichen genossen werden. Unser eingelegtes Eisbein tut diesem guten Schnaps Gewalt an." Ren Yi sagte: „Daß der Schnaps edel und der Mensch vulgär ist, macht doch keinen Sinn. Heute will ich euch ein wenig über die Jianghu-Schausteller aufklären, damit ihr euch nicht lächerlich macht und nicht hereingelegt werdet." Er hob seine Schale, legte den Kopf zurück und trank sie in einem Zug aus, füllte sie ein zweites und ein drittes Mal und leerte auch diese Schalen in einem Zug.

Ren Yi mochte es, wenn ihn junge Leute besuchten und ihm alle möglichen Fragen stellten, denn er erinnerte sich nur zu gern an die vornehmen Beschäftigungen mit ‚Wind, Blumen, Schnee und Mond', an die Häuser mit Singmädchen und Kneipen, an das Trinken, Freien und Spielen, und er konnte das Verführen unter den roten Bettvorhängen, das einem die Besinnung raubte, nicht vergessen. Aber die galanten Abenteuer waren wie Wasser dahingeflossen. Nur die Erinnerungen waren geblieben und halfen ihm, die Einsamkeit seines Lebensabends zu verkürzen. Nach drei Schalen Schnaps glühte sein faltiges Gesicht und seine Augen glänzten. Er sagte: „Unter den Jianghu-Schaustellern gibt es zwei Sorten von Physiognomen und Orakelstellern. Die einen sind wahre Kenner, haben den Kopf voller Bücher, können das ‚Buch der Wandlungen' wie am Schnürchen aufsagen, sind aber unfähig zu betrügen. Normalerweise eröffnet so einer an der Himmelsbrücke oder bei einem Tempeljahrmarkt einen Stand, stellt dort seine Büchse mit den Orakellosen, seine Schachtel mit den Hexagrammlinien, den ‚Kalender der zehntausend Jahre', ‚Ma Yi über Physiognomie', den ‚Klassiker der Wandlungen' und dergleichen aus und bleibt stumm und regungslos dahinter sitzen. Man nennt das: Ein toter Fisch macht das Maul nicht auf. Einer von dem Schlag versteht sich nicht darauf, Leute anzulocken. Er ‚wartet am Baum, bis ein Hase vorbeikommt' und braucht gar nicht daran zu denken, sich von seiner Kunst zu ernähren. Die andere Sorte kennt sich im Orakelstellen, in Zauberkunst und Astronomie auch ein wenig aus, kann aber vor allem betrügen. Wollen die Leute ein Horoskop, überschüttet einer von dieser Sorte sie mit allerlei Theorien und Lehren, damit sie ihm umso leichter auf den Leim gehen. Auf so einen bist du gestoßen, als du dir an der Himmelsbrücke ein Horoskop hast stellen lassen."

An dieser wichtigen Stelle brach Ren Yi ab, schob sich ein wabbliges Stück fettes Fleisch in den Mund, schenkte sich noch eine Schale Schnaps ein und forderte auch die beiden zum Trinken auf. Sun Yaoting und Xiao Shunzi drängten ihn: „Weiter, Meister, weiter!" Ren Yi lachte und fuhr fort: „Dieser Typ legt, bevor er wahrsagt, vier rote Papiertüten auf den Tisch. Die sind alle echt. Aber am Körper hat er noch welche versteckt, die bezeichnet man als ‚Farbtüten'. Die Kästchen darauf sind bereits ausgefüllt, nur Name, Alter, Geburtsort, Familienverhältnisse usw. müssen noch eingetragen werden. Und das geschieht heimlich, sobald der Kunde die Angaben hingeschrieben hat. Danach tauscht er die Tüte auf dem Tisch gegen eine ‚Farbtüte' aus, und du bist natürlich ganz geplättet, daß alles übereinstimmt. Das nennt man ‚den Himmelsabdruck umdrehen'. Wenn du das jetzt so hörst, verstehst du es vielleicht nicht ganz. Paß später aber mal genau auf, und du wirst sehen, wie der Trick funktioniert."

Sun Yaoting sagte: „Meinen Namen und die Angaben über Eltern und Geschwister hat er sich heimlich abgeguckt und mir ein Spiel vorgespielt, in Ordnung. Aber wie konnte er ein paar Dinge genau angeben, die ich nicht angeschrieben hatte?" – „Die hat er mit der ‚geographischen Untersuchung' herausgefunden", sagte Ren Yi. „Ist euch noch nicht aufgefallen, daß die einzelnen Gewerbe in verschiedenen Regionen konzentriert sind? Nehmen wir zum Beispiel den Kreis Zhangqiu in der Provinz Shandong. Die Bauern dort bestellen natürlich das Feld. Aber wenn Leute fortziehen, um ein Gewerbe auszuüben, gibt es für sie in der Regel zwei Möglichkeiten, die Schmiedekunst und den Handel mit Seidenbrokat. Überall im Land haben Leute aus Zhangqiu Seidenbrokatläden eröffnet oder arbeiten in Läden der Xiang-Kette, auch der Ruifuxiang am Qianmentor gehört dazu, und die Schmiede aus Zhangqiu sind ebenfalls überall bekannt. Wenn sich jemand aus dieser Gegend wahrsagen lassen will, braucht der Physiognom nur herauszufinden, daß er aus dem Kreis Zhangqiu kommt. Sieht er, daß die Kleidung sauber und ordentlich ist, hat er bestimmt einen Seidenhändler vor sich, hat sie Brandflecken und Löcher, ist es ein Schmied. Leute aus dem Kreis Wenxian in Shanxi handeln meistens mit Dörrobst und Trockenfrüchten, die aus dem Kreis Yuci in Shanxi dagegen eher mit Getreide. Leute aus Wutai in Shanxi arbeiten oft in militärischen und politischen Zirkeln. In der Gastronomie findet man viele Leute aus den Kreisen Yantai und Fushan in Shandong, während die aus Jiaozhou nicht selten in Beijinger Garküchen anzutreffen sind. Das Eisbein in Sojasoße, das wir heute essen, stammt doch aus der Garküche Tianfu, die von Leuten aus Jiaozhou in Shandong betrieben wird, oder? In welches Badehaus ihr heutzutage auch geht, es wird bestimmt von Leuten aus Dingxing in der Provinz Hebei betrieben. Und die Arbeiter in den Kohlenhandlungen brauchen nur den Mund aufzumachen, und jeder hört sofort, daß auch sie aus Dingxing sind.“ Ren Yi trank den Schnaps aus und fuhr dann fort: „Auch mit dir hatte so ein Physiognom keine Mühe. Aus dem Kreis Jinghai kommen seit alters Eunuchen. Du bist schon über zwanzig Jahre alt, hast aber noch keinen Bart und eine hohe Stimme. Die ‚geographische Untersuchung‘ sagte ihm also, daß du im Palast Dienste verrichtest. Natürlich stammst du aus einer armen Familie. Wer würde sonst schon Eunuch werden! Daß er gesagt hat, dein Charakter sei sanft aber nicht ohne Härte, dein Körper sei versehrt aber deine Entschlossenheit groß, ist auch nicht schwer zu erklären. Alle Eunuchen haben einen versehrten Körper, alle sind entschlossen, um Gunst und Macht zu kämpfen und müssen vor den Herrinnen kriechen. Nur ein sanfter Charakter bringt das überhaupt fertig, aber sein Herz wird dabei eisenhart. Und dann von wegen ‚eine hochgestellte Persönlichkeit hilft, aber es ist unmöglich, dem Schicksal der drei Frühen zu entgehen‘! Wer, wenn nicht eine hochgestellte Persönlichkeit, sollte euch, die ihr im Dienst von Kaiser, Kaiserin oder Konkubinen steht, denn sonst schon helfen! Von den drei frühen Ereignissen hätte er eigentlich gar nicht zu reden brauchen, denk doch mal nach. Kastriert wird man als Kind und anschließend muß gleich eine Anstellung im Palast gesucht werden. Also geht das Kind früh von zuhause weg, plackt sich schon früh ab, fängt früh damit an, Geschäfte zu erledigen. Daß du ‚dich spät entwickelst, spät Karriere machst, spät Reichtum genießt‘, kannst du dir ebenfalls leicht selbst erklären. Von was für einer Karriere kann bei einem Eunuchen schon die Rede sein, und zu Reichtum kommen sie, wenn überhaupt, natürlich erst spät. Ein Haus, ein paar Mu Land, die sie von ihrem Ersparten, dem Geschenkten und dem Gestohlenen, denn wer von euch dreht keine krummen Dinger, so einträglich ist der Dienst ja nicht, kaufen können, nachdem sie ihr Leben lang durchgehalten haben, zählt dann als ‚sein Glück genießen‘! Mit dem, was er zuletzt gesagt hat, daß dein ‚Geschick im Alter eine große Wende erfährt‘, hat er dir nur Honig ums Maul geschmiert, damit du ihm glaubst und dich freust. Damit zieht er dir doch wohl die Silberdollars aus der Tasche, nicht? Hätte er gesagt, daß du im Alter arm und ohne Halt sein wirst und keinen Ort für ein Begräbnis hast, hättest du ihm dann aus eigenem Antrieb mehr gegeben? Einerlei, ein ‚Umdrehen der Himmelsabdrücke' und eine ‚geographische Untersuchung' haben dich dazu gebracht, für den Physiognomen glühende Bewunderung zu hegen. Noch ein paar andere Tricks, und du hättest ihn bestimmt auch noch angebetet!"

Ren Yi gab sich an diesem Tag seiner Trinklust ungehemmt hin und wurde immer redseliger. Sun Yaoting und Xiao Shunzi sperrten Mund und Augen auf und drängten ihn, immer weiter zu erzählen. Allmählich verlor Ren Yi die Selbstkontrolle, und mit glasigem Blick tischte er den beiden Grünschnäbeln wirr durcheinander allerlei Tricks auf, mit denen die Jianghu-Schausteller die Leute betrogen. Schließlich sank er auf den Kang und schlief schnarchend ein.

Sun Yaoting und Xiao Shunzi setzten sich draußen auf die Steinstufen und unterhielten sich. Es war Spätherbst, aber im Gras zirpten noch immer die Grillen. In Sun Yaoting stieg die Erinnerung an den traurigen Anblick nach dem letzten Kampf auf, als die Grillen im Kristallbehälter des Hongen-Klosters im Wasser trieben. Der Buddha sagt, nichts könne dem Entstehen und Vergehen entrinnen, alles sei Leere. Und der Mensch? Ein japanischer Schnurbaum rauschte im Herbstwind. Hunderte von Jahren schon hatte dieser Baum an den Veränderungen in der Welt der Menschen teilgehabt, nicht mehr als ein Augenblick war das für ihn gewesen. Sun Yaoting seufzte unbewußt. Xiao Shunzi, der durch die spärlichen Blätter des Baumes hindurch den Sternenhimmel betrachtete, fragte: „Chunshou, weshalb seufzst du?" Sun Yaoting antwortete: „Ich habe geglaubt, des Menschen Geschick sei, wie man sagt, vom Himmel bestimmt, alles wäre schon längst angeordnet, und die Leute, die wahrsagen, physiognomische Zeichen deuten und Orakel stellen, könnten vorab ein paar Nachrichten in Erfahrung bringen. Wenn man wüßte, ob das eine oder andere gut oder schlecht ausgeht, würde man sich wohler fühlen. Daß schließlich alles Betrug ist, wie der Meister erklärt, hätte ich nicht gedacht. Es kann doch unmöglich alles auf der Welt falsch und leer sein, wie es im Lied ‚Seufzen über die zehntausend leeren Dinge' heißt!" Xiao Shunzi fragte: „Was ist denn das für ein Lied?" Sun Yaoting erwiderte: „Als ich noch Schüler bei

Mönch Jingchen war, hat er mir über hundert Strophen buddhistischer Ermahnungen und Lieder beigebracht, die das Erwachen zum Guten fördern sollen. Das ‚Lied über die zehntausend leeren Dinge' besingt das Wort ‚leer'." Die Nacht war ruhig, nur die einsamen Rufe der kleinen Händler in den Gassen waren zu hören: „Heiße Hundun, heiße Hundun ..." Sun Yaoting lauschte eine Weile, stieß einen Seufzer aus und begann das ‚Lied über die zehntausend leeren Dinge' aufzusagen:

Von Süd nach Nord, nach West und Ost, die Lebewesen ohne Zahl sind alle leer.

Himmel und Erde bleiben sich ewig gleich, in ihrer Mitte der Mensch, ein Nichts ist er.

Der Tag ist leer, die Nacht ist leer, nicht Spuren hat das Hin und Her ...

Xiao Shunzi wartete nicht, bis Sun Yaoting zu Ende gesprochen hatte, sondern unterbrach ihn: „Ich frage dich: Ist dein Bauch vor dem Essen leer oder danach. Wenn Essen bedeutungslos ist, warum ißt man dann? Das Wichtigste für den Menschen ist doch, daß er satt wird. Wenn einer es wirklich fertigbringt, nicht zu essen, glaube ich dir!" Sun Yaoting sagte: „Ich habe nicht von den Kleinigkeiten gesprochen, die man vor Augen hat. Ich rede davon, daß sich am Ende alles in Nichts auflöst." „Ist doch ganz egal, was am Ende ist!" schrie Xiao Shunzi. „Ich weiß bloß, daß ich mich von Kindheit an nie satt essen konnte und gefroren habe. Andere Leute dagegen haben ein hohes Haus, ein großes Bett, Frau und Konkubinen, Söhne, Töchter und Yuanbao. Andere Leute haben von früh bis spät jemanden, der sie bedient, ich aber muß den ganzen Tag für andere den Diener spielen. Auch wenn ich nach dem Tod zum Skelett werde, möchte ich zu Lebzeiten reich sein und alles haben. Von anderen Leuten schikaniert werden, ist schon bitter genug, und da soll man sich noch selber einschränken? – Wozu denn das!"

Eine Zeitlang sprachen die beiden nichts mehr, aber nach einer Weile begann Xiao Shunzi: „Ich habe eine Idee. Wir beiden beherrschen kein Handwerk, haben keine Bildung und Kapital schon gar nicht. Das ganze Leben müßig im Xinglong-Kloster herumzusitzen, ist langweilig. Lassen wir uns von Meister Ren doch ein paar Kniffe beibringen, damit wir unseren Lebensunterhalt verdienen können. Wäre das nicht was?" Sun Yaoting erwiderte: „Leute zu betrügen, bringt bestimmt karmische Vergeltung." Xiao Shunzi verzog den Mund: „Wir wollen ja keinem Menschen schaden! Ein bißchen reden, das tut nicht weh und juckt nicht. Ein paar kleine Schwindeleien, die den Menschen Mut machen, sie dazu bringen, Gutes zu tun. Mit ein paar Schmeicheleien ein wenig Geld zum Essen verdienen, das sollte doch erlaubt sein!" Sun Yaoting schwieg.

Xiao Shunzi ergriff erneut das Wort: „Bleiben wir einfach ein paar Tage länger hier. Meister Ren Yi soll uns genau erklären, wie die Schausteller sich durchschlagen. Laß uns ein paar ihrer Kniffe lernen." Sun Yaoting sagte: „Hier ein paar Tage länger zu bleiben, dem steht nichts im Wege, aber sich unter Jianghu-Schaustellern zu behaupten, das ist nicht so einfach!" Inzwischen war es Mitternacht, die beiden kehrten ins Zimmer zurück und legten sich schlafen. Der blasse Mond leuchtete nur spärlich, Herbstblätter raschelten. Sun Yaoting wälzte sich hin und her und fand keinen Schlaf. Nur Ren Yis donnerndes Schnarchen unterbrach die Stille.

Die Himmelsbrücke

Am nächsten Morgen berichtete Sun Yaoting Ren Yi von dem nächtlichen Gespräch. Der meinte: „Jianghu-Schausteller sind zwar auch nur Menschen, aber nicht jeder Dahergelaufene kann sich bei ihnen durchsetzen. Ein bißchen Talent gehört schon dazu, um unter diesen verkappten Drachen und Tigern Fuß zu fassen!" Sun Yaoting und Xiao Shunzi beteuerten gleichzeitig, daß sie den Meister nur um ein paar Hinweise bitten würden. Gelänge ihnen der Einstieg nicht, würden sie ins Xinglong zurückgehen, und damit hätte es sich dann, aber ein Versuch könne doch nicht schaden. Ren Yi sagte: „In der Welt geht nichts ohne Gelehrsamkeit. Ob über Sonne, Mond und Sterne oder über Maulwurfsgrillen, Ameisen, Fliegen, über alles gibt es etwas zu erfahren. Nur ist es so, daß seit alters allein die Lehren des Konfuzius, Buddhismus und Daoismus als klassisches Wissen gelten. Dabei müßte man alles wahre Wissen, wenn es in einem Buch zusammengefaßt wird, als einen Klassiker bezeichnen. Heute erfahrt ihr von mir etwas über Jianghu-Schausteller. Wenn jemand das aufschriebe, gäbe es einen ‚Klassiker über die Jianghu-Schaustellerei', der an hunderte von Generationen weitergereicht würde. Hört also genau zu." Die beiden nickten, und Ren Yi begann zu erzählen:

„Jianghu-Schausteller trifft man in Beijing auf den Tempeljahrmärkten. Auf dem Jahrmarkt des Longfu-Tempels in der Oststadt werden sie an jedem Tag mit einer sieben im Datum veranstaltet, also an jedem siebten, siebzehnten, siebenundzwanzigsten. Beim Baita-Tempel in der Weststadt treffen sich die Schausteller an jedem Tag mit einer vier im Datum. Außerdem gibt es noch Jahrmärkte am Palast der Unsterblichkeitspfirsiche in der Südstadt und in der Nordstadt am Huguo-Tempel. Aber Mittelpunkt und fester Platz aller Schausteller ist die Tianqiao, die Himmelsbrücke. Dort gibt es einfach alles: Wahrsager, Physiognomen, Arzneiverkäufer, Erzähler, Kampfsportdarsteller, Leute, die witzige Dialoge vorführen, Rezitatoren, die zur Trommel vortragen, Sänger, Stelzenakrobaten, Fahnenschwenker, Schattenspieler ... Die eigentliche Tianqiao über den Drachenbartkanal befand sich im Norden des Yongding-Tores, wenn man an der Himmelsterrasse und der Xiannongtan vorbei war. Sie wurde nach dem Jahr Gengzi (1900) abgerissen und in eine kleine Steinbrücke umgebaut. In der Nachbarschaft gab es ursprünglich nur ein kleines Teehaus, das Fuhaiju, das die Müßiggänger mit ihren Vogelkäfigen zu Sommeranfang aufsuchten. Die Leute nannten es ‚Teehaus von Wang Acht' und der Wirt, Wang Xingren, ein fleißiger Mann, der seine Gäste zuvorkommend bediente, konnte bald ein paar Anschaffungen machen, denn es wurden immer mehr Besucher. Am Ende der Qing-Dynastie war das Teehaus von Wang Acht schon bei allen bekannt. Jeden Tag kamen hochgestellte Persönlichkeiten, die über Geschäfte verhandelten, Informationen einholten oder nur über Belanglosigkeiten plauderten. Viele Jianghu-Schausteller gingen unter der Himmelsbrücke ihrem Gewerbe nach, gaben Vorstellungen, richteten Stände ein. Allmählich nahmen auch hier die Besucher zu, die Gegend lockte die Leute an. Nach kurzer Zeit hatten sich viele Händler angesammelt, die Stände und Zelte aufschlugen. Alle Arten von Varietés und

Teehäusern wurden eröffnet, auch ein großer Vergnügungspark für Reiche entstand, der fortan auch Beamte und Großhändler hierher brachte. Nach ein paar Jahren bewegte man wieder Holz und Steine und errichtete einen Markt, baute höhere Gebäude und Kabinette, und so wurde die Himmelsbrücke zur Krone der Vergnügungsstätten in Beijing. Übrigens machte Wang Acht mit seinem Fuhaiju ein Vermögen. Er wandelte es nämlich in das größte Pingshu-Teehaus um. Es hat mehr als dreihundert Plätze."

Als Ren Yi nun von den Geschichtenerzählern und ihrem Repertoire berichtete, brüllte Xiao Shunzi: „Die ‚Geschichte des Mönches von Qi' habe ich oft gelesen. Ich kauf mir ein Buch und lerne es auswendig. Dann werden wir mal sehen, ob ich es nicht vortragen kann!" Ren Yi gab zu bedenken: „Man unterscheidet Druckrezitation, moke, und Lebendige Erzählung, daohuo. Bücher, von denen du gerade gesprochen hast, wie die ‚Biographie des Mönches von Qi' und die ‚Reise nach dem Westen', sind in allen möglichen Verlagen schon erschienen. Sie auswendig zu lernen, Posen, Gesten, Fechtpositionen hinzuzufügen und den Text in Umgangssprache aufzusagen, nennt man ‚Druckrezitation'. Das hören sich nicht viele an. An einer spannenden Stelle legen die Vortragenden stets ihre Holzklapper auf den Tisch und sagen: ‚Wenn die werten Herren wissen wollen, wie es weitergeht, hören sie nach einer Weile die Erklärungen im nächsten Kapitel.' Das nächste Kapitel wird am nächsten Tag erzählt, und man muß wieder bezahlen. Für ein Buch braucht so ein Künstler zweieinhalb Monate. Wieviel Geld man ausgeben muß, wenn man täglich kommt! Da kauft sich ein Interessierter doch lieber an einem Buchstand ein altes Buch und liest es beim Lampenschein in ein paar Nächten durch. Eine ‚Lebendige Erzählung' ist damit nicht zu vergleichen. Die wird von dem Vortragenden nach Kommentaren historischer Meister zu den Vorlagen bearbeitet und mit stilistischem Schliff neu zusammengestellt. Zum Beispiel die ‚Geschichte der Östlichen und Westlichen Han-Dynastie'. In den Büchern sind die Episoden nicht streng verknüpft, es gibt viele Lücken, Auslassungen und Verzweigungen. Die geheimen Vorlagen der ‚Lebendigen Erzähler' unterscheiden sich davon.

Nicht nur, daß sich alles aneinander reiht und der Strang der Handlung nicht abreißt, nein, alle Figuren sind so lebendig, daß man ihre Gestalten sehen und ihre Stimmen hören kann. Aber von diesen Dingen abgesehen, jedes Gewerbe, jeder Beruf hat Meister. Leute ohne Meister gelten als Branchenfremde. Sie dürfen nicht innerhalb der Berufsgruppe ihr Geld verdienen. Das ist bei Barbieren, Fußpflegern, Messerschleifern überall dasselbe, von der Zunft der Erzähler ganz zu schweigen. Wenn du eine Tragstange mit Friseurutensilien kaufst und auf die Straße gehst, wirst du von anderen Barbieren ausgehorcht. Verstehst du die Sprache der Zunft nicht, kannst du nicht antworten und mußt deine Utensilien zurücklassen. Unter den Jianghu-Schaustellern heißen Leute ohne Meister ‚Haiqingtui', ‚Robenbeine'. Die Zunft duldet sie nicht. Wenn man jemanden zum Meister nehmen will, muß man zuerst einen Vermittler finden, der in ihrer Mitte Gewicht und Ansehen hat. Hat man dann eine Vereinbarung getroffen, verteilt man Einladungskarten und lädt die bekannten Leute zu einem Essen in ein Restaurant ein. Vor dem Festessen macht man vor dem Meister Stirnaufschlag, anerkennt ihn als Meister, überreicht Schülerkarten. Dann verrichtet man vor den Alten und allen mit Namen in der Zunft Stirnaufschlag. Erst wenn alle akzeptiert haben, kann man sich von seiner Profession ernähren."

Xiao Shunzi unterbrach schleunigst: „Genug. Ich kann keinen solchen Meister nehmen und unsereinen, der im Palast Dienste versehen hat, würde sowieso niemand als Schüler annehmen!" Sun Yaoting sagte: „Laß erst den Meister zu Ende reden, bevor du dir Gedanken über späteren Erwerb machst." Ren Yi lachte: „Ich habe euch die Welt der Jianghu-Schausteller vorgeführt, habe euch Kniffe genannt. Aber ihr teilt ja keine Karten aus und ladet zum Essen ein. Ich sage nichts mehr." Xiao Shunzi erwiderte lachend: „Wir sind momentan arm und völlig mittellos. Wenn wir erst in irgendeinem Gewerbe das große Geld gemacht haben, ist das erste, zunächst Sie, Alter Herr, zu ehren!"

Ren Yi schloß die Augen, hob den Kopf zum Himmel, rieb sich das Knie und stieß einen Seufzer aus: „Ich bin ja auch Branchenfremder. Wie könnte ich euch bei den Jianghu-Schaustellern einführen? Ich kann euch höchstens kurz erzählen, was ich seit vielen Jahren gesehen und gehört habe. Ob ihr was daraus macht oder nicht, hängt von eurer Fähigkeit ab. Wenn ihr Geld verdient, ist es nicht nötig, daß ihr mir Reverenz erweist, das brauche ich nicht. Ihr dürft mir bloß keinen Ärger machen und mir keine Scherereien bereiten. Eine Sache müßt ihr mir versprechen." Die beiden fragten, um was es sich handele. Ren Yi sagte: „Ob ihr unter den Jianghu-Schaustellern Karriere macht oder nicht, ihr müßt mir versprechen, daß ihr meinen Namen nicht erwähnt." Die beiden legten ihm einen Schwur ab, worauf Ren Yi ihnen über ein paar Tage hinweg mal ausführlich, mal knapp alle Gewerbe und Berufe an Himmelsbrücke und Tempeljahrmärkten erklärte. Sun Yaoting und Xiao Shunzi merkten sich alles genau. Dann nahmen sie von Ren Yi Abschied und kehrten ins Xinglong zurück. Von allen wurden sie gefragt: „Wo habt ihr denn gesteckt?" Die beiden gaben vor, auf Pilgerfahrt zum Miaofeng-Berg gewesen zu sein, und die anderen gaben sich zufrieden.

Am nächsten Tag verließen die beiden das Kloster und machten sich auf den Weg zur Himmelsbrücke. Kein Wunder, das es an der Himmelsbrücke nicht gab. Wenn man genau hinsah, konnte man neben den Ständen der Gaukler, den Teehäusern und Opiumhöhlen noch viel mehr finden, als Meister Ren berichtet hatte: alle Arten Speisen und Knabbereien, Frauen und Männer, alt und jung, Leute mit Langer Robe und Mandarinen-Jacke, der Magua, Leute mit europäischem Anzug und Lederstiefeln, mit Lumpen und zerfetzten Hemden, mit Mönchsroben und Daoistenkutten. Leute mit einer kleinen Quingzeitlichen Kappe auf dem Kopf, mit goldgefaßter Brille auf der Nase, mit Käfigen in der Hand, auf einem Pferd reitend, mit Hunden an der Leine oder Katzen in den Armen, die sich gleich einer Laterna Magica einem in den Augen wild umherbewegten und bewirkten, daß sich einem alles vor den Augen drehte.

Dann waren da noch alle Arten von Geräuschen. Da waren welche, die mit lautem Brüllen und lauten Rufen hartes Qigong aufführten, wildes Aufeinanderprallen von Schwertern und Speeren, welche, die mit merkwürdigen Lauten für sich Reklame machten. Da verkauften welche unter Trompetenklängen Zuckermännchen, da sangen welche mit dünner Stimme Chuizi-Weisen aus der Provinz Henan. Da weissagten einige in blasiertem und hämischem Ton, da sangen am Straßenrand Bettelmusikanten, da war Lachen von Erwachsenen, Rufen von Kindern, waren Frauen im mittleren Alter, die kokettierten. Tausende und Abertausende von Lauten, die sich in einem Wirrwarr vermischten. Es ging hoch her.

Sun Yaoting war zwar schon einmal zur Himmelsbrücke gekommen, aber in diesem Augenblick wurde es ihm dennoch schwindlig. Sun Yaoting und Xiao Shunzi hatten lange Zeit im Dorf, im Palast oder im Tempel zugebracht und waren daher an ein starres Leben in totenhafter Stille gewöhnt. Als sie so plötzlich in diese bunte Welt mit ihren unzähligen wundersamen Dingen kamen, waren sie ein wenig ratlos.

Xiao Shunzi meinte: „Chunshou, dort ist alles möglich, es kommt nur darauf an, ob du die Fähigkeit hast. Mischen wir uns erst einmal unter die Leute und schauen zu. Und dann probieren wir aus, was gut machbar ist." Da ertönte weiter vorn eine Trommel. Eine Menschenmenge stand um sie herum, reckte die Hälse und sah zur Mitte. Sun Yaoting und Xiao Shunzi drängelten sich zwischen den Leuten nach vorn. Zwei Schausteller in enganliegender Kleidung aus schwarzem Seidenbrokat und schwarzen Doppelgesichtsschuhen waren dabei, die Leute ‚einzuwickeln'. Auf einem Holzgestell hinter den beiden steckten Schwerter, Lanzen, Speere, Beile und Stangen. Der eine der Schwarzgekleideten war schlank, hatte breite Schultern, schmale Hüften, buschige Augenbrauen, zwischen denen ein schwarzes Muttermal prangte, und eine hohe Nase. Der andere war etwas kleiner, kräftig und glich einem schwarzen Bären.

Der Schlanke schloß die Fäuste zu einem Gruß und fing mit seiner Rede an: „Der Volksmund nennt vorwiegend reden aber nicht üben ‚Mundstil', nur üben aber nicht reden ‚dummen Stil'. Wir sind zum ersten Mal in der geschätzten Gegend, kennen weder Weg noch Steg, wissen nicht, wer hier ein Meister ist. Sollten wir uns jemandem gegenüber respektlos verhalten, werden wir ihm morgen einen Besuch abstatten und ihn um Verzeihung bitten. Wir ernähren uns zum ersten Mal von dieser

Profession, deshalb bitten wir die ehrenwerten Gäste, haben sie Nachsicht mit uns, gleichviel, ob wir unsere Sache gut aufführen oder schlecht. Heute zeigen wir ‚Schwert gegen kurzen Speer'. Die ehrenwerten Zuschauer werden sehen, wie wild und ungestüm sein Schwert kommt und mit welch geisterhafter Geschwindigkeit meine Lanze darauf reagiert. Ein Sprichwort sagt: Der große Speer ist der Vorfahr aller Waffen, der kurze Speer ihrer aller Dämon, das große Schwert Meister aller Klingen. Jede Waffe hat ihre Vorteile. Wir setzen heute unser Leben aufs Spiel und lassen die ehrenwerten Gäste etwas Neues sehen. Er haut mir den Kopf ab, ich durchbohre seine Eingeweide. Er schlägt mein Messer weg, ich durchbohre seine Kehle. Wir stürzen auf den Boden und wälzen uns wild herum, bespritzen den Boden mit Blut. Aber die Herrschaften brauchen sich nicht zu fürchten. Einer muß immer sterben, das hat auch etwas Gutes. Wenn beide überleben, dann bitten wir die Herrschaften zu klatschen. Und worauf läuft das Ganze hinaus? Daß wir die Herrschaften um ein bißchen Geld bitten müssen. Wir brauchen Geld, um uns Essen zu kaufen, brauchen Geld für die Herberge, benötigen Standgeld, haben alle möglichen Ausgaben. Wenn man von zu Hause weggeht, ist jeder Schritt schwer. Für die Hände voller Geld, die uns die Herrschaften am Ende unserer Vorstellung zuwerfen, verbeugen wir uns mit zusammengelegten Händen und machen Stirnaufschlag, rufen täglich Emituofo für Sie. Wir bitten die Bodhisattvas, Sie zu schützen und Ihnen alle Wünsche zu erfüllen: Streben Sie nach einem Amt, soll es Ihnen gewährt werden, wollen Sie einen Sohn, sollen Sie ihn auch bekommen. Geht es Ihnen um Reichtum, möge er Ihnen zufallen, verlangen Sie nach langem Leben, sollen Sie auch das erhalten."

An dieser Stelle stieß der Kerl einen kurzen Seufzer aus und drehte mit großen Schritten ein paar Runden im Kreise, als ob ein Boxer der Acht-Hexagramme-Kampfkunst eine Acht-Hexagramm-Abbildung abschreiten würde. Sun Yaoting hatte von Ren Yi gehört, daß man mit den ersten paar Worten ‚den Wickel' machte, darauf folgte ‚das Pferd am Götterbaum anbinden', die Zuschauer fest an die Vorstellung fesseln und erst wieder gehen lassen, wenn sie bezahlt haben. Tatsächlich folgte jetzt das ‚Anbinden des Pferdes'. Der Schlanke sagte: „Wir machen nicht bei jedem, vor dem wir auftreten, Verbeugung mit zusammengelegten Händen und Stirnaufschlag. Da gibt es welche, für die rufen wir nicht den Namen Buddhas, die verfluchen wir!" Ein Schüler fiel von der Seite her ins Wort: „Meister, wie verflucht Ihr so jemanden?" Der Schlanke sprach: „Ich verfluche ihn, daß er ein Weib nehmen möge, das ihm Unglück, ja, ihn ums Leben bringt, ein Weib, daß ein Kind ohne Arschloch zur Welt bringt. Er soll beim Handel Pleite gehen und die Saat soll ihm von Insekten und Hagel kaputtgemacht werden. Beim Studium soll er nie in eine höhere Schule versetzt werden, als Beamter immer tiefer sinken ..." Der Schüler nickte lachend und fragte abermals: „Meister, wen verflucht Ihr denn?" Sein Meister gab zur Antwort: „Ich verfluche all jene, die genau in dem Augenblick aus unserer Vorstellung abhauen, wenn wir zum Ende gekommen sind und schweißüberströmt und völlig erschöpft dastehen. Daß er geht, ist nicht das Schlimme, auch nicht, daß er nichts gibt. Aber er zieht einen Schwarm Leute mit, und das ist es! Er verhält sich wie einer, der eine Handvoll Sand in den Reistopf wirft, von dem zwei andere eben essen wollen. So einer ist doch ganz und gar ohne jede Moral!"

Er hielt plötzlich an, ließ seinen Blick über die Zuschauermenge kreisen und sagte anschließend: „Heute hat der Himmel seine Augen geöffnet, von dieser Sorte ist keiner gekommen, wir haben Glück und müssen niemanden verfluchen. Aber Herrschaften, achtet uns Schausteller nicht zu gering! Wir schauen nicht aufs Geld, bevor wir die Augen aufmachen. Es ist nicht so, daß wir Vater und Mutter nicht kennen. Wir haben nichts gegen Leute, die umsonst zuschauen und nichts bezahlen. Ein bekanntes Wort lautet: ‚Und wenn ein Haus zehntausend Geldschnüre hat, kann es vorkommen, daß es momentan nicht liquid ist'. Vielleicht hat einer zufällig kein Geld mitgenommen. Bleiben Sie nur stehen und schauen sie zu. Aber bewahren Sie sich ein Stückchen Tugend unter den Füßen, bleiben Sie etwas länger, dann ist es schon gut. Aber nun Schluß mit dem dummen Gerede, Raufbold, laß uns mit der Vorstellung beginnen!"

Der Adept suchte ein großes Schwert hervor, der Meister hielt einen Speer. Die beiden fingen mit dem Kampf an. Sun Yaoting und Xiao Shunzi hatten von Wushu keine Ahnung. Sie sahen nur, daß die beiden Flutdrachen glichen, die Meer und Flüsse umwälzten. Sie waren nur sehr schwer auseinanderzuhalten. Unter den Zuschauern befanden sich etliche, die sich auskannten. Auf der Seite rief einer: „Ein guter ‚Die grüne Schlange spuckt den Kern'!" – „He, ‚ein einzelnes Schwert schneidet die Melone', hervorragend!" Als die Kämpfer die Beifallsrufe hörten, gingen sie mit noch wilderem Gesicht aufeinander los. Ihre Finten folgten unwahrscheinlich schnell aufeinander, wie Blitze, nicht zu durchschauen. Die Zuschauer hielten den Atem an und sahen gebannt zu. Mancher hatte, ohne daß er es merkte, schweißnasse Hände. Nach einer Weile schien es, als ob die Kämpfer in Wut gerieten, verbissen ihr Leben verteidigten. Keiner gab auch nur im geringsten nach. Plötzlich traf der wilde Schüler mit einem Hieb das linke Handgelenk des Meisters, der geräuschvoll zu Boden fiel. Er lag auf dem linken Arm, und das schien ihn so sehr zu schmerzen, daß er am ganzen Körper zu zittern anfing. Aber er rief laut, daß er nicht aufhören würde. Der völlig fassungslose Schüler beeilte sich, seinen Meister aufzurichten. Alle sahen eine abgeschlagene, bluttriefende Hand auf dem Boden liegen. Aus dem Ärmel ragte der gleichfalls bluttriefende Stumpf, ein fürchterlicher Anblick. Der Adept fing an zu heulen. Laut rief er: „Meister, ach Meister! Euer Schüler hat Euch vernichtet!" Der Meister gab keine Antwort, schloß nur die Augen und biß sich auf die Zähne. Sein linker Arm zitterte. Genau in diesem Augenblick rief ein Alter mit lauter Stimme: „Wozu das Geheule! Schnell ins Krankenhaus mit ihm!" Der Adept antwortete: „Wir haben ja noch gar kein Geld genommen, womit sollen wir denn das Krankenhaus bezahlen! Die Herrschaften wollen bitte bei Ihren Geldspenden daran denken, daß die entsetzliche Sache nur passiert ist, weil wir beide uns wirklich angestrengt haben. Wir werden uns nie wieder durch Kunststücke ernähren können, wie sollen wir nur weiterleben …" Bei diesen Worten fing er wieder zu heulen an. Die Umstehenden waren tief bewegt und warfen Hände voller Geld in den Kreis.

Sun Yaoting hatte beim Anblick der weißen blutenden Hand, die auf den Boden rollte, das Herz wie wild angefangen zu schlagen. Er holte eilig alle Yuan, die er mitgebracht hatte, hervor und warf sie in den Kreis. Flink wie ein Wiesel sammelte der Adept die großen und kleinen Scheine, Silberdollar und Kupfermünzen auf, die zerstreut auf dem Boden lagen, hob den Meister auf, nahm die abgetrennte Hand, drückte sich durch die Menschenmenge und verschwand. Seufzend zerstreuten sich die Leute. Alle waren der Meinung: „Diesmal ist er am Ende, wie mitleiderregend!"

Sun Yaoting und Xiao Shunzi drängten sich aus der Menschenmenge. Außerhalb des Zuschauerkreises stand ein alter Kerl, der lachte und spielte mit einem Paar Hickorynüssen. Als er Sun Yaoting mit grünem Gesicht herauskommen sah, fragte er: „Wieviel hast du gegeben, Kumpel?" – „Fünf Yuan", antwortete Sun Yaoting. Der Alte nickte: „Gutherzig!" Sun Yaoting kam es sehr merkwürdig vor, daß auf dem ölglatten Gesicht des alten Kerls nicht eine Spur von Mitleid geschrieben stand, und meinte: „Ein mitleidiges Herz haben alle Menschen, wie kann man von Leid so unbewegt bleiben?" Der Alte lachte: „Junger Kerl, bei wem von den Jahrmarktskünstlern sind wohl keine faulen Tricks im Spiel!" Sun Yaoting ahnte, daß der Alte mehr wußte, legte eilig die Handflächen zusammen und bat um Auskunft. Er wollte auf jeden Fall genau unterwiesen werden. Der Alte sagte: „Diese Arbeit ist zwar verlogen, aber sie ist die Reisschüssel der Leute. Sie schadet auch keinem, alle sehen gern zu. Ich sollte eigentlich den Trick niemandem verraten. Aber weil du es unbedingt wissen willst und weil du fünf Yuan ausgegeben hast, will ich es dir genau erklären, damit du dein Geld nicht umsonst verschwendet hast."

Daraufhin erklärte der Alte den Trick in allen Einzelheiten. „Unter den Affen gab es, sagt man, eine Rasse, die Tongbiyuan, Affe mit durchgehendem Arm, genannt wurde. Man sagt, daß der linke Arm dieser Affenart bis in den rechten Arm rutschen konnte, so daß der rechte Arm auf einmal doppelt so lang war. Umgekehrt funktionierte das auch, die Arme waren wie eine Stange, die durch den Körper hindurchrutschte. Wushu-Darsteller, die das sahen, hielten sich solche Affen, beobachteten sie und ahmten sie nach. Daraus entstand später die ‚Boxtechnik des durchgehenden Armes', eine sehr hinterhältige Technik. Wenn die Gegner handgemein werden, stehen beide relativ weit voneinander entfernt. Nimmt der Gegner sich nicht in acht, wird er von dem langen Arm getroffen und schwer verwundet. Der Jahrmarktkünstler hatte im linken Ärmel eine abgetrennte Hand aus Rohkautschuk und ein Eisbein stecken. Wenn die Zuschauer am Ende der Aufführung nur mehr die Zahl der Finten mit dem langen Speer der rechten Hand bemerken, wendet er den ‚durchgehenden Arm' an. Er zieht die linke Hand allmählich in den Ärmel zurück, streckt die falsche Hand heraus, und sobald sein Widerpart sie ihm mit einem Hieb abgetrennt hat, läßt er sich sofort auf den Boden fallen und drückt auf den linken Arm. Dabei platzt der Hühnerdarm, den er mit einer roten Flüssigkeit gefüllt hat, und es sieht aus, als ob frisches Blut fließen würde. Sobald der Schüler ihn aufhebt, fällt auch schon die abgetrennte Hand aus dem Ärmel, und das Eisbein, das als Stumpf zu sehen ist, trieft von Blut. Das ist der ganze Trick. Werden zu diesem Zeitpunkt die Hände ausgestreckt und die Zuschauer um Geld gebeten, dann kauft man nicht nur drei Melonen und zwei Datteln, alle zahlen reichlich, sie halten es sonst nicht aus. Meister und Schüler gehen dann mit dem Geld davon, besuchen ein Bordell, gehen zum Essen, hören sich Opern an, so froh wie nie zuvor."

Sun Yaoting fragte: „Aber ist es denn möglich, daß man nicht nur einmal auf diese Weise sein Geschäft macht?" Der Alte gab zur Antwort: „Bei einem zweiten Mal muß man eben das alte Stück ein wenig abändern, da kann man noch ein paar Kunden täuschen. Kein Schausteller kommt doch ohne faule Tricks aus. Da gibt es welche, die lebendige, springende Karpfen nachahmen, Enten, Hühner und Hasen. Wenn die echt wären, dann brauchte er ja nicht hierher zu kommen. Dann würde er zu Hause auf seinem Kang sitzen und je nach dem, worauf er Appetit hat, etwas nachahmen. Wozu so ein armes Abbild und dann auch noch die Standgebühr zahlen müssen!"

Xiao Shunzi zog Sun Yaoting am Ärmel und zischte wütend: „Schluß mit dem Unsinn. Schon gut. Auf jeden Fall bist du getäuscht worden! Was man sich mit fünf Yuan kauft, taugt nichts. Wirft man sie ins Wasser, kann man noch fünf Schöpfkellen herausschlagen, wirft man sie auf den Boden, hört man wenigsten fünf Töne. Das alles ist eine riesige Ungerechtigkeit!" Sun Yaoting war auch reichlich niedergeschlagen, Lust, noch einmal zuzusehen, hatte er nicht. Hunger hatte er auch. Als er seinen Beutel berührte, war nicht ein Fen drin. Zum Glück hatte Xiao Shunzi noch ein paar Kupfermünzen. Die beiden verlangten eine Schüssel gegorenen Bohnensaft und zwei Pfannkuchen. Nach dem Essen kehrten sie ins Xinglong-Kloster zurück, setzten sich hin und heulten.

Betrogene Betrüger

Ein paar Tage bliesen sie hier Trübsinn, dann hielt Xiao Shunzi es nicht länger aus. Er sagte zu Sun Yaoting: „Daß wir einmal betrogen worden sind, ist noch lange kein Grund, nicht mehr hinauszugehen. Erst betrogen werden, dann betrügen. Auf Verlust folgt auch Gewinn. Das ist eben das Prinzip." Sun Yaoting wandte ein: „Den ganzen Tag daran denken, Leute zu betrügen, nimmt bestimmt kein gutes Ende. Da ist es viel besser, etwas Gediegenes anzustreben." Xiao Shunzi sagte: „Das bringen wir nicht. Leute mit Talent haben schon von klein auf bei einem Meister gelernt. Rezitieren zur Trommel? Wie sollen wir den Mund aufmachen mit unseren Hähnchenstimmen? Wushu üben? Unmöglich. Bei unseren ungelenken Armen, störrischen Beinen und Hühnerbrüsten. Da werden wir doch von den Leuten als Clown betrachtet. Vielleicht auf eine hohe Bambusstange eine große Flagge stecken, so fünfzig oder sechzig Jin schwer? Von der werden wir doch zu Boden gedrückt. Kurz und gut: Da gibt es nichts, was wir betreiben könnten."

Nach einer Weile Schweigen sagte Xiao Shunzi plötzlich: „Da gibt es allerdings doch etwas, und leicht zu lernen ist es auch." – „Was denn?" fragte Sun Yaoting, und Xiao Shunzi gab zur Antwort: „Ein paar Gauklertricks kaufen!" Sun Yaoting nickte: „Das ist allerdings ruhig. Das können wir mal probieren." Er dachte: ‚Etwas Geld ausgeben, um ein paar Tricks zu lernen und sie dann überall auf Tempelmärkten in der Region und auf Marktflecken weiterzuverkaufen, damit könnte man vielleicht den Lebensunterhalt verdienen. Man braucht keinen Meister zu nehmen, sondern zahlt nur für die Belehrung.'

Bis zur Jahrhundertwende gab es niemanden, der Kunststückchen auf den Straßen zum Verkauf anbot. Die Jianghu-Leute bewahrten ihre Geheimnisse und verschleierten sie, so gut sie konnten. Selbst der beste Freund erfuhr nichts, ob man nun beim Wein saß oder gar Haus und Land mit ihm teilte. Nur an den eigenen Sohn wurden die Tricks weitergegeben. Ein gewisser Yang vom Dong'an-Markt war damals der erste, der Gauklertricks verkaufte. Die Leute nannten ihn den ‚Ausverkaufs-Yang'. In ganz Beijing, ja sogar in der ganzen Provinz Hebei hatte er ‚Schüler'. Selbstverständlich gab es berufsinterne Regeln, welche Tricks verkauft werden durften und welche nicht, dafür gab es Bestimmungen, die durfte man auf gar keinen Fall durcheinanderbringen. Wovon hätten sich die Gaukler denn noch ernähren sollen, wenn jeder nach Belieben verkauft hätte und jedermann imstande war, die Kunststücke vorzuführen? Das wäre doch der Ruin für das Gewerbe gewesen.

Gesagt, getan. Die beiden begaben sich wieder zur Himmelsbrücke. Sun Yaoting sagte: „Diesmal schauen wir aber nicht irgendwo zu, sondern lernen auf schnellstem Wege ein paar Kunststücke." Da erklang der Trommelwirbel der Wushu-Darsteller, denen sie neulich zugesehen hatten. Ohne es eigentlich zu wollen, ließen die beiden sich wieder ‚anbinden'. Die linke Hand des Meisters war tatsächlich wieder am Gelenk. „Als meiner Wenigkeit beim letzten Mal die Hand abgetrennt wurde, dachte ich, daß ich für dieses Leben nichts mehr zu hoffen hätte und es am besten wäre, wenn ich gleich sterben würde. Aber ich traf auf einen Daopriester mit übernatürlichen Fähigkeiten, der mir eine Wundermedizin der Unsterblichen gab. Nachdem ich mich damit eingerieben hatte, war tatsächlich nach drei Tagen keine Spur von der Verletzung mehr zu sehen. Vor drei Tagen verlor ich an diesem Ort meine Hand. Das wissen alle an der Himmelsbrücke! Das haben mehrere hundert Menschen mit eigenen Augen gesehen! Seht her, das Blut ist noch zu sehen." Er zeigte auf einen roten Fleck am Boden und fuhr fort: „Meine Verletzung war geheilt, aber wie hätte ich den

Heiligen fortgehen lassen können! Herrschaften, wer in den tausend Welten macht denn nicht von Messer, Schwert oder Lanze Gebrauch: Barbiere, Fußpfleger, Schweinemetzger, Schafschlächter, Messerschleifer, Fleischhacker, Verbrecher, Polizisten, Fallensteller, Soldaten. Wer kann da garantieren, daß nicht auch einmal sein Blut fließt? Was tun, wenn man verletzt wird? Da ist nichts zu machen. Wer bluten soll, der blutet, und wer sein Leben verlieren soll, der verliert es. Nicht jeder begegnet einem Unsterblichen mit Geistermedizin. Bejammernswert? Das ist wahrhaft bejammernswert. Ich habe mich neben den alten Daoisten hingekniet und ihn tausendfach, zehntausendfach beschworen, mir etwas von der Geistermedizin zu verkaufen. Mein ehrliches Bemühen hatte am Ende Erfolg und der alte Daoist hat mir schließlich doch etwas Medizin verkauft. Ich gehe täglich mit Schwert und Lanze um, da ist es schon möglich, daß ich eines Tages den Kopf oder einen Fuß verliere, und ich muß ein wenig von der Geistermedizin aufbewahren. Aber ein bißchen bleibt übrig. Ich will nicht so eigennützig sein und alles für mich behalten. Medizin ist da, Menschen zu retten. Wer oft mit Messern oder Speeren umgeht, wird sie dringend nötig haben und darf zuerst kaufen."

Nach diesen Worten hob er ein kleines Holzkästchen hoch. Darin waren einige zehn Keramikfläschchen mit etwas schwärzlicher Salbe. Die Leute streckten die Hände vor und riefen: „Verkauft mir ein Fläschchen!" Die Flasche kostete um drei Yuan. In einem Nu war alles verkauft, und immer noch gab es Käufer. Ein Alter sagte: „Bitte tun Sie ein gutes Werk! Treten Sie mir zwei Flaschen davon ab. Mein Sohn ist Polizist, den ganzen Tag ist er auf Verbrecherjagd, jeden Monat wird er ein paarmal verletzt." Metzger, Hebammen schlossen sich ihm laut rufend an. Der Schausteller war verlegen: „Ich habe wirklich keine mehr. Wenn ich jetzt noch etwas abtrete, habe ich selbst nichts mehr, nichts, das mein eigenes Leben rettet. Wenn ihr unbedingt noch was wollt, dann für fünf Yuan die Flasche. Ich bin zu jedem Opfer bereit, kann einfach nicht aufhören, Gutes zu tun." Er zog noch ein paar Flaschen hervor, jede für fünf Yuan. Im Nu waren sie verkauft. Danach gaben die beiden Kämpfer wieder eine Vorstellung. Sun Yaoting zog Xiao Shunzi aus der

Menge und sagte: „Das mit der Arznei ist doch wieder ein Trick. Ich möchte wissen, wie er dieses Stück beendet. Die sind doch aalglatt!“ Xiao Shunzi erwiderte: „Manche können mit der rechten und der linken Hand gleich gut betrügen. Und wir sollen das nicht können? Das glaube ich eben nicht.“

Die beiden suchten nun überall nach einem, der Gauklertricks professionell lehrte. Endlich, als sie an der Nordostecke der Kuihua-Bühne angelangt waren, bemerkten sie an einer Mauer ein weißes Tuch von über zwei Zhang Länge, auf das Zeichen geschrieben und Bilder gemalt waren. Die großen Zeichen bedeuteten: ‚Gaukeleien der Halle Huanyun‘. Daneben standen ein paar kleinere Zeichen: ‚Unterweisung in Gaukeleien an Ort und Stelle‘ und in Kanzleischrift ein ordentliches Verzeichnis der einzelnen Gaukeleien. Xiao Shunzi sagte: „Hier ist es. Laß uns ansehen, was einfach zu lernen ist.“ Es gab eine Vielzahl verschiedener Kunststücke. Solche, bei denen man geschickte Hände brauchte, wie: Unsterbliche pflücken Bohnen, Drei Unsterbliche kehren in die Grotte zurück, Ein Unsterblicher öffnet das Tuch, Zerrissenes Papier wieder ganz machen, Unter dem Mond das Zinnober weitergeben, oder Gaukeleien der ‚Farbklasse‘ wie: Eine leere Schachtel verwandelt sich in Rauch oder in Streichhölzer, Eier geschickt auftauchen lassen, Mit Goldmünzen Brücken bauen, Mit Goldmünzen einen Pfeiler umhüllen, Eine Holzstange steht von allein auf, Gaukeleien der Arzneiklasse: Tee schwarz werden lassen, Nach einem Becher betrunken umfallen, Nach tausend Bechern immer noch nicht betrunken sein, Vögel lebendig fangen, Die sich entblätternde Schönheit, Mit fliegenden Bohnen Fliegen treffen, Feuer spucken, oder Gaukeleien der Amulettklasse: Die acht Heiligen umkreisen den Tisch, Das Siegel ziehen und wetten, Den Sperling schlagen, Schwarzer und roter Schatz und noch viele andere Kunststückchen.

Von mehr als der Hälfte aller angeführten Kunststücke gab es auch Abbildungen. Eine zeigte einen Dicken, der betrunken auf der Erde lag, Speichel rann ihm aus dem Mund. Daneben stand in kleinen Zeichen: ‚Nach einem Becher betrunken umfallen‘. Auf einem anderen Bild sah man einen Feuerspucker, der ganz dem feuerspeienden Hungergeist Mianran glich. Besonders sorgfältig gemalt war eine Schönheit in der Jugendblüte. Sie hatte ihren Oberkörper völlig entblößt und war dabei, sich heftig zu kratzen. Daneben stand: ‚Die sich entblätternde Schönheit'. Auf einem großen Tisch, den ein Tuch mit den Zeichen ‚Großkönig der Gaukeleien' bedeckte, stand ein Zwerg, der älter als dreißig Jahre gewesen sein dürfte. Auf dem Scheitel seines übergroßen Kopfes ragte ein Chaotianjue gen Himmel, ein Haarbüschel, wie man es den Dorfjungen stehen läßt. Das wirkte bei diesem bärtigen Kleinen äußerst komisch. Mit seiner langen Robe glich er einem kleinen Krug, dem der Riesenkopf aufgesetzt und ein Paar große Füße angeheftet worden waren. Er ging auf dem Tisch hin und her und war dabei, mit einer trotz seiner Kleinwüchsigkeit durchdringenden Stimme die Zuschauer einzuwickeln. Mit beiden Händen geschickt herumwirbelnd, führte er während des Redens ein Gauklerstück vor. Die Menschenmenge nahm zu. Sun Yaoting drängte sich, Xiao Shunzi im Schlepp, nach vorn. Der Zwerg sagte soeben: „Im Unterschied zu anderen, die nur zwei oder drei Kunststücke anbieten, verkaufen wir viel mehr, sogar ein paar Tricks, die man eigentlich gar nicht verkaufen darf. Aber was sollen wir tun? Die Frau des Meisters ist schwer erkrankt und wartet auf Medizin. Sie hat Schwindsucht, muß gut essen und die Medizin ist teuer. Wie soll mein Meister das alles beschaffen? Da bleibt nichts anderes übrig, als auch das zu verkaufen, was nicht erlaubt ist. Menschenleben zu retten, ist doch wichtig, das meinen Sie doch auch, nicht? Herrschaften, wer lernen will, professionell Gaukeleien vorzuführen, heute ist eine gute Gelegenheit. Was sonst nie gelehrt wird, können Sie heute lernen. Wenn Sie sich damit zu Hause den Kummer verscheuchen können, na, umso angenehmer für Sie. Reden wir zum Beispiel einmal von ‚Nach einem Becher betrunken umfallen', ein Kunststück der Arzneiklasse. Will ein Säufer Sie absichtlich unter den Tisch trinken, brauchen Sie nur diesen Trick zu erlernen. Ich garantiere Ihnen, der Säufer kippt nach einem Becher um. Oder wenn einer ständig bei Ihnen umsonst Wein trinkt und Sie davon nicht angetan sind, wenden Sie diesen Trick an, und er wird keinen zweiten Becher mehr trinken."

Obwohl der Zwerg auf dem Tisch ohne Unterlaß redete, zog keiner der Umstehenden Geld hervor. Sun Yaoting fragte: „Was kostet ein Trick?“ Der Zwerg gab zur Antwort: „Die Preise sind unterschiedlich. Kunststücke mit der Hand, zehn Yuan pro Trick. Gaukeleien der Arzneiklasse sind billiger, acht Yuan.“ Xiao Shunzi fragte: „Welche sind schwieriger?“ Der Zwerg meinte: „Die aus der Arzneiklasse sind einfacher.“ Sun Yaoting und Xiao Shunzi überlegten sich, daß sie lange und hart üben müßten, bis sie mit rascher Hand Geschicklichkeitskunststücke vorführen könnten, die aus der Arzneiklasse dagegen würden sie gleich beherrschen. Nach einigem Feilschen war der Zwerg einverstanden, ihnen für zehn Yuan drei Kunststücke der Arzneiklasse zu verkaufen. Nachdem sie bezahlt hatten, wurden sie nach hinten geführt. Dort saß ein Mann in den Siebzigern mit Stirnglatze, am Hinterkopf noch einen Zopf der Qing-Zeit, gelblich und dünn wie trockenes Gras. Der Alte zeigte keine Regung, sondern fragte nur kühl: „Welche Kunststücke wollt ihr lernen?“ Xiao Shunzi zeigte auf ‚Nach einem Becher betrunken umfallen‘, ‚Vögel lebendig einfangen‘ und ‚Die sich entblätternde Schönheit‘: „Genau die drei.“ Der Alte zog aus seiner Robe drei kleine Papierstreifen und reichte sie herüber: „Lest sie zu Hause durch!“ – „Beherrscht man die denn schon nach bloßem Durchlesen?“ Xiao Shunzi wunderte sich sehr. „Sicher kann man das.“ Der Alte wandte seinen Kopf zur Seite und gab keine Antwort mehr. So schnell waren zehn Silberdollar verschwunden. Zehn Silberdollar waren zwanzig Säcke Mehl aus dem Ausland wert!

Die beiden suchten eine verlassene Gegend, um die Anweisungen zu lesen. Auf dem einen Papierstreifen stand: ‚Naoyang-Blüte in den Wein gemischt, und man kippt nach einem Becher um.‘ Auf dem zweiten stand: ‚Hirse mit Schnaps tränken, und die Vögel werden betrunken, wenn sie davon fressen.‘ Der dritte Zettel gab folgende Anweisung: ‚Haselwurz oder feine Federn in die Kleidung stecken, juckt so außerordentlich, daß man sich zwangsläufig auszieht.‘ Nach der Lektüre waren beide enttäuscht und wütend. Xiao Shunzi klagte: „Für die paar Zettel haben wir zehn Yuan ausgegeben, und dabei steht noch nicht einmal fest, ob wir das auch verkaufen können!“ Sun

Yaoting meinte: „Ich fürchte, dafür finden wir nicht viele Käufer. Besorgen wir erstmal die Arzneien. Dann probieren wir alles aus." Als sie in die Apotheke Tongrentang kamen, fragte der Verkäufer: „Wozu braucht ihr denn die Naoyang-Blüte?" Xiao Shunzi erzählte von dem Gauklertrick. Der Bursche hörte sich's an und erwiderte: „Wenn ihr das einem in den Wein mischt, fällt er tatsächlich nach dem ersten Becher um, bloß wird er sich nicht wieder aufrappeln. Von wegen betrunken umfallen, vergiftet stürzt er hin. Möchtet ihr einen Prozeß wegen Mordes am Hals haben?"

Die beiden streckten vor Schreck die Zungen heraus. Eilig versicherten sie: „Wir wollen keine Naoyang-Blüte mehr kaufen, wir wollen sie nicht mehr kaufen." Der Verkäufer erwiderte: „Ich würde sie euch auch nicht verkaufen, selbst wenn ihr wolltet." Nach Haselwurz gefragt meinte er: „Die könnt ihr haben. Daraufhin erstanden die beiden für ein paar Kupfermünzen eine große Tüte davon und kehrten seufzend ins Xinglong zurück.

Eine Nacht in der Wildnis

Die an der Himmelsbrücke erworbenen Tricks gehörten zur Klasse des sogenannten ‚Vorverschlags'. Um mit Gauklerkunststücken wirklich Geld zu machen, hätte man sich Fähigkeiten des ‚Hinterverschlags' aneignen müssen. Dazu hätte man außer Geschick und Schläue einen Meister gebraucht, der einen in die Geheimnisse einweihte, ohne etwas zu verstecken oder zu verheimlichen. Und man hätte fest entschlossen sein müssen, ein paar Jahre lang hart zu üben. Die paar Dutzend Tricks, die der Zwerg feilgeboten hatte, waren doch nur Winzlinge, Köder am Angelhaken, Wimpel, um Gäste anzulocken. Damit ein paar Silberdollar verdient zu haben, wäre ein wenig Glück nebenbei gewesen. Solche Kunststückchen waren doch nur etwas für verwöhnte Herrensöhnchen, die im Geld schwammen. Ihr Alter hatte einen Laden für Seidenstoffe, eine Apotheke, ein Restaurant, eine Badehalle oder etwas ähnliches, und sie wurden eh einmal Geschäftsführer, auch ohne etwas gelernt zu haben. Die kauften sich so ein paar einfache Kunststückchen und führten sie dann zu Hause den Konkubinen und Fräuleins vor, um sich die Langeweile zu vertreiben. Sun Yaoting und Xiao Shunzi hatten die allereinfachsten Tricks gekauft, ein Geschäft war mit denen nicht zu machen, nicht mal das Essen für einen Tag hätte man damit verdienen können, an ein Paar ordinärer Stoffschuhe und Geld für eine Droschke war gar nicht zu denken. Xiao Shunzi aber ließ sich nicht davon abbringen, die Tricks auszuprobieren, denn er wollte die zehn Yuan nicht umsonst ausgegeben haben. Er sagte, daß er Verwandtschaft im Tong-Kreis hätte und es in der Kreisstadt dort Tempeljahrmärkte gäbe, die denen von Beiping in nichts nachstünden. Sun Yaoting erklärte sich schließlich einverstanden, mit ihm dorthin zu gehen.

Die einhundertundzehn Li von Beijing bis zum Tong-Kreis konnte man auf Schusters Rappen oder auf einem Mauleselwagen zurücklegen, auf jeden Fall brauchte man mehr als einen Tag für die Reise. Es traf sich, daß ein paar Kamele von der Westberg-Kohlenzeche Xishan dem Tempel des Blühenden Gedeihens die Kohle für den Winter brachten. Der Kamelführer war ein junger Bursche von fünfzehn, sechzehn Jahren. Xiao Shunzi fragte ihn, ob von den Kohlenhändlern jemand zum Tong-Kreis reiten würde. Der Bursche antwortete, daß in zwei Tagen eine Kamelkarawane vom Westlichen Aufrechten Tor in diese Richtung aufbreche. Gefragt, ob man da mitreisen könne, meinte der Bursche: „Jedes Tier ist mit der Kohle ausgelastet, zusätzlich noch einen Menschen kann keines tragen."

Sun Yaoting sah, daß aus den wattierten Stoffschuhen des Burschen schon die Baumwolle herausquoll und der große Zeh schwarz aus dem Schuh herausragte. Da rief er ihn zu sich ins Zimmer und gab ihm ein Paar fast neue kamelhaargefütterte Stoffschuhe. Der Bursche streckte seine schwarzen Hände aus und zog sie wieder zurück. Das leuchtende Weiß der Augäpfel verlieh seinem von Kohlenstaub geschwärzten Gesicht einen staunenden Ausdruck. Er öffnete den Mund, als ob er sich nach etwas erkundigen wollte, fing sich aber sofort wieder und sagte: „Meister, meine Kamele gehen nur in die Stadt, zum Tong-Kreis gehen andere ..." Sun Yaoting erklärte, daß die Schuhe mit dem Mitreisen auf den Kamelen nichts zu tun hätten.

Gerührt verriet der Bursche ihm daraufhin, daß er im Wirtshaus Yilong bei der Sorghum-Brücke nach dem Wirt Xiong fragen solle. Vielleicht könne der helfen.

Am nächsten Tag suchten Sun Yaoting und Xiao Shunzi den Wirt auf. Tatsächlich hatte der, wie sein Name schon sagte, mit seiner kleinen gedrungenen Gestalt etwas von einem Bären an sich. Die beiden sagten ihm, weshalb sie gekommen waren. Xiong erklärte, daß er eigentlich gar kein Wirt sei, sondern als Vermittler für Zechenbetreiber von Mentougou, einem Vorort von Beiping, arbeite. „Während die großen Zechenbetreiber fast alles, was sie fördern, an Großlager, große und kleinere Raffinerien verkaufen und mit den kleinen Ladenbesitzern oder Privathaushalten keine Geschäfte machen, liefert der, für den ich arbeite, direkt an kleine Kohlenhandlungen und Fabriken, an Kaufleute und Großhaushalte. Über mich nehmen sie Kontakt auf und liefern je nach Vereinbarung direkt aus der Zeche. Jedes Kamel kann so um die vierhundert Jin Kohle tragen. Mehr geht nicht, weniger rentiert sich nicht. Die Kohle wird vom Zechenbesitzer persönlich gewogen. Euch beide noch draufzusetzen, da würde man bei einem Weg von einhundertundzehn Meilen doch wohl das Leben der Tiere gefährden!" Für Sun Yaoting hörte sich das ganz vernünftig an. Es schien ihm zwecklos, den Mann zu beknien, und er wollte sich mit ein paar Höflichkeitsfloskeln verabschieden. Wahrscheinlich aber hatte Wirt Xiong den beiden angesehen, daß sie Eunuchen waren, denn er fragte eilig: „Ihr beiden Herrschaften habt doch einmal im Palast Dienst getan?" Sun Yaoting bejahte ihm verwundert die Frage und wollte sich gerade erheben, da leuchteten Xiongs Augen auf, und er sagte: „Ihr habt es doch nicht eilig! Setzt euch erst einmal." Dabei schenkte er ihnen zwei Tassen Tee ein, nicht zu heiß und auch nicht zu kalt. „Ich fürchte, ich bin ein schlechter Gastgeber." Die beiden wußten nicht, worauf er hinauswollte. Xiong redete noch eine Weile um den heißen Brei herum, bis er endlich auf Kalligraphien und Gemälde aus dem Palast zu sprechen kam. Er fragte, ob sie ein paar davon aus dem Palast herausgebracht hätten und eins oder zwei verkaufen könnten. Xiao Shunzi begriff, daß sie einen Antiquitätenhändler getroffen hatten. Also flunkerte er wild darauflos, daß sie schon etwas mitgenommen, aber den größten Teil verkauft hätten. Nur noch zwei fünffarbige Vasen aus der Qianlong-Ära und eine Fächerbespannung aus der Song-Zeit wären übrig, weil sie keinen passenden Käufer gefunden hätten. „Andere in unserem Kloster haben noch etwas, aber ob sie bereit sind zu verkaufen, wissen wir nicht." Xiong erkundigte sich, was sie denn verkauft hätten und zu welchem Preis. Xiao Shunzi sagte: „Da habe ich einmal zwei kleine grüne Steine an einen Antiquitätenladen verkauft." Einer war sehr intensiv grün mit einem Muster. Dafür habe ich zwei Yuan bekommen. Der andre war auch grün aber ohne Glanz, ungefähr so groß wie eine Walnuß, und eine Kröte war eingraviert. Den habe ich für zehn Yuan verkauft. Wirt Xiong schlug sich auf den Schenkel und rief laut aus: „Oje! Der mit dem Muster war Jade! Dieser Stein wird in Persien gefördert. Der mit der Gravur war wahrscheinlich ein ‚Dianzi'. Die Europäer nennen diesen Stein ‚Tu'erqi-Jade'(Türkis). Die werden nur in Nisanbur und Qirman produziert. Solche Kostbarkeiten so zu verramschen, wenn die in meine Hände geraten wären, hätte ich wenigstens ein- bis zweihundert Yuan dafür bezahlt ..."

Da merkte Wirt Xiong, daß er sich verraten hatte, und schlug schleunigst eine andere Tonart an: „Aber man kann natürlich erst etwas sagen, wenn man die Feinheiten betrachtet hat. Und bei den Dianzi ist es auch so, daß einer ungeheuer viel Wert ist, und ein anderer überhaupt nichts." Xiao Shunzi sah, daß da etwas zu machen war, und sagte anschließend: „Solche Dinger gab es im Palast überall. In einer Haarspange waren wer weiß wie viele Perlen und Edelsteine eingelassen. Wenn da einer oder zwei herausfielen, war man zu faul, danach zu suchen. Wir verstehen uns nicht auf diese Ware. Das nächste Mal, wenn wir etwas haben, kommen wir zuerst hierher, lassen Sie es begutachten und schätzen. Dann vermeiden wir, von anderen betrogen zu werden." Zu guter Letzt schlug Wirt Xiong von sich aus vor, von der Last, die ein Kamel tragen sollte, zweihundert Jin Kohle wegzunehmen und gleichmäßig auf die anderen Kamele zu verteilen, um so für die beiden Platz zu bekommen. Man verabredete, daß sie die Reise übermorgen, noch vor dem fünften Trommelschlag antreten wollten. Bevor sie gingen, beschwor Wirt Xiong die beiden noch: „Und vergeßt nicht, ein paar Antiquitäten mitzubringen. Ich schau mir für euch an, was sie wert sind.“

Kaum waren sie zur Tür heraus, sagte Sun Yaoting: „Dir macht es auch gar nichts aus, ihn anzuschwindeln. Ich möchte sehen, was du machst, wenn er dich übermorgen nicht auf ein Kamel steigen läßt!“ Xiao Shunzi gab zurück: „Du wirst schon sehen!“ Am nächsten Tag war Xiao Shunzi unterwegs und kam erst am Abend wieder zurück. Auf die Frage, wo er gewesen sei, zog er nur eine Grimasse. In der Nacht erhob sich ein starker Wind, das Fenster aus Koreapapier raschelte. Sun Yaoting wachte mit eiskalten Füßen auf, wickelte sich wieder fest in die Decke und lauschte dem Holzklöppel des Nachtwächters. Wahrscheinlich war es schon nach Mitternacht. Als er daran dachte, daß er, noch bevor es hell wurde, auf die Reise gehen mußte, fröstelte ihn wieder. Er hatte kein Interesse daran, so weit weg zu gehen und ein Glück zu versuchen, dessen Nutzen nicht größer war als ein Fliegenkopf. Wenn er nach dem Untergang der Dynastie der Großen Qing all seine glänzenden Hoffnungen auch begraben mußte, war es ihm doch lieber, Armut zu leiden, als sich so billig zu verkaufen. Er betrachtete den gegenüberliegenden Xiao Shunzi. Die kleine Knoblauchnase war leicht nach oben gebogen, die Lippen bewegten sich ein wenig. Selbst in der Dunkelheit wirkte dessen Gesicht unverkennbar kindlich. Zwischen den beiden bestand altersmäßig zwar kein großer Unterschied, aber der eine glich einem Alten, der andere einem zehnjährigen Kind. Sun Yaoting teilte Xiao Shunzis Drang nach hektischer Betriebsamkeit überhaupt nicht, war aber jetzt gezwungen, mitzurennen und diese faden, witzlosen Sachen mitzumachen. Er dachte noch eine Weile nach, und als die vierte Doppelstunde schlug, weckte er Xiao Shunzi. Die beiden standen auf, rieben sich das Gesicht mit kaltem Wasser und huschten leise aus dem Klostertor. Im kalten Mondlicht eilten sie gegen den heulenden Nordwestwind im Dauerlauf durch das Westliche Aufrechte Tor hinaus. Gerade hatten sie die Sorghum-Brücke passiert, als sie eine Karawane Kamele sahen, die, schon fix und fertig bepackt, zum Aufbruch bereitstand.

Wütend schnauzte Wirt Xiong: „Warum kommt ihr so spät? Heute geht ein starker Wind, vor Sonnenuntergang kommt ihr wahrscheinlich nicht mehr an.“ Er zog ein mit Kohlen beladenes Kamel herbei und tätschelte es am Hals. Dann sagte er ein paarmal etwas, das wie ‚wu, wu‘ klang, und zog das Kamel am Seil herunter. Es ging langsam in die Knie. Wirt Xiong lachte, während er am Seil zog: „Der Weg ist weit, wir wollen ein wenig ‚Fußgeld‘.“ Xiao Shunzi zog aus seiner Kleidung einen Fächer. Im schwachen Sternenschein konnte man sehen, daß die Rippen zwar ganz gewöhnlich, die Bespannung dagegen alt war. Sie wies eine dunkelbraune Färbung auf, eine weiße Essigpflaumenblüte stach hervor, und dann war da noch eine Widmung, aber die konnte man nicht klar erkennen. Xiao Shunzi reichte den Fächer Xiong mit den Worten: „Das ist der Fächer aus der Song-Zeit, von dem ich gesprochen habe. Bewahren Sie ihn erst einmal auf, für einen guten Preis können Sie ihn auch verkaufen. Wenn wir zurückkommen, verrechnen wir es mit dem ‚Fußgeld‘!“ Wirt Xiong nahm den Fächer mit beiden Händen in Empfang und sagte schleunigst: „Nicht der Rede wert. Selbstverständlich. Wenn Ihr mich mit dieser Angelegenheit betraut, werdet Ihr bestimmt keinen Schaden davon haben.“ Darauf setzte er Sun Yaoting und Xiao Shunzi zwischen die Kamelhöcker und übergab die Zügel Xiao Shunzi. Er hieß ihn, die Zügel nach oben ziehen. Das Kamel erhob sich gemächlich. Die beiden waren vom Boden ziemlich weit entfernt und bekamen ein wenig Angst, wenn sie nach unten schauten. Der Karawanentreiber stieß einen Schrei aus, und die Karawane setzte sich in Bewegung. Die Kamele bildeten zu je fünf Tieren eine Gruppe, ‚ba‘ genannt, die von einem Meister, einem Bashi, angeführt wurde. Zusammen waren es fünfzehn Tiere. Jedes Kamel trug am Hals eine große Glocke aus Bronze, die bei jedem Schritt erklang, was sich sehr schön anhörte.

Die Karawane schlug vor der Stadtmauer den Weg in Richtung Nordosten ein und bog dann nach Osten ab. Es wurde allmählich hell, aber der Wind wurde stärker und es wurde immer kälter. Die Felder waren graugelb, nicht der Schatten eines Menschen war zu sehen, nur ab und zu ein paar Dohlen, die auf der steifgefrorenen Erde nach Futter suchten. Manchmal trafen sie auf ein Dorf, sahen aber auch dort niemanden. Aus den Schornsteinen stieg nur sehr selten Rauch, als ob die Gegend von Menschen verlassen wäre. Glücklicherweise gingen sie mit dem Wind und der Gang des Kamels war fest. Anfangs hatten sie überhaupt kein Gefühl, aber so allmählich schliefen ihnen die Füße ein. Leise fragte Sun Yaoting: „Was für ein Bild hast du diesem Wirt Xiong besorgt?" Xiao Shunzi sagte lächelnd mit geneigtem Kopf: „Der Linkshänder hat mir eines nachgemacht, das wird er unter der Lampe mit einem Blick feststellen können." Die beiden lachten. Aber die Vergeltung ließ nicht lange auf sich warten. Sie hatten nämlich vergessen, Verpflegung mitzunehmen. Zur Zeit des vierten Trommelschlages waren sie aufgestanden, und nun war bereits Mittag, ohne daß sie etwas zu sich genommen hatten. Die Kameltreiber zogen getrocknete Pfannkuchen, Hammelfleisch und Innereien hervor, die sie mit großem Appetit verzehrten. Ab und zu nahmen sie einen Mund voll klaren Branntwein. Xiao Shunzi bat sie, ihnen etwas zu essen zu geben, aber die drei Kameltreiber nahmen keine Notiz von ihnen. Es waren ungehobelte Kerle aus der Region Zhangjiakou, bekleidet mit abgewetzten Schafslederjacken, die ölig glänzten. Unterwegs sprachen sie nicht ein Wort. Sie gingen ohne anzuhalten weiter, hielten auch nicht, wenn sie auf einen Weiler trafen, wahrscheinlich aus Furcht, ihr Ziel sonst nicht vor Sonnenuntergang zu erreichen. Für eine Lieferung Kohle bezahlte die Zeche nicht sehr viel, das Essen und die Herberge hätten sie aus eigener Tasche bezahlen müssen. Und das konnten sie sich nicht leisten.

Die Sonne neigte sich allmählich gen Westen, Sun Yaoting und Xiao Shunzi flimmerte es vor den Augen. Ihr Magen schien wie von Bleinägeln gepreßt zu werden. Xiao Shunzis Hand am Zügel war schlaff geworden, er konnte einfach nicht mehr festhalten. Sun Yaoting sah weiter vorn einen kleinen Marktflecken und hieß den Kameltreiber dort Halt machen, er wolle nicht mehr reiten. Aber als ob er es nicht gehört hätte, zog der Kameltreiber noch fünf, sechs Li weiter, bevor er anhielt. Als sie endlich von dem Kamel herunter waren, konnten sie ihre erstarrten Beine eine ganze Zeitlang nicht rühren. Die Karawane verlor sich in einer Staubwolke. Weit und breit gab es keine

Herberge oder ein Dorf. Endlich fanden sie einen Alten, der Brennholz sammelte. Auf ihre Frage nach einer Herberge, etwas warmem Essen und Trinken sagte der Alte: „Kommt mit mir!“ Eine Opernmelodie brummend ging er mit einem kleinen Bündel Brennholz voran, Sun Yaoting und Xiao Shunzi wankten hinterdrein. Sie waren so an die drei, vier Li gelaufen, bis sie in ein kleines Dorf gelangten. Es umfaßte höchstens zehn Haushalte. Der Alte führte sie in eine Grashütte mit zwei Zimmern. Sun Yaoting sagte kraftlos: „Alter Gebieter, gebt uns erst etwas zu essen!“ Der Alte lachte und fragte sie dann: „Also ihr Stadtmenschen, wie kommt es denn, daß ihr so ausgehungert seid?“ Sun Yaoting winkte ab: „Erst mal was essen, dann reden wir davon.“

Der Alte nahm Feuersteine und ein wenig Zunder und entfachte in der Ofenmulde, auf der ein Riesentopf stand, ein Feuer. Anschließend goß er eine Schöpfkelle Wasser in den Topf, legte mit Wasser angefeuchtete Maismehlkuchen in zwei Ringen auf den Topfrand und setzte den Deckel drauf. Das Wasser am Topfboden fing an zu kochen und pfiff leise. Sun Yaoting schaute sich um. Das Zimmer war sehr klein. Im Außenzimmer hing gegenüber der Tür ein Bild vom Gott des Reichtums. Darunter stapelten sich in einem großen Kuddelmuddel Maiskolben, Bataten, Strohhalme und landwirtschaftliche Geräte. Neben der Tür stand ein irdener Ofen. Im inneren Zimmer befanden sich nur ein Kang aus Lehm und ein kaputter Tisch. Es sah nach der Behausung eines Junggesellen aus. Der Alte hockte neben dem Ofen, das Feuer warf einen roten Schein auf sein Gesicht. Nach kurzer Zeit brachte er über zwanzig Maiskuchen, goldgelb und weich, außerdem noch eine Schale eingelegte grüne Rübenstreifen. „Eine unbedeutende Kleinigkeit. In einem kleinen Haushalt in einem kleinen Dorf gibt es keine guten Sachen, die beiden Herrschaften wollen damit Vorlieb nehmen.“ Die Maismehlkuchen waren süß und dufteten. Die Seite, mit der sie auf dem Topfrand gelegen hatten, braun und knusprig, die andere vom Wasserdampf locker und weich. Die Rübenstreifen, wahrscheinlich erst vor kurzer Zeit eingelegt, waren frisch, zart und von saftigem Grün, ganz knackig. Die beiden schlangen wie Wölfe und schluckten wie

Tiger, aßen gleich zwei Kuchen auf einmal. Erst danach kam Xiao Shunzi wieder zu Kräften und erzählte Witze. Inzwischen hatte der Alte einen Topf heißen, dampfenden Maisbreis fertiggekocht und kam auch zum Essen.

Draußen nahm der Wind an Stärke zu. Dagegen konnte man nichts tun. Ein alter Dattelbaum vor dem Haus knarrte, in der Abenddämmerung stieg überall von den Häuserdächern Rauch auf. Xiao Shunzi, der auf dem warmen Kang saß, war nach den duftenden, dampfenden Maisfladen, die in seinen Bauch gewandert waren, immer noch hungrig. Er nahm eine große irdene Schüssel, trank langsam von dem heißen Maisbrei, dem große Datteln und Bataten hinzugefügt waren, und langsam traten ihm feine Schweißperlen auf die Stirn. Er erzählte dem Alten, wie es kam, daß sie so ausgehungert waren. Der sagte: „Ihr habt eine schwächliche Statur. Eine Portion, ja eine halbe Portion Essen weniger, und schon seid ihr fertig. Uns Bauern geht es seit letztem Jahr nicht gut. Wir haben das ganze Jahr über Hunger!"

Sun Yaoting fragte: „Ich sehe, daß Sie allein leben. Sie sorgen für sich selbst. Wie kommt es dann, daß Sie noch Hunger leiden?" Der Alte stieß einen Seufzer aus: „Im Gengzi-Jahr (1900) habe ich geheiratet. Meine Frau hat später eine Tochter bekommen. Als unsere Tochter zwei Jahre alt war, kam zuerst eine Heuschreckenplage. Himmel und Erde waren voll von Heuschrecken, auf den Pflanzen lag eine dicke schwarze Schicht. Sie haben alles kahlgefressen, wohin man schaute. Später habe ich dann ein wenig Gemüse angepflanzt, aber ein Hagel hat alles zerstört. Da bin ich in die Kreisstadt gegangen und habe Säcke getragen. Frau und Kind gingen betteln. Drei Monate später bin ich dann mit einem Beutel voll Getreide zurückgekommen, aber da waren Frau und Tochter schon verhungert."

Die drei wußten geraume Zeit nicht, was sie sagen sollten. Der Alte trank eine große Schüssel Maisbrei aus und fragte plötzlich: „Wenn ich mir euch so ansehe, sieht es so aus, als ob ihr ..." – „aus dem Palast seid, nicht?" setzte Xiao Shunzi den Satz des Alten fort. Mit einigem Stolz sagte der Alte: „Das hättet ihr mir nicht zu sagen brauchen. Drei Li von hier, aus dem Weige-Weiler, sind auch zwei im Palastdienst, in der kaiserlichen Küche. Es sind sogar entfernte Verwandte, wenn ich es bedenke. Einmal sind sie zu einer Bestattung heimgekommen. Da haben sie für die Hungergeister Essen gespendet, Wotou-Brötchen, so groß wie Trinkbecher. Wir haben uns darum gerissen. Sie waren süß und dufteten. Ganz anders als unsere Wotou-Brötchen. Wie sie gemacht wurden, kann ich nicht sagen, sogar die Kaisermutter Cixi soll sie gern gegessen haben!" Xiao Shunzi erzählte: „Im Gengzi-Jahr flüchtete die Kaisermutter Cixi aus Angst vor den Europäern nach Xian. In der Eile und Verwirrung hatte man vergessen, etwas zu essen mitzunehmen. Sie war am Verhungern, und die Dörfler haben ihr Wotou-Brötchen gedämpft. Die haben ihr dann tatsächlich besser geschmeckt als die erlesenen Köstlichkeiten. Wieder im Palast, hat sie Befehl gegeben, Wotou-Brötchen zu dämpfen. Sie sagte, die aus der kaiserlichen Küche schmeckten ihr nicht. Also hatte der Koch keine andere Wahl, als Weichkastanienmehl mit Zucker und Rosensirup zu vermengen und ein ganz feines Wotou daraus zu bereiten. Damit wurde sie hinters Licht geführt. Die Wotou, die Sie aufgelesen haben, waren aus Weichkastanienmehl." Der Alte meinte: „Ihr versteht euch darauf, Neuartiges zu essen. Wir hier haben halt eine Vorliebe für Fleisch. Nur leisten können wir es uns nicht." Sun Yaoting erklärte dem Alten, daß sie eigentlich zum Tong-Kreis wollten. Der meinte, daß es bis dorthin noch einige zehn Li wären. Heute würden sie das nicht mehr schaffen, am besten, sie würden hier die Nacht verbringen, aber er hätte keine Decke mehr übrig. Der Alte stopfte trockenes Gras und Brennholz in den Ofen, der mit dem Kang verbunden war.

Im Norden hat jeder Ofen einen Rauchabzug. Die Heißluft konnte unter dem Kangboden hindurch nach draußen abziehen. Diesen Aufbau nannte man: ‚Der Herd ist mit dem Kang verbunden'. Beim Essenkochen heizt man gleichzeitig den Kang, schlägt also zwei Fliegen mit einer Klappe. ‚Dreißig Mu Land, eine Kuh, Frau und Kind, ein warmer Kang' war eine bekannte Redensart. Etwas Land und eine Kuh waren sehr schwer zu bekommen. Hatte man das nicht, bekam man gewöhnlich auch keine Frau. Aber einen warmen Kang konnte man sich immer besorgen – es sei denn man war ein Bettler, der am Straßenrand um Almosen bettelte. Der Alte heizte den Kang außergewöhnlich stark auf. Xiao Shunzi und Sun Yaoting kamen sich vor wie auf einer Bratpfanne. Sun Yaoting wälzte sich hin und her: „Hier kann man sich ja beim Schlafen den Rücken verbrennen. Ich fürchte, morgen früh sind wir Bratkartoffeln." Aber nach Mitternacht erlosch das Feuer und auf dem Kang wurde es allmählich kalt. Die beiden rollten sich zitternd zusammen und warteten sehnsüchtig darauf, daß es endlich hell wurde.

Ein Herrensöhnchen aus Tong

Am Morgen ließen die beiden etwas Geld zurück, bedankten sich bei dem Alten und verließen das Dorf. Der Sturm hatte nach wie vor nicht abgenommen und auf den Feldern und dem welken Gras lag eine Schicht weißer Rauhreif. In der Ferne hörte man Hähne krähen und Hundegebell. Es war menschenleer, und die beiden eilten vorwärts, den Wind im Rücken. Auf einmal holte ein Wagen mit Maultiergespann sie ein. Die Wagenplane war aus Baumwollstoff, die kleinen dattelroten Mulifohlen trabten schnell dahin. Der Weg führte in die Kreisstadt. Sun Yaoting machte in Richtung auf den Fuhrmann mit vor der Brust gefalteten Händen eine Verbeugung und fragte, ob er ihnen nicht den Gefallen tun und sie ein Stück mitnehmen könne. Der Kutscher hielt kurz an, steckte den Kopf unter die Plane und sprach mit jemandem ein paar Worte. Dann hob sich die Plane, und ein junger Kerl mit öligem Haar und gepudertem Gesicht schaute heraus. Er maß Sun Yaoting und Xiao Shunzi von oben bis unten und fragte: „Was macht ihr? Wohin wollt ihr?" Sun Yaoting antwortete: „Gaukler sind wir, wollen in die Kreisstadt. Bitte nehmen Sie uns ein Stück mit." Das Pudergesicht antwortete sofort: „Ist ja gut, schon gut, schon gut. Steigt ein."

Nun war es so, daß der junge Mann der Sohn eines Schwerreichen aus dem Kreis Tong war. Auf Geheiß seiner Mutter hatte er einem kranken Onkel hier im Dorf etwas Geld gebracht und war nun auf dem Rückweg. Der Kutscher, ebenfalls sehr jung, war ganz schwarz gekleidet: schwarze Baumwolljacke, schwarze Baumwollhose, die Hosenbeine dicht zusammengeschnürt. Um die Hüfte trug er einen groben, langen, orangefarbenen Gürtel. Er sah flink aus. Er hielt eine lange Peitsche mit roten Troddeln, fuhr mit dem Peitschenstiel durch die Luft und beschrieb zwei Kreise. Plötzlich ein Knallen, und die roten Troddeln flogen wieder zurück in seinen rechten Handteller. Der Peitschenknall machte die Mulifohlen munter, und sie fingen an zu galoppieren. Damals waren die Wagenräder aus Holz und holperten auf der unebenen, hart gefrorenen Straße so sehr, daß es einem den Magen umdrehte. Sun Yaoting spannte seine Muskeln und hob den Hintern, trotzdem schwankte er im Wagen hin und her. Es war zwar viel wärmer als auf dem Rücken des Kamels, dafür aber mußte man das schreckliche Holpern ertragen. Xiao Shunzi und den Besitzer des Wagens schien das gar nicht zu stören. Die beiden begannen sich zu unterhalten. Sie schwatzten und schwatzten, bis der Wagenbesitzer endlich Xiao Shunzi aufforderte, ihm ein Kunststück vorzuführen. Xiao Shunzi hatte bis jetzt nur geprahlt. Nun sah es aus, als sollte es ernst werden. Also sagte er eilig: „Wir verkaufen die Tricks, verdienen damit unseren Lebensunterhalt. Aber das geht nicht nach Belieben, wo bliebe da der Geschäftssinn." Der Wagenbesitzer steckte die Hand in seine baumwollwattierte Seidentasche und nahm eine große Handvoll Geld heraus: „Ich kaufe!"

In der Kreisstadt gab es zwar auch ein wenig Unterhaltung, aber Gaukler waren noch nie dagewesen. Und so etwas Neuartiges mußte er unbedingt lernen. Sun Yaoting wußte, daß dieser Geselle sehr nützlich sein konnte, aber das Geschäft mit den Gauklertricks an diesem einen Baum aufhängen, ging nicht. Der Tong-Kreis war nicht groß. Wenn ein Einheimischer die Tricks kaufte, der den ganzen Tag Zeit hatte, sie in der Gegend auszuposaunen, würden sie bestimmt später keine Kunden mehr finden. Xiao Shunzi warf ihm einen fragenden Blick zu. Sun gab ihm ebenfalls mit einem Blick zu verstehen, daß er jetzt nicht dazwischenreden solle, und betrachtete den Wagenbesitzer genauer. Er schien etwas älter als zwanzig Jahre zu sein, ganz in Seide gekleidet, goldene Ringe, zeremonielle Mütze aus Wollstoff, breite Hosen im chinesischen Stil, gelbe Schneidezähne, rote Augen, nach Creme duftend, und er dachte sich, das

Kaliber sollte man richtig rupfen: „Nur dem Schutz des Herrn verdanken wir Brüder es heute, daß wir der Bitternis des Fußmarsches entgangen sind. Dafür sollten wir Euch gegenüber wirklich Dank empfinden und uns erkenntlich zeigen. Wenn ich Euch solch eine Kleinigkeit lehre, bin ich wenigstens nicht umsonst gekommen. Welches Kunststück möchtet Ihr lernen?" Der Wagenbesitzer antwortete: „Der Bruder hat gesagt, daß es mehrere Dutzend davon gibt, und ich weiß auch nicht, ob alle gleich viel kosten." Sun Yaoting gab zur Antwort: „Wie könnten die Preise denn gleich sein? Einfache kosten drei oder fünf Mao, genug, daß man einen Topf Tee aufsetzen kann. Die schwierigen sind noch nicht einmal für zehn oder zwanzig Yuan zu haben. Dann gibt es noch die Sensationellen, die sind unbezahlbar. Nehmen wir ein Beispiel. Da gibt es ein Kunststück, das heißt: ‚Ein Lebender verwandelt sich in einen Toten, ein Toter verwandelt sich in einen Lebenden'. Das wagen wir überhaupt nicht zu verkaufen. Wenn einer das nämlich ausprobiert, und es dann nicht schafft, den Toten wieder ins Leben zurückzubringen, wäre das Geschrei groß. Alle Kunststücke, mit denen man Unheil anrichten kann, sind daher sehr teuer." Der Wagenbesitzer meinte: „Ich richte gern Unheil an, aber Ihr beiden braucht keine Angst zu haben. Für das Unheil bin ich verantwortlich, das hat mit den beiden Herrschaften nichts zu tun. Es muß nur lustig sein, dann lerne ich es." Sun Yaoting sagte: „Na gut. Aber nach den Regeln von uns Jianghu-Schaustellern müssen bei allen Vorführungen Leute dabeisein, die Referenz erweisen. Wenn Sie also ein paar Tricks lernen möchten, sollten sie unseren Stand zusammen mit ein paar Freunden aufsuchen, dann werden wir Ihnen etwas beibringen. Tut mir leid, anders geht's nicht." Der Wagenbesitzer versprach das eifrig. Er sagte, daß er viele Freunde hätte, garantiert wäre es für sie ein Geschäft. Sun Yaoting fragte, wo sie einen Stand aufschlagen könnten, und erfuhr, daß neben der alten Pagode des Dipamkara ein freier Platz sei. Alle, die einen Stand aufmachen wollten, gingen dorthin.

Mit müßigem Geplauder waren sie, ohne es zu merken, zum Eingang der Kreisstadt gekommen. Der Wagenbesitzer brachte die beiden zu der Herberge Liuhe: „Ich heiße Jia. Hier nennen mich alle Jia Sanpao, Drei-Kringel-Jia.“ Er malte mit dem Finger auf der Lippe das Zeichen für Rauchen. „Ich nehme mit einem Atemzug drei Züge (Opium). Jetzt gehe ich, verabrede mich mit ein paar Freunden, und morgen sehen wir uns an der Dipamkara-Pagode.“

Am Nachmittag gingen Sun Yaoting und Xiao Shunzi zur Dipamkara-Pagode, um die Lage zu sichten. Die Pagode sah von weiten sehr schön aus. Es war eine dreizehnstöckige, alte Pagode aus Ziegeln mit dichten Dachvorsprüngen. Auf der Spitze war ein kleiner Baum gewachsen. Wenn man näher heran war, sah man, daß es kein Kloster mehr gab, nur noch die Pagode. Der freie Platz war zum Markt geworden, ähnlich wie bei den Tempeljahrmärkten. Alle Gebäude waren sehr klein, kurzfristig errichtete Verschläge oder Straßenverkaufsstände aus einem hölzernen Schubkarren mit einem Brett als Verkaufstheke überwogen. Darauf stapelten sich kunterbunt Unterlagen aus Sorghumstengeln für Jiaozi-Ravioli, Küchensiebe mit Stielen aus Weidenholz, Nudelhölzer, Nudelbretter, Hackblöcke, Messer, Kohlenzangen, Feuerhaken, Bürsten, Topfaufsätze zum Dämpfen. Am Boden lagen auf einem Stück weißem Tuch Nadeln und Faden, besonders große Nadeln zum Zusammennähen von Decken, kleine Nadeln zum Sticken, Ahlen, Fingerhüte, Hanfseile ..., das war ebenfalls ein Stand. Wenn die Leute mit den Wagen den Platz verließen, verkauften sie im Gehen weiter, während sie den Wagen schoben. Erst zu Hause war das Geschäft beendet. Die anderen rafften das weiße Tuch zusammen, steckten es in einen Beutel und gingen. Wer Sicheln, Hacken oder anderes Gerät für die Feldarbeit verkaufen wollte, suchte sich einfach eine Mauer oder einen großen Baum und lehnte dort alles an.

Sun Yaoting hörte sich um. Es gab noch nicht mal jemanden, der Standgeld kassierte. Das sparte einen Batzen Geld. Die Besucher des Marktes waren meist Bauern in zerlumpten und zerfetzten wattierten Jacken, braune Filzhüte auf dem Kopf oder Handtücher. Sie steckten die Hände in die Ärmel, zogen den Hals ein, bummelten langsam über den Platz und sahen sich alles an, ohne etwas zu kaufen. Schauen kostete nichts, und so waren sie sehr zufrieden. Was konnte man heutzutage schon kostenlos anschauen? Opernstücke führte hier keiner auf. Schattenspiele oder Affenpossen – bekam man die etwa ohne Bezahlung zu sehen? Aber hier konnte man einen Bummel machen, sich Dinge ansehen, die einem gefielen, ohne Geld auszugeben. Dazu hatte man noch umsonst den Duft von den Huntun- und Kuchenständen! Die Landbewohner, ob alt oder jung, von nah und fern, kamen gern hierher, um während der Mußezeit ihren Horizont zu erweitern.

Aber es kamen nicht nur Bauern, Tong-Kreis war schließlich Kreisstadt. In einer Straße gab es Seidenläden, Kerzenläden, Teehäuser, Restaurants, Wirtshäuser, Imbißstände, Öl- und Salzgeschäfte ... alles, was dazugehörte, gab es. Auch die Händler, die von Süden nach Norden zogen, trafen sich hier oft. Daher gab es unter den Leuten auf dem Markt auch welche, die Mäntel aus Seeotter und Fuchs trugen und Mützen aus Fischotterleder auf hatten. Sun Yaoting und Xiao Shunzi aßen ein wenig gekochte Innereien und ein paar Kringel. Dann kehrten sie in die Herberge zurück. Am gleichen Abend verpackten die beiden Lilienmagnolie und Federn, die Xiao Shunzi besorgt hatte, in kleine Papiertüten und schrieben je zehn Gebrauchsanweisungen für die einzelnen Gauklertricks, die sie in rote Papiertüten steckten.

Dem Wirtshaus Liuhe gegenüber befand sich ein Restaurant. Es war hell erleuchtet. Ein paar Händler, die im Raum neben Sun Yaoting und Xiao Shunzi wohnten, bestellten sich von dort Essen. Und während sie sich mit Fingerknobeln amüsierten, lachten sie laut und lärmten ohne Unterlaß. Nachdem sie bis spät in die Nacht hinein gegessen hatten, fingen sie unter ohrenbetäubendem Lärm an, Mahjongg zu spielen. Xiao Shunzi konnte nicht einschlafen, er drehte sich auf die Seite und sah, daß auch Sun Yaoting die Augen noch offen hatte und zur Zimmerdecke starrte. „Chunshou, was meinst du, wieviel Geld können wir mit unseren drei Tricks verdienen?“ Sun Yaoting dachte nach und sagte dann: „Ich bin nur deshalb mitgekommen, um deine Unruhe zu bekämpfen. Wenn wir die Ausgaben für die paar Tage wieder herausbekommen, müssen wir unserem Schicksal dankbar sein. Aber nun sind wir hier, und vielleicht ist es auch ganz gut, wenn wir unser Glück versuchen.

Mit unseren drei Kunststücken kann man höchstens kleine Kinder hinters Licht führen. Außer diesem Jia, fürchte ich, wird sich wohl keiner täuschen lassen. ‚Nach einem Becher betrunken umfallen' kostet einen Menschen das Leben, außerdem bekommt man die Zutaten erst gar nicht. ‚Lebendige Vögel einfangen' ist auch nicht so besonders. Bleibt nur ‚Eine Schönheit entblättert sich', das läßt sich vielleicht noch verkaufen. Aber wer weiß, ob sich die Schönheit auch wirklich auszieht. Es steht zu befürchten, daß wir den Trick nicht unbedingt verkaufen können. Wir müssen eben sehen, wie's kommt. Wenn wir morgen unsere Reisespesen herausbekommen, gehen wir übermorgen sofort zurück. Schluß!"

Die beiden berieten noch, wie sie es am nächsten Tag anstellen wollten, die Kunden einzuwickeln, und als die Kaufleute nebenan endlich aufhörten, Lärm zu machen, gingen sie zu Bett.

Geschäftlicher Erfolg

Am nächsten Morgen herrschte Windstille. Schon sehr zeitig kam Jia Sanpao mit drei, vier Leuten zur Herberge und bat Sun Yaoting und Xiao Shunzi heraus. Daß noch ein paar Rüpel aus der Stadt zu ihrem Schutz da waren, beruhigte Sun Yaoting ungemein. Der Stand wurde tatsächlich an der besten Stelle vor der alten Pagode aufgeschlagen, aber ein Gong fehlte. Jia Sanpao brachte ein paar Raufbolde dazu, mit häßlichen Stimmen wie kaputte Gongs viermal zu brüllen: „Kommt schnell und seht. Verkäufer von Gaukelkunststücken sind da! Wer zu spät kommt, kriegt nichts mehr zu sehen! Nach einem Becher betrunken umfallen, Lebendige Vögel einfangen und Eine Schönheit entblättert sich!" Die Rufe zeigten tatsächlich Wirkung. Eine Menschenmenge kam herüber, und in kürzester Zeit standen die Leute in drei dichten Ringen um den Stand.

Xiao Shunzi fing an, sich selbst anzupreisen: „Herrschaften, Landleute. Wir Brüder waren Schüler eines Verkäufers von Kunststücken. Seit unser Meister in den Himmel gestiegen und ein Unsterblicher geworden ist, haben wir das ganze Land durchstreift. Jeder Berg und jeder Fluß, Handelsstädte und

Häfen, alte Städte und neue Flecken, überall waren wir schon. Das ganze Land ist unser Zuhause. Nur in Eurer Stadt sind wir noch nicht gewesen. Heute sind wir zusammen mit unserem guten Freund, Herrn Jia Sanpao, in die Stadt des Kreises Tong gekommen. Herr Jia hat uns mit den Landleuten hier eine schicksalhafte Verbindung schließen lassen. Wir Jianghu-Schausteller betrachten die vier Meere als unser Zuhause. Aber natürlich sind, wie Konfuzius sagt, ‚innerhalb der vier Meere alle Brüder'. Da müssen wir diese schicksalhafte Verbindung unbedingt knüpfen! Wir verkaufen keine gewöhnlichen Kunststücke, unsere sind alle aus dem Ausland. Die Ausländer nennen es Zauberei, moshu, und Zauberei bedeutet übersinnliche Fähigkeiten, shentong. Die chinesischen Kunststücke sind doch alle falsch. Einen Goldfisch oder eine Taube herzaubern, das wird doch alles für Geld gekauft. Unsere Kunststücke hingegen beruhen alle auf Wissenschaft, Ausländer legen darauf großen Wert. Wenn die Herrschaften unsere Zauberei erlernt haben, lassen sich die Vorteile gar nicht alle aufzählen. Sprechen wir nur einmal von ‚Nach einem Becher betrunken umfallen'. Wenn jemand Sie betrunken machen will, obwohl Sie ihm gar nichts getan haben, werden Sie ihn schneller zur Strecke bringen. Aber Sie können auch den Reisenden in dem kleinen Wirtshaus betrunken machen und anschließend sein Geld stehlen und seine Taschen plündern, ohne daß er einen Laut von sich gibt. Noch besser aber ist ‚Eine Schönheit entblättert sich'. Wen auch immer Sie die Kleidung ausziehen lassen wollen, der zieht sich aus. Das ist noch schöner als der Frühlingspalast im ausländischen Kino. Der ‚Klassiker der Wandlungen' hat acht mal acht, also vierundsechzig Hexagramme. Unsere Zauberei hat acht mal acht, also vierundsechzig Kniffe. Wenn man sie lehren will, muß man sie von Anfang an lehren, möchte man sie lernen, muß man mit dem Einfachen beginnen. Heute verkaufen wir nur drei Kunststücke. Wenn Sie die erlernt und darin ein wenig Geschicklichkeit erworben haben, dann kommen Sie wieder. Sollte etwas nicht gelingen: Wir Brüder wohnen in der Herberge Liuhe. Egal wer kommt, wir geben ihm sein Geld zurück und ersetzen ihm die Auslagen."

Sun Yaoting bewunderte insgeheim das Mundwerk von Xiao Shunzi. Er hätte nicht gedacht, daß dieser Xiao Shunzi es verstehen würde, die Kunden ganz wie ein Jianghu-Schausteller einzuwickeln. Wie er so mit großen Schritten im Rund auf und abschritt, Jia Sanpao und seine üblen Kumpane erwiesen ihm mit affektierten Stimmen Reverenz. Sun Yaoting stand aufrecht und nachdenklich im Kreis, ohne sich zu rühren und ohne etwas zu sagen. Plötzlich sagte ein alter Mann in der Menschenmenge zu seinem Nachbarn: „Das sind zwei Eunuchen." Die Menschenmenge fing an zu pfeifen und zu zwitschern, und manche riefen: „Schnell seht, Eunuchen geben Unterricht in Kunststücken!"

Sun Yaoting stieg das Blut in den Kopf und wärmte heiß seine Ohren. Er wagte nicht, zu den Menschen hinzuschauen, wagte auch nicht, die Augen zu schließen. Er hoffte inständig, daß ihm jemand einen Hanfsack über den Kopf stülpen, ihn benommen in eine menschenleere Gegend tragen und dort hinwerfen würde. Aber das war natürlich unmöglich, er mußte sich von den Leuten als Rarität betrachten lassen. Xiao Shunzi tat, als ob er überhaupt nichts gehört hätte, und redete mit seiner Erpelstimme nur noch heftiger auf die Leute ein. In seiner Betäubung hörte Sun Yaoting die Rufe: „Ich kaufe ‚Nach einem Becher betrunken umfallen'!" – „Ich kaufe ‚Lebendige Vögel fangen'!" – „Ich kaufe ‚Eine Schönheit entblättert sich'!" – „Ich kaufe ..."

Jia Sanpao verhielt sich tatsächlich sehr kameradschaftlich. Die Kumpane, die er mitgebracht hatte, rissen sich darum, Geld auszugeben. Xiao Shunzi sagte: „Bei ‚Nach einem Becher betrunken umfallen' und ‚Lebendige Vögel einfangen' gibt es die Gebrauchsanweisung, aber keine Zutaten, die müssen Sie sich selbst kaufen. Die Anweisung kostet zwei Yuan. Für ‚Eine Schönheit entblättert sich' gibt es die Anleitung und das Mittel, es funktioniert bei der ersten Anwendung und kostet zehn Yuan." Von Jia Sanpao aufgestachelt, kauften die Händler, die am Abend zuvor im Zimmer nebenan Mahjongg gespielt hatten, ein Rezept für ‚Nach einem Becher betrunken umfallen'. Der Inhaber des Imbißstandes kaufte eine Anweisung für ‚Lebendige Vögel einfangen'. Jia Sanpao und seine Freunde kauften gleich zweimal ‚Eine Schönheit entblättert sich'. Jia Sanpao meinte: „Wir gehen jetzt und probieren es aus. Wenn es klappt, kaufe ich Euren gesamten Vorrat." Dann drängelte er sich mit seinen Kumpanen aus der Menge.

Mehr als die paar Tricks konnte Xiao Shunzi nicht verkaufen. Als er nach einer Weile nichts Neues mehr zu sagen hatte, verlor seine Masche an Wirkung, und die Menschenmenge löste sich allmählich auf. Sun Yaoting meinte: „Am besten, wir machen jetzt Schluß, es ist genug. Laß sie nicht dahinterkommen, sonst kommen wir nicht so einfach davon. Außerdem ist das stetige Eunuch hier, Eunuch da einfach beschämend." Xiao Shunzi war anderer Meinung: „Ist doch ganz egal. Hauptsache, sie bezahlen. Das ist Respekt und kindliche Pietät genug." Die beiden waren gerade dabei zurückzugehen, als sie in der Ferne Jia Sanpao und seine üblen Kumpane auf den Stand zulaufen sahen. Sun Yaoting sagte: „Jetzt haben wir es. Sie sind wahrscheinlich dahintergekommen. Schnell, gehen wir." Sie bogen in eine Gasse ein und betraten ein kleines Teehaus, suchten einen Tisch und setzten sich mit dem Rücken zur Tür. In diesem Augenblick hörten sie die Kerle rufen: „Wie konnten die denn nur in einem Augenblick spurlos verschwinden? Schließlich fanden die Kerle die beiden im Teehaus. Drücken konnten sie sich nicht, also blieb ihnen nichts anderes mehr übrig, als aufzustehen und zu fragen: „Was gibt's?" Jia Sanpao sagte ganz glücklich mit rotem Gesicht: „Wieviel Pulver habt ihr noch von ‚Eine Schönheit entblättert sich'? Ich möchte alles." Sun Yaoting überlegte, wozu die Kerle wohl soviel Federn und Haselwurz wollten. Daraus würde doch bestimmt Unheil erwachsen. Also sagte er: „Alles ausverkauft. Wenn wir das nächste Mal hierherkommen, bringen wir bestimmt wieder welches mit." Jia Sanpao entgegnete: „Ihr könnt unmöglich so schnell alles verkauft haben. Ich bin mir ganz sicher, daß ihr eben noch einige Tüten davon hattet. Betrügt mich nicht! Wir legen auch noch etwas drauf."

Sun Yaoting blieb dabei, daß er nichts mehr habe. Xiao Shunzi gestikulierte hinter dem Rücken von Jia Sanpao und seinen Freunden mit Händen und Füßen, drückte die Nase und zwinkerte ihm zu. Das bedeutete, er solle aufhören. Sun Yaoting dachte nach. Eigentlich waren sie ja gekommen, um zu verkaufen. Einen Hauptkunden zu haben und dann nicht verkaufen, wäre widersinnig. Und Federn waren schließlich auch kein Schießpulver. Die würden unmöglich jemandem schaden können. Also gab er nach: „Was verkauft werden sollte, ist bereits ausverkauft. Die paar Tüten, die noch da sind, sind schon bestellt. Wir können bei den Leuten nicht die Glaubwürdigkeit verlieren." Jia Sanpao führte dagegen an: „Ihr verkauft die Tricks professionell, natürlich habt ihr zu Hause noch davon. Verkauft mir alles. Ich bezahle das Doppelte." Sun Yaoting setzte absichtlich einen gequälten Gesichtsausdruck auf, als ob es ihm peinlich wäre: „Dieses Mittel wird auf dem Wutai-Berg hergestellt, es ist äußerst schwierig zu bekommen. Wir haben zwar noch ein paar Tüten, aber offen gestanden: Die meisten Mittel, die wir verkaufen, sind nur zum Anlocken, nur ein paar sind wirklich gut. ‚Eine Schönheit entblättert sich' ist unter den Lockmitteln das Wirkungsvollste. Wenn ich Ihnen alles davon verkaufe, was bleibt mir dann noch? Ich hätte dann gar nichts mehr zu verkaufen. Die Herrschaften seien mir bitte nicht böse." Jia Sanpao hielt sich vor Erregung das Ohr und kratzte sich die Wange. Sein Mund öffnete und schloß sich, ohne daß er ein Wort herausbrachte. Ein junger Mann an seiner Seite in einem Mantel aus Fuchspelz und einer Zeremonialmütze starrte Sun Yaoting an, stellte seinen Fuß auf den Hocker und sagte mit einer Zigarette zwischen den Mundwinkeln: „Fünfzehn Yuan für die Packung und nicht einer mehr. Ich sag dir: Wer den Willkommensbecher nicht trinken will, muß einen Becher zur Strafe trinken. Wir sind alle Jianghu-Leute. Hier ist Tongzhou, es wäre besser für euch, wenn ihr euch der Situation angemessen verhalten würdet!" Sun Yaoting zog eine bittere Miene, stieß einen Seufzer aus und holte aus der Tasche vier Päckchen Haselwurz. Jia Sanpao war außer sich vor Freude. Schnell zog er sechzig Yuan aus der Tasche, gab sie Sun Yaoting, und die vier verschwanden kichernd und lachend.

Sun Yaoting und Xiao Shunzi kehrten ebenfalls unter Gelächter in die Herberge Liuhe zurück. Der Tag war dunkel und die Dämmerung brach vorzeitig herein. Nach einer Weile schneite es dicht, Schneeflocken, groß wie Gänsefedern. Die

Abende in der kleinen Kreisstadt waren einsam und kalt, und zu dieser Zeit gab es noch weniger Passanten. Nur die Laternen der Restaurants und Imbißstände leuchteten spärlich, so daß man auf dem Schneeboden ein, zwei Reihen vereinzelter Fußspuren erkennen konnte. In dem Restaurant gegenüber war noch Betrieb. Man konnte sehen, wie an den Tischen überall weißer Dampf hochstieg. Die Gäste waren beim Knobeln. Sun Yaoting bat einen Angestellten der Herberge, einen Kellner herbeizurufen, und bestellte eine Tonkasserole. Nach einer Weile brachte der Kellner ein Kupfertablett, auf dem eine große Tonkasserole stand, unter der ein rotes Holzkohlenfeuer brannte. Das Wasser im Topf siedete bereits. Außerdem befanden sich auf dem Tablett noch zwei Schalen mit hauchdünn geschnittenen Hammelfleischscheiben, zwei kleine Schalen mit angemachtem Jiucai-Schnittlauch, in Sojasoße eingelegtem Bohnenkäse, getrocknetem Krabbenfleisch, Sesampaste und anderen Gewürzen. Unter den Arm hatte der Kellner eine Flasche alten Branntwein geklemmt.

Xiao Shunzi goß eine Schale Schnaps ein und stellte sie vor Sun Yaoting: „Chunshou! Meister Ren hat gesagt, einen guten Kerl erkennt man an seinem Mundwerk, ein gutes Pferd an seinen Beinen. Dein ‚Eisenmaul‘ hast du heute nicht schlecht geübt. Wir sind tatsächlich zu Reichtum gekommen!“ Sun Yaoting nahm die Schale auf und trank einen Schluck. Dann erwiderte auch er ein wenig stolz: „Die Angelegenheiten von Jianghu-Schaustellern hören sich an wie ein Traum. Aller Anfang ist schwer, aber dann ist es gar nichts weiter, alles nur Betrug. Meiner Ansicht nach sind die paar Kerle auch nicht die Gutmütigkeit in Person, ihr Geld kommt vom Unrechttun. Helfen wir ihnen also, ein wenig davon auszugeben.“ Xiao Shunzi meinte: „Wenn du auf den Geschmack gekommen bist, kann deine Melone auf einmal Einsicht zeigen.“ Die beiden unterhielten sich beim Essen, und der Alkohol fing an, seine Wirkung zu zeigen. Hier ein Becher, da ein Becher. Dieser Abend war der glücklichste, seit sie den Palast verlassen hatten. Sie hatten zwar nur sechzig Yuan verdient, aber für arme Eunuchen, die keine großen Ansprüche stellten, war das schon sehr befriedigend. Sie waren überzeugt, daß sie den Weg, der vor ihren

Augen lag, weitergehen könnten. Fleisch und Schnaps waren alle, das Holzkohlenfeuer unter der Kasserole verlosch allmählich. Sun Yaoting und Xiao Shunzi waren schnarchend eingeschlafen, der eine auf dem Tisch, der andere darunter.

Entwürdigender Striptease

Der Kellner vom Restaurant gegenüber kam herbei, Schalen und Tablett abzuräumen. Als er dabei war, die beiden aufzuheben und ins Bett zu bringen, ertönten plötzlich von unten allerlei Stimmen, und ein Angestellter der Herberge betrat mit ein paar Polizisten das Zimmer. Ein dicker Polizist mit einem kleinen Bart hielt ein Seil in der Hand, an dessen Ende nicht etwa ein Hund festgebunden war, sondern Jia Sanpao. Er hielt die Augen gesenkt und zog ein weinerliches Gesicht. Der dicke Polizist fragte: „Es sind zwei Personen?" Jia Sanpao nickte. Der Polizist fragte weiter: „Sind es Eunuchen?" – „Habe ich so gehört." Und der Polizist gab den Befehl: „Abführen!"

Erschrocken traten der Angestellte der Herberge und der Kellner zur Seite. Sun Yaoting und Xiao Shunzi, ein Lächeln im Gesicht, blieben noch immer im Traumreich versunken und rührten sich nicht. Vier Polizisten kamen herauf. Sun Yaoting war so sturzbetrunken, daß er sich von ihnen wie ein toter Hund herunterschleppen ließ. Xiao Shunzi hatte noch ein wenig Bewußtsein, öffnete einmal die Augen und schloß sie dann sofort wieder: „Keinen Lärm machen, keinen Lärm machen! Bin müde!"

Der Schnee lag nun schon sehr hoch auf der Straße. Große Schneeflocken flogen einem ins Gesicht, schmolzen und rannen kalt nach unten. Die beiden Betrunkenen wurden unter beiden Achseln gestützt und das Gesicht nach oben gekehrt abgeschleppt. Ihre Füße zogen im Schnee zwei tiefe Spuren. Der Nachtwind und die Schneeflocken brachten Sun Yaoting wieder etwas zu Bewußtsein. Ihm war kalt, es war ihm auch, als ob jemand ihn stütze. Wer? Keine Ahnung. Wohin ging er? Auch keine Ahnung. Nicht wahr, er hatte zuviel Hammelfleisch gegessen und hatte jetzt Alpträume? Vielleicht. Am Tor der Polizeiwache kamen die beiden allmählich wieder zu sich. Weil sie noch nicht begriffen, was eigentlich los war, fragten sie schleunigst: „Wogegen haben wir verstoßen? Wie könnt ihr nur so aufs Geratewohl jemanden festnehmen?"

Der Polizist gab keine Antwort, sondern stieß sie drängelnd und schiebend in ein riesiges Zimmer. Direkt nach Norden zur Wand stand ein langer Tisch, an dem drei Leute in Polizeiuniformen saßen. Ein Dicker mit zarter Gesichtshaut und einem Schnauzbart, der in der Mitte saß, sagte gerade lachend irgend etwas zu seinem Nachbarn. In der Mitte des Raumes drehten sich drei Leute wie in einem Tanz hin und her. Ihre Hände waren ihnen auf dem Rücken zusammengebunden. Sun Yaoting erkannte mit einem Blick, daß es sich um die drei Kumpane von Jia Sanpao handelte. Der dicke Polizist trat einen Schritt vor, stand vor dem Bärtigen in der Mitte stramm und salutierte: „Melde dem Polizeivorsteher, die beiden Eunuchen sind gefaßt." Voller Interesse erhob sich der Polizeivorsteher, trat vor Sun Yaoting und Xiao Shunzi hin und fragte sehr versöhnlich: „Ihr seid Eunuchen?" Sun Yaoting antwortete: „Früher, im Palast, jetzt nicht mehr." Der Polizeivorsteher nickte: „Heute ist es kalt. Erst einmal den Körper bewegen. Jeder hüpft zweihundertmal auf der Stelle!" Sun Yaoting verstand nicht, was der Polizeivorsteher eigentlich vorhatte, stand nachdenklich da und bewegte sich nicht. Ein Polizist ließ von hinten sein Bein vorschnellen und trat Sun Yaoting und Xiao Shunzi in den Hintern. Gleichzeitig brüllte er: „Verflucht noch mal, hüpft!" Die beiden rissen sich zusammen und fingen an zu hüpfen. In dem Raum versammelten sich zwanzig, dreißig Polizisten. Einige von ihnen kamen anscheinend gerade aus dem Bett, sie schlurften mit heruntergetretenen Schuhen, die Uniform erst halb zugeknöpft herein. Sie standen im Kreis um Sun Yaoting und Xiao Shunzi und schauten ihnen beim Hüpfen zu. Auch die drei Rüpel brachen ab und zu in wildes Gelächter aus.

Sun Yaoting war an die fünfzigmal gehüpft und konnte sich nicht mehr richtig bewegen. Da kam der fette Polizist und schlug ihm mit einer Peitsche aus Rindsleder auf die Schultern. Sun Yaoting zitterte. Ihm war, als hätte jemand ihn mit einem rotglühenden Feuerhaken geschlagen, und er sprang vor Schmerz auf. Die Peitsche wirkte sehr hilfreich, die beiden brachten schließlich die zweihundert Sprünge hinter sich. Sun Yaoting keuchte. Er war in Schweiß gebadet. Xiao Shunzi ging es nicht besser. Der Polizeivorsteher nickte sehr zufrieden, dann sagte er zu Jia Sanpao: „‚Eine Schönheit entblättert sich' habt ihr von denen gelernt?" – „Ja." – „Könnt ihr es?" – „Wir k ..." Jia Sanpao wagte nicht, weiterzusprechen, kalter Schweiß stand ihm auf der Stirn. Der Polizeivorsteher wandte sich erneut an Sun Yaoting und Xiao Shunzi: „Ich habe mir sagen lassen, euer ‚Eine Schönheit entblättert sich' sei nicht uninteressant. Ich möchte ein wenig meinen Horizont erweitern. Leute herbei!"

Ein Polizist kam herbei. In der Hand hielt er drei Tüten Haselwurz, die Sun Yaoting an Jia Sanpao verkauft hatte. Dann öffnete er Sun Yaoting und Xiao Shunzi die Kragen und blies ihnen das Pulver auf den Rücken. Haselwurz und die Federn klebten an den schweißnassen Rücken – es war unerträglich. Sun Yaoting und Xiao Shunzi, denen die Hände hinten zusammengebunden waren, wanden sich unwillkürlich hin und her. Je mehr sie sich bewegten, desto mehr juckte es. Es war, als ob kleine Insekten krabbelten. Der Polizeivorsteher befahl, während er seinen kurzen Schnauzer zwirbelte: „Laßt sie los. Wer seine Kleidung ausziehen möchte, soll es tun!" Die Kerle um Jia Sanpao zogen eiligst die Oberkleidung aus und kratzten sich wie wild mit beiden Händen am Rücken. Der Polizeivorsteher fragte Sun Yaoting: „Warum ziehst du dich nicht aus? Hier ist zwar keine Schönheit, die sich entblättert, aber dir beim Ausziehen zuzusehen, ist eine seltene Gelegenheit!" Dann lachte er trocken und befahl laut: „Ausziehen, ausziehen, ausziehen! Zieht alles aus, da darf kein Kleidungsstück anbehalten werden." Polizisten rannten herbei und sammelten die Kleidungsstücke der sechs ein. Die anderen kamen näher und beugten sich nach vorn, um alles genau sehen zu können. „Verflucht noch mal, sauber abgezogen!" – „Auf den ersten Blick fast so wie bei den Weibern!" – „Heute sind mir die Augen aber geöffnet worden!"

Sun Yaoting und Xiao Shunzi krümmten sich, um den Augen, die denen von Wölfen und Tigern glichen, zu entgehen. Sie wollten vor Scham vergehen, litten unendlich, daß kein Bergbach da war, in den sie hätten springen, keine Erdspalte, in die sie sich hätten verkriechen können. Trauer und Haß erfüllte sie. Vor Kälte klapperten sie mit den Zähnen. Sun Yaoting erwachte auf einmal aus seiner riesigen Beschämung. Er zeigte auf den Polizeivorsteher und fragte mit lauter Stimme: „Was haben wir uns eigentlich zuschulden kommen lassen, daß wir von ihnen so gedemütigt werden! Wenn wir ein Vergehen begangen haben, dann kann es gerichtet werden, aber wie ...“ Auch Xiao Shunzi fing vor lauter Wut an zu schimpfen.

Der Polizeivorsteher schlug auf den Tisch und erhob sich. All seine Höflichkeit war verschwunden. Er zeigte auf Sun Yaoting und Xiao Shunzi und sprach: „China wurde seit alters von euch Eunuchencliquen ruiniert! Es gab schon keinen heiligen erleuchteten Himmelssohn, und dann kamt noch ihr Bande listiger und heuchlerischer Kastraten hinzu. Ihr habt Ränke geschmiedet und Verleumdungen ausgesprochen, habt die Loyalen und Guten beschuldigt, habt Verbrechern Handlangerdienste geleistet. Denke man bloß, wie niederträchtig Leute wie Li Lianying, An Dehai und Xiaode Zhang waren, die haben doch tatsächlich den Hut mit Federn getragen und den zweiten Beamtenrang erreicht! Glichen Affen mit Hut und kannten kein Schamgefühl! Zum Glück hat Herr Sun Yatsen das Kaiserregime abgeschafft und unser chinesisches Volk aus Wassernot und Feuersbrunst gerettet. Ihr Sklavenbande solltet euch eigentlich minderwertig vorkommen und in Ruhe einem Lebensunterhalt nachgehen. Aber nein, ihr geht unter die Jianghu-Schausteller und bequatscht mit eurem flinken Mundwerk die Leute. Bringt die Gedanken der Leute in Verwirrung und Unordnung. Verführt mit geilen und unrechten Künsten die Söhne guter Familien dazu, Böses zu tun. Demütigt ehrbare Frauen. Über welches Unrecht könnt ihr euch noch beschweren? Meine Methode hier heißt: ‚Den Spieß rumdrehen und Gleiches mit Gleichem vergelten‘. Wenn ihr nicht gehorcht, schleppe ich euch morgen vor die Dipamkara-Pagode und zeige euch der Öffentlichkeit!“

Der Polizeivorsteher riß die Augen weit auf, sein Gesicht strotzte vor Sittlichkeit. Sun Yaoting fühlte sich, als hätte jemand ihn mit einer Holzstange auf den Hinterkopf geschlagen, er konnte nicht mehr sicher stehen. Unbewußt ging er in die Hocke. Die Polizisten kamen wieder auf ihn zu und richteten ihn auf. Der Sache schließlich überdrüssig, befahlen sie ihnen, sich anzuziehen. Als Sun Yaoting sich angekleidet hatte, fuhr er über die Tasche: Die paar Yuan, die sie heute verdient hatten, waren verschwunden, nicht ein Großer war übriggeblieben. Wieder wurde ihm kalt, aber diesmal vom Herzen her.

Drängelnd und schubsend sperrten die Polizisten Sun Yaoting und die anderen in eine kleine Gefängniszelle. Sun Yaoting kochte vor Wut, als er Jia Sanpao sah. Er schimpfte: „Ich habe euch gewarnt, daß man sich nur selbst mit diesen Dingen amüsieren darf. In keinem Fall darf man mutwillig sein Unwesen treiben. Aber ihr habt nicht hören wollen und habt uns auch noch mit hinein gezogen. Was für eine Sauerei habt ihr denn eigentlich gemacht?"

Jia Sanpao und die anderen Kerle hatten sich längst gefaßt und erwiderten lachend und Grimassen schneidend: „Dank dem uralten Geheimrezept, das der Herr uns gelehrt hat, sind wir durch den Anblick heute ergötzt worden. Nach diesem Anblick können wir ohne Bedauern sterben. Alles andere ist egal. Noch nicht mal bei drei Tagen und drei Nächten hüpfen gäbe es eine Klage, mal ganz zu schweigen davon, mit nacktem Hintern nur eine Weile hüpfen zu müssen. Die Finessen dabei zu verstehen, das Glück habt ihr beiden nicht!" Xiao Shunzi wurde ganz grau im Gesicht vor Wut und sagte: „Daß ihr von diesem Polizeivorsteher festgenommen worden seid, daran sieht man, daß ihr einen Dreck versteht!"

Einer der Kumpane um Jia Sanpao mit platter Nase rieb sich die Augen: „Ihr habt im Palast gedient, habt ihr da nicht das Lied gehört: ‚Im kaiserlichen Garten, in der Verbotenen Stadt, repariert man eine Straße. Neben der Straße steht aufrecht ein Weidenbaum. Unter dem Weidenbaum steht ein Polizist. Eine schwarze Stange untergeklemmt, streicht er schwarzes Öl. Er hat ausländische Stiefel an, trägt eine ausländische Mütze. Er hat eine Jacke aus Hundeleder angezogen. Das monatliche Gehalt ist nicht besonders. Nach Ausgaben für Essen und Trinken kann kein Großer übrigbleiben."

Jia Sanpao sah, daß Sun Yaoting und Xiao Shunzi in ihrer Schwerfälligkeit nichts begriffen hatten, also rezitierte er noch eine Strophe: „Erstens, was denn erstens? Es ist nicht einfach, ein Polizist zu werden. Zweitens, was denn zweitens? In dunkler Nacht ein Gewehr tragen und bei Tage eine Stange. Drittens, was denn drittens? Einen Beutel tragen und Haussteuer eintreiben. Viertens, was denn viertens? Wenn man nicht Polizist wird, hat man keine Arbeit. Fünftens, was denn fünftens? Wer die Haussteuer nicht zahlt, den nimmt man auf die Wache mit. Sechstens, was denn sechstens? Tag und Nacht stehen, daß es unerträglich ist. Siebtens, was denn siebtens? Wenn man keinen Lohn bekommt, kann man nichts machen. Achtens, was denn achtens? Es bleibt nichts anderes übrig, als Polizist zu werden. Neuntens, was denn neuntens? Ein Polizist ist nicht so viel wert wie ein Haushund. Zehntens, was denn zehntens? Wenn man nicht Polizist wird, hat man nichts zu essen!" Dieses Lied hatte Sun Yaoting von den kleinen Bettlern schon einmal gehört. Aber sie kamen nicht dahinter, was es mit ihrer gegenwärtigen Situation zu tun haben sollte. Also fragte er: „Ob er ein Haushund ist, ob sein Sold gut ist oder nicht, was kümmert uns das? Wenn wir von ihm gebissen werden, dringt uns das ins Gebein!"

Jia Sanpao entgegnete: „Polizisten sind arm. Daher müssen sie bei Festnahmen auf ihren Vorteil sehen. Kleine Schurken, die sich streiten, Bettler, die sich um Pfannkuchen raufen, verprügeln sie nur, nehmen sie aber nicht fest. Wenn sie die einsperren würden, müßten sie ihnen auch noch was zu essen geben, das würde sich nicht rentieren. Kleine Diebe und andere ortsbekannte Gauner fassen sie ebenfalls nicht. Die beschaffen sich nämlich jeden Monat viele ‚Geschenke', die ihnen aus ‚Ehrfurcht' überlassen werden, und geben der Polizei eine Menge ab. Warum sollte man so jemanden festnehmen? Die Polizei hält sich an die Regeln. Man braucht nur zu zahlen, und schon wird aus einer großen Sache eine kleine und eine kleine verschwindet ganz."

Während er so redete, war ein betagter Polizeibeamter zur Zellentür gekommen und rief: „Drei Züge-Jia, Plattnasen-Zhang, ihr Bastarde. Macht, daß ihr mir, verdammt noch mal, schnell genug abhaut. Eure Alten sind euch abholen gekommen!" Jia Sanpao fragte: „Wieviel hat mein Vater bezahlt?" Der Polizist antwortete: „Diesmal war es billig. Zweihundert Yuan pro Mann!“ Die vier blickten fröhlich drein, und Jia Sanpao meinte: „Der Polizeivorsteher hat heute Milde gezeigt. Zweihundert sind nicht viel!“ Zu Sun Yaoting sagte er: „Wir gehen. Denkt euch aus, wie ihr nochmal etwas von dem Zeug beschaffen könnt. Ich bezahle das Anderthalbfache!“ Sprach's und verließ mit seinen Kumpanen zufrieden und lärmend die Zelle. Sun Yaoting und Xiao Shunzi war nach Weinen zumute, aber sie hatten keine Tränen. In der kalten Zelle war Wasser auf dem Boden zu Eis gefroren. Die beiden seufzten ein ums andere Mal, und der alte Polizist erzählte ihnen den Hergang der ganzen Angelegenheit.

Jia Sanpao und seine Kumpane waren, nachdem sie Haselwurz und Federchen gekauft hatten, auf dem Markt herumgezogen und hatten dort eine hübsche kleine Frau entdeckt. Bekleidet mit einer roten Jacke und einer tiefgrünen Hose, ritt sie auf einem schwarzen Eselchen, das ein junger Mann in den Zwanzigern, wohl ihr Ehemann, führte. Die kleine Frau schaute hierhin und dorthin und war ganz und gar damit beschäftigt, allerlei Sachen auszuwählen. Jia Sanpao und seine Begleiter nutzten die Gelegenheit, als die Frau vom Esel stieg und Plüschwaren aussuchte, und streuten ihr heimlich etwas von den Federchen mit Haselwurz in den Nacken. Tatsächlich fing die Frau nach kurzer Zeit an, sich auf dem Esel hin- und herzuwiegen. Den Rücken krümmend und den Kopf hebend schwankte sie nach links und rechts. Ihr Mann beschleunigte besorgt den Schritt und trat zu einer Frau an einem Verkaufsstand für Wolle, die, ihr Kind auf dem Arm, müßig in die Runde blickte. Er wechselte ein paar Worte mit ihr, und die Wollverkäuferin nahm daraufhin die kleine Frau mit hinein. Nach einer Weile brachte sie die Kleidungsstücke heraus, untersuchte sie gründlich im Sonnenlicht und bürstete, rieb und klopfte eine ganze Weile daran herum. Wie Wildkatzen, die vergeblich auf Beute lauern, beobachteten Jia Sanpao und seine Kumpane aus der Entfernung, was sich tat. Da war nichts zu machen. Sie berieten sich, kehrten zur Dipamkara-Pagode zurück und besorgten sich von Sun Yaoting und Xiao Shunzi den gesamten Vorrat an Haselwurz und Federchen. Am Abend des gleichen Tages noch hatte Jia Sanpao Schwägerin Feng Zwei aufgesucht, eine entfernte Verwandte, die an der Luhe-Mädchenschule als Dienstkraft arbeitete. Er drückte ihr Geld in die Hand und wies sie an, heimlich Decken und Kleidungsstücke der Schülerinnen mit jener Mischung aus Federn und Haselwurz zu bestreuen. Schwägerin Feng Zwei wartete, bis alle beim Abendessen waren, schlich in den Schlafsaal und führte den Auftrag aus. Ahnungslos legten die Mädchen sich schlafen und löschten die Lampen. Eine Weile blieb alles ruhig und friedlich. Plötzlich aber ging in einigen Zimmern das Licht wieder an, und in den Fenstern tauchten die Umrisse der Mädchen auf. Jia Sanpao und seine Kumpane hatten schon vor der Hintertür gewartet. Schwägerin Feng Zwei schaute kurz nach, ob die Luft rein war, öffnete dann leise die Tür, und die Rüpel schlichen auf Zehenspitzen herein. Einer neben dem anderen lagen sie auf dem Fensterbrett und spähten in die Schlafzimmer. Die Mädchen rissen sich die Kleider vom Leib, liefen aufgescheucht durcheinander und fragten sich, was sie nur so sehr jucken würde? Einige riefen: „Oh, schaut her. Alles voller kleiner Härchen!“ Andere fügten hinzu: „Sie stecken in den Poren! Wer hat denn diese Schweinerei gemacht?“ – „Wischt mich schnell ab, ich erfriere sonst noch!“ Nach einer Weile Geschäftigkeit erzählte eins der Mädchen, daß ihre Mutter sie früher einmal von einer Yanglazi, die ihr beim Dattelpflücken in den Nacken geraten war, befreit hatte, indem sie mit einem klebrigen Teig auf jener Stelle hin und her rieb und so alle Härchen erfaßte. Daraufhin gingen einige in die Küche Mehl holen, die anderen legten sich Decken um und warteten. Die vier Rüpel stierten die ganze Zeit mit großen Kuhaugen gierig durchs Fenster und merkten gar nicht, daß sie von dem Alten, der die Doppelstunden schlug, entdeckt wurden. Der rief noch zwei Leute hinzu. Mit Knüppeln bewaffnet schlichen sie herbei und verpaßten Jia Sanpao und den drei anderen eine solche Tracht Prügel, daß sie unters Fenster rollten und sich nicht mehr aufraffen konnten. Als die Mädchen merkten, daß ihre Jadekörper fremden Blicken ausgesetzt gewesen waren, brachen sie vor Scham und Zorn in Tränen aus und schimpften. Der Nachtwächter hatte längst die Polizei herbeigerufen, die vier üblen Kerle wurden gefesselt und aufs Revier gebracht. Der Polizeivorsteher fragte, wessen Idee das gewesen sei. Jia Sanpao gab an, sie wären von zwei Eunuchen dazu angestiftet worden, und so waren Sun Yaoting und Xiao Shunzi verhaftet und vor Gericht gestellt worden.

In diesem Augenblick begleitete der Polizeichef den Vorsteher der Mädchenschule, Wang Zhenglun, hinaus, dem die strenge Bestrafung der Übeltäter mitgeteilt worden war. Wie es die ‚Regel' gebot, hatte Wang Zhenglun natürlich ein versiegeltes Kuvert mit Silberyuan im Polizeibüro hinterlassen. Der Polizeivorsteher besah, als er zurückkam, die Wiedergutmachungsgebühr der Übeltäter, die Dankgebühr der Geschädigten, meinte, daß da noch ein Teil fehle, und gab Anweisung, Sun Yaoting und Xiao Shunzi zu bringen. In ruhigem, gesetztem Ton sprach er zu den beiden: „Ihr habt Jugendlichen beigebracht, mit geilen Tricks junge Mädchen zu demütigen, habt Unruhe in unseren Kreis gebracht und unrechtmäßig Geld ergaunert. Eigentlich sollte man euch verurteilen. Aber ich halte euch zugute, daß ihr als Fremde in dieser Gegend ja euren Lebensunterhalt erwerben mußtet. Allerdings habt ihr ganz schweinische Künste dazu benutzt, und daher ordne ich an, daß ihr morgen das gesamte unrechtmäßig erworbene Geld herausgebt. Nur so könnt ihr ohne Strafe davonkommen. Wenn ihr euch weigert, lasse ich keine Gnade walten. Bestimmt nicht!" Sun Yaoting erklärte: „Herr Oberpolizeivorsteher. Wir haben doch nur Jia Sanpao um ein wenig Geld betrogen, aber nachdem uns die Polizisten die Kleider weggenommen hatten, war nichts mehr davon da." Das Gesicht des Polizeivorstehers verfärbte sich: „Schweinehunde! Ihr wollt doch nicht behaupten, daß wir es genommen haben?" Sun Yaoting erschrak, wurde kreidebleich, senkte den Kopf und sagte nichts mehr.

Die beiden wurden wieder in die Zelle zurückgeführt. Xiao Shunzi ließ sich auf den vereisten Boden fallen und war nicht bereit, wieder aufzustehen. Sein Kopf schien vor Schmerz bersten zu wollen, sein Herz flatterte, er war wie gelähmt und bereute zutiefst, daß sie hierher gekommen waren. Nicht so sehr seinetwegen tat es ihm leid. Geschlagen und beschimpft zu werden, sich für andere ausziehen müssen, machte ihm nichts weiter aus. Die Gauklertricks zu verkaufen, war für ihn eine Belustigung gewesen, aber er kannte Sun Yaoting, wußte, wie sehr er darauf achtete, nicht das Gesicht zu verlieren. Ihm gegenüber fühlte Xiao Shunzi sich schuldig, wagte nicht, ihm in die Augen zu blicken, hatte auch gar keine Kraft, den Kopf zu drehen.

Sun Yaoting kauerte auf dem Boden, betrachtete das glitzernde Eis und fing an, ohne daß es ihm bewußt wurde, mit dem Finger darauf herumzumalen. Sein Blut kam zur Ruhe, er begann zu erstarren, dachte an gar nichts mehr. Vor seinen Augen nur noch das spiegelnde Eis, völlige Leere. Plötzlich war ihm, als ob jemand aus der Leere direkt in sein Gesicht singen würde: „Hält man nicht an seinen Gedanken fest, wird man der Welt des Buddhagesetzes teilhaftig, ruht in sich selbst ..." Sun Yaoting hob den Kopf und sah doch tatsächlich Meister Jingchen. Der Meister sprach: „Liujin, warum bist du angesichts dieser Qualen und Behinderungen immer noch nicht bereit zu erwachen! Nicht durch Denken lassen Gutes und Böses sich ermessen. Die Dinge kommen und gehen ohne Unterlaß, die Gedanken kommen und gehen, versuche nicht, sie festzuhalten. Für nichts, das muß man wissen, gibt es einen Urheber, dann ruht man in sich selbst. Merk dir das gut!" Noch ehe Sun Yaoting ihn mit einer Verbeugung ehren konnte, war Jingchen auch schon verschwunden. Glockenklang drang an sein Ohr. Er hörte genauer hin, fand aber nicht heraus, woher er kam.

Als er den Kopf wandte, war Xiao Shunzi auf dem Eisboden eingeschlafen. Sun Yaotings Lebensgeister kehrten allmählich zurück. Er hob den eiskalten und zitternden Xiao Shunzi vom Boden auf, zog seine baumwollgefütterte Jacke aus und legte sie ihm um. Aneinandergelehnt verbrachten sie die Nacht. Als es hell wurde, ließ Sun Yaoting dem Polizeivorsteher ausrichten, er hoffe, daß Xiao Shunzi von einem Arzt behandelt würde. Der teilte ihnen mit, daß er sie erst nach Zahlung von einhundert Yuan freilassen werde. Wenn sie wirklich kein Geld bei sich hätten, könnten sie einen Bürgen suchen, der das Geld vorstrecke. Fänden sie keinen, käme erst einmal nur einer von ihnen frei, um Geld zu besorgen. Sun Yaoting sagte auf der Stelle zu, daß er nach Beiping zurückkehren werde, das Geld zu beschaffen. Aber er fürchtete, daß sich der Gesundheitszustand von Xiao Shunzi verschlechtern würde, und überlegte hin und her. Da fiel ihm auf einmal ein, daß in Lüjiaying, das im Tong-Kreis lag, ein ehemaliger Eunuch der Palastküche wohnte, der nach der Entlassung sofort nach Hause zurückgekehrt war. Ob jener es zu viel Geld gebracht hatte, wußte er nicht, aber es hieß, daß er sich ein paar Qing Land gekauft hatte und Grundbesitzer geworden war.

Lüjiaying war vierzig Li von der Kreisstadt entfernt. Sun Yaoting rannte in einem Zug drei Doppelstunden durch und traf den alten Eunuchen Lü, als der auf einem Pferdewagen eben das Dorf verlassen wollte, um in die Kreisstadt zu fahren. Sun Yaoting berichtete ihm von dem Mißgeschick und von Xiao Shunzis Erkrankung und bat ihn um einhundert Yuan. Gemeinsam fuhren sie sofort in die Stadt. Sun Yaoting lieferte das Geld auf der Polizeistation ab und brachte Xiao Shunzi huckepack heraus. Eunuch Lü schlug vor: „Nimm erst einmal zwanzig Yuan, bring Xiao Shunzi zu einem Arzt und besorge Medizin. Sobald ich meine Angelegenheiten hier erledigt habe, kommt ihr mit zu mir und erholt euch ein paar Tage. Dann ist es immer noch nicht zu spät, nach Beiping zurückzukehren."

Sun Yaoting nahm Xiao Shunzi mit in eine Apotheke und suchte mit ihm einen Arzt auf. Der fühlte den Puls und stellte fest, die Krankheit sei ein durch Wind und Kälte hervorgerufenes Versiegen der Lebenskraft, nicht weiter schlimm. Xiao Shunzi müsse schwitzen, damit sein inneres Feuer sich abkühle. Dazu solle er noch ein paarmal wärmende kräftigende Medizin zu sich nehmen, dann würde er bestimmt gesund. Sie verbrachten sechs oder sieben Tage bei Eunuch Lü. Xiao Shunzis Krankheit hatte sich längst gebessert, aber Eunuch Lü wollte sie einfach nicht gehen lassen. Als Sun Yaoting im Schatzamt diente, war er Eunuch Lü gegenüber sehr zuvorkommend gewesen, hatte nie Silbertaels für sich behalten oder sonst Schwierigkeiten gemacht. Jetzt sah jener eine Gelegenheit, die alten Schulden zu begleichen, und war natürlich sehr froh darüber. Aber Sun Yaoting bestand schließlich darauf, daß sie sich verabschiedeten. Eunuch Lü erklärte, die hundert Yuan für den Polizeivorsteher brauchten sie auf gar keinen Fall zurückzuzahlen, und gab seinem Knecht Order, einen Pferdewagen anzuspannen und die beiden in die Stadt zu fahren.

Wieder im Xinglong-Kloster sagte Xiao Shunzi: „Chunshou, diesmal habe ich dich in Schwierigkeiten gebracht. Hätte ich gleich auf dich gehört, dann wäre es nie zu einer solchen Demütigung gekommen. In Zukunft werden wir ruhig hier bleiben. Und wenn es auch nur schlechten Tee und fades Essen gibt, sei's drum!" Sun Yaoting hingegen lachte: „Es klingt vielleicht komisch, am Anfang wollte ich überhaupt nicht in der Gegend herumziehen, weil ich fürchtete, daß wir Unheil anrichten könnten. Nun ist es so gekommen, und ich meine, es kann nicht schlimmer werden. Schließlich waren wir ja nicht wegen Mordes verurteilt. Wozu Angst haben? Und auch wenn wir einen Mord begangen hätten, wenn man töten soll, dann tötet man, das ist vom Schicksal festgelegt. Auch wenn man will, kann man dem Geschick nicht entgehen. Am besten ist es, auf die himmlische Fügung zu hören und dem Schicksal zu folgen. Ein alter Spruch lautet: ‚Erst wenn man krank ist, weiß man, daß ein Gesunder den Unsterblichen gleichkommt.' Erst seit wir auf der Wache waren, wissen wir, wieviel wärmer als jener mit Eis überzogene Zellenboden die kalten Zimmer und frostigen Kangs im Xinglong sind. Aber wir haben gerade angefangen, uns unter die Jahrmarktkünstler zu mischen. Daß wir dabei auf die Schnauze fallen, ist nicht verwunderlich. In ein paar Tagen gehen wir wieder los." Xiao Shunzi kam sehr merkwürdig vor, wie aufgeschlossen Sun Yaoting auf einmal war. Aber andererseits hatte er mit seinen Worten ja recht, worauf auch er seine Bedenken fallenließ.

Es war die Zeit der neun Perioden nach der Wintersonnenwende, die Luft war kalt und der Boden gefroren. Die Eierbriketts, die im Xinglong-Kloster an alle Zimmer ausgeteilt wurden, waren abgezählt, ein jeder verwahrte sie unter einem Dachvorsprung oder unter seinem Bett. Man konnte den Ofen täglich nur einmal heizen. Stand man in der Frühe auf, suchte man als erstes ein wenig Papier, ein paar Ästchen Brennholz, zündete das an, wartete, bis die Flammen ungefähr ein Chi hoch schlugen, und warf dann zwanzig oder dreißig Eierbriketts darauf. Erst dann wusch man sich, gurgelte und schabte sich die Zunge. Prasselte das Feuer, setzte man Wasser auf, brühte sich ein bis zwei Becher Tee und kaute ein Sesambrötchen. Das war das Frühstück. Wenn das Feuer noch prasselte, legte man nach und deckte es dann ab, bis man sich auf dem Kang schlafen legte. Sobald das Feuer abgedeckt war, wurde das Zimmer fast zu einem Eiskeller. Die Räume im Kloster waren hoch und groß, dunkel, kalt und feucht, man hielt es nicht lange darin aus, nicht einmal, wenn man sich eine Decke umlegte. Daher saßen die Eunuchen in Reihen auf den Treppen vor der großen Halle und sonnten sich. Sie glichen Ministern, die auf eine Audienz beim Kaiser warteten, nur daß sie so gar nicht prächtig angezogen waren. Bei manchen schaute die Baumwolle aus den Jacken, bei anderen waren die Hosen geflickt. Auch Sun Yaoting und Xiao Shunzi saßen hier. Von ihrer Demütigung im Tong-Kreis hatten sie den Leuten im Xinglong-Kloster kein Sterbenswörtchen gesagt.

Eines Tages begleitete der Abt, der alte Eunuch Lu, einen Gast zum hinteren Hof hinaus. Der Gast hieß An, mit Vornamen Shengyuan, und war ein Laienanhänger des Daoismus. Zwar nur etwas über zwanzig Jahre alt, hatte er schon einen Bart bis hin zur Brust, er bewegte sich gewandt und ungezwungen. Er hatte lange Augenbrauen und seine Augen versprühten Energie. Weil er ein guter Physiognom war und außerdem äußerst treffend wahrsagte, nannte man ihn ‚An, den Unsterblichen'. Aber dieser Unsterbliche hatte ein seltsames Naturell. Ob er für die Betrachtung der physiognomischen Merkmale Geld nahm oder nicht, hing davon ab, ob er gut aufgelegt war. Außerdem erwähnte er mit keinem Wort angenehme Dinge wie Glück, Gehalt, langes Leben, Freude und dergleichen, sondern sprach, wenn er den Mund aufmachte, nur von Naturkatastrophen und menschlichem Unglück. Und auch, wenn man nicht wollte, daß er etwas sagte, mußte er seine Prophezeiung unbedingt loswerden. Er brachte Unglück. Daher hatten ihm die Leute den Spitznamen ‚Gespenstermaul-An' verpaßt. An diesem Tag hob der Unsterbliche An die Augenbrauen, seine schönen Augen streiften über die Menge und hefteten sich, einem Paar spitzer Pfeile gleich, ausgerechnet auf Sun Yaoting und Xiao Shunzi. Den beiden fuhr ein kalter Schauer das Rückgrat herab. Glücklicherweise öffnete An nicht sein Gespenstermaul, sondern nickte nur, strich seinen langen

Bart und ging lachend davon. Unerwarteterweise rief Eunuch Lu, nachdem er den Gast verabschiedet hatte, Sun Yaoting und Xiao Shunzi in sein Zimmer und schickte die Bediensteten hinaus. Dann fragte er: „Wo seid ihr vor ein paar Tagen gewesen?" Die beiden antworteten, sie hätten ein paar alte Bekannte besucht. Eunuch Lu fragte noch einmal, ob sie irgend etwas zu berichten hätten, ein Unglück wie Geldverlust oder Gefängnis. Die beiden verneinten die Frage rundweg. Eunuch Lu bohrte nicht tiefer nach, als er sah, daß sie nicht bereit waren, etwas zuzugeben, und sagte: „Soeben sagte An, der Unsterbliche, das Unglück, das auf euren Gesichtern geschrieben stehe, sei wahrscheinlich durch Überrumpelung von Yin-Energie bewirkt worden. Ihr könntet euch nur noch einschließen und in acht nehmen. Auf keinen Fall dürftet ihr draußen müßig herumgehen. Ihr solltet nur auf euch aufpassen, nichts weiter."

Als die beiden hinausgingen, sagte Sun Yaoting: „Hat das Gespenstermaul An also über uns doch richtig gesprochen!" Xiao Shunzi erwiderte: „Was dieser Dämon alles gesagt hat, weiß ich nicht. Wenn wir tatsächlich keinen Fuß aus der Tür setzen, sieht man uns natürlich an, daß wir mutlos sind. Da geben wir doch ohne Zwang alles zu, oder? Den Weg der Gespenster und Geister gibt es nur, wenn man daran glaubt. Kümmern wir uns nicht darum, was könnten wir auch schon dagegen tun!" – „Dieser An Shengyuan ist kein Schausteller, der Betrügereien macht, wir müssen uns auf jeden Fall etwas vorsehen." Sun Yaoting war immer noch mutlos und ängstlich. Xiao Shunzi kam auf die Idee, einen anderen Physiognomen und Wahrsager aufzusuchen. Falls der das gleiche sagte wie An Shengyuan, würden sie sich einschließen und nicht mehr ausgehen, wenn nicht, brauchten sie dem Gerede keine Beachtung zu schenken. Sun Yaoting war einverstanden. Die beiden wählten einen glückbringenden Tag aus, verließen das Xinglong-Kloster, ohne dem Abt etwas zu sagen, und begaben sich zur Himmelsbrücke.

8. KAPITEL

Erneute Herausforderung

Der Orakelmeister aus dem Süden

Im vornehmen ‚Teegarten zum zehntausendfachen Gedeihen', setzten sie sich an einen Tisch vor einem Fenster. Der Kellner goß Longjing-Tee vom West-See auf, und Sun Yaoting fragte ihn: „Ich möchte zu einem Physiognomen oder einem Wahrsager, aber er darf kein Betrüger sein. Könnten Sie mir einen Stand empfehlen?" Der Kellner, der aussah, als wäre er schon über die Fünfzig hinaus, hatte eine Glatze und schien, seinem Gesichtsausdruck nach, umgänglich zu sein. Er gab zur Antwort: „Dann sollten Sie nicht zur Himmelsbrücke kommen. Wer von denen, die sich hier niederlassen, macht es nicht, um seine Familie zu ernähren? Wenn die alles ausplaudern würden, könnten sie kein Geschäft machen. Aber ohne etwas Wahres geht es auch nicht, sonst käme ja keiner. Daher ‚behalten sie einen halben Satz für sich, wenn die Rede zum Mundwinkel gelangt ist'." Sun Yaoting fragte: „Gibt es keinen mehr, der sich auf die acht Zeichen versteht?" – „Das sind Leute mit großem Wissen", meinte der Kellner, „die haben es nicht nötig, sich irgendwo auszubreiten. Aber ich habe gehört, daß ein Physiognom aus dem Süden hergebeten wurde, der auch wahrsagen kann. Dieser Mann fragt nicht nach Namen und Abstammung und schon gar nicht nach den acht Zeichen der Geburt. Man muß überhaupt nicht den Mund aufmachen. Er will nur wissen, in welcher Angelegenheit einer gekommen ist, und legt dann den gesamten Verlauf und die inneren Zusammenhänge des Falles nacheinander dar. Noch jeder, der ihn befragte, hat sich in tiefer Bewunderung und Verehrung vor ihm auf den Boden geworfen. Ich habe bisher nur von ihm gehört, gesehen habe ich ihn noch nie. Wenn Sie ihn aufsuchen wollen, müssen Sie zur Ecke Qingle-Theater gehen. Der Mann beschäftigt sich täglich nur mit wenigen Kunden. Kommen Sie zu spät, wird er Sie nicht mehr beraten." Sun Yaoting sagte: „Genau zu diesem Meister wollen wir."

Die beiden bezahlten und machten sich zum Qingle-Theater auf. Schon von weitem sahen sie eine Menschenmenge um den Stand des Wahrsagers und Meisters der Physiognomie. An seinem Tisch hing ein Spruchband aus gelbem Brokat, auf dem in schwarzer Schrift ‚Eisenmaul Song aus Yangzhou' geschrieben stand. Man hörte einen aus der Menge sagen: „Aus welcher Region sind Eure Heiligkeit herabgestiegen? Laßt mich Unwürdigen Euch verehren!" Noch ehe der Wahrsager etwas erwidern konnte, drängte sich ein hagerer Mann in geflickter Kleidung, in der Hand ein Bündel Heilkräuter, mit aller Kraft nach vorn. Sun Yaoting und Xiao Shunzi nutzten die Gelegenheit und folgten ihm. Der Wahrsager war ein Fettwanst mit dem sanften Gesichtsausdruck des Buddha Maitreya. Der Hagere flehte ihn an: „Bitte Herr, helfen Sie mir!" Lachend sagte der Fettwanst: „Deine Eile führt zu nichts. Geh' ins Krankenhaus, was willst Du bei mir?" Der Hagere hatte nichts darauf zu erwidern. „Die Krankheit Deiner Alten hat sich wieder verschlimmert, ja?" – "Ja, aber woher wissen Sie denn das?" Der Wahrsager gab darauf keine Antwort, sondern fragte lediglich: „Deine Alte hat die Krankheit schon seit einem halben Jahr?" – „Genau, sie wurde im Mai krank, und das ist nun schon ein halbes Jahr her. Die Ärzte sagen, sie hätte die Wasserpocken." – „Aber je mehr Arznei sie nimmt, desto dicker wird ihr Bauch?" – „Ja, genau, sogar Beine und Gesicht sind angeschwollen." – „Du hast gerade wieder Medizin gekauft?" – „Ja, freilich. Die Medizin kostet mich zehn Silberdollar. Der Arzt sagt, ohne diese teuere Medizin gäbe es für meine Frau keine Rettung mehr." Der Dicke lachte laut: „Ohne Arznei geht es freilich nicht." Dann hielt er im Yangzhou-Dialekt einen längeren Vortrag über Medizin, Beschwörungsformeln und dergleichen, den niemand der Umstehenden auch nur zur Hälfte verstand. Die Quintessenz war: „Deine Frau hat nicht die Wasserpocken, sondern ist schlicht und einfach schwanger. Weil sie zu dick angezogen ist, hat sie nicht gemerkt, wie sich das Kind bewegt. Sie wird einen gesunden Jungen zur Welt bringen. Herzlichen Glückwunsch!"

Der Hagere warf außer sich vor Freude die Arzneikräuter zu Boden. Dann bezeugte er dem Heiligen auf dem Boden ausgestreckt mit Stirnaufschlag Verehrung, und sobald er für die Dienste des Wahrsagers bezahlt hatte, rannte er freudestrahlend aus der Menge. Sun Yaoting nahm Blickkontakt mit Xiao Shunzi auf: Genau diesen Wahrsager wollten sie um Weisung für die Zukunft bitten. Ein neues Gedrängel und Gerangel entstand, wer als Nächster an die Reihe käme. Der Wahrsager erhob sich und verrichtete nach links und rechts Verbeugungen im traditionellen Stil. „Ich bin in den Norden gereist, um einen Freund zu besuchen, aber bevor ich hier eintraf, starb dieser Freund plötzlich an einer heftigen Krankheit. Freunde sagten mir, daß die alte Hauptstadt immer mehr von ihrem früheren Zauber verliere. Vor allem die Wahrsagekunst gerät immer mehr in Verruf. Die Schurken vom Marktplatz schwatzen lauter Unsinn, bald hat keiner mehr Vertrauen in uns. Daher habe ich hier einen kleinen Stand eröffnet, um den Leuten ihr Vertrauen zurückzugeben. Aber das Klima im Norden ist sehr rauh, Leute aus dem Süden können das nicht aushalten. Entschuldigen Sie bitte, wenn ich hier nicht länger bleibe."

Sprach's und ordnete die Instrumente auf seinem Tisch. Die Menschen flehten ihn an, sich ihrer zu erbarmen. Eisenmaul Song überlegte eine halbe Ewigkeit und sagte dann: „Wenn Ihnen aufrichtig daran liegt, daß ich wahrsage, können Sie mich in der Herberge Maoyuan am Perlenmarkt finden, aber ich mache Sie darauf aufmerksam, daß ich das Doppelte verlange, wenn ich zu Hause wahrsage." Die Menschenmenge war's zufrieden. Mit den Worten „Heute mittag fünfzehn Uhr können Sie mich besuchen kommen", setzte sich Eisenmaul Song in eine Rikscha und fuhr davon.

Sun Yaoting und Xiao Shunzi begaben sich in eine Badehalle in der Nachbarschaft. Der Bedienstete fragte, ob sie essen wollten, und Sun Yaoting meinte, er solle nach Gutdünken ein paar

Gerichte kommen lassen. Nach dem Bad goß der Angestellte Tee auf. Sie hatten die Tasse noch nicht ausgetrunken, als er einen Korb mit Essen aus Bambus herbeitrug, der mit rotem Lack überzogen und in drei Etagen unterteilt war. Er öffnete die erste und setzte ihnen zwei Schalen Hühnersuppe mit Nudeln und vier Teigtaschen mit Krabben- und Garnelenfüllung vor. Schnell wie der Wind wandte er sich anderen Gästen zu und brachte auch ihnen Essen hinüber.

Ohne Badehäuser kamen die Leute in Beijing, egal ob arm oder reich, nicht aus. Badehäuser waren für sie wichtiger als Opiumhöhlen und Bordelle. Betrat man ein Badehaus, ließ man sich zuerst eine Kanne Tee brühen, stieg anschließend in ein großes Wasserbecken und weichte länger als eine Stunde darin. Dann legte man sich auf eine Keramikliege, und der Rubbelmeister erschien. Mit einem halbfeuchten Handtuch rubbelte er einem langsam und sehr sorgfältig den ganzen Körper ab. Je mehr Schmutz er dabei herunterholte, um so größer war sein Können. Nach dem Abrubbeln wurden Rücken und Füße massiert, und erst nach nochmaligem Einseifen und Abspülen war für eine Zeitlang Schluß. Nun wurde bis zur nächsten Mahlzeit, am Mittag oder am Abend, Tee getrunken. Das Essen, meist etwas Einfaches, manchmal auch ein paar warme Gerichte und dazu Wein, kauften die Angestellten des Badehauses in nahegelegenen Imbißstuben. Nach dem Essen war natürlich ein Schläfchen an der Reihe. Anschließend wusch man sich vielleicht wieder, aß und trank noch etwas. Gute Freunde verabredeten sich zum Baden und verplauderten einen ganzen Tag, aber auch Geschäfte wurden in den Badehäusern betrieben oder Komplotte geschmiedet. Sun Yaoting und Xiao Shunzi blieben bis zum Nachmittag und machten sich dann auf den Weg zum Perlenmarkt.

In der Herberge ‚Zur Üppigen Quelle' fragte Xiao Shunzi den Portier: „Wohnt hier ein Herr Song, ein Wahrsager?" Der Portier hieß sie im westlichen Zimmer warten, wo schon vier Leute saßen. Eisenmaul Song hatte sich am Vormittag erkältet und war deshalb noch nicht vom Mittagsschlaf aufgestanden. Also vertrieb man sich die Zeit mit etwas Geplauder. Drei der Anwesenden hatten Sun Yaoting und Xiao Shunzi schon am

Morgen gesehen, eine ältere Frau, einen Einbeinigen in einer alten Jacke und einen jungen Mann, der wie ein Student aussah. Der Vierte, ein Kerl von etwa 50 Jahren mit einem von Pockennarben entstellten Gesicht, war neu. Er erzählte, daß er Herrn Song, von dessen wunderbarer Wahrsagefähigkeit er gehört hätte, fragen wolle, ob sich der Erwerb eines Schneidergeschäfts lohnen würde, das einer seiner Kollegen verkaufen wolle. Dann erkundigte er sich, was die alte Frau hergeführt hätte. Sie erklärte, daß sie wissen wolle, ob ihr Sohn, der vor drei Jahren als Soldat angeworben worden sei, wohl noch lebe und ob er zurückkehre. Bei diesen Worten bekam der Einbeinige feuchte Augen. Er wäre zwar noch mit dem Leben davongekommen, hätte aber ein Bein verloren. Seine Mutter und seine Frau seien während einer Hungersnot fortgezogen. Wo in dem riesigen China solle er sie suchen? Er wollte nach ihrem Aufenthaltsort fragen, und wenn sie schon tot wären, ins Wasser gehen. Der Pockennarbige fragte nun den jungen Mann. Dessen Gesicht war aschfahl, Kummer und Sorge lagen in seinem Blick: „Ich möchte wegen der Krankheit meines Vaters um Rat fragen." Mehr sagte er nicht. „Ihr wollt auch zum Wahrsager?" wandte sich der Pockennarbige an Sun Yaoting und Xiao Shunzi. Xiao Shunzi nickte. „Was für eine Angelegenheit führt euch denn her?"

Xiao Shunzi wollte gerade antworten, da stieß Sun Yaoting ihn mit der Zehenspitze an, und er verstummte. Nach einem Seufzer begann Sun Yaoting zu erzählen: „Wir waren Diener im Palast und sind vergangenes Jahr nach Hause zurückgekehrt. Letzten Monat schickte unser Meister uns einen Boten mit der Nachricht, daß er nicht mehr lange leben würde. Der Bote hatte sich ein paar Tage verspätet, und obwohl wir uns sofort auf den Weg nach Beiping gemacht haben und Tag und Nacht unterwegs waren, trafen wir unseren Meister nicht mehr lebend an. Er hinterließ uns ein Gedicht, in dem der Satz steht ‚Die versehrte Haut ward Erde des Schwarzen Tempels'. Wir wissen genau, daß uns der Meister damit einen Hinweis geben wollte: Er hat an der Pagode im Schwarzen Tempel, wo er sich nämlich ein Stück Boden für sein Grabmal gekauft hat, einen Schatz aus dem Kaiserpalast vergraben. Wir konnten ihn aber bisher noch nicht finden und möchten nun Herrn Song fragen, wo der Schatz denn eigentlich steckt, oder ob er vielleicht gestohlen wurde." Der Pockennarbige bekam auf einmal leuchtende Augen, und auf seinem Gesicht glänzten lauter kleine Schweißperlen. Da tönte es vom Nordzimmer her: „Der Herr ist aufgewacht, der erste Besucher kann kommen." – „Ich bin als erster gekommen", sagte der Pockennarbige, bat mit einer Verbeugung die Anwesenden um Verzeihung und ging hinein. Xiao Shunzi flüsterte: „Was für einen Unsinn hast du dem nur erzählt!" Sun Yaoting, der von Ren Yi wußte, daß sich in diesem Viertel oft ein Kundschafter unter die Wartenden mischte und dem Wahrsager zutrug, was gesprochen worden war, wollte gerade antworten, da verspürte er in seinen Eingeweiden ein Rumoren und lief rasch zur Toilette. Dort hörte er plötzlich aus dem Nordzimmer die Stimme des Pockennarbigen. Wortgetreu berichtete jener dem großen Heiligen, Song, was er im Wartezimmer gehört hatte, zuletzt die Geschichte, die Sun Yaoting ihm aufgetischt hatte. Ein Mann antwortete im Beijinger Dialekt: „Die Alte, der Kleine und der Soldat sind, verdammt noch mal, arme Teufel. Die bringen nichts ein. Schick sie zusammen rein. Wenn ich sie geschröpft habe, lasse ich sie sofort wieder gehen. Die beiden Kastrierten sagen zwar, sie hätten kein Geld, aber ihr Meister war betucht. Versuchen wir auf irgendeine Weise, den Schatz auszugraben und legen die beiden an Ort und Stelle um. Dann hauen wir ab." Auf den Zehenspitzen auf einem Ziegel stehend gelang es Sun Yaoting, durch das Fenster zu spähen: Die Stimme gehörte zu Eisenmaul Song, den er am Morgen noch Yangzhou-Dialekt hatte sprechen hören.

Inzwischen verabschiedete sich der Pockennarbige demonstrativ und zog sich zurück, als wäre ihm der Rat des Heiligen zuteil geworden. Der Gehilfe rief die alte Frau, den Einbeinigen und den jungen Mann auf. Eisenmaul saß in einem Lehnstuhl, betrachtete die physiognomischen Kennzeichen der drei und log ihnen dann in Yangzhou-Dialekt etwas vor. Da fiel Sun Yaoting, dem die Füße eingeschlafen waren, mit einem Krachen um. Sofort fragte jemand: „Ist der Pockennarbige auf dem Klo?" Sun Yaoting rannte erschrocken zurück in den Warteraum und sagte zu Xiao Shunzi: „Halt drinnen bloß den Mund

und laß mich das machen. Das sind ganz abgebrühte Gauner, die schrecken vor nichts zurück. Wir müssen auf der Hut sein." Er hatte kaum ausgesprochen, da rief ein Bediensteter sie auch schon herein. In der Tür begegneten sie der Alten, dem Einbeinigen und dem jungen Mann, die ihnen freudig zu verstehen gaben, daß sie einem wirklichen Heiligen begegnet wären. Sun Yaoting schwieg dazu. Ins Zimmer eingetreten, sahen sie den ‚Heiligen' mit geschlossenen Augen im Lehnsessel sitzen und sich entspannen. Erst nach geraumer Zeit öffnete er die Augen und rollte ein wenig mit den Augäpfeln. Dann riß er die Augen so weit auf, daß die Augäpfel hervorquollen, kam auf Sun Yaoting und Xiao Shunzi zu und betrachtete aus der Nähe eingehend ihre Gesichtszüge. Endlich teilte er ihnen im Yangzhou-Dialekt sein Ergebnis mit. Im Großen und Ganzen, meinte er, seien die physiognomischen Merkmale der beiden nicht sehr ähnlich. Aber beide seien wegen eines großen Vermögens gekommen. Obwohl dieser Schatz noch in der Erde ruhe, sei doch nicht auszuschließen, daß er wie Wasserlinsen auf einem See im Nu verschwinden könne. Sun Yaoting sprach: „Die Worte Eurer Heiligkeit treffen den Nagel auf den Kopf, nur wissen wir nicht, wo der Schatz nun eigentlich versteckt ist." – „Etwa zwanzig Meilen von hier ist er vergraben. Den Platz kann ich bei dieser Entfernung nur äußerst ungenau beschreiben. Es wäre wohl das beste, ich würde den beiden Herren an Ort und Stelle zeigen, wo Sie graben sollen. Nur habe ich bereits meine Fahrkarte in den Süden gekauft und möchte morgen früh abfahren. Ich fürchte, die Zeit reicht nicht mehr. Sehr schade." Dann schloß er wieder die Augen.

Der ‚Heilige', der schon bald mitbekommen hatte, daß hier jeder vor ihm auf dem Boden lag und ihn verehrte und wenn es erforderlich war, einen solchen Fund auch mit ihm teilte, wunderte sich nicht schlecht, als Sun Yaoting nur erwiderte: „Vielen Dank, daß Eure Heiligkeit uns den Ort gewiesen haben, bis zum nächsten Mal dann." Als die beiden sich anschickten zu gehen, erhob sich der ‚Heilige' mit einer heftigen Bewegung: „Die beiden Herren wollen nicht so schnell gehen!" In seiner Erregung war er in den Beijing-Dialekt verfallen. Schnell fuhr er im Yangzhou-Dialekt fort: „Meinen die beiden Herren nicht, daß es ein Jammer wäre, das Gold nicht auszugraben?“ Mit den Worten: „Wegen einer so geringfügigen Sache wagen wir nicht, Eure Heiligkeit noch länger zu belästigen und an der Reise zu hindern“, verabschiedeten sich Sun Yaoting und Xiao Shunzi, zahlten das Honorar und gingen.

Kaum waren sie zur Tür heraus, berichtete Sun Yaoting, was er gehört und gesehen hatte. Die beiden wollten gar nicht aufhören zu lachen. Schließlich meinte Xiao Shunzi: „Dumme Männer und Frauen wollen einfach hereingelegt werden. Wie wäre es, wenn wir da auch ein wenig abstaubten? Zwar betrügen wir die guten Menschen, aber tun wir es nicht, gelangt das Geld letzten Endes zu Geldsäcken wie Eisenmaul Song, Stahlmaul Li, dem Heiligen Zhang oder Himmelsmeister Zhao. Wir entreißen sozusagen nur den Tigern die Beute. Unrechtmäßigen Besitz wegzunehmen, ist doch nicht verboten!“ Sun Yaoting gab zu bedenken: „Hat An Yuansheng nicht gesagt, daß wir nicht ausgehen sollen? Und du willst schon wieder Unheil anrichten!“ Lachend erinnerte ihn Xiao Shunzi: „Was hast du gerade auf der Toilette gehört? Was solche Heiligen sagen, ist doch nicht glaubwürdig.“ Sie berieten sich und kamen zu dem Entschluß, daß sie ihr Glück noch einmal versuchen und am nächsten Tag an der Himmelsbrücke einen Stand aufschlagen wollten. Sun Yaoting sollte die Stellung halten, Xiao Shunzi würde Lockvogel spielen. Am Abend blätterte Sun Yaoting die ‚Methode der Physiognomie des Meister Ma Yi‘ durch und prägte sich ein, wie man die Leute verwirrt. Er las bis tief in die Nacht hinein. Als er sich schlafen gelegt hatte, schrien und lärmten auf dem Dach zwei Katzen so heftig, daß er keine Ruhe finden konnte. Er blies die Lampe aus, zog die Decke über die Ohren und döste vor sich hin, den Kopf voller Fachausdrücke aus dem Buch über Physiognomie.

Furchterregende Kunden

An der Himmelsbrücke unterschied man eine Nord- und eine Südhälfte. In der Nordhälfte, wo sich vor allem Opernbühnen, Buchläden und Teehäuser befanden, ging es verhältnismäßig geordnet zu, die Künstler gaben sich kultiviert. Im Süden dagegen schlugen die meisten Leute ihren Stand am Boden auf. Hinter stadtbekannten Bösewichten hatten sich größere und kleinere Despoten verschanzt, und wehe dem Außenstehenden, der es wagte, auch nur einen Zoll weit in ihr Revier vorzudringen. Hier gab es nur betrügerische Künstler und Leute, die Ärger machten. Sun Yaoting und Xiao Shunzi wußten im großen und ganzen darüber Bescheid und hatten deshalb verstohlen in dem schmalen Grenzstreifen zwischen Nord- und Südhälfte Aufstellung genommen. Was sie nicht ahnten, war, daß auch dieser Streifen von Agenten des Nord- oder Südmarktes überwacht wurde.

Sun Yaoting entfaltete am Boden ein Blatt Papier, auf dem die Zeichen ‚Physiognomische Schicksalsdeutung' standen, und beschwerte es an den vier Ecken mit Ziegelsteinen. Er hatte weder gewagt, sich als ‚Geist' oder ‚Unsterblichen' zu bezeichnen, und noch viel weniger, seinen Namen zu nennen. Die Hände in die Ärmel gesteckt, den Hals eingezogen, trat er mit gekrümmtem Rücken von einem Bein aufs andere, zog den Rotz hoch und hielt, im Nordwestwind zitternd, eifrig nach Kunden Ausschau. Mit Xiao Shunzi war ausgemacht, daß jener sich in der Nähe aufhalten und erst hinzukommen sollte, wenn sich Leute bei Sun Yaoting einfanden. Dann sollte er helfen, sie in die Falle zu locken. Aber die Passanten gingen vorüber, ohne Sun Yaoting auch nur die geringste Aufmerksamkeit zu schenken. Da waren Wasserverkäufer, die langsam ihrem Ochsenkarren mit dem großen Holzfaß folgten. Wasser tropfte auf den Boden und gefror sofort. Eine Eisspur wand sich schlangengleich weit hinaus zum Ende der Gassen und Straßen. Die Abortleerer, auf dem Rücken ein Holzfaß, einen großen Schöpflöffel in der Hand, betraten die Häuser. Den Inhalt ihrer Fässer füllten sie dann in das große Faß auf dem Fäkalienwagen, der auf der Straße gemächlich folgte. Spritzte Brühe auf den Boden, hielten sich die Passanten die Nasen zu und beeilten sich, vorbeizukommen. Rikschakulis, Leute mit Handkarren, Leute, die kleine Trommeln schlugen, Abfallsammler und Huntun-Verkäufer gingen vorüber. Wie der Ochse, der den Wasserwagen zog, schauten sie nicht nach rechts oder links, sondern liefen stur geradeaus.

Es war schon fast neun Uhr, als zwei Leute in langer Robe kamen, auf dem Kopf Brokatmützen, schwarz wie Melonen. Sie führten ihre Vögel spazieren und schritten plaudernd auf Sun Yaoting zu. Die Vogelkäfige in ihren Händen, fein gearbeitet, mit einer Hülle aus blauer Seide bedeckt, schwangen hin und her, wie das Pendel einer Standuhr aus Übersee. Sun Yaoting schaute den beiden gespannt und ungeduldig entgegen: Einer hatte eine große Nase. Sun erinnerte sich daran, was er gestern über Nasen gelesen hatte. Genau, das war's! Das Buch sprach von ‚Nase wie eine hängende Gallenblase', Zeichen eines vornehmen Menschen! Bei dem anderen klafften die Mundwinkel weit auseinander. Auch dafür fiel Sun Yaoting ein Spruch ein. Das nannte man ‚Der Mund ißt in allen Richtungen gewaltig'. So einer mußte in seinem ganzen Leben niemals Essen betteln gehen. ‚In späten Lebensjahren wird das Getreide die Speicher füllen, überall ist für den Herrn gedeckt', hieß es im Buch. Sun Yaoting wußte, wie vorzugehen war, und wollte gerade anfangen, die beiden einzuwickeln, da entfernten sie sich langsam wieder, die Käfige wie Perpendikel hin und her schwenkend, immer noch plaudernd. Vor Wut schluckte Sun Yaoting heftig und schaute ihnen nach.

Nach einer Weile sah Xiao Shunzi Leute bei Sun Yaoting stehen. Mühsam unterdrückte er das dringende Bedürfnis zu pinkeln, kam näher und fragte: „Was kostet es, wenn der Herr mir wahrsagt?" Sun Yaoting antwortete: „Nicht viel. Nur fünf Jiao. Stimmt die Vorhersage nicht, nehme ich gar nichts. Ich wohne Krötengasse 39, man nennt mich den Kröten-Li. Ich sage Ihnen, in welchem Jahr und in welchem Monat sie geboren sind, und wenn ich etwas Falsches sage, können Sie mein Krötennest kaputtmachen. Ich sage Ihnen voraus, wann Sie reich werden. Wenn Sie nicht zu Geld kommen, dann ..." In diesem Moment tauchten aus der Menschenmenge blitzschnell zwei Kerle auf, gut zwei Kopf größer als Sun Yaoting. Einer stellte sich dicht vor ihn, der andere dicht hinter ihn, Sun Yaoting war eingeklemmt und sah auf. ‚Aus. Jetzt gibt es Ärger', dachte er. Der Mann vor ihm hatte ein rotes Gesicht, auf der rechten Wange eine große Narbe und nur ein Auge. Er fragte: „Wenn man kein Geld machen kann, was dann? Na, sag's doch!" Xiao Shunzi zog sich auf die Seite zurück, als er sah, daß die Sache eine schlechte Wendung nahm, und beobachtete aus einiger Entfernung, wie die beiden großen Kerle Sun Yaoting wie ein Huhn zwischen sich eingeklemmt in Richtung Süden davonschleppten. Es waren Guazi-Kämpfer von der Südhälfte der Himmelsbrücke. Guazi nannten die fahrenden Jahrmarktskünstler, was unter zivilisierten Leuten als Guoshu- oder Wushu-Technik bekannt ist.

In den Anfangsjahren der Republik ragten unter den Guazi zwei Männer besonders heraus. Der eine, Zhang Yushan, verstand sich vor allem auf den Umgang mit der Schleuder. Er gab diese Kunst weiter an seinen Adoptivsohn, Zhang Baoyi, der sich inzwischen ebenfalls an der Himmelsbrücke niedergelassen hatte. Den anderen, Meng Jiyong, nannten die Leute Trottel-Meng. Er stammte eigentlich aus einer Leibwächterfamilie, und seine Stärke war der fliegende Kurzspeer. Trottel-Meng hatte keine Frau, also auch keinen Sohn. Sein Geschäft ging daher zunächst nicht besonders gut, denn nur, wenn der Speer ein paar Zoll neben einer ‚lebenden Zielscheibe' einschlug, warfen die Leute Hände voller Geld. Später aber fand Trottel-Meng in einem Haufen Altpapier einen einäugigen Säugling, nahm ihn mit nach Hause und zog ihn auf wie einen kleinen Hund. Nach drei oder fünf Monaten etwa band er den Einäugigen dann als lebende Zielscheibe auf das Holzbrett. Im Sommer weinte und schrie der Kleine, den am ganzen Körper ein Hitzeausschlag quälte, so kräftig, daß er Trommeln und Gongs übertönte und die Zuschauer in Scharen herbeiströmten. Im Winter sah er in der Kälte rot wie ein eingepökeltes Ferkel aus und brachte damit die Leute dazu, mit vollen Händen Geld zu werfen. Trottel-Meng war längst nicht mehr am Leben, und der einäugige Findling hatte seine Nachfolge angetreten. Dieser Einäugige und Zhang Baoyi waren es, die Sun Yaoting jetzt davonschleppten. Sie hatten sich zusammengetan, denn keiner von den Wushu-Darstellern an der Himmelsbrücke betrieb sein Geschäft allein. Man mußte die Zuschauer einwickeln, seine Künste vorführen und mußte auch noch Geld einsammeln. Einer allein konnte das nicht bewältigen. Ein Kind, das sie vor kurzem einem Klopfbettler abgekauft hatten, war davongelaufen, nachdem es ihnen ein paar Tricks abgeguckt hatte. Sie hatten ihre ‚lebende Zielscheibe' verloren und nun war heute jemand mit der Nachricht gekommen, daß sich da ein ‚Goldpunkt mit halbgeöffneten Augen', ein Wahrsager also, der nicht viel von der Schaustellerei versteht, erdreiste, ‚mit kalter Hand heiße Mantou-Dampfbrötchen zu fassen'.

Anfangs hatte Sun Yaoting es noch mit ein paar beschwichtigenden Worten versucht: „Wenn die beiden Herren etwas zu sagen haben, ist das doch kein Problem. Wir kennen einander doch nicht. Zwischen uns bestehen kein Haß und keine Feindschaft. Warum dann so! Wenn ich irgend etwas übertreten habe, bin ich gern bereit, mit einem Ehrengeschenk um Entschuldigung zu bitten!" Doch die beiden beachteten ihn gar nicht. Da geriet Sun Yaoting außer sich. Mit seiner hohen Stimme rief er: „Es gibt keine Gesetze. Am hellichten Tag ohne jeden Grund jemanden festnehmen, Polizei ..." Sein Rufen aber brachte ihm nur noch mehr Ärger. Die beiden stutzten und betrachteten sein Kinn: zarte Haut, nicht die Spur von einem Bart. „Ach, ein Nianwan!" So nannten die Jahrmarktkünstler in ihrer Geheimsprache einen Eunuchen. „Prima, mit dem machen wir heute unseren Schnitt!"

Vor zwei Jahren, als der Kaiser noch in der Verbotenen Stadt residierte, hatte es an der Himmelsbrücke einen Zwischenfall gegeben. Der Geschichtenerzähler Wang Jiekui, ein überaus gutherziger und großzügiger Mann, der keiner Fliege etwas zuleide tun konnte, trug eines Tages die ‚Fälle des gerechten Richters Bao' vor. In dem Abschnitt, wo der Gerechte Ou Yangchun aus dem Norden mit einem Juwelenschwert die Kugeln der Geisterschleuder Dengche abwehrt, kamen die Worte ‚das Schwert schneidet die Kugeln' vor. An jenem Tag befanden sich unter den Zuhörern viele Eunuchen. Einer von ihnen war der Meinung, daß Wang Jiekui diese Worte absichtlich mit so hoher Stimme gepiepst hätte, weil er sich über sie lustig machen wollte. Die anderen Eunuchen schlossen sich seiner Meinung an und schlugen gemeinsam solchen Krach, daß nicht mehr weitererzählt werden konnte. Der Wirt des Rezitierhauses wagte nicht, die Gäste zu kränken, und entschuldigte sich für Wang Jiekui. Der hatte überhaupt nicht gewußt, daß Eunuchen anwesend waren, und verstand nicht, warum die Worte ‚das Schwert schneidet die Kugeln' ihren Unmut erregt hatten. Er sagte keinen Ton, schluckte seinen Ärger hinunter und ging in ein anderes Rezitierhaus, um dort zu erzählen. Damit war die Angelegenheit erst einmal ausgestanden. Der Vorfall aber kam Tian Lanyun, einem der Angesehensten unter den Geschichtenerzählern, zu Ohren. Er war ein Mann von hartem, aufbrausendem Wesen, der Ungerechtigkeiten nicht ertragen konnte. Auf Wang Jiekui hielt er große Stücke, also eilte er sogleich in jenes Rezitierhaus, verprügelte die Eunuchen und warf sie hinaus. Aber damit nicht genug. Tian Lanyun, der aus einer Beamtenfamilie stammte, auf eine Beamtenkarriere aber verzichtet hatte und lieber als Geschichtenerzähler sein Leben fristete, verfügte über ein beträchtliches Wissen. Die Geschichte der vierundzwanzig Dynastien und auch alle Geschichtchen drumherum wußte er auswendig. Er beendete seine Rezitation, die gerade ein halbes Jahr lief, stellte alles zusammen, was den Eunuchen seit dem Altertum an Verbrechen und schmutzigen Gemeinheiten angelastet wurde, und trug diese Geschichten in jenem Rezitierhaus vor. Länger als zwei Monate hackte er bissig und boshaft auf den Eunuchen herum, die Zuhörer kamen in Scharen, und es gab keinen darunter, der nicht vor Freude in die Hände geklatscht hätte. Das Rezitierhaus verdiente nicht schlecht daran, und daß Tian Lanyun mit der Beschimpfung der Eunuchen Geld gemacht hatte, kursierte an der Himmelsbrücke als Heldentat.

Das hatte sich vor zwei Jahren zugetragen. Inzwischen war auch der Kaiser nur ein einfacher Bürger. Da galten Eunuchen noch weniger als nichts, man betrachtete sie nicht als menschliche Wesen. Seit der Ming-Dynastie hatten sie immer wieder im Mittelpunkt des öffentlichen Interesses gestanden und nicht wenig Haß auf sich gezogen. Ob Mandschure oder Hanchinese, ob Beamter oder Mann aus dem einfachen Volk, kam die Rede auf Eunuchen, knirschte alles mit den Zähnen, und nach Herzenslust ließ ein jeder seine Wut an ihnen aus. Zhang Baoyi und der Einäugige wollten auch einmal mit einem Eunuchen zu Geld kommen.

Als sie Sun Yaoting in die Arena zerrten, waren sie im Nu von einer Menschenmenge umringt, die dem Spektakel beiwohnen wollte. Einauge raunte Sun Yaoting zu: „Kerl, jetzt, wo du uns Brüdern in die Hände geraten bist, sei schön brav und mach keinen Lärm, wir wollen dir ja nicht ans Leben. Du leistest nur dem Onkel Gesellschaft bei den Übungen. Wenn die Aufführung gelingt, lassen wir dich Schweinehund laufen. Und merk dir eins: Die Dinger, mit denen wir spielen, machen vor Menschen nicht halt. Bei der geringsten Bewegung bekommst du was ab!" Er ließ Sun Yaoting nun in der Mitte des Platzes Aufstellung nehmen, verschränkte die Fäuste vor der Brust und rief laut: „Heute, Bruder Zhang Baoyi, haben wir gewaltiges Glück!" Der rieb sich die Augen und fragte ebenfalls mit lauter Stimme: „Oh, älterer Bruder, woher kommt es denn?" Das einzige Auge seines Kumpans leuchtete wie das eines Raubtiers: „Von dem Alten, dem Kaiser, kommt es her!" – „Was hat es damit auf sich?" – „Hör nur, was ich zu sagen habe! Es ist nunmehr dem Heiligen Höchsten zu Ohren gekommen, daß wir beiden trotz unserer Kunst in ärmlichen Verhältnissen leben. Soeben schickte Seine Majestät deshalb diesen Nianwan, und die Weisung lautet, daß der Sklave erst dann wieder in den Palast zurückbeordert wird, wenn wir reich geworden sind!" Zhang Baoyi kniete nieder, hob beide Hände, als ob er eine heilige kaiserliche Weisung empfangen würde, und antwortete: „Der Diener Baoyi nimmt die kaiserliche Weisung entgegen und bedankt sich für die erwiesene Güte!"

Sun Yaoting wollte die Gelegenheit, daß die beiden ihr Netz auswarfen, um Zuschauer einzuwickeln, zum Davonlaufen nutzen. Aber er war noch keine zwei Schritt weit gekommen, da wickelten sich die Schnüre einer Peitsche wie Drahtseile sieben, acht Mal um seine Waden, und er fiel kopfüber in den Dreck. Zunächst fühlte er keinerlei Schmerz, aber aus seiner Nase floß klebriges, warmes Blut und sammelte sich auf dem Boden zu einer kleinen Lache. Einauge verkündete: „Alte und junge Gebieter, dieses Kunststück heißt ‚Der Lama verehrt Buddha'. Schließlich kommt er ja aus dem Palast und versteht sich aufs Verbeugen. Herrschaften, da er Ihnen heute solche Verehrung entgegenbringt und Sie von mir dazu noch ein glückbringendes Wort hören, garantiere ich Ihnen, daß Sie zum Buddha werden und die Erleuchtung erlangen!" Sun Yaoting fuhr mit der Zunge über die Oberlippe. Die obere Zahnreihe schien sich wie ein Vorhang zu bewegen. Erschrocken dachte er: ‚Oh, Himmel! Habe ich mir die Zähne ausgeschlagen?' Mit geschlossenen Augen lag er regungslos auf dem Boden, als könnte er dieses beschämende Schauspiel beenden, indem er sich tot stellte. Von lauten Rufen begleitet regneten, pili, pala, Kupfermünzen auf ihn herab. Zhang Baoyi bedankte sich, wickelte die Peitschenschnüre von Sun Yaotings Beinen und zog ihn wieder in die Mitte der Arena, wo Sun Yaoting mit halb geschlossenen Augen sitzenblieb. Wieder quoll ein Blutstrom aus seiner Nase.

Zhang Baoyi ging zu einem Kind, das an einer Wasserrübe aß, die mehrfach eingeschnitten war, so daß man Streifen abbrechen konnte, und sagte zu dem Kleinen: „Überläßt der kleine Gebieter mir wohl zwei Rübenstreifen? Dafür braucht er heute kein Geld mehr zu geben!" Tatsächlich reichte das Kind zwei Streifen herüber. Zhang Baoyi kaute an ihnen so lange herum, bis sie schmal genug waren, und steckte sie dann zum Erstaunen der Menge, die mit aufgerissenen Augen verfolgte, worauf er hinauswollte, in Sun Yaotings Nasenlöcher. Sofort hörte das Blut auf zu fließen. Zhang Baoyi legte die Hände vor der Brust zusammen: „Schauen Sie bitte, meine Herrschaften. Dies ist ein ganz berühmtes Kunststück! Es heißt: ‚Doppelte Jadesäulen hängen herunter'. Sie können sich umhören. Es gilt als äußerst glückverheißendes Merkmal, wenn Mönchen, die im Begriff sind, ins Nirvana einzugehen, aus der Nase zwei Fahnen Schleim hängen, weißlich hell und halb durchsichtig. Es bedeutet, daß ihr Streben wahrhaft fruchtbar war. Menschen, die so etwas sehen, können davon ein gutes Karma bekommen. Unser Eunuch hier hat einen Jungenkörper, fast wie ein Mönch. Zu ihrer aller Freude offenbart sich heute dieses günstige Zeichen und bringt ihnen Glück!" Sun Yaotings Stirn war mit schwarzgrauer Erde beschmiert, unter der Nase schlängelten sich zwei feine rote Fäden wie ein Bart nach unten, weißlich grün ragten aus den Nasenlöchern die Rübenstreifen. Die Augen halb geschlossen, wirkte er wie ein kleiner Geist in einem Guandi-Tempel. Aus der Menschenmenge, die das Ganze von Mitleid gerührt aber zugleich erheitert betrachtete, prasselte erneut ein dichter Geldregen herab.

Einauge drehte halswackelnd, mit großen Schritten in der Arena eine Runde und schrie mit grober Stimme und in grober Manier: „Der Eunuch hat vorgeführt ‚Der Lama verehrt Buddha' und ‚Doppelte Jadesäulen hängen herunter', jetzt sind wir Brüder dran. Ich zeige ‚Die lange Peitsche greift nach den Sternen'." Er entzündete zwei Zigaretten, etwas kürzer als ein kleiner Finger, und steckte sie Sun Yaoting in die Ohren. Zwei Rauchfahnen kräuselten sich, wurden vom Wind auseinandergeblasen, und die beiden Glimmstengel leuchteten wie Sterne am Firmament. Einauge griff zum Shuaitou, dem ‚Schlenkerkopf', mit dem er vor kurzem Sun Yaoting an den Beinen gefesselt hatte. Man sah, wie er mit dem Peitschenstiel in der Luft anderthalb Kreisbogen beschrieb, erneut die Hand schüttelte, ein Knall war zu hören, und eine der Zigaretten war gelöscht. Das Ganze noch einmal, und auch die zweite glühte nicht mehr. Das Publikum schrie und klatschte. „Das war ein ganz harmloses Kunststück, jetzt kommt etwas Sensationelles", sagte Einauge und ließ seine Blicke über die Menge schweifen. Der Kleine von vorhin hatte seine Rübe fast aufgegessen. Einauge trat zu ihm: „Kau nicht weiter, das ist doch scharf! Gib mir das Ende!" Das Stück war etwas über drei Cun groß und glich dem Schwanz einer großen Ratte. Einauge drückte es Sun Yaoting fest auf den Kopf, es sah aus, als wäre ihm ein ‚Himmelsrager' gewachsen. Sun Yaoting, der keine Möglichkeit hatte, dem Treiben zu entrinnen, schloß resigniert die Augen. Da hörte er plötzlich einen merkwürdigen Laut, riß die Augen wieder auf und sah, wie Einauge ein funkelndes, spitzes Messer an einem langen, dünnen Drahtseil über dem Kopf schwenkte. Unwillkürlich fuhr Sun Yaoting zusammen. Da ertönte auch schon der Ruf: „Aufgepaßt, Messer!" Mit einem Pfeifen sauste etwas Glänzendes an Sun Yaotings Kopf vorbei, wieder und wieder. Einen Moment lang schien es ihm, als sei er von abertausenden glänzenden Messern eingeschlossen, und er dachte, daß heute wohl sein letztes Stündlein geschlagen hatte. Er kniff die Augen zu und rührte sich nicht. Der kühle Luftzug, den die vorbeisausenden Messer mit sich brachten, glich dem von Grabmälern. Sun Yaoting wartete darauf, daß er getroffen würde. Dann könnte er diese fürchterliche und qualvolle Welt endlich verlassen. Eine Weile andauernde Bravorufe brachten ihn dazu, die Augen wieder zu öffnen. Einauge stand mit dem Rücken zu ihm, das Drahtseil in seiner Hand zeichnete noch immer Kreisbogen in der Luft. Das Wurfmesser hatte jedesmal, wenn es angeflogen kam, ein Stückchen von der Rübe abgeschnitten, nur ein kleiner Boden war übriggeblieben, der fest auf Sun Yaotings Kopfhaut klebte. Endlich gab Einauge sich zufrieden. Sun Yaoting atmete tief aus. Er hatte das Gefühl, dem Rachen des Tigers entkommen zu sein.

Aber schon kam Zhang Baoyi wieder, eine Teekanne in der Hand. Er teilte den Zuschauern mit, daß nun er, der Bruder, den Herrschaften ein paar Dinge vorführen wolle. „Sie alle geben uns heute die Ehre Ihrer Anwesenheit, daher habe ich ein Geschenk für Sie." Sprach's und machte eine tiefe Verbeugung: „Aber Geschenke allein sind nicht genug. Alle möchten etwas sehen, Sie werden staunen. Heute werde ich Ihnen etwas Neuartiges präsentieren! Vielleicht mag der eine oder andere gesagt haben: ‚Deine Kunststückchen habe ich zur Genüge gesehen, das ödet mich an. Was kannst du schon an Neuigkeiten bieten?' Das ist falsch! Ich habe etwas Neues, aber ich werde Ihnen nichts verraten. Schauen Sie genau hin!" Er drückte die Teekanne auf Sun Yaotings Kopf und sagte zu ihm: „Bursche, beweg dich ja nicht. Mit dieser Kanne verdiene ich mein Geld. Wenn du mir den Kopf schief hältst und sie kaputtmachst, dann freß ich dich auf!" Vor lauter Angst zog Sun Yaoting den Hals ein und wagte nicht, sich zu rühren. Einauge legte auf den Mund der Kanne eine kleine Kupfermünze und darauf eine tönerne Kugel. Zhang Baoyi griff zum Katapult, nahm ein Geschoß, zog an, und mit einem Geräusch flog es davon. Es zertrümmerte die Kugel auf dem Mund der Kanne, und auf den Hals von Sun Yaoting rieselte Tonstaub. Einauge holte noch mehr Kugeln, legte eine auf den Mund der Kanne, die übrigen auf die Schultern von Sun Yaoting, auf dessen Kopf, überall, wo er Platz fand. Nun kam Leben in Zhang Baoyi. Mal schoß er horizontal, mal vertikal, mal im Hocken, mal im Liegen, und er traf tatsächlich bei hundert Schüssen hundertmal. Als die letzte Tonkugel zertrümmert war, gab Einauge einen Schrei von sich: „Einen Moment, hier ist noch eine!" und warf eine Kugel hoch in die Luft. Zhang Baoyi nahm ohne Hast ein Geschoß, zielte und traf auch diese Tonkugel. Die Menschenmenge rief wild durcheinander, das sei wahrhaftig ein Kunststück gewesen. Zhang Baoyi wollte gerade sein Katapult zurücklegen, als ihn einer aus der Menschenmenge fragte: „Hat das Kunststück einen Namen?" Zhang Baoyi lachte: „Es ist eigentlich berühmt, nur habe ich aus Furcht, bei einem der Herrschaften Mißfallen zu erregen, nicht gewagt, den Namen zu nennen. Aber nun will ich ihn nicht länger verschweigen: Es heißt ‚Kugel gegen Kugel'." Ein Riesengelächter war die Folge. Der Fragesteller wollte nun wissen: „Aber woher kommen denn all die Kugeln, die hat doch schon ‚das Schwert geschnitten'!"

Zhang Baoyi kam nicht ungelegen, daß jemand auf die Sache mit Wang Jiekui anspielte. Eigentlich war sein Repertoire mit ‚Kugel gegen Kugel' schon erschöpft, aber dieser Hinweis brachte ihn auf eine neue Idee. Mit gespitztem Mund sagte er zu Einauge: „Bruder, noch zwei Kugeln für unseren Freund!" Einauge wußte erst nicht so recht, wo er sie unterbringen sollte, befestigte dann zwei Tonkugeln an kurzen Bindfäden, zog Sun Yaoting mit Gewalt hoch und hängte sie ihm an den Gürtel. Sie fielen genau auf den Beinansatz. Diesmal wehrte Sun Yaoting sich nach Leibeskräften. Zhang Baoyi hielt sein Katapult gespannt, fand aber keine Gelegenheit zum Abschuß. Ein paar Leute riefen: „Wegschießen! Mit denen kannst du nicht zurück in den Palast! Da erschrecken sich die Frauen ja zu Tode!" Die Zuschauer waren vor lauter Begeisterung schier am Überschnappen, sie lachten, riefen, schimpften und warfen Hände voll Geld.

Von Sun Yaoting in Rage versetzt, wollte Einauge gerade die Beherrschung verlieren und diesem Wicht, der seine Gunst nicht zu schätzen wußte, eine Lektion erteilen, als plötzlich ein lauter Ruf ertönte. Wie der Blitz aus heiterem Himmel tauchte in der Menschenmenge ein mehr als sechzig Jahre alter Mann auf. Er trug eine Mütze in Yuanbao-Barren-Form aus Fischotterfell, einen Mantel aus Seehundfell und darunter eine saphirblaue Robe. Mit der einen Hand stützte er sich auf einen Stock aus Mahagoni, auf den die Landschaft des Wanshou-Berges eingraviert war. In der anderen Hand ließ er zwei rotglänzende Hickorynüsse rotieren. Schweigend streifte der Ankömmling Sun Yaoting mit einem Blick. Xiao Shunzi kam hinter ihm hervor, half Sun Yaoting auf die Beine und zog ihm die beiden Rübenstreifen aus den Nasenlöchern. Zhang Baoyi und Einauge wandten dem Alten lachende Gesichter zu und fragten mit einer tiefen Verbeugung: „Oh, das ist ja der Alte Gebieter Wu. Womit haben wir Euch, Alter Herr, denn belästigt?“ Der mit Wu angeredete Alte Gebieter schimpfte, ganz grau im Gesicht: „Schweinehunde! Ohne Grund jemanden so zu demütigen, woher nehmt ihr eigentlich das Recht dazu! Ihr könnt wohl nach Belieben auf den Leuten aus dem Palast herumtrampeln? Warum ruft ihr denn nicht gleich mich als Lückenbüßer, wenn ihr eine Zielscheibe braucht?“ Zhang Baoyi nickte rasch mehrmals hintereinander und sagte lachend: „Aber was reden Sie denn da. Vor zwei Tagen ist unser Bastard uns weggelaufen und wir können keine Kunden mehr einwickeln. In unserer Not haben wir eben diesen Herrn gebeten zu helfen ...“ Der Alte entschied: „Das Standgeld für heute bringt ihr mir mitsamt dem heute verdienten Geld herüber. Von morgen an geht ihr woanders hin. Euch zwei dulde ich hier nicht mehr!“ Dann sagte er zu Xiao Shunzi: „Miet ihm einen Wagen und fahrt zu mir“, drehte sich um und drängelte sich aus der Menschenmenge heraus. Xiao Shunzi tat, wie ihm geheißen, brachte Sun Yaoting zu einer Rikscha, und fort ging es in Richtung Norden. Unterwegs erzählte er Sun Yaoting, daß der Alte der weit und breit bekannte Eunuch Wu gewesen sei.

Eunuch Wu hieß Wu Shanxing und nannte sich selbst Shanweng, Guter Greis. Früher war er kleiner Eunuch im Palast von Cixi gewesen, ein heller Kopf, der selbst die Gedanken im Bauch der Herrin ergründen konnte. Für ihn gab es nur die Herrin, Nebenstehenden zollte er überhaupt keine Beachtung, erwies sich ihnen gegenüber in der Regel sogar als äußerst unbarmherzig, womit er ihren tiefen Haß auf sich zog. Alle sprachen vor der Herrin oft schlecht von ihm. Als sich die Vorwürfe mehrten, wurde auch Cixi hellhörig, und er genoß umso weniger Gunst, als noch solche Allerweltslieblinge wie Li Lianying an ihrer Seite standen. Cixi beförderte ihn aber eingedenk seiner Loyalität und seiner Fähigkeiten zu einem Chefeunuchen im Schatzamt. Von diesem Augenblick an dachte Wu nur noch ans Geldmachen. Er stahl, frisierte Rechnungen und hatte schon in wenigen Jahren genug im Trüben gefischt. Er wußte, daß er jetzt aufhören mußte, fing an, Krankheit vorzutäuschen, und machte mehrfach Eingaben bei Cixi, ihm zu erlauben, krankheitsbedingt aus dem Palastdienst auszuscheiden. Cixi genehmigte ihm das, obwohl er noch nicht viel älter als vierzig Jahre war. Nachdem er aus dem Palast heraus war, baute er, um nicht die Aufmerksamkeit der Leute zu erregen, an der Himmelsbrücke zunächst nur ein paar mattengedeckte Hütten und Zelte auf, kaufte ein paar Tische, Stühle und Holzbänke und begann mit dem Kauf und Verkauf von Ständen. Seine Stände befanden sich hauptsächlich westlich des Gongping-Marktes und südlich der Kuihua-Bühne, eine Gegend, an der die Leute vorbeigehen mußten. Sein Geschäft gedieh. Alle, die in dieser Gegend Fuß fassen konnten, galten an der Himmelsbrücke als außergewöhnliche Persönlichkeiten. Wer nicht laut rufen kann, wie man sagte, war nicht in der Lage, sich einen solchen Stand zu mieten. Später baute Eunuch Wu dann Häuser. Nicht wenige Gebäude an der Himmelsbrücke gehörten ihm. Wer seinen Lebensunterhalt mit dem Vermieten von Wohnungen bestritt, wurde als ‚Ziegelstückesser' bezeichnet. Nun, alles, was eßbar war, sobald Eunuch Wu es sah, aß er es auch. Nur mit Toten, also mit Sargläden und Läden für Totenkleidung, machte er kein Geld.

Eunuch Wu herrschte an der Himmelsbrücke wie ein Despot. Keiner von den Jahrmarktkünstlern wagte es, ihm Unannehmlichkeiten zu machen. Um ihr Gewerbe zu betreiben, mußten sie nämlich einen Stand von ihm mieten. Und wohin sollte man gehen, wenn er einen die Gegend wechseln ließ, weil er beleidigt worden war? Und die sonst so brutale Steuerbehörde und die Polizei? Auch sie wagten es nicht, ihm Ärger zu bereiten. Warum? Weil er eine Menge Könige, Herzöge und

Minister kannte. Einige dieser Herren waren Beamte der Republik geworden, ihre Kinder waren zum Studium ins Ausland gegangen und arbeiteten nach der Rückkehr für die Ausländer. Aus all diesen Gründen redeten die Leute den alten Eunuchen öffentlich mit Alter Gebieter Wu an und ehrten ihn. Hinter seinem Rücken aber schimpften sie ihn Eunuch Wu, Mammonsdiener, Blindgänger, der noch nicht mal Nachkommen hat.

Als Xiao Shunzi gesehen hatte, daß Sun Yaoting von zwei großen Kerlen abgeschleppt wurde, war er zuerst aufgeregt und wie blind in der Gegend herumgelaufen, bis ihm einfiel, was Ren Yi über Eunuch Wu erzählt hatte. Und tatsächlich, als Xiao Shunzi sich umhörte, kannte ihn jeder. Ein Bettler bot sich an, ihm den Weg zu zeigen. Xiao Shunzis Bericht, daß ein Eunuch gedemütigt werde, hatte den alten Wu so geärgert, daß er höchstpersönlich eingeschritten war.

9. KAPITEL

Im Dienst des Alten Gebieters

Der alte Herr Wu

Das Haus des Eunuchen Wu befand sich am Eingang der Frischfischgasse. Ganz allein bewohnte er fünf große Haupträume. Außer einem Koch und einer alten Frau, gab es keine Angestellten. Eunuch Wu hatte weder eine Frau genommen noch einen Sohn adoptiert, weil er der Auffassung war: „Die helfen mir bloß, mein Geld auszugeben. Sie stehen mir auch nicht zu. Nutzlos!“ Aber er trug schwer daran, daß er nun im Alter niemanden hatte, mit dem er sich unterhalten und zerstreuen konnte. Und so freute er sich über die zwei jungen Eunuchen, ließ die Alte ein Zimmer auf der Westseite herrichten und wollte die beiden unbedingt ein paar Tage bei sich wohnen lassen. Sun Yaotings Nase war grau und sein Gesicht geschwollen. So konnte er nicht ins Xinglong-Kloster zurückkehren. Er war einverstanden, die beiden blieben, und Eunuch Wu fand nach und nach immer mehr Gefallen an ihnen. Aber ein wenig Berechnung war auch mit im Spiel. Schon lange hatte er daran gedacht, sich einen Vertrauten zu suchen, damit er sich nicht länger allein um seine zahlreichen Geschäfte kümmern mußte. Daß Sun Yaoting und Xiao Shunzi ebenfalls Eunuchen waren, nahm ihn zusätzlich für sie ein und weckte in ihm den Wunsch, den beiden irgendwie zu helfen. Im Vergleich mit Xiao Shunzi schien Sun Yaoting bei weitem unerfahrener zu sein, aber er konnte lesen und hatte etwas Ahnung von Buchführung. Eunuch Wu überlegte, ob er Sun Yaoting als Adoptivsohn annehmen sollte, wollte mit einer Entscheidung aber noch eine Weile warten. Der gewitzte Xiao Shunzi witterte, was in Eunuch Wu vorging, und nutzte jede Gelegenheit, sich nach Kräften anzubiedern. Er stand jeden Tag zeitig auf und fegte den Hof, war beim morgendlichen Frischmachen stets dabei, goß dem alten Wu Tee ein, zündete ihm die Pfeife an, und wenn Eunuch Wu spätabends heimkam, flog er ihm förmlich entgegen, um ihm den Staub vom Mantel abzuklopfen, reichte ihm heiße Tücher zur Erfrischung und diente ihm nach Leibeskräften. Darüber erfreut betraute Eunuch Wu Xiao Shunzi mit verschiedenen Aufgaben, bei denen er selbst im Hintergrund blieb. Sun Yaoting, der sich längst nicht so geschickt anstellte, übernahm in dem Maße, wie sein Zustand sich besserte, allerlei Küchenarbeiten und beschäftigte sich auf Wunsch des alten Wu auch mit Materialien über Handel und Nachrichtenwesen. Als die beiden schließlich in das Xinglong-Kloster zurückkehrten, empfingen die anderen Eunuchen sie mit mißtrauischen Blicken. Sun Yaoting sagte, sie seien im Haus eines Freundes gewesen und verriet mit keinem Wort, was ihnen an der Himmelsbrücke alles widerfahren war.

Xiao Shunzi wurde langsam klar, daß es wohl sein Schicksal war, das Leben im Kloster zu verbringen. Er besprach mit Sun Yaoting, beim Abt nach einem Zimmer für ihn zu fragen. Der Abt meinte: „In der Südwestecke steht eins leer. Wenn du keine Abneigung dagegen hast, kannst du einziehen!“ Sun Yaoting erwiderte darauf: „Wir wären froh über eine Bleibe, wie könnten wir da eine Abneigung haben!“ – „Das ist nicht gesagt“, antwortete der Abt. „Es sind noch keine drei Jahre her, daß sich dort einer erhängt hat. Der sucht nach einem Stellvertreter.“ Die beiden bekamen einen Schreck und dachten: ‚Dem ersten Unheil entgangen, besteht bei den restlichen fünfzehn keine Chance. Schon wieder haben wir so ein Pech.‘ Sie kamen überein, erst einmal wieder den Eunuchen Wu zu besuchen. ‚Eunuch Wu‘, sagten sie sich, ‚ist nicht so ein Pechvogel. Leihen wir uns etwas von seinem Glanz, um weniger Unglück heraufzubeschwören! Abgesehen davon mag er uns beide auch noch, und es gehört sich nicht, auf einmal nicht mehr hinzugehen.‘

Als sie das Haus betraten, rochen sie schon den Arzneigeruch und rannten schnurstracks in die Haupträume. Eunuch Wu lag keuchend auf dem Bett. Die beiden entboten ihm den Qing'an-Gruß und erfuhren dann, daß sich der alte Herr erkältet hatte. Xiao Shunzi war eine Zeitlang sehr beschäftigt, ihm den Rücken zu massieren und Medizin zu besorgen. Anschließend zogen die beiden sich in ihr Zimmer zurück und wußten nicht, was sie tun sollten. Xiao Shunzi sah, als er zufällig den Kopf hob, an der Wand einen Almanach hängen. Er nahm ihn herunter, blätterte darin und fand einen Abschnitt mit vierundsechzig Goldmünzenorakeln. Er bat daraufhin Sun Yaoting um sechs Münzen mit einem Loch in der Mitte, die er klimpernd zu schütteln begann. Dazu murmelte er: „König Wen und Kongzi, manifestiert Eure Macht und beschützt Euren Adepten, auf daß er ein gutes Orakel erhalte." Nachdem er die Münzen geworfen hatte, sah er nach, was dazu im Almanach stand. Es war ein ganz schlechter Spruch. Er lautete: Leichter Mond im Wasser, sichtbar nur das Abbild. Dumme versuchen Reichtum zu erhaschen, fischen aber im Leeren. „Da haben wir's", meinte Xiao Shunzi. „In meinem Schicksal ist Reichtum nicht vorgesehen!" Als er sah, wie zutreffend Xiao Shunzis Orakelspruch war, warf auch Sun Yaoting andächtig und konzentriert die Münzen. Sein Spruch war ebenfalls ungünstig: Müßig gekommen, ohne Geschäft verreisen, schwarze Wolken überm Scheitel, keinen Rückhalt. Zwietracht, verursacht durch Mund und Zunge, bringen nur Kummer und Streit. Sun Yaoting meinte dazu: „Mein Orakel ist noch viel schlimmer als deins: ‚Schwarze Wolken überm Scheitel, keinen Rückhalt'. Das sieht ja aus, als ob eine Katastrophe bevorsteht. Und dann noch das mit Zwietracht und Streit. Ich sollte meinen Fuß erst einmal nicht vor die Tür setzen, um Ärger zu vermeiden." Die beiden waren niedergeschlagen.

Am nächsten Tag fühlte Eunuch Wu sich immer noch nicht viel besser. Er ging nicht aus, sondern rief Sun Yaoting und Xiao Shunzi zu sich: „Wer von euch beiden war schon einmal in Tianjin?" Sun Yaoting sagte: „Einmal war ich dort, kenne mich aber nicht gut aus." – „Ich war schon ein paarmal in Tianjin", antwortete Xiao Shunzi, „was haben Sie dort zu erledigen?" –

„Wir reden in zwei Tagen noch einmal darüber“, meinte Eunuch Wu. Sun Yaoting, den die Worte des Orakels über ‚Schwierigkeiten, verursacht durch Mund und Zunge‘ bedrückten, dachte: ‚Es wäre ganz gut, wenn er mich nicht schickt.‘

Nachmittags kam ein Fremder und wollte den Eunuchen Wu sprechen. Die beiden unterhielten sich flüsternd eine geraume Zeit. Nachdem der Fremde gegangen war, lief Eunuch Wu lange in seinem Zimmer auf und ab. Beim Abendessen rückte er dann mit der Sprache heraus: „Ohje, heute kommt der mit einem Geschäft, morgen jener. Sich darum zu kümmern, ist nicht gut, sich nicht darum zu kümmern, geht aber auch nicht ...“ Sun Yaoting und Xiao Shunzi wußten nicht recht, was sie darauf antworten sollten. Erst nach einer ganzen Weile sagte Wu dann: „Herr Yili möchte, daß ich für ihn etwas erledige. Früher habe ich seine Güte genossen, aber meine Füße machen jetzt nicht mehr mit, außerdem bin ich krank. Wirklich lästig!“ Xiao Shunzi fragte: „Ist es recht, wenn ich die Sache für Sie erledige?“ – „Dich werde ich wahrscheinlich bitten, nach Tianjin zu gehen“, erwiderte Eunuch Wu. Die Situation ließ Sun Yaoting keine Wahl, er mußte sich äußern. Aber weil er nicht auszusprechen wagte, wie sehr der schlechte Orakelspruch ihn belastete, druckste er erst eine ganze Weile herum, bevor er sagte: „Um was für eine Angelegenheit handelt es sich denn? Wenn ich Ihnen behilflich sein kann, sage ich nicht nein. Nur weiß ich nicht, ob ich dafür auch geeignet bin.“ – „Die Sache ist nicht schwierig“, beruhigte ihn Eunuch Wu. „Der gnädige Herr Yili möchte sich ein Mädchen kaufen, so von siebzehn oder achtzehn Jahren. Hauptsache, sie ist gerade gewachsen, hat nicht die Augen eines Huhns oder eine Himmelfahrtsnase, dann paßt's schon.“ Sun Yaoting entgegnete schleunigst: „Wie sollte mir gelingen, ein Mädchen zu kaufen! Abgesehen davon: Wir leben jetzt in der Republik. Menschenhandel ist ein Vergehen!“ Eunuch Wu sagte: „Reg dich nicht auf. Ich weiß auch, daß du das nicht kannst. Ich habe da jemanden. Du gehst an meiner Stelle zu ihm, in Ordnung?“ – „Wo finde ich ihn?“ – „Am Östlichen Perlenmarkt wohnt ein gewisser Ma. Du brauchst nur meinen Namen zu erwähnen, und die Sache geht klar. Wenn er dir nicht vertraut, kannst du ihn auch zu mir kommen lassen." Als Sun Yaoting hörte, daß er nicht weit gehen und die Angelegenheit auch nicht selbst regeln mußte, nahm er den Auftrag an. Eunuch Wu sprach: „Heute gehst du nicht, erst morgen nach dem Abendessen. Wenn du zu früh kommst, ist er nicht da." Er zog einen Yuan heraus, damit Sun Yaoting sich einen Wagen nehmen konnte, aber Sun Yaoting sagte, bis zum Östlichen Perlenmarkt sei es nicht weit, er könne zu Fuß hingehen, und gab das Geld zurück. Am nächsten Abend teilte Eunuch Wu ihm dann die genaue Anschrift mit: „Der alte Ma wohnt in der Lianziying-Gasse Nr. 5, im Südzimmer. Er ist sehr wortkarg. Von der Sache dürft nur ihr beide wissen. Beeil dich!"

Sun Yaoting folgte der Straße in südlicher Richtung bis zur Shanjiankou, der Bergbachgasse. Plötzlich stürzten aus der kleinen Gasse ein paar Leute heraus und steckten ihn in einen Sack, den sie mit einem Hanfstrick fest zubanden. Sun wehrte sich, brüllte nach Leibeskräften und fühlte, wie er auf eine Rikscha gelegt wurde. Nach noch nicht einmal einer Viertelstunde hielt der Wagen an. Die Leute schleppten ihn in ein kleines Zimmer und lösten den Strick. Sun Yaoting wußte nicht, wo er sich befand. Ein kleines Zimmer, verhängt mit dicken Gardinen, eine Petroleumlampe. Die drei Männer, einer mit Bockskopf und Rattenaugen, bekleidet mit einer wattierten Robe, und noch zwei kräftige Kerle in Pumphosen, kannte er nicht. Er wollte davonlaufen, aber die beiden hielten ihn fest. Sun Yaoting fragte: „Wo sind wir hier?" Der Rattenäugige antwortete: „Du benimmst dich gefälligst!" Sun Yaoting wehrte sich. Die beiden schlugen ihn mit kurzen Knüppeln auf den Kopf, bis er bewußtlos wurde. Dann belebten sie ihn wieder mit kaltem Wasser, aber inzwischen hatten sie ihm die Hände auf dem Rücken gefesselt und ihn mit einem Taschentuch geknebelt. Er dachte: ‚Ich bin doch nicht der Gott des Reichtums. Was nützt es euch, daß ihr mich geschnappt habt?' So ungefähr um Mitternacht betrat ein Spitzmäuliger mit Affenbacken den Raum. Er ließ Sun Yaoting die Fesseln von den Händen nehmen und entfernte persönlich den Knebel. Die Hände zum Gruß zusammengelegt sagte er mit gespielter Freundlichkeit: „Meine Wenigkeit heißt mit Nachnamen Lu, mit Vornamen Fei. Entschuldigen Sie bitte, wir haben Sie hierhergebeten, um Sie um Hilfe zu bitten. Ob Sie wohl dazu bereit sind?" – „Wenn Sie den Gott des Reichtums bitten wollen, haben Sie sich in mir vertan. Ich habe kein Geld und Familie auch nicht. Selbst wenn Sie mich zehn Jahre lang hier behalten, kommt niemand, mich auszulösen." Lu Fei lachte: „Sie sind einer Täuschung unterlegen. Wir sind nicht solche Leute, da liegt ein Mißverständnis vor. Sie brauchen uns nur einen kleinen Hinweis zu geben, und schon kennt unsere Dankbarkeit kein Ende." – „Was für einen Hinweis?" – „Einen Hinweis in der Sache mit dem Pagodenhof des Schwarzen Tempels." Sun Yaoting wußte nicht, was gemeint war. Lu Fei hieß ihn noch einmal, gut zu überlegen, aber Sun Yaoting begriff immer noch nicht. Erst als Lu Fei ihn an die Geschichte mit den Goldbarren erinnerte, dämmerte ihm, daß es sich um die Lüge handeln mußte, die er damals dem Pockennarbigen bei dem Physiognomen Song aufgetischt hatte, und er beeilte sich zu beteuern: „Das war doch nur eine Lüge, das stimmt doch alles nicht." Lu Fei entgegnete: „Als Sie Herrn Song konsultierten, hat es noch gestimmt, und jetzt ist es auf einmal eine Lüge. Wir haben Sie nicht aus Spaß hergebeten. Wenn Sie nicht verraten, wo das Gold vergraben ist, brauchen Sie gar nicht daran zu denken, hier wegzukommen, die Brüder hier warten nicht erst seit einem Tag auf Sie. Fragen Sie nur mal, ob die Sie freilassen!" Die zwei großen Kerle krempelten demonstrativ die Ärmel hoch und sagten: „Morgen gehen wir zusammen zum Schwarzen Tempel. Wenn wir die Dinger nicht finden, lassen wir Dich auf ewig dort zurück!"

Der Plan des Herrn Wu

Eunuch Wu hatte bis Mitternacht gewartet. Als Sun Yaoting immer noch nicht kam, war er etwas beunruhigt und fragte Xiao Shunzi: „Ob da etwas passiert ist? Hat er noch irgendwelche Bekannten?" Xiao Shunzi war sicher, daß Sun Yaoting nicht woanders hingegangen war, und fing ebenfalls an, sich Sorgen zu machen. Die beiden warteten noch bis ein Uhr und legten sich dann schlafen. Als Sun Yaoting auch am dritten Tag nicht zurück war, kam Eunuch Wu in Fahrt. Er suchte die Polizisten des äußeren fünften Bezirkes auf und ließ sie nachforschen, ob sich vielleicht ein Autounfall ereignet hätte oder ob Sun Yaoting ermordet worden sei. In den letzten zwei Tagen sei nichts dergleichen gemeldet worden, der Vermißte wäre vielleicht in ein Bordell gegangen und dort festgehalten worden. Eunuch Wu lachte, und die Polizisten begriffen. Der alte Wu wollte und wollte sich nicht beruhigen. Xiao Shunzi im Schlepp, begab er sich zum Haus des alten Ma am Perlenmarkt und erfuhr dort, daß überhaupt niemand gekommen war. Besorgt hielt er Rat mit Xiao Shunzi: „Bis zum Perlenmarkt ist es nicht weit. Wie kann denn nur auf einer so kurzen Wegstrecke etwas passieren?“ Dann holte er bei ein paar angesehenen Bettlern Erkundigungen ein. Einer von ihnen wußte etwas: „Vor zwei Tagen stürzten am Abend Leute aus der Bergbachgasse hervor, steckten jemanden in einen Hanfsack und fuhren dann mit einer Rikscha Richtung Norden davon.“ Eunuch Wu wies ihn an, zusammen mit anderen Bettlern nachzuforschen, und setzte eine Belohnung für den Finder aus. Die Bettler, die früher die Gunst des Eunuchen Wu genossen hatten, konnten unmöglich ‚Nein‘ sagen und gaben Anweisungen an Untergebene. Ein kleiner Bettler, ein äußerst gewiefter Bursche, spielte in der Östlichen Gasse an der großen Straße am Qianmentor mit Glasmurmeln. In ein Haus nach dem anderen warf er seine Glasmurmel, tat dann so, als ob er nach ihr suche, und spionierte so aus, was in den Häusern vorging. Plötzlich kam er an eine Wohnung, bei der am hellichten Tag die Fenster mit dicken Vorhängen verhangen waren. Vor dem Eingang stand ein Raufbold von der Himmelsbrücke, von dem der Betteljunge wußte, daß er sich oft auf krumme Geschäfte einließ. Also warf er die Glasmurmel direkt unter das Fenster und bekam mit, wie im Zimmer etwas von einem weißen oder schwarzen Tempel geredet wurde. Mit einem Tritt in den Hintern und den Worten: „Verpiß dich!“ verjagte der Raufbold den Jungen. Der aber war mißtrauisch geworden und fing an zu singen: „Schwarzer Tempel, weißer Tempel, wer weiß, was da los ist! Ich haue ab mit meiner Murmel.“ Er hatte mit einem Wutanfall des Raufbolds gerechnet, sich aber nicht träumen lassen, daß er stattdessen einen Geldschein im Wert von zwei Mao geschenkt bekam, mit der Aufforderung: „Guter Bruder. Geh und kauf dir Süßigkeiten dafür!" Er nahm die zwei Mao entgegen, rannte zum Haus des Eunuchen Wu und erstattete Bericht.

Eunuch Wu gab nicht viel auf die Geschichte, aber Xiao Shunzi, der hinzugeeilt war, fragte: „Wo warst du genau? Wie ist die Hausnummer?" – „Uh, das habe ich vergessen. Gehen wir nochmal hin und schauen nach." Xiao Shunzi folgte ihm. Als sie ankamen, war die Tür des Hauses verschlossen. Die beiden rieben sich die Augen. Xiao Shunzi erkundigte sich bei den Nachbarn, wohin denn die Leute nebenan gegangen seien. Eine alte Frau kam heraus, die halb taub war. Erst nach langem Hin und Her rückte sie mit einem Ortsnamen heraus: „Wudaomiao." Eine Hausnummer wußte sie aber nicht. Xiao Shunzi blieb nichts anderes übrig, als zu Eunuch Wu zurückzukehren. Der hatte sich schon gewundert, warum Xiao Shunzi dem Bettler gefolgt war, und erfuhr nun die Geschichte, die Sun Yaoting dem Physiognomen Song aufgetischt hatte. Nach einigem Nachdenken schickte er Xiao Shunzi nach Zhao Fünf, dem Obersten der Bettler in der Gegend Wudaomiao. Am Nachmittag kam Zhao Fünf, und Eunuch Wu beauftragte ihn herauszufinden, wer am Wudaomiao eben erst eingezogen sei. Natürlich brachten die Bettler das bald in Erfahrung, und Eunuch Wu schickte Xiao Shunzi und einige Bettler dorthin. Als Xiao Shunzi sah, daß es sich um eine Sackgasse handelte, wies er die Bettler an, die Wohnung der neu Zugezogenen unauffällig zu beobachten. Am Abend drangen aus jenem Haus das Klatschen von Schlägen und Schreie. Ein Bettler kletterte aufs Dach und hörte, wie drinnen jemand mit einem Ledergürtel geschlagen wurde, und dazu die Drohung: „Wenn du nicht redest, erdrossle ich dich!" Darauf beteuerte eine Hähnchenstimme: „Und wenn ihr mich totschlagt, das bringt nichts. Es ist nichts da! Aber gehen wir doch hin und graben nach!"

Die Bettler erstatteten noch in der Nacht Eunuch Wu Bericht. Der beriet sich, nachdem er die Prämien an die Bettler ausgezahlt hatte, mit Xiao Shunzi, was man unternehmen könnte. Xiao Shunzi meinte: „Können Sie nicht die Polizei einsetzen?" – „Wir müssen wegen unserer illegalen Geschäfte Aufsehen bei den Behörden vermeiden. Es ist ja auch nicht sicher, daß es Sun Yaoting ist. Wenn wir uns an dem Falschen vergreifen, gibt es Ärger ...“ Eunuch Wu aß an diesem Tag weder zum Frühstück noch zu Mittag etwas, sondern dachte angestrengt nach. Am Nachmittag ging er dann allein aus und kam gegen Abend mit einem Mann und einer Frau zurück. Dem Mann, einem etwa Dreißigjährigen, angetan mit einer Tuchrobe, sah man auf den ersten Blick den Opiumraucher an. Die Frau hatte kurze Haare, trug ein altes Etuikleid, einen Qipao, und sah ebenfalls wie eine Opiumsüchtige aus. Eunuch Wu beriet sich leise mit ihnen. Nach einer Stunde gingen die beiden. Eunuch Wu rief Xiao Shunzi zu sich: „Wir gehen jetzt zu dem Haus in Wudaomiao.“ Xiao Shunzi fragte: „Wozu denn?“ Eunuch Wu aber sagte nur: „Mach, was ich dir sage!“

Als Eunuch Wu und Xiao Shunzi dort ankamen, wurden sie Zeugen eines lautstarken Streits. Der Hof war schon voller Leute. Ein Mann schlug eine Frau und brüllte: „Du unverschämtes Miststück! Wo hast du dich wieder herumgetrieben! Das wird dir schon noch vergehen, verlaß dich drauf!“ Als die Frau sah, daß reichlich Zuschauer um sie herumstanden, griff auch sie den Mann an und kreischte: „Wenn ein Kerl seine Alte nicht ernähren kann, kann sie machen, was sie will. Das geht dich gar nichts an!“ Eunuch Wu nutzte die Gelegenheit, sich genau umzusehen. Im nördlichen Zimmer am westlichen Ende wurde plötzlich die Lampe ausgeblasen, aber niemand kam heraus, sich den Krawall anzusehen. Da sagte er leise zu Xiao Shunzi: „Drängle dich dorthin durch. Wenn Sun Yaoting in dem Zimmer ist, sag‘ kein Wort.“ Xiao Shunzi drängelte sich bis zu jenem Zimmer vor, tat, als ob er stolpern würde, und rempelte die Tür an, brachte sie aber wider Erwarten nicht auf. Von drinnen sagte ein Mann: „Hier ist ein Kranker. Stolpere hier nicht herum!“ Xiao Shunzi entfernte sich. Eunuch Wu entschied: „Wir gehen erst einmal zurück!“ Er trat auf die Streitenden zu, redete auf sie ein, und die Frau verließ heulend den Hof. Da sah Xiao Shunzi, daß es sich bei dem Paar um den Mann und die Frau handelte, die am Nachmittag im Haus des Eunuchen Wu gewesen waren. Sie hatten absichtlich diese Szene gespielt. Eunuch Wu war zu neun Zehnteln sicher, daß Sun Yaoting sich hier befand. Es war noch nicht zu spät, die

Entführer zu fassen. Er suchte zwei kräftige Männer, und Xiao Shunzi führte die zwei zu dem Haus in der Gasse. Sie verschafften sich Eintritt, aber das Zimmer war leer. Xiao Shunzi bekam einen gewaltigen Schreck. In dem äußerst dürftig ausgestatteten Raum lagen auf dem Boden wild durcheinander Geschirr, Sack, Reisstroh und Hanfseil. Sie erkundigten sich bei Nachbarn, wohin die Leute gegangen seien. Eine ältere Frau kam heraus, musterte die drei, hielt sie für Kumpane der Entführer und sagte: „Sie haben angeblich einen Wagen zum Andingmentor gemietet."

Xiao Shunzi kam zu dem Schluß, daß die Situation ernst war. Er nahm in Begleitung der beiden Männer die Elektrische zur Nördlichen Neuen Brücke. Dort stiegen sie um zur Kreuzung am Jiaodaokou und nahmen sich eine Rikscha zum Schwarzen Tempel. Mittlerweile fing es schon an, dunkel zu werden.

Der Schwarze Tempel erwies sich als ein verfallender Lama-Tempel. Nach Ausrufung der Republik waren die mongolischen und tibetischen Einrichtungen arm, wie hätten sie da noch Geld zum Restaurieren haben können? Xiao Shunzi rief an der Klosterpforte, aber es antwortete niemand. Sie eilten zur Hintertür. In nördlicher Richtung sahen sie verschwommen die Umrisse einer Pagode. Das Wimmern eines Menschen drang an ihr Ohr. Xiao Shunzi und seine Gefährten nahmen ihren Mut zusammen und gingen hinüber. Auf dem Boden lag ein blinder Lama, ein Mongole, der das Hanchinesische nicht sehr gut beherrschte. Abgehackt brachte er hervor: „Norden ... schlagen ... Menschen umbringen."

Xiao Shunzi führte den Mann auf die Nordseite. Sie hörten menschliche Stimmen, das Geräusch von Schaufeln, und dann Sun Yaoting, der zitternd sagte: „Etwas mehr nach Osten." Dann, wieder Sun Yaoting: „Ich erinnere mich nicht mehr genau daran. Vielleicht liegt er auch auf dieser Seite!" Dann drohte jemand: „Wo denn nun eigentlich! Wenn wir diesmal wieder nichts finden, graben wir dich hier ein!" Xiao Shunzi begann mit seinen Begleitern zu rufen: „Nehmt die Banditen fest! Hier sind eure Fleischmarken!" Xiao Shunzi gab einen Pfiff von sich, dann brüllte er lauthals: „Polizei! Polizei! Hier ist es!" Die Entführer von Sun Yaoting erschraken derartig, daß sich ihre Seelen vom Körper lösten, und zerstreuten sich in alle vier Richtungen. Im Dunklen konnte man nicht viel sehen. Xiao Shunzi und seine Leute wagten sich vor. Als er Sun Yaoting an einen Baum gefesselt sah, rief Xiao Shunzi: „Bruder Chunshou, wir sind zu deiner Rettung gekommen!" Er löste die Fesseln und hieß die beiden, Sun Yaoting beim Gehen zu stützen. Sun Yaoting sagte: „Ich kann allein gehen. Wie habt ihr denn hierhergefunden?" Xiao Shunzi trieb zur Eile an: „Schnell weg. Reden wir später darüber!" Nachdem sie dem blinden Lama gedankt hatten, machten sie sich wieder auf den Weg zum Andingmentor. Xiao Shunzi wollte eine Rikscha mieten, aber Sun Yaoting meinte nervös: „Lieber nehmen wir die Elektrische! Dort sind mehr Leute, und wir sind zusammen!" Eunuch Wu fiel vor Freude aus allen Wolken. Er hatte sich die größten Vorwürfe gemacht, daß Sun Yaoting solche Qualen erdulden mußte, brachte ihm Tee und wusch ihm das Gesicht.

Ein Menschenhändler

Nach dieser schlimmen Tortur fühlte sich Sun Yaoting gegenüber Xiao Shunzi, der sich für ihn in Gefahr gebracht hatte, vor allem aber gegenüber dem Eunuchen Wu zu Dank verpflichtet. Er bestand darauf, den Alten Ma aufzusuchen, um die Sache mit dem Kauf der Frau zu erledigen. Aus Furcht, daß wieder etwas passieren könnte, lehnte Eunuch Wu zunächst ab, aber Sun Yaoting ließ nicht locker. Schließlich gab Wu, weil er sonst niemanden hatte, dem er vertrauen konnte, mit finsterem Gesicht seine Zustimmung. Diesmal suchte Sun Yaoting, sobald er auf der Straße war, nach einem schützenden Begleiter. Als ein Soldat sich nach dem Weg zur Sandgasse am Yongdingmentor erkundigte, bot er sich sofort an, ihn zu führen. Unter belanglosem Geplauder machten sich die beiden auf den Weg, als wären sie gute Freunde. An der Lianziying-Gasse erklärte Sun Yaoting dem Soldaten: „Immer direkt nach Süden, zum Yongdingmentor hinaus nach Osten, und dann sind Sie auch schon da."

Sun Yaoting fand das Haus des Alten Ma. Am Eingang zu den drei Nordzimmern hüstelte er und fragte dann: „Ist Meister Ma zu Hause?" Eine Frau, die über vierzig Jahre zählte, kam heraus: „Der Hausherr ist noch nicht zurück. In welcher Angelegenheit kommen Sie?" – „Eunuch Wu aus der Frischfischgasse hat mich beauftragt, ihm etwas auszurichten." Die Frau ließ ihn eintreten. Die Zimmer waren vom Typ zwei hell, eines dunkel: Aus dem mittleren führt eine Tür nach draußen, die beiden Räume rechts und links haben Fenster, aber keine Tür. Hier waren sie mit Vorhängen aus buntem Tuch vom Mittelzimmer abgetrennt. Sun Yaoting setzte sich und schaute sich nach allen Seiten um. Ein Guandi-Altar fiel ihm ins Auge. Unter dem Täfelchen für Guandi hing das Bild ‚Die fünf Glücksgüter und das Symbol der Langlebigkeit'. Darunter stand ein lackierter Tisch aus Ulmenholz, auf dem ein paar Hutständer und einige Vasen standen, alles Keramik von schlechter Qualität. Nun betrachtete er die Frau etwas genauer. Sie trug das Haar zur Yuanbao-Barrenform gekämmt, hatte Hundeaugen, eine über und über mit Sommersprossen bedeckte Nase, und wenn sie lachte, blitzten in ihrem Mund Goldzähne, eine gräßliche Fratze. Ihre gefütterte Jacke aus Anzugsstoffimitation, die Hosen aus grünem Tuch und die Plüschschuhe mit runder Spitze waren ganz die Aufmachung einer Puffmutter. Sun Yaoting erkannte das auf den ersten Blick.

Die Frau setzte sich und fragte ihn: „Was für einer werten Beschäftigung gehen Sie denn nach?" Einen Augenblick war Sun Yaoting ratlos, was er antworten sollte. Gäbe er an, ohne Beschäftigung zu sein, würde sie ihn verachten. Nannte er dagegen irgendeine Institution, könnte er sich verraten. Also sagte er, daß er einen kleinen Handel hätte. Die Frau bohrte weiter: „Ein Seidengeschäft? Oder einen Getreidehandel? Ein Pfandhaus? Metallwarenhandel?" Sun Yaoting fragte sich, wie sie nur auf so große Geschäfte kommen konnte, und sprach von einem Gemischtwarenladen. „Wieviel Geschäftsräume?" Sie ließ nicht locker und wurde Sun Yaoting allmählich mehr als lästig. Er tat, als müsse er husten. Da trat ein hochgewachsener Glatzkopf ein. Er war in den Fünfzigern, hatte ein nach unten spitz zulaufendes Dreiecksgesicht mit einer Adlernase, einen kleinen Bart und trug eine teefarbene Brille. Im Zimmer nahm er sie ab, so daß man seine geschwollenen Tränensäcke sah. Er steckte in einer alten Magua-Jacke, und vor der Brust hing ein Emblem mit roter Swastika. Sun Yaoting dachte: ‚Der tut so, als wäre er Beamter!‘, erhob sich zum Gruß mit zusammengelegten Händen, stellte sich vor und sagte, daß der Gebieter Wu ihn geschickt hätte. Sein Gegenüber bezeichnete sich als Ma Lianfeng, sagte, daß er ganz Ohr sei für die Worte des Herrn Gastes, goß sich Tee ein, nahm seine Pfeife zur Hand und fragte: „Was hat Herr Wu für Befehle?“ Sun Yaoting teilte ihm mit, daß ein Wohltäter eine Nebenfrau kaufen wolle. Ma Lianfeng lachte, bot auch ihm Tabak und Tee an und schwieg dann geraume Zeit. Endlich machte er den Mund auf: „Also keinen Berg öffnen!“ Sun Yaoting verstand nicht, was gemeint war, und antwortete vorsichtig: „Öffnen oder nicht, ist alles recht. Lassen Sie sich etwas einfallen, wie man die Sache erledigen kann.“ Ma Lianfeng hätte sein Gegenüber zu gern auf die Schippe genommen, konnte aber einen von Eunuch Wu geschickten Mann schlecht beleidigen. Das beste war, er würde ihm alles erklären.

„Alter kleiner Bruder“, begann er, „Sie verstehen unser Abschaumgewerbe nicht. Beim Menschenhandel werden durchaus Geschäfte gemacht, die sind ganz und gar tugendwidrig. Manche bringen es doch tatsächlich fertig, Frauen und Kinder aus guter Familie zu entführen und zu verkaufen, Blutsverwandte zu trennen! Aber nicht bei mir! Sie sehen, ich verehre Guandi, wie werde ich da den Himmel verletzen und die Ordnung stören! Läßt ein Gebieter eine Nebenfrau kaufen, ist das keinesfalls tugendwidrig. Und warum ist ausgerechnet das nicht tugendwidrig? Sehen Sie, da gibt es arme Familien, die eine erwachsene Tochter haben. Der Frühling des Mädchens würde vergehen, weil sie es nicht verheiraten können, ernähren können sie es aber auch nicht mehr. Nun suche ich eine reiche Familie. Da ißt sie gut, zieht sich gut an, hat Diener und Mägde und bringt Söhne und Töchter zur Welt. Stirbt dann die Hauptfrau, ist sie doch die Herrin. Da mache ich nicht nur nichts Sittenwidriges, sondern sammle im Gegenteil auch noch Tugendverdienst!“

Sun Yaoting hörte sich diese Lügen an, wußte aber immer noch nicht, was ‚den Berg öffnen‘ hieß, und fragte nun: „Also öffnet man jetzt noch den Berg oder läßt man es sein?“ Ma Lianfeng brach in Gelächter aus. „Wenn wir Menschenhändler auf Familien stoßen, denen es an den grundlegenden Bedarfsgegenständen des Lebens mangelt, die Schwierigkeiten haben, ihren Lebensunterhalt zu fristen, raten wir ihnen dazu, ihre Kinder zu verkaufen. So können Erwachsene und Kinder weiterleben. Kinder von ein paar Monaten bis zu sieben oder acht Jahren werden von uns an Ziehfamilien verkauft. Vor dem Handel wird vereinbart, ob es ein ‚lebendes Tor' oder ein ‚totes Tor' ist. Das erstere gesteht nach dem Verkauf den leiblichen Eltern ein Besuchsrecht zu, man legt fest, in welchen Abständen sie einander sehen können, oder daß sie das Kind an den drei großen Jahresfesten besuchen können. ‚Totes Tor' bedeutet, daß die Eltern das Kind nach dem Verkauf nicht mehr sehen dürfen. In acht bis neun Fällen, in denen Zieheltern Geld ausgegeben haben, um ein Kind zu kaufen, erlauben sie es nicht. Knaben kauft man in den meisten Fällen, um die eigene Linie fortzusetzen. Oder man läßt sie Gongfu (Kungfu) lernen. Bei Mädchen ist es noch krasser. Wenn man sie gekauft und großgezogen hat, läßt man sie lernen, zur Trommel zu singen, wenn nicht gar Opernarien einzustudieren, oder sie werden Prostituierte. Wenn das Kind groß ist, ist es ein Geldbaum. Das schafft für die Eltern an. Dann gibt es noch eine Sorte, die nennt man Lingjia, Zuhälter. Menschenhändler und Zuhälter sprechen sich untereinander ab, ein älteres Mädchen als kleine Frau zu verkaufen. Das Mädchen muß mindestens fünfzehn Jahre alt sein. Sobald der Zuhälter sie gekauft hat, bringt er sie in ein Bordell und verlangt Abgaben. So verdient er sofort an ihr. So wie Sie, für jemanden eine Nebenfrau zu kaufen, ist das Allereinfachste.

Unter ‚den Berg nicht öffnen' versteht man, daß die Nebenfrau nach ihrem Eintritt in die Residenz des Gebieters ja immer noch in Beiping-Stadt ist. Hat der Gebieter ein gütiges Herz, läßt er die Familie der Braut vielleicht sogar zu Besuch kommen, fürchtet er Ärger, läßt er das nicht zu." – „Und Sie beschäftigen sich ausschließlich mit solchen Geschäften?" – „Die bringen nicht viel ein, Leute nach auswärts zu verkaufen, also ‚den Berg öffnen', ist viel einträglicher. Die Mädchen aus Beijing sind zudem in der Provinz besonders gefragt, weil sie so zart sind und so feine Haut haben. Außerdem hört sich so schön an, wie sie sprechen."

Angewidert sah Sun Yaoting auf. Sein Blick fiel auf das Bild von Guandi: ‚Wenn ich Guandi wäre', dachte er sich, ‚würde ich diese Bande mit dem Schwert in Stücke schlagen.' Laut fragte er: „Wie wollen wir also nun unsere Angelegenheit hier regeln? Bitte erklären Sie es mir, damit ich Herrn Wu Bericht erstatten kann." – „Ich werde jemanden suchen, der ein Mädchen oder eine Ehefrau verkaufen will." – „Natürlich soll es ein Mädchen sein, wozu braucht der Gebieter denn eine verheiratete Frau!" unterbrach ihn Sun Yaoting. „Sie brauchen sich nicht aufzuregen. Ich erkläre Ihnen ja alles." Und er erläuterte Sun Yaoting die Schliche dieses abscheulichen Gewerbes in allen Einzelheiten. „Sobald ich jemanden gefunden habe, kann der verehrte Gebieter die Person erst einmal ansehen. Allerdings nicht umsonst, er muß schon ein oder zwei Yuan ‚Besichtigungsgeld' zahlen. Dann reden wir über den Kaufpreis. Sagen Sie das dem Gebieter Wu und legen Sie einen Termin zur Besichtigung fest." Er hoffte, daß er ein großes Geschäft machen würde, wenn das Palais eines herzoglichen Gebieters jemanden kaufte, und das wollte er sich auf keinen Fall entgehen lassen.

Sun Yaoting kehrte ins Haus des Eunuchen Wu zurück und berichtete alles, was er von Ma über Menschenhandel erfahren hatte. Eunuch Wu lebte lange genug unter Schaustellern, für ihn war das nichts neues mehr. Er zeigte keine Regung und war mit allem einverstanden. Umso interessierter hatte Xiao Shunzi zugehört, und als sie dann in ihr eigenes Zimmer zurückkehrten, plauderte er drauflos: „Wenn man bedenkt, daß Menschen wie Dinge gekauft und verkauft werden! Wäre ich ein Mädchen gewesen, hätte man mich damals bestimmt auch verkauft, wo meine Familie doch so arm war. Und jetzt wüßte niemand, wo ich bin. Aber daß man mich als Jungen stattdessen ‚gereinigt' hat, ist auch ziemlich bitter." Sun Yaoting fand das alles ebenfalls unerträglich. Wie einer Pusteblume, die, vom Wind getrieben, erst wer weiß wo zur Ruhe kommt, ging es den Ärmsten, die verkauft wurden. Er sagte zu Xiao Shunzi, daß er keine große Lust mehr hätte, sich weiter um diese Angelegenheit zu kümmern. Der meinte: „Eunuch Wu hat dich beauftragt, da kannst du es nicht einfach bleibenlassen. Andererseits hast du schon soviel durchgemacht und keiner weiß, wie die Sache ausgeht. Wenn Eunuch Wu nicht mehr darauf zu sprechen kommt, solltest du die Finger davon lassen."

Zwei Tage später aber kam Eunuch Wu wieder auf Sun Yaoting zu. Er wirkte ziemlich betreten, und Sun, der ihm das ansah, erkundigte sich: „In welcher Angelegenheit sind Sie gekommen?" Da rückte Eunuch Wu mit der Sprache heraus, daß es nicht der Gebieter selbst war, der eine Frau kaufen wollte, sondern ein Eunuch aus dessen Residenz. Dieser Eunuch hatte ein wenig Geld, wollte aus Altersgründen seinen Abschied nehmen, aber danach nicht mit armen Brüdern in einem Kloster leben. Nein! Mit dem bißchen Geld in seiner Hand wollte er die Tage angenehm verbringen. Allein fühlte er sich zu einsam, und so war er an den alten Eunuchen Wu mit der Bitte herangetreten, für ihn eine Frau zu kaufen. Er hoffte, daß dessen Macht und Einfluß ihn davor bewahren würden, Opfer eines Betrugs zu werden, was sonst, wie jedermann wußte, garantiert der Fall war, wenn Eunuchen sich Frauen nahmen. Eunuch Wu war zwar klug genug, allem Ärger aus dem Weg zu gehen und selbst keine Frau zu nehmen, aber er konnte andere nicht hindern, eine Familie zu gründen. Nun traf es sich, daß Sun Yaoting hier war. Er sollte ihm die Lauferei abnehmen, die ihm in seinem Alter langsam zuviel wurde. Sun Yaoting konnte nicht umhin, er mußte die Angelegenheit zu einem Abschluß bringen, und gab zur Antwort: „Was Ihr, Alter Gebieter, anordnet, erledige ich, auch wenn es etwas Unangenehmes ist."

Er suchte Ma Lianfeng ein zweites Mal auf, und sie legten fest, daß in dessen Haus in drei Tagen die Besichtigung stattfinden sollte. Ein wenig aufgeregt wartete Sun Yaoting darauf, daß Ma ihn nach dem Käufer fragte, und hatte sich schon eine Antwort zurechtgelegt. Aber das interessierte diesen Schurken überhaupt nicht. Als ‚Händler' hatte er nur eins im Sinn: die ‚Ware' loswerden, an wen, war gleichgültig. Sun Yaoting konnte sich nicht verkneifen zu fragen: „Ist es nicht leichtsinnig, die Sache zu Hause abzuwickeln? Wenn nun jemand kommt und Krawall schlägt, was dann?" Ma brach in lautes Gelächter aus: „Dann komme ich aus der Sache schon raus, wie die Zikade aus ihrer Haut." – „Aber ..., wenn der Mönch abgehauen ist, kann das Kloster doch nicht abhauen, wie es im

Volksmund heißt?“ Ma lachte nur. Natürlich wohnte er nicht in der Lianziying-Gasse, und das Weibsbild dort war nicht seine Frau, hier wickelte er nur seine dunklen Geschäfte ab. Und selbstverständlich hatte er auch zu den Polizisten der Umgebung gute Beziehungen. Die gäben ihm schon rechtzeitig einen Wink, wenn jemand ihn anzeigte. Dann würden er und die Frau sich für eine Weile aus dem Staub machen, und in den leeren Kammern könnte man niemanden festnehmen.

Erste Brautschau

Eunuch Wu bat den zur Heirat entschlossenen Eunuchen aus dem Palais des Herzogs Xian zu sich. Dessen Nachname war ebenfalls Wu, mit Vornamen hieß er Ren. Sun Yaoting konnte sich zunächst nicht erinnern, wo er ihn schon einmal gesehen hatte. Aber dann fiel ihm ein, daß Wu Ren einmal im Palast gewesen war, um der kaiserlichen Konkubine Duankang die Geschenke der Dame des Xian-Palais zu überbringen. Das lag nun schon mehr als zehn Jahre zurück. Wu Ren war inzwischen dicker geworden und hatte eine Glatze. In seiner gefütterten Robe aus blauer Seide, der Magua-Jacke aus Anzugsstoff und den schwarzen Schuhen sah er aus wie ein Wohlhabender. Als Wu Ren Sun Yaotings abgetragene Kleidung bemerkte, ließ er ihn links liegen und brachte Eunuch Wu gegenüber seinen Dank zum Ausdruck. Der sagte: „Für deine Sache haben wir uns nicht eben wenig angestrengt. Ich bin ja schon alt, meine Beine wollen nicht mehr so richtig, und daher hat Bruder Sun das alles für mich erledigt. Er hat einiges durchgemacht. Zusammen mit Bruder Sun wirst du gleich zur Besichtigung gehen.“

Wu Ren war enttäuscht. Er hatte gehofft, aus dem Einfluß von Eunuch Wu Nutzen ziehen zu können, und nun hatte der die Sache Sun Yaoting überantwortet. Aber ihm blieb nichts anderes übrig, als sich zu bedanken und auch Sun Yaoting zuzunicken, um seine Dankbarkeit zum Ausdruck zu bringen. Schließlich standen sie auf, um sich zu verabschieden. Wu Ren und Sun Yaoting riefen zwei Rikschas und fuhren in die Lianziying-Gasse. Ma Lianfeng bat sie ins Haus und bot ihnen Platz an. Er wechselte ein paar Höflichkeitsfloskeln mit Wu Ren und erkannte auf den ersten Blick, daß er keinen herzoglichen Gebieter vor sich hatte, sondern einen Eunuchen. Also fragte er: „Für wen im Palais kaufen Sie ein?“ Nun war der Augenblick der Wahrheit gekommen, Sun Yaoting klopfte das Herz.

Wu Ren erklärte ohne mit der Wimper zu zucken, daß er für sich selbst eine Frau kaufen wolle. Ma bekam erst einmal einen Schreck: „Können Sie etwa...“ Er wollte sagen: „Können Sie etwa ein Eheleben führen?“ Aber er brachte die Worte nicht heraus und ging über die peinliche Situation hinweg, indem er sagte: „Sie brauchen jemanden, der sie umsorgt? Ich habe hier eine Dienerin mit feiner Haut, sauber und ordentlich, die versteht sich erstklassig darauf zu wirtschaften. Sie war mehrere Jahre im Haus des Oberaufsehers Liang, hat dort einiges gesehen und ausgewählte Speisen kennengelernt. Wenn Sie die Kleine gut behandeln, wird sie auch auf den Kang mit Ihnen gehen.“

In einem der mit Vorhängen abgetrennten Zimmer warteten ein alter Mann und seine Tochter. Der Vater, ein armer verwitweter Privatlehrer, der, als er krank wurde, entlassen worden war, wollte das Mädchen in einen reichen Haushalt verkaufen, weil er nicht länger mit ansehen konnte, wie sie Hunger litt. Zu Hause hatte er es nicht übers Herz gebracht, ihr das zu sagen, nur ein paar Andeutungen gemacht. Die Tochter bekam nun hinter dem Vorhang mit, was verhandelt wurde. Sie gehörte nicht zu jenen, die murren und das Geschirr zerschlagen, weil sie weniger zu essen haben und sich nicht so schön kleiden können wie andere. Vielmehr begegnete sie ihrem Vater stets freundlich. Ihn einsam zurückzulassen, hätte sie einfach nicht fertiggebracht. Als sie noch klein war, hatte er sie gelehrt, den ‚Drei-Zeichen-Klassiker‘, die ‚Tausend Zeilen‘ und den ‚Klassiker der Töchter‘ zu lesen. Sie verehrte die pietätvollen Frauen des Altertums. Es heißt, daß man sein Schicksal erst mit fünfzig Jahren begreift, sie aber wußte schon mit etwas über zwanzig, daß man ihm nicht entgehen kann. Also verlor sie auch nicht im geringsten die Fassung, schob plötzlich den Vorhang beiseite, trat heraus und sagte: „Seht her! So sehe ich nun mal aus!“ Verdutzt richteten Wu Ren, Ma Lianfeng und Sun Yaoting ihre Blicke auf die junge Frau. Sie war durchschnittlich gewachsen, weder schön noch häßlich. Ihr Vater wollte sie zurückziehen, stolperte, verlor dabei seine Brille und tastete ziellos auf dem Boden umher. Endlich hatte er sie gefunden. Beide Seiten wußten nicht, was tun.

Ma Lianfeng faßte sich als erster und sagte: „Daß es dich aber nachher nicht reut! Der Herr ist einer, der kastriert worden ist." Die Antwort kam ohne Zögern: „Na und! Da ist es ruhiger! Aber da ist noch etwas: Kaufen Sie doch für das gleiche Geld gleich zwei! Da lohnt es sich erst!" Alle wunderten sich. Wu Ren meinte: „Hast du noch eine Schwester?" Sie schob ihren Vater ins Zimmer, schilderte mit Tränen in den Augen ihre ausweglose Lage und fuhr fort: „Unser beider Leben hängt voneinander ab. Ohne den Vater, wie könnte es da mich geben? Und ohne mich könnte auch er nicht mehr weiterleben. Darf man denn Fleisch und Blut voneinander trennen? Wer also mich kaufen will, soll auch meinen Vater nehmen. Er braucht ja nicht mehr viel, kann für sein Schüsselchen Maisbrei auch noch die Tür hüten, und Sie können sicher sein, daß ich Ihnen nicht davonlaufe, solange er da ist. Wer eine billige Ware kauft, bei der er ‚eins kauft und eins geschenkt bekommt', der kann als jemand gelten, der große Tugend auf sich versammelt. Ich brenne Weihrauch für Sie ab."

Sun Yaoting war von ihren Worten zu Tränen gerührt, empfand große Achtung für das Mädchen und hoffte, daß es zu dem Geschäft käme, damit Vater und Tochter auch künftig einen Halt aneinander hätten. Er fragte sich, auf wen er, dem es verwehrt war, Söhne oder Töchter zu haben, sich wohl im Alter einmal stützen würde. Seufzend hob er den Kopf. Wu Ren starrte mit aufgerissenem Mund auf die Kalligraphien an der Wand. Eigentlich spürte er, daß er an den Alten nicht heranreichte, weil er selber keine Kinder hatte, aber ihn sich aufhalsen und umsonst durchfüttern, das kam nicht in Frage. Eine Frau wollte er, damit etwas Leben um ihn war, sonst niemanden. Ma Lianfeng war knallrot im Gesicht. Er hatte in seinem Leben schon eine ganze Menge Mädchen an den Mann gebracht, aber daß ein Vater auch gleich mit verkauft werden sollte, war ihm noch nicht vorgekommen. So etwas ruinierte das Geschäft, dabei verlor er sein Gesicht. Wu Ren sagte mit langem Gesicht: „Die Sache hat sich für mich erledigt." Vater und Tochter wollten gehen. „Gib zwei Yuan", forderte Ma. Wu Ren zog nicht eben begeistert zwei Yuan hervor und warf sie auf den Tisch. Ma Lianfeng reichte sie an den Alten weiter, der daraufhin mit seiner Tochter davonging. „Und dafür auch noch Besichtigungsgeld zahlen! Da bin ich aber reingelegt worden!" beschwerte sich Wu Ren bissig. „Die beiden Yuan tun Ihnen doch nicht weh", beschwichtigte Sun Yaoting ihn. „Lassen Sie es gut sein! Jedenfalls wurde die Menschlichkeit nicht verletzt." Schlechtgelaunt wollte Wu Ren wissen, ob Ma Lianfeng noch jemanden hätte. Der versicherte dienstbeflissen: „Natürlich, aber ja!" Sie verabredeten, daß in drei Tagen die nächste Besichtigung stattfinden sollte.

Sun Yaoting erzählte Eunuch Wu zu Hause kurz, was vorgefallen war, dann sank er bedrückt aufs Bett und schlief ein. Im Traum sah er, wie ein Tiger ein weißes Lamm verfolgte und es in den Schwanz biß. Das Lämmchen strampelte wild. Außer sich vor Wut warf er mit Steinen nach dem Tiger. Der ließ das Lamm los und griff nun ihn an. In großer Angst rief Sun Yaoting um Hilfe. Just in diesem Augenblick weckte ihn Xiao Shunzi. Ach, nur ein Traum! Er starrte vor sich hin. Ja, so war es auf der Welt, die Schwachen werden zur Beute der Starken. Die Sache mit Wu Ren heute hilft doch auch nur wieder so einem Tiger, und ich mache da mit. Je mehr er darüber nachdachte, desto wütender wurde er. Zu Xiao Shunzi sagte er: „Um diese schmutzige Angelegenheit kümmere ich mich nicht mehr!" – „Das ist jetzt erst einmal egal. Wir essen gleich." Beim Essen kaute Sun Yaoting an einem Mantou herum, bekam aber nichts herunter. Sein Herz war schwer. Eunuch Wu sah ihm das an und sagte: „Yaoting, ich nehme es dir nicht krumm, wenn du der Sache leid bist. Du brauchst dich nicht weiter darum zu kümmern. Wenn Wu Ren immer noch nicht genug hat, gehe ich halt mit ihm. Hauptsache, die Angelegenheit, mit der er uns betraut hat, kommt zum Abschluß." Für Sun Yaoting klang das wie ein Tadel, und so erwiderte er wohl oder übel: „Keine Ursache. Keine Ursache. Wie könnte ich Sie, Alter Herr, damit belasten. Übermorgen gehe ich nochmal hin."

Menschen, die Eunuchen geworden waren, übten sich zuallererst in Demut und Geduld. Geduld heißt auf Chinesisch ‚rennai'. Das Zeichen ‚ren' ist dabei so zusammengesetzt, daß über das Zeichen für ‚Herz' das Zeichen für ‚Messer' gesetzt ist. Die Zähne zusammenbeißen und demütig Geduld üben, ist eine Qual. Sun Yaoting hatte sich bis zur Perfektion in Geduld geübt und so die Fähigkeit entwickelt, sich allen Gegebenheiten anzupassen.

Die neue Frau

Bei seinem zweiten Besuch traf Sun Yaoting bei Ma Lianfeng eine Frau an, die sich ganz modern zurechtgemacht hatte. Sie trug Dauerwelle, hatte Lippenstift aufgetragen und saß in ihrem schwarzen Qipao großäugig und etwas blaß, jedoch ganz ungezwungen da, ohne einem von ihnen auch nur die geringste Beachtung zu schenken. Nicht lange nach Sun Yaoting erschien auch Wu Ren. Aus dem Palast war er nur den Anblick von Frauen alten Stils gewohnt. Interessiert betrachtete er dieses dauergewellte Wesen mit dem geschminkten Mund. Er war nicht abgeneigt, sie zu kaufen, und bedeutete Ma mit einem Blick, zur Beratung in das kleinere Zimmer zu kommen. Da erhob sich die Frau plötzlich und sagte laut: „Wenn es etwas zu verhandeln gibt, dann legen wir es hier auf den Tisch und reden darüber. Sie wollen doch kaufen, ich verkaufe, aber nur, wenn es mir paßt." Kaum hatte sie zu Ende gesprochen, als sie aus einer Tasche eine halbe Zigarette hervorzog, nach Zündhölzern griff und anfing zu rauchen. Wu Ren, Sun Yaoting und Ma Lianfeng waren entsetzt.

Die junge Frau war eigentlich eine Tochter aus gutem Hause. Nach dem frühen Verlust des Vaters und der erneuten Heirat ihrer Mutter allein auf sich gestellt, war sie an einen jener Studenten geraten, die mit den Mädchen nur ihr Spiel treiben. Er hatte der Naiven etwas von freier Liebe vorgegaukelt, ließ sie das Kind, das sie von ihm erwartete, abtreiben, versprach ihr zwar die Ehe, verschwand dann aber auf Nimmerwiedersehen. Zuerst dachte die Verzweifelte daran, aus dem Leben zu gehen, dann wollte sie in das Tor der Leere eintreten und buddhistische Nonne werden. Aber dazu brauchte man Beziehungen, jemanden, der einen vorstellte, und die hatte sie nicht. Da das Duftherz zur Zeit der Öffnung der Blüte ihrer ersten Gefühle von jenem Studenten gebrochen worden war, wollte sie sich auf keinen Fall wieder verlieben und eine neue Bindung eingehen. Als sie gehört hatte, daß ein Eunuch eine Frau kaufen wollte, war sie gekommen. Da brauchte man auf jeden Fall nicht noch einmal seinen Körper hinzugeben.

Wu Ren bekam es doch etwas mit der Angst zu tun. Er fragte: „Kannst du denn mit mir pflichtgemäß ein ruhiges Leben führen?“ Er stellte sich eine Frau vor, die den Tag zu Hause verbrachte, nicht zum Haupttor hinausging und das Zweittor nicht durchschritt, die Kleidung wusch, Essen bereitete und sich mit ihm unterhielt. Die junge Frau wußte recht gut, was er meinte, tat aber, als ob sie es nicht verstünde: „Pflichtgemäß die Tage verbringen? Ich lasse mich mit niemandem ein! Ihr Eunuchen fürchtet doch am meisten, daß die Leute im Haus sich mit anderen einlassen. Da bin ich eine Ausnahme. Ich habe euch Männer nämlich durchschaut. Hat sich einer eine Weile mit dir amüsiert, macht er sich davon. Du brauchst wohl jemanden, der dir beim Schlafen Gesellschaft leistet? Wenn wir in einem Bett liegen, siehst du fast so aus wie ich. Nur, ich kann Kinder kriegen. Und du? Du willst, daß ich für dich Essen koche? Ich kann Wowotou-Brötchen dämpfen, Maisbrei kochen und weichgekochtes Salzgemüse schneiden, aber nur ganz dick. Fein schneiden kann ich nicht. Deine Kleidung flicken soll ich? Aber wenn ich einen Knopf annähe, ist nicht gesagt, daß er dann nicht schief sitzt, und einen Flicken bringe ich nicht unbedingt auf die kaputte Stelle ...“

Wu Ren wurde beim Zuhören ganz gelb vor Ärger und unterbrach sie schleunigst: „Schluß! Red nicht weiter!“ Die Frau drängte: „Kaufst du mich jetzt?“ Wie hätte er das wagen sollen. Er sagte: „Mädchen, dich kann ich mir nicht leisten.“ Sie lachte und überlegte, womit sie ihn noch verletzen könnte. Wu Ren, der genau das fürchtete, stand auf und wollte gehen. Da hielt sie ihn auch schon mit beiden Händen fest und verlangte das Besichtigungsgeld. Wu Ren weigerte sich: „Erst beschimpfst du mich und dann willst du auch noch Geld?“ – „Wozu hast du denn dein Geld mitgebracht?“ gab die Frau zurück, „und wie bist du zu deinem Geld gekommen? Hast es durch Betrug an Kaiser, Kaiserin und Konkubinen beschafft, und jetzt streckst du den Bauch heraus und markierst den reichen Mann. Warum sollte ich von dir kein Besichtigungsgeld verlangen können? Wenn du es mir nicht gibst, hole ich die Polizei.“

Ma erstarrte vor Schreck. Wenn sie nun wirklich die Polizei rufen würde, gäbe es beträchtlichen Ärger! Also zog er selbst einen Yuan heraus. Aber das Mädchen forderte zwei. Wu Ren steuerte einen zweiten Yuan bei. Die Frau nahm das Geld nur entgegen, um die Banknoten gleich darauf in Fetzen zu zerreißen und auf den Boden zu werfen. Dann verließ sie mit großen Schritten das Haus. Ma Lianfeng und Wu Ren gaben einer dem anderen die Schuld an dem Mißgeschick. Aber Ma, der gar zu gern doch noch an das Geld von Wu Ren kommen wollte, meinte schließlich lächelnd: „Seien Sie nicht wütend, ich habe ja auch einen Yuan zum Fenster rausgeworfen. Nächstesmal stelle ich Ihnen eine verläßliche Frau vor, die schon einmal verheiratet war.“

Die schwarzen Wolken, die in den letzten Tagen das Gemüt Sun Yaotings verdunkelt hatten, waren verflogen, nachdem er Zeuge dieses Auftritts geworden war. Er fühlte sich erfrischt wie von einem Nordwind nach brütender Hitze. Das war ein Angriff auf den Morast der alten Gesellschaft gewesen! Als er an diesem Tag zu Eunuch Wu zurückkehrte, ließ er kein bißchen den Kopf hängen, sondern gab den Vorgang mit strahlendem Gesicht und tanzenden Augenbrauen haarklein wieder. Xiao Shunzi zeigte keine Regung, und Eunuch Wu schüttelte nur wortlos den Kopf.

Zur dritten Besichtigung, die wieder nach drei Tagen vereinbart war, ging Sun Yaoting aus freien Stücken. Die Frau, die Ma herausrief, nachdem er und Wu Ren sich gesetzt hatten, war über die Dreißig schon hinaus, sehr mager, hatte ein gelbes Gesicht, hohe Jochbeinknochen, kleine Augen und eine platte Nase, ihr Haar war zu einem Zopf geflochten. In dem Qipao aus blauem Sommerkattun sah sie bemitleidenswert ärmlich aus. Beide Parteien unterhielten sich und vereinbarten, daß der Käufer in zehn Tagen einen Preis von fünfhundert Yuan entrichten solle, Ma Lianfeng würde davon fünfzig Yuan Provision erhalten. Eine Kaufurkunde, von Ma und der Frau unterschrieben, ging an Wu Ren. Zehn Tage später wurde alles nach Vereinbarung abgewickelt. Wem aber sollten die fünfhundert Yuan übergeben werden? Ma meinte: „Ihr Mann ist nicht bereit, selber zu erscheinen, es ist für ihn unerträglich, sich so von seiner Frau zu trennen. Ich werde ihm das Geld bringen." Wu Ren nahm die Frau mit. Erleichtert, daß diese langwierige Angelegenheit endlich abgeschlossen war, kehrte Sun Yaoting zu Eunuch Wu zurück. Xiao Shunzi befand sich mittlerweile in Tianjin. Er sollte dort ein bestimmtes Warenhaus aufsuchen, um Schulden einzutreiben.

Die entlaufene Frau

Ein halber Monat verging, Sun Yaoting war allein im Hause, da kam plötzlich Wu Ren wutschnaubend angerannt. Kaum zur Tür herein, brüllte er auch schon: „Sowas gibt es tatsächlich! Weshalb habe ich bloß so ein Pech! Fünfhundertfünfzig Yuan auf einen Schlag weg! Dazu eine Armbanduhr und zehn Silberdollar! Ich bin betrogen worden!" Sun Yaoting fragte, was denn geschehen sei. „Die Frau ist abgehauen und hat Uhr und Silberdollar mitgehen lassen", brachte Wu Ren heraus, schlug sich an die Brust und schimpfte auf die Frau, aber auch auf Ma Lianfeng, Eunuch Wu und Sun Yaoting. Der war an Schimpfen gewöhnt. Im Palast hatte man an jedem Ort und zu jeder Zeit Schelte ertragen müssen und das manchmal sogar als Ehre betrachtet. Er hielt es mit dem Sprichwort: Ohne beschimpft zu werden, kann man nicht erwachsen werden, und mit dem Ausspruch: Hör nicht hin, wenn die andern schimpfen, dann trifft es sie selbst. Als Wu Ren sich ausgetobt hatte, fragte er, was er jetzt tun solle. Ruhig meinte Sun Yaoting: „Wenn Sie etwas Gutes tun wollen und Milde walten lassen, ist die Sache erledigt und Sie haben arme Menschen gerettet. Können Sie das nicht wegstecken, dann suchen Sie eben Ma Lianfeng auf!"

In Wu Ren stieg erneut die Wut hoch. Er beschuldigte Sun Yaoting, für die verfahrene Situation verantwortlich zu sein. Deshalb müsse er auch zu Ma Lianfeng gehen. „Habe ich etwa den Kaufvertrag unterschrieben?“ wehrte sich Sun und wies jede Verantwortung von sich. Sie stritten darüber, ohne zu einem Ergebnis zu kommen. Endlich erschien Eunuch Wu. Er hatte seine Magua-Jacke noch nicht abgestreift, da stürzte Wu Ren schon auf ihn zu. Mit rotem Kopf und dickem Hals schilderte er den Sachverhalt und fügte hinzu, daß Sun Yaoting sich aus allem heraushalten wolle. Eunuch Wu forderte Wu Ren auf, sich erstmal zu beruhigen, man könne doch über alles reden. „Solche Geschichten kommen häufig vor. Die Verkäufer nennen es ‚eine weiße Taube freilassen‘. Zunächst geht alles glatt, die Frau ist honigsüß zu ihrem Käufer, wäscht, kocht und bedient ihn, daß es seine Art hat. So schleicht sie sich in sein Vertrauen, hält insgeheim aber Ausschau, wo er die Kostbarkeiten und das Silber versteckt, und sobald die Wachsamkeit des Mannes nachgelassen hat, verschwindet sie damit. Das wars dann. Die meisten verlassen die Stadt und kommen erst wieder nach Beiping zurück, wenn sich die Wogen geglättet haben. Aber manchmal entwickelt die Frau auch Gefühle für den Käufer und lebt aufrichtig und ehrlich mit ihm zusammen. Dann heißt es, die Taube hat woanders ein Nest gebaut. Daß die Frau, die Sie gekauft haben, aber schon nach einem halben Monat getürmt ist, muß allerdings einen besonderen Grund haben. Sie gehen jetzt erst einmal zurück und warten auf Nachricht von mir.“

Widerwillig zog Wu Ren ab. Ma Lianfeng, mit dem Sun auf Geheiß des Eunuchen Wu redete, meinte zunächst: „Die ist nicht schwer zu finden.“ Aber er hatte keinen Erfolg. Wu Ren berichtete das betrübt und schien zu vermuten, Ma stecke mit diesem Weibsbild unter einer Decke. Auch Sun Yaoting hielt so etwas für möglich, während der alte Wu kein Wort darüber verlor. Später erkundigte er sich bei Ma, in welcher Gasse die Frau früher gewohnt hätte, und sagte: „Jetzt versuchen wir mal unser Glück.“ Er ließ ein paar Bettlerchefs kommen und beauftragte sie, Nachforschungen anzustellen. Die fanden zwar heraus, daß die Frau ein Kind hatte, das noch kein Jahr alt war, und daß ihr Mann wegen einer Verletzung nicht mehr arbeiten konnte. Aber wo sollten sie nach ihr suchen? Zehn Tage vergingen, ohne daß eine Nachricht kam. Schließlich entdeckte einer der kleinen Bettler vor dem Westlichen Geraden Tor einen neu errichteten Verschlag, aus dem häufig Kinderweinen drang, und teilte das seinem Chef mit. Der staunte nicht schlecht, als ihm bei einer Betteltour, die er dort unternahm, um sich zu vergewissern, aus dem bewußten Verschlag ein Mantou-Dampfbrötchen gespendet wurde. Das war in einer so armen Gegend ungewöhnlich.

Eunuch Wu beauftragte nun Sun Yaoting mit der Untersuchung. Der fand den Verschlag, den der Bettlerchef beschrieben hatte, und wartete auf eine Gelegenheit hineinzugelangen. Gegen Abend kam ein Mann mit einem Eimer heraus und ging im nächsten Wirtshaus Wasser holen. Das Kind fing an zu schreien, und Sun Yaoting hörte, wie die Frau es tätschelte. Noch unschlüssig, ob er hineingehen sollte, traf ihn ein Schwall Schmutzwasser. Mit einem ärgerlichen: „Ah!" trat er ein, um sich zu beschweren, und erkannte die Frau auf den ersten Blick. Auch sie wußte, wer vor ihr stand, wollte mit dem Kind davonlaufen, aber Sun Yaoting verstellte ihr den Weg. Da fiel sie auf die Knie und machte, am ganzen Leibe zitternd, einen Kotau nach dem anderen. „Hab keine Angst", versuchte Sun Yaoting sie zu beruhigen und forderte sie auf: „Steh auf und erzähle!" – „Schlag mich tot! Ich hätte nicht davonlaufen sollen", begann sie. „Mein Mann arbeitete als Kuli auf dem Bau, er hat ja nichts weiter gelernt. Zu zweit kamen wir mit dem einen Yuan, den er am Tag verdiente, so schlecht und recht hin. Aber dann kam das Kind, und wir mußten uns von der Baukolonne Geld leihen, einige zehn Yuan. Der Kolonnenführer zog immer etwas vom Lohn ab. Da gab es noch weniger zu essen, und eines Tages ist mein Mann dann von der dritten Ebene eines Gerüstes abgestürzt, kam blutüberströmt und bewußtlos ins Krankenhaus. Sein Oberschenkelknochen wuchs nicht wieder richtig zusammen, mein Mann blieb ein Krüppel, die Baukolonne konnte ihn so nicht mehr brauchen. Wie sollten wir die Schulden und die dreihundert Yuan Krankenhauskosten zurückzahlen? In dieser ausweglosen Lage kamen wir auf die Idee, mich zu verkaufen. Mit dem Erlös sollten die Schulden zurückgezahlt werden, und für Vater und Kind wäre noch ein kleiner Rest geblieben."

An dieser Stelle brach sie wieder in Tränen aus. Der Mann kam vom Wasserholen zurück und fiel neben Sun Yaoting auf die Knie. Nachdem die Frau sich etwas gefaßt hatte, fuhr sie fort: „Das Haus, das mich gekauft hat, war nicht schlecht zu mir. Ich hatte satt zu essen, dachte aber ständig an das Kind und seinen Vater. Nachts träumte ich, das Kleine würde mich suchen, tagsüber klang sein Weinen in meinen Ohren. Ich wollte nicht mehr weiterleben, aber im Haus meines Käufers zu sterben, hätte doch den Leuten Unheil gebracht. Da habe ich mich zum Gehen entschlossen. Aber weil die Summe, für die ich verkauft worden war, nicht reichte, um alle Schulden zu bezahlen, habe ich noch die Uhr und die zehn Silberdollar gestohlen. Als ich Kind und Mann gefunden hatte, flüchteten wir hierher. Wir haben vor, nach Rückzahlung der Schulden an die Baukolonne und das Krankenhaus zu dritt den Tod zu suchen! Alter Gebieter, Ihr habt mich gefaßt. Bringt mich in das Haus meines Käufers zurück, sollen mich die Leute dort doch totschlagen. Wenn ich tot bin, fällt auch Vater und Kind das Sterben nicht mehr so schwer!"

Mitleid überkam Sun Yaoting, der am eigenen Leib nicht weniger Grausames erfahren hatte. Seine Nase zuckte und Tränen stiegen ihm in die Augen. Hin und her gerissen zwischen Mitleid und der Pflicht, die Entlaufene zurückzubringen, schwieg er, den Kopf tief gesenkt. „Die Uhr und die zehn Silberdollar, was ist mit denen?" fragte er nach einer Weile. „Habe ich nicht anzurühren gewagt, die gebe ich Ihnen." – „Und die fünfhundert Yuan?" fragte er weiter. „Siebzig Yuan haben wir ausgegeben, vierhundertdreißig sind noch da, nehmen Sie sie." Sun Yaoting nahm das Geld in Empfang. Im Verschlag wurde es still, nicht eine Nadel hätte unbemerkt zu Boden fallen können. Sun Yaoting fragte sich, wovon diese drei Menschen künftig leben sollten, der Mann und die Frau versuchten zu ergründen, welches Unglück ihnen noch bevorstand. Plötzlich nahm Sun Yaoting dreißig Yuan heraus und gab sie der Frau. „Das ist für euch. Verlaßt Beiping so schnell wie möglich, flieht, so rasch ihr könnt!" Die Frau riß vor Schreck die Augen auf, Tränen der Dankbarkeit rannen ihr übers Gesicht, zitternd fragte sie: „Das ..., wie erklären Sie das dem alten Gebieter Wu Ren?" –

„Laßt das meine Sorge sein. Verschwindet! Wenn nochmal jemand kommt, dann bestimmt keiner wie ich!“ Damit drehte er sich um und eilte davon. Die Frau und der Mann knieten nieder und dankten ihrem Wohltäter.

Auf dem Rückweg suchte Sun Yaoting nach einer Ausrede für Wu Ren und war so sehr damit beschäftigt, daß er sich verlief. Als er endlich bei Ma Lianfeng anlangte, war es bereits dunkel. Er berichtete ihm, daß die Frau inzwischen gestorben wäre. Ma nahm ihm das nicht ab und hakte nach: „Weshalb hat sie noch gestohlen, wenn sie eh sterben wollte?“ – „Na, für ihren Mann! Aber ich habe alles zurückverlangt“, gab Sun zurück. Ma schleppte Sun Yaoting gegen dessen Willen sogleich zu Wu Ren, um zu beweisen, daß er, Ma, mit der Frau nicht gemeinsame Sache gemacht hatte. Wu Ren hatte gerade zu Abend gegessen, als die beiden kamen, und wollte natürlich sofort wissen, was es Neues gab. Ma Lianfeng ließ Sun berichten, daß die Frau tot sei und er Wertgegenstände und Geld zurückverlangt habe. Wu Ren atmete auf, behielt aber seine unnachgiebige Miene bei. Sun Yaoting meinte: „Wenn Ihnen das nicht reicht, nun, dann bringe ich Ihnen eben die Leiche ins Haus. Als sie noch am Leben war, gehörte Ihnen der Mensch, jetzt ihr Geist!“ Wu Ren überhörte dies und verlangte das Geld. Er zählte nur vierhundert Yuan und wollte wissen: „Warum hundert weniger?“ Sun erklärte: „Der Mann hat sie für einen dünnwandigen Sarg und die Bestattung ausgegeben. Die konnte ich nicht mehr zurückverlangen.“ Wu Ren platzte der Kragen. Er forderte, Ma solle ihm den Verlust ersetzen. Aber der lehnte ab: „Die Frau ist aus Ihrem Haus fortgelaufen, ich zahle nicht.“ Jetzt wollte Wu Ren die hundert Yuan von Sun Yaoting haben, weil er den Mann der Verstorbenen nicht hergebracht hatte. Der hatte genug und drohte: „Den kann ich Ihnen noch bringen. Er hat nämlich gesagt: ‚Wenn der Alte Gebieter Wu auf dem Geld, das ich ausgegeben habe, besteht, schenke ich ihm das Kind und zahle damit die Schuld. Anschließend suche ich mir am Eingang seines Hauses einen krummen Baum und hänge mich auf. Das spart mir eine Menge Sorgen!‘ Wenn Sie es so haben wollen – bitte!“ Wu Ren steckte die vierhundert Yuan ein und fand sich damit ab, daß er Pech gehabt hatte. Aber plötzlich fiel ihm ein, von Ma die fünfzig Yuan

Vermittlerprovision zurückzufordern. Der rückte natürlich nicht damit heraus. Sie konnten sich nicht einigen, und machten sich schließlich auf den Weg zu Eunuch Wu, der ihren Streit schlichten sollte.

Eunuch Wu wollte gerade zu Bett gehen, als die drei ankamen. Nun mußte er sich notgedrungen ihr Gelabere anhören. Während Wu Ren und Ma Lianfeng die Sache in allen Einzelheiten vor ihm ausbreiteten, murmelte er nur ab und zu ein „Hm, hm", sagte aber sonst kein Wort. Schließlich riß ihm der Geduldsfaden und er herrschte sie an: „Die japanischen Teufel sind in China eingefallen, ein jeder muß um sein Leben fürchten. Und da macht ihr wegen so einem bißchen Geld solch ein Theater! Niemand weiß heute, was morgen sein wird, warum also streiten? Ich habe keine Lust, mich darum zu kümmern. Haut ab! Laßt mich alle in Ruhe!" Noch nie hatten die drei den alten Eunuchen Wu so wütend gesehen. Sun Yaotings gute Laune, weil er die Frau und ihre Familie gerettet hatte, erhielt nach dieser herben Kritik einen Dämpfer. Für Ma Lianfeng und Wu Ren aber, denen keinerlei Erziehung zuteil geworden war, die nicht einmal die Vier Bücher und die Fünf Klassiker gelesen hatten, waren patriotische Gefühle, Sorge um das Land, etwas vollkommen Fremdes. Die Japaner hatten mit der Okkupation begonnen. Nun, das war Sache der Großen, was hatte das mit ihnen zu tun? Der Himmel stürzte für die Großen ein, Leute in hoher Position bekamen etwas ab. Sie dagegen brauchten sich nur um ihr eigenes Vermögen zu kümmern und darum, wie sie ihre althergebrachte Lebensweise aufrechterhalten konnten, fertig. Sie mußten ihren Streit zwar abbrechen, weil der alte Eunuch Wu so in Rage geraten war, aber verstanden hatten sie ihn nicht und zogen maulend ab.

Wegen der vielen Unannehmlichkeiten, die Sun Yaoting hatte, weil er sich mit Angelegenheiten befassen mußte, die ihn eigentlich nichts angingen, wäre er gern bei Eunuch Wu ausgezogen. Aber Xiao Shunzi war noch nicht aus Tianjin zurück und den alten Wu plagten wieder seine Magengeschwüre. Während der Dienstjahre im Palast hatte es für ihn keine festen Essenszeiten gegeben. Je nach Laune der Herrin mal hungrig, mal satt, hatte er sich den Magen ruiniert und wurde seine Magengeschwüre nicht mehr los. Durch den Ärger und die Aufregungen, die Wu Ren ihm bereitet hatte, war es zu einem Rückfall gekommen. Er brauchte Ruhe und Pflege, und Sun Yaoting wich Tag und Nacht nicht von seiner Seite.

Wallfahrt auf den Miaofeng

Es dauerte geraume Zeit, bis der alte Eunuch Wu sich erholt hatte. Inzwischen war es Frühling geworden. Eines Tages plauderten die beiden miteinander. Eunuch Wu brachte die Sprache darauf, daß man bald schon im vierten Monat nach dem Mondkalender wäre, und sagte: „Ich habe ein Gelübde getan, das ich in diesem Jahr aber unmöglich einlösen kann." Sun Yaoting hörte heraus, daß der alte Wu etwas von ihm erwartete, und fragte: „Was für ein Gelübde ist es denn?" Ohne darauf zu antworten, fuhr Eunuch Wu fort: „Meine Krankheit werde ich nicht mehr los. Ich sterbe zwar nicht daran, aber sie ist wirklich schwer zu ertragen. Einen Arzt zu bemühen und das Orakel zu befragen, bringt nichts. Wenn es einmal so weit ist, kann sich der Mensch mit seinem Flehen nur noch an den Himmel wenden. Am ersten Tag des vierten Monats öffnet der Tempel auf dem Miaofeng-Berg, und in früheren Jahren bin ich immer hingegangen, Weihrauch abzubrennen und mein Gelübde einzulösen. In diesem Jahr, ach, Körper und Knochen werden immer hinfälliger!" – „Der Miaofeng-Berg? Der ist doch über vierzig Li von Beiping entfernt, und bis zum Gipfel sind es dann nochmal vierzig Li. Wie wollen Sie das schaffen? Das geht doch nicht! Ich habe mir sagen lassen, daß das ganz schwierig ist", wandte Sun Yaoting ein. „Als ich noch jung war, habe ich den ganzen Weg zu Fuß gemacht. Durch das Westliche Aufrechte Tor bin ich bis in den Bezirk Haidian gelaufen, dann weiter nach Westen über Chenjiazhuang, Nordwestbach, und weiter bis zum Fuß des Miaofeng-Berges. Zwei Wege führen hinauf. Den kürzeren, aber wegen der vielen hängenden Klippen sehr gefährlichen Weg von Nordosten bin ich nur in jungen Jahren gegangen. Er ist fünf oder sechs Li kürzer als die große Straße auf der Südseite, die dafür aber ebener und sicherer ist. Man klettert bis zum Stirnaufschlagberg, und schon sieht man das

Tempeltor." – „Schafft man das an einem Tag?" fragte Sun Yaoting. „Das freilich nicht. Früher, als es noch keinen Langstreckenbus gab, brauchte man hin und zurück vier oder fünf Tage. Mit dem Bus erreicht man den Fuß des Miaofeng noch am selben Tag, ruht sich aus und besteigt am nächsten Tag den Berg. Der Tempel dort oben ist vielleicht nicht groß, aber äußerst wirksam. Dort Weihrauch abzubrennen und auf dem Rückweg die Berglandschaft zu genießen, dazu braucht man drei Tage. Hättest du Lust zu gehen? Wenn du gehen willst, dann löse an meiner Stelle das Gelübde ein, brenn Weihrauch ab und mach Stirnaufschläge."

Sun Yaoting sagte nichts. Er dachte: ‚Gebieter Wu erwartet von mir, daß ich an seiner Stelle ein Gelübde einlöse. Ihm das abzuschlagen, schickt sich nicht. Aber die Berge sind hoch, der Weg ist weit, und ich habe dort nicht einen Bekannten. Wenn mir so etwas passiert wie in der Bergbachgasse, ist es um mein Leben geschehen.' Unentschlossen stierte er nach oben. Eunuch Wu, dem das nicht verborgen blieb, meinte, daß die Reisekosten Sun Yaoting Schwierigkeiten bereiteten, also fügte er hinzu: „Bruder, wenn du gehst, soll dich das auch keine einzige Münze kosten. Das läßt meine Frömmigkeit nicht zu!" – Sun Yaoting antwortete rasch: „Ach, das bißchen Geld habe ich, aber ich bin noch von der Sache in der Bergbachgasse zu Tode erschreckt. So weit weggehen? Die Berge sind gefährlich und die Bäche tief, schon ein wenig ..."

Eunuch Wu brach in Gelächter aus: „Von der Öffnung des Tempels am ersten Tag des vierten Monats bis zur Schließung am achtundzwanzigsten Tag desselben Monats reißt der Pilgerstrom nicht ab, und alle wollen nur zum Weihrauchabbrennen. Manche haben sich zu Gruppen zusammengetan, andere sind mit ihrer Familie da, wieder andere kommen allein, und alle haben allergrößten Respekt vor der Macht der Ursprünglichen Fürstin der azurblauen Wolken. Sogar Leute, die sich sonst nicht an das Gesetz halten, Betrüger, Hurenböcke, Spieler, alle möglichen Übeltäter, wagen nichts Unerlaubtes, wenn sie zum Gipfel unterwegs sind. Ich habe von einem Kaufmann gehört, der konnte sich, als er sich beim Stirnaufschlag bückte, auf einmal nicht mehr aufrichten. Die anderen zogen ihn hoch, und er bekannte: ‚Wenn ich verkaufe, wiege ich zuwenig ab, wenn ich kaufe, zuviel. Ich habe mit betrügerischem Herzen nach Reichtum gegiert, und nun hat die Fürstin mich mit einem krummen Rücken, gleich einem herunterhängenden Waagstock, bestraft.‘ Was sagst du dazu, ist das nicht treffend? Auch ein Sohn, der sich sonst nicht pietätvoll verhielt, war gekommen, um Weihrauch darzubringen. Plötzlich gab er sich ohne Unterlaß Ohrfeigen und klagte sich an, alte Menschen mißhandelt zu haben. Die Majestät und Kraft der Göttlichen Mutter bringt alle Leute dazu, respektvoll und ehrlich zu sein.“

Sun Yaoting war einverstanden, an Stelle des alten Eunuchen Wu auf dem Miaofeng-Berg Weihrauch abzubrennen und das Gelübde einzulösen. Er entschied, daß er am siebenundzwanzigsten Tag des dritten Monats aufbrechen wollte. An jenem Tag regnete es. Eunuch Wu sagte: „Na, ist die Mutter nicht geschickt? Das nennt man ‚Regen zur Reinigung des Berges‘. Der wäscht den Weg, damit die Leute bequemer hinaufsteigen können.“ Der Regen hörte genau zur Mittagszeit auf. Sun Yaoting nahm den Bus, fuhr bis Schwarzbergdorf, dann am Haidian-Distrikt vorbei zum Fuß des Berges.

Die Laternen, Kerzen und Räucherstäbchen am Wegrand gingen Tag und Nacht nicht aus. An zahlreichen Ständen, die aus Ehrfurcht vor der Ursprünglichen Fürstin der azurblauen Wolken von Großhandelsgesellschaften und allen möglichen Gewerbetreibenden unterstützt wurden, gab es Pfannkuchen, in Öl fritierte Gebäckstangen, fermentierten Sojabohnenkäse und Tee zu kaufen, auch Götterstatuen und Seidenwaren gehörten zum Angebot. Nach Anbruch der Nacht wurden in den Teestuben am Fuß des Berges Liegen aufgestellt, wo sich die Pilger ausruhen und schlafen konnten. Aus Spenden verteilte man dort auch Tee und Reisbrei. Sun Yaoting war froh, denn er hatte keine Verpflegung dabei. Ein eigens für die Spenden Verantwortlicher rief: „Ihr Frommen, nehmt Platz, trinkt Tee, eßt Reisbrei!“ Sobald Ruhe eingekehrt war, konnte man in der Nacht einige Li weit die Glocken und Klingsteine hören.

Unwillkürlich wurde Sun Yaoting von Ehrfurcht ergriffen. Er ruhte bis weit nach Mitternacht, erhob sich aber noch vor

Anbruch des Morgens, aß, trank etwas heißen Tee und begann dann mit dem Aufstieg. Er nahm den breiten ebenen Weg von Süden her, und es machte ihm Mut, daß so viele Menschen um ihn herum waren. Nach noch nicht einmal drei oder vier Li Fußmarsch keuchte er schon vor Anstrengung und schaute zurück. Zwischen den Teestuben und Reisbreiständen wanden sich Fackeln und Laternen wie ein feuerspeiender Drache den Berg hinauf. Unmittelbar vor sich bemerkte Sun etwas Schwarzes, das sich auf und nieder bewegte. ‚Gespenster gibt es in einer so ehrwürdigen Umgebung auf keinen Fall', dachte er und tat ein paar Schritte nach vorn. Es war ein Mann von etwas über vierzig, der alle fünf Schritte niederkniete und einen Stirnaufschlag verrichtete. Als er Sun Yaoting sah, sprach er: „Sie sind fromm!" Sun Yaoting antwortete: „Sie haben es hart!" Mit ernster Miene verwies ihm der Mann das: „Pilger, die einander begegnen, grüßen nur mit den Worten: ‚Sie sind fromm!' Daß es hart ist, darf man nicht sagen. Ich habe gelobt, für meine Mutter alle fünf Schritte einen Stirnaufschlag zu machen. Daher komme ich nur langsam vorwärts, gehen Sie vor."

Auf halber Höhe hörte Sun Pilger, die zu einem Berufsstand gehörten, einander auffordern: „Ihr Frommen, beeilt euch, nach oben zu kommen." Sun Yaoting dachte: ‚Gilt denn auch bei der Fürstin der azurblauen Wolken: Wer zuerst kommt, mahlt zuerst?' Bei Konfuzius und Mencius hatte er gelesen: ‚Wenn man für Freunde etwas tun will, muß man unbedingt aufrichtig sein, wenn man Freunden etwas verspricht, darf man ihr Vertrauen nicht enttäuschen.' Er wollte für Eunuch Wu ein Gelübde einlösen und um Segen bitten. Da sollte auch er sich beim Aufstieg anstrengen und möglichst bald Weihrauch abbrennen. Das wäre richtig! Also achtete er nicht auf seine Müdigkeit, sondern überholte etliche Pilger. Einer trug auf den Schultern einen hölzernen Kragen. Staunend fragte sich Sun Yaoting, ob denn auch Schuldige auf den Berg gehen durften. Ein anderer hatte eine schwere Kette dreifach um den Hals geschlungen, und wieder einem lastete ein Nagelbrett auf dem nackten Rücken. Am Ende des dritten Monats war es noch kalt, erst recht auf dem Berg. Wie mußte der mit seinem nackten Oberkörper frieren! ‚Oder stellt er seine Frömmigkeit absichtlich so zur Schau, um das Mitleid der Fürstin zu erregen? An ihrer Stelle würde ich so einem den Segen verweigern.‘

Gegen drei oder vier Uhr am Nachmittag langte Sun Yaoting im Tempel an. Der Volksmund nannte ihn auch ‚Tempel der Mutter mit der goldenen Stirn‘. Als er die Pforte durchschritt, sah er überall Pilger knien. Unter großen Schwierigkeiten konnte er sich vor das Standbild drängen. Nachdem er Weihrauch angezündet hatte, fiel er auf die Knie und verrichtete drei schallende Kotaus. Den Kopf zu heben und die Heilige anzuschauen, wagte er ebensowenig, wie damals im Palast den Kaiser. Verstohlen nur schielte er ein wenig nach oben und sah, daß die Fürstin eine Phönixkrone und ein farbiges Gewand trug. Ihr Gesicht war rund wie der Vollmond, ihre Miene gütig und glückverheißend. Nach seinen Kotaus mußte Sun sich sofort aus der Halle mit dem Standbild zurückziehen, um den vielen Leuten Platz zu machen, die, Räucherstäbchen in den Händen, von hinten herandrängten.

Während er die Halle verließ und die zinnoberroten Treppen hinabstieg, ging ihm durch den Kopf, was für ein machtvoller Geist diese Fürstin wohl sein mochte, die zu Zehntausenden Bauern, Arbeiter, Händler und Frauen aus den nördlichen Provinzen anlockte. Aber er fürchtete, sie zu beleidigen, wenn er jemanden danach fragte. Auf einmal entdeckte er unterhalb der roten Mauer eine steinerne Inschriftentafel. Sie war in der Ära Qianlong errichtet worden und die Zeichen ließen sich nur noch schwer lesen. Ein Alter, der neben ihm stand, nickte bedeutungsvoll, spitzte den Mund, als ob er ihre Bedeutung im großen und ganzen erfaßt hätte, und fragte Sun Yaoting: „Verstehst du das?“ – „Ich kann die Schrift nicht mehr deutlich erkennen.“ Der Alte sagte gewichtig: „Daran zeigt sich die Macht des Geistes. Nur, wenn es einem bestimmt ist, vermag man die Zeichen zu erkennen. Oben ist eingraviert, daß die Ursprüngliche Fürstin der azurblauen Wolken die Tochter des großen Kaisers vom Osthügel ist. In der Songzeit verlieh Kaiser Zhenzong ihr die Titel ‚Himmlische Unsterbliche, Jademaid, Ursprüngliche Fürstin der azurnen Wolken‘. Sie hat am achtzehnten Tag des vierten Monats Geburtstag und beschützt das Volk!“ Sun Yaoting glaubte ihm nicht so recht. Eine himmlische Unsterbliche sollte von einem irdischen Kaiser belehnt worden sein? Das war etwas komisch. Aber zu sagen wagte er das natürlich nicht, sondern ermahnte sich vielmehr, nicht solche pietätlosen Gedanken zu hegen.

Von einem großen Stein aus, auf dem er sich niedergelassen hatte, betrachtete Sun Yaoting den nicht abreißenden Menschenstrom, der zum Tempel empordrängte. Wahrhaftig, ein erhabener Anblick! Gruppen mit bunten Wimpeln folgten eine auf die andere. Dazwischen pendelten hier und da Einzelpersonen. Abgesehen von der Ebene im Südosten ragten ringsherum mit Kiefern und Pappeln bewachsene Berge auf, die grün und blau schimmerten. Die Sonne neigte sich bereits gen Westen, im Schatten der Bäume tanzten die farbigen Wimpel, und Trommelklang von nah und fern vermischte sich. Sun Yaoting wollte etwas über die verschiedenen Pilgergruppen erfahren, von denen manche ihn an jene Darsteller aus Jinghai erinnerten, die am Neujahrsfest als leuchtender Tanzdrache auftraten oder den Tanz des Löwen, der mit dem roten Ball spielt, vorführten. Er stieg den Berg hinab bis zu einer Teestube, auf die ein seidenes Schriftband mit den Zeichen ‚Alte Vereinigung für Tee- und Breispenden aus Beiping‘ hinwies. Sie war voll besetzt, Frauen und Männer saßen getrennt. Die Tische aus lackiertem Ulmenholz mit dem Motiv der Acht Heiligen waren blitzblank gerieben. In einer Ecke fand er noch einen freien Platz, entbot den Pilgern seinen Gruß und setzte sich. Die Bedienung fragte ihn, ob er lieber Tee oder Brei zu sich nehmen wolle, und Sun Yaoting bat um eine Schale Brei. Es war dicker heißer Maisbrei mit roten Bohnen. Dazu bekam er noch ein kleines Tellerchen mit eingelegten Rübenstreifen. Während er aß, musterte er unauffällig die Leute am Tisch. Die meisten waren zwischen vierzig oder fünfzig Jahre alt. Sein Nachbar, ein gütig aussehender Mann mit spärlichem Bart, trug eine graue Kamelhaarrobe, die an den Schultern mit schwarzer Seide besetzt war, an seiner kleinen Mandarinmütze steckte eine Blume aus rotem Samt. Sun Yaoting machte eine Verbeugung und geriet von da an schnell in ein angeregtes Gespräch mit ihm. Auf seine Frage nach den verschiedenen Gruppen erzählte der Mann: „Das sind Pilgervereinigungen. Wenn es die nicht gäbe, bekämen wir unzähligen Pilger am Wegrand keinen Tee, keinen Brei und hätten auch keinen Platz, uns auszuruhen. Die übergreifende Bezeichnung für alle ist ‚Vereinigung guter Menschen'. Manche werden von verschiedenen Gewerken organisiert, von Verschlagbauern, Friseuren, Vertretern des Ziegel- und Holzgewerbes oder Schustern. Prominente und alle möglichen großen und kleineren Geschäfte beschaffen gemeinsam die Mittel, während die Leute, die dort tätig sind, alle kostenlos arbeiten. Wenn Sie dann beispielsweise einen kaputten Schuh haben, näht Ihnen die ‚Gesellschaft zum Nähen geplatzter Nähte' den Schuh umsonst. Solche Vereinigungen guter Leute gibt es in großer Zahl. Auch Opernsänger und andere darstellende Künstler oder Bordelle rufen derartige Gesellschaften ins Leben. Und dann gibt es welche, deren Gründer angesehene Persönlichkeiten aus bestimmten Gegenden sind. Nehmen wir die Changxing-Raststätte. Dort haben Würdenträger aus Haidian, Nanyuan und anderen Regionen die Initiative ergriffen und alle möglichen Berufsgruppen in einer Gesellschaft zusammengefaßt. Unsere Teestube hier wurde von Beijinger Tee- und Breiverkäufern, von Teehausbesitzern, Teeblätterverkäufern, den Sommer-Teeständen am Shisha-See und anderen eröffnet. Die Innung der Hersteller von Andachtsmatten baute die Stände auf, das Mobiliar ist eine Leihgabe der Möbeltischler, den Reis liefern die Getreidehändler nach Bestellung, und die Kohle ist ein Geschenk der Kohlehandlungen. Sie haben doch an der Straße die mit Lotusblüten und Lotusblättern verzierten Plakate gesehen. Manche sind drei Chi lang und eineinhalb breit. Darauf lassen die Anführer der Gesellschaften rechtzeitig eintragen, wann und wo man sich versammelt. Die Nachricht wird weitergegeben, und so kommt es jedes Jahr aus Anlaß der Öffnung des Miaofeng zum großen Zusammenwirken aller Innungen."

Während er sprach, näherte sich ein äußerst wohlgeordneter Zug. Sechs riesengroße Kerle von Tigergestalt, je zwei und zwei, bildeten die Spitze. Mit Holzklöppeln schlugen sie große, zwanzig oder dreißig Jin schwere Gongs. Die Nachfolgenden schwenkten Fünf-Tiger-Stangen. Ein weißes Tuch um den Kopf, in Jacken aus grobem gelbem Tuch, gelben Hosen, die Waden mit schwarzen Bändern umwickelt, zogen sie stolz vorüber. Der Mann zeigte auf den Trupp: „Sehen Sie, das ist eine Gesellschaft der Kampfkünstler. Sobald sie mit dem Aufstieg auf den Miaofeng beginnen, geben sie Vorstellungen für die Ursprüngliche Fürstin der azurnen Wolken, bis sie den Tempel erreichen und ihr Weihrauchopfer darbringen können. Unterwegs bereiten sie damit natürlich auch den Pilgern Vergnügen. Außer der Shaolin-Fünf-Tiger-Stangen-Gesellschaft, gibt es überall Löwentanz-, Yanggevolkstanz-, Stelzen- und Pioniergesellschaften. Jede hat eigene Kostüme und Maskenbildner und wird bei ihren Auftritten von Gongs und Trommeln begleitet."

Sun Yaoting beobachtete eine Weile die kräftigen Gestalten der Vorüberziehenden. Manche hatten mit Wimpeln und Glöckchen geschmückte Tragstangen geschultert. Auf den runden Körben, die zu mehreren übereinandergestapelt an beiden Enden hingen, war mit schwarzem Lack der Name der Gesellschaft vermerkt oder Hinweise wie ‚Auf dem Weg zum Miaofeng fehlt es nicht an Tee'. Dann erkundigte er sich, wie die Reihenfolge der einzelnen Gruppen festgelegt werde. Er erinnerte sich nämlich, daß die Wushu-Vereinigungen in Jinghai und Tianjin beim Neujahrsfest häufig um die Plätze in den ersten Reihen stritten. „Hier steht vorn, wer zuerst kommt", klärte ihn sein Gesprächspartner auf, „und in dieser Reihenfolge betritt man auch den Tempel. Niemand wagt sich vorzudrängen oder jemandem den Platz streitig zu machen, denn jeder befürchtet, daß die Fürstin ihn sonst hinauswirft."

Inzwischen war es dunkel geworden und die meisten Gäste hatten die Teestube verlassen. Alle, die hier übernachten wollten, warteten darauf, daß die Bediensteten die Tische zusammenrückten. Auch Sun Yaoting blieb über Nacht. Am nächsten Tag kaufte er beim Abstieg vom Berg, wie es Brauch war, noch ein paar Kleinigkeiten, ein kleines, aus Weizenstroh gedrehtes Spielzeug und zwei rote Andenken aus Samt. Man nannte das ‚Glück tragend zurückkehren'. Eines der beiden Andenken wollte er behalten, das andere Eunuch Wu schenken, zum Zeugnis dafür, daß er das Gelübde eingelöst hatte und Glück mitbrachte. Auf dem Heimweg dachte er über die Beweggründe der Pilger nach, die zum Gipfel gingen und Weihrauch opferten. Pietätvolle Söhne legten Gelübde ab, um von Vater oder Mutter Krankheit oder Unglück abzuwenden. Auch er hatte um Schutz vor Unglück gebeten und Glück erfleht. Handwerker und Händler baten um Reichtum, Bauern um reiche Ernte, Frauen um Kindersegen. Wer den Beistand der Fürstin erhalten hatte, kam, ein Dankesopfer zu bringen. All dies ging nicht über die vier Zeichen Mian cai, Vermeiden von Unglück, und Qi fu, Flehen um Glück, hinaus, sollte sich also noch zu Lebzeiten der Bittenden erfüllen. Anhänger der buddhistischen Lehre dagegen, soviel verstand er vom Buddhismus, suchten Erfüllung ihrer Wünsche in einer künftigen Welt. Die Ursprüngliche Fürstin der azurblauen Wolken war daher wohl keine buddhistische Göttin. Dann fiel ihm ein, daß sie nach chinesischer Art gekleidet war, Phönixkrone, Wolkenschulterumhang, Schmuck. Wahrscheinlich war sie eine daoistische Gottheit. Er kam ins Grübeln, wodurch die Fürstin auf dem Miaofeng-Berg es wohl vermochte, die vielen Menschen zu so tiefem Gehorsam zu bewegen? Der Gewalt von Herrschern, ob früher den Kaisern oder jetzt dem Präsidenten der Republik, beugte sich das Volk zwar, aber daß es sich auch innerlich fügte, dazu brachten sie es nicht. Kaiser Qin Shihuang regierte sechzehn Staaten nach dem Gesetz des Philosophen Shang Yang. Das Volk war wütend, wagte aber nicht aufzubegehren. Da erhob sich die Rebellenarmee, und schon in der zweiten Generation war seine Dynastie ausgelöscht. Welches Recht, welches Gesetz galt? Das der Geister, das der Fürsten und Beamten? Welches war stärker? Oder galt für die einen dies und für andere etwas anderes? Er war verwirrt und kam zu keinem Ergebnis.

Eunuch Wu freute sich über die Rückkehr Sun Yaotings und das kleine Geschenk so sehr, als hätte man ihm eine tausend Jin schwere Last von den Schultern genommen. Inzwischen war auch Xiao Shunzi aus Tianjin zurück, und als die beiden am Abend auf dem Bett saßen, erzählte Sun Yaoting ihm alles, was er in den letzten Tagen gehört und gesehen hatte. Hingerissen hörte Xiao Shunzi ihm zu.

In Tianjin hatte Xiao Shunzi im Hause eines früheren Dorfgenossen namens He gewohnt. Gebieter He war Kaufmann, sehr gesellig, und er bekleidete im Geheimbund der Grünen Gilde den verhältnismäßig hohen Rang Tong. Damals galt bei der Grünen Gilde im Norden als höchster Rang der mit dem Zeichen Da, Der Große. Danach kamen Tong, Der Durchdrungene, Wu, Der Erwachte, Xue, Der Lernende, und so weiter. Nur die Inhaber der höchsten Ränge waren befugt, Schüler anzunehmen. Der damit verbundenen Zeremonie durfte kein Außenstehender beiwohnen. Durch einen Schwur verpflichteten sich die künftigen Mitglieder, den Ahnen nicht auszulöschen, keinen Betrug am Meister zu üben und nicht zu rauben. Ferner war ihnen unzüchtiges Benehmen verboten, auch Lotusblüten niederzutreten, also mit Frauen von Gildenmitgliedern unrechtmäßige Beziehungen zu unterhalten, und natürlich war strengstens untersagt, die Geheimnisse des Bundes zu verraten. Bei einem Verstoß gegen diese vier Grundregeln drohte dem Übeltäter, daß ein fünffacher Blitz seinen Scheitel traf und er mit zerschlagenem Gesicht nach Hause zurückkehrte.

Eines Tages hatte Xiao Shunzi mitbekommen, daß Gebieter He Adepten aufnehmen wollte. Er bedrängte ihn so heftig, daß dieser, unter der Bedingung, daß Xiao keinem Außenstehenden ein Sterbenswörtchen verriet, bereit war, ihn mitzunehmen. Die Zeremonie fand in der Nacht statt. Es begann damit, daß in einem Zimmer den beiden Urmeistern Pan und Qian auf Räuchertischen zwei Seelentafeln aus Papier geopfert wurden. Danach opferte man vor der Zimmertür, wo ein Teetisch aufgestellt worden war, bei dem eigens ein Wächter stand, dem Urmeister Zhang ebenfalls eine papierne Seelentafel. Alle, die der Zeremonie beiwohnten, verrichteten nun in einer genau festgelegten Folge Stirnaufschläge und brannten Weihrauch ab. Zuletzt kam derjenige an die Reihe, der diesmal einen Meister genommen hatte. Er mußte sich vor allen Anwesenden verbeugen und legte anschließend den Schwur ab. Darauf folgten wieder Verbeugungen vor dem Meister, den Mitschülern, und letztere beglückwünschten dann den Meister. Neulinge wurden nicht nach ihrem Alter, sondern entsprechend dem Tag der Aufnahme in den Bund eingereiht. Ob bei einem Verstoß gegen die Regeln geschlagen oder auf andere Art bestraft wurde, lag in der Entscheidungsgewalt des Adepten, der am längsten gedient hatte. Widerspruch war nicht gestattet. Nur, wenn keine Lösung gefunden werden konnte, rief man den Meister zur Schlichtung des Streitfalles.

Zu gern wäre Xiao Shunzi in den Geheimbund eingetreten, aber ihm fehlte es am nötigen Geld, um einem Meister die Ehre zu erweisen und die Mitschüler gebührend zu bewirten. Von Gebieter He hatte er aber nicht wenig über Regeln, Gesetze und Geheimzeichen der Grünen Gilde erfahren, und als er wieder in Beijing war, wollte er sein Wissen einmal auf die Probe stellen. Eines Tages aß er in einem kleinen Gasthaus an der Himmelsbrücke Guotie, gefüllte kleine Teigtaschen. Seine Mütze hatte er umgekehrt hingelegt, was bei Leuten der Grünen Gilde als Hilferuf galt. Nach einer Weile setzte sich jemand zu ihm und fragte: „Wogegen stößt der Kopf des Ältesten und was behindert seine Füße?" Xiao Shunzi gab zur Antwort: „Bitte helfen Sie mir, die Rechnung für das Essen zu begleichen." Der Mann merkte sofort, daß er kein Mitglied des Geheimbundes vor sich hatte, und las ihm gehörig die Leviten. „Wir dulden keine Hochstapler. Geh woandershin zum Betteln. Woher kennst du eigentlich die Regeln? Gib Antwort! Wo wohnst du? Wir werden dich besuchen! Und wenn du bis ans Ende der Welt gehst, wir finden dich!" Der Mann drohte nur und hatte nicht die leiseste Absicht, etwas gegen ihn zu unternehmen. Aber Xiao Shunzi erschrak zu Tode und lief seitdem ziemlich bedrückt herum. Schließlich hielt er es nicht länger aus und vertraute sich Sun Yaoting an. Der lachte, worauf Xiao Shunzi ihn inbrünstig anflehte, sich etwas einfallen zu lassen.

„Da hilft nur eins", meinte Sun Yaoting, „die Arie richtig singen, einen Meister nehmen und Mitglied werden. Was sollen diese Leute dann noch sagen?" Über einen Bekannten, der Mitglied der Grünen Gilde war, fand Sun Yaoting einen Meister, der bereit war, Xiao Shunzi aufzunehmen. Er entließ Sun mit den Worten: „Wenn jemand kommt und Ärger macht, sagt ihr, daß der junge Mann bereits Mitglied ist und von mir empfohlen wurde. Fertig." Xiao Shunzi hatte Glück. Dieser Meister hatte nur wenige Adepten, er brauchte nur zehn Yuan auszugeben, legte seinen Schwur ab, verrichtete Stirnaufschläge und war Mitglied. Mit strenger Miene schärfte Sun Yaoting ihm ein: „In so einem Geheimbund zu sein, ist nichts Besonderes. Anfangs wirst du die vier Grundregeln sowieso nicht verletzen, und überhaupt, was ist an so einem Eid schon dran? Bei allen Parteien oder Gruppen ist derlei üblich, aber kaum getan, ist der Schwur auch schon vergessen. Übeltaten, die zu begehen einem bestimmt sind, begeht man trotzdem. Von wegen fünffacher Donner trifft den Scheitel und mit kaputtem Gesicht kommt man nach Hause, das ist nur so dahergesagt! Der eigentliche Sinn solcher Vereinigungen ist doch, daß man, in der Menge sicherer, die Leute noch eher schikaniert. Laß du so etwas bleiben, dann ist es in Ordnung."

10. KAPITEL

Manzhouguo

Dunkle Zeiten

Die Japaner hatten ausgenutzt, daß Zhang Zuolin bei einem Sprengstoffattentat getötet worden war, um Truppen in Bewegung zu setzen, und hatten nach dem Shenyang-Zwischenfall vom 18. September 1928 die drei Provinzen im Nordosten okkupiert, ohne daß die Regierung sich widersetzte. Zwar brodelte der Volkszorn, es gab Demonstrationen, große und kleine Spruchbänder, zum Widerstand bereite Studenten begaben sich nach Nanjing, aber trotz alledem war die Stimmung in Beijing trist, und die meisten Menschen hatten Angst. Wohlhabende stürzten in die ausländischen Konzessionsgebiete in Tianjin und baten um Asyl. Die weniger Reichen waren schlechter dran, die Armen mußten sehen, wo sie blieben. Nachdem die Japaner den Nordosten besetzt hatten, streckten sie die Hände weiter nach Nordchina aus und stifteten die Landesverräter Tao Shangming und Yin Rugeng an, die zweiundzwanzig Kreise im Nordosten unter einer ‚Autonomen Regierung' zusammenzuschließen. Eine Menge japanischer Ronin kamen ins Land. Sie verkauften Heroin, eröffneten Opiumhöhlen und machten den chinesischen Händlern das Geschäft kaputt. Alte, Schwache und Frauen flüchteten nach Beiping, wo sie auf Märkten und Straßen herumlungerten und auf das Mitleid der Einheimischen angewiesen waren. Die Mächtigen und die Kollaborateure aber betrogen das einfache Volk um sein sauer verdientes Geld.

Eunuch Wu, der die Ereignisse verfolgte, war unruhig. Für den Fall, daß die Japaner bis nach Beiping vordrangen, mußte er fürchten, daß sie seine Ländereien besetzten. Sie würden an Wert verlieren, und es fänden sich keine Pächter mehr. Sun Yaoting und Xiao Shunzi, die nun schon ziemlich lange bei dem alten Eunuchen wohnten, waren angesichts ihrer vollkommenen Machtlosigkeit in dieser gespannten Situation ganz mutlos. Dem Hause Wu wollten sie nicht zur Last fallen, und so faßten sie den Entschluß, wieder ins Kloster des Blühenden Gedeihens zurückzukehren. Aber natürlich konnte von ‚blühendem Gedeihen' dort auch keine Rede sein. Jeder versuchte, sich irgendwie durchzuschlagen, indem er etwas verkaufte oder als Altwarenhändler. Wer nichts dergleichen zu tun fand, saß den ganzen Tag bedrückt herum oder vertrieb sich die Zeit mit Schachspielen. Ein paar Jahre blieben die beiden hier, bis Xiao Shunzi eines Tages auf Nimmerwiedersehen aus Beijing verschwand. Sun Yaoting fühlte sich einsam. Er war mittlerweile neunundzwanzig Jahre alt und sehnte sich, wie jeder, der auf die Mitte des Lebens zusteuert, nach seiner Familie, nach der Heimat. Sein Bruder hatte ihm schon mehrmals geschrieben und ihn beschworen, wieder nach Hause zu kommen, und so gab er schließlich seinen Gefühlen nach und kehrte heim.

Die Familie hieß ihn willkommen. Seine Eltern waren alt geworden, aber bis auf gelegentliche Asthmaanfälle der Mutter noch recht gesund. Er schämte sich ein wenig, seinem alten Vater unter die Augen zu treten, ohne Geld in den Händen und ohne Geschenke für die Familie. Das Leben auf dem Land verlief so eintönig und freudlos wie eh und jeh. Das war eben so. Man wuchs auf, und wenn man kräftig genug war zu arbeiten, arbeitete man. Der Bruder hatte inzwischen geheiratet und baute Getreide an, der Vater zog den ganzen Tag an seiner Tabakspfeife, die Mutter hielt noch ein paar Hühner und kochte das Essen für die Familie. Sun Yaoting kam sich nutzlos vor. In Gedanken war er oft in Beijing, aber wenn er aus seinen Träumereien erwachte, mußte er sich fragen: ‚Was soll ich denn dort?' Eines Tages kam der Briefträger ins Dorf. Das war für alle Bewohner stets ein großes Ereignis. Der Brief war an Sun Yaoting gerichtet. Ein Eunuch, den er vom Palastdienst her kannte, teilte ihm mit, der Kaiser sei jetzt in Changchun, der alten Heimat der Mandschuren und der Qing, und beabsichtige, einige von den seinerzeit jüngeren Eunuchen wieder als Diener einzustellen. Falls Sun Yaoting mitkommen wolle, würden sie sich am Kloster des Blühenden Gedeihens treffen und gemeinsam aufbrechen.

Sun Yaoting war unschlüssig. Sollte er gehen? Die Gegend war von den Japanern besetzt. Er wäre womöglich ein Landesverräter, wenn er dorthin ginge. Außerdem hatte er gehört, die Chinesen lebten dort wie Sklaven einer fremden Macht, könnten sich nicht satt essen, hätten nicht mal Reismehl und würden von den japanischen Gendarmen auch noch verprügelt. Andererseits, es war Kaiser Puyi, der Leute suchte, und er war schließlich ‚gereinigt' worden, um dem Kaiser zu dienen. Daß die Japaner die Leute um den Kaiser schikanierten, war unwahrscheinlich. In den mehr als zehn Jahren außerhalb des Palasts hatte er nicht wenig Leid erdulden müssen. Oft hatte er den kürzeren gezogen, war betrogen und gedemütigt worden, besaß kein eigenes Zuhause und wußte nicht, womit er seinen Lebensunterhalt verdienen sollte. Vielleicht würde er es im Palast in Changchun zu etwas bringen? Dann aber erinnerte er sich, wie hart und gefühllos der Kaiser sich gezeigt hatte. Was sollte werden, wenn er in Changchun, das so weit entfernt war, in ernsthafte Schwierigkeiten geriete? Aber Kaiserin Wanrong war ihm gnädig gesinnt. An ihrer Seite Dienst zu tun, wäre schon viel besser. Er starrte vor sich hin und überlegte hin und her, ohne zu einer Entscheidung zu kommen. Seine Leute wußten nicht, was sie davon halten sollten, und fragten ihn schließlich, was denn in dem Brief stehe. Als sie erfuhren, jemand rufe ihn als Aufwartung für den Kaiser nach Changchun, außerhalb der Guanzhong-Region, waren sie sofort dafür. Die Leute auf dem Land brauchten eben nur zu hören, daß es etwas zu tun gab, und schon waren sie froh gelaunt. Sun Yaoting dachte bei sich, daß es, vielleicht nicht seinen Eltern, wohl aber dem Bruder und der Schwägerin mit der Zeit zuviel würde, wenn er zu Hause umsonst essen und trinken würde. Sagen würden sie nichts, aber möglicherweise anfangen, ihn zu hassen. Also, sei's drum! Er würde halt hingehen! Und so kehrte er in das Kloster des Blühenden Gedeihens zurück.

Im Xianlong traf Sun Yaoting Liu Xingfu und Wang Shiqing wieder. Letzterer sagte: „In Changchun brauchen sie Leute, aber sie wollen keine Alten. Du bist zwar auch bald vierzig, aber Jüngere gibt es nicht mehr. Gehst du mit oder nicht?" Sun Yaoting nannte Wang Shiqing seine Bedenken und schloß mit den Worten: „Wenn ich nicht gehe, weiß ich nicht, wovon ich leben soll, also gehe ich." Die Leute im Kloster rieten Sun Yaoting allesamt davon ab. Sie sagten, wenn er soviel Glück hätte und überhaupt wiederkäme, dann zum Skelett abgemagert. Unsicher, wie weit er den Schauergeschichten Glauben schenken sollte, fragte er Wang Shiqing: „Wieviel Leute kommen mit?" – „Drei. Guo Shaochen, du und ich." – „Wann brechen wir auf?" – „Sofort!" Gemeinsam begaben sie sich ins Palais des Beile Zaitao. Der Beile erkundigte sich nach ihrem Alter und dem Gesundheitszustand. Als er sah, daß keiner von ihnen eine schwere Krankheit hatte, meinte er: „Geht ihr nur!" und meldete ihre Namen telefonisch dem ‚Büro des Hauses der Qing' in Tianjin, das auch ‚Büro des Gartens der Stille' genannt wurde. Das sogenannte Büro wurde hauptsächlich vom Zweiten Gebieter, Pujia, geleitet. Der ließ die drei erst einmal warten, bevor er ihnen Geld für die Reise und die Einwanderungsausweise hinausreichte und ihnen befahl, gut zu dienen.

Die drei bestiegen den Zug. Am Zoll hielt der Zug an, ein paar Uniformierte, Chinesen und Japaner, stiegen zu und kontrollierten die Einwanderungsausweise. Sun Yaoting erstarrte. Waren sie nicht unterwegs nach Changchun im Nordosten Chinas? Wie konnte man dazu Ausreise und Einreise sagen! Er hatte aber nicht den Mut, zu fragen. Wang Shiqing holte die Dokumente heraus. Die Militärpolizisten schauten kurz darauf und gingen vorbei. Ihnen folgten Zollbeamte, die das Gepäck kontrollierten. Sun Yaoting fiel sofort auf, daß ihre Uniformen anders waren als die der Beamten in Tianjin. An den Mützen trugen sie einen fünfzackigen, gelb umrandeten Stern, an den Uniformen das Schild des Zolls von Manzhouguo. Sun Yaoting hatte ein paar Eßwaren aus Beiping bei sich. Die Zollbeamten sagten, dafür müßte er Steuer zahlen. Eine Weile empfand er

Bitterkeit, dann sagte er: „Ich will sie nicht mehr, nehmt sie mit.“ Und die falschen Zöllner nahmen wirklich alles mit, bis auf ein paar Spezialitäten, die gut versteckt waren. Nach Beendigung der Untersuchung setzte sich der Zug in Richtung Osten in Bewegung. Sun Yaoting schaute aus dem Fenster und wies die beiden anderen auf eine seltsame Fahne hin, zu drei Vierteln gelb und zu einem Viertel rot, blau, weiß und schwarz. Dieser Anblick ließ sie blaß werden. Als der Zug Shenyang passierte, kamen die Schaffner in die Waggons und verhängten für ungefähr zwanzig Minuten alle Fenster ganz dicht mit schwarzen Vorhängen. Das elektrische Licht ging an, und man sah am Ende eines jeden Abteils einen japanischen Gendarmen mit einer Pistole stehen. Die Fahrgäste senkten die Köpfe. Sun Yaoting wußte nicht, was los war, und tat es den anderen gleich. Die geschlossenen Fenster ließen einen ganz schummrig und blöd im Kopf werden. Ein Mann, dem Äußeren nach ein Bauer, mußte sich übergeben. Übler Gestank erfüllte den Waggon, die Leute hielten sich die Nasen zu. Nach kurzer Zeit brachte der Schaffner einen furchterregend aussehenden japanischen Gendarmen mit. Der brüllte den Bauern an, wollte wissen, wo, bei welcher Familie, in welcher Gegend der Bauer Reis gegessen hätte. Der Schaffner übersetzte. Der Bauer sagte, er hätte noch vor Shenyang Leute, die er nicht kenne, angebettelt. Dann verabreichte der Gendarm dem Bauern an die zehn Ohrfeigen und drohte, bevor er ging: „Wenn du es nicht sagst…, es sind schon welche gestorben!“ Der Schaffner mußte das Erbrochene wegräumen. Als er weg war, sagten die Fahrgäste zu dem Bauern: „Du hast vielleicht Mut! Wenn du gesagt hättest, bei wem du Reis gegessen hast, wäre es für die Familie zu einer Katastrophe gekommen!“ Der Bauer konnte nur bitter lächeln. Ein Mitreisender erklärte Sun Yaoting leise: „Reis dürfen nur die Japaner essen. Für uns gibt's nur Sorghummehl. Früher konnten wir noch Kulturreis kaufen, jetzt nicht mal den.“ – „Was ist Kulturreis?“ – „Na, weißer Sorghumreis.“ Jetzt dämmerte es Sun Yaoting, warum seine Eßwaren konfisziert worden waren. Er bereute, so überstürzt nach Changchun abgereist zu sein. Aber nun mußte er sich wohl oder übel in sein Los schicken.

Changchun war längst in Xinjing, Neue Hauptstadt, umbenannt worden, als sie ankamen. Die Händler, die auf dem Bahnhof Streichhölzer und Tabakwaren verkauften, trugen kleine gelbe Mützen und riefen: „Machi, Tabako." Was das für Worte waren! Auf einem schäbigen Pferdewagen fuhren die drei zum Palast.

Wiedersehen mit dem Kaiser

Erstaunt betrachtete Sun Yaoting den kleinen im europäischen Stil errichteten Gebäudekomplex. Er war von Eisenzäunen umgeben und an den Toren standen Wachen. Das Tor auf der Westseite hieß Laixun, Tor des Kommenden Duftes, das auf der Ostseite Baotang-Tor, Tor des Glücklichen Geschicks. Sun Yaoting fragte den Kutscher: „Hier wohnt der Kaiser?" Der Kutscher antwortete: „Das ist der Kaiserpalast. Hohe Gebäude gibt es in unserer Stadt sonst nicht. Das hier war früher Sitz der Salinenverwaltung. Als die kaiserliche Familie hierherkam, hatte sie keine Wohnung, also besetzten sie das Amt. Auf dem Gelände vor den beiden Toren stehen zahllose Lehmhäuser. Da wohnen arme Leute drin. Und jetzt wollen sie hier große Häuser bauen und, verflucht nochmal, die Lehmhäuser der einfachen Leute allesamt abreißen."

Sun Yaoting rief sich den prächtigen Palast in Beiping in Erinnerung. Ihm tat Puyi leid. Glich das hier nicht eher einem Gefängnis? Der japanischen Wache am Laixun-Tor reichten die drei Ankömmlinge den Brief des Tianjiner Büros. Der Japaner sagte: „Yoroshi" und wies, als sie ihn verständnislos ansahen, nach innen. Der Raum neben dem Tor trug die Aufschrift Uketori, ‚shou fu', die japanische Bezeichnung für Rezeption. Ein Mann trat heraus und fragte: „Was wollt ihr?" Die drei zeigten auch ihm den Brief, und er führte sie hinein. Es war ein schmaler Weg in Richtung Norden, vorbei an Unterkünften für Soldaten, einem Pferdestall und einer Garage. Das Tor des Glücklichen Geschicks auf der rechten Seite, genauer betrachtet ein auf vier Säulen ruhender Torbogen aus Zement, bildete den eigentlichen Eingang in den Palast. Über einem Bild von zwei mit einer Perle spielenden Drachen war in der Mitte eine große runde Uhr eingelassen. Sun Yaoting dachte an den Drachen im

Kaiserpalast von Beijing, der hatte Schuppen und Krallen, wie es sich gehörte. Und warum auf einmal zwei Drachen? Sollten das etwa der japanische Kaiser und Puyi sein, die als zwei Drachen mit der Drachenperle spielten? Links hinter dem Tor des Glücklichen Geschicks befand sich das Haushaltsdepartement, ein Dreifachgebäudekomplex, wo man Zeitung las und sich unterhielt. In den beiden Ziegelhäuschen auf der rechten Seite, der Melde- und Desinfektionsstelle und der Stelle für Medizin und Hygiene, gingen ständig japanische Polizisten ein und aus.

Der Pförtner führte die drei in die Desinfektionsstelle. Vier oder fünf mit weißen Umhängen bekleidete Ärzte hießen sie die Mäntel ablegen, besprühten sie dann ohne Sinn und Verstand mit Desinfektionsmitteln und desinfizierten anschließend auch die Mäntel. Wang Shiqing wollte sich mit der Begründung, er hätte sich kurz vor der Ankunft noch gewaschen, der Prozedur entziehen, aber ein Arzt meinte: „Das ist Vorschrift im Palast, wir müssen auf jeden Fall sprühen. Seine Majestät fürchtet nichts mehr als Bazillen. Stets trägt er einen Behälter mit Alkohol bei sich. Sobald sich eine Fliege auf ihn setzt, reibt er sich mit einem alkoholgetränkten Wattebausch ab. Egal, wer von draußen kommt, er muß desinfiziert werden, auch die kaiserliche Familie bildet da keine Ausnahme ..." Dann fragten die Ärzte: „Hustet einer von euch öfters? Hat sich einer röntgen lassen? Seine Majestät hat große Angst vor Lungenkrankheiten. Vor einem halben Jahr starb ein gewisser Bai an so einer Krankheit. Sein Zimmer wurde desinfiziert und ist noch immer versiegelt." Sun Yaoting und seine Begleiter versicherten, sie würden nicht husten und hätten auch noch nie Röntgenaufnahmen machen lassen.

In einer Reihe niedriger Ziegelgebäude im Anschluß an die Desinfektionsstelle wohnten die japanischen Gendarmen. Von dort aus konnten sie beobachten, wer im Palast ein- und ausging. Der Pförtner wies die drei an, sich beim Vorbeigehen zu verbeugen. Der Turm ‚Dienst am Volk', der Turm ‚Umarmung der Ferne' und der Turm ‚Strahlender Glanz' waren jene Gebäude hinter dem ‚Tor des Glücklichen Geschicks' und dem darauffolgenden Tor ‚Willkommenen Glanzes', wo Puyi residierte. Ein überdachter Durchgang über einen kleinen Hof verband den Turm ‚Dienst am Volk', einen rechteckigen Umgehungsturm, mit dem etwas weiter nördlich gelegenen Turm ‚Umarmung der Ferne'. Der Pförtner brachte die drei zu einem Zhonghe-Tor in Richtung Norden. Dort blieb er dann stehen. „Geht hinein, wir dürfen nicht weiter." Sun Yaoting meinte: „Das Gebäude hat drei Stockwerke, wir wissen nicht wohin." – „Hier ist der Wohnbereich des Kaisers. Der Kaiser und seine Konkubinen leben hier, wir dürfen nicht hinein." Guo Shaochen meinte: „Sieht aus, als wäre es da drinnen so, wie im Palast der Himmlischen Klarheit. Gehen wir und erkundigen uns vorsichtig."

Noch bevor sie den Eingang erreicht hatten, kam ihnen jemand entgegen, der eine Art Militär- oder Sun-Yatsen-Kleidung trug. Beim näheren Hinsehen erkannte Wang Shiqing in ihm Li Changan. Die drei legten die Hände zum Gruß vor die Brust, und Sun Yaoting wollte gerade etwas sagen, da winkte Li Changan ab und bedeutete ihnen, ihm schweigend in das Gebäude zu folgen. Sie stiegen in den ersten Stock hinauf, bogen nach links ab und warteten auf Geheiß von Li Changan vor einem der Räume auf ihn. Nach einer Weile kam er wieder und sagte: „Seine Majestät ist unterrichtet, daß ihr gekommen seid. Ruht euch aus. Morgen werdet ihr vorgestellt." Sprach's und führte sie die Treppe hinunter in ein kleines Zimmer, wo ein Mann, der einen Anzug anhatte, sie in ein Register eintrug. Anschließend wies er ihnen den Weg aus dem Haus zu einer Reihe weiter hinten gelegener kleiner Kammern, wo sie ihr Gepäck ablegen konnten. Das waren dann auch ihre Schlafzimmer.

Am nächsten Morgen begaben sich die drei zum Kaiser. Während sie auf Puyi warteten, sah sich Sun Yaoting in dem Raum um. Er war im europäischen Stil eingerichtet. Grüne Tapeten bedeckten die Wände, auf dem Boden lag ein dattelroter Teppich. In einem großen Regal standen neben ein paar Antiquitäten und alten Büchern, unter anderem die ‚Schätze des Großen Mandschurischen Kaiserreiches' und die ‚Schätze des Kaisers' in Chinesisch und Mandschurisch, Wörterbücher, Papier, Tusche, Pinsel und Tuschestein. In der Nähe des Fensters befanden sich Büchertisch, Stuhl und ein Sofa, an der Wand hing, von einem japanischen Künstler gemalt, das Bild eines

Sperlings. Während Sun Yaoting noch darüber nachdachte, welch ein himmelweiter Unterschied zwischen diesem Zimmer und der Halle der Pflege des Herzens bestand, kam der Kaiser. Die drei fielen auf die Knie, hatten aber noch keinen Stirnaufschlag gemacht, da rief Puyi schon streng: „Aufgestanden! Hier macht man keinen Kotau. Verbeugt euch!" Die drei verneigten sich sofort dreimal hintereinander. Puyi fragte sie nach ihren Namen und teilte sie dann zur Arbeit ein. Sun Yaoting wurde in die Halle der Gemeinsamen Tugend zum Fegen geschickt.

Bei der Ankunft in Changchun hatte Puyi sich angewidert gezeigt von der Häßlichkeit der Amtsgebäude, die ihm hier als Palast dienen sollten. Daraufhin hatten die Japaner einen Bauplan hervorgeholt, den sie als ‚den gewaltigen Plan von Süd-Changchun' bezeichneten. So großartig, wie dieser Plan angelegt war, wäre man mit dem Bau in zehn Jahren noch nicht fertig gewesen. Puyi forderte, zunächst eine kleine Residenz zu errichten, wo er wohnen konnte. So entstand, als Provisorium, wie die Japaner sagten, die Halle der Gemeinsamen Tugend, ein Stahlbetonbau, der mit glasierten Ziegeln gedeckt war, die eigens aus Beijing hierher transportiert worden waren. Der Name sollte die enge Verbundenheit mit Japan zum Ausdruck bringen. Sie war sieben- bis achtmal kleiner als die Halle der Himmlischen Klarheit in Beijing, und Puyi nutzte sie nur, wenn er Japaner empfing.

Auf dem Weg in die Halle der Gemeinsamen Tugend meldete Sun Yaoting sich beim Oberaufseher, der die Schlüssel ausgab und ihm sagte, daß drei Gruppen zu jeweils vier Mann sich beim Fegen, Staubwischen und Putzen der Glasscheiben, mit denen ein Gang vor der Halle verkleidet war, abwechseln würden. Er sollte sich jetzt erst einmal dorthin begeben, die Regeln, die im Palast einzuhalten waren, wollte er ihm ein anderes Mal erläutern. In der Halle der Gemeinsamen Tugend gab es einen Aufenthaltsraum, wo Gäste warten konnten, bis sie empfangen wurden, einen Konferenzraum, den Mandschurischen und den Japanischen Raum. Im Konferenzraum befand sich nichts weiter als ein langer, mit einem ockerfarbenen Tuch bedeckter Tisch. Im Mandschurischen Raum standen ein paar schäbige Holzstühle und ein paar Sofas, an der Wand hing eine Kalligraphie, auf dem Boden lag ein Teppich. Der Japanische Raum war mit Tatami ausgelegt, auf denen um einen niedrigen Tisch ein paar große wattierte Sitzkissen und kleine Stützkissen lagen, an der Wand hing ein Gemälde vom Berg Fuji. Abends mußte die Halle abgeschlossen werden. Danach unterzog man jeden einer Leibesvisitation. Durch eine Klingelanlage war die Halle mit der Wache der japanischen Gendarmerie verbunden, und sobald die Klingel ertönte, stürzten die Polizisten herein.

Seit seiner Ankunft hatte Sun Yaoting den Wunsch, Wanrong zu sehen. Er befürchtete, daß die Delikatessen, die er für sie aus berühmten Beijinger Geschäften mitgebracht hatte, kandierte Weißdornbeeren und Sauerpflaumen, Sesamgebäck und andere, an Geschmack verlieren würden, wenn er sie noch länger aufbewahrte. Also faßte er sich eines Tages ein Herz und durchschritt den Gang, der von der Halle der Gemeinsamen Tugend zu den Wohnräumen des Kaisers und der Kaiserin führte, ging an dem eisernen Gitter vorbei, das Puyi hatte anbringen lassen, um sich vor Anschlägen zu schützen, und stieg die Treppe hinauf. Auf der Ostseite begegnete er einer Angestellten, stellte sich als ein Eunuch der Kaiserin aus früheren Jahren vor und bat darum, die Kaiserin sehen zu dürfen. Wanrong befand sich noch in den inneren Gemächern. Der Raum, in dem Sun Yaoting sie erwartete, war rundum mit rosaroter Seidentapete ausgeschlagen, den Boden bedeckte ein himmelblauer Teppich, und von der Decke hing eine elektrische Lampe in Gestalt von zwölf weißen Prachtmagnolien herab. In der Zimmermitte stand ein Bett mit Sprungfedermatratze. Außerdem gab es einen riesigen Kleiderschrank mit Spiegel, am Fenster einen Frisiertisch, und in einer Ecke entdeckte er ein Klavier.

Als Wanrong plötzlich eintrat, erschrak Sun Yaoting zutiefst. Sie war so unglaublich abgemagert, daß sie eher einem lebenden Gespenst denn einem Menschen glich. Ihre Haare waren nicht gekämmt, das Gesicht wirkte ungewaschen, die Wangenknochen traten hervor. Aus tiefliegenden Augen starrte sie ihn mit geistlosem Blick an. Sun Yaoting verbeugte sich zu ihr hin, aber sie reagierte nicht. „Ich bin doch Chunshou!“ sagte er. Sie brachte nur ein „Aha“ heraus und sah ihn weiter wie benommen an. Sun Yaoting reichte ihr die mitgebrachten Leckerbissen. Sie griff sofort zu und fing heißhungrig an davon zu essen. Nach einer Weile schien sie aus ihrer Abwesenheit zu erwachen und fragte: „Was machst du hier?“ – „Ich bin gekommen, um Seiner Majestät und Euch zu dienen.“ Dann erkundigte sie sich nach einigen Bekannten von früher, erzählte und erzählte. Ganz plötzlich verfiel sie wieder in ihre Verwirrtheit. Sie warf die Leckerbissen wild durch die Gegend, hob sie wieder auf, nur, um sie erneut wegzuwerfen, und redete konfuses Zeug. Erschüttert von diesem Anblick rief Sun Yaoting sich in Erinnerung, wie schön und würdevoll sie einst in Beijing ausgesehen hatte, wie gütig und herzlich sie gewesen war. Was hatte nur zu einer solchen Veränderung geführt? Ihm blieb nichts anderes übrig, als sich zurückzuziehen.

In der nächsten Zeit hörte er sich nach dem Grund für die Krankheit Wanrongs um, stieß aber überall auf taube Ohren. Eines Tages fragte er den etwa zehnjährigen Jungen aus, mit dem er in der Halle der Gemeinsamen Tugend beim Fegen war. Anfangs machte auch der Kleine den Mund nicht auf. Also versuchte es Sun Yaoting mit einer List und sagte: „Früher, im Palast von Beijing, stieß die Kaiserin einmal gegen einen Heiligen und war danach wirr im Kopf. Wer weiß, welchen Heiligen sie diesmal beleidigt hat. Wir sollten etwas Weihrauch abbrennen und ein paar Stirnaufschläge verrichten. Morgen kaufe ich Weihrauch und bete um ihre Befreiung. Mach du auch Stirnaufschläge zu ihrem Heil!“

Überzeugt von Sun Yaotings Ergebenheit schaute der Junge sich nach allen Seiten um, ob jemand in der Nähe stand, und begann dann leise: „Das ist eine lange Geschichte. Konkubine Shu (Wenxiu) wollte nicht in Xinjing bleiben und hat den Kaiser verlassen. Aber Puyi ist der Ansicht, Wanrongs Eifersucht hätte sie vertrieben. Die Kaiserin ist ebenfalls nur ungern hier. Sie soll einmal den chinesischen Sonderbotschafter, Gu Weijun, gebeten haben, sie nach China mitzunehmen. Auch nach Japan wollte sie, heißt es. Deshalb kam der Kaiser zur Auffassung, sie sei nicht loyal, und ließ sie an keiner größeren Zeremonie mehr teilnehmen. Sie hingegen ist der Meinung, der Kaiser liebe sie nicht. Die beiden vertragen sich so wenig wie Feuer und Wasser. Mit einem Leibwächter namens Qi soll die Kaiserin ein Verhältnis gehabt haben, und dann noch eins mit einem gewissen Li. Der Bruder von Wanrong und ihre Leibzofe waren dabei die Mittelspersonen. Das war 1935."

Sun Yaoting erfuhr nur ungern, daß Wanrong sich zu solchen Fehltritten hatte hinreißen lassen, außerdem hielt er es für höchst gefährlich, derart heikle Nachrichten anzuhören. Schnell hielt er dem Jungen den Mund zu: „An die Arbeit!" Kurz darauf erschien der Oberaufseher. Den beiden fuhr der Schreck in die Glieder, fürchteten sie doch, daß ihre Unterhaltung von eben belauscht worden war. Aber der Oberaufseher wollte Sun Yaoting nur zur Übergabe der Dienstuniform abholen. Er reichte ihm eine jener aus Wollstoff gefertigten Uniformen, die seit der Vereinigung mit Japan getragen werden mußten. Nie zuvor hatte Sun Yaoting diese Art von Kleidung angehabt. Er kam sich lächerlich vor, aber es war nun einmal Vorschrift. Chinesische Hosen brauchte man nur hochzuziehen, und schon war man fertig. Diese Anzugshose aber war vorn zu knöpfen. Er wußte das nicht, und alle brachen bei seinem Anblick in Gelächter aus: „Wenn Sie die Knöpfe nicht zumachen, haut das Ding natürlich ab!" Der Oberaufseher setzte dem Gelächter ein Ende und fing an, all die zahlreichen Verbote aufzuzählen, die im Palast einzuhalten waren. Es gab so viele davon, daß man sich gar nicht alle merken konnte. Im großen und ganzen lief es auf folgendes hinaus:

Es ist verboten, unkontrolliert Unterhaltungen zu führen. Um Verschwörungen zu vermeiden, ist es verboten, Cliquen zu bilden. Es ist verboten, sich gegenseitig zu decken und einander zu schützen. Verboten sind Glücksspiele, Betrug und Unterschlagung. Es ist verboten, miteinander zu streiten und zu kämpfen. Es ist verboten, ohne Erlaubnis auszugehen. Es ist verboten, Geschenke anzunehmen. Es ist verboten, heimlich Romane zu lesen.

Zuwiderhandlungen wurden streng geahndet, meist mit Prügelstrafen. Wie im Qing-Palast in Beijing forderte Puyi auch hier, daß die Vollstrecker mit aller Kraft zuschlugen, taten sie das nicht, bekamen auch sie Prügel. Eines Tages waren zwei Angestellte beim Fegen im Hof aneinandergeraten. Als der Streit heftiger zu werden begann, machte Puyis Neffe Yutang, der alles beobachtet hatte, dem Kaiser Meldung. Der gab Order, daß die zwei sich gegenseitig mit Schlägen zu bestrafen hätten, und so endete die harmlose Auseinandersetzung damit, daß die beiden sich schlugen, bis Blut floß.

Als leichteste Strafe galt der Entzug des Monatslohns. Ein gewisser Mao Yongshun, schon über sechzig Jahre alt, war damit bestraft worden. Als er ein paar Worte der Unzufriedenheit fallenließ, bekam er Stockschläge und mußte anschließend auf einer Eisenkette knien. Das war zuviel für Mao, er floh nach Beijing. Aus Changchun ging daraufhin eine Suchmeldung an Pujia ab. Nach der Festnahme des Flüchtigen teilte man ihm mit, daß die Strafe mit Rücksicht auf sein Alter in ein paar Tage Haft abgewandelt werden würde.

Besonders gefürchtet war ein Eunuch mit Namen Li Guoxiong, Kragenbär Li. Schon die Erwähnung seines Namens machte den Leuten Angst, und nur heimlich wurde über ihn gesprochen. Puyi, so erfuhr Sun Yaoting, hatte ihn aus Tianjin mitgebracht. Li verhielt sich dem Kaiser gegenüber absolut loyal und schlug beim Prügeln böse zu. Früher einmal hatte er mit eigener Hand seinen Onkel geschlagen und war von Puyi dafür gelobt worden, daß er ‚um der Gerechtigkeit willen auch Blutsverwandte nicht schonte'. Geriet man in die Hände von Kragenbär Li, floß mit Sicherheit Blut. Als zusätzliche Quälerei hatte er sich den ‚Rundgang im Garten' ausgedacht. Tie Qi, ein Angestellter im Schatzamt, hatte beim Einkauf sechshundert Yuan unterschlagen und war aus Furcht vor Bestrafung fortgelaufen. Puyi beauftragte Li Guoxiong, die Angelegenheit in die Hand zu nehmen. Der machte Meldung an die japanische Polizei, die den Entlaufenen faßte und zurückbrachte. Nach einer Tracht Prügel hängte ihm Li Guoxiong eine Bambustafel mit den Worten ‚Entlaufener Sträfling' um und ließ ihn damit täglich um den Turm ‚Strahlender Glanz' laufen. Was später aus ihm wurde, war nicht bekannt. Als Sun Yaoting sich nach Liu Jingzhi und Guo Deshun erkundigte, von denen er wußte, daß sie schon vor ihm hierhergekommen waren, traute sich erst keiner, etwas zu sagen. Warum sah er die beiden nicht? Später machte ein alter Eunuch mit Zeige- und Mittelfinger der rechten Hand ein Zeichen, daß auch sie davongelaufen waren. Das

Schatzamt des Inneren Hofes soll 1940 angewiesen worden sein, an Zaitao zu schreiben und ihn zu bitten, die beiden in Beijing zu fassen.

Am schlechtesten waren die Kinder dran, die man aus dem Waisenhaus hierhergeholt hatte. Sie mußten noch härter arbeiten als die anderen, bekamen noch weniger zu essen und wurden noch häufiger geschlagen. Etliche überlebten das nicht. Sun Yaoting hatte Mitleid mit ihnen, wagte aber nicht, es zu zeigen, denn wenn das bemerkt worden wäre, hätte auch ihn Strafe getroffen.

Begünstigung

Als einen Diener, den er von früher her kannte, behandelte Puyi Sun Yaoting etwas besser als die anderen und fühlte sich auch nicht, wie sonst von jedermann, bedroht. Abends rief er ihn gelegentlich zu sich, und während Sun Yaoting ihn bediente, ihm zum Beispiel die Füße wusch, plauderte er ein wenig mit ihm. Er wollte wissen, wie es den Leuten in Beijing ging, wie es um den Handel auf den Straßen bestellt sei, wer in den Opernhäusern singe, welche Filme in den Kinos liefen. „Du mußt den Eunuchen hier ein Vorbild sein", forderte er und fuhr fort: „Nicht wenige von ihnen sind unzufrieden. Tag für Tag belästigen sie mich mit Urlaubsgesuchen, und wenn sie dann Urlaub bekommen haben, kehren sie nicht wieder zurück. Sei du ihnen ein Beispiel und diene gut." Sun Yaoting antwortete: „Der Sklave wird Euch sein Leben lang dienen. Erhält der Sklave einmal Urlaub, kommt er bestimmt wieder zurück." Plötzlich sagte Puyi, beide Augen weit aufgerissen: „Chunshou, ich vertraue dir etwas Wichtiges an. Hier gibt es Leute, die wollen mich umbringen, vergiften oder durch ein Feuer, wie damals im Palast der Glücksgründung. Du mußt unten etwas mehr aufpassen und mir sofort melden, wenn du von so etwas hörst. Wieviel verdienst du jetzt?" – „Im Monat zwölf Yuan", erwiderte Sun. „Von jetzt ab gebe ich dir vierzig." Sun bedankte sich für die Güte und zog sich zurück.

In seiner beständigen Furcht vor Anschlägen wandte sich Puyi in Changchun oft hilfesuchend an Buddha und die Bodhisattvas. Er stellte viele Sutrenbände auf, rezitierte das Diamantsutra, auf seinem Nachtkästchen lag ein Rosenkranz, und manchmal meditierte er auch. Beim Aufräumen in der Buddhahalle blätterte Sun Yaoting eines Tages heimlich im Diamantsutra, als ein Gefolgsmann des Kaisers hereinkam. Sofort machte er sich wieder an die Arbeit. Puyi, dem das natürlich zugetragen worden war, fragte: „Chunshou, was hast du heute in der Buddhahalle getan?“ Sun Yaoting gab zu, daß er im Diamantsutra gelesen hatte. Puyi bestrafte ihn nicht, sondern meinte: „Wenn du keine Zeit hast, Sutren zu lesen, ruf doch einfach den Namen des Buddha Amitabha, und der Buddha wird dir beistehen.“ Ein anderes Mal rieb Sun Yaoting mit einem gewöhnlichen Baumwolltuch die Glashülle ab, unter der drei Reliquien der Amaterasu Omikami lagen, die Puyi sich aus Japan erbeten hatte. Chao Liantao, der Oberaufseher, wurde ganz bleich, als er das sah, und schlug mit einem ein Cun starken und drei Cun breiten Holzbrett solange auf Sun Yaoting ein, bis er einen Krampf in der Hand hatte. Jemand erstattete dem Kaiser Meldung. Puyi kam und sagte, er hätte keinen Befehl gegeben, Sun Yaoting zu schlagen. Der Oberaufseher berichtete Sun Yaotings Verfehlung, und Puyi stellte fest: „Das verdient Prügel!“ Chao Liantao verabreichte Sun Yaoting sogleich ein paar Ohrfeigen, worauf Puyi ihn wütend anfuhr: „Ich will gerade mit ihm sprechen, da schlägst du ihn! Du bist es, der Prügel verdient!“ Während sich nun alle auf Chao Liantao stürzten, ihn schlugen und traten, erklärte Puyi Sun Yaoting ganz ruhig, daß diese Glashülle nur mit einem sauberen Seidentuch abgewischt werden dürfe. Außerdem ließ er Jadebaum-Geisteröl holen und hieß Sun Yaoting, seine Verletzungen damit einzureiben.

Bei allem Wohlwollen bereitete es Puyi andererseits aber auch großes Vergnügen, Sun Yaoting zu schikanieren. Hatte er ihn vor Jahren einmal in Todesangst versetzt, als er so tat, als wollte er ihn erschießen, befahl er ihm nun eines Abends, ein elektrisches Gerät anzufassen und schaltete es ein. Von dem Stromschlag war Suns Hand wie betäubt und er schrie laut um Gnade. Anschließend erklärte ihm Puyi, damit würde man Krankheiten heilen, und er dürfe das Gerät benutzen, wenn er krank wäre. ‚Meine Krankheit ist das Heimweh‘, dachte Sun

Yaoting, ‚und die ist unheilbar.' Den Anweisungen Puyis widersetzte sich Sun Yaoting nie, bis auf zwei Ausnahmen. Er weigerte sich, einen Mittelscheitel zu tragen, lieber wollte er wie ein Mönch mit kahlgeschorenem Kopf gehen, und er wollte auf gar keinen Fall Schlittschuh laufen. Schon beim Anblick der messerscharfen Kufen geriet er in Panik. Damit auf dem Eis herumlaufen? Da würde er sich ja alle Knochen brechen. Also schlug er vor: „Der Sklave hat den Willen, Euch zu dienen. Wenn ich unbedingt auf's Eis soll, dann gebt mir einen Schlitten. Ihr setzt Euch und ich ziehe. Ginge das?" Puyi mußte lachen.

Das Essen, das die Bediensteten im Palast bekamen, war überaus dürftig, nichts als Brei aus Sorghummehl. Man bekam ihn nur schwer herunter und litt ständig an Verstopfung. Einmal erkundigte sich Puyi: „Verträgst du das Sorghummehl?" – „Dem Sklaven bleibt nichts anderes übrig, das essen alle." Puyi überließ ihm von da an manchmal einen Pfannkuchen, ein Mantou oder ein paar Baozi, schärfte ihm aber ein: „Was du nicht aufessen kannst, darfst du nicht wegwerfen, aber auch keinem anderen geben." – „Eure Güte ist so groß wie der Himmel, wie könnte ich etwas wegwerfen? Der Sklave wird nie satt, in seinem Bauch bleibt immer genug Platz für kaiserliche Viktualien." Puyi lachte, aber an der Verpflegung änderte sich nichts. Von den japanischen Süßigkeiten, die Puyi ihm schenkte, mußte Sun stets als erster kosten. Es hieß, daß sie von der japanischen Kaiserin kämen, und Sun begriff, daß er im Ernstfall das ‚Schaf' abgeben sollte, ‚das anstelle des Schweins stirbt'. Die Naschereien sahen übrigens wirklich schön aus, schmeckten aber nicht und bestanden in der Hauptsache aus süßer Bohnenpaste in klebrigem Maismehl.

Rückkehr in die Heimat

Sun Yaoting hatte längst erkannt, wie recht die Bewohner des Xianlong gehabt hatten, als sie ihm so dringend abrieten, hierher zu gehen. Er wollte nur noch eines, zurück in die Heimat. Aber aus dem Rachen des Tigers wieder herauszukommen, erwies sich als äußerst schwierig. Hatte man nicht alle Flüchtigen gefaßt und halb tot geschlagen? War die Flucht aus dem Palast gelungen, mußte man zusehen, wie man aus der falschen Mandschurei herauskam, und in Beijing entging man dann doch nicht den Häschern Zaitaos. So angestrengt er auch nachdachte, ihm wollte lange einfach nichts einfallen. Schließlich überlegte er sich, daß er wohl Urlaub bekäme, wenn seine Eltern in einem Brief flehentlich um seinen Besuch bitten würden, weil sie, betagt und schwach, dringend seines Beistands bedürften. Aber dazu mußte er sie erst einmal benachrichtigen, und das war gar nicht so leicht, wenn er sich nicht erwischen lassen wollte. Der einzige Ort, wo er ungestört schreiben konnte, war die Toilette. Allzulange durfte er sich dort aber auch nicht aufhalten, und so brauchte er für seinen Brief drei Tage. Dann mußte er eine passende Gelegenheit abwarten, bis er ihn abschicken konnte. Die Zeit verging, aber von den Eltern kam keine Nachricht.

Sun Yaoting geriet in Aufregung. Er fürchtete, daß zu Hause etwas vorgefallen sei, und wurde bald darauf vor lauter Erregung krank. Er hatte sich erkältet, hustete, spuckte sogar Blut und ersuchte nun den Oberaufseher, Puyi Meldung zu machen. Puyi schickte ihn zum kaiserlichen Leibarzt, Tong Chenghai. Arzt Tong erkannte, woran Sun Yaoting in Wahrheit litt, und vertrat Puyi gegenüber die Auffassung, daß man Suns Erkrankung nicht leicht nehmen dürfe. Es wäre die Lunge, und auch wenn die Krankheit auskuriert würde, sei er dienstuntauglich. Daß man Sun Yaoting nach Hause schicken sollte, wagte er nicht auszusprechen, um keinen Verdacht zu erregen. Puyi fragte: „Ist die Krankheit ansteckend?“ Tong Chenghai meinte: „Vielleicht.“ Daraufhin sagte Puyi: „Laßt ihn nicht heraufkommen, ich gebe ihm eine Flasche Wunderpillen, die soll er erstmal einnehmen.“ Daß Sun Yaoting vom Arzt Ruhe verordnet worden war, hatte Puyi überhaupt nicht begriffen, der Oberaufseher sagte ebenfalls nichts dazu, und so mußte Sun weiter seinen Dienst verrichten. Aber sein Zustand besserte sich nicht, er spuckte noch immer Blut und war mit seinen Kräften am Ende. Eines Morgens konnte er kaum noch die Beine heben, stolperte in der Halle der Gemeinsamen Tugend über den Teppich und fiel hin. Erschrocken holte einer der Bediensteten Arzt Tong, der zwar merkte, daß Sun sich nicht weiter verletzt hatte, dennoch aber ganz aufgeregt tat und ihn sofort in die Praxis bringen ließ. Dort flüsterte er ihm, als sie allein waren, zu: „Nutz diese Gelegenheit und laß dich im Krankenhaus der Mandschurischen Eisenbahn untersuchen. Da sind auch japanische Ärzte, und ihren Diagnosen glaubt der Kaiser." Der Oberaufseher erstattete Puyi Meldung, und der ließ Sun Yaoting in das besagte Krankenhaus gehen.

Es traf sich, daß der Arzt, der Sun dort untersuchte, ein Chinese aus der Provinz Hebei war. Am Dialekt erkannten die beiden einander als Landsleute, Sun Yaoting faßte zu ihm Vertrauen und schilderte alle seine Leiden. Zum Schluß sagte er noch, daß ihm in diesem ganzen Changchun aber auch nichts bekäme, und natürlich verstand der Arzt, daß Suns eigentliche Krankheit das Heimweh war. Er fügte dem Krankenbericht die Bemerkung ‚Tuberkulose nicht ausgeschlossen' hinzu. Mit den Worten: „Reichen Sie das Seiner Majestät ein und bitten Sie für mich um Gnade!" übergab Sun Yaoting den Bericht dem Oberaufseher. Puyi zog bei der Lektüre die Augenbrauen hoch und befahl Sun Yaoting zu sich. In einer Entfernung von sieben, acht Chi hieß er ihn stehenbleiben und fragte, wobei er sich mit einem Taschentuch die Nase zuhielt: „Läßt du dich hier im Krankenhaus pflegen oder kehrst du nach Hause zurück?" – „Der Sklave kehrt besser nach Hause zurück! Wenn er gesund ist, kommt er bestimmt wieder." Puyi drehte sich um, holte aus seinem Studio einen Brief, legte ihn auf den Tisch und ließ Sun Yaoting lesen. Er erkannte die Schriftzeichen seines alten Vaters, der ihm Vorwürfe machte, daß er so pietätlos sei, trotz der Erkrankung seiner Mutter nicht zurückzukehren. Sun Yaoting mußte weinen. Der Brief war schon vor langer Zeit angekommen, aber Puyi hatte ihn zurückgehalten.

Widerstrebend übergab Puyi ihm nun fünfhundert Yuan. Sun Yaoting sagte: „Mein Bettzeug nehme ich mit. Alles andere lasse ich hier. Sobald ich meine Krankheit überstanden habe, komme ich bestimmt zurück." Puyi sagte: „Wenn du wiederkommst, wirst du mein persönlicher Leibeunuch. Mit einem so hohen Rang verdienst du auch mehr!" Sun Yaoting bedankte sich auf der Stelle für die erwiesene Güte und verließ unverzüglich den Palast.

Als müßte er sonst um sein Leben fürchten, bestieg er gleich den nächsten Zug, der ihn wieder in die Zentralebene bringen sollte. Erst nachdem die Zollformalitäten an der Grenze überstanden waren, tat Sun Yaoting einen tiefen Atemzug. In Tianjin stieg er aus. Am Bahnhofsausgang hielt ihn ein Polizist an, zog ihn beiseite und wollte wissen, ob er Sun heiße und aus Jinghai stamme. Sun Yaoting erschrak. Er hatte keine Ahnung, was das bedeuten sollte. Notgedrungen bestätigte er, daß er derjenige sei. „Bist du aus der falschen Mandschurei gekommen?" fragte der Polizist weiter. Sun Yaoting war ziemlich erregt, riß sich aber zusammen und gab auch das zu. Da sagte der Polizist: „Onkel, Sie kennen mich wohl nicht, ich bin Sun Erhu aus Westweidendorf. Wohin gehen Sie denn?" Erleichtert fiel Sun Yaoting ein, daß dies der Sohn seines Vetters war. Als er ihm erzählte, daß er unterwegs nach Hause wäre, berichtete der Polizist: „Mein zweiter Onkel ist in Tianjin und hat in Xigu einen Laden für Tische und Stühle aufgemacht." Hocherfreut machte Sun Yaoting sich sofort auf den Weg dorthin. Tatsächlich war da ein Geschäft, das alte Möbel verkaufte, und Suns jüngerer Bruder kam heraus, um ihn zu begrüßen. Sun Yaoting war bis auf die Knochen abgemagert, hatte eine schiefe Hüfte, auf dem Rücken einen Buckel, wie ein Kamel, das Haar war dürr wie Gras und sein Blick müde. Außerdem hustete und keuchte er noch immer. Der Bruder ließ ihn in die Wohnung und fragte teilnahmsvoll, wie es soweit mit ihm hatte kommen können. Sun Yaoting erzählte in groben Zügen die ganze Geschichte. Währenddessen betrat seine Schwägerin mit einer großen Kinderschar das Zimmer. Sie ging gleich wieder hinaus, um Tee zu kochen, und die Kinder betrachteten mit großen Augen diesen fremden Alten Gebieter. Der Bruder sagte, die Mutter wäre auch hier, und die beiden begaben sich zu ihr in die inneren Räume. Freude und Trauer mischten sich bei ihrem Wiedersehen.

Für die fünfhundert Yuan hätte Sun Yaoting Knochenarbeit geleistet, meinte sein Bruder, die Familie würde nicht einen Yuan davon anfassen. Das Geschäft ginge hier zwar nicht gut, aber man könne mehr schlecht als recht davon leben. Die Mutter würde in Tianjin ihre Krankheit auskurieren, der ältere Bruder könne beruhigt sein. „Wenn du in Tianjin bleiben willst, ist das in Ordnung. Verlaß' bloß nicht wieder die Zentralebene." Sun Yaoting wollte nach Jinghai, um seinen alten Vater zu sehen, aber der Bruder gab zu bedenken, daß er dann für Verwandte und Nachbarn Geld ausgeben müsse. Da sei es besser, den Vater nach Tianjin kommen zu lassen, so sähen auch die Eltern einander wieder. Sie schickten ihm eine Nachricht, und wenig später traf Suns Vater in Tianjin ein. Auch er fand, daß sein Sohn bemitleidenswert mager geworden war. Seinen Vorschlag, für die fünfhundert Yuan etwas Land zu kaufen, konnten die beiden Brüder ihm ausreden. Selbst noch Land zu bestellen, sei er schon zu alt, meinten sie, und es an andere zu verpachten, würde sich nicht lohnen. Sun Yaoting blieb eine Weile in Tianjin, aber auf Dauer war es ihm unangenehm, im Haus des Bruders zu leben, und so kehrte er nach Beijing ins Kloster des Blühenden Gedeihens zurück. Von den alten Gefährten dort wunderte sich keiner über Sun Yaotings schlechte Verfassung. Alle, die aus Changchun kamen, sahen so aus. Sie beschworen ihn, erstmal weiter im Kloster wohnen zu bleiben und in Ruhe darüber nachzudenken, was er künftig tun wollte.

11. KAPITEL

Im Kloster zu den Weißen Wolken

Zha Sieben

Eines Tages tauchte im Xianlong Eunuch Liu Xi auf. Als er Sun Yaoting sah, fragte er erstaunt: „Oh, wann sind Sie denn zurückgekommen, Bruder?" Sun erzählte, daß er schon eine Weile wieder im Kloster wäre und wohl auch hier bleiben würde. „Haben Sie in den vielen Jahren eigentlich die Opern vergessen, die sie einstudieren mußten?" erkundigte Liu Xi sich im Laufe des Gesprächs, und Sun Yaoting antwortete: „Was man früh gelernt hat, vergißt man nie." Daraufhin berichtete Liu Xi ihm, daß ein gewisser Zha Sieben jemanden suche, der ihn im Opernsingen unterweisen wolle, und fragte Sun Yaoting, ob er dazu nicht Lust hätte. Froh, daß er auf diese Weise etwas zu tun bekam, erklärte Sun Yaoting sich einverstanden, und sie vereinbarten, daß er schon am nächsten Tag ins Haus Zha übersiedeln würde.

Zha war Salzhändler, der siebte in der Reihenfolge, weshalb ihn die Leute Siebter Gebieter Zha oder einfach Zha Sieben nannten. Sein eigentlicher Name lautete Shujian. Schon sein Urgroßvater hatte ein Salzfeld besessen und Salzhandel betrieben. Von den sieben oder acht Kindern, die Zha's Vater gezeugt hatte, war er der einzige, den die Hauptfrau geboren hatte, und im Unterschied zu den anderen von klein auf hübsch anzusehen und einigermaßen aufgeweckt. Er wurde der Liebling seines Großvaters. Als er in die Schule kam, schmierte sein Vater den Direktor und die Lehrer, er selbst erkaufte sich die Gunst seiner Mitschüler, indem er das Geld, das er für Naschereien erhielt, freigebig mit ihnen teilte, und so kam er durch alle Prüfungen.

Daß die Familie reich war, braucht man nicht erst zu erwähnen. Reich waren die Salzhändler alle. Seit der Qing-Dynastie befanden sich die Salzfelder entlang der Bohai-Bucht im Besitz hoher Beamter, die sie von einer Generation an die nächste vererbten. Ihre Gewinne waren riesig, und sie brauchten kaum etwas zu investieren. Meerwasser, das auf die Felder gepumpt wurde, gab es umsonst, ebenso Sonne und Wind, die den Boden trockneten. Die begehrten Kristalle brauchten nur noch abgekratzt zu werden. Ein paar Arbeiter mußte man dafür bezahlen, aber die wurden gehörig ausgebeutet. Ihr Los war noch schwerer, als das der Bauern.

Salinenbesitzer, die zu Geld gekommen waren, gebärdeten sich nur zu gern als Liebhaber und Förderer von Kunst und Kultur. Allerdings ernteten diese Möchtegern-Mäzene oft genug Spott und Verachtung. Einer zum Beispiel, ein großer Verehrer der Kunst des Qing-Prinzen Cheng, ließ diesem über einen Vermittler einen ansehnlichen Batzen Geld für eine Kalligraphie zukommen. Voller Verachtung schrieb Prinz Cheng an den Rand des Xuanpapiers (ein spezielles Papier für Kalligraphien) die drei Zeichen Ni Ye Pei, ‚Das steht gerade dir zu'. Ein anderer zahlte dem Literaten und Maler Zheng Banqiao ebenfalls nicht gerade wenig Geld für eine Bilderrolle, auf der Zheng Banqiao, wie der Salzhändler meinte, die Zeichen Zhu bao, ‚Bambusknospen', kalligraphisch gestaltet hatte. Außer sich vor Freude hängte er die Rolle in seinem Empfangszimmer auf. Ein Literat, der ihn besuchte, brach bei ihrem Anblick in schallendes Gelächter aus und klärte den Betrogenen auf, daß der Künstler in Wirklichkeit die Zeichen Ge Ge Caobao, ‚Lauter Strohköpfe', geschrieben hatte. Wütend zerfetzte der Salzhändler darauf die Rolle.

Nach Ausrufung der Republik war das gesellschaftliche Ansehen der Händler zwar etwas gestiegen, aber so gefürchtet wie Beamte waren sie noch lange nicht. Der Volksmund nannte sie fette Schafe, und die mußten nach Möglichkeit ‚geschlachtet' werden. Zha Sieben wollte kein fettes Schaf abgeben, also dachte er darüber nach, wie er in einen Wolfspelz schlüpfen konnte, und kaufte sich, nachdem sein Vater ihn kurz vor seinem Tode, im ersten Jahr der Republik, noch als Verwalter eingesetzt und ihm Salzlizenz, Rechnungsbücher sowie Immobilien übergeben hatte, einen Beamtentitel des siebten Ranges. Ein entfernter Verwandter, Sekretär im Förderungsamt, für den er Bankette gab, dem er Geschenke und reichlich Versprechungen machte, verschaffte ihm einen Titularposten. Nun trug Zha Sieben Tag für Tag am Kragen ein Abzeichen und begab sich damit sogar auf sein Salzfeld zur Inspektion. Weder sein Großvater noch sein Vater hatten das jemals getan, sondern stets einen Verwalter mit der Aufsicht und den Lohnzahlungen betraut. Er dagegen wollte zeigen, daß er Beamter war, damit die Bande von Salzarbeitern widerstandslos ihre Arbeit verrichtete. Die Arbeiter wußten zwar nicht, zu welchem Amt das Abzeichen gehörte, aber jedenfalls war er für sie ein Beamter. Auch sonst war Zha Sieben auf seinen Rang ungeheuer stolz, verbeugte sich mit vor der Brust gefalteten Händen, wenn er jemandem begegnete, und tat gebildet.

Nach dem Tod seines Vaters konnte der Siebte Gebieter Zha tun und lassen, was er wollte. Und was wollte er? Ein Leben in Saus und Braus, Essen, Trinken, sich vergnügen. Seine ganze Bewunderung gehörte dem prunkvollen Lebensstil des Kaiserpalastes. Mit dem Kaisertum war es zwar vorbei, aber so auftreten, das wollte er gar zu gern. Er umgab sich mit Sprößlingen aus Adelsfamilien, Söhne, deren Väter den acht Bannern angehörten. Die verstanden es, sich zu amüsieren! Zu Neujahr den Exorzismen im Kloster zu den Weißen Wolken, im Kloster der Großen Glocke und im Gelben Kloster zuschauen, im dritten und vierten Monat mit Falken vor die Stadt auf Hasenjagd gehen, und sobald am Shishasee Stände aufgeschlagen wurden, die Teehäuser besuchen. Im Herbst veranstalteten sie Grillenkämpfe, und im Winter fuhren sie Schlitten auf dem vereisten Wassergraben. Sie schwärmten ihm vom Leben im Palast vor, von den Genüssen der kaiserlichen Küche, von feinsinnigen Theateraufführungen und von gehorsamen Eunuchen. Das einzige, was ihnen fehlte, hatte Zha Sieben, das nötige Geld, und das stellte er reichlich zur Verfügung. Gemeinsam feierten sie ein Gelage nach dem anderen, besuchten die acht großen Gassen auf der Suche nach Blumen und Weiden, rauchten Opium und lebten in den Tag hinein. Eine Lyrikgesellschaft, deren Gründung Zha Sieben angeregt hatte, war ein paarmal Anlaß für Bankette und Zechgelage. Sie kam aber über die Namensgebung nicht hinaus, weil keines der Mitglieder ein Gedicht zustandebrachte, am wenigsten Zha Sieben, den man selbstverständlich zum Vorsitzenden wählte, schließlich war er bei allen Gelagen der Geldgeber. Aber beim Opiumrauchen und den Festen blieb es auch danach noch. Als einer der Lebemänner vorschlug, die von den Ausschweifungen geschwächten Körper ein wenig zu trainieren, stimmte Zha begeistert zu, denn auch er, der inzwischen ein paar Nebenfrauen genommen hatte, fühlte sich schon ein wenig überfordert.

Nachdem sie sich einig geworden waren, für Korbball alle nicht geeignet zu sein, und Zha Sieben Tennis als mit zuviel Lauferei verbunden, Tischtennis als etwas für Kinder abgelehnt hatte, entschieden sie sich für Billard. Damit könne man Körper und Geist gleichermaßen üben. Zha Sieben ließ einen Freund in den englischen Laden in der Wangfujing-Straße gehen und dort alles Notwendige kaufen. In Silber berechnet kostete der Billardtisch dreihundert Liang, Queues, Kugeln, Punktetafel und dergleichen zweihundert, alles zusammen etwa siebenhundert Yuan. Zha Sieben meinte dazu nur: „Eine Kleinigkeit, eine Kleinigkeit." Er ließ in seinem Haus ein Zimmer für den Billardtisch ausräumen, die Punktetafel wurde aufgehängt, und dann begannen die vier zu spielen. Keiner kannte die Regeln, aber am Ende hatte Zha Sieben nach allgemeinem Urteil die meisten Punkte. Stolz meinte er: „Ich habe eben ein sicheres Auge und denke scharf, daher war ich diesmal überlegen. Wir suchen uns einen, der die Regeln versteht, dann wird's schon werden." Einige Male spielten sie noch, aber bald fanden sie, das Spiel sei fade und langweilig.

Als sie eines Tages eine Oper hörten, meinte einer aus ihrer Mitte: „Arien singen ist doch gar nicht so schwer, das können wir auch." Zha Sieben war sofort dafür, eine Amateurtruppe zu gründen, und natürlich unterstützten wieder alle einmütig diese

Idee und schlugen Zha Sieben als Vorsitzenden vor. Als erstes mußten Requisiten her. Der Enkel eines Herzogs der ehemaligen Qing, der sich als Fachmann für die Frauenrolle ausgab, fertigte eine umfangreiche Liste an, Opernkleidung und Schuhwerk, Requisiten, Gongs, Trommeln, Kniegeigen, Trommeln mit einfacher Haut, und dergleichen. Zha Sieben teilte Geld aus, alles wurde gekauft, und dann griff jeder sich ein Instrument und spielte drauflos. Zha Sieben meinte: „Das ist Unfug, so können wir nicht weitermachen, wir teilen die Arbeit auf. Jeder sagt, was er machen will." Endlich war es soweit. Zha Sieben, der kein Musikinstrument spielen konnte, wollte zu gern als Wusheng auftreten. Für ‚Himmelsdespot Huang' reichte es bei ihm nicht, also beschlossen sie, das Stück ‚Shi Xiu tötet die Schwägerin' aufzuführen. Sie probten ein paarmal, und Zha fand sich gar nicht so schlecht. Seine Freunde schmeichelten ihm daraufhin, daß er fast so gut wäre wie Li Wanchun. Nun ließ Zha Sieben eine Opernbühne für eine Aufführung suchen. Weil man aber nicht nur ein Stück aufführen konnte, bat er eine Amateurtruppe, zusammen mit ihnen eine Vorstellung zu geben, und erklärte, daß die Einnahmen zu gleichen Teilen aufgeteilt, sämtliche Kosten aber, Miete und alles andere, von ihm getragen würden. Dann gab er noch viel Geld aus für das Drucken von Karten, für Werbung, und gab Banketts für die lokale Militärpolizei und für Zeitungsreporter. In diesen Tagen waren Zha Sieben und seine Freunde so außerordentlich beschäftigt, daß sie noch nicht einmal Zeit hatten, Karten zu spielen und ins Bordell zu gehen. Nur Opium rauchten sie nach wie vor.

Bis zum Tag der Aufführung waren nicht sehr viele Karten verkauft, aber nicht wenige verschenkt worden. Zha Sieben meinte: „Wovor denn Angst haben! Wenn wir auch unter den Selbstkosten bleiben, haben wir unseren Spaß gehabt, der Alte Gebieter möchte sich einmal so richtig amüsieren." Die beiden ersten Stücke wurden von der Amateurtruppe gesungen und gingen glatt und ohne Besonderheiten über die Bühne. Im vorletzten Stück war Zha Sieben dran. Als sich der Vorhang öffnete, applaudierte der ganze Saal, Freunde und Freunde von Freunden, alles geladene Gäste, die gar nicht anders konnten, als nach Leibeskräften Beifall zu spenden. Zha Sieben war so verwirrt, daß er nicht nur mit dem Text Schwierigkeiten hatte, sondern auch die Finten mit dem Schwert nicht brachte, und obwohl der Souffleur hinter der Bühne ihm mit leiser Stimme zu helfen suchte, stand er blöde da. Die wenigen, die sich Karten gekauft hatten, riefen voller Ironie: „Oh, wie gut!" Um Zha Sieben zu schützen, fingen seine Freunde an, die ‚Oh-wie-gut-Rufer' zu beschimpfen. Und in dieser allgemeinen Unordnung wurde die Vorstellung beendet. Zha Sieben und seine Freunde waren sehr verstimmt, schminkten sich in aller Eile ab und warteten, bis die Zuhörer sich zerstreut hatten, bevor sie zur Hintertür hinaus nach Hause gingen. Zha's Gefährten trösteten ihn: „Was macht das schon? Ein Sprichwort sagt: ‚Die Niederlage ist die Mutter des Sieges.' "

Der Unmut von Zha Sieben aber wollte nicht schwinden. Als er nach Hause kam, warf er zu Boden, was ihm in die Finger kam, schimpfte und wetterte. Sein Diener, ein Eunuch namens Liu Xi, zündete Zha Sieben die Opiumpfeife an und sagte: „Siebter Gebieter, meiner Ansicht nach ist an Ihrem Aussehen in Maske und Kostüm nichts auszusetzen, Ihre Gesten sind geschickt, Ihre Bewegungen kühn, Ihre Stimme ist hell. Alles, was Sie brauchen, ist jemand, der Ihnen ein paar Anweisungen gibt, und schon sind Sie ein berühmter Amateur." Zha Sieben seufzte tief: „Wo soll man so einen finden?" Liu Xi antwortete: „Früher gab es im Palast eine kleine Operntruppe, von der Jadekonkubine aufgestellt, alles Kastraten. Sämtliche Fächer waren darin vertreten." Das waren Worte so ganz nach dem Geschmack von Zha Sieben. Eunuchen kämen ihm, nicht zuletzt auch mit Blick auf seine zahlreichen Nebenfrauen, gerade recht, und die Leute der Jadekonkubine schätzte er besonders. Sofort fragte er: „Sind von denen noch welche da?" Liu Xi versprach: „Morgen gehe ich zum Xianlong und höre mich um. Wenn es noch jemanden gibt, bringe ich ihn sofort zu Ihnen." Zha Sieben zollte ihm dafür ausgiebig Beifall.

Auf diese Weise also kam Sun Yaoting in das große Haus, das Zha Sieben mit seinen Nebenfrauen in der Hammelfleischgasse, in der Vierten Westlichen Straße von Beijing, bewohnte. Seine Hauptfrau wohnte in der Wulao-Gasse. Als Zha Sieben sah, wie aufrichtig und gutmütig Sun Yaoting aussah, freute er sich.

Auch Sun Yaoting gefiel die direkte, unkomplizierte Art seines neuen Gebieters. Zha Sieben erklärte: „Du bist aus dem Palast des Kaisers, ich habe Respekt vor dir, fühl' dich bei mir wie zu Hause." Und je mehr sich die beiden unterhielten, umso mehr fanden sie Gefallen aneinander. „Alter Sun", sagte Zha Sieben, „der Dienst hier ist einfach. Zimmer aufräumen, die groben Arbeiten in den Zimmern der Nebenfrauen verrichten, die Pfeife anzünden... Vor allem aber mußt du mir alles beibringen, was du über Opern weißt. Welches Fach singst du?" – „Die Rolle des Wusheng", antwortete Sun Yaoting. Hocherfreut meinte Zha Sieben: „Die singe ich auch, da kannst du mir ein paar Hinweise geben!" Sun Yaoting hielt sich höflich und bescheiden zurück.

Daß Zha Sieben im Opernsingen unterwiesen werden wollte, war natürlich nicht mehr als eine Laune. Sun gab sich alle Mühe und begann mit den Grundfertigkeiten. Das war natürlich etwas trocken und langweilig. Am Anfang hielt sich Zha Sieben noch an den Zeitplan, aber es dauerte nicht lange, da wurde es ihm lästig, er unterbrach sein Studium häufig und lernte bald überhaupt nicht mehr. Stattdessen ließ er sich von Sun Yaoting die Opiumpfeife anzünden und vom Leben im Palast erzählen. Davon konnte er gar nicht genug hören, und auch Wiederholungen machten ihm nichts aus. War Sun Yaoting vom Reden müde, gähnte er. Zha Sieben versuchte ihn zu überreden, doch auch einmal einen Zug Opium zu nehmen. Aber Sun Yaoting wehrte ab: „Ich weiß, daß Sie es gut meinen, aber wenn Sie mich später nicht mehr brauchen, woher kommt dann das Geld für Opium?" Zha Sieben lachte, und damit war die Sache erledigt.

Sun Yaoting redete nicht viel, verhielt sich seinem neuen Herrn gegenüber loyal, und daher wuchs das Vertrauen, das dieser ihm entgegenbrachte. Während Zha Sieben mit seinen Kumpanen zechte und hurte, ließ er Sun Yaoting auf das Haus achtgeben, was in Wirklichkeit bedeutete, darüber zu wachen, daß die Nebenfrauen keine Geschichten machten. Oft forderte Gebieter Zha ihn auch auf, mit ihm zu speisen, Lammfondue im Winter, gedämpftes Eisbein im Sommer, ja, Sun durfte sogar selbst bestimmen, was er essen wollte. All das schuf ihm Neider und sogar Feinde.

Da war zum einen Zha's Verwalter, Ma Deqing, der die Geschäfte seines Herrn seit vielen Jahren mit großer Umsicht regelte, aber noch nie so zuvorkommend behandelt worden war, wie dieser Neuankömmling. Und da war Xiao Yang, eine der Nebenfrauen. Zha hatte die kaum Zwanzigjährige erst kürzlich geheiratet, war aber schon bald darauf in Leidenschaft zu Xiao Taohong, einer Prostituierten, entflammt. Um sich zu rächen, lud die eifersüchtige Yang eines Tages ihren früheren Freund als angeblichen Vetter ins Haus ein und verbrachte mit ihm dort ein Schäferstündchen. Natürlich hatte Zha Sieben, als Sun ihm vom Besuch eines Vetters berichtete, von dem vorher nie die Rede gewesen war, die Wahrheit sehr bald herausgefunden. Seitdem haßte Xiao Yang Sun Yaoting, versuchte vergeblich, ihm mit falschen Anschuldigungen zu schaden, und wartete, wie Ma Deqing, nur auf eine Gelegenheit, ihn loszuwerden.

Man schrieb das Jahr 1937, das sechsundzwanzigste Jahr der Republik. Am siebenten Juli hörten die Bewohner in der Beijinger Südstadt gegen Mitternacht Kanonendonner. Zunächst glaubten sie, die Japaner würden wieder einmal üben, aber beim Anblick der Sandsäcke am Tor der Mittagssonne, am Tor des Friedens und am Xuanwutor mußten sie diesen Gedanken fallenlassen. In der Gegend der Marco-Polo-Brücke griffen die Japaner Wanping an. Die chinesische Armee leistete Widerstand, mußte sich Ende Juli aber aus Beiping und Tianjin zurückziehen und errichtete ihre Verteidigungslinie in der Gegend von Baoding. Obwohl nun das ganze Land Widerstand zu leisten begann, besetzten die Japaner nacheinander Hebei und die anderen Provinzen.

Zha Sieben bekam es mit der Angst zu tun. Zwar war er einigen Ratschlägen Sun Yaotings bereits gefolgt, der ihn angesichts der seit langem angespannten Lage immer wieder beschworen hatte, aus dem großen Haus in einen kleinen Wohnhof überzusiedeln, das Geld aus dem Hausverkauf und den Ertrag aus den Salzfeldern in Goldbarren anzulegen, weniger Bedienstete zu halten und sich auch nicht mehr so häufig große Gelage zu leisten. Jetzt aber wurde es ernst. Die Japaner hatten eine Nordchinesische Eisenbahn-Aktiengesellschaft gegründet und übernahmen die Kontrolle der Eisenbahnen. Sun

Yaoting gab zu bedenken: „Im Nordosten fing es auch so an. Nach der ‚Mandschurischen Eisenbahn' gab es bald nur noch mandschurische Kohlegruben, mandschurische Baumwollfabriken, alles nahmen sie den Chinesen weg. Es ist zu befürchten, daß Sie Ihre Salzfelder bald nicht mehr werden halten können. Am besten ging es in Shenyang und Changchun noch den Ladenbesitzern. Sie sollten daher in den Handel einsteigen." – „Ich habe mich mein Leben lang nur aufs Kaufen verstanden, vom Verkaufen verstehe ich überhaupt nichts", stöhnte Zha Sieben. Er hörte sich bei Freunden um, aber die konnten ihm auch nicht helfen. Da erinnerte er sich an einen Onkel väterlicherseits, der etwas von Geschäften verstehen mußte, und ging zu ihm.

Der Onkel wunderte sich über diesen seltenen Gast, und als er den Grund des Besuches erfahren hatte, murmelte er eine ganze Weile vor sich hin. Dieser Leichtfuß würde bei Geschäften doch nur draufzahlen, dachte er und sagte: „Sicher geht man nur mit dem Verkauf von Waren, auf die keiner verzichten kann, so schlecht die Zeiten auch sind. Briketts, Öl, Salz und dergleichen, das brauchen die Leute immer." Als er Zha Siebens finstere Miene sah, fuhr er fort. „Wenn du schnell reich werden willst, mußt du eben spekulieren. Da kannst du es zu viel Geld bringen, aber auch ganz rasch bettelarm werden." – „Was versteht man unter spekulieren?" – „Na, eben auf Hausse oder Baisse." Zha Sieben schwirrte der Kopf bei all dem unverständlichen Zeug, das sein Onkel ihm nun klar zu machen versuchte, und so lud er ihn ein, doch in den nächsten Tagen einmal zu ihm zu kommen und alles ganz genau zu erklären. Der Onkel, ebenfalls ein Freund des Opiums, wußte, daß es im Hause Zha guten Stoff aus der Provinz Yunnan gab, sagte natürlich nicht nein und erschien drei Tage später zum Gegenbesuch.

Sun Yaoting zündete die Opiumlampen an, und als die beiden sich niederlegten, entfachte er für sie die Pfeifen. „Am einfachsten ist es mit Wertpapieren", begann der Onkel. „Du kaufst ein paar Aktien oder Staatsanleihen, und zum richtigen Zeitpunkt verkaufst du wieder." Zha Sieben verstand kein Wort. „Wieviel Kapital willst du investieren?" – „Weiß ich nicht", antwortete Zha. „Du suchst dir einen Makler und hinterlegst bei ihm Gold als Kaution. Nun brauchst du nur noch das richtige Gespür und ein bißchen Glück, dann machst du Gewinn. Hast du Pech, wird der Verlust von deiner Kaution abgezogen. Ich nehme dich mal mit zur Börse, damit du's verstehst", schloß er, als er Zha's verzweifeltes Gesicht sah. Sun Yaoting, der im Haus seines Bruders in Tianjin ein wenig von Börsengeschäften gehört hatte, sagte: „Sie müssen den Kurs kennen und müssen wissen, ob Firmen und Fabriken, die Aktien anbieten, je nach Marktlage und politischer Situation Gewinn oder Verlust machen werden. Urteilen Sie da richtig, werden Sie zum rechten Zeitpunkt entweder kaufen oder verkaufen." Als Zha Sieben Sun Yaoting so reden hörte, beschloß er, ihn bei dem Börsenbesuch mitzunehmen.

Der Onkel von Zha Sieben führte die beiden zu einer Aktienbörse in der Nähe des Perlenmarktes. Als sie den großen Raum betraten, schlug ihnen ein Heidenlärm von telefonierenden Leuten entgegen, die alle auf einmal redeten, so daß man gar nicht verstehen konnte, was sie eigentlich sagten. Auf einer großen Tafel standen neben Begriffen wie Qixinyang-Kohle, Ostasiatische Wolle Zahlen, die sich von Zeit zu Zeit veränderten. Das sei der jeweilige Tageskurs, erläuterte der Onkel. Zha Sieben, der noch immer nicht wußte, was er machen sollte, zog den Onkel erst einmal ins nächste Gasthaus, um sich beraten zu lassen. Anschließend suchten sie ein Maklerbüro auf. Es war ein einzelner Raum, dessen gesamte Einrichtung aus einem Schreibtisch, auf dem ein paar nach westlicher Manier gebundene Bücher lagen, und zwei Telefonapparaten bestand. Als sie eintraten, erhob sich einer der beiden Männer, die an dem Schreibtisch saßen, und begrüßte den Onkel mit Handschlag. Er trug einen billigen Anzug, in seiner Brusttasche steckte ein Füllfederhalter. „Geschäftsführer Wang, mein Neffe Zha Shujian, der ins Aktiengeschäft einsteigen möchte", machte der Onkel die beiden bekannt. Herr Wang gab sein vollstes Einverständnis zu erkennen und erkundigte sich, wie hoch die Kaution sei, die Zha Sieben hinterlegen wolle. Zha Sieben hatte vorgehabt, zwei Goldbarren zu investieren, aber dieser triste Laden, der nicht einmal über die spiegelgeschmückte Eleganz eines Friseurgeschäfts verfügte, schreckte ihn ab. Nichts zu hinterlegen, ging aber auch nicht, also gab er an, daß er sich mit fünf Liang kleinen Gelbfischen beteiligen wolle. „Wie Sie meinen, Sie können einzahlen, soviel Sie wollen, das liegt ganz bei Ihnen", erwiderte Herr Wang großzügig. „Bei einer höheren Summe könnten Sie natürlich auch größere Geschäfte machen. Eröffnen Sie hier ein Konto und geben Sie ihm einen Namen." Nach kurzem Überlegen sagte Zha: „Nennen wir's doch ‚Prächtiges Gedeihen', das bringt Glück. Mein Freund, Herr Sun, bringt das Geld morgen vormittag. Ich bekomme doch eine Quittung?" – „Selbstverständlich! Haben Sie Telefon?" – „Ja, zweiter Distrikt, Nummer 1881." Als sie wieder unter sich waren, fragte Zha Sieben seinen Onkel ein wenig besorgt: „Kann man denen die Gelbfische anvertrauen?" – „Alle diese Büros sehen so aus, ob sie nun ihren Schreibtisch im Handelsamt oder im Eigentumsamt der zuständigen Behörden haben. Von nun an brauchst du nur noch von zuhause aus anzurufen und zu sagen, welche Anleihen oder Aktien und wieviel sie kaufen oder abstoßen sollen. Sollte deine Kaution nicht ausreichen, sagen sie es dir schon." Auf dem Heimweg unterhielten Zha Sieben und Sun Yaoting sich darüber, daß sie noch nicht so recht wüßten, wann es zu kaufen und wann es zu verkaufen gelte, und Sun meinte: „Wenn ich morgen das Geld übergebe, erkundige ich mich nochmal bei Geschäftsführer Wang."

Sun Yaoting bat Geschäftsführer Wang um Unterweisung. Als er zurückkam und Bericht erstattete, sagte Zha Sieben: „So ganz begreife ich es noch nicht, von jetzt an beraten wir gemeinsam."

Immer mehr chinesische Unternehmen fielen bei der Besetzung Nordchinas den Japanern in die Hände. Zha Sieben witterte eine Gelegenheit, er meinte: „Die Aktien der Jiudayongli-Fabrik in Tianjin und die Ostasiatische Wollweber-Firma verlieren bestimmt bald an Wert." Also benachrichtigte er Geschäftsführer Wang, vierhundert Anteile von Jiudayongli und zweihundert von der Ostasiatischen Wollweber-Firma zu verkaufen. Nach drei Tagen kam tatsächlich die Nachricht, die japanische Armee hätte die Fabrik Jiudayongli besetzt. Die Leute verloren die Nerven, stießen alle ab, und jede Aktie verlor fünfzig Yuan an Wert. Sofort kaufte Zha Sieben vierhundert Aktien Jiudayongli und hatte bei diesem An- und Verkauf zwanzigtausend Yuan verdient. Vor Freude klopfte er sich auf die Schenkel. Was er nun so langsam begriff, war, daß man zu niedrigem Preis kaufen und zu hohem Preis verkaufen mußte. Beim An- und Verkauf von Aktien und Anleihen wurden Wechsel nicht sofort abgerechnet, sondern erst nach einer Woche. In dieser Woche beobachtete man, wie sich der Preis entwickelte, und kaufte oder verkaufte dann. Eine Kaution mußte man entrichten, um zu garantieren, daß bei einem Verlust Deckung vorhanden war, innerhalb dieses Rahmens konnte man kaufen oder verkaufen. Zha Sieben und Sun Yaoting erkannten, daß sie gut informiert und schnell entschlossen handeln mußten, und Zha Sieben bereute, daß er nur fünf Liang Gold als Kaution hinterlegt hatte. Er hätte mehr hinterlegen sollen. Wenn er nämlich eintausend Aktien hätte kaufen können, hätte er fünfzigtausend verdient. Ah, das nannte man spekulieren! Er machte danach noch ein paar andere Geschäfte, hatte mal Verlust, mal Gewinn, aber er gewann mehr als er verlor.

Kurz darauf errichteten die Japaner eine Gesellschaft für nationale Politik und unterbreiteten der Langried-Salinenverwaltung das Angebot, eine „Nordchinesische Salzgewerbe-Aktiengesellschaft“ unter japanisch-chinesischer Leitung zu gründen. Alle Salzfelder und Salzproduzenten im Langried sollten der Aktiengesellschaft unterstehen, ebenso die Transporte in die nordchinesischen Regionen. Nun hörte die Einkommensquelle, die von den Ahnen des Hauses Zha weitergegeben worden war, mit einem Male zu sprudeln auf, und Zha Sieben wurde nun wirklich nervös. Er konnte weder essen noch schlafen und begriff erst jetzt so recht die Umsicht und die weite Voraussicht von Sun Yaoting, der ihm geraten hatte, die Kosten zu reduzieren und Handel zu treiben. Er dachte bei sich: ‚Wenn der Himmel einstürzt, erdrückt er alle. Alle Salzhändler haben Pech gehabt. Ich kann wenigstens noch spekulieren. Es ist wirklich so, daß ich zwar den Ostberg verloren habe, aber den Westberg bewahre.‘ Auf jeden Fall würde er Einnahmen haben.

Die Japaner wandelten alle großen Unternehmen in chinesisch-japanische Gemeinschaftsbetriebe um. Die verantwortlichen Führungskräfte waren Japaner, Chinesen wurden nur nominell Vorstandsmitglieder und dergleichen, hatten aber keine Befugnisse. Daher sanken die Aktien der chinesisch-japanischen Gemeinschaftsbetriebe insgesamt im Preis. Das dachte sich auch Zha Sieben. Er und Sun Yaoting planten, etwas mehr Kaution zu hinterlegen, um mehr zum Schleuderpreis verkaufen zu können, mehr Baisse-Aktien zu verkaufen und sie, wenn sie im Preis weiter gesunken waren, wieder einzubringen. Geschäftsführer Wang bekam zwei große Gelbfische, also zwanzig Liang Gold, und die Anweisung, mehr Baisse-Aktien der Ostasiatischen Wollweber-Firma zu verkaufen. Bei diesem Geschäft dachten die beiden einen großen Gewinn herauszuholen. Aber genau zu diesem Zeitpunkt verbündeten sich Aktienhändler aus japanischen Geschäftskreisen mit den Japanern in den chinesisch-japanischen Aktiengesellschaften und erfuhren so aus Geheimnotizen, daß die Ostasiatische Wollweber-Firma Dividende gewähren würde. Chinesische wie japanische Aktieninhaber bekämen in der Regel eine sehr hohe Dividende. Also führten die japanischen Spekulanten eine Hausse herbei, das heißt, sie kauften alles, was sie bekommen konnten. So trieben sie den Börsenkurs allmählich in die Höhe. Zha Sieben war Baissespekulant. Es blieb ihm nichts anderes übrig, als zu hohem Preis zu kaufen, um das, was er voher zu niedrigem Preis verkauft hatte, wieder hereinzuholen. Als es dann ans Zahlen ging, konnte er eine große Menge Aktien der Ostasiatischen Wollweber-Firma nicht herausgeben, und nicht nur fünfundzwanzig Liang Gold Kaution waren weg, sondern er machte auch noch bankrott, um seine Schulden bezahlen zu können.

Da war nun ein wirklich großes Unglück über ihn hereingebrochen. Zha Sieben meldete den Bankrott an, verkaufte sein Haus, löste sein Familienvermögen auf, hatte aber auch dann noch hohe Schulden. In seiner Aufregung suchte er Freunde und Bekannte von früher auf und bat sie um Hilfe. Aber die Tischgenossen von einst erwiesen sich jetzt als falsche Freunde. Sie lehnten ab und hielten ihre Türen verschlossen. Andere behaupteten, als sie von der Fehlspekulation Zha Siebens hörten, daß es ihm nur deshalb so schlecht gehe, weil er nicht bei dem

Gewerbe seiner Ahnen geblieben sei. Seine Nebenfrauen räumten heimlich ihre persönlichen Sachen zusammen und trafen Vorbereitungen, sich eine andere Existenzgrundlage zu suchen. Xiao Yang wollte weglaufen und verabredete sich ohne jede Scham und Scheu mit ihrem Liebhaber. Die japanischen Spekulanten, die Zha Sieben haßten, weil er auf Baisse spekuliert und die japanischen Haussiers gestört hatte, hetzten die Tokkoka, eine geheime Abteilung der japanischen Gendarmerie, auf ihn. Er wurde verhaftet, wegen Störung des Börsenhandels unter Anklage gestellt und kam ins Gefängnis der japanischen Militärpolizei.

Ma Deqing nutzte die langersehnte Gelegenheit und warf Sun Yaoting aus Zha's Haus. Sun war so lange geblieben, um Zha zu helfen, nicht, weil er diese Anstellung unbedingt behalten wollte. Wenn er es recht bedachte, war Zha Sieben ganz gut zu ihm, behandelte ihn als Freund. Da konnte er ihn doch jetzt nicht einfach im Stich lassen! Außerdem warf er sich vor, daß er Zha nicht daran gehindert hatte, auch diesmal auf Baisse zu setzen, und fühlte sich ein wenig mitschuldig. Aber wie sollte er ihn retten? Ihm fiel nichts besseres ein, als erst einmal den alten Eunuchen Wu aufzusuchen.

Eunuch Wu freute sich beim Anblick Sun Yaotings und erkundigte sich, wie es ihm im Nordosten ergangen sei und was er seit seiner Rückkehr erlebt hätte. Sun Yaoting erzählte, aber als er auf Zha Siebens Verhaftung und seinen Wunsch, ihm zu helfen, zu sprechen kam, sagte Eunuch Wu: „Jemanden aus der Gendarmerie herauszubekommen, ist schwierig. Kümmere dich nicht darum." Sun Yaoting konnte nicht anders, als ihn flehentlich um Hilfe zu bitten, worauf Eunuch Wu meinte, daß man dazu eine angesehene und einflußreiche Persönlichkeit brauche.

Es traf sich, daß ein Freund des alten Eunuchen, der aus dem Nordosten zu Besuch kam, erwähnte, ein Nachkomme des Prinzen Su, ein gewisser Jin Bidong, sei Generalkommandeur in der Garnison der Mandschurischen Eisenbahn. Da erinnerte sich Eunuch Wu plötzlich, daß er vor seinem Eintritt in den Palast auch einmal im Palais des Prinzen Su Xiqi Dienst verrichtet hatte und mit dessen Töchtern Bao Shufang und Jin Bihui, zwei ganz ungewöhnlichen Mädchen, recht gut stand. Xiqi hatte das Polizeisekretariat von Beiping gegründet. Bao Shufang, seine Älteste, war von klein auf nicht von der Seite ihres Vaters gewichen. Sie hatte sich auch nicht zurückgezogen, wenn Gäste kamen, sondern mit den Polizeiobersten gelacht und gelärmt. Seit sie erwachsen war, steckte sie ihre Nase in alle Rechtsstreitigkeiten, betrieb den Verkauf von Beamtenposten, sprach für Leute vor und nahm Geschenke entgegen. Manchmal ritt sie, als Mann verkleidet, zur Jagd. Auch ihre jüngere Schwester Jin Bihui übernahm es, für Gold und Geldgeschenke die Polizei zu erpressen. Als Kind hatte sie den japanischen Offizier Kawashima Namibayashi zum Adoptivvater genommen, weshalb sie auch Kawashima Yoshiko hieß. Sie kannte im Hause von Kawashima Namibayashi nicht wenige japanische Offiziere und lernte, als Japan China annektierte, auch hochrangige Militärs wie Doihara Kenji und Sakanishi Shichiro kennen. Wenn jemand Zha Sieben helfen könne, dann diese beiden, erklärte Eunuch Wu. Sun dankte ihm, wandte aber ein, daß Zha Sieben ja schon bankrott wäre. Woher sollte das Geld für Bao Shufang und Kawashima Yoshiko kommen? „Ich nehme ein paar Geschenke mit, gehe zu Bao Shufang und verlasse mich im übrigen auf mein altes Gesicht", sagte Eunuch Wu. „Wenn sie wirklich nicht bereit ist zu helfen, weiß ich auch nicht weiter."

Weil er wußte, daß die beiden Opium rauchten und am hellichten Tag schliefen, ging er erst abends zu Bao Shufangs Haus. Vor dem erleuchteten Haupteingang warteten einige Autos. Es waren also Besucher da. Eunuch Wu begab sich daher nicht in das Empfangszimmer, sondern direkt in die Haupträume, hustete an der Zimmertür und trat ein. Bao Shufang lag allein auf der Opiumpritsche und las in einem Roman. „Älteste Gege!" rief der alte Eunuch sie an. Als Bao Shufang ihn erkannte, ließ sie ihn sofort Platz nehmen und fragte: „Welcher Wind hat dich denn hierhergeweht?" Eunuch Wu reichte ihr die Geschenke und sagte, er sei gekommen, sie zu sehen und ihr den Qing'an-Gruß zu entbieten. „Du alter Affe", fuhr Bao Shufang ihn an, „lüg mir bloß nichts vor, sag die Wahrheit!" Nun rückte Eunuch Wu mit der Sprache heraus und bat sie inständig, Zha Sieben zu helfen. Entschieden erwiderte sie: „Ich betrete die japanischen Yamen nicht, also kümmere ich mich nicht darum." Eunuch Wu bat wieder und wieder, aber sie blieb hartnäckig dabei, daß sie sich nicht darum kümmern wolle. ‚Vielleicht habe ich mehr Glück, wenn ich sie ein bißchen unter Druck setze', dachte er, und sagte: „Da hat mich jemand ersucht, in dieser Angelegenheit, die mich gar nichts angeht, weiterzuhelfen, und ich bitte euch Schwestern. Ihr aber weigert euch, als ob es für eure Familie nicht ein Klacks wäre zu helfen, und laßt mich das Gesicht verlieren!" – „Alles Geschwätz!" entgegnete Bao Shufang. „Was hast du alter Affe bekommen?" Eunuch Wu schwor beim Himmel, daß der Mann, dem jetzt der Prozeß gemacht würde, bankrott gegangen sei. „Wenn ich von ihm auch nur einen Fen nehme, dann möge ich elend sterben!" – „Weil es um dein Gesicht geht", lenkte Bao Shufang ein, „lasse ich meine jüngere Schwester mal hingehen und danach sehen. Die hat's dick mit den Teufeln."

Wie Kawashima Yoshiko es fertiggebracht hatte, erfuhr niemand, aber nach ungefähr zehn Tagen wurde Zha Sieben wirklich freigelassen. Sun Yaoting besuchte ihn zu Hause. Als Zha Sieben ihn sah, war er zu Tränen gerührt. Sun Yaoting war kein Mensch, der sich seiner Verdienste rühmte, und erzählte Zha Sieben nichts davon, wie er ihn gerettet hatte. Vielmehr riet er ihm, Geduld zu üben, das Vermögen zu reorganisieren und das Gute wie das Schlechte der alten Tage auf sich beruhen zu lassen. Zha Sieben entschloß sich, in das Haus der ihm angetrauten Hauptfrau zu ziehen, alle seine Nebenfrauen waren schon längst davongelaufen. Außer Ma Deqing wollte er auch Sun Yaoting behalten, aber Sun wollte Zha Sieben nicht in Verlegenheit bringen und lehnte ab. Er sagte, daß er wieder in einem Kloster wohnen und Zha Sieben besuchen würde, wenn er Zeit hätte.

Gebrochene Gelübde

Wohin sollte Sun Yaoting schon gehen, nachdem er das Haus Zha verlassen hatte? Als müßte es so sein, fand er sich auch diesmal wieder im Kloster des Blühenden Gedeihens ein, um mit den Schicksalsgefährten zusammenzuleben, und seine Freunde begrüßten ihn mit einem bitteren Lächeln.

In der Anfangsphase des chinesisch-japanischen Krieges schritt die japanische Armee von einem Sieg zum anderen. Sie nährte den Krieg mit Krieg, wie sie sagte, saugte die Chinesen in den besetzten Gebieten bis aufs Blut aus und erhöhte die Preise für Getreide, Baumwolle, Kohle, kurz, für alles Lebensnotwendige. Leute mit Einnahmen und Ersparnissen konnten sich noch leidlich durchschlagen, aber den Eunuchen, die nichts dergleichen hatten, ging es sehr schlecht. Sun Yaoting, der im Laufe der Jahre immer mehr zum Daoisten geworden war, suchte in dieser ausweglosen Situation die Daoistische Vereinigung auf und bat darum, in ein Kloster eingewiesen zu werden, wo es auch etwas zu essen gab. Die Daoistische Vereinigung hieß ihn warten. Erst nach zwei Monaten, es war schon die Zeit des Mittelherbstfestes, erhielt er Nachricht, daß er im Baiyunguan, im Kloster zu den Weißen Wolken, vor dem Xibian-Tor, wohnen könne.

Das daoistische Kloster zu den Weißen Wolken ist in ganz China berühmt. Es heißt, daß es auf dem Gelände des unter der Tang-Dynastie erbauten Tianchang-Klosters steht. Das Tianchang wurde während der Jin-Zeit, und zwar in den Jahren 1190–1196 restauriert und in Taijigong, Palast des höchsten Prinzips, umbenannt. Es fiel später einem Brand zum Opfer. Während der Yuan-Dynastie soll dann ein Wahrhaftmensch namens Qiu Chuji aufgetreten sein, ein Kundiger des Dao. Von diesem Qiu Chuji ist überliefert, daß er bei Cinggis Khan um Audienz bat und jenem allerlei dunkle Geschichten erzählte, unter anderem die, daß der Großkhan in Wahrheit ein Stern wäre, der in die Welt des Staubes geboren worden sei, auf daß Glück und langes Leben gewährt und der Welt Segen gespendet würde. Cinggis Khan, der mehr von Kriegführen, Reiten und dem Gebrauch von Pfeil und Bogen hielt als von Geisterlehren, soll, obwohl er den Worten des Wahrhaftmenschen ohne recht zu verstehen zugehört hätte, dessen Bitten um Spenden und die Errichtung eines Tempels entsprochen haben. Und so sei auf dem Platz des Taijigong das Kloster zu den Weißen Wolken errichtet worden. Seine Hallen und hochaufragenden Türme boten einen grandiosen Anblick. Nachdem das Kloster gegen Ende der Ming ein Opfer der Flammen geworden war, ließ der Kangxi-Kaiser der Qing es wieder aufbauen, und so kam es auf die heutige Zeit. Die Äbte des Baiyunguan wußten die Kaiser des jeweiligen Herrscherhauses stets auf ihre Seite zu ziehen, und das Kloster erblühte außerordentlich und wurde das größte seiner Art im Norden.

Qiu Chuji, mit Gelehrtennamen Changchun Zhenren, Wahrhaftmensch des langen Frühlings, hatte sich im Streben nach höchster Vollendung kastrieren lassen. Das sollte Reinheit und Freiheit von Begierde zum Ausdruck bringen, und die Kaiser der Yuan-Dynastie hatten ihn deshalb in hohen Ehren gehalten. Es heißt, daß er im Palast ein- und ausging und der Kaiserin und den Konkubinen die daoistische Lehre gepredigt habe.

Der Ming-Kaiser Chengzu war dann ein Anhänger des Buddhismus und wollte dem Kloster verbieten, den Daoismus zu predigen. Beinahe hätte es seine Existenz eingebüßt. Chengzu hatte aber auch verfügt, daß zur Begleitung eines jeden Gouverneurs ein bedeutender buddhistischer Mönch gehören müsse. Sein eigener Begleiter, mit weltlichem Namen Yao Guangxiao, riet nun dem Kaiser, das Baiyunguan zu behalten. Auf Chengzu's verwunderte Frage, warum ein buddhistischer Mönch sich für den Schutz des Daoismus einsetze, erklärte Yao Guanxiao: „Buddhismus und Christentum kommen aus dem Ausland, der Daoismus dagegen geht auf Laozi zurück und existiert in China seit alters. Warum sollten wir ihn aufgeben? Über diese Lehre haben wir Zugang zu den Herzen der einfachen Menschen. Der Daoismus tritt für Reinheit und Nicht-Handeln ein, daraus entsteht keine Rebellion, und das widerstrebt doch nicht den Interessen des Hofes." Daraufhin brachen auch unter der Ming-Dynastie die Weihrauchopfer im Baiyunguan nicht ab.

Weil sich der Wahrhaftmensch Qiu selbst entmannt hatte, betrachteten die Eunuchen der Ming- und Qing-Zeit ihn als ihren Sektenstifter. Während der Ming-Dynastie besaßen die Eunuchen am Kaiserhof großen Einfluß und die Spenden für das Baiyunguan flossen reichlich. Auch einige Kaiserinnen der Qing, so Kaiserinwitwe Xiaozhao und Kaiserinmutter Xiaosheng aus der Ära Qianlong, die Kaiserinmutter Gongci aus der

Zeit des Daoguang-Kaisers und Kaiserinmutter Cixi, schickten Eunuchen mit Geld zum Baiyunguan. Gegen Ende der Qing-Dynastie war Gao Rendong dort Abt und die Eunuchen An Dehai, Li Lianying und Xiao Dezhang zählten zu den eingetragenen Adepten. Das Kloster befand sich zu der Zeit auf dem Höhepunkt seiner Macht. Damals wandten sich Beamte der Hauptstadt ebenso wie auswärtige über den alten Daoisten Gao an die Eunuchen, um vor Cixi jemanden lobend zu erwähnen, oder jemanden anzugreifen, und sie hatten damit wirklich großen Erfolg. Die Leute nannten das Baiyunguan ‚Kleines Planungsamt'; ständig kamen Gold, Silber und gutes Ackerland zum Klostereigentum hinzu.

Als Sun Yaoting sich zum Baiyunguan begab, war er der Meinung, der alte Mönch Gao wäre hier immer noch Abt. Aber Gao Rendong war inzwischen gestorben und der jetzige Amtsinhaber hieß An Shilin. Noch immer beeindruckten die Hallen und Plattformen des Klosters, die Zahl seiner Adepten ging in die Tausende, in den Vororten Beijings, den Kreisen Daxing, Wanping und Zhuo, in Langxiang und vielen Orten mehr, gehörten dem Kloster 360 Qing gutes Ackerland. Die Mönche sagten: „Wir essen an einem Tag den Ertrag von einem Qing Land und kommen das ganze Jahr nicht zu kurz." Bei seinem Eintreffen hatte Sun Yaoting dennoch das Gefühl, daß im Kloster keine glückverheißende harmonische Atmosphäre herrsche. Aber als Neuankömmling konnte er sich nicht gleich umhören. Also verrichtete er seine Gebete, machte Stirnaufschläge, meditierte, aß – fertig. An Shilin bekam er normalerweise nicht zu Gesicht. Die Verwalter auf der Ebene unterhalb des Abtes schenkten ihm weiter keine Beachtung, denn Sun Yaoting kam weder auf Empfehlung von hohen Beamten der Region noch brachte er Gold, Perlen, Silber oder Geld mit, sondern hatte im Gegenteil die Daoistische Vereinigung aufgesucht, um in den Genuß vegetarischer Kost zu kommen. Bai Quanyi, der Duguan des Klosters, ein Beamter, der für die Alltagsdienste verantwortlich ist, schickte ihn zum Blumenpflanzen ins Gewächshaus. Sun Yaoting, von Natur aus ruhig und gelassen, hatte keine Aufstiegsgelüste, und den ganzen Tag mit Blumen umzugehen, war nun wirklich keine unangenehme Beschäftigung.

Im Baiyunguan gab es über eintausend Klosterkammern. An Shilin bewohnte die Abtsgemächer, drei Zimmer in einer Reihe auf der Nordseite. Am Tor der zentralen Kammer hing ein Torspruch aus Nanmuholz. Er lautete: „Gesetzesklang ist nicht von dieser Welt, Freiheitsgefühle zwischen Erde und Himmel". Trat man in die Halle, fiel der Blick auf ein von der Hand des Kangxi-Kaisers beschriebenes Seidenbanner, unter dem ein großes Rollbild hing. Äußerst lebendig gemalt zeigte es auf seidenem Grund die Acht Heiligen bei der Überquerung des Meeres. Zu beiden Seiten der Hauptkammer befanden sich Spruchbänder in der Kanzleischrift von Liu Chunlin, dem ersten in der Palastprüfung gegen Ende der Qing. Alle Möbel im zentralen Raum waren aus Holz. In der Ostkammer stand ein Bett, an der Wand hingen zwei Guqin-Zithern, Erbstücke vom alten Mönch Gao, und dazwischen standen die Seelentafeln von Laozi, den Vier Heiligen und Drei Reinen. Links und rechts davon hing ein Doppelspruch, eine Kalligraphie von Weng Tongsu. Die prachtvolle Ausstattung der Räume, dazu im Hof die dunkelgrünen Kiefern, smaragdgrünen Pappeln, seltenen Blumen und Pflanzen, wahrlich der Wohnsitz eines Unsterblichen unter den Menschen, ein stattlicher Jadepalast. Sun Yaoting war oft zur Pflege der Blumen und Hölzer in den Hof des Abts beordert worden.

Im Gegensatz zu diesen himmlischen Gemächern hauste er, zusammen mit anderen Mönchen, in einem dunklen, feuchten Raum. Selbst im Sommer drang durch die mit Holzgittern versehenen Papierfenster nur spärliches Licht und die Fliegen wurden zur Plage, im Winter kam zur Kälte die Feuchtigkeit hinzu. Betten gab es nicht, nur einen verwahrlosten Kang. Auch das Essen erschien Sun Yaoting im Baiyunguan noch schlechter als im Palast der falschen Mandschurei. Nichts als trockene Hirse oder Reis und stets das gleiche Gericht, das die Daoisten spöttisch ‚Drei-Juwelen-Suppe' nannten, in Salzwasser gekochten Weißkohl, der mit ein paar Tropfen Öl ‚verfeinert' wurde. Er fragte, warum Abt und Aufseher nicht zusammen mit ihnen essen würden, und bekam zur Antwort: „Die Herrschaften zünden sich ihr eigenes Feuerchen an. Sie haben einen kleinen Herd und essen nur, was ihnen schmeckt, Hühner, Enten, Fleisch und Fisch."

Von Kindheit an hatte Sun Yaoting das harte Leben im Palast erdulden müssen. Sich wie ein Sklave zu verhalten, war ihm daher so sehr in Fleisch und Blut übergegangen, daß er auch An Shilin und Bai Quanyi für Geister hielt, denen man sich nicht widersetzen durfte, und als er die hölzernen Prügelbretter vor der großen Halle gesehen hatte, bekam er es erst recht mit der Angst zu tun. Die Daoisten im Baiyunguan hielten zwar den Mund, solange der Abt in der Nähe war, hinter seinem Rücken aber gab es allerhand Klagen. Einmal schimpfte ein Mönch: „Von unserem Boden kommen glänzender Reis und weißes Mehl, für alle genug, um ein ganzes Jahr davon zu essen. An Shilin und Bai Quanyi aber bedienen sich nicht nur ausgiebig, sie lassen uns nicht einmal das, was übrigbleibt, sondern tauschen dafür diese gräßliche Hirse ein. Die beiden machen Gewinn auf unsere Kosten. Und unter die Hirse ist auch noch reichlich Sand gemischt, spürt ihr's nicht?" Anfangs kam Sun Yaoting dieses Verhalten sehr merkwürdig vor, aber die Tage vergingen, und er gewöhnte sich allmählich daran.

Als die paar Yuan, die er in Händen hielt, so allmählich aufgebraucht waren, fragte er die Daoisten vorsichtig, wann es Geld geben würde. Die aber lachten nur: „Du kennst wohl unsere Klosterregel nicht, da bekommen auch nur die Hochrangigen wirklich etwas ab. Gewöhnliche Brüder im Dao erhalten im Monat höchstens fünf bis zehn Yuan. Wofür soll das reichen? Mit einer Arbeit wie der deinen, verdient man nicht mehr als fünf Yuan! Wer dagegen fünf Jahre ein Amt ausübt und als Meister in den klassischen Schriften anerkannt ist, Sekretäre und so weiter, die erhalten pro Monat wenigstens fünfzig Silberdollar, die zum Drachenbootfest, Mittelherbst- und Frühjahrsfest ausgezahlt werden. Außerdem bekommt jeder von ihnen am ersten Tag des dritten Monats und am fünfzehnten des neunten dreißig Silberdollar für Kleidungskosten. Jetzt, wo es keine Silberdollar mehr gibt, werden sie natürlich in Banknoten bezahlt. Gewöhnliche Meister in den klassischen Schriften erhalten jeden Monat fünfzehn Yuan und noch zwanzig Yuan für Kleidung."

Als Sun Yaoting eines Tages im Garten vor den Gemächern des Abts Laub zusammenfegte, hörte er plötzlich vor der Klostermauer mehrmals hintereinander eine Fahrradklingel. Als er die Ecktür öffnete, schoß jemand wie ein Blitz an ihm vorbei und lief, ohne ein Wort zu verlieren, schnurstracks auf die Gemächer des Abtes zu. Sun Yaoting konnte nicht genau erkennen, ob es sich um einen Mann oder eine Frau handelte. Die Person war über vier Chi groß, trug eine wattierte, blaue Jacke, eine gefütterte Mütze und vor dem Gesicht einen Mundschutz. „Zu wem wollen Sie?“ fragte er, aber die Person verschwand, ohne ihn zu beachten, in den Gemächern des Abts. Weil er erst kurze Zeit hier war, wagte er nicht, hinterherzugehen und zu fragen, wer das sei.

Es war Frau Kang, die Geliebte des Abts. Sie zählte sechsundvierzig Jahre, war verheiratet, aber ihr Mann wurde zur Zeit wegen Unterschlagung festgehalten. Als leichtlebig bekannt, stand sie schon lange mit An Shilin in einem undurchsichtigen Verhältnis. Nach der Verhaftung ihres Mannes hielt sie die Einsamkeit nicht aus und kam oft unter einem Vorwand zum Baiyunguan. Das Klingeln vor der Mauer war ein zwischen beiden verabredetes Signal, das An Shilin aber diesmal nicht gehört hatte. Geziert machte Frau Kang ihm Vorwürfe, daß er ihr nicht die Tür geöffnet hätte. Lachend gab An Shilin zurück: „Für deine Tür habe ich doch einen besonderen Schlüssel.“ Sie stieß ihn gegen die Stirn und sagte in gespieltem Zorn: „Du bist nie ernsthaft. Aber warte nur, ich werde es dir schon zeigen.“ An Shilin holte Speisen und Branntwein herbei, und die beiden begannen einander zuzutrinken. Just in diesem Augenblick tauchte Bai Quanyi auf. Mit den Worten: „Wie zwanglos!“ zog auch er Trinkbecher und Eßstäbchen hervor und beteiligte sich am Gelage. Nachdem sie gegessen und getrunken hatten, Bai Quanyi aber immer noch nicht gehen wollte, legte sich Frau Kang auf das Bett ihres Geliebten und sagte, sie sei betrunken und müsse bleiben. Daraufhin meinte Bai Quanyi: „Was für eine betrunkene Schönheit, auch ich bin betrunken und will nicht gehen.“ – „Oh wie widerlich!“ zischte Frau Kang. Bai Quanyi, der ebenfalls eine Geliebte hatte, und An Shilin waren schon viele Jahre im Baiyunguan. Sie machten ansonsten gemeinsame Sache und nahmen sich auch gern einmal gegenseitig auf den Arm. Aber jetzt verdroß es An Shilin und Frau Kang in ihrer Branntweinseligkeit doch sehr, daß sie sich nicht sofort umarmen und ins Bett steigen konnten, um die schöne Sache rund zu machen. Bai Quanyi wußte das natürlich und ging schließlich lachend davon.

Sun Yaoting fragte sich höchst aufgebracht, wie es an einem rituellen Ort nur zu so unzüchtigem Verhalten kommen konnte. Ohne recht zu wissen, was er tat, ließ er, als er wieder im Zimmer war, seinem Zorn freien Lauf und schrieb auf eine alte Zeitung ein paar Zeichen: „Unzüchtig am Kultort, die Regel übertreten, Liederlichkeit wuchert, wie kann das ohne Vergeltung durch den Himmel bleiben?" Anschließend legte er sich schlafen. Ein junger daoistischer Mönch, der mit in dem Raum wohnte, entdeckte die Zeichen und fand, daß sie ihm wie aus dem Herzen geschrieben waren. Das war doch mal erfrischend geschimpft! Er bestrich das Papier mit etwas Leim und klebte es an der Halle der Vier Heiligen an eine Wand. Viele Mönche, die am nächsten Morgen die Zeichen lasen, klatschten vor Freude in die Hände. Sun Yaoting erschrak, als er seine Worte an der Wand wiedersah, wagte aber nicht, das Papier herunterzureißen, um nicht die Aufmerksamkeit auf sich zu ziehen.

Der Abt hatte von dem Vorfall längst erfahren, wollte aber nicht selbst in Erscheinung treten. Er schickte nach Bai Quanyi, mit dem er sich dann heimlich über Gegenmaßnahmen beriet. Während An Shilin dafür war, das Schriftstück zu entfernen und die Sache dann auf sich beruhen zu lassen, vertrat Bai Quanyi die Meinung, daß man so etwas erst gar nicht einreißen lassen dürfe. Wütend stürmte er los und riß das Papier ab, begab sich dann in den Speisesaal, stellte sich in der Mitte auf und fragte, wer der Urheber dieser Zeichen sei und das Schriftstück angeklebt habe. Keiner im Saal gab eine Antwort, die Atmosphäre war zum Zerreißen gespannt. Darauf sprach Bai Quanyi: „Bei Daoisten ist es anders als bei buddhistischen Mönchen. Um ein langes Leben zu erreichen und Unsterbliche zu werden, dürfen Männer und Frauen sich vereinigen. Man bezeichnet das mit den Worten: ‚Geläutertes Zinnober kommt in den Ofen'. Das kann man keinesfalls als Liederlichkeit auffassen, und schon gar nicht zieht es die Vergeltung des Himmels auf sich. Wer diese Zeichen geschrieben hat, eignet sich grundsätzlich nicht zum Studium des Dao, er soll sich melden, dann ist die Sache vorbei und wird nicht geahndet. Meldet der Schreiber sich nicht, erwartet ihn im Falle der Entdeckung eine schwere Strafe." Nach diesen Worten verließ er die Halle. Ein gewaltiger Lärm hob an. Alle stimmten darin überein, daß An Shilin und Bai Quanyi wirklich tolldreist waren. Sich selbst Vergehen zuschulden kommen lassen und dann auch noch mit Strafen aufwarten! Die Mönche schäumten vor Wut, aber sie konnten nichts unternehmen.

Daß An Shilin und Bai Quanyi die Mönche unterdrückten und mit ihrem unsittlichen Treiben das berühmte Kloster in Verruf brachten, waren noch längst nicht ihre schlimmsten Vergehen. Sie hatten außerdem Klostereigentum verkauft, und, was am schwersten wog, sie hatten den Freund des Dao, Wang Xinzhen, skrupellos ermordet. Als einmal jemand vor Gericht Klage gegen sie erhoben hatte, war den beiden gelungen, die Beamten zu bestechen, und die Klage wurde fallengelassen. Seitdem trieben sie ihr Unwesen umso furchtloser.

Die Hälfte der Mönche im Baiyunguan kam aus den Provinzen Hebei und Shanxi. Unter denen aus Shanxi befand sich ein gewisser Ma Zhishan, ein energischer Mann, der voller Pläne steckte. Der sah, daß die Wut der Mönche ihren Höhepunkt zwar fast erreicht hatte, daß sie aber, gänzlich ungeübt in selbständigem Handeln, da sie stets nur Anordnungen anderer befolgten, noch einen letzten Grund brauchten, damit es zu einer Erhebung kam und den Machenschaften von An Shilin und Bai Quanyi ein Ende bereitet werde. Eines Abends saßen er, Xu Xinhe und Du Xinling, Landsleute, mit denen er gut befreundet war, und noch zwei mutige Männer zusammen. Er schlug vor, in die Gemächer des Abtes einzudringen, um ihn in flagranti zu ertappen und ihn anschließend wegen Unzucht an einem Kultort anzuklagen. Auch wenn sie ihn nicht ertappen würden, wäre An Shilin sicher so wütend, daß es bei der Gelegenheit zu einem Krawall käme. Noch lehnten Xu Xinhe und Du Xinling ein solches Vorgehen ab, aber allein, daß so ein Gedanke laut geworden war, machte deutlich, daß über das Kloster ein Wirbelsturm hinwegfegen würde.

Es war Anfang November im Jahre 1946, als An Shilin und Bai Quanyi, denen nicht entgangen war, wie sehr die Mönche sie haßten, eines Abends darüber sprachen, wie sie sich verhalten sollten. „Hab keine Angst", meinte An Shilin zu seinem Kumpan, „auch wenn sie mich ein paarmal anklagen, damit kommen sie nicht durch. Und einen Aufruhr wird es ebenfalls nicht geben, schließlich hängt an unserem Klostertor ein Regierungserlaß, der Unruhen in der Nähe historischer Sehenswürdigkeiten klipp und klar verbietet. Wovor sich also fürchten?" Bai Quanyi erwiderte: „Solche Unruhen fürchte ich nicht, ich habe Angst vor einem Aufruhr im Innern." – „Dagegen können wir etwas unternehmen. Ich habe ein japanisches Schwert." – „Vergiß nicht die Sache von damals, als Divisionskommandeur Jiang dem Kloster Geld gestiftet hatte und du dem Zhu Baohe nichts abgeben wolltest. Da hat er sich ein paar Leute genommen und dich gefesselt. Wenn ich das nicht der Polizei gesteckt hätte, wäre es dir an den Kragen gegangen. Sei bloß nicht zu unvorsichtig." Bei der Erinnerung an diese leidige Angelegenheit bekam An Shilin Herzklopfen, und kläglich fragte er: „Was sollen wir bloß tun! Die Polizei ist doch noch ganz ordentlich zu uns." – „Um davonzukommen, braucht man einen Plan. Zuerst müssen wir den Schlüssel für die Hintertür herbringen, dann Vorkehrungen für den Fall treffen, daß sie die Zimmertür blockieren. Wir brauchen ein Loch in der Wand, durch das wir hinaus können." Der Abt war mit allem einverstanden, und so brachten sie in der Nordwand der Abtskammer eine Öffnung an, groß genug, um hindurchzuschlüpfen, und verdeckten sie mit einem Vorhang aus weißem Tuch.

Nächtliche Abrechnung

Auf Seiten der Mönche wurden gleichfalls Pläne geschmiedet und heimlich beraten. Auch Sun Yaoting blieb davon nicht unberührt. Seit einiger Zeit beobachtete er, daß etliche jüngere Mönche abends in Dreier- oder Fünfergruppen ausgingen und fragte sich, ob sie etwa auch zu jenen gehörten, die sich nicht an die Klosterregel hielten. Einmal folgte er im Dunkeln heimlich einigen von ihnen bis zum Guandi-Tempel, der sich ein Li vom

Baiyunguan entfernt, auf einer kleinen Erdböschung in der Gegend des Xibian-Tores befand. Die Mönche hatten das gemerkt und forderten ihn auf, mit hinein zu kommen. Als Sun Yaoting den Tempel betrat, legten die dort Versammelten zum Gruß ihre Hände vor der Brust zusammen und hießen ihn, Platz zu nehmen. Unter den Anwesenden entdeckte er einige Brüder im Dao, die er kannte, darunter Xu Xinhe, Ma Zhishan und Du Xinling, die drei Freunde aus der Provinz Shanxi. Xu war achtundzwanzig Jahre alt, stammte aus dem Kreis Xin, Ma, sechsundzwanzig, kam aus der Präfektur Datong, und Du, aus dem Kreis Wenshui, zählte vierzig Jahre. Dann waren da noch zwei Männer aus der Provinz Hebei, der sechsundsechzigjährige Zhang Jiaoquan aus Cilu und Huang Yizhong, ein Dreiundsechzigjähriger aus Yutian, und schließlich der fünfundsechzigjährige Li Zhihui aus Haiyin in Shandong.

Xu Xinhe sagte zu Sun Yaoting: „Wir erörtern hier, wie man das oberste religiöse Gebot der Daoisten zu befolgen hat, die Einhaltung der allerhöchsten Disziplin. Da du nun einmal hier bist, könntest du gemeinsam mit uns Rat halten, aber wenn du lieber gehen möchtest, kannst du das selbstverständlich tun. Nur sprich dann zu niemandem im Kloster auch nur ein einziges Wort. Überleg dir deine Entscheidung." Sun Yaoting erwiderte: „Ich werde zuhören." Bald aber merkte er, daß es den Männern hier eigentlich darum ging, wie man An Shilin und Bai Quanyi bestrafen sollte, und widerstreitende Gedanken stiegen in ihm auf: Er hatte sich für die Teilnahme an dieser geheimen Versammlung entschieden. Falls die Mönche nun etwas unternähmen, sollte er da mitmachen? Wäre das nicht Unruhestiftung? Aber wenn er sich nicht beteiligte, würde er dann diese Leute verletzen? Als sich am Ende alle zu zerstreuen begannen, sagte er: „Offen gestanden: Verstöße gegen die allerhöchste Disziplin müßten eigentlich gemäß den Regeln geahndet werden. Das unterstütze ich, aber... Ich halte meinen Mund ganz gewiß verschlossen und sage zu niemandem etwas." Alle erkannten, daß es ihm an Mut fehlte, er die Sache aber nicht verderben würde, und gaben sich zufrieden.

Am zwölften November, ungefähr um sechs Uhr abends, wurden im Guandi-Tempel Kerzen und Weihrauch angezündet und alles für ein Mahl vorbereitet, Branntwein, Fleisch und Mantou. Ungefähr zehn Mönche, unter ihnen Ma Zhishan und Xu Xinhe, nahmen dann Platz und aßen und tranken, daß es eine Art hatte. Nach außen hin taten sie mutig, aber im Innern wußten sie nicht, was die Zukunft bringen würde. Erstmal essen und trinken, dann würde man weitersehen. Anschließend verrichteten sie vor dem Standbild des Guandi Stirnaufschläge. Du Xinling, ein harter Kerl, sprach als erster: „Wir sind Mönche, und nur wenn wir die allerhöchste Ordenszucht der Daoisten einhalten, für die allerhöchste Disziplin leben und auch dafür sterben können, sind wir wahre Ritter des Dao. Nach dem Tode werden wir bestimmt zu Wahrheitsmenschen. Gegenüber den beiden, die so schamlos gegen die allerhöchste Disziplin verstoßen haben, hegen wir keinen persönlichen Haß. Aber um die Krone des Dao zu wahren, sind wir gezwungen, diesen Abschaum zu beseitigen und die Disziplin wiederherzustellen. Wie auch immer die Angelegenheit ausgeht, die Regierung wird uns befragen. Dann müssen wir im festen Glauben an die gerechte Sache unbeugsam bleiben, müssen voller Empörung die Stimme erheben, daß die Welt erbebt. Alle sollen wissen, daß man dem Gesetz des Dao nicht zuwiderhandeln, die Würde des Daoismus nicht antasten darf. Das Urteil, das Polizei und Justiz über uns verhängen, nehmen wir freudig entgegen, sinnen nicht auf Böses und fliehen nicht. Wir gehen ins Gefängnis oder lassen uns sogar bereitwillig hinrichten. Das ist das wahre Dao. Der alte Gebieter Guan hat sein ganzes Leben lang getötet, aber weil er Übeltäter umbrachte, ist er nach seinem Tode zum Geist geworden und verströmt seinen Duft über zehntausend Generationen. Wovor fürchten wir uns?“ Von heiligem Zorn ergriffen, drängten nun alle zum Guandi-Tempel hinaus. Es war inzwischen beinahe Mitternacht geworden. Ein tiefer Ernst beherrschte die Gemüter. Die Mönche schwiegen, wie Soldaten, die in der Nacht überraschend ein feindliches Lager angreifen, ging es auf direktem Weg zum Baiyunguan.

Natürlich hielt man sich in dieser riesigen, in den daoistischen Kreisen ganz Chinas angesehenen Klosteranlage an die übliche Regel: Nach dem Abendessen Verriegeln von Vorder-

und Hintertür, nach acht Uhr beide Türen abschließen. Deshalb waren Ma Zhishan, Chen Zhizhong und einige andere im Baiyuguan zurückgeblieben. Sie hatten sich in ihren Kleidern hingelegt und warteten ungeduldig auf die Brüder, die an dem Mahl teilgenommen und den Schwur abgelegt hatten. Gegen ein Uhr schlich Ma Zhishan vorsichtig zu den Gemächern des Abtes. Dort rührte sich nichts. Auf leisen Sohlen suchte er nun Chen Zhizhong auf. Der hatte natürlich auch nicht schlafen können und fragte sofort: „Wie sieht's aus?" Ma Zhishan winkte ab und gab keine Antwort. Eine Weile saßen die beiden im Dunkeln, dann sagte Ma: „Ich gehe zu den Abtsgemächern und blockiere die Tür. Geh du zum Haupteingang und schau nach, ob sie schon da sind."

Chen Zhizhong begab sich zum Haupteingang und hüstelte. Ein zweimaliges Hüsteln kam als Antwort, das vereinbarte Zeichen. In der Aufregung hatte Chen vergessen, den Schlüssel mitzunehmen, und eilte zurück. Dann ließ er die Mönche ein, und alle zogen vor die Halle der Vier Heiligen. Dort warteten schon Xu Xinhe, Chen Zhengyin, Tian Hengyi und Sun Yaoting. Du Xinling machte sich mit ein paar Mann auf den Weg zum Schlafgemach von An Shilin. Ein zweiter Trupp rückte unter der Führung von Xu Xinhe zum Angriff auf das Schlafzimmer von Bai Quanyi vor. Ma Zhishan wartete mit einer Stange bewaffnet vor der Öffnung, die An Shilin in die Wand gemacht hatte, und horchte. Drinnen regte sich nach wie vor nichts. Irgendwer trat dann die Zimmertür auf. Erschrocken fuhr der Abt hoch und fragte: „Wer ist da?" Niemand antwortete. An Shilin setzte sich auf, tastete hastig unter der gefütterten Decke nach seinem japanischen Schwert, fand es aber in der Aufregung nicht. Das Licht ging an, die Eindringlinge überwältigten den Abt und warfen ihn aufs Bett. Unter Aufbietung seiner ganzen Kraft wälzte er sich herum, bis einer der Mönche sich auf ihn setzte. Mit vereinten Kräften zerrten sie ihn dann auf den Boden und banden ihm die Hände fest auf den Rücken. „Was wollt ihr denn! Was wollt ihr denn machen!" brüllte An Shilin. Keiner schenkte ihm Beachtung. Ma Zhishan, der draußen alles mit angehört hatte, kam nun ebenfalls herein und half mit, ihm die Beine zusammenzubinden und ihn in den Hof vor die Halle der Vier Heiligen zu schleifen. An Shilin, der glaubte, daß man ihn verprügeln wollte, bat demütig: „Bitte, Brüder im Dao, zeigt Milde. Wo ich Unrecht getan habe, übt Nachsicht. Ach, sei doch einer von euch so gut und bringe mir meine gefütterte Robe!" Aber niemand beachtete ihn. Manche fingen heimlich zu lachen an.

Xu Xinhe und sein Trupp befanden sich inzwischen vor dem Schlafgemach von Bai Quanyi. Obwohl ihre Tritte leicht waren, hatte dieser sie doch kommen gehört und den Eingang mit einem starken Holzblock versperrt. Xu Xinhe versetzte der Tür einen Tritt, aber sie öffnete sich nicht. Dafür hörten sie Bai Quanyi fragen: „Wer klopft da? Wenn es etwas gibt, können wir doch morgen darüber reden. Was sollte denn jetzt, in der pechschwarzen Nacht so wichtig sein?" Niemand gab Antwort. Als die Tür auch weiteren Fußtritten nicht nachgab, kletterte ein Mutiger einem anderen auf die Schultern und hangelte durch die Trennwandöffnung nach dem Fensterriegel. Sofort schlug Bai Quanyi ihm kräftig auf die Hand. Als Xu Xinhe sah, daß der Versuch, durchs Fenster hineinzugelangen zu scheitern drohte, half er mit einer Holzstange nach und zerstieß ein Glasfenster. Der Mann, den Bai Quanyi getroffen hatte, war durch den Schmerz nur noch wütender geworden. Er sprang ins Zimmer, und bevor er sich auf seinen Widersacher stürzte, gelang es ihm noch, den Holzblock vor der Tür wegzustoßen. Nun drängte die ganze Schar hinein. Einer schlang Bai Quanyi ein Seil um den Hals, zwei andere drehten ihm die Arme auf den Rücken und fesselten ihn. Bai Quanyi versuchte zu verhandeln: „Wir können doch über alles reden." Aber er wurde aufgefordert: „Komm mit zur Halle der Vier Heiligen!" – „Was soll ich denn dort, macht keine Witze. Wir können morgen darüber reden, geht das nicht?" Schiebend und stoßend langten sie im Hof zur Halle der Vier Heiligen an, wo schon der gefesselte An Shilin lag. Bei diesem Anblick brach dem Verwalter der kalte Schweiß aus und er stöhnte: „Jetzt kommt die Reue zu spät..." Der Abt seufzte statt einer Antwort nur.

Du Xinling brüllte: „Wollt ihr wohl schnell ein bißchen Brennholz und Stroh holen." Sun Yaoting und ein paar Mönche hasteten davon und suchten von überall Holz, Stroh und

Petroleum zusammen. Andere konnten ihre Wut nicht länger beherrschen und schlugen mit Stangen auf die beiden ein, traten sie mit Füßen und beschimpften sie, was das Zeug hielt. Irgendjemand hatte eine Schaufel Branntkalk geholt, und rieb ihnen den in die Augen. An Shilin und Bai Quanyi bissen um sich und brüllten. Ma Zhishan, Du Xinling und Xu Xinhe fragten jetzt: „Wißt ihr, warum wir euch auf diese Weise behandeln? Ihr solltet es begreifen: Ihr habt die Klosterregeln eigenmächtig geändert, habt Gemeinschaftsbesitz verscherbelt, habt euch Rinder und Schafe des langen Lebens angeeignet und sie verkauft. Jeder von euch hat eine Geliebte. Ihr kollaboriert mit den Japanern. Der Mord an Wang Xinzhen geht auf euer Konto, und ihr habt das Geld für die Verpflegung veruntreut. Wie soll man solche Verbrechen ahnden? Wir hegen keinen persönlichen Haß gegen euch, sondern bitten die Drei Reinen und Vier Heiligen, euch zu richten.“

Bai Quanyi war immer noch der Meinung, daß keine wirkliche Gefahr bestand und man ihnen nur Angst machen und ihre Autorität angreifen wollte. An Shilin dagegen spürte, daß die Sache eine Wendung zum Schlechten nahm, und bat die Menge demütig: „Ich habe Schuld. Ich habe Schuld! Ja, die Drei Reinen sollen uns bestrafen. Um der freundschaftlichen Gefühle als Brüder im Dao über viele Jahre hinweg, übt Nachsicht!“ Bai Quanyi fügte hinzu: „Wir bieten dem Gründermeister pro Person ein Räucherstäbchen an. Wessen Räucherstäbchen schwarz wird, den soll man bestrafen.“ Seine Worte fanden bei einem kleinen Teil der Mönche, die der Meinung waren, daß das für gläubige Daoisten die beste Weise sei, zu entscheiden, Zustimmung. Aber als Ma Zhishan das merkte, rief er mit lauter Stimme: „Anzünden! Die beiden sollen im Himmel vorsprechen!“ Sofort übergossen zwei junge Mönche die Übeltäter An Shilin und Bai Quanyi mit Petroleum und zündeten sie an. Holz und Stroh waren auch da, das Feuer loderte hell auf, und die beiden verbrannten. Sun Yaoting wagte nicht mehr zuzusehen. Er kehrte der Szene den Rücken zu und begab sich in größere Entfernung zu dem Scheiterhaufen. Fortzulaufen aber wagte er auch nicht. Das ganze Kloster war in Bewegung.

Nachdem die Flammen erloschen waren, zeigten Du Xinling

und Ma Zhishan auf die beiden Leichen und sagten zu den Umstehenden: „Das haben wir getan, so haben wir die Regel der Drei Reinen bewahrt, aber wir haben uns auch des Mordes schuldig gemacht. Über unser Leben oder unseren Tod wird jetzt das Landesgericht entscheiden. Brüder im Dao, für diejenigen, die nicht hineingezogen werden wollen, steht die Klosterpforte offen. Ihr könnt handeln, wie es euch beliebt. Wenn ihr nicht gehen wollt, nehmen wir die Strafe gemeinsam auf uns." Sun Yaoting sprach: „Wir haben geschworen, für die allerhöchste Disziplin einzutreten und die verräterischen und tückischen Anhänger erbarmungslos zu bestrafen. Ich bereue nicht, das getan zu haben, und werde bleiben." Andere Mönche schlossen sich seiner Meinung an. Die Sache würde ihren Lauf nehmen.

Mörder

Du Xinling befahl Sun Yaoting, den für die Nachtwache zuständigen Xue Zhijie zu rufen. Er sollte die Klapper schlagen. Das war für die Daoisten im Baiyunguan das Signal, sich zu versammeln. Alle kamen aus ihren Kammern. Im letzten Aufflackern des Feuers sahen sie die verkohlten Leichen liegen und nahmen verwirrt und starr vor Angst den Brandgeruch wahr. Sie begriffen, daß etwas Großes geschehen sein mußte. Man forderte sie auf, zur Besuchshalle zu gehen, wo Xu Xinhe die Mönche mit vor der Brust zusammengelegten Händen begrüßte. Kurz und bündig klärte er sie über die Verbrennung von An Shilin und Bai Quanyi auf und klebte eine auf gelbem Papier geschriebene Bekanntmachung an. Dort waren sämtliche Verbrechen von Abt und Verwalter aufgeführt. Im großen Ganzen waren es folgende Punkte:

1. Eigenmächtige Änderung der Klosterregel, Betrug am Sektengründer und Auslöschung der Ahnen.
2. Kollaboration mit japanischen Ronin, Verschwendung von Gemeinschaftseigentum.
3. Aneignung und Verkauf von Tempelerzeugnissen und vier Stücken besten Lands.

4. Eigenmächtiger Verkauf des Werkes ‚Daozang jiyao'.
5. Unterschlagung der Bestattungs- und Umzugskosten von Zaolincun.
6. Aneignung des Klosters Yuqing und heimliche Rendezvous mit verheirateten Frauen.
7. Vertreibung von Fan Mingchen und Ermordung von Wang Xinzhen.

Mit den oben genannten Handlungen haben sie sowohl gegen die Regel des Ordens als auch gegen die Landesgesetze verstoßen. Gemäß allgemeinem Beschluß wurden sie verbrannt wegen Hinterlist, Raub, Bösartigkeit, Geilheit und Nichteinhaltung der Gelübde. Das rote Siegel mit den Zeichen ‚Juwel der Meister der daoistischen Klassiker' auf dem Schriftstück war eine Kostbarkeit des Baiyunguan, das seit Generationen weitergereicht wurde, es genoß höchste Autorität in der Longmen-Sekte.

In einer Ansprache sagte Ma Zhishan: „Bitte, Brüder im Dao, zu dem, was wir getan haben, bekennen wir uns. Wenn wir nun bald unter Anklage vor Gericht stehen, sollte jeder ein paar Worte zu unserer Rechtfertigung sagen. Wer bei dem Anschlag mit Hand angelegt hat, sollte sich stellen, aber wer das nicht wagt, kann es auch bleiben lassen." Sun Yaoting meinte: „Es ging um die Aufrechterhaltung der daoistischen Lehre, ich werde mich stellen. Auch ich habe Holz und Stroh geholt, also kann man sagen, daß ich mit Hand angelegt habe." Ihm ging durch den Kopf, daß er in all den Jahren im Palast nie bestraft worden war und es sogar während seines Vagabundenlebens unter Schaustellern und Gauklern zwar Momente des Schrekkens gegeben hatte, aber nie irgend etwas Illegales. Daß er ausgerechnet jetzt, da er im Baiyunguan lebte, zur Polizeibehörde gehen und einen Fall vor Gericht bringen wollte, hätte er nicht gedacht.

Während er noch darüber nachdachte, rief einer: „Alle, die sich freiwillig stellen wollen, gehen zusammen auf die Wache!" Du Xinling meinte: „Bevor wir gehen, müssen wir ein Geständnis aufsetzen und jeder, der mitkommt, muß unterschreiben." Xu Xinhe unterschrieb als erster, anschließend die anderen, insgesamt befanden sich über vierzig Namen auf der Liste, auch der von Sun Yaoting. Ma Zhishan sagte zu ihm: „Bruder Sun, du bist noch nicht einmal ein Jahr hier im Kloster, du hast auch nicht unmittelbar Hand angelegt, weshalb unterschreibst du?“ Sun Yaoting entgegnete: „Die Regeln des Dao zu bewahren und das Böse zu bestrafen, daran sollten alle Anteil haben. Ich habe Holz und Stroh geholt, da muß ich natürlich auch gehen und mich freiwillig stellen.“

Gemeinsam begaben sie sich auf die Wache am Xibian-Tor. Sie bestand nur aus zwei ziemlich schäbigen Räumen, Bretterbuden, in denen es im Winter schauerlich kalt, im Sommer unerträglich heiß war. Von gesammeltem Geld hatten sich die Polizisten auf dem Dach eine Schutzhütte aus Schilfmatten errichtet. Hinter den Wachstuben gab es noch einen kleinen Hof, auf dem außer einem Ofen allerlei Töpfe, Schüsseln und ein paar Wasserkrüge standen. Hier bereiteten die Polizisten ihre Mahlzeiten. Der Morgen graute, als sich die über vierzig daoistischen Mönche auf einmal in die Wachstube drängten. Der Revierbeamte, der gerade aufgestanden war, und Liu Qian, der Nachtdienst gehabt hatte, wunderten sich und fragten, was los sei. Wortlos reichte Xu Xinhe einem von ihnen das Geständnis. Der Polizist erschrak, als er es las. So viele Menschen konnte er hier nicht in Gewahrsam nehmen, also brachte er sie zum vierten Distriktsrevier der Vorstadt. Während der Polizist den Revierbeamten Meldung machte, wartete die Menge im Hof. Dann sollte auch der Reviervorsteher benachrichtigt werden, aber der war noch nicht da. Wu Dan, Unterabteilungsleiter der Justizbehörde, den man nun rief, machte seinem Spitznamen ‚der Mutlose‘ alle Ehre. Völlig ratlos, was zu tun war, befahl er, alle Mönche festzuhalten, bis der Zweigstellenleiter zurück wäre. Aber für so viele Leute reichte der Platz im Untersuchungsgefängnis nicht aus, also brachte man wohl oder übel einen Teil der Daoisten in der Empfangshalle unter. Zu ihnen gehörte auch Sun Yaoting. Er setzte sich aufs Sofa und lachte in sich hinein. Noch nie zuvor hatte er in einem Yamen auf einem Sofa gesessen, es gefiel ihm.

Erst nach einer Stunde erschien Zweigstellenleiter He Zhi. Wu Dan erstattete ihm kurz Bericht. He Zhi fing laut an zu brüllen: „Wie kannst du nur Verbrecher in die Empfangshalle bitten!“ Wu Dan entschuldigte sich damit, daß es doch gar zu häßlich aussähe, wenn alle am Eingang zum Revier stünden. Vorwurfsvoll fragte der Zweigstellenleiter, warum man niemanden zur Bewachung ins Baiyunguan schicke. Wenn dort nun der Aufstand weiterginge, was sollte man dann nur tun! „Warum verhörst du die Mönche nicht und leitest ihre Geständnisse an die vorgesetzte Behörde weiter“, fuhr He Zhi den Unterabteilungsleiter an. Da erst wurde Wu Dan seine Pflicht bewußt. Er begab sich in das Vernehmungszimmer und lud die Mönche vor. Angesichts der großen Zahl begnügte er sich mit einem kurzen Verhör. Anschließend sollten sie zum Gerichtshof eskortiert werden.

Inzwischen hatten Zeitungsreporter von der Sache erfahren, die Sache publik gemacht und natürlich gehörig aufgebauscht, so daß es sich las wie ein Kriminalroman. Die Leute hatten ihr Vergnügen und fragten einander um die Wette, an welchem Tag man die Mönche wohl zum Gerichtshof geleiten würde und welchen Weg sie nehmen würden. Mönche, die einen Abt bei lebendigem Leib verbrannt hatten, wollten sie sehen. Sicher sahen die aus wie Fluß- oder Seepiraten mit abscheulicher Fratze, grünem Gesicht und gefletschten Zähnen. Auf dem Polizeirevier im vierten Distrikt fürchtete man unliebsame Zwischenfälle, daher wurden die Zeit der Überführung und die Route streng geheimgehalten. Aber die Einwohner von Beiping konnten sich denken, welchen Weg der Trupp nehmen würde, und warteten tagelang auf den Straßen.

Am sechsundzwanzigsten Dezember, nachmittags um 16.30 Uhr, brach die Eskorte mit den Festgenommenen auf. Sie wurde von Polizisten auf dem Fahrrad angeführt, ihnen folgten Zivilpolizisten, in der Mitte befanden sich die Mönche, und Polizisten der Justizbehörde bildeten den Schluß. Als sie zum Guangan-Tor kamen, warteten unter den Schaulustigen am Wegrand mehrere Dutzend Mönche aus dem Baiyunguan mit Gepäck und Eßwaren. Sie waren an der Verbrennung von An Shilin und Bai Quanyi zwar nicht beteiligt gewesen, hatten die beiden aber ebenfalls gehaßt und aus Mitleid mit ihren vierzig Brüdern Geld gesammelt, etwas zu Essen gekauft und ihnen ihr

Bettzeug mitgebracht. Als sie vortraten, erschraken die Begleitsoldaten und brachten sofort ihre Gewehre in Anschlag, dachten sie doch, die Mönche wären zur Befreiung ihrer Mitbrüder gekommen. Die Daoisten schickten einen der Ihren vor, um die Absicht ihres Kommens zu erklären. Die Polizisten entschieden: „Ob ihr Gepäck bringt oder nicht, ist uns egal. Aber auf der Straße etwas entgegenzunehmen, ist nicht erlaubt. Geht mit, im Gerichtshof haben wir nichts dagegen, wenn ihr die Sachen übergebt." Hinter dem Tor wartete eine riesige Menschenmenge auf den Zug. Zehntausende von Köpfen hielten dicht an dicht Ausschau nach den Übeltätern, die Menschen bei lebendigem Leibe verbrannt hatten, und bemerkten mit Erstaunen, daß die vermeintlichen Verbrecher wie ganz gewöhnliche Leute aussahen, nicht einmal böse dreinblickten. Unter ihnen ging auch Sun Yaoting ruhig und gelassenen Schrittes. Ohne Furcht hob er zwar nicht den Kopf, um sich umzublicken, ließ ihn aber auch nicht traurig hängen.

Im Untersuchungsgefängnis nahmen der vom Gerichtshof gesandte Untersuchungsbeamte Sun Ziqing und Sekretär Wang Jian die Namen der Mönche ins Protokoll auf und ließen sie anschließend in Gewahrsam führen. Weil kein Ankläger auftrat, wurde die Anklage von der lokalen Untersuchungsbehörde erhoben.

Im Gefängnis verhielten die Mönche sich ganz unterschiedlich. Sun Yaoting, der durch sein Leben im Palast daran gewöhnt war, still dazusitzen und auf die Anweisungen der Herrinnen zu warten, empfand hier festgehalten zu werden nicht so sehr als Beschränkung der Freiheit, sondern als ein Leben in Not. Verstohlen beobachtete er die anderen. Die Alten, mehr als Sechzigjährigen, seit vielen Jahren in einem Leben in Stille geübt, saßen aufrecht, bewegten sich nicht und warteten nur, bis Wotou-Brötchen, die man aber kaum hinunterbrachte, ihren Hunger stillen würden. Zwischen ihnen gab es keine Streitereien. Die Dreißig- und Vierzigjährigen dagegen waren anfangs noch von gerechtem Zorn erfüllt, als aber die Tage ins Land gingen, ließen sie deprimiert die Köpfe hängen, fragten sich, wie hoch das Urteil ausfallen würde und welche Aussichten sie noch hätten. Manche Mönche beschäftigten sich mit

Wahrsagerei. Einige reute es, daß sie das Geständnis unterschrieben hatten. Da waren Worte des Zorns unvermeidlich. Du Xinling, Xu Xinhe und Sun Yaoting kamen zu dem Entschluß: „Daß wir um der Gerechtigkeit willen und zur Wahrung des großen Gesetzes im Gefängnis sitzen, ist etwas Ehrenhaftes. Wir sind keine Diebe oder Landstreicher und sollten uns auch wie Leute, die in den Mönchsstand getreten sind, verhalten. Entwerfen wir uns selbst einen Stundenplan und legen fest, wann wir Sutren rezitieren und zu welcher Zeit wir meditieren. Alles soll eine bestimmte Ordnung haben. Beim Rezitieren dürfen wir zwar nicht laut sein, aber wir können es ja auch still im Herzen tun." Alle brachten ihr Einverständnis zum Ausdruck. Von da an gab es jeweils morgens und abends eine Übung, normalerweise wurde still gesessen, so daß das Personal des Untersuchungsgefängnisses die Häftlinge einstimmig lobte. In Anbetracht dessen, daß die Daoisten sich ja freiwillig gestellt hatten, waren die Aufsichtsbeamten dann auch nicht mehr so streng zu ihnen und gaben Erlaubnis, daß sie grüppchenweise hinausgehen durften, sich zu bewegen.

So vergingen im Handumdrehen ein paar Monate, bis die Untersuchungsbehörde mit den Untersuchungen begann. Die Untersuchungsrichter betraten die Halle, während die Daoisten in mehreren Reihen standen. Erst wurde ein jeder nach Namen und Herkunftsort gefragt und seit wann er im Baiyunguan sei, dann erst ließen sich die Richter den Hergang der Mordtat schildern. Die vierzig Mönche begannen alle auf einmal zu reden. Daraufhin sonderten die Beamten ein paar ältere Mönche aus, die sie zur Befragung in ein kleines Zimmer kommen ließen, erfuhren aber über das vorliegende Geständnis hinaus nichts Neues. Auch Sun Yaoting, der von allen die kürzeste Zeit im Baiyunguan verbracht hatte, wurde in das kleine Zimmer zum Verhör gerufen. Seine Angaben über die Straftaten von An Shilin und Bai Quanyi deckten sich mit denen der anderen. Auf die Frage, was er in der Mordnacht getan hätte, gab Sun Yaoting zur Antwort: „Ich habe Holz und Stroh zum Tatort gebracht." – „Hast du eigenhändig die beiden auf den Scheiterhaufen gestoßen?" – „Ich habe die ganze Zeit über keine Hand gerührt." – „Wer ist dann der Rädelsführer?" – „Da kann man nicht klar unterscheiden, zwischen Haupttäter und Folgetäter. Alle sind der Meinung, daß An und Bai die Bestrafung nach der allerhöchsten Ordensregel verdient haben." – „Wieviel Holz und Stroh hast du gebracht?" – „Daran kann ich mich nicht genau erinnern." – „War es genug, um zwei Menschen bei lebendigem Leib zu verbrennen?" – „Nein. Dazu hat noch viel gefehlt." Die Untersuchungsbeamten kamen zu der Auffassung, daß Sun Yaotings Vergehen nur geringfügig war, und so verhängten sie einen zeitweiligen Gewahrsam, bis eine Entscheidung gefallen sei.

Zehn Tage später begann eine zweite Untersuchung. Inzwischen hatte man herausgefunden, daß es acht Haupttäter gab, denen die übrigen blind gefolgt waren. Die Untersuchungsrichter machten sich beim Studium der Akten mit der Regelung der allerhöchsten Disziplin bei den Daoisten vertraut. Im ersten Paragraphen war dort festgelegt, daß auf alle Zuwiderhandlungen und Übertretungen Tod durch Verbrennen stand. Dennoch entschieden sie, daß eine solche Strafe keinesfalls den Vorrang vor den nationalen Gesetzesverordnungen haben durfte. Wäre jeder der Religionen in China, ob nun Buddhismus, Christentum oder Islam, erlaubt, nach Belieben die eigenen Gesetze anzuwenden, dann würde man wohl Mönche fritieren, Pastoren kochen und Imamen die Hände abhacken. Nach fünf oder sechs Tagen wurden bis auf die Haupttäter alle Mönche freigelassen. Sun Yaoting, der auch gehen durfte, suchte die acht Mönche auf, die weiter festgehalten wurden, und erklärte: „Ihr Brüder, an dem Tag, als mich die Untersuchungsbeamten in das kleine Zimmer riefen, habe ich kein Wort gesagt, das ich nicht hätte sagen sollen. Uns läßt man heute gehen, aber ich bin trotzdem der Meinung, daß durch das Verbrennen der beiden der höchsten Disziplin wieder Geltung verschafft wurde. Die Beamten sagen, daß ihr zwar eure Gesetze habt, der Staat aber nach den Landesgesetzen vorgehen muß, an die auch ihr euch künftig halten sollt. Ich habe euch jedenfalls nicht verraten. Wir werden uns eines Tages wiedersehen!"

Du Xinling, Xu Xinhe und die anderen sagten: „Wir verdächtigen dich bestimmt nicht und machen dir keine Vorwürfe. Du hättest das Geständnis eigentlich gar nicht unterschreiben sollen. Aber damals hätten wir dich sowieso nicht zurückhalten können. Es ist wirklich gut, daß du schon frei bist. Geh ins Kloster zurück und erzähle, wie es uns im Untersuchungsgefängnis ergeht."

Sun Yaoting kehrte mit der Gruppe ins Baiyunguan zurück. Die Menge hieß sie willkommen wie Generäle, die im Triumph zurückkehren. Sun Yaoting berichtete, wie es ihnen ergangen war, und alle beruhigten sich erst einmal wieder.

Eines Tages ereignete sich im Gefängnis etwas Merkwürdiges. Ein Wächter stellte bei der Inspektion fest, daß von den einsitzenden Mönchen einer fehlte. Er suchte überall, fand ihn aber nicht. Der Leiter des Gefängnisses wurde schreckensbleich. Schon seit jeher ein begeisterter Leser von Romanen und von der Magie der Daoisten überzeugt, glaubte er, der verlorengegangene Mann sei entweder in den Himmel aufgestiegen, in die Erde versunken, oder aber er hatte sich unsichtbar gemacht. Er wollte die Zelle mit dem Blut von Hühnern, Lämmern und Hunden besprengen, aber der Gerichtspräsident hielt nichts von diesen abergläubischen, unhygienischen Methoden. Da machte sich der Gefängnisvorsteher auf zur Daoistischen Vereinigung, um sich zu erkundigen, wie man Fluchtversuchen vorbeugen könnte, und bekam die Auskunft, daß gefliester Boden ein sicherer Schutz sei. Daraufhin bat er den Gerichtspräsidenten um Genehmigung, den Boden mit gebrannten Fliesen zu belegen, aber dafür war kein Geld da. Der Gefängnisvorsteher ließ nun alle Gefangenen an Händen und Füßen fesseln, schickte zusätzliche Polizisten zur Überwachung und wollte schon von seinem Amt zurücktreten, da hörte man ein, zwei Tage später beim Aufräumen ein Ächzen, und aus einem Haufen zerlumpter Kleidung kroch ein Mönch heraus. Es war ein ziemlich kleiner Mann, der sich, betagt und schwach wie er war, aus Furcht vor der Kälte dorthin geflüchtet hatte. Der Gefängnisvorsteher untersuchte ihn ganz genau, und erst als er ihn zweifelsfrei identifiziert hatte, konnte er aufatmen.

Im Frühling 1947 eröffnete das Gericht in Beiping die Verhandlung. Alle Zeitungen hatten die Nachricht verbreitet, die Mönche des Baiyunguan wußten auch davon. Sie beschlossen, Zuhörer hinzuschicken, und die Wahl fiel auf Sun Yaoting und zwei andere. Die drei packten etwas zu essen ein und gingen los. Vor dem Gerichtssaal standen viele Leute, die sich Zuhörerscheine holten. Nach langem anstrengenden Warten kam Sun Yaoting endlich an die Reihe und nahm drei Scheine entgegen. In diesem Augenblick wurde schon das Urteil verkündet: „Xu Xinhe, Ma Zhishan, Du Xinling werden wegen gemeinsamen Mordes zu lebenslänglicher Freiheitsstrafe verurteilt und zum lebenslänglichen Entzug der bürgerlichen Ehrenrechte..." Die drei Verurteilten zeigten bei diesen Worten nicht die Spur von Schrecken, während auf den Zuhörerrängen lebhaft diskutiert wurde. Die Richter fuhren fort, die Strafen für Li Zhihui und die anderen zu verkünden. Jeder von ihnen bekam fünfzehn Jahre Haft.

Plötzlich fiel einer der Mönche, es war Hu Mingzhi, ohnmächtig zu Boden. Entsetzte Schreie wurden im Saal laut. Die Mönche an seiner Seite richteten ihn wieder auf. Einer half mit Mund-zu-Mund-Beatmung, ein anderer drückte ihm mitten auf die Oberlippe, und nach einer Weile kam er wieder zu sich. Auf die Frage, was denn los sei, antwortete er, daß er ganz schwach vor Hunger wäre und sich einfach nicht mehr auf den Beinen hätte halten können. Sun Yaoting und seine Begleiter traten zu den Verurteilten, um ihnen ihre Anteilnahme auszudrücken. Xu und Du lachten nur: „Das Urteil ist im Rahmen der Vernunft. Wir machen euch nur Mühe, daß ihr zu Besuch kommt." Sun Yaoting gab Hu Mingzhi etwas zu essen und meinte zu Xu Xinhe und Du Xinling, sie sollten einen Rechtsanwalt bitten, beim Hohen Gerichtshof Berufung einzulegen. Die beiden wandten ein, daß ein Rechtsanwalt Geld kosten würde.

Es traf sich, daß eine Gruppe Reporter sie umringte und die Verurteilten befragte, ob sie sich mit dem Spruch des Gerichts einverstanden erklären würden. Xu Xinhe wiederholte, was er eben gesagt hatte, Du Xinling aber meinte: „Nein. Der Daoismus hat seine eigene Regel, Übertretungen müssen danach geahndet werden. Aber bei einer Berufungsverhandlung käme wahrscheinlich auch kein anderes Urteil heraus. Die Beamten decken sich doch alle! Wir fordern, daß mit Hilfe der einflußreichen Schichten in der Gesellschaft der Gerechtigkeit in der öffentlichen Meinung Ansehen verschafft wird." Wen Yiran, einer der Reporter, sagte: „Euer Fall ist nun schon vor Gericht gelangt. Da kann er nur noch auf juristischem Wege gelöst werden, und das heißt, ihr braucht einen guten Anwalt." Die Daoisten entgegneten: „Wir haben kein Geld. Wie sollen wir uns da einen Anwalt nehmen? Das Kloster ist ohne Leitung, woher soll da Geld kommen? In dieser häßlichen, vom Mammon beherrschten Gesellschaft können wir nur zum Himmel aufblicken und auf Hilfe hoffen."

Wen Yirans Augen leuchteten plötzlich auf. Er erinnerte sich an Ling Changguang, der in Beiping, Tianjin und Shanghai Rechtsanwaltsbüros betrieb. Inzwischen schon über sechzig Jahre alt, hatte er früher an allen Hochschulen Beijings als Professor gelehrt, sogar Universitätspräsident war er gewesen. Bei ihm mußte ein wohlhabender Klient tüchtig zahlen, aber von einem Armen nahm er nicht eine Kupfermünze entgegen. Also schlug Wen Yiran den Dreien vor: „Ich kenne einen Anwalt, der nimmt sich besonders der in die Enge Getriebenen und Notleidenden an. Zu dem gehe ich und frage ihn. Vielleicht läßt er sich von Mitleid bewegen und ist bereit, euch zu vertreten."

Das Rechtsanwaltbüro von Herrn Ling befand sich in der Toutiao-Gasse in der Xidan. Außer ihm gehörten noch vier oder fünf Rechtsanwälte und mehrere Angestellte dazu. Der alte Herr Ling war Hauptrechtsanwalt, aber die Verteidigungsschriften für wichtige Fälle las er unbedingt selbst und korrigierte sie schriftlich. Als Wen Yiran bald nach Verlassen des Gerichtssaals hier eintraf, war Anwalt Ling ausgegangen, aber seine Vertreter versprachen, die Bitte des Reporters auszurichten und ihm die Anklageschrift weiterzugeben. Nach der Rückkehr von Ling Changguang untersuchten sie den Fall gemeinsam und kamen zu der Auffassung, daß das Urteil, vom Standpunkt des Gesetzes betrachtet, angemessen war und genau zu überlegen sei, wie die Argumentation des Gerichts ins Wanken gebracht werden könnte. Als der Reporter tags darauf ein zweites Mal erschien und Herrn Ling bat, sich zu erbarmen, Großmut zu zeigen und die Daoisten zu retten, seufzte der lange und stellte schließlich zwei Bedingungen, unter denen er bereit war, die Verteidigung zu übernehmen. „Erstens: Wenn ich im Gerichtssaal auftrete und mein Plädoyer halte, kann ich nicht von der höchsten Disziplin reden. Zweitens: Ich kann von den Mönchen kein Geld nehmen, auch wenn wir durchkommen und sie als unschuldig entlassen werden, nehme ich kein Geld und kein Geschenk an."

Aufgeregt eilte Wen Yiran in das Untersuchungsgefängnis zurück, den Mönchen Mitteilung zu machen. Die Daoisten riefen im Verein den Namen des Buddhas des unbegrenzten Lebens an. Die Sache war abgemacht.

Um sich über die Untersuchung genau zu unterrichten, besuchte Rechtsanwalt Ling in Begleitung von Wen Yiran die Daoisten im Gefängnis. Die wollten niederknien, aber der Anwalt hinderte sie sofort daran und nannte noch einmal seine beiden Bedingungen. Dann fragte er, ob in der Anklage Widersprüche zu dem tatsächlichen Geschehen enthalten wären, und ob in der Urteilsbegründung irgend etwas nicht der Sachlage entspräche. Die Mönche schwiegen und dachten nach. Der Rechtsanwalt ermutigte sie, unbesorgt und ohne jede Zurückhaltung zu sprechen. Xu Xinhe erklärte schließlich: „Nun ja, dagegen, daß unser Vergehen vom Gericht nach den Gesetzen beurteilt wurde, ist nichts weiter einzuwenden. Verschwiegen haben wir nur, daß alles, was geschehen ist, letzten Endes vom uralten erbitterten Streit zwischen Daoismus und Buddhismus kommt. An Shilin und Bai Quanyin waren nämlich in einer früheren Existenz Buddhisten und wurden wiedergeboren, um Daoisten zu vernichten.

Das Baiyunguan, seit der Liaojin-Zeit außerhalb der Nordstadt, ist von drei buddhistischen Klöstern umgeben, dem Tianning vor dem heutigen Guangan-Tor, dem Xifeng-Kloster und dem Wanquan in der südlichen Vorstadt. Als der Wahrhaftmensch Qiu Chuji zu Beginn der Yuan-Dynastie auf Einladung des Kaisers nach Beijing kam, beseitigte er Mißstände im Daoismus, setzte Reformen durch und gründete die Longmen-Sekte der daoistischen Quanzhen-Schule. Die Bonzen des Xifeng-Klosters lasen aus den Sternbildern, daß der Daoismus aufblühen würde und übten Magie aus. Sie wollten mit dem Westwind die günstigen Zeichen wegblasen und das Baiyunguan zerstören. Wahrhaftmensch Qiu saß Tag und

Nacht in Meditation, trat in Versenkung und destillierte inneres Zinnober. So kam er auf drei Strategeme zur Bewahrung des Baiyunguan. Er änderte die Positionen von Glocken und Trommelturm und brach so die buddhistische Magie. In allen Tempeln ist der Glockenturm stets links und der Trommelturm rechts, nur im Baiyunguan ist es umgekehrt. Und warum nahm er die Änderungen vor? Er hatte herausgefunden, daß der Westen zu dem Element Metall gehört und man mit Metall Wind aufhalten kann. Wind auffangende Türme wurden errichtet, um den Westwind abzuwehren, und hinter der Halle der Vier Heiligen schüttete man einen Wind abwehrenden Hügel auf, alles zur Abwehr der buddhistischen Magie. Zuletzt kam es so, daß beide Seiten gleich stark wurden, die Klöster beider Seiten existieren bis auf den heutigen Tag. Durch die Dynastien der Ming und Qing hindurch blieben auch im Baiyunguan die Weihrauchkessel gefüllt, aber der Streit mit den Buddhisten war noch immer nicht beigelegt. Wir mußten An Shilin und Bai Quanyi deshalb nach unserer Regel verbrennen, um die daoistische Tradition vor Schaden zu bewahren."

Der Rechtsanwalt sprach: „Deine unüberprüfbaren Ausführungen kann ich wohl kaum in den Antrag auf Wiederaufnahme des Verfahrens aufnehmen. Sagt mir genau, seit wann gilt die Regel der vollkommenen Disziplin in der Longmen-Sekte und wie verbindlich ist sie für Daoisten." Du Xinling antwortete: „Disziplin ist das oberste Gebot der Longmen-Sekte. Die Regel wurde von Meister Qiu eingeführt. Wenn jemand ein Verbrechen begangen hat, das danach die Todesstrafe verdient, muß vom Abt sein Todesurteil verkündet werden. Die Brüder müssen es dann vollstrecken, als ein abschreckendes Beispiel für alle, und um die Ehrwürdigkeit des Gesetzes zu festigen."

Rechtsanwalt Ling reichte innerhalb der gesetzten Frist Revision ein. In seinem Antrag auf Wiederaufnahme führte er aus:

1. Alles, was An Shilin und Bai Quanyi zur Last gelegt wurde, erlauben weder die daoistische Regel noch die Landesgesetze. Die Anklage und Bestrafung der beiden durch die Mönche geschah nicht aus eigensüchtigen Beweggründen, sondern ganz und gar nur um der Gerechtigkeit willen. Es war eine Revolte aus religiöser Überzeugung.

2. An Shilin und Bai Quanyi haben schwer gegen die Regeln des daoistischen Ordens verstoßen. Nachdem die Angeklagten deshalb mehrmals erfolglos Klage erhoben hatten, konnten sie schließlich nicht anders, als selbst zu strafen, wie ihr Orden es gebietet. Nur wenn der Gerichtshof in der Lage ist, die Schuldlosigkeit von An Shilin und Bai Quanyi zu bestätigen, kann er das Verhalten der Angeklagten als grausam bezeichnen. Anderenfalls muß er anerkennen, daß sie berechtigte Gründe hatten.

3. Die jetzige Regierung hat eine Generalamnestie verkündet. Alle Verbrecher werden begnadigt, um so mehr sollte den Angeklagten, die allein aus religiöser Überzeugung gehandelt haben, Gnade zuteil werden. Als Kämpfer für ihre Religion sollten sie für unschuldig erklärt werden.

Es traf sich, daß am sechsundzwanzigsten Januar die Große Amnestie Beiping erreichte und alle Daoisten entlassen wurden, bis auf Du Xinling, Xu Xinhe und Ma Zhishan. Sie waren zu lebenslänglich verurteilt und fielen nicht unter die Amnestie. Mit der Begründung, daß Kämpfer für die Religion überall auf der Welt als unschuldig betrachtet würden, erhob Rechtsanwalt Ling auch dagegen Einspruch und betonte in seiner Begründung besonders, daß solche Menschen oft genug zu anerkannten religiösen Führern geworden waren. Er führte Beispiele an: Erstens Blo-bzan-grags-pa, den Reformer des Lamaismus. Die Tibeter nennen ihn auch Tsongkhapa, weil er aus der Gegend Tsongkha stammte, dem Quellgebiet des Huang-Flusses. Er hatte die Verderbtheit, die in der Roten Sekte herrschte, gebrandmarkt, deren Regel von den Mönchen kaum beachtet wurde. Seine Reformen brachten die Gelbe Sekte hervor. Von seinen zwei Hauptschülern wurde der eine Dalai Lama, der andere Panchen Erdeni. Als zweiten nannte er Martin Luther, der im sechzehnten Jahrhundert in Deutschland nicht nur den Ablaßhandel des Papstes angriff, sondern das mächtige Papsttum gänzlich ablehnte und zum Begründer der Evangelischen Kirche wurde. Tsongkhapa und Martin Luther, erklärte Rechtsanwalt Ling, wurden nicht verurteilt, daher bitte ich darum, auch die drei Angeklagten Ma, Du und Xu als unschuldig anzuerkennen.

Der Hohe Gerichtshof von Hebei prüfte die Begründung,

die Herr Ling vorgetragen hatte, gewissenhaft. Unter dem Druck der öffentlichen Meinung und der sich verändernden Situation in Beiping wurde schließlich im Jahre 1948 entschieden, daß auch die drei Mönche unschuldig seien und sofort ins Baiyunguan zurückkehren könnten. Sun Yaoting war an jenem Tag auf der Westseite des Klosters beim Blumenpflanzen, als er vor der Haupthalle Stimmengewirr hörte. Schnell lief er hinüber, um nachzusehen, ob etwas passiert sei, und konnte tatsächlich die drei Brüder begrüßen und zu ihrer Rückkehr beglückwünschen.

Nach ein, zwei Tagen vereinbarten Ma, Du und Xu, daß sie sich in der Anwaltskanzlei bei Herrn Ling bedanken wollten. Sie legten ein wenig Geld zusammen, um etwas Obst zu kaufen, und baten Sun Yaoting und noch jemanden mitzukommen. Zu fünft knieten sie sofort nach Betreten des Raumes nieder, dankten mit Stirnaufschlag für die durch die Rettung erwiesene Güte und überreichten das Obst. Rechtsanwalt Ling hob sie einen nach dem anderen auf und sprach: „Daß diesmal die Unschuld der Herren erkannt wurde, ist die Entscheidung des Gerichts. Daß ihr in größter Frömmigkeit die religiösen Regeln eingehalten habt, hat ebenfalls das Urteil beeinflußt. Ich habe lediglich ein paar Argumente für euch vorgebracht. Von jetzt an entscheidet ihr voll und ganz selbst, ob ihr euch im Kloster weiter vervollkommnet oder ob ihr in den Laienstand zurückkehrt und der Gesellschaft dient. Wenn man aber in der Gesellschaft lebt, ist der einzig richtige Grundsatz: für die große Menge handeln und nicht zum Eigennutz."

Du Xinling hatte die Absicht, im Guandi-Tempel mit Akupunktur und Moxibustion als Arzt zu praktizieren. Xu Xinhe, der Elektrotechniker gelernt hatte, wollte in den Laienstand zurückkehren. Ma Zhishan entschied, daß er nach wie vor im Kloster bleiben und sich vervollkommnen wollte. Sun Yaoting rückte nur zögernd und stotternd mit der Sprache heraus, meinte, er rage in nichts hervor, könne nur ein paar Zeichen lesen und rechnen. Schließlich fragte er, ob er wohl in der Kanzlei ein paar Dienste verrichten dürfe, um die große Güte zu vergelten. Der Anwalt meinte: „In meinem Büro sind schon genügend Leute angestellt. Ohne juristische Kenntnisse kann ich Sie nicht brauchen. Wenn Sie aber nicht ins Kloster zurückgehen wollen, kann ich Sie einem Freund vorstellen, der ein Krankenhaus eröffnet hat."

Das Krankenhaus befand sich hinter dem Friedenstor und hatte sich auf Geschlechtskrankheiten und Opiumentzug spezialisiert. Das war ein einträgliches Gewerbe. Der Arzt hieß ebenfalls Sun mit Nachnamen, und als er hörte, daß Sun Yaoting auf Empfehlung von Anwalt Ling kam, behielt er ihn bei sich. Er trug ihm auf zu kehren und jeden Morgen Türen, Fenster und Fußboden zu wischen. Tagsüber wurde er zum Einkaufen geschickt, Sun Yaoting war ganz zufrieden. Leider fiel eines Tages beim Abwischen des gläsernen Arzneischranks eine Flasche Medizin hinunter. Sie zerbrach, die Flüssigkeit entzündete sich und verbrannte den Boden. Zwar gelang es Sun glücklicherweise sofort, den Brand zu löschen, aber das Krankenhaus war der Auffassung, es sei durch Fahrlässigkeit zu dem Zwischenfall gekommen, und entließ Sun Yaoting. Also mußte er sich wieder nach einem Tempel umsehen, wo er wohnen konnte.

12. KAPITEL

Im Guandi-Tempel

Schreibarbeiten

Am Glockenturm in Beijing befand sich das daoistische Hongen-Kloster, das über sechzig oder siebzig Räume verfügte. Sun Yaoting hatte für diese Einrichtung früher einmal Geld gespendet, der Verwalter, ein gewisser Zhang, war ein Bekannter von ihm, und so fand er, als er jetzt keine Bleibe hatte, dort Zuflucht. Der Verwalter wußte natürlich, daß An Shilin und Bai Quanyi von Mönchen des Baiyunguan verbrannt worden waren, daß aber Sun Yaoting auch mitgemacht hatte, wußte er nicht. Als Sun eines Tages in lebendigen Farben von dem Vorfall berichtete und so unvorsichtig war zu erwähnen, daß auch er in die Angelegenheit verwickelt gewesen war, lief dem Verwalter ein Schauer über den Rücken. ‚Mit diesem Bruder im Dao ist nicht zu spaßen', dachte er. ‚Wenn dem etwas nicht paßt, fängt er vielleicht gleich an zu morden.' Also faßte er den Entschluß, ihn in einen anderen Tempel abzuschieben. Zhang erzählte auch den übrigen Mönchen davon, sie bekamen ebenfalls Furcht, und so war Sun Yaoting im Hongen bald zu einer recht unwillkommenen Person geworden, der keiner zu nahe zu kommen wagte. Er kam sich sehr verlassen vor. Spaziergänge zum Glockenturm, zum Trommelturm und an den Shishasee waren alles, was er unternehmen konnte.

Zwischen Trommel- und Glockenturm lag ein Marktplatz, da gab es Gaukler, Bücherrezitierer, Altwarenhändler, Orakelmeister und auch Eßwarenverkäufer. Sun Yaoting ging jeden Tag aus, schlenderte müßig über den Markt, und manchmal kaufte er sich ein paar Naschereien. So gab er sein Geld aus, hatte aber keine Einnahmen. Beunruhigt dachte er darüber nach, wie er etwas Geld verdienen könnte. Als Wahrsager wollte er sich nach seinem Mißerfolg an der Himmelsbrücke auf keinen Fall noch einmal versuchen. Was sollte er aber ohne handwerkliche Fertigkeiten und ohne Kapital nur anfangen? Als einziges fiel ihm ein, daß er sich mehr schlecht als recht damit behelfen könnte, für andere Briefe, Klageschriften und dergleichen zu schreiben. Also kaufte er sich in einem Altmöbelgeschäft einen dreibeinigen Tisch und einen Hocker. Als Tischdecke benutzte er sein eigenes Bettlaken und schlug hinter dem Trommelturm einen Stand auf. Auf ein Blatt rotes Papier schrieb er: ‚Stellvertretendes Verfassen von Briefen, Übernahme der Abfassung von Klageschriften.' Das war sein Aushängeschild. Nun konnte er ja nicht bloß dasitzen und sich die Leute besehen, also las er Zeitung. Weil er aber befürchtete, dabei nicht zu sehen, wenn jemand seine Dienste in Anspruch nehmen wollte, riß er in die Zeitung einen Spalt und hielt durch den Spalt Ausschau nach Kunden.

Am ersten Tag erschien niemand. Am nächsten Tag kam eine Frau, sie war älter als vierzig Jahre. Sun Yaoting sollte für sie einen Brief an ihren Mann aufsetzen, mit der Forderung nach Unterhalt. Sofort machte Sun sich an die Arbeit. Wie man Briefe verfaßt, hatte er alten Büchern entnommen: Der Schreiber mußte sich danach selbst immer etwas herabsetzen. Wußte man zum Beispiel zwar ganz genau, daß der Empfänger jünger war als man selber, bezeichnete man sich dennoch als ‚jüngerer Bruder'. Dementsprechend fügte Sun Yaoting dem Namen der Frau, sie hieß Cuilan, die Selbstherabsetzungsform ‚Konkubine' hinzu. Schrieb früher eine Ehefrau ihrem Ehemann einen Brief, war das eben so. Die Frau ließ Sun vorlesen, was er geschrieben hatte. Als er aber zu dem Zeichen ‚Konkubine' vor ihrem Namen kam, riß sie wütend den Brief an sich und zerriß ihn. Dabei schimpfte sie: „Ich bin schon von klein auf mit ihm verheiratet. Wie kannst du da sagen, ich sei seine Konkubine!“ Sun Yaoting erklärte ihr sofort, daß man beim Verfassen von

Briefen eben seit eh und je etwas höflicher sein mußte. Cuilan aber meinte dazu: „Bei aller Höflichkeit kann man doch nicht von der Ehefrau zur Konkubine werden! Wenn eine Konkubine ihrem Mann einen Brief schreibt, wie bezeichnet sie sich dann? Doch wohl nicht als Hausmädchen!" Wutentbrannt versetzte sie dem Tisch einen Tritt und ging. Der Tisch kippte um, Pinsel, Papier und Tuschstein lagen auf dem Boden verstreut. Sun Yaoting hob alles auf und dachte: ‚Das fängt ja gut an!' Aber ihm blieb gar nichts anderes übrig, er mußte weitermachen, und so tröstete er sich: ‚Bei allem gibt es Rückschläge, was war denn daran schon Besonderes? Ein großer Mann darf nicht genauso engstirnig sein wie diese Frau!' Er würde seinen Stand weiterhin aufschlagen.

Am vierten Tag kam ein Mädchen. Sie trug Zöpfe, war gekleidet wie eine Schülerin und bat Sun, für sie eine Bittschrift zu verfassen. Ihr Vater, ein kleiner Händler, war von den Guomindang als Kollaborateur festgenommen und ins Untersuchungsgefängnis gesteckt worden. Während der japanischen Besetzung hatte nämlich jede Gasse in Beiping einen Beauftragten, der den Besatzern alles mögliche melden mußte, zum Beispiel in welches Haus ein Angehöriger der Achten Routearmee gekommen war, wo nicht registrierte Prostituierte ein- und ausgingen, und ähnliche Dinge, und dem auch die Verteilung der Getreidemarken oblag. Der Vater des Mädchens hatte sich überreden lassen, dieses Amt, das in seiner Gasse keiner haben wollte, zu übernehmen, nicht zuletzt, weil er so Getreidemarken beiseite schaffen konnte. Als Japan kapitulierte, bekam er dann Schwierigkeiten. In dem Schreiben sollte Sun Yaoting darum bitten, daß das Gericht Nachsicht üben, den Vater für unschuldig erklären und freilassen möge.

Ohne zu wissen, daß es ein ‚Statut zur Bestrafung von Kollaborateuren' gab, schrieb Sun Yaoting auf, was er für hilfreich hielt: wie der Vater des Mädchens dem Volke gedient, Tugend angehäuft und das Volk geliebt habe. Das Mädchen bezahlte überglücklich und ging davon. Aber nach ein paar Tagen kam sie tränenüberströmt wieder und machte ihm schwere Vorwürfe. Sie sagte, daß sie vom Gericht einen Verweis bekommen hätte, weil das Schreiben nicht der Form entspreche, und noch dazu würde darin ein Kollaborateur über den grünen Klee gelobt. Käme dieses Schreiben in die Akte, würde ihr Vater eine noch viel schärfere Strafe bekommen. Wie Sun Yaoting es ihr auch zu erklären versuchte, sie wollte nicht auf ihn hören. Also mußte er für diesmal wohl oder übel Tisch und Stuhl nehmen und gehen.

Fast ein Jahr lang blieb er trotzdem weiter bei diesem Gewerbe, denn wenn auch nur alle zwei oder drei Tage ein Kunde kam, konnte einer allein doch so recht und schlecht davon leben. Das Aus kam, als eines Tages an seinem Stand ein Offizier der Guomindang, wie es aussah ein Hauptmann, auftauchte und sagte: „Bitte setzen Sie mir den Entwurf für einen Brief auf, ich werde ihn dann selbst abschreiben. Es handelt sich um folgendes: Ich habe mir von jemandem fünfzig Yuan geborgt und die Rückzahlung zwei Jahre hinausgezögert. Bald aber wird der Sold ausgezahlt, dann will ich meine Schuld begleichen. Bitte entwerfen Sie ein entsprechendes Schreiben."

Sun Yaoting hielt das für eine leichte Aufgabe und schrieb: „Hiermit darf ich Ihnen mitteilen, daß ich die fünfzig Yuan, die ich vor einiger Zeit von dem Gnädigen Herrn geliehen habe, in allernächster Zeit zurückzahlen werde. Hochachtungsvoll." Der Offizier bezahlte den Entwurf und machte sich davon. Nach ein paar Tagen aber kam er und verlangte von Sun Yaoting fünfzig Yuan. Der sagte erstaunt: „Ich habe mir kein Geld von Ihnen geliehen." Der Offizier zog den Brief hervor: „Das hast Du doch mit eigener Hand geschrieben, oder nicht? Und da steht ganz eindeutig, daß Du fünfzig Yuan von mir geliehen hast und sie mir zurückzahlen willst. Wie kannst Du Dein Versprechen brechen?" Sun Yaoting erklärte: „Das ist doch der Entwurf, den Sie mich haben aufsetzen lassen." Der Hauptmann aber gab nicht nach: „Auf einem Briefentwurf muß vermerkt sein, daß es ein Entwurf ist, aber diese Zeichen sehe ich nirgendwo." – „Ich habe aber nicht unterschrieben", versuchte Sun sich zu wehren. „Unmöglich, daß ich das Geld geliehen habe!" – „Deine Schrift ist's doch, oder? Also hast du natürlich auch das Geld geliehen. Schluß mit dem Gerede. Gib das Geld zurück!" Die beiden gerieten in Streit. Immer mehr Leute kamen, um dem Spektakel zuzuhören. Natürlich konnte es zu keiner Einigung kommen, und sie gingen zur Polizeiwache. Der Polizist vertrat die Auffassung, Sun Yaoting müsse zahlen. Das Schriftstück sei von ihm geschrieben worden und er könne nicht beweisen, daß er es für jemand anderen aufgesetzt habe. Der Offizier verlangte nun noch, daß Sun Yaoting ihm vor dem Beamten schriftlich geben solle, wann er zu zahlen gedenke. Über das Unrecht, das ihm zugefügt wurde, hinaus, sollte er also auch noch in die Enge getrieben werden. Aber gegen die Polizei und den Offizier kam er nicht an, und so sagte er, daß er in einem Monat zahlen werde. Der Polizist wußte, daß Sun Yaoting im Hongen-Kloster wohnte, und gab sich erst einmal zufrieden.

Je länger Sun Yaoting über die Sache nachdachte, um so wütender machte sie ihn, schließlich wurde er sogar krank. Die Mönche im Kloster, mit denen er ohnehin nicht in engerer Beziehung stand, kümmerten sich nicht um ihn. Im Handumdrehen würde der Monat verstrichen sein, wo sollte er fünfzig Yuan auftreiben? Er wußte nicht mehr aus noch ein. Da tauchte eines Tages Wei Shanqing, Verwalter im Lima-Guandi-Tempel, einer Zweigniederlassung des Hongen-Klosters, auf. Der Lima-Guandi-Tempel verfügte über beträchtlichen Landbesitz und versorgte das Hongen-Kloster mit Reis. Als Wei Shanqing von der mißlichen Lage erfuhr, in die Sun geraten war, hatte er Mitleid und forderte ihn auf, doch in den Guandi-Tempel umzuziehen. Mit Freuden nahm Sun Yaoting das Angebot an und sagte zu, daß er sich in zwei Tagen auf den Weg machen wolle.

Nach Landianchang, das südlich des Sommerpalastes lag, fuhr damals noch kein Bus. An preiswerten öffentlichen Verkehrsmitteln gab es nur die sogenannten Streckenwagen, holprige Holzkarren, die von Eseln, zum Teil aber auch von Menschen gezogen wurden. Sechs bis sieben Leute fanden in einem solchen Gefährt Platz, das trotz der Baumwolldecken und der Matten, mit denen es ausgelegt war, wohl kaum bequem genannt werden konnte. Am Ende der Qing-Dynastie kostete eine einfache Fahrt nur zehn Kupfermünzen, inzwischen aber war die Währung auf Silberdollar umgestellt worden und der Preis war gestiegen. Die Wagen fuhren vom Westlichen Aufrechten Tor ab.

Als Sun Yaoting dort anlangte, hörte er die Kutscher ihre Dienste anpreisen: „Nach Haidian hier einsteigen!", „Nach Landianchang nur mit diesem Wagen, schnell und sicher!" Er erkundigte sich nach dem Fahrpreis. Bis Landianchang verlangte der Kutscher zwei Jiao und fügte hinzu, der Preis sei behördlich festgesetzt. Auf dem Wagen saßen schon ein paar Fahrgäste, die darüber maulten, wie teuer eine Fahrt jetzt sei. Als sie Sun Yaoting mit seinem Gepäck sahen, räumten sie einen der hinteren Plätze. Ihm war klar, daß er hier durchgeschüttelt werden würde, aber wer zuerst kommt, mahlt eben zuerst, er mußte den Platz wohl oder übel nehmen. Noch ein oder zwei Leute stiegen zu, dann war der Karren voll, und ab gings über Guanxiang nach Norden bis zur Gao-Liang-Brücke. Ihren Namen trug sie zu Ehren des mutigen Ritters Gao Liang, der, wie die Legende zu berichten weiß, in alter Zeit mit seinem kostbaren Schwert einen Geist, der wer weiß worüber in Wut geraten war, verfolgte und das Wasser, das der Unhold geraubt hatte, nach Beijing zurückbrachte. Der Kutscher bat: „Ein paar der Herrschaften sollten so gut sein und aussteigen, sonst schafft's der Esel nicht." Sun Yaoting und noch fünf oder sechs Leute stiegen aus, nur Alte und Frauen blieben sitzen. Der Kutscher half dem Esel, den Wagen über die Brücke zu ziehen.

Nachdem alle wieder Platz genommen hatten, ging die Fahrt weiter in Richtung Norden. Zu beiden Seiten säumten Weidenbäume den Weg, deren zarte Blätter sanft über die staubigen Gesichter der Reisenden strichen. Plötzlich wechselte der Karren auf eine mit Steinplatten gedeckte Straße. Sie war derart uneben und es holperte so sehr, daß es einem die Eingeweide tüchtig durcheinander schüttelte. Sun Yaoting sprang sofort vom Wagen und folgte zu Fuß. Die Fahrgäste schimpften und einer meinte: „Seit es keinen Kaiser mehr gibt, werden auch kaiserliche Straßen nicht mehr in Ordnung gehalten." Sun Yaoting wollte wissen, wie man so eine schlechte Straße als ‚kaiserliche' bezeichnen konnte, und erfuhr, daß sie sich auf jener Straße befanden, auf der die Kaiser aller Dynastien die Stadt in Richtung Yuanming-Garten oder Sommerpalast verlassen hätten. Früher wären natürlich vor jeder Ausfahrt eines Herrschers sämtliche

Unebenheiten beseitigt worden, und außerdem hätte man die Straße mit reinem Wasser besprengt.

Der Streckenwagen fuhr am Changhe-Ufer entlang nach Westen, und bald fing die Lehmpiste an. Der Fluß war nicht breit, nur so ungefähr fünf oder sechs Chang, und sehr rein. Leise rauschte das Wasser, die Luft war feucht und frisch, Vögel zwitscherten, Zikaden zirpten, es war wunderschön. Eigentlich heißt der Fluß Qingshuihe, ‚Fluß des reinen Wassers', und sein Ursprung ist die Jadequelle, die ‚Erste Quelle im Reiche'. Man sagt, der Qianlong-Kaiser habe aus allen Quellen im Lande Wasser sammeln und ihr Gewicht bestimmen lassen. Das Quellwasser der Jadequelle war am schwersten, und wenn man es in eine Tasse goß, konnte man noch einen Berg daraufsetzen, ohne daß etwas herausfloß. Deshalb heißt sie Jadebergquelle und der Qianlong-Kaiser ernannte sie zur ‚Ersten Quelle im Reiche'. Ihr Wasser verließ in der Gegend des Osttors den Sommerpalast und bewässerte Reisland, schlängelte sich wieder hinein und bildete den Kunming-See, floß im Südosten hinaus und heißt von hier ab Changhe, der auch durch Beijing hindurchfließt und sich schließlich im Osten ins Meer ergießt.

Sie näherten sich einem großen Kloster. Mit seinen hohen Gebäuden, den Kabinetten und der fünfgeschossigen Pagode bot es einen prächtigen und zugleich würdevollen Anblick. Sun Yaoting hielt die Anlage für das Lima-Guandi-Kloster und beeilte sich, vom Wagen herunterzuspringen, aber die anderen Fahrgäste klärten ihn auf, daß es bis zum Guandi noch einmal so weit wäre. Das hier sei das Wanshousi, das buddhistische Kloster des Langen Lebens. Durch die Klosterpforte erspähte Sun Yaoting Bambus, seltene Pflanzen, dichten Wald. Er nahm sich vor, später einmal herzukommen und seine Reverenz zu erweisen. Am Ufer des Changhe befand sich in Höhe des Klosters der Hafen, von dem aus Cixi mit ihrem Gefolge in Drachenbooten direkt zur Pforte des Sommerpalastes fuhr. Stets hatte sie vor ihrem Aufbruch das Wanshousi besucht und Weihrauch dargebracht, und deshalb waren die Gebäude auch so prachtvoll. Vom Wanshousi aus ging es weiter nach Westen. Mitten im Fluß entdeckte Sun Yaoting auf einmal eine Insel, in einem Wäldchen lagen verstreut ein paar Häuser, und auf der anderen Flußseite sah man auch schon das Guandi-Kloster. Der Streckenwagen hielt, die Fahrgäste zahlten und zerstreuten sich anschließend.

Li Lianying, einer der Lieblingseunuchen der Kaiserinmutter Cixi, hatte das Lima-Guandi gekauft und renovieren lassen, erwarb dazu noch ein westlich vom Kloster gelegenes großes Reisfeld und schenkte beides seiner Herrin. Die Verwaltung des Klosters oblag von da an dem kaiserlichen Haushaltsdepartement, und die Reisernte, große Körner, duftend und leuchtend weiß wie Jade, wurde Jahr für Jahr in die kaiserliche Küche zum Verzehr für Kaiser und Kaiserin gebracht. Jetzt hingegen unterstand das Kloster dem Haushaltsministerium der Republik. Doch das hatte niemanden geschickt, so daß es nach wie vor von Eunuchen bewirtschaftet wurde.

Eine gelbe Mauer mit grünen, glasierten Fliesen umgab das Lima-Guandi-Kloster. Den Mittelpunkt der Anlage bildete die große Halle. Ihr gegenüber befand sich eine Reihe Südzimmer und zu beiden Seiten erstreckten sich, eines am anderen, niedrige Häuser. Sun Yaoting schritt durch die Pforte und schaute sich um. Niemand war zu sehen, bis auf einen Alten, der ein Sonnenbad nahm. Sun grüßte ihn höflich. Der Alte musterte den Ankömmling und erhob sich dann, um ihn nach seinem Begehr zu fragen. Sun Yaoting erklärte ihm: „Meister Wei Shanqing ließ mich hierher kommen."

Ein Kloster auf dem Lande

Wei Shanqing war zwar zum Verwalter des Klosters bestimmt worden, kannte sich aber in Geschäftsdingen nicht sonderlich aus und ging auch viel lieber in die Stadt, um sich zu zerstreuen. Weil er wußte, daß Sun Yaoting früher im Palast der Ewigen Harmonie im Schatzamt gearbeitet hatte, schreiben und rechnen konnte, hatte er vor, ihn als Gehilfen einzusetzen. Aber zunächst einmal bekam Sun Yaoting vom Abt eine Wohnung in den Nordzimmern zugeteilt. Vier Mann lebten in einem Raum, ihr Essen mußten sie sich selber bereiten. Schriften wurden im Guandi nicht rezitiert. Die Eunuchen lebten einfach so zusammen.

Eines Tages kam Zhang Ziguang, der Verwalter des Hongen-Klosters aus der Stadt. Sun Yaoting dachte schon, daß der Besuch mit den fünfzig Yuan für den Offizier zu tun hätte, aber Zhang Ziguang sagte: „Der Offizier hat sich bis jetzt noch nicht blicken lassen, du kannst beruhigt sein." Die beiden plauderten miteinander und kamen dabei auch auf die kaiserlichen Reisfelder zu sprechen. Zhang Ziguang lebte schon etliche Jahre im Kloster und wußte über vieles Bescheid. Er erzählte: „Das Lima-Guandi-Kloster besitzt sechzehn Qing Land, die an Bauern verpachtet sind. In der Nähe ist das Gut Dashun mit über sechshundert Mu Reisland. Jeder Mu bringt zwei Dou Ertrag. Dieses Land gehörte Cui Yugui, einem der Aufwärter von Cixi. Damals wohnten viele Leute im Kloster und die Einnahmen waren gering. Daher baten unsere Leute Cui Yugui: ‚Meister, schenken Sie das Gut Dashun den Brüdern.' Cui Yugui gab sein Einverständnis, und so fiel sein Reisland an das Kloster. Pächter wurden die Familien Cheng und Jian. Familie Cheng wohnte in Beiwu und war Anhänger von Cui Yugui, Familie Jian dagegen zählte zur Klientel von Abt Liu Chengyin, der über neunzig Mu Land besaß. Außerdem gehören zum Kloster noch mehr als dreißig Mu Brachland. Das Guandi-Kloster hat nicht gerade wenig Grundbesitz, findest Du nicht?"

Sun Yaoting empfand das tägliche Einerlei im Kloster bald als zu langweilig und sah sich in der Gegend von Landianchang um. Bei einem seiner Spaziergänge bekam er zum ersten Mal in seinem Leben Reisfelder aus der Nähe zu Gesicht. Er ließ sich im Schatten eines Baumes nieder und schaute gebannt zu, wie die Bauern ein Beet nach dem anderen wässerten. Ihm wurde klar, daß Reis anzupflanzen wesentlich anstrengender war als die Aussaat von Getreide. Nach einer Weile kam er mit einem Jungen von fünfzehn oder sechzehn Jahren ins Gespräch, der barfuß, die Hosenbeine aufgekrempelt, einen großen Strohhut auf dem Kopf, von einem Reisfeld herüberkam. Der Junge, erfuhr er, wohnte mit seiner Familie hinter dem Kloster. Sie waren arm. Statt zur Schule zu gehen, mußte er mit seinem Vater das Feld bestellen, die Mutter lag krank zu Hause. Sun Yaoting ließ sich das Bewässerungssystem erklären, und der Junge berichtete: „Bei uns wird es tagsüber sehr heiß, aber in der Nacht ist es ziemlich kalt. Daher bewässern wir am Tage die Beete, damit die Reispflanzen nicht vertrocknen, und lassen abends das Wasser wieder ab. Wenn das Wasser nämlich zu kalt ist, werden die Pflanzen krank." – „Was baut ihr an, wenn der Reis geerntet ist?" – „Süßkartoffeln." – „Und warum keinen Weizen?" wollte Sun wissen, weil er sah, daß der Boden sehr gut war. „Das Land gehört der kaiserlichen Familie und wird vom Weilervorsteher verwaltet", sagte der Junge und fuhr fort: „Der erlaubt uns nicht, etwas anderes anzupflanzen aus Furcht, der Boden könnte ausgelaugt werden." Als Sun Yaoting sich nun erkundigte, wieviel von der Ernte man im Kloster einbehalten würde, rückte der Junge, obwohl er zu seinem Gesprächspartner, dem die Güte ins Gesicht geschrieben stand, Vertrauen gefaßt hatte, nicht so recht mit der Sprache heraus. Er fürchtete wohl, Sun könnte etwas von seinen Worten im Kloster verraten, und antwortete: „Wir wagen sowieso nicht, den guten Reis zu essen. Was wir nicht abgeben müssen, verkaufen wir oder tauschen dafür Weizen oder Maismehl ein." Er ließ lediglich durchblicken, daß all die armen Bauern sehr reich werden könnten, wenn sie nicht auf die mageren Gaben an Saatgut und Dünger angewiesen wären, die das Kloster zur Verfügung stellte, sondern das Land selbst bestellen dürften und auch nur die Hälfte der Ernte abliefern müßten. Sun Yaoting kehrte ins Kloster zurück und dachte über sein Gespräch mit dem Jungen nach. Wenn die Reisernte von den kaiserlichen Feldern im Kloster abgeliefert wurde, dann war das Kloster ja reich!

Von alten Klosterinsassen hatte er gehört, die Gestalt von Landianchang gliche einem Schiff. Der Bug läge im Süden, das Heck im Norden, die hohe Fahnenstange auf dem Zhenglan-Tempel in der Mitte wäre der Mast und den Tempel des Zhengbai-Banners könne man als Steuerhaus betrachten. Die eineinhalb Chi dicke Umgebungsmauer aus Kalk, Lehm und Sandgemisch wurde gewöhnlich ‚alte Mauer' genannt. Der Wassergraben davor stand mit dem Qingshui-Fluß in Verbindung. Ein hoher Wall bot Schutz vor Überschwemmungen. Über steinerne Brücken an jedem der vier Tore gelangte man aus dem Ort hinaus. Daß es hier so viele Guandi-Tempel gab, hing damit zusammen, daß sich in Landianchang zur Zeit der

Qing-Dynastie ein großes Armeelager befand. Hier hatte man die Truppen zum Schutz Beijings und des Sommerpalastes stationiert. Zu Beginn der Qing-Zeit soll Guandi den Bannerleuten im Kampf gegen die Feinde auf seinem Pferd zu Hilfe gekommen sein, und zum Dank dafür hatte ihm auch hier fast jedes Banner einen Tempel errichtet, nur das Zhenghong- und Xianghong-Banner hatten einen gemeinsamen Tempel. Sun Yaoting hatte die Steintafeln, die an jedem Tempel angebracht waren, gelesen. Die acht Banner unterstanden der Obersten Militärbehörde und wurden von einem Gacangda kommandiert. Dessen Büro, auf mandschurisch als Dangfang bezeichnet, das mehr als zwanzig Leute beschäftigte, war für alles zuständig, was die Bannerleute betraf, An- und Abmeldung, Sold, Proviant, Recht und Ordnung, aber auch für die Verwaltung der Munitionsfabrik. Gegen Ende der Qing-Zeit wurde auf Gewehre aus Übersee umgestellt. Von einem Alten erfuhr Sun Yaoting, daß man damals Repetiergewehre benutzte, die der Marke Mauser nachgebaut waren. Aber es gab nicht für alle eine Waffe, nur eine Kaserne konnte mit Gewehren üben. Die übrigen trugen zwar auch die Uniformen der Qing, schoben monatlich ihren Sold ein und aßen sich satt, ohne etwas dafür zu tun. Als dann die Republik ausgerufen wurde, bezahlte man die Soldaten nicht mehr. Die Gebildeteren unter ihnen gaben von nun an Unterricht in der Grundschule, gute Sänger gingen zur Oper, andere wurden Polizisten, und wer sonst nichts fand, wurde Rikschakuli, um sein Leben zu fristen. Jetzt, unter der Guomindang-Regierung, waren nur noch zum Schutz der Munitionsfabrik und der Stadtgrenzen Bannerleute eingesetzt. Die Vorliebe der ehemaligen Bannerleute für allerlei Extravaganzen und Amüsements aber war geblieben. Sie hielten Fische und Vögel, gingen mit der Leimrute auf Vogelfang, angelten nach Schlangenkopffischen, veranstalteten im Herbst Grillenkämpfe, steckten im Winter Heuschrecken und Grillen in fein gearbeitete Kürbisbehälter, trugen sie unter der Kleidung und lauschten ihrem Zirpen. Sun Yaoting beobachtete einmal vier oder fünf Männer im mittleren Alter, die jeder einen merkwürdigen Gegenstand in der Hand hielten. Er sah aus wie eine Tabakspfeife, nur war der Pfeifenkopf, in dem eine kleine weiße

Steinkugel steckte, sehr klein. Sobald die Männer ihre Kugeln in die Luft schleuderten, flogen Vögel, ungefähr so groß wie Sperlinge, auf, fingen die Kugeln und brachten sie ihren Besitzern zurück, die sie dafür mit einigen Kastanienbröckchen belohnten. Ein ums andere Mal wiederholten die Männer dieses Spiel und hatten ihren Spaß daran.

Die Angehörigen der verschiedenen Banner lebten keinesfalls immer friedlich zusammen. Es bedurfte nur eines kleinen Streits, und schon führte jedes Banner seine Leute zum Schutz herbei und machte aus jeder Winzigkeit eine große Sache. Eines Tages wurde Sun Yaoting Zeuge einer Auseinandersetzung zwischen zwei älteren Frauen. Es ging um eine Lappalie. Die Katze der einen hatten sich an den Tauben der Nachbarin vergangen, und diese wollte sich nun rächen. Sie hatte vor, an den Katzenpfoten Walnußschalen zu befestigen, um das Tier, das nun vergeblich versuchen würde zu laufen, langsam zu Tode zu quälen. Natürlich geriet die Katzenbesitzerin darüber in Wut, und die beiden beschimpften einander lautstark. Immer mehr Leute kamen, um die eine oder die andere Partei zu unterstützen, und keine Seite wollte nachgeben. Sun Yaoting wandte sich an die Taubenzüchterin: „Ein Lebewesen frißt das andere, das ist nun mal so in der Natur. Katzen fressen Vögel und haben dafür andere Feinde. Ihre Taube ist zwar verletzt, aber bei guter Pflege erholt sie sich wieder. Wozu die Katze zu Tode quälen?“ Der anderen Frau riet er, sich zu entschuldigen und in Zukunft besser auf die Übeltäterin aufzupassen, fertig. Keiner der Umstehenden kannte Sun Yaoting, aber als sie an seiner Stimme erkannten, daß er Eunuch war, gingen sie auseinander. Die Nachricht, wie Sun Yaoting den Streit geschlichtet hatte, machte sogleich die Runde in Landianchang, und nach kurzer Zeit wußten alle, daß im Guandi-Kloster ein Eunuch war, der sich in Angelegenheiten anderer einmischte.

Verwalter Wei Shanqing, dem nicht gefiel, daß Sun Yaoting den ganzen Tag draußen herumbummelte, brachte eines Tages vor: „Du solltest dich so langsam mal um ein paar Angelegenheiten des Klosters kümmern. Wer alles unser Land hier bestellt, wieviel Pacht jährlich bezahlt wird und ob jemand Pacht schuldig geblieben ist, das müssen wir alles wissen. Kümmere dich an meiner Stelle darum. So etwas hast du doch früher im Schatzamt auch nicht schlecht gemacht.“ Sun Yaoting zeigte sich wohl oder übel einverstanden. Er zog die Bücher hervor und versah sie mit Nummern. Dann suchte er heraus, wer als Pächter für welches Landstück aufgeführt war. Viele von ihnen waren schon seit langem tot und er mußte herausfinden, wer jetzt unter dem Namen des Verstorbenen das Land bestellte. Manche schuldeten schon seit Jahrzehnten die Pacht. Bei anderen stimmte die Zahl der Mu Land mit den Angaben in den Büchern nicht überein. Sun Yaoting ging jeden Tag hinaus auf die Felder, um das Land zu vermessen, festzustellen, wieviel Mu an wen fielen, wie hoch der jährliche Ertrag und der Pachtzins waren, und trug alles fein säuberlich in die Bücher ein. Mit denen, die schon über viele Jahre die Pacht schuldig geblieben waren, legte er gemeinsam einen Weg zur Rückzahlung fest, verringerte die Summe, wenn sich Pächter in einer Notlage befanden, oder erließ sie ihnen auch ganz. Die meisten Pächter empfanden ihm gegenüber tiefe Dankbarkeit. Er behandelte sie viel gerechter, als die von Wei Shanqing Bestimmten es früher getan hatten. Die beiden großen Familien Cheng und Jian bereiteten sogar Speisen und Branntwein vor, um Sun Yaoting zu bewirten. Beim Essen und Trinken kam das Gespräch auch auf die gegenwärtige politische Lage.

Beijing befand sich zu diesem Zeitpunkt, Anfang 1948, noch unter der Herrschaft der Guomindang, aber landesweit waren nur noch ein paar Großstädte übriggeblieben, die noch nicht von der Kommunistischen Partei besetzt worden waren, und bald würde es auch hier soweit sein. Man beschloß, die wechselseitigen Beziehungen aufrechtzuerhalten und sich zusammenzuschließen. Unklar blieb jedoch, was für Beziehungen zwischen ihnen eigentlich bestanden.

Sun Yaoting hatte nicht lange gebraucht, bis er die Verwaltung des Klostereigentums geordnet hatte. Die Einkünfte des Guandi-Klosters stiegen seitdem, und das kam auch dem Hongen-Kloster zugute. Auch die Beziehungen zu den Pächtern hatten sich verbessert. Ob es um die Festlegung von Grundstücksgrenzen ging oder darum, was an Saatgut oder Dünger zugeteilt werden sollte, man verhandelte jetzt miteinander und wurde sich einig. Mit allen Schwierigkeiten kamen die Leute ins Kloster und suchten Meister Sun auf. Bei seinen Rundgängen durch Landianchang, die er nun wieder aufnahm, bemerkte Sun Yaoting manches, was im argen lag, aber zwei Dinge gingen ihm besonders nahe. Das eine war die Schule. Es hatte nur eine private Einklassenschule gegeben, die ihren Schülern beibrachte, was in den alten Büchern stand. Aber nach dem Schulbesuch konnten sie weder rechnen noch hatten sie Ahnung von Geschichte oder Geographie, und somit bestand keine Aussicht, durch die Aufnahmeprüfung für die Mittelschule zu kommen. Sun Yaoting hatte selbst erfahren müssen, wie bitter es war, wenn man nichts rechtes gelernt hatte, und sorgte sich nun, daß es den Kindern von Landianchang ebenso ergehen würde. Das zweite, was ihm gründlich gegen den Strich ging, war der Müll. Jede Familie warf ihren Abfall einfach in den Graben. War der voll, kam alles in einen nahegelegenen kleinen Fluß, aber auch der würde bald verstopft sein. Im Sommer hing ein Gestank in der Luft, von dem einem schlecht wurde. Er sprach mit Wei Shanqing darüber und vertrat die Ansicht, das Guandi müßte in beiden Angelegenheiten etwas unternehmen. Schließlich wäre das Kloster der größte Haushalt in Landianchang, und wenn sie sich nicht darum kümmerten, wer dann? Wei Shanqing aber meinte, außer dem Ackerland ginge sie gar nichts an. Die beiden gerieten darüber in einen Streit, den Wei Shanqing schließlich mit den Worten beendete: „Wenn du dich darum kümmern willst, bitte. Ich will damit nichts zu tun haben."

Verärgert machte Sun Yaoting sich allein ans Werk. Er suchte die Alten der acht Banner auf und ging von Tür zu Tür. Alle stimmten darin überein, daß man Abhilfe schaffen müsse. Sun Yaoting wußte, daß er, der erst kurze Zeit hier war, nicht viel bewirken konnte. Alles mußte so aussehen, als käme es von den Einheimischen selbst. Also ließ er von Lang Xi, einem alten Bannermann, eine Versammlung einberufen, und jedes Banner schickte Repräsentanten zum Guandi-Kloster. Aber weil Sun Yaoting befürchtete, daß sie sich nicht einig waren und keine geeigneten Vorschläge mitbrachten, hatte er vorgesorgt und sich Gedanken gemacht, was man für Leute brauchte und wieviel Geld aufgebracht werden mußte. Wer einen Mittelschulabschluß hatte, schlug er vor, sollte Lehrer werden, Männer mit einem Grundschulabschluß könnten im Büro arbeiten. Ein Lehrer sollte im Monat vierzig, ein Büroangestellter zwanzig Yuan Gehalt bekommen. Man könnte zwei Klassen einrichten, eine fortgeschrittenere Klasse, Jia genannt, und Yi, eine Klasse für Anfänger. Der Unterricht sollte in der alten Privatschule abgehalten werden, Sport könnte man auf dem ehemaligen Exerzierplatz unterrichten.

Die Sache mit dem Müll war schwieriger. Unter den Bannerleuten fand sich keiner, der bereit war, den Abtransport zu übernehmen, niemand wollte sich so weit herablassen. Sun Yaoting schlug vor, gegen ein kleines Entgelt die beiden Gemüsehändler damit zu beauftragen, die bisher täglich mit leeren Wagen zurückfuhren, wenn sie ausverkauft waren. Sein Vorschlag fand Anklang, aber: Wer sollte zahlen und wieviel? Sun Yaoting sagte: „Die Hälfte zahlt das Guandi-Kloster, die andere Hälfte teilen die acht Banner gleichmäßig unter sich auf." Als die Anwesenden das hörten, waren sie erleichtert. Unter dem Strich kam so auf jede Familie nicht viel, also war die Sache abgemacht.

Nach diesem Erfolg stieg Sun Yaoting endgültig zu einer bekannten Persönlichkeit im Ort auf. Auf einer Fläche von etwa vier Li lebten in Landianching über viertausend Haushalte von Bannersoldaten, alles in allem mehr als zehntausend Menschen. Es gab zwei große Straßen, eine Querstraße und acht kleine Wege. Jeder ehemalige Bannersoldat wohnte in einem kleinen Haus, in der Regel waren es kleine dreieckige Ziegelhäuser, Offiziere verfügten über Wohnhöfe, die Ranghöchsten, die Gacangda, bewohnten große fünfgeschossige Häuser. Natürlich war Wei Shanqing nicht begeistert, als er erfuhr, wieviel das Guandi für die Müllbeseitigung zu zahlen hatte, aber Sun Yaoting verwaltete jetzt das Geld und brachte den Betrag selbst zu Lang Xi.

Lang Xi, der kein Beamter war, wohnte in einem dreieckigen Haus. Die Haupttür hatte einen Torbogen aus Qian-Ziegeln, die Abschirmungswand gegenüber war mit Päonien bemalt. Ging man um die Mauer herum, überblickte man das ganze Gehöft. Es hatte drei Südzimmer, ein Ost- und ein Westzimmer. Letzteres diente als Küche, im Ostzimmer wohnte, schien es, eine Tochter. Im Hof standen zwei Granatapfelbäume, ein Dattelbaum, und es gab ein kleines Fischbassin. Mandschuren legten großen Wert auf Gepränge, und so war bei Lang Xi alles sehr sauber und ordentlich. Eine dicke Matte in der Tür zum Hauptraum schützte vor Zugluft. Als Sun Yaoting eintrat, kam ihm Lang Xi zur Begrüßung entgegen. Die beiden setzten sich, und Sun Yaoting übergab das für diesen Monat fällige Geld. Während er seinen Tee trank, sah er sich unauffällig um. Die Seelentafeln der Ahnen befanden sich, auf einem langen Gestell aufgereiht, an der Westseite und waren nach Osten ausgerichtet, wie es mandschurischer Brauch war, daneben Weihrauchofen und Kerzenständer. Vor dem Gestell stand ein Tisch aus rot lackiertem Ulmenholz mit dem Motiv der Acht Heiligen und zu dessen beiden Seiten je ein kleiner Holzstuhl. Außerdem gehörten ein Kühlschrank aus Hartholzimitation und ein paar Holzstühle an den Seitenwänden zur Ausstattung des Raumes.

Lang Xi stieß einen Seufzer aus und fing an sich zu beklagen: „Im Kloster haben Sie das Sagen, aber wie soll ich das Geld von den vielen zerstreuten Haushalten eintreiben. Die einen heulen, wie arm sie sind, daß sie keinen Sold mehr bekämen und also kein Geld hätten. Die anderen sieht man nicht, sie weichen einem aus. Am schwierigsten ist der Wilde Guang. Der hat ernstlich vor, unseren Plan zu durchkreuzen. Er ist der Anführer eines Trupps, ein Zhuanda, wie man auf mandschurisch sagt, und erlaubt keinem seiner Bannersoldaten, Geld für gemeinnützige Dinge zu zahlen." Sun Yaoting hätte nicht im Traum daran gedacht, daß zwanzig Jahre nach Abdankung des Kaisers ein kleiner Truppführer noch über soviel Einfluß verfügte, und fragte Lang Xi, wie das möglich war. Der beschrieb den Wilden Guang als großen robusten Kerl, der eine flinke Zunge hatte, hinterlistig und verschlagen war und sich nur zu gern als Despot aufspielte. Zur Erläuterung berichtete er von einem Zwischenfall, der sich vor einiger Zeit zugetragen hatte.

Der Wilde Guang hielt außer Hunden auch einige Jagdfalken, mit denen er jeden Morgen auf Hasenjagd ging. Eines Tages beobachtete ein alter Bauer, wie ein Falke, von dem er natürlich nicht wußte, daß er Guang gehörte, sich auf einen Hasen stürzte, erschlug beide Tiere mit seiner Sichel und glaubte, einen guten Fang gemacht zu haben. Der Wilde Guang verprügelte daraufhin den Bauern, bis dem das Blut nur so übers Gesicht lief, brach ihm das Nasenbein und verlangte auch noch, der Alte müsse den Falken ersetzen. Nachbarn des Bauern, die herbeieilten, um den Streit zu schlichten, brüllte er an, daß sie sich nicht einzumischen hätten: „Mein Falke ist mehrere hundert Liang Silber wert, die muß er zahlen!" Aber die Bauern waren in der Überzahl, also zog er sich schimpfend zurück und drohte: „Wart's nur ab, du altes Schildkrötenei, wir sind noch nicht fertig miteinander!" Am nächsten Tag drang er mit einer Horde von Rüpeln und Tunichtguten, die stets um ihn herum war, in das Haus des Bauern ein und forderte fünfzig Yuan. Der Alte weigerte sich und sagte, man hätte die Sache doch gestern schon beredet. Aber der Wilde Guang brüllte: „Überhaupt nicht! Überhaupt nicht! Du hast etwas von mir vernichtet, jetzt zerstöre ich was von dir." Und die Kerle schlugen alles, was sie ihm Haus des Bauern fanden, kurz und klein. Zum Schluß zwangen sie den Ärmsten auch noch, für den Falken eine Beerdigung auszurichten. In einem Bestattungsgeschäft mußte er für den Falken ein Totenkleid kaufen und vier Träger mieten. Der Mann hatte keine Möglichkeit, sich zu widersetzen und fügte sich drein. Am Tag der Beisetzung kam alles, was Beine hatte, um dem Spektakel zuzusehen. Zwar schimpften sie innerlich darüber, wie der Wilde Guang Leute mißhandelte, aber davon ließ sich der nicht beeindrucken und stolzierte erhobenen Hauptes einher.

Sun Yaoting war empört, als er die Geschichte gehört hatte. Das erinnerte ihn nur zu gut an das Verhalten der Grundbesitzer in Jinghai, und insgeheim faßte er den Entschluß, diesen Schurken nicht so billig davonkommen zu lassen. Er fragte also Lang Xi: „Wovon lebt denn der Wilde Guang so ohne Sold?" – „Der geht aufs Land, kauft Branntwein, stiehlt in der Nacht eine Steuerkarte und mogelt sich in die Vorstadt. Dann befördert er den Branntwein durch irgendeine Lücke in der Stadtmauer in die Stadt. Das bringt was ein!" Geschmuggelten Schnaps zu verkaufen, war kein so großes Verbrechen, sagte sich Sun Yaoting, aber dieser Störenfried mußte weg, sonst waren all seine Pläne in Gefahr. Aber, womit konnte man ihn bezwingen? Einfach war das nicht. Die Polizei kümmerte sich nicht gern um Angelegenheiten, bei denen nichts heraussprang, die meisten Leute in Landianchang hatten Angst vor ihm, und die Eunuchen vom Guandi-Kloster wollten mit Angelegenheiten, die sie eigentlich nichts angingen, schon gar nichts zu tun haben. Sun Yaoting kam nach langem Überlegen auf die Idee, die Schüler um Hilfe zu bitten. Schließlich hatte er dafür gesorgt, daß sie in Landianchang etwas lernen konnten.

Eines Tages versammelte er die älteren Schüler, sprach zu ihnen ganz offen, welche Schwierigkeiten es gab, und daß er auf ihre Unterstützung hoffe. Alle versicherten ihm: „Wir werden Ihnen mit unserer ganzen Kraft zur Seite stehen." An einem Sonntagmorgen zogen etwa zehn Jungen unter der Führung von Sun Yaoting zum Haus des Wilden Guang. Dort marschierten sie im Gleichschritt auf und ab und riefen laut: „Eins, zwei, eins, zwei, schnell, rückt das Geld fürs Allgemeinwohl heraus! Eins, zwei, eins, wer kein Geld gibt, ist ein Schurke." Der Wilde Guang bekam einen Wutanfall, stürzte heraus und brüllte: „Ihr kleinen Schildkröten, was macht ihr hier für einen Lärm!" Die Schüler stoben auseinander, kamen aber nach fünf Minuten wieder zurück. Jeder blies jetzt auf einer Trompete, so laut er konnte. Sie vollführten einen solchen Lärm, daß einem der Kopf weh tat, und je länger sie spielten, um so unerträglicher wurde es. Der Wilde Guang schimpfte und machte Anstalten, auf die Jungen einzuschlagen, aber die ließen sich nicht einschüchtern. Sie stellten sich in Reih und Glied auf und sangen: „Wir haben keine Angst vor Prügeln, ist einer verprügelt, sind zwei andere da. Ohne Geld keine Schule, wir brauchen Geld!" Als der Wilde Guang merkte, daß er gegen die Jungen nicht ankam, tat er auf einmal freundlich und fragte: „Wer hat euch aufgefordert, hierher zu kommen und zu lärmen?" – „Sie haben uns kommen lassen!" erwiderten die Schüler. „Geben Sie das Geld, und wir verschwinden sofort." Das zeigte nun tatsächlich Wirkung. Der Wilde Guang zahlte brav und anständig seinen Beitrag. Lang Xi erkundigte sich, wer denn auf die Idee gekommen sei, und einer der Jungen sagte, daß es im Guandi einen Hochtalentierten gäbe. Er solle nur abwarten.

Der Winter im Jahre 1949, dem siebenunddreißigsten Jahr der Republik, war besonders kalt, nur selten ließ sich die Sonne blicken. Nicht weniger trostlos war es um die Stimmung der Menschen bestellt, die Inflation machte sich immer stärker bemerkbar. Auch für die kleinen Leute in Landianchang, zumeist Landarbeiter oder kleine Händler, wurde es immer schwerer, den Alltag zu bestehen. Die ständigen Änderungen des Währungssystems machten sie immer ärmer. Briketts waren nur noch schwer zu bekommen und so schlecht, daß sie kaum anbrannten. Aber wenn ein Wagen kam, rissen sich trotzdem alle darum. Auch mit dem Maismehl, das es gab, war nicht viel anzufangen. Die Wotou, die man daraus machte, hielten einfach nicht zusammen. Alle spürten, daß Änderungen bevorstanden, aber niemand wußte genaueres. Sun Yaoting hatte der Zeitung, die er hielt, seit er im Guandi-Kloster war, entnommen, daß Guomindang und Kommunistische Partei im Norden miteinander Krieg führten. Ein Altwarenhändler, der sich eines Tages im Guandi-Kloster ausruhte, berichtete Sun Yaoting, daß Angehörige der Luftwaffe beim Flughafen in der Weststadt jetzt klammheimlich alles losschlügen, was nicht niet- und nagelfest wäre, Uniformen, Radios, Lederstiefel, ja sogar Kupfer- und Metallteile aus Flugzeugen, und er überredete ihn, doch mitzukommen und ebenfalls sein Glück zu versuchen. Tatsächlich tauchten, als sie an Ort und Stelle angelangt waren, schon bald Soldaten auf. Sie boten ihnen Militärmäntel an. Der Händler gab Sun Yaoting jedoch zu verstehen, daß er davon die Finger lassen solle. „Die Guomindang ist bald erledigt, wer wagt da noch, eine Uniform aufzubewahren? Nur Dinge, die etwas wert sind, lassen sich auch gut weiterverkaufen."

Sun Yaoting ging am nächsten Tag allein zum Maschenzaun des Flughafens und wartete. Ein Soldat kam und wollte ihm eine Armbanduhr verkaufen. Sie tickte noch. Nach dem Preis gefragt, erklärte er: „Das ist eine ausländische Uhr, speziell für die Luftwaffe. Die kostet fünf Liang Gold." Woher hätte Sun Yaoting fünf Liang Gold nehmen sollen? Aber am Dialekt des Soldaten hörte er, daß er aus der Gegend von Jinghai stammte.

So kamen die beiden ins Gespräch, und der Soldat flüsterte ihm zu: „Der Nordosten ist am Ende. Beiping kann sich auch nicht mehr lange halten. Jetzt hat unsere Luftwaffe viel zu tun. Es sind ein paar Dutzend amerikanische Großraumflugzeuge gekommen, die hohe Beamte, deren Frauen und Kinder samt Goldbarren und Silberyuan, wegfliegen. Gehen Sie lieber wieder nach Jinghai, hier gibt's bald Krieg!"

Sun Yaoting kehrte in den Tempel zurück. Nach dem, was die Zeitung berichtete, war die Guomindang in der Liaoning-, Shenyang- und Huaihai-Operation geschlagen worden. Er kam zu der Überzeugung, daß Beiping bestimmt nicht um einen Krieg herumkommen würde. Auf den Straßen von Landianchang kursierten allerlei Gerüchte. Jemand sagte, auch der Tangshan-Berg sei schon von der Achten Routearmee besetzt, andere wollten wissen, daß in Tianjin Schützengräben ausgehoben wurden. Ein paar von den reichen Grundbesitzern in der Nähe von Landianchang bekamen es mit der Angst zu tun. Sie fürchteten, daß ihnen nicht nur ihr Land, sondern auch alle anderen Wertsachen abgenommen werden würden. Eines Tages kamen ein paar von ihnen zu Sun Yaoting und sagten: „Das Kloster hat nur Gemeinschaftsbesitz, den wird die Achte Routearmee nicht anrühren. Wir aber haben ein paar Gegenstände zu Hause, um die wir uns Sorgen machen müssen, und die möchten wir gern eine Zeitlang im Kloster vergraben. Sobald der Sturm wieder vorbei ist, holen wir sie ab."

Sun Yaoting fiel die Entscheidung nicht leicht. Einerseits waren es Nachbarn, was sollte also groß dabei sein, wenn er ihnen half? Aber ohne seinen Vorgesetzten einzuweihen? Das brachte nichts Gutes. Außerdem wußte doch jeder in der Umgebung, daß die Reichen wertvolle Dinge hatten. Die Soldaten brauchten nur etwas Druck auszuüben, und alles käme heraus. Er überlegte hin und her. Die Wohlhabenden legten seine nachdenkliche Miene anders aus und versprachen daher: „Wenn wir unsere Sachen bei Ihnen unterbringen dürften, wären wir restlos beruhigt. Es würde auch für Sie etwas herausspringen, wenn alles vorbei ist. Auch die Gemeinschaft bekommt Geschenke, wir werden unmöglich Sie und die Gemeinschaft ihre Mühe umsonst vergeuden lassen." Sun Yaoting verstand sofort, was sie meinten, und erwiderte: „Bitte seien Sie nicht der Meinung, ich wäre habgierig. Das bin ich nicht. Aber ich fürchte, es ist nicht recht, die Sache dem Abt zu verheimlichen. Da Sie aber alle Nachbarn sind und vom Tempel auch nicht einen Strohhalm anrühren, werde ich wohl oder übel ihrem Anliegen folgen."

In einer kalten mondlosen Nacht kamen dann die Grundherren mit ihren Wertsachen zum Kloster, dazu einige Gehilfen, die Spaten schulterten. Sie trugen kleine Lederkästchen, in denen sie ihre Wertgegenstände, zum Schutz vor Feuchtigkeit sorgsam in Ölpapier eingeschlagen, untergebracht hatten.

Unter einem alten Schnurbaum hinter der Halle sollte alles vergraben werden. Eigentlich hatte Sun Yaoting sich vorgenommen, dabei nicht zuzusehen. Falls irgendwann etwas gestohlen würde, könnte man ihn dann nicht verdächtigen. Aber die Bauern sagten: „Meister, das geht doch nicht, bitte erweisen Sie uns die Ehre!" Also mußte er sie in den hinteren Hof begleiten. Die Zweige des riesigen Schnurbaums ächzten und stöhnten im Wind, und die Grundherren zitterten vor Kälte aber auch vor Angst. Wovor sie sich eigentlich fürchteten, hätten sie nicht so genau sagen können. Einerseits war es wohl der Respekt vor dem Alten Gebieter Guan, andererseits die Furcht, bei ihrem Treiben entdeckt zu werden. Ihre Gehilfen gruben, so schnell sie konnten. Zum Glück war der Boden nicht gefroren, so daß sie gut vorankamen. Auf einmal stießen sie auf etwas Weiches. Was war das! Im Schein der Laternen erkannten sie, daß es ein Schlangennest war, und warfen schnell Erde und Steine darauf. Ein Schlangennest auszugraben, brachte das nun Glück oder Unglück? Niemand wußte das, und sie fragten Sun Yaoting, ob es keinen besseren Platz gäbe. Der dachte nach und meinte dann: „Woanders sind zu viele Menschen und damit zu viele Augen. Meiner Meinung nach sollte man die Sachen ruhig hier verstecken. Die Schlangen haben sich zum ersten Mal letzten Sommer gezeigt, als der Baum von einem Blitz gespalten wurde und gefällt werden sollte. Beim Anblick der hunderten von Schlangen sind die Leute davongerannt und haben die Tür zum Hof verschlossen. Seitdem wagt sich niemand mehr hierher. Das ist doch gut, meinen Sie nicht? Bestimmt wohnt hier ein Schlangengeist, und Schlangengeister gehören zu den Unsterblichen. Sie können den Menschen Unglück bringen, schützen sie aber auch. Wir sollten dem Geist ein Opfer darbringen, damit er Ihre Sachen beschützt und nicht zuläßt, daß andere Geister sie wegnehmen." Seine Worte leuchteten allen ein. Sun Yaoting fuhr fort: „Räucherwerk und Kerzen haben wir im Tempel vorrätig, Früchte auch, aber die drei Opfertiere, Schwein, Rind und Lamm, fehlen!" Die Umstehenden meinten: „Bei einem Opfer ist der Glaube entscheidend. Woher sollten wir mitten in der Nacht auch Opfertiere besorgen? Wir bringen alles, was wir an Rind-, Schweine- und Lammfleisch zu Hause finden, hierher. Wenn wir nur frommen Herzens sind, wird es uns der Geist bestimmt nicht übel nehmen."

Gesagt, getan, die Bauern holten Fleisch, Sun Yaoting brachte einen kleinen viereckigen Tisch herbei, zündete Kerzen und Weihrauch an und stellte Schalen mit Obst darauf. Da fiel ihm ein, daß man bei einem solchen Opfer auch eine Bittschrift verlesen mußte. Die Herren hatten davon keine Ahnung, also begab er sich in das Reine Zimmer im Vorderhof und holte einen Streifen gelbes Papier. Eine Weile zerbrach er sich den Kopf, dann hatte er die Bittschrift aufgesetzt: „Im Winter des siebenunddreißigsten Jahres der Republik China bringen die Jünger die drei Opfertiere, Weihrauch und Früchte dar. Die Zeiten sind schwer, das Volk leidet große Not. Die Jünger bitten demütig darum, daß der Heilige über die wenigen Ersparnisse, die sie in der Nähe seiner Wohnung verbergen, allezeit wachen möge. Unter Verbeugung bringen sie die Gaben dar."

Die Landbesitzer baten Sun Yaoting, die Zeremonie zu leiten. Im spärlichen Schein der Stallaternen blitzten in der Baumhöhlung unzählige grüne Strahlen auf, große und kleine. Sun Yaoting vollführte seine Stirnaufschläge ganz vorn. Als er genauer hinblickte, sah er mehrere Schlangen, die mit vorgerecktem Kopf die Gaben betrachteten. Daraufhin verrichtete er abermals Stirnaufschläge und bat die Schlangengeister um Antwort. Nach einer Weile war keine einzige Schlange mehr zu sehen. Den Anwesenden hingen vor Schreck die Zungen heraus. Daraufhin gruben sie in aller Eile ein Loch und legten die Wertsachen hinein. Anschließend kehrte ein jeder aufatmend zu sich nach Hause zurück.

Die Lage um Beiping spitzte sich zu. Der Tangshan-Berg war inzwischen von der Achten Routearmee eingenommen worden, General Wang von der Fu-Zuoyi-Gruppe hatte im Norden von Nankou eine vernichtende Niederlage hinnehmen müssen. Noch beunruhigender aber war die Einkreisung von Tianjin. Dort flogen Granaten, und es gab in der Stadt viele Verwundete. In Beiping versuchten die Geheimagenten der Guomindang-Junta alles, um schnell noch wegzukommen. Die einfachen Leute hatten andere Sorgen. Es gab weder Strom noch Leitungswasser, Elektrizitäts- und Wasserwerk befanden sich schon in den Händen der Achten Routearmee. Die von der Regierung ausgegebenen Banknoten waren so gut wie nichts mehr wert. Straßenhändler klimperten mit Silberyuan und riefen: „An- und Verkauf von Silber!" Wer über etwas Geld verfügte, kaufte, aus Sorge, das Papiergeld würde noch weiter an Wert verlieren. Manche Läden nahmen die Noten der Guomindang schon nicht mehr entgegen und bestanden auf Silberyuan. Vor allem aber fürchteten die Bewohner von Beijing, daß es auch hier zu Schießereien kommen würde. Solange die Stadttore noch nicht geschlossen waren, flüchteten sie in Scharen aufs Land, und in Beijing und Umgebung herrschte ein großes Durcheinander.

Die alteingesessenen Familien von Landianchang, mit denen Sun Yaoting sich beriet, ob er in die Stadt gehen oder in Landianchang bleiben sollte, waren einhellig der Meinung, daß Beijing eine Glücksgegend sei. Noch nie sei sie von Kriegsfeuer versehrt worden. Im ersten Jahr der Republik sei es nicht zu Gefechten gekommen und während der Restauration durch Zhang Xun, im sechsten Jahr der Republik, wäre nur am Ufer des Südflusses eine Bombe gefallen, und schon sei wieder Frieden eingekehrt. „In Beiping steht der kaiserliche Audienzsaal, da kann es unmöglich zu einer solchen Lage wie in Tianjin kommen", hieß es. Sun Yaoting wollte erst einmal abwarten. Aber er wußte auch, daß es ganz so friedlich nicht immer zugegangen war. Im Xianfeng-Jahr der Qing hatte die britisch-französische Armee den Yuanming-Park verbrannt, im

Gengzi-Jahr (1900) war Beijing von der Vereinigten Armee der Acht Nationen besetzt worden. War die Stadt damals etwa nicht vom Kriegsfeuer verwüstet worden? Daß Beijing eine Glücksgegend sein sollte, dessen war er sich nicht so sicher.

Die reichen Landbesitzer suchten Sun Yaoting erneut auf, diesmal, weil sie im Guandi-Kloster Getreide lagern wollten. Sie sagten: „Wir befürchten, daß die Achte Routearmee uns das Getreide wegnimmt. Im Kloster dagegen, wo so viele Menschen sind, fällt ein bißchen mehr Getreide gar nicht weiter auf. Was meinen Sie, geht das?" Sun Yaoting überlegte: ‚Die Wertgegenstände bewahre ich bereits für sie auf, warum das Getreide ablehnen?' Also sagte er: „Wenn Sie es befehlen, kann ich doch gar nicht anders, als einverstanden zu sein. Aber die Wertgegenstände konnten wir heimlich vergraben. Getreidesäcke dagegen fallen auf. Das geht nur unter einem Vorwand." – „Dann sagen wir eben, wir würden das Getreide an das Kloster verkaufen. In Wirklichkeit trennen wir in drei und sieben. Drei Teile zahlen wir Ihnen als Verwahrungskosten." Sun Yaoting meinte: „Darüber ließe sich reden!" Und obwohl er die Sache nicht endgültig entschieden hatte, brachten die Bauern das Getreide.

Tianjin war inzwischen vollständig von der Achten Routearmee besetzt, die Kriegshandlungen in Jinzhou und Shenyang waren beendet, die Truppen der Achten Routearmee umringten nun Beijing. In nur vier oder fünf Li Entfernung verlief die Front, und auf die Stadt waren Kanonen gerichtet. In Landianchang tauchten eines Tages am frühen Morgen zwei pistolenbewaffnete Militärs in grauer Militärkleidung auf. Sie trugen um die Hüften Ledergürtel, an den Beinen Wickelgamaschen und ihre Füße steckten in groben Stoffschuhen. Schnurstracks begaben sie sich ins Guandi-Kloster und fragten den ersten Mönch, der ihnen begegnete: „Wo ist euer Verantwortlicher?" Der Mann war schwerhörig, hatte etwas von Dieben verstanden und antwortete: „Bei uns hier sind keine Diebe." Die beiden Militärs lachten, traten durch das zweite Tor und stellten die gleiche Frage einem jungen Mönch, der den Boden fegte. Der rief schließlich Sun Yaoting heraus. Die Militärs fragten: „Bist du der Verantwortliche hier?" – „Ich bin als Verwalter tätig." – „Gut, können wir uns einmal unterhalten?" Sun sah, daß die beiden zwar nicht bösartig aussahen, aber Pistolen am Gürtel trugen. Also bat er sie wohl oder übel in sein Zimmer. Sie setzten sich und die Militärs erklärten: „Wir sind von der Achten Routearmee der chinesischen Volksbefreiungsarmee. Wir wollen die Guomindang schlagen und euch befreien. Ihr braucht keine Angst zu haben, euch tun wir nichts, wir schlagen nur unsere gemeinsamen Feinde. Wir sind heute hier, weil wir hoffen, daß ihr mit uns zusammenarbeitet und uns siegen helft." Sun Yaoting bekam einen ungeheuren Schreck und sagte sofort: „Wir sind Mönche, wir können nur heilige Schriften lesen, kämpfen können wir nicht. Gewehre haben wir auch nicht ..." Die Militärs unterbrachen ihn lachend: „Wir fordern doch nicht von euch, daß ihr kämpfen sollt, ihr braucht uns nur zu unterstützen." Sun Yaoting hatte keine Ahnung, was für eine Hilfe das sein sollte, und so fragte er: „Herr Offizier, Sie reden von Unterstützung, was meinen Sie damit?" Die Militärs verlangten zunächst einmal etwas Wasser, worauf Sun Yaoting ihnen sofort Tee eingoß. Während sie tranken, erkundigten sie sich: „Wem gehört denn das Kloster?" – „Es gehört der daoistischen Gemeinschaft." – „Und wer versorgt euch?" – „Was für eine Versorgung?" – „Na, wovon lebt ihr denn?" – „Das Kloster verpachtet Land. Von der Ernte leben wir alle. Das überschüssige Korn verkaufen wir, um vom Erlös Öl, Salz, Sojasoße und Essig zu kaufen. Mit Gemüse versorgen wir uns selbst. Wir sind alles arme Leute, Eunuchen, die als Kinder schon ihre Körper weggeworfen haben, um im Palast dem Kaiser zu dienen. Wenn man alt ist und kein Zuhause hat, geht man eben ins Kloster, um dort für den Rest seines Lebens zu wohnen." – „Dann seid ihr also auch Unterdrückte und Ausgebeutete? Euch wollen wir ja gerade befreien. Ihr solltet auf unserer Seite stehen und mit uns zusammen kämpfen", meinten die Militärs.

‚Ausbeutung, Befreiung, auf unserer Seite stehen, kämpfen', Sun Yaoting verstand nicht so recht, was er da gehört hatte, antwortete nur, „ja, ja", aber was diese Militärs von ihm wollten, war ihm noch immer nicht klar. Die beiden fuhren fort: „Unsere Aufgabe ist es jetzt, Beiping anzugreifen. Aber auch beim

Kriegführen muß man essen, und dazu braucht man Getreide, das ist die erste Sache. Die zweite ist, daß es im Krieg nun mal Verwundete gibt, und für die brauchen wir Tragbahren. Für all das kannst du natürlich nicht allein sorgen, also sprich dich mit ein paar Vertretern ab und erledigt alles gemeinsam." Sun Yaoting hatte keine Ahnung, wer mit Vertretern gemeint war, wahrscheinlich Leute, die sich zeigen und vortreten würden. Während er noch am Überlegen war, wen er aufsuchen sollte, erhoben sich die Militärs, verabschiedeten sich und sagten, daß am kommenden Vormittag hier im Kloster mit den Vertretern eine Versammlung abgehalten werden solle.

Als sie fort waren, kamen die Klosterinsassen und ließen sich von dem Gespräch berichten. „Also sie wollen Getreide, Stoff, Baumwollmatratzen und Holz. Fordern sie auch Leute?" Sun Yaoting verneinte die Frage. Noch in derselben Nacht suchte er sieben oder acht Männer auf, die auch sonst bereit waren, sich mit für das Allgemeinwohl einzusetzen, es waren Grundherren, Kleinhändler und der Grundschullehrer dabei. Am nächsten Morgen trafen sie in aller Frühe im Guandi zusammen. Der Lehrer wußte einigermaßen Bescheid und erklärte: „Für die Achte Routearmee etwas zu erledigen, ist eine andere Sache, als für die Guomindang. Da muß man ganz genau sein und darf nicht versuchen, einen Vorteil zu erhaschen." Alle stimmten ihm zu.

Nach einer Weile erschienen die beiden Militärs. Zunächst erklärten sie, daß sie in der Armee für Nachschub verantwortlich wären und forderten die Einwohner von Landianchang dann auf, den Befreiungskampf zu unterstützen. Man habe sie hier versammelt, um ein Komitee zu bilden, das für die Armee Verpflegung und Holz mobilisieren solle. Alle Grundherren müßten Geld und Getreide zur Verfügung stellen, was von den Bürgern sonst an Getreide und Holz geliefert würde, sollte als geliehen gelten. Die Armee würde Leihscheine ausstellen und alles Geliehene später zurückgeben.

Die Anwesenden hörten sehr viele Worte, die sie nicht verstanden. Auf jeden Fall schien es für sie wohl damit getan zu sein, Verpflegung zu stellen. Die Militärs fuhren fort: „Ihr hier teilt die Arbeit unter euch auf. Überlegt euch, wer die Angelegenheit publik macht, wer die Buchhaltung übernimmt, wer den Transport." Einstimmig schlugen damals alle Sun Yaoting als Mitglied für das Proviantbeschaffungskomitee vor. Schließlich war das Guandi der größte Haushalt in der Gegend, verfügte über einen Getreidespeicher und war zudem auch Großgrundbesitzer. Wen sollte man sonst vorschlagen? Sun Yaoting war davon nicht gerade begeistert, wagte aber nicht, sich zu widersetzen und gab keinen Laut von sich.

Nach der Versammlung beriet er sich mit den Klosterinsassen. Die meinten: „Jetzt hast du einmal angefangen mit diesen Dingen. Vorteile bringen sie nicht. Wenn wir unser bißchen Getreide nicht halten können, was sollen wir dann essen?" Sun Yaoting erwiderte: „Die Achte Routearmee hat doch versprochen, eine Quittung auszustellen, wir können damit später unser Getreide zurückverlangen." – „Wenn die Armee wieder weg ist, an wen sollen wir uns dann wenden?" – „Was soll ich denn eurer Meinung nach tun?" Die Mönche schauten einander ratlos an und keiner brachte ein Wort heraus. Die Getreidespeicher wurden geöffnet und das Getreide übergeben. Die Achte Routearmee stellte eine Quittung aus, das Komitee notierte alles. Sie gaben nur Getreide des Klosters heraus, das Getreide der Grundherren wurde nicht angerührt. Jeder im Komitee hatte seinen Aufgabenbereich und täglich hielten sie eine Sitzung ab.

Zu Neujahr 1949 war Beiping immer noch eingekreist, wurde aber nicht angegriffen. Die Stadttore waren alle verschlossen, und niemand wußte, was die Zukunft bringen würde. Wieder erschienen Vertreter der Armee beim Komitee und verlangten Holz, Baumwolldecken und Matratzen. Sie erklärten, daß sie nur alte Holzstangen haben wollten, Bäume zu fällen sei nicht erlaubt. Sun Yaoting ging von Haus zu Haus und bat um Holz. Die alten Damen rissen maulend die Stäbe von ihren Hühnerställen und Taubenverschlägen ab und gaben sie ihm. Als Sun seine Holzspende überbrachte, bekam er ziemlichen Ärger. Er mußte sich anhören: „Was sollen wir denn mit den Bambusstecken und Knütteln? Wir müssen Tragen für verwundete Soldaten bauen! Da holen wir nun schon keinen von euch in die Truppe, könnt ihr da nicht wenigstens die paar Dinge, die wir uns von euch ausleihen müssen, zusammenbringen?“ Sun Yaoting kehrte in den Tempel zurück, gab die unbenutzt daliegenden alten Baumwolldecken und Matratzen heraus, und dabei ließen es die Armeekader dann bewenden.

Jemand im Kloster hatte ein Radio, und dort kam die Meldung, daß die Guomindang im Süden Unterhändler nach Beiping schickte, um über die friedliche Befreiung der Stadt zu verhandeln, eine Nachricht, die das ganze Kloster auf die Beine brachte. Alle hofften, daß der Krieg nun bald aufhören und Not und Elend ein Ende haben würden. Ende Januar wurde dann tatsächlich die friedliche Befreiung Beipings verkündet. Sun Yaoting sagte sich: ‚In Landianchang und im Guandi-Kloster haben sich große Veränderungen ergeben, ich sollte mit dem Abt des Hongen-Klosters sprechen.‘

Die Stadttore standen wieder offen, Leute gingen aus und ein, in den Geschäften herrschte reges Treiben. An den Häusern hingen rote Fahnen und an den Wänden klebten Parolen, mit denen die Volksbefreiungsarmee willkommen geheißen wurde. Studenten demonstrierten auf den Straßen, schlugen Trommeln und führten den Yangge-Tanz auf. Trotz der Kälte sahen viele Leute vom Straßenrand aus dem Spektakel zu. Auf einer großen Straße näherte sich ein Armeezug. Sun Yaoting stellte fest, daß die Soldaten genau so aussahen wie die von Landianchang, also gehörten sie zur Achten Routearmee. An die Gewehrläufe hatten sie rote Tücher gebunden, sie sahen frisch und munter aus, ihre Reihen waren dicht. Ein anderer Zug Soldaten in gelben Uniformen und schwarzen Lammfellmützen verließ die Stadt. Sie waren unbewaffnet, ihre Reihen waren zwar geordnet, aber sie wirkten ziemlich niedergeschlagen. Die Leute sagten, das wären Truppen von Fu Zuoyi. Als die beiden Züge einander begegneten, zollte keiner dem anderen Beachtung. Militärs in grauen oder gelben Uniformen, die aber alle die gleichen Abzeichen auf den Schultern hatten, fuhren in Jeeps herum. Das schienen Beauftragte zu sein, die für die Ordnung der beiden Truppen zuständig waren. Bei ihrem Anblick stutzte Sun Yaoting und dachte sich: ‚Gestern waren sie noch Feinde, heute führen sie keinen Krieg mehr und beide Seiten ziehen ihres Weges, das ist wirklich unfaßbar.‘

Endlich war er am Hongen-Kloster angelangt, suchte den

Abt auf und berichtete ihm, was sich in Landianchang ereignet hatte. Als Sun auf das Getreide zu sprechen kam, das sie an die Armee geliefert hatten, schrie Abt Liu Chengen auf: „Das ist ja großartig! Seit der Schließung der Stadttore sind unsere Lager leer. Wir haben uns etwas geborgt in der Erwartung, daß wir von euch jetzt wieder eine Lieferung bekommen, mit der wir unsere Schulden bezahlen können. Irgendjemand hat mir erzählt, du hättest jede Menge Getreide gekauft, was hat es damit auf sich? Erklär mir das." Sun Yaoting begann noch einmal, ihm alles genau auseinanderzusetzen. Der Abt glaubte ihm halb, halb zweifelte er noch. Zuletzt forderte er Sun Yaoting auf, eine Lieferung zum Hongen-Kloster zu schicken. Wenn sich die Lage beruhigt hatte, wollte man dann abrechnen.

Wenige Tage nachdem Sun Yaoting wieder im Guandi-Tempel war, machte sich die Armee marschbereit. Die beiden Militärs riefen eine Versammlung des Komitees ein, in der sie noch einmal bekräftigten, daß mit den Quittungen das Getreide, das die Armee bekommen hatte, bei der örtlichen Regierung eingefordert werden könnte. Sun Yaoting atmete auf. Jetzt, nachdem dies öffentlich vor dem Komitee verkündet worden war, stand er nicht länger unter dem Verdacht, gegen die Interessen der Leute gehandelt und Getreide verschenkt zu haben. Dann bedankten sich die Offiziere im Namen der Armee und legten allen ans Herz, die Front auch weiterhin mit ganzer Kraft zu unterstützen.

Es dauerte nicht lange, und wieder kamen zwei Männer in grauen Uniformen aus grobem Tuch. Sie nannten sich selbst Kader des Distrikts Haidian, zuständig für die Beziehungen zwischen den Klassen. Im Unterschied zu den Militärs von vorher, die eher wie Gäste aufgetreten waren, bewegten sich diese beiden fordernd wie Herren. Das Komitee wurde zusammengerufen, und die Kader ließen sich über die bisherige Arbeit berichten. Als sie auch Sun Yaoting zur Weiterarbeit einsetzen wollten, weigerte er sich: „Das kann ich nicht, schließlich bin ich nicht der Herr vom Guandi-Kloster, sondern nur ein provisorischer Verwalter." Die Kader aber widersprachen: „Du bist eine aufgeklärte Persönlichkeit aus den religiösen Kreisen. In Landianchang soll ein neues Regime errichtet werden, da mußt du nach besten Kräften mitarbeiten. Als Mitglied des Komitees zur Versorgung der Armee hast du dich sehr verdient gemacht, du könntest jetzt Mitglied im Komitee für Finanzen und Beschaffung von Getreide werden!“ Die anderen schlugen ihn einstimmig vor, und Sun Yaoting überlegte: ‚War ein neues Regime das gleiche wie eine neue Regierung, war man als Komiteemitglied vielleicht so etwas wie ein Beamter?‘ Er erinnerte sich, daß Li Shiyong und Lu Zhonglin, die Puyi aus dem Palast vertrieben hatten, auch einem Komitee angehört hatten, und die waren doch ziemlich einflußreich gewesen. Ein Komiteemitglied mit einigen Befugnissen zu werden, war jedenfalls sicher besser, als ein armer Daoist zu bleiben, und wenn er sich gut machte, würde er nach einiger Zeit vielleicht sogar aufsteigen. Teils gedrängt, teils aus eigener Überzeugung, erklärte er sich also einverstanden.

Die Befreiungsarmee kämpfte im Süden, Beiping galt als Hinterland und mußte wieder Proviant stellen. Die Kader sprachen von Agrarsteuer und sagten: „Alle, die Land bebauen, müssen sie entrichten. Wir geben euch eine Bestätigung für das, was ihr liefert. Bei der Sommerernte rechnet ihr dann ab, was ihr jetzt gebt, und das, was ihr vorher der Armee geliehen habt. Wir arbeiten im Dienst der Bevölkerung und werden euch schon nicht benachteiligen.“ Sun Yaoting hatte alle Hände voll zu tun. Die einfachen Bauern, die nicht viel Land besaßen, waren meist bereit, Getreide zu geben. Mit den reichen Grundherren war dagegen nicht gut Kirschen essen. Sie wollten nicht ein einziges Korn herausrücken und sagten Sun Yaoting dazu noch ins Gesicht hinein: „Meister Sun, Sie sind jetzt Komiteemitglied geworden und nehmen auf uns nicht die geringste Rücksicht. Sie sind vielleicht ein schlechter Freund!“ Hinter seinem Rücken schwärzten sie ihn an: „Sun Yaoting hat sich mit Unterstützung durch die Achte Routearmee nicht wenige Vorteile verschafft. Wir müssen blind gewesen sein, daß wir mit ihm Freundschaft geschlossen haben.“

Als dann die Kader zu Sun kamen, um die geforderten Mengen an Reis, Mehl, Stroh und Bohnen einzutreiben, hatte er nicht alles zusammengebracht und wurde von ihnen ebenfalls kritisiert: „Du strengst dich bei deiner Arbeit nicht so an, wie es deine Pflicht wäre, du hast kein Verantwortungsbewußtsein. Das Vertrauen der Regierung darfst du nicht enttäuschen." Von den Zimmergenossen im Kloster, denen Sun Yaoting sein Leid klagte, hatte keiner Verständnis für seine Nöte. Im Gegenteil, so manchem anderen Eunuchen war schon lange ein Dorn im Auge, wie vertraulich er mit den Kadern umging. Sie warfen ihm vor, er hätte sie alle verkauft, sei selbst ein Beamter geworden. Sun Yaoting fühlte sich höchst unwohl und wäre seinen Posten am liebsten wieder losgeworden. Die Grundherren taten beleidigt, die Bezirkskader waren nicht zufrieden mit ihm, die Leute im Kloster hatten etwas an ihm auszusetzen, und der Abt vom Hongen-Kloster redete auch so kühl.

Als die Vororte von Beijing befreit wurden, kursierten viele Gerüchte, herrschten Unsicherheit und Unruhe. Die Landarbeiter schlossen sich, angeleitet von den Distriktskadern, zu Vereinigungen zusammen und begannen damit, Verbrecher und despotische Grundherren aufzuspüren. Überall im Bezirk wurden Verbrechen untersucht. Wem man etwas nachweisen konnte, reihte man unter die ‚zu bekämpfenden Objekte' ein. Auch in Landianchang sollte eine große Versammlung zur Bekämpfung von Verbrechern und Despoten stattfinden. Vorher suchten die Bezirkskader auch Sun Yaoting auf und wollten die Namen von solchen Schurken wissen. Sun Yaoting fiel nur der Wilde Guang ein. Aber die Geschichte mit dem Falken, für den ein Bauer einmal eine Beerdigung hatte ausrichten müssen, reichte für eine Anklage nicht aus. „Gibt es nicht noch etwas anderes?" fragten die Kader. Vom Hörensagen wußte Sun Yaoting lediglich noch, daß Guang die Tochter einer ihm untergebenen Familie zur Konkubine gemacht und das arme Ding, das weggelaufen war, weil sie mit diesem jähzornigen, prügelnden und fluchenden Alten nicht zusammenleben wollte, erschlagen haben sollte. Ob an der Sache etwas dran war, wußte er nicht, und der Kader wies ihn an, das festzustellen. Sun Yaoting fand niemanden, der es wagte, ihm die Wahrheit zu sagen, und so suchte er auch diesmal Hilfe bei den Schülern. Er wußte, wo sie sich abends zum Mahjongg- oder Tuipaijiu-Spiel trafen, und besuchte sie. Auch sie wollten nicht mit der Sprache herausrücken. Einer meinte: „Lassen Sie doch die Vergangenheit ruhen." Sun Yaoting, der für ihre Zurückhaltung Verständnis hatte, stellte zwei Aschenbecher auf den Tisch, zerriß ein Blatt Papier in kleine Zettel und sagte: „Jeder braucht nur ein Zeichen auf einen der Zettel zu schreiben. Das Zeichen ‚you', wenn es stimmt, oder ‚wu', wenn es die Angelegenheit nicht gegeben hat. Ihr braucht keinen Namen hinzuzufügen, braucht die Papierstreifen nur in den Aschenbecher zu werfen. Sobald ich sie mir angeschaut habe, verbrenne ich sie. Was meinen die Herrschaften dazu?" Alle waren einverstanden. Auf neun der zehn Zettel las Sun Yaoting das Zeichen ‚you', verbrannte alle und verabschiedete sich.

Nun wurde der Wilde Guang zusammen mit anderen Übeltätern angeklagt, denn, so hieß es, sonst würden sie ihren bedrohlichen Einfluß nicht verlieren, und das würde die Entwicklungsarbeit unter den Massen behindern. Die öffentliche Anklageversammlung fand auf dem ehemaligen Exerzierplatz von Landianchang statt. Gegen zehn Uhr vormittags betraten Bezirkskader und Mitglieder der Landarbeitervereinigung das eigens dafür errichtete Podest. Sie streckten die Hände aus und geboten der Menge Ruhe, was ihnen erst nach einer geraumen Weile gelang. Der Vorsitzende verkündete den Beginn der Versammlung und erklärte die Regeln. Auch da hörte keiner richtig zu. Dann rief er laut: „Bringt die Angeklagten herbei!" Arme Bauern, Grundherrn im Schlepp, kamen herauf. Die Angeklagten standen erhobenen Hauptes da, als ob ihnen das ganze überhaupt nichts ausmache, und den Landarbeitern, die an die Haltung der Mächtigen, mit der sie himmlischen wie irdischen Gesetzen zu trotzen schienen, nur allzusehr gewöhnt waren, kam das auch nicht weiter merkwürdig vor. Die Kader aber traten auf die Angeklagten zu und drückten ihre Köpfe nach unten, damit es so aussah, als ob sie sich schuldig fühlten. Danach las man die Verbrechen eines jeden vor. Anfangs hörte die Menge noch zu, aber weil man nicht viel verstand, denn ein Mikrofon gab es nicht, dauerte es den Leuten bald zu lange. Sie fingen an sich zu unterhalten, und um das Gelingen der Versammlung stand es schlecht. Plötzlich brüllte ein Kader: „Wer von einem dieser üblen Kerle schikaniert worden ist, soll heraufkommen und alles sagen, was ihm angetan wurde." Nun kam Leben in die Menge, der ‚Kampfgeist' erwachte, einer nach dem anderen ließ seinen aufgestauten Groll heraus, schlug und trat den Verhaßten mit Füßen. Auch der Wilde Guang kam an die Reihe. Der Sohn des Bauern, der den Falken hatte beerdigen müssen, beförderte ihn mit einem Tritt auf die Knie und rief: „Für das, was du meinem Vater angetan hast, bezahlst du heute!" Der Vater jenes Mädchens, das Guang zu seiner Konkubine gemacht und zu Tode gebracht hatte, wagte erst nicht, sich ebenfalls zu beteiligen. Er sagte: „Falls die Guomindang zurückkommt, wird sich der Wilde Guang rächen, das könnte ich wirklich nicht durchstehen." Aber als die Kader das hörten, beruhigten sie ihn: „Mit der Guomindang-Regierung ist's aus, jetzt herrscht die Volksregierung, macht das Unrecht wieder gut und stärkt euch den Rücken. Soll deine Tochter umsonst gestorben sein?" Da betrat auch der Alte das Podest und berichtete, Rotz und Wasser heulend, die grausame Sache von damals. Rufe wie: „Schlagt den Wilden Guang tot!" oder „Er soll für alles bezahlen!" wurden laut. Nach einer Stunde Tumult verkündeten die Kader: „Der Wilde Guang wird bestraft. Sein gesamtes Vermögen wird eingezogen, völlig mittellos soll er sein Haus verlassen. Die Menge überwacht ihn dabei!"

Sun Yaoting hatte Szenen wie diese noch nie erlebt und nicht für möglich gehalten, daß es auch für die Armen einmal Vergeltung geben würde. Sofort mußte er an Shang Buying denken, der seinen Vater so gequält hatte. Auch der hätte verdient, daß man ihn bestrafte. Er dachte sich: ‚Das ist karmische Vergeltung! Warum gehe ich eigentlich nicht zurück und erhebe persönlich Anklage gegen ihn?'

Der Wilde Guang mußte fortan die Straße fegen. Die Kinder verhöhnten ihn. Sein Haus wurde das Dorfamt von Landianchang. Er selbst hauste mit Frau und Kindern in einer ärmlichen, strohgedeckten Hütte am Rand des Dorfes. Sie hatten kein Geld für Kohlen, und sie hatten kaum etwas zu essen. Manche Nachbarn konnten dieses Bild des Jammers nicht ertragen und steckten den Kindern heimlich Pfannkuchen und Wotou-Maisbrötchen zu. Auch Sun Yaoting fand: ‚Daß der Wilde Guang bestraft wurde, ist gerechte Vergeltung für seine Verbrechen. Aber was können Frau und Kinder dafür? Daß sie genauso schwer leiden müssen, wie er, stimmt weder mit den Prinzipien des Himmels noch mit den menschlichen Gefühlen überein.' Es gab noch einige andere Haushalte, die unter öffentliche Anklage gestellt worden waren, bei denen ebenfalls die ganze Familie Hunger und Kälte litt. In Sun Yaoting rührte sich das mitleidvolle Herz, und heimlich gab auch er den Kindern Kleidung und etwas zu essen.

Nach der Anti-Grundherren-Bewegung tat sich eine Weile nichts in Landianchang. Alles schien zu sein wie früher, die Spieler spielten nach wie vor, die von der Arbeit anderer lebten, arbeiteten immer noch nicht, ganz so, als wäre nach einem heftigen Sturm wieder Ruhe eingekehrt. In Beijing aber hatte sich bald herumgesprochen, wie grausam es bei den Anklageversammlungen auf dem Lande zuging, wie tief der Klassenhaß war, wie schrecklich die Grundherren behandelt wurden. Geldschwere Kapitalisten wechselten ihr Vermögen in amerikanische Dollars und Gold und emigrierten. Auch Kollaborateure, die zur Zeit der Feinde- und der Marionettenregierung zu Geld gekommen waren, mittlere und kleine Grundherren und einfache Guomindangbeamte blieben von diesen Schreckensnachrichten nicht unbeeindruckt. Sie verschleuderten ihr Hab und Gut zu Niedrigpreisen und flohen um die Wette nach Hongkong oder Taiwan. Auf der Straße wurden drei große Sessel für noch nicht einmal einen Silberyuan verkauft, ein Anzug war weniger wert als eine große Robe aus blauem Stoff. Niemand traute sich, ‚Luxusartikel' zu behalten, aus Furcht, als Bourgeois oder Grundherr zu gelten. Alle verkleideten sich als Arme, je ärmer man wirkte, um so besser. Die Damen und Fräulein gingen nicht mehr geschminkt auf den Markt zum Bummeln und Einkaufen, sie hielten sich zu Hause versteckt und spielten Mahjong. Ein paar von ihnen wurden wegen ihres Spiels beim Lokalvertreter der Achten Routearmee angezeigt. Sofort kam jemand, nahm sie fest, und die Kader fragten: „Was macht ihr?" – „Nichts, wir vertreiben uns die Zeit." – „Wie kann es sein, daß ihr nichts zu tun habt, macht ihr kein Essen, wascht ihr nicht oder paßt auf eure Kinder auf?" – „Dafür haben wir Amme und Koch." Die Kader fragten: „Gibt es bei euch zu Hause Besen?" Alle bejahten die Frage und boten sofort an: „Wenn Sie sich einen leihen wollen, dann bitte." – „Wir brauchen keinen", sagten die Kader und befahlen: „Jeder von euch nimmt sich einen Besen und geht auf die Straße zum Fegen! Dann habt ihr etwas zu tun, und es ist euch nicht so unerträglich langweilig." Keine der Damen und Fräuleins wagte, sich zu widersetzen. Die Leute wunderten sich. Daß Damen in Qipaos und Ledermänteln die Straße kehrten, hatten sie noch nicht erlebt. Eine Weile schauten die Kader zu, sagten dann: „Wenn ihr fertig seid, könnt ihr wieder hineingehen" und gingen. Verschämt und gleichzeitig verärgert blickten die Damen und Fräuleins einander an, merkten, wie komisch sie sich ausnahmen, und fingen an zu lachen. Die Umstehenden stimmten in das Gelächter ein. Neuigkeiten von der Art verbreiteten sich in Windeseile in der ganzen Stadt, und das Bemühen, auf keinen Fall durch Reichtum und Müßiggang aufzufallen, verstärkte sich.

In Landianchang erschienen eines Tages so an die zehn Leute mit geschultertem Gepäck. Sie quartierten sich in dem Haus ein, das früher dem Wilden Guang gehört hatte, und das nun das Dorfamt geworden war. Zu den Ankömmlingen gehörten Studenten, Kader und auch ein Angehöriger des Militärs. Nachdem sie ihr Gepäck abgelegt hatten, befestigten sie an der Haustür einen Papierstreifen mit der Aufschrift ‚Arbeitsgruppe Bodenreform'. Dann gingen sie hinaus, um sich mit den armen Landarbeitern zu unterhalten. Sun Yaoting wartete im Kloster vergeblich auf ihren Besuch. Als nach ein paar Tagen noch immer niemand auftauchte, ging er zum Büro der Arbeitsgruppe und fragte einen Kader, den er beim Lesen eines dünnen Heftes antraf: „Ich habe den Status eines armen Bauern, warum war noch keiner bei mir?" Der Kader erkundigte sich, wo er wohne, fragte nach Nachnamen und Vornamen und wieviel Land er hätte. Sun Yaoting beantwortete alles, nur die Frage, wieviel Land er hatte, erschien ihm etwas schwierig. Er sagte: „Zu Hause kommt auf einen Mann noch nicht einmal ein Mu Land. Hier bin ich für sechzehn Qing zuständig." Der Kader erschrak: „Sechzehn Qing? Hm, wie kannst du allein soviel Land bestellen?" – „Ich bestelle es ja nicht, ich verpachte an andere." – „Hm, geh nach Hause und warte ab!" Der eiskalte Gesichtsausdruck des Mannes erschreckte Sun Yaoting, ganz aufgewühlt kehrte er ins Kloster zurück.

Nicht lange darauf hieß es in einer öffentlichen Mitteilung, jeder Haushalt müsse Bericht darüber erstatten, wieviel Land er besäße, was er davon selbst bearbeite, was verpachtet würde. Mitglieder der Landarbeitervereinigung überprüften die Angaben. Im Anschluß an diese Erhebung sollte in ‚drei Namenslisten die Entscheidung' bekanntgegeben werden. Bis dahin mußte alles, was Landarbeitervereinigung und Bodenreformgruppe darüber berieten, geheim bleiben, was sich auf dem Dorf, wo alle sich kannten, ja die meisten doch irgendwie miteinander verwandt waren, nicht so leicht machen ließ. Sun Yaoting hatte keine rechte Vorstellung, was für eine Entscheidung gefällt werden sollte. Als die Listen ausgehängt wurden, standen auf rotem Papier die Namen der armen Landarbeiter, auf gelbem die der Mittelbauern, die Namen der reichen Bauern und Grundherrn aber standen auf weißem Papier. Sun Yaoting fand sich ganz oben, als erster Name auf dem weißen Papier – und begriff noch immer nichts. Hieß das nicht, fragte er sich in seiner Ahnungslosigkeit, die Bodenreformgruppe erkannte ihn öffentlich als Besitzer von allem an, was dem Guandi-Kloster gehörte? Dann war er ja jetzt ein Wohlhabender! Die wurden seit jeher zwar beneidet, aber sei's drum, ruhmreich war es. Sein Name war also doch weise Voraussicht gewesen, denn Yaoting bedeutete, ‚der Familie Glanz bringen'! Schon bald aber sollte ihm seine freudige Stimmung vergehen.

Nicht nur, daß er nun als Grundherr zu den Verfehmten gehörte, sollte ihm große Schwierigkeiten bereiten, es fanden sich Leute, die es darauf abgesehen hatten, ihn ganz und gar unterzukriegen. Ob es nun einer von den Mönchen war, der ihm übelnahm, daß er ihm den Verwalterposten vor der Nase weggeschnappt hatte, oder Landarbeiter, bei denen er Pacht kassiert und Getreideabgaben geholt hatte, er wurde angezeigt. Und zwar steckte jemand der Landarbeitervereinigung, daß Sun für die Grundherren Wertgegenstände versteckt hatte und für sie Getreide lagerte.

Die Bodenreformgruppe kam ins Guandi-Kloster, um den Anschuldigungen nachzugehen. Zuerst fragten sie die anderen Daoisten. Manche sagten, sie wüßten es nicht, andere hielten beides für wahrscheinlich, aber wo Wertgegenstände versteckt sein sollten, konnte keiner angeben. Zuletzt kam Sun Yaoting an die Reihe. Für ihn war das nun wahrlich eine mißliche Situation, und es sah nicht so aus, als könne er ungeschoren davonkommen. Bis jetzt hatte er Wort halten und das Getreide der Grundherren unangetastet lassen können, wenn er sie jetzt verriet, wie sollte er ihnen später in die Augen sehen? In seiner Ratlosigkeit antwortete er auf die Vorwürfe mit dem Satz aus einer buddhistischen Allegorie: „Woran man glaubt, das gibt es, was man nicht wahrhaben will, das existiert auch nicht." Alle lachten. Die Bodenreform-Kader aber zogen sofort ein Gesicht und brüllten: „Etwas ernsthafter, was gibt es zu lachen! Sun Yaoting, stimmt es oder nicht?" Sun Yaoting schwieg. Ein Landarbeiter, der mitgekommen war, sagte schließlich aus: „Damals hat unser Haus Dong in tiefer Nacht Wertgegenstände gebracht, man hat mich angewiesen, sie im hinteren Hof unter dem Schnurbaum zu vergraben. Ich führe euch hin!" Alle folgten ihm, auch Sun Yaoting, er konnte nichts dagegen unternehmen. Der Landarbeiter griff sich einen Spaten und blieb reglos stehen. Der Kader befahl: „Graben!" Der Landarbeiter rührte sich nicht und sagte dann: „Über die Wertsachen wacht ein Schlangengeist, ich für meinen Teil grabe nicht, bevor nicht Weihrauch und Kerzen angezündet und ein Opfer dargebracht wurde." – „Unsinn! Wo soll es einen Schlangengeist geben!" fuhr ihn der Kader an, „man braucht auch keinen Weihrauch und kein Opfer, grabe!" Der Landarbeiter weigerte sich immer noch und reichte den Spaten dem Kader. Es war eine Studentin, auch sie traute sich wohl nicht, und so wurde schließlich Sun Yaoting dazu gezwungen. Der Schlangengeist zeigte sich nicht, und die Bodenreformgruppe nahm die Wertgegenstände an sich. Bevor sie gingen, schauten sie noch in den Getreidespeicher und schrieben genau auf, wieviel dort gelagert war.

Auf einer der nächsten Versammlungen der Bezirkskader wies jemand darauf hin, daß in Landianchang kein besonders starker revolutionärer Geist herrsche, und das käme davon, daß die armen Landarbeiter noch nicht wirklich als Revolutionäre aufgetreten seien. Aber warum hätten sich die Landarbeiter noch nicht erhoben? Weil die Grundherren nicht wirklich gestürzt worden seien. Und das wiederum wäre nicht geschehen, weil der größte Grundherr, Sun Yaoting, nicht gestürzt worden sei. Also müsse man endlich die Ausbeutung der Bauern durch Sun Yaoting untersuchen.

Einen Monat darauf wurde wieder eine öffentliche Anklageversammlung abgehalten. Diesmal ging es gegen die Grundherren, die in einer Reihe auf dem Podium standen, und diesmal sollten die Landarbeiter selbst Tatkraft zeigen. Die Kader der Bodenreformgruppe wollten sich nicht unmittelbar an der Anklage beteiligen, sondern nur das Kampfbewußtsein der armen Landarbeiter stärken. Sun Yaoting wurde als erster verhört: „Arbeitest du?" – „Nein." – „Aber du kassierst Pacht und Korn, also beutest du uns doch aus." – „Wir sind ein daoistisches Kloster. Alles, was wir haben, ist Gemeinschaftseigentum, auch die Ernte gehört allen gemeinsam. Ich bin nicht einverstanden, daß die Herrschaften mich anklagen! Das ist ungerecht! Ich bin zwar Verwalter, aber das ist auch nichts besseres als jemand, der für Vermieter die Miete kassiert. Im Kloster lebe ich genau wie die anderen Daoisten, esse und trinke das gleiche wie sie, unterscheide mich auch sonst nicht von ihnen."

Angefeuert von den Kadern schrie die Menge: „Nieder mit dem Grundherrn Sun Yaoting!" Je lauter sie brüllten, um so stiller wurde Sun Yaoting. Nach einer Weile trat wieder Ruhe ein. Die Landarbeiter fragten nun, warum Sun Yaoting für die Grundherren Wertgegenstände und Getreide versteckt hätte. „Das stimmt", erwiderte Sun Yaoting, „aber ich habe es getan, weil die Grundherren Spenderherren des Klosters sind. Sie haben etwas für uns getan, warum sollten sie dann hier nichts hinterlegen?" – „Wann geschah das?" – „Schon vor der Befreiung von Beiping." – „Wurde das Getreide nicht nur deshalb versteckt, um es der Beschlagnahmung zu entziehen?" – „Auch das Getreide ist bereits vor der Befreiung eingelagert worden. Warum hätte ich das auch nicht tun sollen, damals wußte doch niemand, daß nach der Befreiung das Getreide von Grundherren beschlagnahmt werden würde."

Die Kader waren sehr unzufrieden, daß ihnen nicht glückte, den alten Fuchs Sun zur Strecke zu bringen. Aber Verbrechen waren ihm nicht nachzuweisen, er verstand sich mit den Leuten aus dem Dorf ansonsten gut, war aufs Allgemeinwohl bedacht, und so brachten ihn die Fragen nicht zu Fall. Die Kader putschten das Publikum erneut zu Sprechchören auf: „Nieder mit dem verschlagenen Sun Yaoting! Man muß seinen Hundskopf zerschlagen!“ Aber mit der Anklage kamen sie nicht weiter, und so ließen sie ihn abführen. „Ob das Stück damit wohl zuende ist?“ fragte Sun Yaoting sich im stillen.

Die Klöster und Tempel in der Stadt, die seit jeher vor allem von der Unterstützung der Reichen gelebt hatten, litten inzwischen spürbar darunter, daß sich Reiche lieber als Arme ausgaben. Auch das Hongen-Kloster sah sich schwer getroffen, die bisherigen Spender gab es nicht mehr. Angehörige von Militärcliquen, die nach Belieben geschaltet und gewaltet hatten, aber aus Angst vor Vergeltung dann doch ins Kloster gekommen waren, Silber und Reis spendeten und dafür Unsterblichkeitszinnober für ein langes Leben ohne Altern erbaten, blieben ebenso aus wie die Großhändler, die es sich etwas kosten ließen, ein paar Techniken zur Stärkung der Manneskraft zu erlernen, damit sie ihren zahlreichen Nebenfrauen gewachsen waren. Und schon gar nicht wagten sich die paar überspannten Lebemänner noch hierher, die zuviel Romane über Kampfkunst, Nährung des Geistes durch Qigong und geheime Formeln des Dao gelesen hatten und von den Daoisten tüchtig übers Ohr gehauen worden waren.

Der Abt des Hongen-Klosters wußte nicht mehr aus noch ein, zumal er durch die häufige Umstellung der Währung zusätzliche Verluste gehabt hatte. Das einzige, was ihm schließlich einfiel, war der Pachtreis in Landianchang. Eines Tages schickte er einen Mönch zu Sun Yaoting, der mit ihm über den Verkauf von Land beraten sollte. Sun Yaoting wußte natürlich, das Land längst nicht mehr verkauft werden durfte. Also fing er an, dem Mann die Regierungsmaßnahmen zu erklären. Der Mönch kehrte unverrichteter Dinge zurück und berichtete: „Sun Yaoting hat sich verändert. Der ist jetzt Beamter der Kommunistischen Partei und nicht bereit, in Landianchang Land zu verkaufen. Was sich an Getreide im Guandi-Tempel befand, soll er der Kommunistischen Partei geschenkt haben.“ Der Abt geriet bei diesen Worten sofort in Rage, schickte abermals einen

Mönch auf den Weg und ließ ihn ausrichten, daß Sun sich sofort bei ihm einfinden solle.

Als Sun Yaoting in der Stadt anlangte, fielen ihm sofort die Demonstrationszüge auf, die roten Fahnen an allen Häusern und Geschäften, die herausgeputzten Menschen. Auf Spruchbändern las er: „Glückwunsch zur Befreiung von Nanjing". Da wußte er, was eigentlich los war.

Der Abt des Hongen-Klosters begrüßte ihn wenig freundlich: „Ah, Yaoting, was für ein großartiges Getue, wenn man ihn nicht bittet, kommt er nicht!" Sun Yaoting erklärte schleunigst: „Auf dem Land geht es härter zu als in der Stadt. Da muß man Rücksicht nehmen auf Landarbeitervereinigungen, Bezirkskader, da muß man den Feldzug im Süden unterstützen, muß Geld, Getreide und Menschen stellen. Da bleibt einem keine freie Minute." Eiskalt erwiderte der Abt: „Sie sind ja jetzt ein hoher Beamter der Kommunistischen Partei geworden und so beschäftigt, daß es mich nicht wundern darf, daß Sie nicht mehr in unser kleines Kloster kommen! Die Leute hier sind schon ganz ausgezehrt vor Hunger! Sie aber geben alles Getreide ab. Sie leben von uns und arbeiten für andere, ist es nicht so?" Ärger stieg in Sun Yaoting auf. Wie konnte man ihm, der sich dem Kloster gegenüber stets loyal verhalten hatte, so etwas vorwerfen. Er wurde ganz weiß im Gesicht, und die Hände zitterten ihm. Eine ganze Weile brachte er keinen Ton heraus. Der Abt, der wohl wußte, daß er Sun Yaoting mit seinen Vorwürfen zu tief verletzt hatte, versuchte einzulenken und sagte: „Nun, überfordern Sie sich nicht, geben Sie uns hier, soviel sie zusammenbringen. Wir holen uns ein wenig Getreide, um uns eine Weile durchzuschlagen. Dann sehen wir weiter. Jetzt ist es nicht mehr so wie früher, ich habe hier auch keinen leichten Stand. Wir haben keine Einnahmen, aber so viele Menschen wollen essen und trinken. Was soll ich da machen?" Sun Yaoting unterdrückte seinen Zorn und kehrte ins Guandi-Kloster zurück.

Als er durch die Pforte trat, sah er die Mönche mit bedrückten Gesichtern an der Seite des großen Ganges stehen. Sie waren mit Stricken aneinandergefesselt. Bei seinem Anblick riefen sie: „Der Verwalter ist zurück, schnell, lassen Sie uns frei!" Da kamen auch schon Leute von der Landarbeitervereinigung und fragten Sun Yaoting: „Wo warst du?“ – „Unser Abt ließ mich in die Stadt kommen. Was ist hier los?“ Die Landarbeiter sagten: „Keiner von euch Klosterbrüdern arbeitet, aber Getreide gebt ihr auch nicht heraus. Konterrevolutionäre und ausbeuterische Grundherren seid ihr alle, das machen wir Landarbeiter nicht mehr lange mit. Seht euch vor!“ Dann lösten sie die Fesseln, riefen noch ein paar Parolen, die niemand recht verstand, und waren verschwunden. Wütend fuhren die Daoisten Sun Yaoting an: „Sie sind im Komitee für Getreidelieferungen und Finanzen, wir aber werden vom Unglück heimgesucht. Ohne jeden Grund hat man uns gefesselt. Wen haben wir denn beleidigt? Die ganze Zeit bekommen wir nur Salzgemüsestengel zu essen, werden aber als Grundherren beschimpft, gibt es denn so etwas? Das lassen wir nicht auf uns sitzen!“

Sun Yaoting hatte im Hongen-Kloster vom Abt Demütigungen einstecken müssen, jetzt hatte dieser Zwischenfall auch noch die Mönche gegen ihn aufgebracht. Er wußte nicht mehr aus noch ein. Wie würden Landarbeitervereinigung und Bezirkskader wohl reagieren, wenn das Hongen-Kloster tatsächlich Getreide holte? Was sollte er bloß tun? Am Abend ging er ganz niedergedrückt allein am Flußufer entlang und grübelte, aber ihm fiel einfach kein Ausweg ein. Am besten wäre es, ins Wasser zu gehen, um die Qualen zu beenden! Der nächstbeste Stein, den er hineinwarf, um zu prüfen, wie tief es war, schreckte einen wachhabenden Landarbeiter auf. Es war einer, den Sun Yaoting kannte und mit dem er sich recht gut verstand. Er kam nachsehen, und als er Sun Yaoting so allein und in trüber Stimmung am Flußufer stehen sah, ahnte er wohl, mit welcher Absicht dieser spielte. Er rief: „Meister Sun, was ist mit Ihnen? Woran denken sie denn? Es werden wieder bessere Tage kommen. Machen Sie sich keine Sorgen, gehen Sie zurück!“ Mit Wehmut im Herzen folgte Sun Yaoting diesem Ratschlag.

Gerade zwei Tage hatte er Ruhe, am dritten erschienen vom Hongen-Kloster drei Mann mit einem großen Wagen, um Getreide abzuholen. Sun Yaoting beschwor sie, nichts anzurühren, aber die Ankömmlinge bestanden darauf, den Befehl des Abts auszuführen. Als er sich weiterhin entgegenstellte und sie nicht in den Speicher ließ, fesselten sie ihn kurzerhand und fuhren den Wagen vor das Tor. Die Mönche vom Guandi-Tempel, die nur zu gut wußten, daß die Sache unmöglich gut ausgehen konnte und sich gegen sie alle richten würde, verständigten die Landarbeitervereinigung von Landianchang. Sofort kamen von dort Leute, die das Beladen des Wagens verhinderten, und es dauerte auch nicht lange, bis zwei Bewaffnete auf Fahrrädern anlangten. Sie kamen von der Bezirksbehörde in Haidian, man hatte sie sofort angerufen und gesagt, daß im Guandi-Kloster Grundherren Getreide an sich bringen wollten. Sun Yaoting hatte Glück. Die Vertreter der Landarbeitervereinigung bezeugten einhellig, daß er sich ganz und gar nicht wie ein Grundherr verhalten, sondern vorschriftsmäßig das Getreide vor dem Abtransport geschützt hatte. Die Bezirkskader befreiten ihn von den Fesseln und machten den Abgesandten vom Hongen-Kloster unmißverständlich klar, daß es sich hier um beschlagnahmtes Getreide handle, das sie nicht anrühren dürften.

Jemandem den Hut eines Grundherrn aufzusetzen, war einfach, ungleich schwerer dagegen, diesen Makel wieder loszuwerden, und so mancher mußte über vierzig Jahre lang damit leben. Sun Yaoting wies Bezirksregierung und Landarbeitervereinigung oftmals auf seine ungerechte Einstufung hin, aber bisher vergebens. Das bedrückte ihn, er fühlte sich minderwertiger als die anderen. Zwar hatte er noch seine Versorgung, aber es kränkte ihn doch, daß er an Feiertagen wie Erstem Mai oder Zehntem Oktober nicht ausgehen durfte und auch sonst erst um Urlaub bitten mußte, wollte er Landianchang einmal verlassen. Brauchte man aber Arbeitskräfte, rief man ihn sofort.

Eines Tages bekam Sun Yaoting eine Vorladung. Mit strengen Mienen saßen die Bezirkskader, die Vertreter der Landarbeitervereinigung und zwei Kader, die von auswärts gekommen waren, hinter einem Tisch. Sun Yaoting mußte auf einem Hokker davor Platz nehmen. Der Kader des Bezirkes Haidian richtete als erster das Wort an ihn: „Heute haben wir dich hierherkommen lassen, um dich über ein paar Dinge zu befragen. Antworte offen und ehrlich, ohne etwas zu verheimlichen, und wage nicht zu lügen. Hast du verstanden?“ Sun Yaoting war vor Schreck in kalten Schweiß gebadet. ‚Was für ein großes Verbrechen soll ich denn jetzt schon wieder begangen haben', dachte er und sagte: „Ich spreche immer die Wahrheit."

Nun fragten ihn die beiden fremden Kader nach Namen, Vornamen, Alter, Lebenslauf und verschiedenen anderen Dingen. Als Sun Yaoting darauf zu sprechen kam, wie man Puyi zum Verlassen des Palastes gezwungen hatte, unterbrach ihn ein Kader: „Als du den Palast verlassen hast, mit wem bist du da zusammen gewesen?" – „Mit Chao Changfa, Jin Youlin und vielen anderen", antwortete Sun Yaoting. Die beiden auswärtigen Kader kamen aus dem Kreis Daxing. Sie hatten in der Sache eines Eunuchen, namens Yuan, ermittelt, der Goldbarren aus dem Palast geschmuggelt, zu Geld gemacht und dafür in der Nähe von Nanyuan ein großes Stück Land gekauft hatte. Weil er durch Wucher reich geworden war, galt er zur Zeit der Bodenreform als Großgrundbesitzer. Auf die Frage: „Wer hat noch alles Goldbarren gestohlen?" hatte er angegeben: „Chunshou hatte auch welche. Ich bin vorausgegangen, Chunshou ist mir gefolgt." Der muß jetzt auch ein Grundherr sein, hatten sich die Kader gedacht und überall nach Chunshou gesucht, bis sie herausfanden, daß er seinen früheren Namen wieder angenommen und sich im Kloster des Blühenden Gedeihens niedergelassen hatte. Von dort waren sie seiner Spur bis zum Guandi-Tempel gefolgt, und jetzt sollte auch sein Vergehen untersucht werden.

Wahrheitsgemäß gab Sun Yaoting zu Protokoll: „Die Goldbarren, die ich bei mir trug, habe ich bei der Herrin Wanrong abgegeben." Wo gab es denn so etwas, daß jemand Geld, das er in Händen hatte, seiner Herrin überließ? Die Kader aus Daxing hielten Sun Yaoting für äußerst verschlagen und meinten: „Machen wir erst mal Pause." Sun Yaoting durfte den Raum nicht verlassen, und als das Verhör nach einer Weile fortgesetzt werden sollte, brachten die Kader den Eunuchen Yuan mit. Sun Yaoting begriff, daß es eine Gegenüberstellung geben würde, aber er hatte ja nichts verbrochen, wovor also Angst haben! Eunuch Yuan sagte: „Chunshou, du hast doch auch Gold genommen!" – „Ja, aber ich habe es in der Nördlichen Residenz der Herrin Wanrong übergeben." – „Das glaube ich nicht. Wovon hast du dann all die Jahre gelebt?" – „Ich bin nicht so wie du, daß ich über dem Eigennutz erwiesene Güte vergesse! In all den Jahren habe ich eine Menge mitgemacht, bin überall herumgezogen, das weiß jeder. Und außerdem, der Kaiser selbst hat mich in die Nördliche Residenz gerufen, um mir Kleidung und andere Geschenke zu überreichen. Darüber gibt es Aufzeichnungen beim Komitee für die Angelegenheiten der Qing. Der Vorsitzende des Palastmuseums, Ma Heng, kann das bezeugen. Als dann die Mandschurei gegründet wurde, hat mich der Kaiser in den Palast geholt. Hätte ich Gold versteckt gehabt, wie hätte ich dann wagen dürfen, hinzugehen? Unrecht Gut zu nehmen, bringt schlechtes Karma. Ich bin sehr arm, mehr als das tägliche Essen habe ich nicht und den Klosterbesitz verwalte ich nur. Das wissen alle im Kloster des Blühenden Gedeihens und im Guandi-Kloster."

Als die Kader aus Haidian und Daxing feststellten, daß Sun Yaoting ihnen keine Lügen erzählt hatte, ließen sie ihn einen schriftlichen Bericht verfassen, begaben sich in das Kloster des Blühenden Gedeihens, wo alle bestätigten, Sun Yaoting sei sehr arm, habe kein Vermögen, und schon seit etlichen Jahren würde er überall versuchen, etwas zum Leben zu verdienen. Das Bild, das die Bezirkskader sich von Sun Yaoting gemacht hatten, begann sich zu wandeln.

13. KAPITEL

Das neue Zeitalter

Eskorte nach Jinghai

In der Zeit zwischen Frühling und Sommer des Jahres 1951 betraten eines Tages zwei Männer in erdfarbenen Sun-Yatsen-Jakken das Guandi-Kloster und fragten, kaum zum Tor herein, nach Huaibao aus Ostweidendorf. Es waren Kader der Bodenreformgruppe aus dem Kreis Jinghai. Niemand wußte, wer gemeint war, und die Daoisten antworteten: „Huaibao (der Name bedeutet ‚Schätze im Arm') haben wir nicht, wir haben hier nur den Bauch voll ungerechter Behandlung." Die Männer aus Jinghai setzten ernste Mienen auf: „Macht keine Witze! Ruft Sun Huaibao herbei!" Die Mönche schauten einander fragend an. Es war dann ein Kader aus dem Bezirk Haidian, der begriff: „Mit Huaibao ist Sun Yaoting gemeint. Wo ist er?" – „Auf der Straße beim Straffegen." Daraufhin rief jemand Sun Yaoting herein.

Es folgte die übliche Befragung nach dem Namen, nach Alter, Beruf, gesellschaftlicher Einstufung, und die Kader aus Jinghai taten die ganze Zeit so, als ob sie in einem kleinen Notizbuch Aufzeichnungen machten. In Wahrheit konnten die beiden Männer aber gar nicht schreiben und malten stattdessen ein Bild von Sun Yaoting, auf dem er wie eine große Schildkröte aussah. Danach verkündeten sie ordnungsgemäß: „Sun Huaibao, wir wollen dich nach Jinghai zurückbringen, morgen reisen wir ab!" Sun Yaoting blickte fragend hinüber zu den Bodenreformkadern aus Haidian. Galt denn die Verordnung nicht mehr, daß Grundherren ihr Dorf nicht verlassen durften? Da hörte er, wie die Kader aus Jinghai sagten: „Wir haben uns schon mit den Genossen aus dem Bezirk Haidian geeinigt. Sie erlauben dir zu gehen, wollen sogar mitfahren." – ‚Hier habe ich sowieso nichts zu lachen, also, auf nach Hause, sehen, wie's dort steht', freute sich Sun Yaoting und fragte: „Na gut, aber ich habe kein Geld. Die Fahrkarte muß bezahlt werden, das Essen unterwegs, soviel kann ich nicht aufbringen." – „Darum brauchst du dir keine Sorgen zu machen", beruhigten ihn die Männer aus Jinghai, „für deine Kosten kommen wir auf."

Als der Zug Beijing hinter sich gelassen hatte, Pappeln und Weiden, Pfirsich- und Birnenbäume am Zugfenster vorüberhuschten und Sun Yaoting den friedlich auf ihren Feldern arbeitenden Bauern zuschaute, wurde ihm ganz bewegt zumute. Wie oft war er diese Strecke schon gefahren, und stets hatte er an einem Wendepunkt in seinem Leben gestanden. Das erste Mal, nach der Kastration, war er voller Furcht und Scham einer ungewissen Zukunft entgegengefahren, dann, nach der Vertreibung aus dem Palast, Rückkehr mit gebrochenen Flügeln. Wie froh war er gewesen, als man ihn wieder in den Palast geholt hatte, aber es war nur ein kurzes Zwischenspiel daraus geworden. Schließlich hatte er über diese Strecke auch die Zentralebene mit dem Ziel Changchun verlassen und war wieder in die Hauptstadt zurückgekehrt, nachdem er im Nordosten fast ums Leben gekommen war. Und diesmal? Sah das etwa nach glorreicher Heimkehr aus? Was erwartete ihn wohl in Ostweidendorf? Er lauschte dem Rattern des Zuges, das bald ärgerlich, bald mitleidig zu klingen schien, selten freudig, als wäre es die Begleitmusik zu seinem Leben. Bei der Ankunft in Jinghai war er wie benommen und stieg mit seinen Begleitern in den Bus nach Ostweidendorf um.

Erst jetzt, während der Busfahrt, begannen die Kader mit Sun Yaoting ein Gespräch. „Alter Sun", fragten sie, „weißt du, warum wir dich die Reise machen lassen?" Bei der respektvollen Anrede ‚Alter Sun' atmete Sun Yaoting ein wenig auf. Vielleicht stand ihm gar nichts Böses bevor. „Kennst du Shang Buying?" fragten sie weiter, als er ihre Frage verneint hatte.

„Ja." – „Was hältst du von ihm?" Sun Yaoting begriff sofort, was sie wollten, und antwortete: „Ein übler Despot, der vor nichts Bösem zurückschreckt!" – „Du haßt Shang Buying?" – „Natürlich hasse ich ihn! Er unterdrückt die Bauern, beutet sie aus. Den Kreisvorsitzenden hat er zweimal angestiftet, meinen Vater festnehmen zu lassen, mein Vater wäre fast gestorben. Und ich wäre ohne ihn nicht zum Krüppel geworden." – „Traust du dir zu, ihn öffentlich anzuklagen?" – „Aber sicher!" – „Wir wissen, daß deine Bitterkeit groß und dein Haß tief ist, daher lassen wir dich zurückkehren, damit du mithelfen kannst, ihn zu entlarven!" Als sie im Dorf ankamen, ging Sun zu seinen Eltern, seine Begleiter bezogen Quartier bei der örtlichen Bodenreformgruppe.

Zu seiner großen Beruhigung konnte er sich davon überzeugen, daß es der Familie nicht schlecht ging. Sie lebten in einem kleinen Wohnhof, je drei Zimmer auf der Nord- und der Südseite und je zwei Räume auf der Ost- und der Westseite, der hauptsächlich von dem Geld gebaut worden war, das Sun Yaoting seinem Vater vor einiger Zeit hatte geben können. An Landbesitz war es bei den sieben Fen Gartenland geblieben. Zur Zeit der Bodenreform stellte man fest, über wieviel Land eine Familie in den letzten drei Generationen verfügt hatte, und bestimmte danach ihre Einstufung als arme Bauern, Mittelbauern oder Grundherren. Bei der Familie Sun ermittelte man drei Generationen armer Bauern, also betrachtete man sie als Rückgrat der Bodenreform. Man nannte das ‚die Wurzeln sind gerade, der Kampfgeist ist ausgeprägt.' Die Nachbarn begegneten Sun Yaoting mit großer Herzlichkeit. Einige wollten ihm Geschenke machen, was er aber ablehnte, weil er wußte, wie arm die Leute waren, den freundlichen Einladungen zum Essen wollte und konnte er sich dagegen nicht entziehen. Es gab einfache Gerichte, wie sie auf dem Lande üblich sind, gebratenen Sojabohnenkäse, Eier, einen Topf Glasnudeln. Außerdem hätte es während der Bodenreform ohnehin niemand gewagt, ein großes Gelage zu feiern. Die Leute fragten Sun nach allem möglichen, wollten zum Beispiel wissen: „Wo ist der Kaiser jetzt eigentlich?" Sun Yaoting stieß einen Seufzer aus: „Ach! Was für ein Kaiser, der hat's schlecht. Vor ein paar Jahren haben die Japaner mit ihm gemacht, was sie wollten, und vor zwei Jahren ist er von der Roten Armee gefangengenommen und in die Sowjetunion gebracht worden. Wo er dort ist, weiß ich nicht." Mitleidig erkundigten sich die Dorfbewohner: „Wird er denn zurückkommen? Würde ihn die Achte Routearmee noch als Kaiser anerkennen?" Andere machten sich Gedanken, ob Sun Yaoting in der neuen Zeit wohl noch Mönch bleiben dürfte. Natürlich kam man auch auf Shang Buying zu sprechen. Die Dorfbewohner schilderten die Greuel, die er begangen hatte. Höllenrichterrechnungen, wie man kurzfristige Darlehen zu Wucherzinsen nannte, hatte er ausgestellt und verlangt, daß man bei Zahlungsunfähigkeit die eigenen Kinder verkaufte, um die Rechnung zu begleichen. Als Vorsteher der Hundert-Hof-Gemeinschaften ließ er Männer zwangsrekrutieren und leistete für die Japaner Spitzeldienste. Die Einrichtung von Opiumhöhlen und Heroinverkauf warf man ihm vor. Zwei Männern hatte er die Ehefrau weggenommen und sie zu seinen Konkubinen gemacht, die Leute konnten gar nicht alles aufzählen und sagten: „Bei der Anklageversammlung werden seine Untaten ans Licht kommen." Sie spornten Sun Yaoting an, dort zu berichten, wie sehr er und sein Vater unter Shang Buying gelitten hatten.

Als er sich abends auf dem Kang zum Schlafen niedergelegt hatte, stieg Bitterkeit in Sun Yaoting auf. Kam nicht alles Unglück, das seiner Familie widerfahren war, letzten Endes von Shang Buying? Suns Vater hatte er schuldlos ins Gefängnis stecken lassen, Leid und Not über sie alle gebracht. Wäre dies nicht geschehen, niemals wäre ihm, Sun, in den Sinn gekommen, in der Kastration einen Ausweg zu sehen. Sein ganzes Leben hatte er dadurch verpfuscht, sich zu einem Sklavendasein verdammt. Nie durfte er sein eigener Herr sein.

Im Palast war er den Intrigen der Mächtigen ausgeliefert, hatte sich ducken müssen und war verjagt worden, als die politische Lage sich änderte, von da an verurteilt zu einem unsteten Wanderleben. Er hatte die Mächtigen sich zur Schau stellen sehen, als gehöre ihnen das Reich auf immer, und er hatte erlebt, wie sie, den Hunden vergleichbar, mit eingezogenem Schwanz von der politischen Bühne abtraten. Vieles hatte er in seinem langen Leben durchgemacht, viel erfahren. Die konfuzianischen Klassiker hatte er gelesen und danach gestrebt, der konfuzianischen Idee vom mittleren Weg zu folgen. Lange Zeit beherrschten ihn der Glaube an Geister und Dämonen. Auch den buddhistischen Rosenkranz hatte er gehalten und den Buddha um Gnade angefleht, und er hatte Zuflucht gesucht bei den Drei Reinen, um der Welt zu entsagen und als daoistischer Mönch zu leben.

Die Kommunisten verlangten jetzt von ihm, den Grundherrn Shang Buying öffentlich anzuklagen. Aber war das Leben eines jeden nicht ohnehin bestimmt vom Karma, warum also hier eingreifen? Hatte er selbst nicht gerade eine Anklage hinter sich, sollte er da andere anklagen? Und wenn er sich weigerte? – Dann bekäme er wohl nie wieder die Gelegenheit, einmal seinem Herzen Luft zu machen, einmal hinauszuschreien, warum er zum Krüppel geworden war! Und außerdem waren da die Kader von Jinghai und Haidian. Er konnte sich eine Weigerung nicht leisten, dieses Stück mußte er wohl oder übel bis zum Ende mitspielen.

Über solchen Grübeleien war Sun Yaoting eingeschlafen. Ein grimmiger, bösartiger Dämon in einem Goldpanzer erschien ihm, hüpfte wie wild umher und rannte dann mit gezücktem Schwert auf ihn zu. Die beiden lieferten sich einen erbitterten Kampf. Auf einmal verbiß sich der Dämon in Suns Fuß. Es schmerzte unerträglich. Doch siehe, da regneten vom Himmel frische Blumen herab, der Dämon ergriff stolpernd und strauchelnd die Flucht, Sun setzte ihm nach – und stürzte. Erschrocken fuhr er auf. Es war nur ein Traum gewesen. Als er noch darüber nachdachte, kam ihm mit einem Mal die Erkenntnis, daß es im Grunde gleich war, ob man in buddhistischen Sutren oder in daoistischen Klassikern las. Dämonen, Gespenster, Ungeheuer, mit denen man kämpfen mußte, um auf dem rechten Weg zu bleiben, gab es überall. Shang Buying gehörte eben zu jenen Teufeln, die nur geboren worden waren, um den Menschen Unglück zu bringen. War das Maß ihres Unrechts voll, würden sie in Stücke gerissen, so wollte es der Himmel. Warum also sollte er ihn nicht anklagen?

Der Kader aus dem Bezirk Haidian spazierte müßig durch

Ostweidendorf. Er hatte in Jinghai keine Aufgabe, also schaute er sich überall um und besuchte auch Sun Yaotings Familie. Eine Einladung zum Essen lehnte er ab, als er sah, wie arm sie waren, und plauderte nur mit Sun Yaoting. Der erzählte ihm, wie es dazu gekommen war, daß er sich hatte kastrieren lassen, und beschloß seinen Bericht mit den Worten: „Mein Leben lang war ich ein Sklave, bin es noch immer, aber man hat mich zum Grundherrn ‚erhoben'. Können denn auch Sklaven Grundherren sein?" Bei diesen Worten brachen alle Anwesenden in großes Gelächter aus.

Mehr als zehn Tage weilte Sun Yaoting nun schon bei seiner Familie, aber die große öffentliche Anklageversammlung war noch immer nicht einberufen worden. Die Leute im Dorf wurden schon unruhig, noch unruhiger aber war der Kader aus dem Bezirk Haidian. Er mußte nämlich seine Mahlzeiten, die er in einem kleinen Gasthaus in Ostweidendorf einnahm, aus eigener Tasche bezahlen und sein Geld ging zur Neige. Es war ihm äußerst unangenehm, daß er sich etwas von Sun Yaoting leihen mußte. Den Grund für die Verzögerung lieferten Meinungsverschiedenheiten zwischen der Bodenreformgruppe im Dorf und der des Kreises. Jede beanspruchte Shang Buying für sich als Hauptschuldigen, und weil keine Seite lockerließ, konnte man sich tagelang nicht einigen, wo die Versammlung denn nun stattfinden sollte. Zuletzt überzeugte die Bodenreformgruppe von Ostweidendorf die Arbeitsgruppe des Kreises, und man beschloß, die Versammlung genau in der Mitte zwischen Ost- und Westweidendorf, im Eingang der katholischen Kirche vorzubereiten. Dagegen protestierte der katholische Priester, und man mußte das Podest notgedrungen in einiger Entfernung vom Eingang der Kirche errichten, aber einen anderen geräumigen Platz gab es nicht.

Nun waren die Leute vollauf mit den Vorbereitungen beschäftigt. Man lieh sich Kiefernholzpfosten, Bretter und Seile für das Podest, rotes Tuch, einen Tisch für den Protokollführer, Stühle und ein Megaphon. Ein paar Jugendliche wurden ausgesucht, die das Podest bauen und alles herrichten mußten, und am Abend stellte man Wachen auf, weil die Sachen sonst gestohlen worden wären. Alles war nun bereit, da kam den Organisatoren plötzlich in den Sinn, den Versammlungsort abzugrenzen. Die Einwohner von Ost- und Westweidenorf sollten getrennt voneinander sitzen, damit Ordnung und Würde gewahrt blieben. Und nachdem man endlich den Termin festgelegt hatte, fiel den Kadern auf, daß die Losung auf rotem Tuch fehlte. So sah das nicht wie der Ort für eine Versammlung aus. Aber was sollte man schreiben? Und vor allem wer?

Zwar gab es in beiden Dörfern Leute, die zur Schule gegangen waren und schreiben konnten, aber ihre Zeichen sahen krumm und schief aus. Nur Sun Yaoting verstand sich auf Schönschrift. Prompt wurde aber von einigen der Einwand erhoben, daß es unerhört sei, das Spruchband für eine Versammlung, auf der Grundherren angeklagt werden sollten, von einem Grundherren schreiben zu lassen. Am Ende entschied der Hauptverantwortliche: „In diesem Kreis ist Sun Yaoting kein Grundherr, sondern ein armer Bauer. Also beauftragen wir ihn.“ Und Sun schrieb: „Große Versammlung von Ost- und Westweidendorf im Kreise Jinghai zur Entlarvung von Grundherren.“ Nachdem das Spruchband aufgehängt worden war, lobten alle die schöne Schrift und niemand nahm mehr Anstoß daran, daß ein Bediensteter des Kaiserpalastes die Zeichen geschrieben hatte.

Am Versammlungstag herrschte trübes Wetter, es sah nach Regen aus. Gegen neun Uhr trafen die Einwohner beider Dörfer ein. Die Männer schoben sich zum Sitzen Ziegelsteine unter den Hintern, zogen ihre Pfeifen hervor und rauchten stillschweigend. Die Frauen setzten sich auf die mitgebrachten kleinen Hocker und beschäftigten sich mit Handarbeiten. Sie nähten mit engen Stichen Stoffsohlen an oder flickten Hosen. Punkt neun Uhr erklärten die Kader die Versammlung für eröffnet, und die Dorfmusikanten bliesen ihre Flöten, schlugen die Gongs und die Trommeln. Was für ein Stück sie spielten, wußte niemand so genau. Es hörte sich an wie eine der Weisen, die bei Hochzeiten erklangen, und es dauerte nicht lange, da tanzten die Kinder ausgelassen auf dem Versammlungsplatz herum. Als die Kader die Ernsthaftigkeit der Veranstaltung derart gefährdet sahen, verkündeten sie laut: „Es ist nicht erlaubt, Handarbeiten zu machen! Die Frauen sollen sich darum kümmern, daß die Kinder nicht herumrennen. Wir wollen schließlich hier eine Versammlung abhalten!“ Die Frauen verzogen die Gesichter und schimpften leise.

Nach einer Weile fuhr ein Auto vor, vier Männer stiegen aus und kamen auf das Podest. Der Kader verkündete: „Das sind die Kader aus dem Kreis, alle heißen sie willkommen, alle heißen sie willkommen!“ Dann fing er an zu klatschen, und die Menge schloß sich ihm an. In der folgenden Ansprache war die Rede davon, daß die armen Bauern und die unteren Mittelbauern sich nun befreit hätten. Herren seien sie jetzt, müßten nie wieder Unterdrückung und Ausbeutung von Grundherren erdulden. Als die Kader merkten, daß keiner der Anwesenden darauf reagierte, ergriffen sie die Initiative und riefen: „Nieder mit den Grundherren! Die armen Bauern und die unteren Mittelbauern mögen zehntausend Jahre lang leben! Der Vorsitzende Mao möge zehntausend Jahre lang leben!“ Der Menge blieb nichts anderes übrig, als in diese Rufe einzustimmen. Die Frauen lachten hinter vorgehaltener Hand.

„Führt Shang Buying herauf!“ lautete dann die Anweisung. Zwei kräftige Männer schleppten Shang Buying auf das Podest. Der Kader befahl: „Niederknien!“ Dann stieß man Shang Buyings Hauptfrau hinauf, auch sie mußte sich hinknien, und schließlich noch seine drei Konkubinen. Von den drei Frauen hatte Shang Buying zwei gewaltsam gefreit, eine hatte er als Bezahlung für Schulden genommen. Sie schimpften und fluchten, als man auch sie hinaufstieß, auf wen, war nicht genau zu hören. Die Kader verboten ihnen die Schimpferei, aber sie ließen sich nicht beruhigen. Nach kurzer geheimer Beratung entschieden die Kader dann, die drei Konkubinen wären von Shang Buying unterdrückt worden. Sie hätten zwar auch die Früchte dieses Ausbeuters genossen, aber nur kurze Zeit, so daß man sie nicht als Grundherren einstufen könne. Sie brauchten nicht zu knien, sondern dürften auf dem Podest stehenbleiben.

Nun nahm die Anklageversammlung ihren Lauf. Landarbeiter stiegen auf das Podest, zeigten auf Shang Buying und beschimpften ihn, erzählten, wie sie von ihm schikaniert und ausgebeutet worden waren. Als ihre Wut den Höhepunkt erreicht hatte, verpaßten sie ihm Ohrfeigen, bis Shang Buying Blut aus den Mundwinkeln floß. Die Kader traten zu Sun Yaoting und baten ihn, auf das Podest zu kommen und ebenfalls Anklage zu erheben. Sun Yaoting haßte Shang Buying zwar wie die Pest, empfand es aber als unerträglich, jemanden in solch hilfloser Lage angreifen zu müssen. Aber wozu war er denn hergekommen? Er zog seinen jüngeren Bruder mit hinauf und sagte zu den Kadern: „Meine Stimme klingt nicht gut, laßt meinen Bruder für mich sprechen.“ Und Sun Yaotings Bruder berichtete, daß Shang Buying ihren Vater geschlagen hatte, weil er die Pacht nicht zahlen konnte, daß er ihn in den Kreisyamen hatte werfen lassen, daß sein Onkel deswegen vor Kummer gestorben sei und sein älterer Bruder, zum Krüppel geworden, das ganze Leben als Sklave dienen mußte. Er trug seine Anklage mit tränenverschleierter Stimme vor, und auch Sun Yaoting wischte sich Tränen vom Gesicht. Er selbst sagte nur einen Satz: „Shang Buying, daß auch für dich ein Tag wie der heutige gekommen ist!“

Alle im Dorf wußten, daß Sun Yaoting Eunuch geworden war, um Rache nehmen zu können. Als sie nun die bemitleidenswerte Gestalt vor sich stehen sahen, fingen sie laut an zu rufen: „Shang Buying, mach Kotau vor Sun Yaoting und gestehe deine Schuld!“ Unter dem Druck der wütend schreienden Menge mußte Shang Buying sich dieser Forderung fügen. Sun Yaoting wandte sich angewidert ab. Die Bezirkskader fragten ihn: „Warum nimmst du einen Stirnaufschlag von seinem Hundekopf nicht an?“ – „Er hat mein Leben ruiniert“, gab Sun Yaoting zurück, „kann ich ihn da begnadigen, nur weil er einmal Kotau vor mir macht?“ In seinem Innern aber war er mehr dafür, ‚die Grenzen des Schicklichen nicht zu überschreiten‘ wie es in einem konfuzianischen Klassiker heißt, und nach dem daoistischen Prinzip zu handeln, einen Menschen zu begnadigen, wenn man etwas zu seiner Begnadigung finden kann.

Die Anklageversammlung dauerte bis elf Uhr, dann wurden Shang Buying und seine Ehefrau abgeführt. Die Menge zerstreute sich, und jeder kehrte nach Hause zurück.

Die Bodenreformgruppe, die armen Landarbeiter und die unteren Mittelbauern berieten, wie mit Shang Buying zu verfahren sei. Einstimmig beschlossen sie, daß er künftig die Straße fegen sollte. Sein Haus, sein Vermögen und sein Land würden vollständig unter den armen Landarbeitern aufgeteilt werden. In einem alten verwahrlosten Tempel am Dorfrand kamen Shang Buying und seine Frau unter, auch die Kinder mußten mit ihnen ziehen. Man hatte jedem eine Garnitur Bettzeug und die nötigsten Gerätschaften, Topf, Schale und Schüssel, gelassen. Sun Yaoting wurde persönlich Zeuge, wie Shang Buying mit seiner Familie, zerschlissene Baumwolldecken unter den Armen, ihrem neuen Zuhause entgegenstolperte.

Der Boden wurde vergesellschaftet. Sämtliche Habe, der große Wagen, das Vieh, die Möbel, Matratzen, Decken, die Kleidung, Mützen, Schuhe, alle seine Kalligraphien und Antiquitäten versah man mit Etiketten und brachte sie zur Verlosung unter den Landarbeitern auf den kleinen Sportplatz von Ostweidendorf. Die Landarbeiter standen herum, warteten auf den Abschluß der Ziehung und tauschten ihre Meinung über die ‚Angebote' aus. Die einen fanden, daß es zu wenig war, andere hielten das meiste für unbrauchbar. Wem durch das Los lange Roben und Magua-Jacken zugefallen waren, kleidete sich noch an Ort und Stelle um, und alle brachen danach in großes Gelächter aus. Einige hatten Kalligraphien erhalten, die sie sofort wütend zerfetzten. Wieder andere bekamen alte Vasen und meinten, die könne man ja doch nur als Nachttopf gebrauchen. Und dort, wo sich zwei Familien in einen großen Wagen oder ein Maultier teilen sollten, wollte das Streiten und Schimpfen nicht enden. Aus Furcht, die Leute könnten über ihn reden, wenn er sich nicht beteiligte, zog auch Sun Yaoting ein Los und gewann ein paar Reitstiefel. Für ihn waren sie wertlos, und eigentlich wollte er auch nichts von Shang Buyings Besitz haben, also schenkte er sie seinem Bruder.

Die älteren von Shang Buyings Kindern hatten Jinghai längst verlassen, und seine drei Konkubinen waren schimpfend in ihre Elternhäuser zurückgekehrt. Nur die Kleinen folgten ihrem Vater und weinten am Ortseingang, sie hatten Hunger. Sun Yaoting, den dieser Anblick schmerzte, wollte den Kindern etwas zu essen bringen. Aber seine Familie war damit nicht einverstanden, die Leute könnten sagen, sie hätten mit einem Grundherrn Mitleid. Da war nichts zu machen. Sun Yaoting seufzte.

Buddhistischen Vorstellungen folgend, die in diesem Augenblick wieder sein Herz bewegten, dachte er, daß in der Welt wohl niemand, auch nicht um Haaresbreite, seinem Karma entgehen könne. Gewiß war auch er, der in diesem Leben kein Unrecht begangen hatte, in einem früheren Leben schuldig geworden und mußte in dieser Welt so grausam dafür büßen.

Nachdem nun die Anklageversammlung vorüber war, kehrten Sun Yaoting und der Kader des Bezirks Haidian wieder in den Guandi-Tempel zurück. Der Bezirkskader erstattete Bericht und gab zudem eine Erklärung ab. Sun Yaoting sei wirklich ein armer Bauer, hätte nie Geld und Vermögen als Ausbeuter und Grundherr erworben, nie wie ein Grundherr gelebt. Im Guandi-Tempel führe er lediglich die Bücher. Man solle ihn nicht länger als Grundherrn einstufen. Daraufhin wollten die Bezirksregierung und die Arbeitsgruppe für die Bodenreform auch nicht mehr an dieser Einstufung festhalten und beriefen eine Versammlung der armen Bauern und der unteren Mittelbauern von Landianchang zur Untersuchung der Angelegenheit ein. Nur wenige Einwohner von Landianchang brachten gegen Sun Yaoting Einwände vor, die Mehrzahl war ihm wohlgesonnen und brachte dem Bezirk gegenüber ihr Einverständnis zum Ausdruck, Sun Yaoting nicht länger als Grundherrn zu betrachten. Welche Maßnahmen mußten nun ergriffen werden? Ein halbes Jahr später, in der Übergangszeit vom Herbst auf den Winter, wurde formell verkündet, daß man den Hut des Grundherrn von Sun Yaotings Kopf abnehme. Er galt nun als regulärer ‚Arbeiter für religiöse Aufgaben'.

Am Jahresende wurde vom Amt für Religion in der Beijinger Stadtregierung die Bewegung ‚Herausgabe des Klostereigentums' ins Leben gerufen. Was sollte herausgegeben werden? Offensichtlich alles, sämtliche Gebäude, die zu einem Kloster gehörten, alle Schätze, Mieteinnahmen, Pachtgelder, Weihrauch –, es war ein vernichtender Schlag für die Äbte, aber auch für die Mönche. Ob Buddhisten oder Lamaisten, Bikshuni aus den Nonnenklöstern oder Daoisten, kaum einer von ihnen hatte eigenen Besitz. Wovon sollten sie künftig leben? Die Regierung plante, alle buddhistischen und daoistischen Klöster und Tempel in öffentliche Verwaltung zu überführen. Wer dort gelebt hatte, sollte in seinem erlernten Beruf arbeiten oder eine Ausbildung aufnehmen. Als die Klöster davon hörten, war natürlich keines bereit, so einfach auf seinen Besitz zu verzichten. Sie fingen sofort an, Eigentum zu verstecken oder heimlich zu verkaufen. Nicht nur Häuser oder Land, auch Mobiliar, Buddhastatuen, Sutrenrollen, alles versuchten sie loszuschlagen. In manchen Klöstern waren die Mönche weggelaufen, aber nicht, ohne das Kloster vorher gründlich auszuräumen. Die Regierung konnte nicht sofort mit Gegenmaßnahmen aufwarten, sie schickte zunächst einmal eine Kommission, die das Klostereigentum inventarisieren sollte.

Auch im Hongen-Kloster waren alle völlig verschreckt. Zu einer Inventur war es bis jetzt noch nicht gekommen, aber es hatte sich herumgesprochen, daß Mönche aus anderen Klöstern verhaftet worden waren und zu Geständnissen gezwungen wurden, wo Kulturgüter versteckt würden. Der Abt ließ Sun Yaoting rufen und zog ihn nach der Ankunft sofort ins Abtzimmer. Leise fragte er: „War die Inventarisierungskommission schon im Guandi?" – „Nein, noch nicht. In den Vorstadtbezirken hat man, scheint's, noch nicht damit begonnen." – „Daß das Hongenguan ein paar Dinge im Guandi gelagert hat, weißt du. Solange sie uns noch nicht untersucht haben, möchte ich die Gelegenheit nutzen, noch etwas mehr dorthin zu schaffen. Was meinst du dazu?" Sun Yaoting befürchtete, daß ein solcher Transport nicht geheim bleiben würde. Vor kurzem erst war er von dem Makel, Grundherr zu sein, befreit worden und hatte keine Lust, sich gleich wieder mit der Organisation der armen und unteren Mittelbauern von Landianchang anzulegen, die war erbarmungslos. Er seufzte tief und schwieg. Der Abt drängte: „Na, was meinst du?" Sun Yaoting antwortete ausweichend: „Wir wollen noch einmal gründlich darüber nachdenken."

Es war schon spät, und Sun Yaoting übernachtete im Zimmer des Abtes. Sie redeten von neuem über die Sache. Der Abt begann: „Die Inventarisierungskommission hat in jedem Tempel Spitzel. Vor denen müßt ihr euch im Guandi hüten." – „Yu Qing vom Guandi-Tempel am Qianmen soll schon mit der Gruppe zusammenarbeiten", meinte Sun Yaoting. „Er weiß über das Vermögen des Klosters sehr gut Bescheid und könnte Meldung machen. Es ist unmöglich, die Schätze zu verstecken, und wenn wir sie hinunterschlucken würden." – „In all den Jahren haben wir uns auf das Weihrauchspendengeld gestützt", fuhr der Abt fort, „aber die Freunde im Palast sind längst verarmt und nicht in der Lage, uns zu helfen. Nach der Befreiung haben auch die Großhändler und hohen Beamten nicht mehr gewagt, Weihrauch abzubrennen und um Glück zu bitten. Unser Vermögen ist aufgezehrt. Die Hoffnung auf die Pachterträge von Landianchang hat sich ebenfalls zerschlagen. Wenn wir jetzt noch den letzten Rest weggeben sollen, was wird dann?" Sein Gesicht nahm einen kummervollen Ausdruck an, fast hätte er angefangen zu heulen.

Am nächsten Morgen nahm Sun Yaoting in aller Frühe eine bescheidene Mahlzeit zu sich. Als er sich eben auf den Rückweg machen wollte, kamen plötzlich ein paar Männer, darunter ein Kader von der Stadtbehörde Beijing in entsprechender Kleidung. Mit dabei war auch Yu Qing vom Guandi-Tempel am Qianmen sowie ein paar in den Laienstand zurückgekehrte Daoisten. Sie wollten das Eigentum des Hongen-Klosters inventarisieren. Dem Abt blieb nichts anderes übrig, als sich zu zeigen. Er sagte: „Seit zwei Jahren leben wir hier in sehr ärmlichen Verhältnissen. Abgesehen von den Räumen, in denen wir wohnen, haben wir nur Götterbilder und Weihrauchofenzubehör." Der Kader von der Stadtverwaltung verlangte das Miaozhao, die Inventarliste. „Die Inventarliste ist bei einem Feuer verbrannt", weigerte sich der Abt. Der Kader drohte, den Abt festnehmen zu lassen, aber der blieb hart: „Daoisten haben nichts, mach, was du willst." Als Sun Yaoting sah, daß die Sache eine unerfreuliche Wendung zu nehmen drohte, versuchte er zu vermitteln: „Die Gegenstände im Kloster sind weltliche Besitztümer, vergänglich wie eine vorbeiziehende Wolke. Bei unserer Geburt bringen wir sie nicht mit, und wenn wir sterben, können wir sie auch nicht behalten. Die Regierung mag tun, was ihr recht scheint, wir werden uns an das Gesetz halten." Dem Kader gefielen diese Worte. „Was für einer bist du denn?" fragte er. „Ich bin der Verantwortliche vom Guandi-Tempel, einer Zweigniederlassung des Hongen-Klosters." Darauf kündigte der Mann an, daß er in nächster Zeit zum Guandi kommen werde.

Nach einer Woche traf die Kommission tatsächlich dort ein. Sun Yaoting hieß sie willkommen und legte sämtliche Rechnungen und Bücher vor. Die Prüfer gelangten am Schluß zu der Ansicht, daß die Bücher sehr ordentlich geführt worden waren, und auch von Sun Yaotings Haltung hatten sie einen so günstigen Eindruck gewonnen, daß sie ihn zum Kassierer bei der Klosterverwaltung ernannten. Sun Yaoting war damit ein regulärer Angestellter dieser Behörde geworden.

Epilog

Ihren Hauptsitz hatte die Klosterverwaltung im Guanghua-Tempel am Südufer des Shishasees, und in jedem Stadtteil verfügte sie über eine Nebenstelle. Sun Yaoting mußte natürlich vom Guandi in den Guanghua-Tempel umziehen. Dieser Tempel, in Beijing nicht unbekannt, war in der Yuan-Zeit errichtet und während Ming- und Qing-Dynastie wiederholt erneuert worden. Südlich davon befanden sich die Residenz des Prinzen Gong, das Palais des Beile Zaitao sowie der Lotosteich, im Norden das Tor des Siegs der Tugend sowie der rätselhafte Hehlermarkt. Im Osten standen Glocken- und Trommelturm des Xiongweizhuang-Klosters sowie der Silberbarrenaussichtsberg, der zu den acht Szenerien von Yanjing zählt, und im Westen des Guanghua lag das Palais des Prinzen Chun. Sun Yaoting kannte das alles von früher. Inzwischen aber waren die Menschen, die hier gelebt hatten, gegangen und die Gebäude standen leer, waren heruntergekommen und kaum noch wiederzuerkennen.

Den Guanghua-Tempel hatte er das erste Mal gegen Ende des Jahres 1924 besucht, um nach dem Grab der Kaiserlichen Konkubine Duankang zu schauen. Bei seinem zweiten Besuch, zu Beginn des darauffolgenden Jahres, ging es darum, für Puyi heimlich Antiquitäten und Kalligraphien zu überführen. Auch diesmal kam er zur Winterszeit hierher. An der Abschirmungswand vor der Pforte waren Ziegel losgebrochen, auf der Mauer zitterten welke Gräser im Wind. Zwei Landsleute von Sun Yaoting, der sechs Jahre ältere Ma Deqing und Liu Xingqiao, drei Jahre älter als er, wohnten ebenfalls hier. Ma Deqing, eine ehrliche Haut, stammte aus dem Kreis Qing in Hebei, und war im Jahre 1909 als Dreizehnjähriger in den Palast eingetreten. Der bärenstarke Liu Xingqiao hatte im Palais des Prinzen Chun gedient, bevor er in den Palast kam und später einer der Leibeunuchen von Puyi wurde.

Die beiden fragten Sun: „Hast du schon gehört, der Kaiser soll von den Russen zurückgekommen und ins Gefängnis von Fushun gebracht worden sein." Sun Yaoting stieß einen Seufzer aus: „Er hat eben nicht das glückliche Karma, auf dem Thron zu sitzen. Und dafür, daß er ein paar Tage hinaufgestoßen wurde, erfährt er sein Leben lang nur noch Demütigungen!" – „Was kümmert uns jetzt der Kaiser", sagte Liu Xingqiao, „wir haben genug mit unseren eigenen Angelegenheiten zu tun. Neuerdings singen die Leute überall: Der Osten ist rot, die Sonne geht auf, in China ist ein Mao Zedong aufgestanden, der große Retter des Volkes!" – „Aber ja doch!" bestätigte Ma Deqing und fuhr fort: „Überall wird geschrien: ‚Der Vorsitzende Mao lebe Zehntausend Jahre.' Aber Gebieter der zehntausend Jahre ist doch der Kaiser, oder nicht? Will dieser Mao Zedong vielleicht Kaiser werden?" Sun Yaoting seufzte und erwiderte mit Blick auf die dürren Zweige: „Retter oder Herrscher der Zehntausend Jahre, sie sind alle gleich! Sun Yatsen hielt die Qing-Dynastie für verdorben. Also mobilisierte er Soldaten, setzte den Kaiser ab und ernannte sich selbst zum großen Präsidenten. Und was kam dabei heraus? Unsereiner hatte nach wie vor nichts zu beißen. Die Kommunistische Partei beschimpfte die Guomindang als reaktionär, die wetterte gegen den gleichmacherischen Kommunismus, und noch bevor es zwischen ihnen zu einer Entscheidung kam, war die japanische Armee da und wollte die Große gemeinsame ostasiatische Wohlstandssphäre errichten. Aber daraus wurde auch nichts. Der Zweite Weltkrieg ging zu Ende, Japan kapitulierte und zog sich zurück. Der Sieg wurde der Guomindang unter Tschiang Kaishek zugesprochen. Man hätte meinen sollen, daß zehn Millionen Soldaten mit der Kommunistischen Partei ohne Schwierigkeiten fertig würden und China bald gerettet sein sollte. Ha, es wurde noch schlimmer als zur Zeit, als die Japaner da waren. Das Eine könnt ihr euch merken: Jeder, der das Reich für sich gewinnen will, wird zuerst behaupten, daß er der Retter der Welt sei, der große Retter, eine Bodhisattva Guanyin, die aus allen Bitternissen und Nöten rettet. Hat er dann tatsächlich das Reich in die Hände bekommen, verflucht noch mal, dann streift er die Maske ab und wird zu einem üblen Teufel!" – „Und von diesem Mao Zedong? Was hältst du von dem?" wollte Liu Xingqiao wissen. Sun Yaoting, der gerade etwas sagen wollte, schaute nach links und rechts, verkniff sich seine Worte und sagte nur: „Werden wir noch sehen!"

Mao Zedong tötete unter Bravo-Rufen landauf, landab reihenweise die Konterrevolutionäre. Es schlossen sich die ‚Drei-Antibewegungen' und die ‚Fünf-Antibewegungen' an. Die Kapitalisten wurden von den Arbeitern ihrer Fabriken als Tiger verprügelt. Nach ein paar Jahren Prügeln war ihr Vermögen vergesellschaftet. Alles Privateigentum war im Bauch des Staates gelandet. Die ehemaligen Kapitalisten schlugen jetzt Becken und Trommeln, schwenkten rote Fahnen und bejubelten die ‚Vergesellschaftung'. Mao Zedong nannte das sozialistische Umerziehung. Der Umerziehung der Kapitalisten ließ er eine ‚Bewegung zum Ausmerzen von Konterrevolutionären' folgen, auch viele Befürworter der Kommunistischen Partei und des großen Retters fanden sich in den Reihen der Konterrevolutionäre wieder.

Der Vorsitzende Mao war ein Talent, das die Fähigkeit hatte, selbst das im Herbst neugewachsene Flaumhaar zu sehen, wie ein Sprichwort sagt. Er sah einfach alles. Auch die Klassenfeinde in den Tempeln und Klöstern wurden jetzt hervorgezerrt. Die buddhistischen Mönche und Nonnen, die Lamas, die Daoisten und die daoistischen Nonnen von ganz Beijing, alle wurden sie versammelt und überprüft. Das Klostereigentum wurde gründlich kontrolliert. Sun Yaoting, der Kassierer, kam zum Einsatz, er nahm in großer Furcht die Bücher und machte wie verlangt Aufzeichnungen. Die Erfolge dieses Kampfes konnten sich sehen lassen: Unter den vom Staat geschickten Kadern, unter den Mönchen und Nonnen, die sich zum Marxismus-Leninismus bekehrt hatten, gab es jede Menge Klassenfeinde. Eine Aufstellung der Verbrechen belegte dies. Manche von ihnen hatten politische Verbrechen begangen, manche galten als Landesverräter, denn sie hatten Briefe an Ausländer geschrieben, wieder andere waren Wirtschaftsverbrecher. Sie hatten Klostereigentum gestohlen und verkauft, und es gab Leute, denen man moralische Vergehen, heimliche Verhältnisse zwischen Mann und Frau, zur Last legte. Das Amt für Öffentliche Ordnung führte sie reihenweise ab und verurteilte sie.

Sun Yaoting wurde noch vorsichtiger. Unter den Leidtragenden der Anti-Rechts-Bewegungen fand sich sein Name nicht, aber in den sogenannten ‚Drei Bitteren Jahren', in denen eine Naturkatastrophe auf die andere folgte, litt auch er Hunger. Er hungerte so sehr, daß es ihm vor Augen flimmerte und seine Beine zitterten, und er wußte wieder, wie der Hunger damals in Ostweidendorf geschmeckt hatte, als er noch ein kleiner Junge war. Sein Geheimrezept im Umgang mit der Kommunistischen Partei war, den Mund fest verschlossen zu halten, ihn nur zu öffnen, um Verdienste der Mächtigen zu besingen und ihre Tugenden zu preisen. ‚Es lebe...' zu rufen hatte er von klein an gründlich gelernt, es bereitete ihm auch jetzt keine Mühe. Aber er hätte es sich unter keinen Umständen träumen lassen, daß das erste, was die neunhundert Millionen Chinesen 1966 im ganzen Land, wenn sie morgens die Augen aufschlugen und aus dem Bett stiegen, machten, war, ‚frühmorgens um Anweisung zu bitten' und laut zu rufen ‚Der Vorsitzende Mao lebe zehntausend Jahre, zehntausend mal zehntausend Jahre'. Im Gegensatz zu früher waren nur die beiden Zeichen ‚Unser Kaiser' durch die drei Zeichen ‚Der Vorsitzende Mao' ersetzt worden.

Aber ungeachtet aller Rufe setzte Mao Zedong noch die Große Proletarische Kulturrevolution in Bewegung und erteilte der ganzen Welt Unterricht in chinesischer ‚Kultur'. Die Anführer der Roten Garden, die Mao Zedong geschworen hatten, ihn unter Einsatz ihres Lebens zu schützen, drangen in alle Klöster und Tempel ein und zerschlugen die Statuen von Shakyamuni, von Bodhisattvas, Himmelskönigen, befahlen Mönchen und Nonnen zu heiraten und Fleisch zu essen, um danach zu beurteilen, ob sie Konterrevolutionäre waren.

Sun Yaoting wurde von den Roten Garden in seine Heimat

deportiert. Damals galt das als Strafe. Er aber kehrte nicht ungern zurück. Zuvor versteckte er einige Goldbarren, die er seit vielen Jahren heimlich aufbewahrt hatte, an einem geheimen Ort. Als dann die Roten Garden kamen, konnten sie nichts finden und führten ihn ab zum Bahnhof. Liu Xingqiao ging einen Schritt hinter Sun Yaoting. In einem unbeobachteten Augenblick sagte er leise zu ihm: „Bruder Chunshou, das also ist die Art und Weise, wie der große Retter Rettung bringt!" Sun Yaoting lachte, schaute sich nach allen Seiten um und sagte dann leise: „Ich habe längst gewußt, daß die Lage sich zum Schlechten wenden wird. An den Satz ‚Er ist der große Retter des Volkes' fügen sie nämlich noch die drei Worte ‚hu er hei' hinzu. Man könnte so vieles als Refrain anfügen, aber sie müssen ausgerechnet das nehmen. Das heißt doch klipp und klar: ‚in kurzer Zeit (hu) verändert er sich (er) und wird böse (hei)'. Stimmt's?" – „Stimmt!"

Sun Yaoting stieg ganz gelassen in den Waggon ein. Er dachte sich, daß es auf dem Land vielleicht ruhiger war als in der Stadt. In letzter Minute, der Zug hatte sich schon in Bewegung gesetzt, bestiegen noch ein paar Gardisten mit verschwitzten Gesichtern den Zug und holten ihn aus dem Abteil. Ein junger Gardist forderte ihn auf: „Zieh die Jacke aus!" Sun Yaoting wurde kreidebleich und zitterte. Dann sagte er leise: „Sie sehen doch, daß es sehr kalt ist, was soll denn mit der Jacke sein?" – „Red keinen Unsinn, runter damit!" Als die gefütterte Jacke aufgerissen wurde, kamen ein paar blitzende, funkelnde Goldbarren zum Vorschein. Sun Yaoting war wie benommen. Das Revolutionskomitee in seinem Dorf sagte erschrocken: „Er ist ein armer Bauer, ein armer Bauer seit drei Generationen!" Nach einem Monat schickte ihn das Revolutionskomitee nach Beijing zurück, aber die Goldbarren waren natürlich weg.

Im Jahre 1976 verließ Mao Zedong die Welt und seine vier Lieblinge wurden von politischen Gegnern festgenommen. Damit hörten auch die Rufe „Er lebe Zehntausend Jahre" auf. Ein großer Retter, Heilbringer, Teufel, Diktator nach dem anderen ist inzwischen aus dieser in eine andere Welt gegangen und wird dort sein Glück versuchen, und diese Welt hat wieder neue große Retter hervorgebracht. Aber der neunzigjährige Sun

Yaoting, einer von unzähligen Sklaven, lebt immer noch.* Glokken am Morgen, Trommeln am Abend, Frühlingsblumen und Herbstmond, irdische Kreaturen, das seltsame und bizarre Universum kann ihm kein Glück oder Unglück mehr bescheren. Er hat die Welt des roten Staubes gründlich durchschaut und das Wesen der menschlichen Existenz verstanden. Auch er bereitet sich darauf vor, in eine andere Welt zu gehen, in das westliche Paradies des Buddha Amitabha. Aber, gibt es das westliche Paradies wirklich?

* Anmerkung der Redaktion:
Sun Yaoting verstarb 1996 im Alter von 95 Jahren.

Erläuterungen häufig wiederkehrender Begriffe

acht Heilige: (s. acht Kostbarkeiten); die im Daoismus als die ‚acht Heiligen', in der Volksmythologie als die ‚acht Unsterblichen' bezeichneten Gestalten werden auf legendäre Männer und Frauen zurückgeführt, die im Verlauf ihres Lebens übernatürliche Fähigkeiten erlangten, nach ihrem Tod die Unsterblichkeit erhielten und zu Gottheiten erklärt wurden. Sie gelten als Symbolgestalten der Unsterblichkeit und besitzen die Fähigkeit, unerkannt auf die Erde zurückzukehren und Gutes zu wirken. Ihre Formation hat sich im Lauf der Zeit geändert. Zumeist umfaßt die Gruppe der ‚acht Heiligen' folgende Gestalten: Zhang Guolao (Symbol: Bambusrohr), Zhongli Quan (Symbol: Fächer), Han Xiangzi (Symbol: Flöte), Xu Xianweng (Symbol: Lotus), Lan Caihe (Symbol: Frucht- oder Blumenkorb), Li Tieguai (Symbol: Flaschenkürbis), Lü Dongbin (Symbol: Schwert) und Cao Guojiu (Symbol: Kastagnetten). In Volkstempeln oder in großen Familienhöfen stand oft ein langer, schmaler, mit einer Decke ausgestatteter Altar, der ‚Tisch der acht Heiligen', auf dem in der unterschiedlichsten Form die ‚acht Heiligen' oder ihre Symbole aufgestellt oder dargestellt waren.

acht Kostbarkeiten: Wie alle geraden Zahlen wird ‚acht' als weibliche Zahl, als Yin-Zahl angesehen, die demzufolge als maßgeblich für die Entwicklung des Männlichen (Yang) gilt. Dementsprechend tauchen immer wieder acht Symbole als Glücksbringer zur Kennzeichnung eines besonderen Standes oder einer Würde auf (s. acht Heilige). Die ‚acht Kostbarkeiten' des Konfuzianismus – zugleich die acht Symbole des Gelehrten – sind: die Perle (Symbol der Reinheit), der Klangstein, die Münze, der Rhombus (Symbol der exakten Wissenschaft), das Buch, ein Gemälde, das Rhinozeroshorn (Symbol für Charakterfestigkeit) und das Artemisiablatt (Schafgarbe als Symbol für medizinische Kenntnisse und die Fähigkeit, die Zukunft vorherzusagen).

alter Buddha: in der Verbotenen Stadt und unter dem Volk verbreitete Bezeichnung für die bigott-fromme Kaiserinwitwe Cixi (s.d.).
Armeebanner: s. Banner.

Banner, Bannerleute: Das Eroberervolk der Mandschuren organisierte sich in militärischen Einheiten, sogenannten ‚Bannern' (‚qi'), von denen es zuerst vier, nach der Eroberung Chinas und der Gründung der Qing-Dynastie (1644) acht gab. Der Gliederung in Banner entsprach auch die territoriale Gebietsteilung in der Mandschurei. Die Mitglieder der Banner, zu denen die Krieger samt ihren Familien gehörten, gingen im Frieden ohne weitere Verpflichtungen ihren Tätigkeiten nach, im Kriegsfall hatten sie bestimmte Kampfkontingente zu stellen. Die Bannerführer bildeten die oberste mandschurische Adelsschicht und nahmen nach der Eroberung Chinas die wichtigsten Ämter im Kaiserreich ein. Nach der Errichtung der Qing-Dynastie wurde für die mandschurischen Bannerleute vor allem in der Umgebung von Beijing Land beschlagnahmt, allerdings gingen die wenigsten Mandschuren einer landwirtschaftlichen Tätigkeit nach; sie bildeten ein stehendes Heer, führten sich in den Jahren der Qing-Dynastie wie Besatzungssoldaten auf oder lebten von den Erträgen der hanchinesischen Pächter in dem den Mandschuren vorbehaltenen nördlichen Stadtteil von Beijing. Zur Verstärkung der militärischen Macht wurden im 18. Jahrhundert auch einige hanchinesische Armeebanner unter mandschurischer Führung gebildet. Ehen zwischen Mandschuren und Hanchinesen waren zumindest offiziell verboten.
Beijing: Peking; die Stadt erhielt ihren Namen Beijing (‚Nördliche Hauptstadt') unter der Ming-Dynastie 1403, als der Yongle-Kaiser der Ming-Dynastie (1403–1425) den Befehl zum Bau des Kaiserpalastes gab und beschloß, den Regierungssitz aus Nanjing (‚Südliche Hauptstadt') dorthin zu verlegen. Als die nationalistische Guomindang-Regierung (s.d.) 1928 den Regierungssitz wieder nach Nanjing verlegte, wurde Beijing in Beiping (‚Nördlicher Friede') umbenannt. Die Stadt behielt diesen Namen bis zur Gründung der Volksrepublik China am 1.10.1949 und der Wiedereinsetzung der Stadt zur Hauptstadt.
Beile: mandschurischer Adelsrang; entspricht etwa dem eines kaiserlichen Prinzen.
Beiping: s. Beijing.
Beizi: mandschurischer Adelsrang; in der Rangfolge eine Stufe unter dem Rang eines Beile (s.d.).
Bodhisattva: ‚Erleuchtungswesen', nach der buddhistischen Glaubensvorstellung eine jener als ‚göttlich' gedachten Gestalten, die den Weg durch den ‚Kreislauf der Wiedergeburten' hin zur Reinigung und ‚Erleuchtung' vollkommen durchschritten haben, aber auf den Eingang in die Buddhaschaft, in das endgültige Verlöschen im Nirwana verzichteten, um als mitleidvolle, huldreiche Heilsbringer den leidenden Menschen zur Erleuchtung zu verhelfen. Als solche können sie immer wieder als Reinkarnation in erleuchteten, durch strenge buddhistische Lebens-

führung ausgezeichneten Menschen in historische Erscheinung treten. In der buddhistischen Volksfrömmigkeit außerhalb der mönchischen Lebens- und Lehrgemeinschaft nehmen die Bodhisattvas als himmlische Helfer für die Nöte der Menschen einen bevorzugten Platz ein. Die besondere Ausprägung des Bodhisattva-Kults in der chinesischen Volksreligion wurde wesentlich dadurch beeinflußt, daß die erste allgemein anerkannte und landesweit verehrte Inkarnation eines Bodhisattva (des messianischen Zukunftserlösers Maitreya) mit der Tang-Kaiserin Wu Zetian (683–705) eine Frau war.

Buddha Amitabha: der Buddha des unermeßlichen Glanzes, Herr über das ‚Reine Land Sukhavati', das ‚Westliche Paradies' (s. d.).

Chi: Längenmaß; 1 Chi entspricht 0,333 Meter oder 10 Cun (s. d.).

Cixi: eigentlicher Name: Yehe Nara Xiaqin (1835–1908); Konkubine des Xiangfeng-Kaisers (gest. 1862) und Mutter des Thronfolgers Tongzhi (1862–1875); übernahm für den unmündigen Kaiser die Regentschaft, die sie bis zu ihrem Tod nicht mehr aus den Händen ließ. Ihr wird sowohl der frühe Tod des Kaisers und seiner Frau als auch die Adoption ihres unmündigen Neffen Guangxu (1875–1908), den sie zum Kaiser erhob, zur Last gelegt. Ihre Anmaßung drückt sich auch in der allgemeinen Bezeichnung ‚Kaiserinwitwe' aus, obwohl die verwitwete Kaiserin des Xiangfeng-Kaisers, die in der Hierarchie über der Konkubine stand, in der Verbotenen Stadt lebte.

Cun: Längenmaß; 1 Cun entspricht 3,333 Zentimeter.

Dampfbrote: s. Mantou.

Dharma: im Chinesischen als Folge der Ausbreitung des Buddhismus als Fremdwort gebrauchter buddhistischer Lehrbegriff, der sowohl die weltlichen Regeln (das ‚Gesetz' des Buddhismus) als auch in weiterem Sinn die Gesetzmäßigkeit (das ‚Schicksal') aller irdischen Existenz bezeichnet.

Doppelgesichtsschuhe: spezielle Schuhe mit einer Naht in der Mitte, die den Schuh in zwei Hälften teilt.

Dou: Hohlmaß; 1 Dou entspricht 10 Liter.

Drachenbootfest: Duanwujie; eines der ältesten und wichtigsten Feste Chinas; es wird am 5. Tag des 5. Monats nach dem Mondkalender begangen. Es geht vermutlich auf die Vereinigung der mittelchinesischen Stämme unter dem Totem des Drachens zurück. Auch die Sitte, an diesem Tag Drachenboot-Rennen zu veranstalten, stammt bereits aus frühgeschichtlicher Zeit. Später verband sich das Fest mit der Legende vom patriotischen Dichter Qu Yuan, der sich aus Verzweiflung über den Untergang des Staates Chu 278 v. d. Z. in den Fluß Miluo stürzte. Von überall her sollen die Menschen auf Booten gekommen sein, um den Dichter zu suchen. Um der Seele des Dichters Nahrung mit auf den Weg zu geben, füllte man Reis in Bambusrohre und warf sie in den Fluß. Daraus entwickelten sich die ‚Zongzi', in Bambusblätter eingewickelte Reisklöße, die als besondere Spezialität – und verschiedentlich in ihrer Füllung verfeinert – in ganz China an diesem Tag gegessen werden.

Drei-Antibewegung: ausgelöst im April 1957 als ‚Überwindungsbewegung' zur Verbesserung des Arbeitsstils der Kommunistischen Partei durch Ausmerzung der ‚Drei Übel': Subjektivismus, Sektierertum und Bürokratismus.

Drei Bitteren Jahre: die Jahre von 1959 bis 1961, in denen China infolge des ‚Großen Sprungs', anhaltender Dürre sowie des Abbruchs der Hilfe seitens der Sowjetunion in eine Hungerkatastrophe geführt wurde.

Drei Reinen: Sanqing; die höchsten Gottheiten des Daoismus; es sind: der ‚Himmlische Ehrwürdige vom Uranfang', die höchste Gottheit, der ‚Höchste Herr das Dao' und der ‚Höchste Herr Lao' (Laotse), der ‚Wächter des Goldenen Turmes'.

Fee Tante Ma: Magu; eine Glück und Langlebigkeit verheißende Volksgottheit, die der Legende nach im 2. Jahrhundert lebte und durch besonders lange Fingernägel gekennzeichnet war, so daß es Kaiser Xiao (147–168) in den Sinn kam, ‚wie schön es sein müsse, von den langen Fingernägeln gekratzt zu werden, wenn einem der Rücken jucke'. Diese Überlieferung brachte sie in Verbindung mit Gedanken an Gesundheit, Wohlergehen und folglich Langlebigkeit. Die langen Fingernägel von ‚Tante Ma' haben angeblich zu dem aus Holz geschnitzten Rückenkratzer geführt, der bis in die Gegenwart vielfach benutzt wird. Tempel für Magu gab es in vielen Teilen Chinas, auch Berge und Höhlen wurden ihr als heilige Stätten geweiht. Ihre Attribute sind der ‚Pfirsich der Langlebigkeit' und der Korb mit Blumen oder Wunderpilzen, den sie an einem Bambusstab trägt. Die Gesundheit und Lebenslänge fördernden Attribute der ‚Fee Tante Ma' wurden gern als Geburtsgeschenke überbracht.

Fen: Flächenmaß. Entsprechend dem ‚Fen' als kleinste Währungseinheit ist ‚Fen' auch die Bezeichnung für das kleinste Flächenmaß; entspricht 66,66 Quadratmeter.

Fen: Geldeinheit für nicht-silberhaltige Währung; kleinste Währungseinheit vergleichbar dem Pfennig (s. Mao; s. Yuan).

Frühlingsfest: Chunjie; das chinesische Neujahr; es findet am 1. Tag des 1. Monats (Ende Januar/Anfang Februar, erster Neumond) nach dem Mondkalender statt. Bis heute das wichtigste chinesische Fest mit zahlreichen, auch aufwendigen, z. T zeremoniösen Vorbereitungen, die das Ende des Altjahrs und den Beginn des neuen Jahres begleiten (Ahnen- und Elternverehrung, Begleichung von Schulden, neue Gewandung, Vertreibung böser Geister durch Türgötter und Feuerwerke, Neujahrssprüche, Glückwünsche und Geschenke). Es ist eine Verbindung von Sylvester/Neujahr, Weihnachten und Kirmeß. Die Gerichte zum Frühlingsfest und die Neujahrsbräuche nehmen einen hervorragenden Platz ein. Der 1. Tag des neuen Jahres ist dabei ganz der Familie vorbehalten; nach Möglichkeit kommt an diesem Tag die gesamte Familie (auch über große Entfernungen) zusammen. Der 2. Tag ist Verwandtenbesuchen vorbehalten. Danach stürzte man sich in den Trubel der Tempel- und Jahrmärkte mit ihren Buden und Schaustellungen (u. a. Drachenaufzüge, Löwenkämpfe, Opernaufführungen). Erst am Laternenfest (s. d.) finden die Vergnügungen zum Jahresbeginn ihren Abschluß.

Fünf-Antibewegung: 1958 ausgelöste Kampagne gegen die ‚Fünf schwarzen Elemente', gegen: Großgrundbesitzer, reiche Bauern, Konterrevolutionäre, Rechtsabweichler und kriminelle Gruppen.

Fünf Freuden: Die ungerade, d. h. männliche Zahl Fünf ist eine der wichtigsten Zahlen in der chinesischen Zahlenmystik. Die ‚Fünf Freuden', auch als die ‚fünf Glücksgüter' (Wufu) bezeichnet, sind: Reichtum, langes Leben, Ruhe und Frieden, Tugend sowie Leben ohne Krankheit.

Fünf Klassiker: Die Fünf Klassiker sind: ‚Das Buch der Lieder' (Shi Jing), ‚Das Buch der Dokumente' (Shu Jing), ‚Das Buch der Wandlungen' (Yi Jing), ‚Das Buch der Riten' (Li Ji) und ‚Die Frühlings- und Herbstannalen mit dem Zuo-Kommentar' (Chun Qiu, Zuo Zhuan).

Fujin: ursprünglich spezielle Bezeichnung für die Frauen von Mandschu-Adligen; jetzt allgemeine Bezeichnung für ‚Ehefrau'.

Gege: Tochter eines hochrangigen mandschurischen Adligen (‚Adelsfräulein').

Gelbfische: in der Geschäftssprache Ausdruck für Gold.

Großer: ‚Dazi'; volkstümlich-spöttischer Ausdruck für eine Messingmünze im Wert von 1 Mao (s. d.) oder wenigen Fen (s. d.).

Guan: Bezeichnung für einen daoistischen Klostertempel im Gegensatz zu einem buddhistischen Tempel (‚Si').

Guandi: Guan Yu; ein General- und Kriegsheld des 3. Jahrhunderts, der in der Periode der ‚Drei Reiche' (220–265) Liu Bei zur Macht in Westchina verhalf. Er wurde in den folgenden Jahrhunderten vergöttert und nahm im Staatskult wie in der Volksreligion den Platz des Kriegsgottes ein. Bis in die Neuzeit gab es in allen größeren Städten Tempel für Guandi, in denen er auch als Gott der Gerechtigkeit verehrt und Streitfälle oft vor seinem Altar ausgehandelt wurden. Die Verehrungsstätten für Guandi wurden nicht als ‚Guan' (daoistischer Tempel, s. d.) oder als ‚Si' (buddhistischer Tempel) bezeichnet, sondern als ‚Gong' (Palast).

Guan Gong: Verehrungsstätte, Tempel für den Kriegsgott Guandi (s. d.).

Guanyin: Bodhisattva (s. d.); allgemein als ‚Göttin Guanyin' (Guanyin-Pusa) bezeichnet. Inkarnation des indisch-buddhistischen Bodhisattva Avalokiteshvara, des Allerbarmers, in einer chinesischen Prinzessin aus kaiserlichem Haus, die im 9. Jahrhundert lebte, allen konfuzianischen Geboten der Kindespietät zuwiderhandelnd ihr Elternhaus verließ und sich auf der Insel Putuoshan an der Küste des Ostchinesischen Meeres niederließ, um dort ihr Leben der Mildtätigkeit und Meditation zu widmen. Innerhalb eines Jahrhunderts verschmolz das Bild des strengen weltfremden indischen Bodhisattva Avalokiteshvara mit dem der mildtätigen chinesischen Prinzessin zur Gestalt einer lieblichen, huldreichen ‚Madonna' mit wunderbewirkender Allmacht. Bis heute ist

Guanyin Chinas populärste Volksgottheit, die in allen Lebenslagen um Schutz, Hilfe und Trost angerufen wird. Sie bildete das wirksamste Bindeglied zwischen dem strengen, philosophisch-spekulativen Buddhismus und der Volksreligion. Guanyin-Altäre und -Statuen befinden sich in fast allen buddhistischen Tempeln, ebenso wurden der Göttin eigene Tempel errichtet, in denen sich der volksnahe Guanyin-Kult weitgehend von seiner buddhistischen Herkunft löste. Guanyin ist die allen Chinesen am nächsten stehende Gottheit, unabhängig von der religionsphilosophischen Orientierung des Einzelnen. Entsprechend der großen religiösen Kraft, die Guanyin als Göttin der Barmherzigkeit vor allem unter dem einfachen Volk entfachte, sah sich auch der Daoismus genötigt, in seinem Pantheon dem weiblichen Element einen gebührenden Platz einzuräumen.

Guomindang: die von Sun Yatsen (1866–1925) gegründete bürgerlich-demokratische Partei, die nach der Ausrufung der Republik 1911 China in enger Orientierung an westlichen Vorbildern politisch und wirtschaftlich zu entwickeln suchte, dies zeitweilig im Bündnis mit der Kommunistischen Partei Chinas. 1927 kam es zwischen beiden Parteien zum Bruch, nachdem Chiang Kaishek (1887–1975) die Führung der Guomindang übernommen und eine beispiellose Verfolgung der Kommunisten und aller linken Kräfte ausgelöst hatte. Dem Ansehen der konservativen Führung der Guomindang unter der Bevölkerung schadete vor allem die Tatsache, daß man, während die volksrevolutionären Kräfte brutal unterdrückt wurden, der fortschreitenden Eroberung und Besetzung Chinas durch Japan fast tatenlos zusah.

Hanchinese: Um den ethnologischen Unterschied zwischen der Bevölkerung des chinesischen Reiches der Qing-Dynastie zwischen Chinesen (Han) und Mandschuren besonders in der Umgebung von Beijing herauszustreichen, wird gelegentlich von Hanchinesen gesprochen.

hanchinesisches Armeebanner: s. Banner.

hinter dem Vorhang: Da die Kaiserinwitwe Cixi (s. d.) in stellvertretender Ausübung der kaiserlichen Macht nicht offizielle Audienzen wie ein regierender Kaiser geben konnte, empfing sie ihre Gesprächspartner hinter einem gelben Vorhang sitzend. Die ‚Audienz hinter dem Vorhang' wurde zum Synonym für Machtanmaßung, Gewaltmißbrauch und Ränke schmiedende Politik.

Holzfisch: Das Wort für ‚Fisch' ist im Chinesischen gleichlautend mit dem Wort ‚Yue', Überfluß. Um Gaben zu erbetteln, hingen sich Mönche einen Holzfisch, oft von überaus großem Ausmaß und Gewicht, um den Hals und schlugen darauf, um an die Opferwilligkeit und Freigebigkeit der Menschen zu appellieren. Auch in den Klöstern hingen große Holzfische, die an Spendentagen wie hängende Trommeln geschlagen wurden.

Jadekaiser: Yuhuang Di; die höchste Gottheit in der chinesischen Volksreligion.

Jiaozi: gedünstete Teigtaschen mit den unterschiedlichsten vegetarischen und nicht-vegetarischen Füllungen; ein Standard- und Lieblingsgericht, vor allem als Vorspeise der Chinesen nördlich des Changjiang. Da die Jiaozi mit ihren – bisweilen überraschenden – Füllungen Reichtum symbolisieren, ist es ein unerläßliches Gericht in allen Familien zum Frühlingsfest (s. d.)

Jin: Gewichtsmaß; 1 Jin entspricht 16 Liang (s. d.), gleich 597 Gramm; oft auch als ‚chinesisches Pfund' bezeichnet.

Kang: von unten oder mittels Rauchdurchzug vom Küchenherd aus heizbare, aus Ziegeln gemauerte, geräumige Sitz- und Bettstatt; wichtigster Ausstattungsteil des traditionellen nordchinesischen Wohnhauses.

Karma: Die durch den Buddhismus ausgeprägte Vorstellung von der an individuelle Wesenheiten gebundenen Fortwirkung guter oder schlechter Taten durch Generationen oder Existenzen hindurch. ‚Karma' bezeichnet sowohl die in einer bestimmten Handlung oder Verhaltensweise sich entfaltende Wirkung, also auch deren Erneuerung oder Fortwirkung in einer folgenden, späteren Zeit, Seinsstufe oder Existenz. Die gegenwärtige Existenz eines Menschen (und jedes anderen Wesens) ist die Frucht (‚guo'), das Ergebnis aller früheren Existenzen. Zugleich werden durch die Taten der gegenwärtigen Existenz die Bedingungen der künftigen (individuellen) Existenzen unvermeidlich geschaffen und sind mitbestimmend für die Existenzweise in einer der nächsten Wiedergeburten, die daher als ‚Belohnung' oder ‚Bestrafung' früherer oder gegenwärtiger Taten angesehen werden.

Kohlenhügel: Meishan; Name für den Aussichtsberg (Jingshan) nördlich der Verbotenen Stadt, der aus dem Abraum beim Bau des Kaiserpalastes (1404–1422) aufgeschüttet wurde. Der Berg diente der Abwehr unheilvoller Einflüsse, die nach chinesischer Vorstellung aus der Himmelsrichtung Norden drohen. Der Name ‚Kohlenhügel' erklärt sich daraus, daß hier die Kohlen für die Beheizung der Palasthallen und für die kaiserliche Küche gelagert wurden. Am Kohlenhügel, der von Gebäuden, die – außerhalb der Mauer liegend – noch zur Verbotenen Stadt gehörten, umgeben ist, soll der letzte Ming-Kaiser am 19. 3. 1644 Selbstmord verübt haben.

Kotau: alte chinesische Grußform; wörtlich ‚den Kopf (auf den Boden) schlagen'. Sie wurde bis zum Ende der Kaiserzeit (1911) als Zeichen tiefer Verehrung oder Unterwürfigkeit in der Weise geübt, daß sich der Grüßende vor dem Begrüßten zu Boden warf und (ein bis viele Male) mit der Stirn leicht oder intensiver (je nach Absicht der Geste) den Boden berührte.

Kuhhirt und Weberin: eine alte Volkssage, nach der sich nur einmal im Jahr die himmlische Weberin mit ihren Kindern und ihrem Mann, dem Kuhhirten, treffen kann. Die Begegnung wird möglich, weil Elstern aus ihren Flügeln eine Brücke zwischen Himmel und Erde bilden (die Sterne der Milchstraße). Auf diese Überlieferung gründet sich das Qixi-Fest am

7. Tag des 7. Monats nach dem Mondkalender, das zum Fest der Mädchen und Frauen im Jahreskreislauf wurde. Mit Geschicklichkeitsübungen und Orakelbefragungen bitten die Mädchen die himmlische Weberin darum, Kunstfertigkeit in Handarbeiten und ein günstiges Los bei der Gattenwahl zu erhalten. In der Eintönigkeit des Kaiserpalastes stellten die Vergnügungen und die Ausgelassenheit des Qixi-Festes eine der wenigen Abwechslungen für die von der Außenwelt isoliert lebenden Hoffräulein und Palastdamen dar.

Kupferkäsch: Kupfermünzen; als ‚Lochmünzen' auf Schnüre zu je 1000 Münzen aufgefädelt als Zahlungsmittel auch noch nach Ausrufung der Republik 1911 verwendet.

Laternenfest: Yuanxiaojie; es findet am 15. Tag des 1. Monats, also in der Nacht des ersten Vollmonds, statt und bildet den Abschluß der zahlreichen öffentlichen und privaten Vergnügungen anläßlich des Jahresbeginns zum Frühlingsfest (s. d.). Das Fest ist bereits seit der Zeit der ‚Streitenden Reiche' (475–207 v. d. Z.) überliefert und geht vermutlich darauf zurück, daß in dieser Nacht die Ausgangssperre aufgehoben wurde und daher zahlreiche Laternen auf den Straßen zu sehen waren. Laternenumzüge, aufwendige Laternenausstellungen und nächtliche Gastereien mit speziellen Laternenfest-Gerichten prägen das Fest, bei dem sich Hohe und Niedrige auf den Straßen mischten, eine letzte große Fröhlichkeit vor den Anstrengungen der Frühjahrsaussaat.

Li: Längenmaß; 1 Li entspricht 500 Meter oder 150 Zhang (s. d.).

Liang: Gewichtsmaß; 1 Liang entspricht 10 Qiang (s. d.), gleich 37 Gramm.

Liang Silber: Münzgewicht; eine Silbermünze von 26,7 Gramm Gewicht mit einem Silberanteil von 23,5 Gramm (s. Tael). Die Bezeichnung ‚Liang Silber' wurde 1933 auch offiziell in die bereits gebräuchliche Benennung Yinyuan, Silberdollar (s. d.), umgeändert.

Mantou: etwa faustgroßes gedämpftes Teigbällchen, vergleichbar einem Hefekloß, zumeist aus Weizenmehl; das ‚chinesische Brot'. Daher die Bezeichnung ‚Dampfbrote'.

Mao: Geldeinheit für nicht-silberhaltige (Papier-)Währung. 1 Mao, der zehnte Teil eines Yuan (s. d.), entspricht 10 Fen (s. d.).

Mittelherbstfest: Zhongqiujie; es wird am 15. Tag des 8. Monats nach dem Mondkalender (Ende September) begangen. In dieser Nacht ist der Mond besonders groß und hell, und da der Vollmond als Symbol des Wiederzusammenfindens alles Getrennten gilt, heißt der Tag auch ‚Mondfest' oder ‚Vereinigungsfest'. Zahlreiche volkstümliche Sagen verbinden sich mit diesem Tag und mit den Gestalten, die den Mond und den Mondpalast bevölkern. Seit alters wurden an diesem Tag dem Mond Opfer gebracht, nächtliche Feuer entzündet und um eine reiche Ernte gebetet. In der Hauptstadt gab es einen Mondaltar, an dem der Kaiser als Sachwalter der Erde das Mondopfer vollzog. Die Sitte lebte unter der Kaiserinwitwe Cixi (s. d.) wieder auf, die im Sommerpalast aufwendige Mondopfer-Zeremonien abhielt. Zum Mittelherbstfest gehört es, ‚Mondkuchen' (Yuebing) zu essen und klassische Mondgedichte zu rezitieren. Auf diese Weise wurde das Mittelherbstfest auch zum Fest der Dichter im chinesischen Jahreskreislauf.

Mondfest: s. Mittelherbstfest.

Mu: Flächenmaß; 1 Mu entspricht 6,66 Ar.

Ostzimmer: Das traditionelle chinesische Wohnhaus und auch die kaiserlichen Wohnhallen sind in drei Räume unterteilt: den großen, im Winter zumeist unheizbaren Mittelraum für Empfänge und die beiden kleineren, rechts und links davon liegenden Nebenräume, das Ost- bzw. das Westzimmer. Hier befand sich der Kang (s. d.) und der Arbeitstisch. Wegen der leichteren Heizbarkeit der Nebenräume werden sie auch ‚Ost-' bzw. ‚Westkammer der Wärme' genannt. Zwischen dem Hauptraum und den beiden Nebenräumen gab es in großen Wohnanlagen winzige Kammern für die Dienerschaft, die ‚Ohrkammern', damit jeder geäußerte Wunsch von der Dienerschaft vernommen werden konnte.

Qian: Gewichtsmaß; 1 Qian entspricht 3,7 Gramm.

Qian Silber: Münzgewicht; kleinste Silbermünze mit einem Gewicht von 3,7 Gramm.

Qing: Flächenmaß; 1 Qing entspricht 6,666 Hektar.

Qing'an-Gruß: seit der mandschurischen Herrschaft über China (ab 1644) in Gebrauch gekommene Grußform, wobei die Hände vor die Brust geführt werden (die Linke bildet eine Faust, die von der Rechten umschlossen wird). In dieser ‚geschlossenen' Haltung werden die Arme nach vorn geführt; die Grußgeste wird durch eine leichte Neigung des Oberkörpers begleitet.

Qipao: knie- oder knöchellanges Kleid, an den Seiten hochgeschlitzt, mit Stehbündchen und von der Halsmitte zur linken Achselhöhle führendem Verschluß.

Reines Land: s. Westliches Paradies.

Reinigung des Körpers: Durch die Abtrennung der Geschlechtsorgane bei der Kastration wird nach chinesischer Auffassung der Körper vom Sexualtrieb ‚gereinigt', weshalb der Begriff ‚Kastration' mit dem Schriftzeichen ‚Jingshen' (‚Reinigung des Körpers') wiedergegeben wird.

Routearmee: Bezeichnung für die Armee-Einheiten der Volksbefreiungsarmee auf Grund der Tatsache, daß sich die Rote Armee von 1934 bis 1936 auf dem ‚Langen Marsch' von Süd- nach Nordchina befand.

Ruyi-Wunschzepter: Der Begriff ‚Zepter' (ruyizhang; Nach-Wunsch-Zepter) hat im Chinesischen nichts mit den Insignien eines Herrschers zu tun; es ist ein bis zu einem halben Meter langer, leicht gebogener, länglicher Gegenstand in Art einer Armstütze, mit einem Kopf verziert, sorgfältig aus kostbarem Holz oder aus Jade geschnitzt. Ursprünglich handelt es sich dabei um eine Gerätschaft buddhistischer Mönche, mit der ‚nach Wunsch' Gegenstände an unzugänglichen Stellen ergriffen werden konnten. Ruyi-‚Zepter' wurden besonders gern alten Männern als Geschenk verehrt in dem Sinn ‚möge dir alles nach Wunsch gehen'. In Verbindung mit dem Pinsel (Symbol des Gelehrtenbeamten) und einem Geldschuh (s. Yuanbao) übermittelte das Geschenk eines Ruyi-Zepters den Wunsch für beruflichen und geschäftlichen Erfolg. Ruyi-Zepter aus Jade stellten einen besonderen Wertgegenstand dar.

Schreiben des Zeichens für Glück: In Vorbereitung des Frühlingsfestes (s. d.) und der dabei auszutauschenden Glückwünsche und Geschenke begann der Kaiser am 1. Tag des 12. Monats nach dem allgemein in China gültigen Mondkalender (3. Dekade Dezember), eigenhändig das Zeichen ‚Fu' (Glück) zu schreiben. Rollen mit dem vom Kaiser geschriebenen Zeichen galten als besondere Ehrenbezeigung und wurden nur den bedeutendsten Persönlichkeiten am Hof und den höchsten Beamten zum Frühlingsfest geschenkt. Der Beginn des ‚Schreiben des Zeichens' am 1. Tag des 12. Monats wurde bald zu einem zeremoniösen Staatsakt am Kaiserhof. Auch die Kaiserinwitwe Cixi (s. d.) maßte sich an, nach der praktischen Übernahme der Regierungsgeschäfte das ‚kaiserliche Zeichen' zu schreiben.

Shakyamuni: Der indische Königssohn Siddharta aus dem Geschlecht der Shakya (ca. 558 bis 478 v. d. Z.), philosophischer Lehrer, von dem alle Lehren des Buddhismus ausgehen. Er wird als Inkarnation der Buddhakraft angesehen, als der ‚historische Buddha'. Als Buddha Shakyamuni nimmt er in der Buddhahalle der buddhistischen Tempel den zentralen Platz ein.

Silberdollar: Yinyuan; seit 1933 offizielle, aber auch früher schon verwendete Bezeichnung für 1 Liang Silber (s. d.) bzw. 1 Tael Silber (s. d.). Der Silberdollar war bis 1935 gültiges Zahlungsmittel. 1935 wurde von der Guomindang (s. d.) der Fabi als gesetzliche Währung eingeführt. Nach 1945 tauchte der Silberdollar wieder auf, bis er im Zuge der Währungsreform Anfang der 50er Jahre endgültig durch Yuan-Papierwährung ersetzt wurde.

Sorghum: ‚Mohrenhirse', süßes Bartgras; eine Getreideart mit nur geringen Erträgen und Nährwert, der ‚Reis der Armen'. Heute zumeist nur noch als Futterpflanze und Beigabe zur Kornbrennerei genutzt.

Suzhou-Stickerei: Suzhou, altes, bedeutendes Handels- und Manufakturzentrum südwestlich von Shanghai am ‚Großen Kanal'; im Zentrum der mittelchinesischen Seidenherstellung gelegen. Auf Grund seiner wohlhabenden Handelsschicht wurde Suzhou zum Inbegriff für die Verbindung von Wohlstand, Gelehrsamkeit, freien Künsten, Kunsthandwerk und Handel. Seit alters war und ist Suzhou berühmt wegen der Kunstfertigkeit seiner Seidenstickerinnen; Seidenstickerei aus Suzhou (Gewänder, Decken, Wandbehänge, Kopfbedeckungen usw.) waren wichtiger Bestandteil der jährlichen Tributleistungen der Stadt an den Kaiserhof.

Tael: Münzgewicht; gebräuchliche Bezeichnung für 1 Liang Silber (s.d.), daher auch oft als ‚Tael Silber' oder ‚Silber-Tael' bezeichnet, bisweilen auch als ‚Unze Silber' übersetzt.

Tag, Monat: Die traditionelle chinesische Datumsangabe richtet sich nach dem Mondkalender, der bereits mit Beginn der Kultur auf chinesischem Boden in Gebrauch kam und den Bedürfnissen der Landwirtschaft entsprach. Eine Mondrotation entspricht einem Monat, womit der Jahresbeginn entsprechend den Mondzyklen stets auf einen anderen Tag fällt (Ende Januar/Anfang Februar). Das Normaljahr hat demnach 12 Monate mit insgesamt 354 Tagen; alle vier Jahre gibt es ein Schaltjahr mit 13 Monaten und 384 Tagen. Jeder Monat wird in zwei Perioden (die Nacht des Vollmonds bildet die Monatsmitte) unterteilt, das ganze Jahr besteht aus 24 dieser ‚Jahresperioden' (Qi); diese wiederum setzten sich aus drei Abschnitten (Zhenghou), also 72 im Jahr zusammen, die vor allem für die Landwirtschaft Bedeutung haben. Die Tage innerhalb der das Jahr und den Monat unterteilenden Perioden tragen eigene Namen. Obwohl nach der Revolution von 1911 offiziell der westliche Weltkalender eingeführt wurde, richten sich die meisten Chinesen sowie ihre volkstümlichen Feste noch heute nach dem Mondkalender (z.B. Jahresbeginn: offiziell am 1. Januar, aber als großes Familien- und Volksfest erst am ersten Neumond des Jahres, s. Frühlingsfest).

Tianjin: größte Handels- und Hafenstadt Nordchinas, rund 130 km südöstlich von Beijing. Nach der Niederlage Chinas im Opiumkrieg mußte China im ‚Vertrag von Tientsin' (1858) den Franzosen und Engländern in Tianjin Konzessionsgebiete einräumen, in denen die ausländischen Mächte völlige Hoheitsrechte erhielten. Nach der Niederlage gegen Japan 1895 erhielten auch die Japaner und 1896 die Deutschen in Tianjin ein Konzessionsgebiet. Nach der Niederschlagung des Boxeraufstandes 1900 folgten Österreich-Ungarn, Rußland, Italien und Belgien. Die starke ausländische Präsenz in Tianjin führte einerseits immer wieder zu Aufständen gegen die ‚ausländischen Teufel', sie diente zugleich als Schutzzone für Chinesen, die aus politischen oder aus anderen Gründen verfolgt wurden. Auch Puyi begab sich nach seiner Vertreibung aus der Verbotenen Stadt in den Schutz des japanischen Konzessionsgebietes in Tianjin.

Totengeld: in Gestalt von fingierten Banknoten oder schlichten Lochmünzen bedrucktes oder auch unbedrucktes Papier, das den Toten auf ihre Wanderung ins Jenseits mitgegeben, am Grab verbrannt oder in den Wind gestreut wird, um sie mit Geld für das jenseitige Leben auszustatten.

Vier Bücher: Die vier Bücher sind: ‚Die große Lehre' (Da Xue), ‚Von der Mitte und ihrer Anwendung' (Zhong Yong), ‚Die Gespräche des Konfuzius' (Lunyu) und ‚Das Buch des Menzius' (Mengzi).

Vier Heiligen: populäre Wächtergottheiten des Daoismus; sie werden mit dem auch für die Daoisten heiligen Berg Wutaishan, den vier Jahreszeiten und den vier Weltgegenden in Verbindung gebracht und nehmen in der Vorhalle daoistischer Tempel die Südwestecke gegenüber den ‚Sechs Meistern' in der Südostecke ein. Auch der Buddhismus kennt diese vier Wächtergottheiten, die als die ‚Vier Diamantkönige' bezeichnet werden.

Vier Kostbarkeiten der Schreibkammer: die Symbole des Gelehrten; es sind: Tusche, Papier, Pinsel und Tuschreibstein (die in Stangenform getrocknete Tusche wird auf dem Reibstein zerrieben und mit Wasser angerührt und damit erst gebrauchsfähig).

Weiße Dagoba: Weiße Pagode (Baita); höchstes buddhistisches Bauwerk in Beijing, eine Art religiöses Wahrzeichen neben den imposanten Hallen- und Torbauten der Verbotenen Stadt (vielstöckige, die Bauten der weltlichen Macht überragenden Pagoden wie in den reichen Handelsstädten in Mittel- und Südchina, durfte es im Zentrum von Beijing in der Umgebung des Kaiserpalastes nicht geben). Die Weiße Dagoba ist ein 50 Meter hoher, in nepalesischem Stil errichteter buddhistischer Grab- bzw. Reliquienturm, der nach 1270 auf Veranlassung des in Dadu (Beijing) residierenden Mongolenkaisers Khubilai errichtet und 1457 in tibetischem Stil restauriert wurde. Die Weiße Dagoba befindet sich auf dem Gelände des Tempels der Weißen Pagode (Baitasi); ihre Spitze ziert ein gravierter Kupferschirm, an dem sich kleine Glocken im Wind bewegen, um böse Geister zu vertreiben.

Westliches Paradies: Da das völlige Erlöschen, das Aufgehen der Wesen im Nirwana als Ziel des buddhistischen Erlösungsweges mit der seit den Anfängen der Kultur für China konstitutiven Vorstellung von der Fortwirkung des Geistes der Ahnen und der Ahnenverehrung kollidierte und als Vollendung des Glaubensweges dem Volk fremd blieb, erfuhr die buddhistische Vorstellung vom ‚Reinen Land Sukhavati', dem ‚Westlichen Paradies', indem die Seele in einer Art ‚Zwischenparadies' Aufnahme findet und vor der Rückgeburt in eine niedere Existenz bewahrt bleibt, besondere Ausprägung. Das ‚Westliche Paradies' wurde in Zentralasien, im Kunlungebirge lokalisiert als Versammlungsplatz aller Heiligen und Heilsgestalten des Buddhismus. Die konkrete Ausgestaltung der Vorstellung des immer wieder beschriebenen und gemalten ‚Westlichen Paradieses' konnte sich auf die altchinesische und im Daoismus weitergepflegte Überlieferung vom ‚Jadepalast' der ‚Königinmutter des Westens' Wang Mu im Kunlun-Gebirge stützen, wo einst der ‚Jadekaiser' (s. d.), der höchste Herrscher, residierte und wo Wang Mu das Kraut des langen Lebens und die Pfirsiche der Unsterblichkeit bewachte. Herrscher des ‚Westlichen Paradieses' ist der Buddha Amitabha (s. d.). Die einfache Methode der lauten Anrufung des Amitabha Buddhas durch Namensnennung (nianfo) als Gewähr für die ‚Hinübergeburt' (wangsheng) ins ‚Westliche Paradies' sorgte seit der Tang-Zeit für die Popularität des Buddha Amitabha.

Westzimmer: s. Ostzimmer.

Yamen: Bezeichnung für den Sitz der Vertreter der Zentralregierung in den Provinzen und Städten. In erster Linie war der Yamen der Sitz des kaiserlichen Richterbeamten und damit der ausübenden Gewalt.

Yuan: Geldeinheit für in der Regel nicht-silberhaltige (Papier-)Währung. 1 Yuan entspricht 10 Mao (s.d.) oder 100 Fen (s.d.) als kleinste Währungseinheit. Die ersten Yuan-Münzen, die nach Errichtung der Republik 1911 geprägt wurden und noch einen Bestandteil Silber aufwiesen, wurden als Yinyuan, Silberdollar (s.d.), bezeichnet.

Yuanbao: schuhförmige Gold- oder Silberbarren; oft als hochwertiges Zahlungsmittel oder Geldanlage verwendet.

Yonghegong: ‚Palast der Harmonie und des Friedens'; erbaut 1694. Bis zur Thronbesteigung des Yongzheng-Kaisers 1722 der Palast des Thronfolgers; danach kaiserlicher Tempel und seit 1744 bis heute wichtigste Kloster- und Tempelanlage des tibetischen Buddhismus in Beijing. Auf Grund der engen Verbindung zwischen der mandschurischen Qing-Dynastie und den oft rivalisierenden Mongolenstämmen, die den Dalai Lama als ihr geistiges Oberhaupt anerkannten, erfuhr der tibetische Buddhismus die besondere Förderung durch die Qing-Dynastie.

Yulanpenfest: Das volkstümlichste und mit den abergläubischsten Vorstellungen und Bräuchen verbundene buddhistische Fest im chinesischen Jahreskreislauf. Es wird am 15. Tag des 7. Monats (daher auch ‚Fest des Mittleren Vollmonds', Zhongyuan-Fest, genannt) begangen. Nach daoistischer Überlieferung kommt an diesem Tag der ‚Herr der Erde' unter die Menschen, und nur die Rezitation heiliger Schriften kann verhindern, daß die hungrigen Geister der Unterwelt und der ‚Herr der Erde' den Menschen ergreifen und bestrafen. Der Name ‚Yulanpenfest' ist die volkstümliche Bezeichnung für die ‚Ullambana-Zeremonie', die an diesem Tag in allen buddhistischen Tempeln abgehalten wird. ‚Ullambana' (Foshuo yulanpen jing) ist ein alter buddhistischer Text, den der Legende nach ein Schüler von Shakyamuni erhielt und durch dessen Rezitation der Schüler die zehntausend Geister aller Himmelsrichtungen zusammenrufen und seine Mutter von den Leiden der Verdammnis befreien und retten konnte. Die Verbindung von buddhistischer Überlieferung und konfuzianischer Ethik, nach der Pietät und Sorge um die Eltern als wichtigste Tugend gilt, sicherte dem Yulanpenfest und der ‚Ullambana-Zeremonie' ihre Volkstümlichkeit. Der Tag, der mit der ersten Ernte zusammenfällt, ist ein großer Opfer- und Spendentag für die Klöster, ein Tag der Speisung Hungriger, ein Tag, an dem man an den Gräbern ‚Totengeld' (s.d.) verbrennt, nachts Laternen anzündet und Kerzen auf dem Wasser schwimmen läßt, um den Seelen einsam Verstorbener den Weg hinweg über die Verdammnis zu zeigen und sie zu retten. Bis heute ist das Fest die beliebteste Lustbarkeit des Sommers.

Zehntausend: Obwohl die Chinesen eigene Worte für ‚Hunderttausend' und ‚eine Million' haben, gilt ‚Zehntausend' seit alter Zeit im allgemeinen Sprachgebrauch als Inbegriff für die größtmöglich denkbare, vorhandene oder wünschbare Zahl und damit als Ausdruck für etwas Vollkommenes und als Symbolwort für den Wunsch nach Unsterblichkeit. Der Kaiser wurde daher als ‚Herrscher der Zehntausend Jahre' angeredet, während der Kronprinz nur als ‚Herrscher der Tausend Jahre' galt.

Zhang: Längenmaß; 1 Zhang entspricht 3,333 Meter oder 10 Chi (s. d.).

Zeittafel

1900 (Gengzi-Jahr): 26. Jahr des Guangxu-Kaisers. Ausbruch des Boxeraufstands.

1901 (Xinchou-Jahr): Niederschlagung des Aufstands, Tod von Cao Futian, dem Anführer des Aufstandes in Jinghai.

1902 (Renyin-Jahr): 28. Jahr des Guangxu-Kaisers. Geburt von Sun Yaoting am 29. Dezember.

1906 (Bingwu-Jahr): 32. Jahr des Guangxu-Kaisers. Geburt Puyis. Japan gründet die Mandschurisch-Japanische-Eisenbahngesellschaft.

1908 (Wushen-Jahr): 34. Jahr des Guangxu-Kaisers. Tod Guangxus am 14.11. Tags darauf Tod Cixis. Daraufhin Inthronisation Puyis als Xuantong-Kaiser.

1911 (Xinhai-Jahr): 3. Jahr des Xuantong-Kaisers. Am 10. Oktober Ausbruch des Wuchang-Aufstands, der sich zur Xinhai-Revolution ausweitet. Am 25. Dezember wird Sun Yatsen in Nanjing von 17 unabhängig erklärten Provinzen zum Präsidenten der Republik China gewählt.

1912 (Renzi-Jahr): 1. Jahr der Republik. Amtsantritt Sun Yatsens. Einführung des Sonnenjahres. 12. Februar Abdankung Puyis. Tags darauf Rücktritt Sun Yatsens. 10. März Amtsantritt Yuan Shikais als Präsident. 25. August Gründung der Guomindang.

1913: 2. Jahr der Republik. Duankang erhält Vorrangstellung unter den Konkubinen. Anerkennung der Regierung Yuan Shikai durch Rußland, Japan und Frankreich. 7.10. Amtsantritt von Li Yuanhong. 4.11. Auflösung der Guomindang durch Yuan Shikai.

1915: Yuan Shikai akzeptiert die 21 Forderungen Japans. 12.12. Yuan Shikai wird als Kaiser proklamiert.

1916: 22.3. Yuan Shikai wird gezwungen, das Kaisersystem abzuschaffen, bleibt aber als Präsident im Amt. 6.6. Tod Yuan Shikais, Li Yuanhong wird sein Nachfolger. Duan Qirui wird Kanzler.

1917: 1.7. Restauration der Qing durch Zhang Xun. 14.7. Duan Qirui betritt mit der Bestrafungsarmee Beijing. Abdankung Li Yuanhongs. Trennung der Warlords in eine Zhili-Gruppe unter Feng Guozhang und eine Anhui-Gruppe unter Duan Qirui. Rücktritt Duans am 22.11.1917. 10.10.1918 Xu Shizhang wird Präsident.

1919: Bewegung des 4. Mai.

1921: Selbstmord der Mutter Puyis und Vorbereitung der Großen Nuptialen.

1922: Li Yuanhong löst Xu Shizhang ab. 1.12. Große Nuptialen. Wanrong wird Kaiserin, Wenxiu Nebenfrau.

1924: Feng Yuxiang besetzt Beijing. Auflösung des Parlaments. Lu Zhonglin vertreibt Puyi aus der Verbotenen Stadt. Überführung von Palasteigentum nach Tianjin.

1925: Puyi in Tianjin. Tod Sun Yatsens.

1928: Attentat auf Zhang Zuolin. Puyi wird nach Dairen (Port Arthur) eskortiert.

1931: Scheidung Puyis und Wenxius. 18.9. Mukdenzwischenfall führt landesweite antijapanische Widerstandsbewegung herauf.

1931: Gründung des Mandschurischen Staates Manzhouguo.

1934: Inthronisation von Puyi als Kangde-Kaiser in Manzhouguo.

1936: Zwischenfall von Xi'an erzwingt die Zusammenarbeit von Guomindang und Roter Armee gegen Japan.

1937: Zwischenfall an der Marco-Polo-Brücke führt zum Beginn des chinesisch-japanischen Krieges.

1945: Verhandlungen zwischen Mao Zedong und Jiang Jieshi (Tschiang Kaishek) in Zhongqing.

1946: Bürgerkrieg zwischen Roter Armee und Guomindang.

1949: Der Eroberung Nanjings durch die Rote Armee folgt am 1.10. 1949 die Proklamation der Volksrepublik China in Beijing.

1958: Der ‚Große Sprung' zur Beschleunigung der Entwicklung zur klassenlosen Gesellschaft führt zum Rücktritt Maos als Präsident.

1966: Beginn der Kulturrevolution, die u.a. die Restaurierung der Machtbefugnisse Maos und den Aufstieg der Viererbande 1973 herbeiführt.

1967: Tod Puyis.

1975: Tod von Jiang Jieshi (Tschiang Kaishek) am 5.4.

1976: Fortsetzung und Ende der Kulturrevolution. Tod Maos und in der Folge Zerschlagung der Viererbande.

Genealogie der Kaiserfamilie

(9.) Xianfeng-Kaiser (Bianzhu 1831-61), Bruder: Bianxuan (Prinz Chun I.)

(10.) Tongzhi-Kaiser (1856-74), Sohn des Xianfeng-Kaisers und Cixi's aus der Generation mit dem Schriftzeichen ‚Zai'. Weitere Verwandte sind die Söhne von Bianxuan, dem Prinzen Chun I.: Zaitao (Beile), Zaixun (Beile), Zaifeng (Prinz Chun II.) sowie Zaitian.

(11.) Guangxu-Kaiser (Zaitian, 1871-1908) aus der Generation mit dem Schriftzeichen ‚Zai', wurde als 11. Kaiser der Qing und Nachfolger des nachkommenlosen Tongzhi-Kaisers inthronisiert. Adoption von Puyi, dem Sohn seines Bruders Zaifeng, der mehrere Kinder hatte, deren Namen das Zeichen ‚Pu' führten, darunter seine Brüder Pujie, Pujia und seine Schwestern.

(12.) Puyi, der letzte Kaiser der Qing.

I N H A L T